U0541459

兰州大学"985工程"建设成果

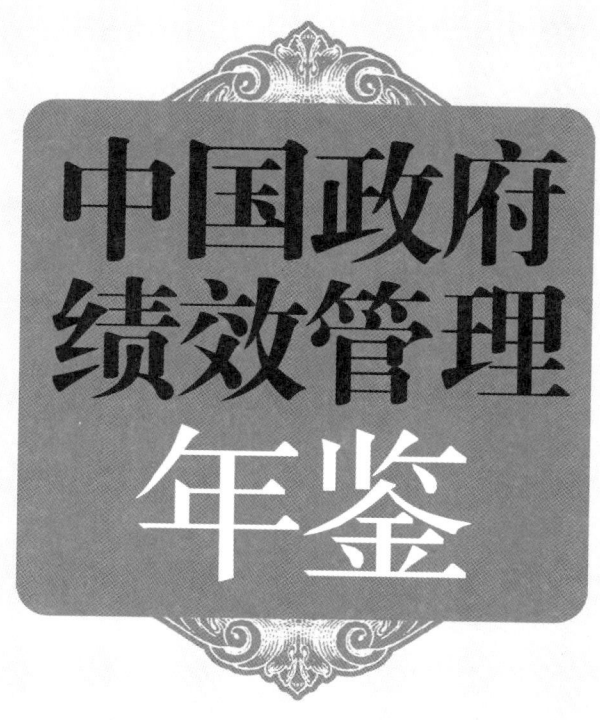

中国政府绩效管理年鉴

创刊卷·2010

ZHONGGUO ZHENGFU JIXIAO GUANLI NIANJIAN

CHUANG KAN JUAN·2010

全国政府绩效管理研究会　兰州大学中国地方政府绩效评价中心　编

中国社会科学出版社

图书在版编目（CIP）数据

中国政府绩效管理年鉴（创刊卷·2010年）/全国政府绩效管理研究会、兰州大学中国地方政府绩效评价中心 编．—北京：中国社会科学出版社，2011．5

ISBN 978-7-5004-9307-5

Ⅰ.①中… Ⅱ.①全…②兰… Ⅲ.①国家行政机关-行政管理-中国-2010-年鉴 Ⅳ.①D63-54

中国版本图书馆CIP数据核字（2010）第224762号

责任编辑	郭晓鸿（guoxiaohong149@163.com）
特约编辑	王冬梅
责任校对	王应来
封面设计	李尘工作室
技术编辑	戴 宽

出版发行	中国社会科学出版社			
社　　址	北京鼓楼西大街甲158号	邮　编	100720
电　　话	010—84029453	传　真	010—84017153
网　　址	http://www.csspw.cn		
经　　销	新华书店		
印刷装订	北京君升印刷有限公司		
版　　次	2011年5月第1版	印　次	2011年5月第1次印刷
开　　本	787×1092　1/16		
印　　张	40.75		
字　　数	865千字		
定　　价	108.00元		

凡购买中国社会科学出版社图书，如有质量问题请与本社发行部联系调换

版权所有　侵权必究

中国政府绩效管理年鉴编辑单位

全国政府绩效管理研究会

兰州大学中国地方政府绩效评价中心

中国政府绩效管理年鉴编辑委员会

顾　　问　王澜明　夏书章　龚禄根

主　　任　高小平

副 主 任　包国宪　鲍　静　周志忍

委　　员　（姓氏笔画为序）

　　　　　丁　煌　马　骏　马国贤　邓国胜　朱春奎　刘　杰　刘旭涛　刘英来
　　　　　杨　龙　杨永恒　吴　江　吴立生　吴建南　何　颖　何翔舟　沙勇忠
　　　　　张泽忠　张定安　张建合　张锐昕　陈　光　卓　越　周　凯　郑方辉
　　　　　胡税根　侯永平　姜晓萍　贾　康　倪　星　崔运武　梁忠民　彭国甫
　　　　　傅　奎　蓝志勇　蔡立辉　廖廷辉

中国政府绩效管理年鉴编辑部

主　　编　包国宪

副 主 编　沙勇忠　张定安

编　　辑　刘红芹　董　静　潘　旭　周云飞

编辑说明

《中国政府绩效管理年鉴》是融史实性、学术性、资料性为一体的专业年鉴，也是全面实用，文、图、表并茂的综合性大型年刊。以中国政府绩效管理改革和发展为主线，在国际的视野下审视中国政府绩效管理的发展状况和演变态势，记录中国政府绩效管理领域理论研究和实践发展的年度进展，包括理论成果、典型事件、组织与人物、政策法规、实践模式等，注重转型时期我国政府的战略思维、资源配置和公共治理能力建设，以鲜明的风格、系统的内容和一流的质量，提供观察和瞭望中国政府绩效管理的平台。

《中国政府绩效管理年鉴》的框架结构由篇目、类目两个层次组成，共设置七个篇目。七个篇目分别是重要文献，理论综述，专题研究，实践聚焦，学术团体、学术机构与学术会议，大事记和附录。其中"理论综述"和"专题研究"篇目邀请相关专家学者撰稿，其他篇目从公开文献中选编，通过原创文献和选编文献相结合的方式，体现年鉴的叙事风格，动态地记录中国政府绩效管理领域的理论和实践进展。

《中国政府绩效管理年鉴》主要服务对象为政府部门，从事政府绩效管理的教学研究机构、中介机构、产业部门的有关人员，以及关注政府绩效管理的企业、非政府组织和社会公众。

《中国政府绩效管理年鉴》每两年出版一卷。《中国政府绩效管理年鉴（创刊卷·2010年）》对2009年12月以前中国政府绩效管理的整体状况和进展进行回溯反映。

为了表示对选编文献作者创造性劳动的尊重，我们将向有关作者奉寄转载稿酬，敬请有关作者与我们联系，告知您的通信地址。年鉴存在的不足和疏漏，敬请读者批评指正。

《中国政府绩效管理年鉴》编辑部
2010年4月30日

目　　录

序 ……………………………………………………………………………（1）

第一篇　重要文献

Ⅰ 法律法规与政策 ………………………………………………………（3）
　一　法律法规 …………………………………………………………（3）
　　（一）法律 …………………………………………………………（3）
　　（二）行政法规 ……………………………………………………（57）
　二　党的文献 …………………………………………………………（88）
　　（一）中国共产党全国代表大会报告 ……………………………（88）
　　（二）中共中央文件 ………………………………………………（92）
　三　中央政府文件 ……………………………………………………（115）
　　（一）国务院政府工作报告 ………………………………………（115）
　　（二）政府规划 ……………………………………………………（130）
　四　地方性法规及地方政府文件 ……………………………………（132）
　　（一）哈尔滨市政府绩效管理条例 ………………………………（132）
　　（二）延边州2009年县（市）政府绩效评估工作实施方案 ……（137）
　　（三）长治市政府网站考核办法 …………………………………（140）
　　（四）吉林省政府网站绩效评估办法 ……………………………（141）
　　（五）部分省市出台的政府网站绩效评估文件 …………………（144）

Ⅱ 领导讲话 ………………………………………………………………（146）
　一　邓小平 ……………………………………………………………（146）
　二　江泽民 ……………………………………………………………（151）
　三　胡锦涛 ……………………………………………………………（157）
　四　温家宝 ……………………………………………………………（160）

五　习近平 ……………………………………………………… (165)
六　周永康 ……………………………………………………… (166)
七　贺国强 ……………………………………………………… (166)
八　吴官正 ……………………………………………………… (168)

第二篇　理论综述

国外政府绩效管理与评估的实践模式与发展趋势 ……………… (173)
中国政府绩效评价：回顾与展望 ………………………………… (197)
中国政府绩效管理研究态势与热点主题 ………………………… (208)
国际政府绩效管理研究的知识图谱与热点主题 ………………… (227)

第三篇　专题研究

中国财政绩效评价的理论和实践 ………………………………… (245)
中国政府人力资源管理绩效 ……………………………………… (261)
中国电子政府建设绩效 …………………………………………… (282)
中国政府成本理论与实践——过去、现在与未来 ……………… (318)
中国公共项目绩效评估研究综述 ………………………………… (334)

第四篇　实践聚焦

Ⅰ　政府绩效评价 …………………………………………………… (363)
　一　我国地方政府绩效评价实践的四大模式 ………………… (363)
　　（一）甘肃模式 ………………………………………………… (363)
　　（二）青岛模式 ………………………………………………… (376)
　　（三）思明模式 ………………………………………………… (381)
　　（四）珠海模式 ………………………………………………… (391)
　二　其他地方政府绩效评价实践 ……………………………… (399)

Ⅱ　电子政务建设 …………………………………………………… (437)
　一　电子政务及其在中国的发展 ……………………………… (437)
　二　我国电子政务建设的实践案例 …………………………… (442)
　　（一）国家电子政务试点示范工程——浙江省电子政务建设 … (442)
　　（二）珠海市电子政务建设——珠海：电子政务带来的不仅是效率 … (443)
　　（三）考核出动力——合肥市人民政府门户网站建设经验 … (445)
　三　电子政务未来的发展趋势 ………………………………… (447)

Ⅲ 地方政府创新 ……………………………………………………………… (453)

第五篇 学术团体、学术机构与学术会议

Ⅰ 学术团体 …………………………………………………………………… (495)
  全国政府绩效管理研究会 …………………………………………… (495)

Ⅱ 学术机构 …………………………………………………………………… (498)
  北京大学政府绩效评估中心 ………………………………………… (498)
  北京师范大学公共部门绩效评价研究中心 ………………………… (498)
  复旦大学公共绩效与信息化研究中心 ……………………………… (499)
  湖北经济学院地方政府绩效评价研究中心 ………………………… (500)
  华南理工大学政府决策与绩效评价研究所 ………………………… (500)
  兰州大学中国地方政府绩效评价中心 ……………………………… (501)
  南京审计学院公共管理与绩效评估研究院 ………………………… (503)
  上海财经大学公共政策评估中心 …………………………………… (503)
  上海财经大学中国教育支出绩效评价中心 ………………………… (504)
  上海社会科学院政府绩效评估中心 ………………………………… (505)
  西安交通大学绩效管理研究中心 …………………………………… (505)
  西南交通大学地方政府绩效评价中心 ……………………………… (506)
  厦门大学政府绩效管理研究中心 …………………………………… (507)
  湘潭大学湖南政府绩效评估研究中心 ……………………………… (507)
  中国城市绩效管理研究会 …………………………………………… (508)
  中国人事科学研究院电子政务与绩效管理研究室 ………………… (509)
  中国行政管理学会政府绩效管理研究中心 ………………………… (509)
  中山大学行政管理研究中心 ………………………………………… (510)

Ⅲ 学术会议 …………………………………………………………………… (512)

第六篇 大事记
第七篇 附录

Ⅰ 中国政府绩效管理网站 …………………………………………………… (555)
  一 中央政府及其部门网站 ………………………………………… (555)

二　省级地方政府网站 ………………………………………………………（557）
三　中国政府绩效管理专门网站 ……………………………………………（558）

Ⅱ　国外著名政府绩效管理研究机构 …………………………………………（571）
一　美国 ………………………………………………………………………（571）
二　英国 ………………………………………………………………………（575）
三　澳大利亚 …………………………………………………………………（576）
四　其他国家 …………………………………………………………………（577）

Ⅲ　中国政府绩效管理著作 ……………………………………………………（580）
Ⅳ　国外政府绩效管理著作 ……………………………………………………（609）
一　国外译著 …………………………………………………………………（609）
二　国外原著 …………………………………………………………………（619）

Ⅴ　中国国家基金资助的政府绩效研究项目 …………………………………（629）
一　国家自然科学基金资助项目 ……………………………………………（629）
二　国家社会科学基金资助项目 ……………………………………………（631）

Ⅵ　中国政府创新奖历年获奖名单 ……………………………………………（633）

Contents

Preface ··· (1)

Part 1 Significant Literatures

Ⅰ **Law, Regulation and Policy** ··· (3)
  1. Laws and Regulations ··· (3)
    1) Law ··· (3)
    2) Administrative Regulation ··· (57)
  2. Party Literatures ·· (88)
    1) Report of National Convention of the Communist Party of China ········· (88)
    2) Official Documents of CPC Central Committee ································ (92)
  3. Central Government Documents ·· (115)
    1) State Council's Government Work Report ··· (115)
    2) Government Planning ··· (130)
  4. Local Regulations and Local Government Documents ······························ (132)
    1) Harbin Municipal Government Performance Management Ordinance ··· (132)
    2) 2009 County (Municipality) Government Performance Evaluation
       Implementation Scheme of Yanbian Prefecture ································· (137)
    3) Changzhi Municipal Government Website Evaluation Methods ············ (140)
    4) Jilin Provincial Government Website Evaluation Methods ···················· (141)
    5) Some Provincial and Municipal Governments' Website Evaluation
       Documents ·· (144)

Ⅱ **Leadership's Speeches** ·· (146)
  1. Deng Xiaoping ·· (146)
  2. Jiang Zemin ·· (151)
  3. Hu Jintao ·· (157)

4. Wen Jiabao ……………………………………………………… (160)
5. Xi Jinping ………………………………………………………… (165)
6. Zhou Yongkang …………………………………………………… (166)
7. He Guoqiang ……………………………………………………… (166)
8. Wu Guanzheng …………………………………………………… (168)

Part 2　Theoretical Overview

Practice Modes and Trends of Foreign Government Performance Management
　　and Evaluation …………………………………………………… (173)
Chinese Government Performance Evaluation: Retrospect and Prospect …… (197)
Research and Hot Topics on Chinese Government Performance Management …… (208)
Mapping of International Government Performance Management: The Trend of
　　Research Fronts …………………………………………………… (227)

Part 3　Monograph

Theory and Practice on China's Financial Performance Evaluation ………… (245)
Chinese Government Human Resource Management Performance …………… (261)
Chinese E-Government Construction Performance ……………………… (282)
Chinese Government Cost Theory and Practice——Past, Present and Future …… (318)
Overview on China's Public Project Performance Evaluation Research ……… (334)

Part 4　Practice Highlights

Ⅰ Government Performance Evaluation ……………………………………… (363)
　1. Four Modes of Chinese Local Government Performance Evaluation Practices … (363)
　　1) Gansu Mode ……………………………………………………… (363)
　　2) Qingdao Mode …………………………………………………… (376)
　　3) Siming Mode ……………………………………………………… (381)
　　4) Zhuhai Mode ……………………………………………………… (391)
　2. Other Local Government Performance Evaluation Practices ……………… (399)

Ⅱ E-Government Construction ……………………………………………… (437)
　1. E-Government and Its Development in China ………………………… (437)
　2. Practices on E-Government Construction in China …………………… (442)
　　1) National E-Government Pilot Demonstration Project——Zhejiang Provincial
　　　　E-Government Construction …………………………………… (442)

2) Zhuhai Municipal E‐Government Construction——Zhuhai: E‐Government brings more than efficiency ……………………………………………… (443)
 3) Assessment Makes Motivation——Experience on the Website Construction of the People's Government of Hefei …………………………………… (445)
 3. Development Trend of E‐Government ……………………………………… (447)

Ⅲ Local Government Innovation ……………………………………………… (453)

Part 5 Academic Bodies, Institutions and Conferences

Ⅰ Academic Body ……………………………………………………………… (495)
 Chinese Society for Government Performance Management …………………… (495)

Ⅱ Academic Institutions ……………………………………………………… (498)
 Peking University Government Performance Evaluation Center ……………… (498)
 Beijing Normal University Public Sector Performance Evaluation Research Center … (498)
 Fudan University Public Performance and Information Research Center …… (499)
 Local Government Performance Evaluation Research Center at Hubei University of Economics ……………………………………………………………… (500)
 Government Decision and Performance Evaluation Institute of South China University of Science and Technology ……………………………………… (500)
 Lanzhou University China Center for Local Government Performance Evaluation …… (501)
 Nanjing Audit University Public Administration and Performance Evaluation Institute ………………………………………………………………………… (503)
 Public Policy Evaluation Center at Shanghai University of Finance and Economics … (503)
 China Education Expenditure Performance Evaluation Center at Shanghai University of Finance and Economics ………………………………………… (504)
 Government Performance Evaluation Center at Shanghai Academy of Social Sciences ………………………………………………………………………… (505)
 Xi'an Jiaotong University Performance Management Center …………………… (505)
 Southwest Jiaotong University Local Government Performance Evaluation Center … (506)
 Xiamen University Government Performance Management Research Center ……… (507)
 Xiangtan University Hunan Government Performance Evaluation Research Center … (507)
 China Municipal Performance Management Institute …………………………… (508)
 E‐Government and Performance Management Center at Chinese Academy of Personnel Sciences ……………………………………………………………… (509)

Chinese Public Administration Society Government Performance Management
　　Center ·· (509)
Sun Yat-Sen University Administrative Management Research Center ······ (510)

Ⅲ **Academic Conference** ·· (512)

Part 6　Memorabilia
Part 7　Appendix

Ⅰ **Chinese Government Performance Management Website** ······················ (555)
　　1. Central Government and Its Ministries' Websites ··························· (555)
　　2. Provincial Local Government Websites ··· (557)
　　3. The Specialized Websites for the Chinese Government Performance Management ······ (558)

Ⅱ **Famous Foreign Government Performance Management Research Institute** ······ (571)
　　1. United States of America ·· (571)
　　2. Great Britain ·· (575)
　　3. Australia ·· (576)
　　4. Other Countries and Regions ··· (577)

Ⅲ **Works on Chinese Government Performance Management** ····················· (580)
Ⅳ **Works on Foreign Government Performance Management** ····················· (609)
　　1. Foreign Translations ·· (609)
　　2. Foreign Originals ·· (619)

Ⅴ **Government Performance Research Projects Sponsored by Chinese National Funds** ··· (629)
　　1. Projects Sponsored by National Natural Science Foundation of China ······ (629)
　　2. Projects Sponsored by National Social Science Funds ··················· (631)

Ⅵ **Yearly List on the Chinese Government Innovation Award Winners** ··············· (633)

序

《中国政府绩效管理年鉴》经数次审改,终告大成。这是我国关于政府绩效管理的第一部大型综合性、资料性工具书,是全国政府绩效管理研究会和中国地方政府绩效评价中心合力耕耘,共襄盛举的硕果。

《中国政府绩效管理年鉴》以中国政府绩效管理改革、创新和发展为主线,在国际的视野下审视中国政府绩效管理的发展状况和演变态势,较全面、系统、翔实地记载了中国在政府绩效管理领域的理论研究和实践发展的年度进展,包括理论成果、典型事件、组织与人物、政策法规、实践模式等,注重转型时期我国政府的战略思维、资源配置和公共治理能力建设,以鲜明的风格、系统的内容和一流的质量,为读者提供观察和瞭望中国政府绩效管理的平台。

我国的政府绩效管理作为一项行政管理机制创新举措,是与行政管理体制改革相伴而生的。改革开放之初,政府在推进行政管理体制和机构改革的同时,从企业管理领域借鉴了目标管理、岗位责任制等方法,致力于提高政府绩效,就含有了绩效管理的意味。20世纪80年代后期至90年代,行政管理体制改革提出转变政府职能的要求,绩效评估为政府职能正确定位发挥了重要的作用。2003年党的十六大提出科学发展观,要求政府进一步加强社会管理和公共服务。2004年国务院把"建立健全公共产品和服务的监管和绩效评估制度"写进了《国务院工作规则》。从这开始,中央政府和地方各级政府都把绩效评估、绩效管理作为行政管理体制改革和机制创新的重要内容,大胆探索,大力推进,取得了积极成效,提升了政府工作效能,增强了行政执行力和公信力,成为建设服务型政府的重要抓手。认真梳理研究理论成果,总结政府绩效管理的实践经验,将有助于把政府绩效管理这一利国、利民的大事情办得更好。

兹值年鉴付梓之际,特缀数语以作简介,并向年鉴诸位编辑所付之辛劳敬表深深的谢意!

中国行政管理学会执行副会长兼秘书长
全国政府绩效管理研究会会长　　高小平
2010年5月8日

第一篇

重要文献

Ⅰ 法律法规与政策

一 法律法规

（一）法律

中华人民共和国公务员法

（2005年4月27日第十届全国人民代表大会常务委员会第十五次会议通过）

第一章 总 则

第一条 为了规范公务员的管理，保障公务员的合法权益，加强对公务员的监督，建设高素质的公务员队伍，促进勤政廉政，提高工作效能，根据宪法，制定本法。

第二条 本法所称公务员，是指依法履行公职、纳入国家行政编制、由国家财政负担工资福利的工作人员。

第三条 公务员的义务、权利和管理，适用本法。

法律对公务员中的领导成员的产生、任免、监督以及法官、检察官等的义务、权利和管理另有规定的，从其规定。

第四条 公务员制度坚持以马克思列宁主义、毛泽东思想、邓小平理论和"三个代表"重要思想为指导，贯彻社会主义初级阶段的基本路线，贯彻中国共产党的干部路线和方针，坚持党管干部原则。

第五条 公务员的管理，坚持公开、平等、竞争、择优的原则，依照法定的权限、条件、标准和程序进行。

第六条 公务员的管理，坚持监督约束与激励保障并重的原则。

第七条 公务员的任用，坚持任人唯贤、德才兼备的原则，注重工作实绩。

第八条 国家对公务员实行分类管理，提高管理效能和科学化水平。

第九条 公务员依法履行职务的行为，受法律保护。

第十条 中央公务员主管部门负责全国公务员的综合管理工作。县级以上地方各级公务员主管部门负责本辖区内公务员的综合管理工作。上级公务员主管部门指导下级公务员主管部门的公务员管理工作。各级公务员主管部门指导同级各机关的公务员管理工作。

第二章 公务员的条件、义务与权利

第十一条 公务员应当具备下列条件：

（一）具有中华人民共和国国籍；

（二）年满十八周岁；

（三）拥护中华人民共和国宪法；

（四）具有良好的品行；

（五）具有正常履行职责的身体条件；

（六）具有符合职位要求的文化程度和工作能力；

（七）法律规定的其他条件。

第十二条 公务员应当履行下列义务：

（一）模范遵守宪法和法律；

（二）按照规定的权限和程序认真履行职责，努力提高工作效率；

（三）全心全意为人民服务，接受人民监督；

（四）维护国家的安全、荣誉和利益；

（五）忠于职守，勤勉尽责，服从和执行上级依法作出的决定和命令；

（六）保守国家秘密和工作秘密；

（七）遵守纪律，恪守职业道德，模范遵守社会公德；

（八）清正廉洁，公道正派；

（九）法律规定的其他义务。

第十三条 公务员享有下列权利：

（一）获得履行职责应当具有的工作条件；

（二）非因法定事由、非经法定程序，不被免职、降职、辞退或者处分；

（三）获得工资报酬，享受福利、保险待遇；

（四）参加培训；

（五）对机关工作和领导人员提出批评和建议；

（六）提出申诉和控告；

（七）申请辞职；

（八）法律规定的其他权利。

第三章 职务与级别

第十四条 国家实行公务员职位分类制度。

公务员职位类别按照公务员职位的性质、特点和管理需要，划分为综合管理类、专业技术类和行政执法类等类别。国务院根据本法，对于具有职位特殊性，需要单独管理的，可以增设其他职位类别。各职位类别的适用范围由国家另行规定。

第十五条　国家根据公务员职位类别设置公务员职务序列。

第十六条　公务员职务分为领导职务和非领导职务。

领导职务层次分为：国家级正职、国家级副职、省部级正职、省部级副职、厅局级正职、厅局级副职、县处级正职、县处级副职、乡科级正职、乡科级副职。

非领导职务层次在厅局级以下设置。

第十七条　综合管理类的领导职务根据宪法、有关法律、职务层次和机构规格设置确定。

综合管理类的非领导职务分为：巡视员、副巡视员、调研员、副调研员、主任科员、副主任科员、科员、办事员。

综合管理类以外其他职位类别公务员的职务序列，根据本法由国家另行规定。

第十八条　各机关依照确定的职能、规格、编制限额、职数以及结构比例，设置本机关公务员的具体职位，并确定各职位的工作职责和任职资格条件。

第十九条　公务员的职务应当对应相应的级别。公务员职务与级别的对应关系，由国务院规定。

公务员的职务与级别是确定公务员工资及其他待遇的依据。

公务员的级别根据所任职务及其德才表现、工作实绩和资历确定。公务员在同一职务上，可以按照国家规定晋升级别。

第二十条　国家根据人民警察以及海关、驻外外交机构公务员的工作特点，设置与其职务相对应的衔级。

第四章　录　用

第二十一条　录用担任主任科员以下及其他相当职务层次的非领导职务公务员，采取公开考试、严格考察、平等竞争、择优录取的办法。

民族自治地方依照前款规定录用公务员时，依照法律和有关规定对少数民族报考者予以适当照顾。

第二十二条　中央机关及其直属机构公务员的录用，由中央公务员主管部门负责组织。地方各级机关公务员的录用，由省级公务员主管部门负责组织，必要时省级公务员主管部门可以授权设区的市级公务员主管部门组织。

第二十三条　报考公务员，除应当具备本法第十一条规定的条件外，还应当具备省级以上公务员主管部门规定的拟任职位所要求的资格条件。

第二十四条　下列人员不得录用为公务员：

（一）曾因犯罪受过刑事处罚的；

（二）曾被开除公职的；

（三）有法律规定不得录用为公务员的其他情形的。

第二十五条　录用公务员，必须在规定的编制限额内，并有相应的职位空缺。

第二十六条　录用公务员，应当发布招考公告。招考公告应当载明招考的职位、名额、报考资格条件、报考需要提交的申请材料以及其他报考须知事项。

招录机关应当采取措施，便利公民报考。

第二十七条　招录机关根据报考资格条件对报考申请进行审查。报考者提交的申请材料应当真实、准确。

第二十八条　公务员录用考试采取笔试和面试的方式进行，考试内容根据公务员应当具备的基本能力和不同职位类别分别设置。

第二十九条　招录机关根据考试成绩确定考察人选，并对其进行报考资格复审、考察和体检。

体检的项目和标准根据职位要求确定。具体办法由中央公务员主管部门会同国务院卫生行政部门规定。

第三十条　招录机关根据考试成绩、考察情况和体检结果，提出拟录用人员名单，并予以公示。

公示期满，中央一级招录机关将拟录用人员名单报中央公务员主管部门备案；地方各级招录机关将拟录用人员名单报省级或者设区的市级公务员主管部门审批。

第三十一条　录用特殊职位的公务员，经省级以上公务员主管部门批准，可以简化程序或者采用其他测评办法。

第三十二条　新录用的公务员试用期为一年。试用期满合格的，予以任职；不合格的，取消录用。

第五章　考　核

第三十三条　对公务员的考核，按照管理权限，全面考核公务员的德、能、勤、绩、廉，重点考核工作实绩。

第三十四条　公务员的考核分为平时考核和定期考核。定期考核以平时考核为基础。

第三十五条　对非领导成员公务员的定期考核采取年度考核的方式，先由个人按照职位职责和有关要求进行总结，主管领导在听取群众意见后，提出考核等次建议，由本机关负责人或者授权的考核委员会确定考核等次。

对领导成员的定期考核，由主管机关按照有关规定办理。

第三十六条　定期考核的结果分为优秀、称职、基本称职和不称职四个等次。

定期考核的结果应当以书面形式通知公务员本人。

第三十七条　定期考核的结果作为调整公务员职务、级别、工资以及公务员奖励、培训、辞退的依据。

第六章　职务任免

第三十八条　公务员职务实行选任制和委任制。

领导成员职务按照国家规定实行任期制。

第三十九条　选任制公务员在选举结果生效时即任当选职务；任期届满不再连任，

或者任期内辞职、被罢免、被撤职的，其所任职务即终止。

第四十条 委任制公务员遇有试用期满考核合格、职务发生变化、不再担任公务员职务以及其他情形需要任免职务的，应当按照管理权限和规定的程序任免其职务。

第四十一条 公务员任职必须在规定的编制限额和职数内进行，并有相应的职位空缺。

第四十二条 公务员因工作需要在机关外兼职，应当经有关机关批准，并不得领取兼职报酬。

第七章 职务升降

第四十三条 公务员晋升职务，应当具备拟任职务所要求的思想政治素质、工作能力、文化程度和任职经历等方面的条件和资格。

公务员晋升职务，应当逐级晋升。特别优秀的或者工作特殊需要的，可以按照规定破格或者越一级晋升职务。

第四十四条 公务员晋升领导职务，按照下列程序办理：

（一）民主推荐，确定考察对象；
（二）组织考察，研究提出任职建议方案，并根据需要在一定范围内进行酝酿；
（三）按照管理权限讨论决定；
（四）按照规定履行任职手续。

公务员晋升非领导职务，参照前款规定的程序办理。

第四十五条 机关内设机构厅局级正职以下领导职务出现空缺时，可以在本机关或者本系统内通过竞争上岗的方式，产生任职人选。

厅局级正职以下领导职务或者副调研员以上及其他相当职务层次的非领导职务出现空缺，可以面向社会公开选拔，产生任职人选。

确定初任法官、初任检察官的任职人选，可以面向社会，从通过国家统一司法考试取得资格的人员中公开选拔。

第四十六条 公务员晋升领导职务的，应当按照有关规定实行任职前公示制度和任职试用期制度。

第四十七条 公务员在定期考核中被确定为不称职的，按照规定程序降低一个职务层次任职。

第八章 奖 励

第四十八条 对工作表现突出，有显著成绩和贡献，或者有其他突出事迹的公务员或者公务员集体，给予奖励。奖励坚持精神奖励与物质奖励相结合、以精神奖励为主的原则。

公务员集体的奖励适用于按照编制序列设置的机构或者为完成专项任务组成的工作集体。

第四十九条 公务员或者公务员集体有下列情形之一的，给予奖励：

（一）忠于职守，积极工作，成绩显著的；
（二）遵守纪律，廉洁奉公，作风正派，办事公道，模范作用突出的；
（三）在工作中有发明创造或者提出合理化建议，取得显著经济效益或者社会效益的；
（四）为增进民族团结、维护社会稳定作出突出贡献的；
（五）爱护公共财产，节约国家资财有突出成绩的；
（六）防止或者消除事故有功，使国家和人民群众利益免受或者减少损失的；
（七）在抢险、救灾等特定环境中奋不顾身，作出贡献的；
（八）同违法违纪行为作斗争有功绩的；
（九）在对外交往中为国家争得荣誉和利益的；
（十）有其他突出功绩的。

第五十条　奖励分为：嘉奖、记三等功、记二等功、记一等功、授予荣誉称号。对受奖励的公务员或者公务员集体予以表彰，并给予一次性奖金或者其他待遇。

第五十一条　给予公务员或者公务员集体奖励，按照规定的权限和程序决定或者审批。

第五十二条　公务员或者公务员集体有下列情形之一的，撤销奖励：
（一）弄虚作假，骗取奖励的；
（二）申报奖励时隐瞒严重错误或者严重违反规定程序的；
（三）有法律、法规规定应当撤销奖励的其他情形的。

第九章　惩　戒

第五十三条　公务员必须遵守纪律，不得有下列行为：
（一）散布有损国家声誉的言论，组织或者参加旨在反对国家的集会、游行、示威等活动；
（二）组织或者参加非法组织，组织或者参加罢工；
（三）玩忽职守，贻误工作；
（四）拒绝执行上级依法作出的决定和命令；
（五）压制批评，打击报复；
（六）弄虚作假，误导、欺骗领导和公众；
（七）贪污、行贿、受贿，利用职务之便为自己或者他人谋取私利；
（八）违反财经纪律，浪费国家资财；
（九）滥用职权，侵害公民、法人或者其他组织的合法权益；
（十）泄露国家秘密或者工作秘密；
（十一）在对外交往中损害国家荣誉和利益；
（十二）参与或者支持色情、吸毒、赌博、迷信等活动；
（十三）违反职业道德、社会公德；

（十四）从事或者参与营利性活动，在企业或者其他营利性组织中兼任职务；

（十五）旷工或者因公外出、请假期满无正当理由逾期不归；

（十六）违反纪律的其他行为。

第五十四条　公务员执行公务时，认为上级的决定或者命令有错误的，可以向上级提出改正或者撤销该决定或者命令的意见；上级不改变该决定或者命令，或者要求立即执行的，公务员应当执行该决定或者命令，执行的后果由上级负责，公务员不承担责任；但是，公务员执行明显违法的决定或者命令的，应当依法承担相应的责任。

第五十五条　公务员因违法违纪应当承担纪律责任的，依照本法给予处分；违纪行为情节轻微，经批评教育后改正的，可以免予处分。

第五十六条　处分分为：警告、记过、记大过、降级、撤职、开除。

第五十七条　对公务员的处分，应当事实清楚、证据确凿、定性准确、处理恰当、程序合法、手续完备。

公务员违纪的，应当由处分决定机关决定对公务员违纪的情况进行调查，并将调查认定的事实及拟给予处分的依据告知公务员本人。公务员有权进行陈述和申辩。

处分决定机关认为对公务员应当给予处分的，应当在规定的期限内，按照管理权限和规定的程序作出处分决定。处分决定应当以书面形式通知公务员本人。

第五十八条　公务员在受处分期间不得晋升职务和级别，其中受记过、记大过、降级、撤职处分的，不得晋升工资档次。

受处分的期间为：警告，六个月；记过，十二个月；记大过，十八个月；降级、撤职，二十四个月。

受撤职处分的，按照规定降低级别。

第五十九条　公务员受开除以外的处分，在受处分期间有悔改表现，并且没有再发生违纪行为的，处分期满后，由处分决定机关解除处分并以书面形式通知本人。

解除处分后，晋升工资档次、级别和职务不再受原处分的影响。但是，解除降级、撤职处分的，不视为恢复原级别、原职务。

第十章　培　训

第六十条　机关根据公务员工作职责的要求和提高公务员素质的需要，对公务员进行分级分类培训。

国家建立专门的公务员培训机构。机关根据需要也可以委托其他培训机构承担公务员培训任务。

第六十一条　机关对新录用人员应当在试用期内进行初任培训；对晋升领导职务的公务员应当在任职前或者任职后一年内进行任职培训；对从事专项工作的公务员应当进行专门业务培训；对全体公务员应当进行更新知识、提高工作能力的在职培训，其中对担任专业技术职务的公务员，应当按照专业技术人员继续教育的要求，进行专业技术培训。

国家有计划地加强对后备领导人员的培训。

第六十二条　公务员的培训实行登记管理。

公务员参加培训的时间由公务员主管部门按照本法第六十一条规定的培训要求予以确定。

公务员培训情况、学习成绩作为公务员考核的内容和任职、晋升的依据之一。

第十一章　交流与回避

第六十三条　国家实行公务员交流制度。

公务员可以在公务员队伍内部交流，也可以与国有企业事业单位、人民团体和群众团体中从事公务的人员交流。

交流的方式包括调任、转任和挂职锻炼。

第六十四条　国有企业事业单位、人民团体和群众团体中从事公务的人员可以调入机关担任领导职务或者副调研员以上及其他相当职务层次的非领导职务。调任人选应当具备本法第十一条规定的条件和拟任职位所要求的资格条件，并不得有本法第二十四条规定的情形。调任机关应当根据上述规定，对调任人选进行严格考察，并按照管理权限审批，必要时可以对调任人选进行考试。

第六十五条　公务员在不同职位之间转任应当具备拟任职位所要求的资格条件，在规定的编制限额和职数内进行。

对省部级正职以下的领导成员应当有计划、有重点地实行跨地区、跨部门转任。

对担任机关内设机构领导职务和工作性质特殊的非领导职务的公务员，应当有计划地在本机关内转任。

第六十六条　根据培养锻炼公务员的需要，可以选派公务员到下级机关或者上级机关、其他地区机关以及国有企业事业单位挂职锻炼。

公务员在挂职锻炼期间，不改变与原机关的人事关系。

第六十七条　公务员应当服从机关的交流决定。

公务员本人申请交流的，按照管理权限审批。

第六十八条　公务员之间有夫妻关系、直系血亲关系、三代以内旁系血亲关系以及近姻亲关系的，不得在同一机关担任双方直接隶属于同一领导人员的职务或者有直接上下级领导关系的职务，也不得在其中一方担任领导职务的机关从事组织、人事、纪检、监察、审计和财务工作。

因地域或者工作性质特殊，需要变通执行任职回避的，由省级以上公务员主管部门规定。

第六十九条　公务员担任乡级机关、县级机关及其有关部门主要领导职务的，应当实行地域回避，法律另有规定的除外。

第七十条　公务员执行公务时，有下列情形之一的，应当回避：

（一）涉及本人利害关系的；

(二）涉及与本人有本法第六十八条第一款所列亲属关系人员的利害关系的；

(三）其他可能影响公正执行公务的。

第七十一条　公务员有应当回避情形的，本人应当申请回避；利害关系人有权申请公务员回避。其他人员可以向机关提供公务员需要回避的情况。

机关根据公务员本人或者利害关系人的申请，经审查后作出是否回避的决定，也可以不经申请直接作出回避决定。

第七十二条　法律对公务员回避另有规定的，从其规定。

第十二章　工资福利保险

第七十三条　公务员实行国家统一的职务与级别相结合的工资制度。

公务员工资制度贯彻按劳分配的原则，体现工作职责、工作能力、工作实绩、资历等因素，保持不同职务、级别之间的合理工资差距。

国家建立公务员工资的正常增长机制。

第七十四条　公务员工资包括基本工资、津贴、补贴和奖金。

公务员按照国家规定享受地区附加津贴、艰苦边远地区津贴、岗位津贴等津贴。

公务员按照国家规定享受住房、医疗等补贴、补助。

公务员在定期考核中被确定为优秀、称职的，按照国家规定享受年终奖金。

公务员工资应当按时足额发放。

第七十五条　公务员的工资水平应当与国民经济发展相协调、与社会进步相适应。

国家实行工资调查制度，定期进行公务员和企业相当人员工资水平的调查比较，并将工资调查比较结果作为调整公务员工资水平的依据。

第七十六条　公务员按照国家规定享受福利待遇。国家根据经济社会发展水平提高公务员的福利待遇。

公务员实行国家规定的工时制度，按照国家规定享受休假。公务员在法定工作日之外加班的，应当给予相应的补休。

第七十七条　国家建立公务员保险制度，保障公务员在退休、患病、工伤、生育、失业等情况下获得帮助和补偿。

公务员因公致残的，享受国家规定的伤残待遇。公务员因公牺牲、因公死亡或者病故的，其亲属享受国家规定的抚恤和优待。

第七十八条　任何机关不得违反国家规定自行更改公务员工资、福利、保险政策，擅自提高或者降低公务员的工资、福利、保险待遇。任何机关不得扣减或者拖欠公务员的工资。

第七十九条　公务员工资、福利、保险、退休金以及录用、培训、奖励、辞退等所需经费，应当列入财政预算，予以保障。

第十三章　辞职辞退

第八十条　公务员辞去公职，应当向任免机关提出书面申请。任免机关应当自接到申请之日起三十日内予以审批,其中对领导成员辞去公职的申请,应当自接到申请之日起九十日内予以审批。

第八十一条　公务员有下列情形之一的,不得辞去公职:

(一)未满国家规定的最低服务年限的;

(二)在涉及国家秘密等特殊职位任职或者离开上述职位不满国家规定的脱密期限的;

(三)重要公务尚未处理完毕,且须由本人继续处理的;

(四)正在接受审计、纪律审查,或者涉嫌犯罪,司法程序尚未终结的;

(五)法律、行政法规规定的其他不得辞去公职的情形。

第八十二条　担任领导职务的公务员,因工作变动依照法律规定需要辞去现任职务的,应当履行辞职手续。

担任领导职务的公务员,因个人或者其他原因,可以自愿提出辞去领导职务。

领导成员因工作严重失误、失职造成重大损失或者恶劣社会影响的,或者对重大事故负有领导责任的,应当引咎辞去领导职务。

领导成员应当引咎辞职或者因其他原因不再适合担任现任领导职务,本人不提出辞职的,应当责令其辞去领导职务。

第八十三条　公务员有下列情形之一的,予以辞退:

(一)在年度考核中,连续两年被确定为不称职的;

(二)不胜任现职工作,又不接受其他安排的;

(三)因所在机关调整、撤销、合并或者缩减编制员额需要调整工作,本人拒绝合理安排的;

(四)不履行公务员义务,不遵守公务员纪律,经教育仍无转变,不适合继续在机关工作,又不宜给予开除处分的;

(五)旷工或者因公外出、请假期满无正当理由逾期不归连续超过十五天,或者一年内累计超过三十天的。

第八十四条　对有下列情形之一的公务员,不得辞退:

(一)因公致残,被确认丧失或者部分丧失工作能力的;

(二)患病或者负伤,在规定的医疗期内的;

(三)女性公务员在孕期、产假、哺乳期内的;

(四)法律、行政法规规定的其他不得辞退的情形。

第八十五条　辞退公务员,按照管理权限决定。辞退决定应当以书面形式通知被辞退的公务员。

被辞退的公务员,可以领取辞退费或者根据国家有关规定享受失业保险。

第八十六条　公务员辞职或者被辞退,离职前应当办理公务交接手续,必要时按照规定接受审计。

第十四章 退 休

第八十七条 公务员达到国家规定的退休年龄或者完全丧失工作能力的,应当退休。

第八十八条 公务员符合下列条件之一的,本人自愿提出申请,经任免机关批准,可以提前退休:

(一) 工作年限满三十年的;

(二) 距国家规定的退休年龄不足五年,且工作年限满二十年的;

(三) 符合国家规定的可以提前退休的其他情形的。

第八十九条 公务员退休后,享受国家规定的退休金和其他待遇,国家为其生活和健康提供必要的服务和帮助,鼓励发挥个人专长,参与社会发展。

第十五章 申诉控告

第九十条 公务员对涉及本人的下列人事处理不服的,可以自知道该人事处理之日起三十日内向原处理机关申请复核;对复核结果不服的,可以自接到复核决定之日起十五日内,按照规定向同级公务员主管部门或者作出该人事处理的机关的上一级机关提出申诉;也可以不经复核,自知道该人事处理之日起三十日内直接提出申诉:

(一) 处分;

(二) 辞退或者取消录用;

(三) 降职;

(四) 定期考核定为不称职;

(五) 免职;

(六) 申请辞职、提前退休未予批准;

(七) 未按规定确定或者扣减工资、福利、保险待遇;

(八) 法律、法规规定可以申诉的其他情形。

对省级以下机关作出的申诉处理决定不服的,可以向作出处理决定的上一级机关提出再申诉。

行政机关公务员对处分不服向行政监察机关申诉的,按照《中华人民共和国行政监察法》的规定办理。

第九十一条 原处理机关应当自接到复核申请书后的三十日内作出复核决定。受理公务员申诉的机关应当自受理之日起六十日内作出处理决定;案情复杂的,可以适当延长,但是延长时间不得超过三十日。

复核、申诉期间不停止人事处理的执行。

第九十二条 公务员申诉的受理机关审查认定人事处理有错误的,原处理机关应当及时予以纠正。

第九十三条 公务员认为机关及其领导人员侵犯其合法权益的,可以依法向上级机关或者有关的专门机关提出控告。受理控告的机关应当按照规定及时处理。

第九十四条　公务员提出申诉、控告，不得捏造事实，诬告、陷害他人。

第十六章　职位聘任

第九十五条　机关根据工作需要，经省级以上公务员主管部门批准，可以对专业性较强的职位和辅助性职位实行聘任制。

前款所列职位涉及国家秘密的，不实行聘任制。

第九十六条　机关聘任公务员可以参照公务员考试录用的程序进行公开招聘，也可以从符合条件的人员中直接选聘。

机关聘任公务员应当在规定的编制限额和工资经费限额内进行。

第九十七条　机关聘任公务员，应当按照平等自愿、协商一致的原则，签订书面的聘任合同，确定机关与所聘公务员双方的权利、义务。聘任合同经双方协商一致可以变更或者解除。

聘任合同的签订、变更或者解除，应当报同级公务员主管部门备案。

第九十八条　聘任合同应当具备合同期限，职位及其职责要求，工资、福利、保险待遇，违约责任等条款。

聘任合同期限为一年至五年。聘任合同可以约定试用期，试用期为一个月至六个月。

聘任制公务员按照国家规定实行协议工资制，具体办法由中央公务员主管部门规定。

第九十九条　机关依据本法和聘任合同对所聘公务员进行管理。

第一百条　国家建立人事争议仲裁制度。

人事争议仲裁应当根据合法、公正、及时处理的原则，依法维护争议双方的合法权益。

人事争议仲裁委员会根据需要设立。人事争议仲裁委员会由公务员主管部门的代表、聘用机关的代表、聘任制公务员的代表以及法律专家组成。

聘任制公务员与所在机关之间因履行聘任合同发生争议的，可以自争议发生之日起六十日内向人事争议仲裁委员会申请仲裁。当事人对仲裁裁决不服的，可以自接到仲裁裁决书之日起十五日内向人民法院提起诉讼。仲裁裁决生效后，一方当事人不履行的，另一方当事人可以申请人民法院执行。

第十七章　法律责任

第一百零一条　对有下列违反本法规定情形的，由县级以上领导机关或者公务员主管部门按照管理权限，区别不同情况，分别予以责令纠正或者宣布无效；对负有责任的领导人员和直接责任人员，根据情节轻重，给予批评教育或者处分；构成犯罪的，依法追究刑事责任：

（一）不按编制限额、职数或者任职资格条件进行公务员录用、调任、转任、聘任和晋升的；

(二) 不按规定条件进行公务员奖惩、回避和办理退休的;

(三) 不按规定程序进行公务员录用、调任、转任、聘任、晋升、竞争上岗、公开选拔以及考核、奖惩的;

(四) 违反国家规定,更改公务员工资、福利、保险待遇标准的;

(五) 在录用、竞争上岗、公开选拔中发生泄露试题、违反考场纪律以及其他严重影响公开、公正的;

(六) 不按规定受理和处理公务员申诉、控告的;

(七) 违反本法规定的其他情形的。

第一百零二条　公务员辞去公职或者退休的,原系领导成员的公务员在离职三年内,其他公务员在离职两年内,不得到与原工作业务直接相关的企业或者其他营利性组织任职,不得从事与原工作业务直接相关的营利性活动。

公务员辞去公职或者退休后有违反前款规定行为的,由其原所在机关的同级公务员主管部门责令限期改正;逾期不改正的,由县级以上工商行政管理部门没收该人员从业期间的违法所得,责令接收单位将该人员予以清退,并根据情节轻重,对接收单位处以被处罚人员违法所得一倍以上五倍以下的罚款。

第一百零三条　机关因错误的具体人事处理对公务员造成名誉损害的,应当赔礼道歉、恢复名誉、消除影响;造成经济损失的,应当依法给予赔偿。

第一百零四条　公务员主管部门的工作人员,违反本法规定,滥用职权、玩忽职守、徇私舞弊,构成犯罪的,依法追究刑事责任;尚不构成犯罪的,给予处分。

第十八章　附　则

第一百零五条　本法所称领导成员,是指机关的领导人员,不包括机关内设机构担任领导职务的人员。

第一百零六条　法律、法规授权的具有公共事务管理职能的事业单位中除工勤人员以外的工作人员,经批准参照本法进行管理。

第一百零七条　本法自2006年1月1日起施行。全国人民代表大会常务委员会1957年10月23日批准、国务院1957年10月26日公布的《国务院关于国家行政机关工作人员的奖惩暂行规定》、1993年8月14日国务院公布的《国家公务员暂行条例》同时废止。

中华人民共和国地方各级人民代表大会和地方各级人民政府组织法

（1979年7月1日第五届全国人民代表大会第二次会议通过，根据1982年12月10日第五届全国人民代表大会第五次会议《关于修改〈中华人民共和国地方各级人民代表大会和地方各级人民政府组织法〉的若干规定的决议》第一次修正，根据1986年12月2日第六届全国人民代表大会常务委员会第十八次会议《关于修改〈中华人民共和国地方各级人民代表大会和地方各级人民政府组织法〉的决定》第二次修正，根据1995年2月28日第八届全国人民代表大会常务委员会第十二次会议《关于修改〈中华人民共和国地方各级人民代表大会和地方各级人民政府组织法〉的决定》第三次修正，根据2004年10月27日第十届全国人民代表大会常务委员会第十二次会议《关于修改〈中华人民共和国地方各级人民代表大会和地方各级人民政府组织法〉的决定》第四次修正）

第一章 总 则

第一条 省、自治区、直辖市、自治州、县、自治县、市、市辖区、乡、民族乡、镇设立人民代表大会和人民政府。

第二条 县级以上的地方各级人民代表大会设立常务委员会。

第三条 自治区、自治州、自治县的自治机关除行使本法规定的职权外，同时依照宪法、民族区域自治法和其他法律规定的权限行使自治权。

第二章 地方各级人民代表大会

第四条 地方各级人民代表大会都是地方国家权力机关。

第五条 省、自治区、直辖市、自治州、设区的市的人民代表大会代表由下一级的人民代表大会选举；县、自治县、不设区的市、市辖区、乡、民族乡、镇的人民代表大会代表由选民直接选举。

地方各级人民代表大会代表名额和代表产生办法由选举法规定。各行政区域内的少数民族应当有适当的代表名额。

第六条 地方各级人民代表大会每届任期五年。

第七条 省、自治区、直辖市的人民代表大会根据本行政区域的具体情况和实际需要，在不同宪法、法律、行政法规相抵触的前提下，可以制定和颁布地方性法规，报全国人民代表大会常务委员会和国务院备案。

省、自治区的人民政府所在地的市和经国务院批准的较大的市的人民代表大会根据本市的具体情况和实际需要，在不同宪法、法律、行政法规和本省、自治区的地方性法规相抵触的前提下，可以制定地方性法规，报省、自治区的人民代表大会常务委员会批准后施行，并由省、自治区的人民代表大会常务委员会报全国人民代表大会常务委员会和国务院备案。

第八条　县级以上的地方各级人民代表大会行使下列职权：

（一）在本行政区域内，保证宪法、法律、行政法规和上级人民代表大会及其常务委员会决议的遵守和执行，保证国家计划和国家预算的执行；

（二）审查和批准本行政区域内的国民经济和社会发展计划、预算以及它们执行情况的报告；

（三）讨论、决定本行政区域内的政治、经济、教育、科学、文化、卫生、环境和资源保护、民政、民族等工作的重大事项；

（四）选举本级人民代表大会常务委员会的组成人员；

（五）选举省长、副省长，自治区主席、副主席，市长、副市长，州长、副州长，县长、副县长，区长、副区长；

（六）选举本级人民法院院长和人民检察院检察长；选出的人民检察院检察长，须报经上一级人民检察院检察长提请该级人民代表大会常务委员会批准；

（七）选举上一级人民代表大会代表；

（八）听取和审查本级人民代表大会常务委员会的工作报告；

（九）听取和审查本级人民政府和人民法院、人民检察院的工作报告；

（十）改变或者撤销本级人民代表大会常务委员会的不适当的决议；

（十一）撤销本级人民政府的不适当的决定和命令；

（十二）保护社会主义的全民所有的财产和劳动群众集体所有的财产，保护公民私人所有的合法财产，维护社会秩序，保障公民的人身权利、民主权利和其他权利；

（十三）保护各种经济组织的合法权益；

（十四）保障少数民族的权利；

（十五）保障宪法和法律赋予妇女的男女平等、同工同酬和婚姻自由等各项权利。

第九条　乡、民族乡、镇的人民代表大会行使下列职权：

（一）在本行政区域内，保证宪法、法律、行政法规和上级人民代表大会及其常务委员会决议的遵守和执行；

（二）在职权范围内通过和发布决议；

（三）根据国家计划，决定本行政区域内的经济、文化事业和公共事业的建设计划；

（四）审查和批准本行政区域内的财政预算和预算执行情况的报告；

（五）决定本行政区域内的民政工作的实施计划；

（六）选举本级人民代表大会主席、副主席；

（七）选举乡长、副乡长，镇长、副镇长；

（八）听取和审查乡、民族乡、镇的人民政府的工作报告；

（九）撤销乡、民族乡、镇的人民政府的不适当的决定和命令；

（十）保护社会主义的全民所有的财产和劳动群众集体所有的财产，保护公民私人所有的合法财产，维护社会秩序，保障公民的人身权利、民主权利和其他权利；

（十一）保护各种经济组织的合法权益；

（十二）保障少数民族的权利；

（十三）保障宪法和法律赋予妇女的男女平等、同工同酬和婚姻自由等各项权利。

少数民族聚居的乡、民族乡、镇的人民代表大会在行使职权的时候，应当采取适合民族特点的具体措施。

第十条　地方各级人民代表大会有权罢免本级人民政府的组成人员。县级以上的地方各级人民代表大会有权罢免本级人民代表大会常务委员会的组成人员和由它选出的人民法院院长、人民检察院检察长。罢免人民检察院检察长，须报经上一级人民检察院检察长提请该级人民代表大会常务委员会批准。

第十一条　地方各级人民代表大会会议每年至少举行一次。

经过五分之一以上代表提议，可以临时召集本级人民代表大会会议。

第十二条　县级以上的地方各级人民代表大会会议由本级人民代表大会常务委员会召集。

第十三条　县级以上的地方各级人民代表大会每次会议举行预备会议，选举本次会议的主席团和秘书长，通过本次会议的议程和其他准备事项的决定。

预备会议由本级人民代表大会常务委员会主持。每届人民代表大会第一次会议的预备会议，由上届本级人民代表大会常务委员会主持。

县级以上的地方各级人民代表大会举行会议的时候，由主席团主持会议。

县级以上的地方各级人民代表大会会议设副秘书长若干人；副秘书长的人选由主席团决定。

第十四条　乡、民族乡、镇的人民代表大会设主席，并可以设副主席一人至二人。主席、副主席由本级人民代表大会从代表中选出，任期同本级人民代表大会每届任期相同。

乡、民族乡、镇的人民代表大会主席、副主席不得担任国家行政机关的职务；如果担任国家行政机关的职务，必须向本级人民代表大会辞去主席、副主席的职务。

乡、民族乡、镇的人民代表大会主席、副主席在本级人民代表大会闭会期间负责联系本级人民代表大会代表，组织代表开展活动，并反映代表和群众对本级人民政府工作的建议、批评和意见。

第十五条　乡、民族乡、镇的人民代表大会举行会议的时候，选举主席团。由主席团主持会议，并负责召集下一次的本级人民代表大会会议。乡、民族乡、镇的人民代表大会主席、副主席为主席团的成员。

第十六条　地方各级人民代表大会每届第一次会议，在本届人民代表大会代表选举完成后的两个月内，由上届本级人民代表大会常务委员会或者乡、民族乡、镇的上次人民代表大会主席团召集。

第十七条　县级以上的地方各级人民政府组成人员和人民法院院长、人民检察院检察长，乡级的人民政府领导人员，列席本级人民代表大会会议；县级以上的其他有关机关、团体负责人，经本级人民代表大会常务委员会决定，可以列席本级人民代表大会会议。

第十八条　地方各级人民代表大会举行会议的时候，主席团、常务委员会、各专门委员会、本级人民政府，可以向本级人民代表大会提出属于本级人民代表大会职权范围内的议案，由主席团决定提交人民代表大会会议审议，或者先交有关的专门委员会审议、提出报告，再由主席团审议决定提交大会表决。

县级以上的地方各级人民代表大会代表十人以上联名，乡、民族乡、镇的人民代表大会代表五人以上联名，可以向本级人民代表大会提出属于本级人民代表大会职权范围内的议案，由主席团决定是否列入大会议程，或者先交有关的专门委员会审议，提出是否列入大会议程的意见，再由主席团决定是否列入大会议程。

列入会议议程的议案，在交付大会表决前，提案人要求撤回的，经主席团同意，会议对该项议案的审议即行终止。

第十九条　县级以上的地方各级人民代表大会代表向本级人民代表大会及其常务委员会提出的对各方面工作的建议、批评和意见，由本级人民代表大会常务委员会的办事机构交有关机关和组织研究处理并负责答复。

乡、民族乡、镇的人民代表大会代表向本级人民代表大会提出的对各方面工作的建议、批评和意见，由本级人民代表大会主席团交有关机关和组织研究处理并负责答复。

第二十条　地方各级人民代表大会进行选举和通过决议，以全体代表的过半数通过。

第二十一条　县级以上的地方各级人民代表大会常务委员会的组成人员，乡、民族乡、镇的人民代表大会主席、副主席，省长、副省长，自治区主席、副主席，市长、副市长，州长、副州长，县长、副县长，区长、副区长，乡长、副乡长，镇长、副镇长，人民法院院长，人民检察院检察长的人选，由本级人民代表大会主席团或者代表依照本法规定联合提名。

省、自治区、直辖市的人民代表大会代表三十人以上书面联名，设区的市和自治州的人民代表大会代表二十人以上书面联名，县级的人民代表大会代表十人以上书面联名，可以提出本级人民代表大会常务委员会组成人员，人民政府领导人员，人民法院院长，人民检察院检察长的候选人。乡、民族乡、镇的人民代表大会代表十人以上书面联名，可以提出本级人民代表大会主席、副主席，人民政府领导人员的候选人。不同选区或者选举单位选出的代表可以酝酿、联合提出候选人。

主席团提名的候选人人数，每一代表与其他代表联合提名的候选人人数，均不得超过应选名额。

提名人应当如实介绍所提名的候选人的情况。

第二十二条　人民代表大会常务委员会主任、秘书长，乡、民族乡、镇的人民代表大会主席，人民政府正职领导人员，人民法院院长，人民检察院检察长的候选人数一般应多一人，进行差额选举；如果提名的候选人只有一人，也可以等额选举。人民代表大会常务委员会副主任，乡、民族乡、镇的人民代表大会副主席，人民政府副职领导人员的候选人数应比应选人数多一人至三人，人民代表大会常务委员会委员的候选人数应比应选人数多十分之一至五分之一，由本级人民代表大会根据应选人数在选举办法中规定具体差额数，进行差额选举。如果提名的候选人数符合选举办法规定的差额数，由主席团提交代表酝酿、讨论后，进行选举。如果提名的候选人数超过选举办法规定的差额数，由主席团提交代表酝酿、讨论后，进行预选，根据在预选中得票多少的顺序，按照选举办法规定的差额数，确定正式候选人名单，进行选举。

县级以上的地方各级人民代表大会换届选举本级国家机关领导人员时，提名、酝酿候选人的时间不得少于两天。

第二十三条　选举采用无记名投票方式。代表对于确定的候选人，可以投赞成票，可以投反对票，可以另选其他任何代表或者选民，也可以弃权。

第二十四条　地方各级人民代表大会选举本级国家机关领导人员，获得过半数选票的候选人人数超过应选名额时，以得票多的当选。如遇票数相等不能确定当选人时，应当就票数相等的人再次投票，以得票多的当选。

获得过半数选票的当选人数少于应选名额时，不足的名额另行选举。另行选举时，可以根据在第一次投票时得票多少的顺序确定候选人，也可以依照本法规定的程序另行提名、确定候选人。经本级人民代表大会决定，不足的名额的另行选举可以在本次人民代表大会会议上进行，也可以在下一次人民代表大会会议上进行。

另行选举人民代表大会常务委员会副主任、委员，乡、民族乡、镇的人民代表大会副主席，人民政府副职领导人员时，依照本法第二十二条第一款的规定，确定差额数，进行差额选举。

第二十五条　地方各级人民代表大会补选常务委员会主任、副主任、秘书长、委员，乡、民族乡、镇的人民代表大会主席、副主席，省长、副省长，自治区主席、副主席，市长、副市长，州长、副州长，县长、副县长，区长、副区长，乡长、副乡长，镇长、副镇长，人民法院院长，人民检察院检察长时，候选人数可以多于应选人数，也可以同应选人数相等。选举办法由本级人民代表大会决定。

第二十六条　县级以上的地方各级人民代表大会举行会议的时候，主席团、常务委员会或者十分之一以上代表联名，可以提出对本级人民代表大会常务委员会组成人员、人民政府组成人员、人民法院院长、人民检察院检察长的罢免案，由主席团提请大会审议。

乡、民族乡、镇的人民代表大会举行会议的时候，主席团或者五分之一以上代表联名，可以提出对人民代表大会主席、副主席，乡长、副乡长，镇长、副镇长的罢免案，由主席团提请大会审议。

罢免案应当写明罢免理由。

被提出罢免的人员有权在主席团会议或者大会全体会议上提出申辩意见，或者书面提出申辩意见。在主席团会议上提出的申辩意见或者书面提出的申辩意见，由主席团印发会议。

向县级以上的地方各级人民代表大会提出的罢免案，由主席团交会议审议后，提请全体会议表决；或者由主席团提议，经全体会议决定，组织调查委员会，由本级人民代表大会下次会议根据调查委员会的报告审议决定。

第二十七条　县级以上的地方各级人民代表大会常务委员会组成人员和人民政府领导人员，人民法院院长，人民检察院检察长，可以向本级人民代表大会提出辞职，由大会决定是否接受辞职；大会闭会期间，可以向本级人民代表大会常务委员会提出辞职，由常务委员会决定是否接受辞职。常务委员会决定接受辞职后，报本级人民代表大会备案。人民检察院检察长的辞职，须报经上一级人民检察院检察长提请该级人民代表大会常务委员会批准。

乡、民族乡、镇的人民代表大会主席、副主席，乡长、副乡长，镇长、副镇长，可以向本级人民代表大会提出辞职，由大会决定是否接受辞职。

第二十八条　地方各级人民代表大会举行会议的时候，代表十人以上联名可以书面提出对本级人民政府和它所属各工作部门以及人民法院、人民检察院的质询案。质询案必须写明质询对象、质询的问题和内容。

质询案由主席团决定交由受质询机关在主席团会议、大会全体会议或者有关的专门委员会会议上口头答复，或者由受质询机关书面答复。在主席团会议或者专门委员会会议上答复的，提质询案的代表有权列席会议，发表意见；主席团认为必要的时候，可以将答复质询案的情况报告印发会议。

质询案以口头答复的，应当由受质询机关的负责人到会答复；质询案以书面答复的，应当由受质询机关的负责人签署，由主席团印发会议或者印发提质询案的代表。

第二十九条　在地方各级人民代表大会审议议案的时候，代表可以向有关地方国家机关提出询问，由有关机关派人说明。

第三十条　省、自治区、直辖市、自治州、设区的市的人民代表大会根据需要，可以设法制（政法）委员会、财政经济委员会、教育科学文化卫生委员会等专门委员会。各专门委员会受本级人民代表大会领导；在大会闭会期间，受本级人民代表大会常务委员会领导。

各专门委员会的主任委员、副主任委员和委员的人选，由主席团在代表中提名，大会通过。在大会闭会期间，常务委员会可以任免专门委员会的个别副主任委员和部分委员，由主任会议提名，常务委员会会议通过。

各专门委员会在本级人民代表大会及其常务委员会领导下，研究、审议和拟订有关议案；对属于本级人民代表大会及其常务委员会职权范围内同本委员会有关的问题，进行调查研究，提出建议。

第三十一条　县级以上的地方各级人民代表大会可以组织关于特定问题的调查委员会。

主席团或者十分之一以上代表书面联名，可以向本级人民代表大会提议组织关于特定问题的调查委员会，由主席团提请全体会议决定。

调查委员会由主任委员、副主任委员和委员组成，由主席团在代表中提名，提请全体会议通过。

调查委员会应当向本级人民代表大会提出调查报告。人民代表大会根据调查委员会的报告，可以作出相应的决议。人民代表大会可以授权它的常务委员会听取调查委员会的调查报告，常务委员会可以作出相应的决议，报人民代表大会下次会议备案。

第三十二条　乡、民族乡、镇的每届人民代表大会第一次会议通过的代表资格审查委员会，行使职权至本届人民代表大会任期届满为止。

第三十三条　地方各级人民代表大会代表任期，从每届本级人民代表大会举行第一次会议开始，到下届本级人民代表大会举行第一次会议为止。

第三十四条　地方各级人民代表大会代表、常务委员会组成人员，在人民代表大会和常务委员会会议上的发言和表决，不受法律追究。

第三十五条　县级以上的地方各级人民代表大会代表，非经本级人民代表大会主席团许可，在大会闭会期间，非经本级人民代表大会常务委员会许可，不受逮捕或者刑事审判。如果因为是现行犯被拘留，执行拘留的公安机关应当立即向该级人民代表大会主席团或者常务委员会报告。

第三十六条　地方各级人民代表大会代表在出席人民代表大会会议和执行代表职务的时候，国家根据需要给予往返的旅费和必要的物质上的便利或者补贴。

第三十七条　地方各级人民代表大会代表应当和原选举单位或者选民保持密切联系，宣传法律和政策，协助本级人民政府推行工作，并且向人民代表大会及其常务委员会、人民政府反映群众的意见和要求。

省、自治区、直辖市、自治州、设区的市的人民代表大会代表可以列席原选举单位的人民代表大会会议。

县、自治县、不设区的市、市辖区、乡、民族乡、镇的人民代表大会代表分工联系选民，有代表三人以上的居民地区或者生产单位可以组织代表小组，协助本级人民政府推行工作。

第三十八条　省、自治区、直辖市、自治州、设区的市的人民代表大会代表受原选举单位的监督；县、自治县、不设区的市、市辖区、乡、民族乡、镇的人民代表大会代表受选民的监督。

地方各级人民代表大会代表的选举单位和选民有权随时罢免自己选出的代表。代表的罢免必须由原选举单位以全体代表的过半数通过，或者由原选区以选民的过半数通过。

第三十九条　地方各级人民代表大会代表因故不能担任代表职务的时候，由原选举单位或者由原选区选民补选。

第三章　县级以上的地方各级人民代表大会常务委员会

第四十条　省、自治区、直辖市、自治州、县、自治县、市、市辖区的人民代表大会设立常务委员会。

县级以上的地方各级人民代表大会常务委员会是本级人民代表大会的常设机关，对本级人民代表大会负责并报告工作。

第四十一条　省、自治区、直辖市、自治州、设区的市的人民代表大会常务委员会由本级人民代表大会在代表中选举主任、副主任若干人、秘书长、委员若干人组成。

县、自治县、不设区的市、市辖区的人民代表大会常务委员会由本级人民代表大会在代表中选举主任、副主任若干人和委员若干人组成。

常务委员会的组成人员不得担任国家行政机关、审判机关和检察机关的职务；如果担任上述职务，必须向常务委员会辞去常务委员会的职务。

常务委员会组成人员的名额：

（一）省、自治区、直辖市三十五人至六十五人，人口超过八千万的省不超过八十五人；

（二）设区的市、自治州十九人至四十一人，人口超过八百万的设区的市不超过五十一人；

（三）县、自治县、不设区的市、市辖区十五人至二十七人，人口超过一百万的县、自治县、不设区的市、市辖区不超过三十五人。

省、自治区、直辖市每届人民代表大会常务委员会组成人员的名额，由省、自治区、直辖市的人民代表大会依照前款规定，按人口多少确定。自治州、县、自治县、市、市辖区每届人民代表大会常务委员会组成人员的名额，由省、自治区、直辖市的人民代表大会常务委员会依照前款规定，按人口多少确定。每届人民代表大会常务委员会组成人员的名额经确定后，在本届人民代表大会的任期内不再变动。

第四十二条　县级以上的地方各级人民代表大会常务委员会每届任期同本级人民代表大会每届任期相同，它行使职权到下届本级人民代表大会选出新的常务委员会为止。

第四十三条　省、自治区、直辖市的人民代表大会常务委员会在本级人民代表大会闭会期间，根据本行政区域的具体情况和实际需要，在不同宪法、法律、行政法规相抵触的前提下，可以制定和颁布地方性法规，报全国人民代表大会常务委员会和国务院备案。

省、自治区的人民政府所在地的市和经国务院批准的较大的市的人民代表大会常务委员会，在本级人民代表大会闭会期间，根据本市的具体情况和实际需要，在不同宪法、法律、行政法规和本省、自治区的地方性法规相抵触的前提下，可以制定地方性法规，报省、自治区的人民代表大会常务委员会批准后施行，并由省、自治区的人民代表大会常务委员会报全国人民代表大会常务委员会和国务院备案。

第四十四条 县级以上的地方各级人民代表大会常务委员会行使下列职权：

（一）在本行政区域内，保证宪法、法律、行政法规和上级人民代表大会及其常务委员会决议的遵守和执行；

（二）领导或者主持本级人民代表大会代表的选举；

（三）召集本级人民代表大会会议；

（四）讨论、决定本行政区域内的政治、经济、教育、科学、文化、卫生、环境和资源保护、民政、民族等工作的重大事项；

（五）根据本级人民政府的建议，决定对本行政区域内的国民经济和社会发展计划、预算的部分变更；

（六）监督本级人民政府、人民法院和人民检察院的工作，联系本级人民代表大会代表，受理人民群众对上述机关和国家工作人员的申诉和意见；

（七）撤销下一级人民代表大会及其常务委员会的不适当的决议；

（八）撤销本级人民政府的不适当的决定和命令；

（九）在本级人民代表大会闭会期间，决定副省长、自治区副主席、副市长、副州长、副县长、副区长的个别任免；在省长、自治区主席、市长、州长、县长、区长和人民法院院长、人民检察院检察长因故不能担任职务的时候，从本级人民政府、人民法院、人民检察院副职领导人员中决定代理的人选；决定代理检察长，须报上一级人民检察院和人民代表大会常务委员会备案；

（十）根据省长、自治区主席、市长、州长、县长、区长的提名，决定本级人民政府秘书长、厅长、局长、委员会主任、科长的任免，报上一级人民政府备案；

（十一）按照人民法院组织法和人民检察院组织法的规定，任免人民法院副院长、庭长、副庭长、审判委员会委员、审判员，任免人民检察院副检察长、检察委员会委员、检察员，批准任免下一级人民检察院检察长；省、自治区、直辖市的人民代表大会常务委员会根据主任会议的提名，决定在省、自治区内按地区设立的和在直辖市内设立的中级人民法院院长的任免，根据省、自治区、直辖市的人民检察院检察长的提名，决定人民检察院分院检察长的任免；

（十二）在本级人民代表大会闭会期间，决定撤销个别副省长、自治区副主席、副市长、副州长、副县长、副区长的职务；决定撤销由它任命的本级人民政府其他组成人员和人民法院副院长、庭长、副庭长、审判委员会委员、审判员，人民检察院副检察长、检察委员会委员、检察员，中级人民法院院长，人民检察院分院检察长的职务；

（十三）在本级人民代表大会闭会期间，补选上一级人民代表大会出缺的代表和罢免个别代表；

（十四）决定授予地方的荣誉称号。

第四十五条　常务委员会会议由主任召集，每两个月至少举行一次。

常务委员会的决议，由常务委员会以全体组成人员的过半数通过。

第四十六条　县级以上的地方各级人民代表大会常务委员会主任会议可以向本级人民代表大会常务委员会提出属于常务委员会职权范围内的议案，由常务委员会会议审议。

县级以上的地方各级人民政府、人民代表大会各专门委员会，可以向本级人民代表大会常务委员会提出属于常务委员会职权范围内的议案，由主任会议决定提请常务委员会会议审议，或者先交有关的专门委员会审议、提出报告，再提请常务委员会会议审议。

省、自治区、直辖市、自治州、设区的市的人民代表大会常务委员会组成人员五人以上联名，县级的人民代表大会常务委员会组成人员三人以上联名，可以向本级常务委员会提出属于常务委员会职权范围内的议案，由主任会议决定是否提请常务委员会会议审议，或者先交有关的专门委员会审议、提出报告，再决定是否提请常务委员会会议审议。

第四十七条　在常务委员会会议期间，省、自治区、直辖市、自治州、设区的市的人民代表大会常务委员会组成人员五人以上联名，县级的人民代表大会常务委员会组成人员三人以上联名，可以向常务委员会书面提出对本级人民政府、人民法院、人民检察院的质询案。质询案必须写明质询对象、质询的问题和内容。

质询案由主任会议决定交由受质询机关在常务委员会全体会议上或者有关的专门委员会会议上口头答复，或者由受质询机关书面答复。在专门委员会会议上答复的，提质询案的常务委员会组成人员有权列席会议，发表意见；主任会议认为必要的时候，可以将答复质询案的情况报告印发会议。

质询案以口头答复的，应当由受质询机关的负责人到会答复；质询案以书面答复的，应当由受质询机关的负责人签署，由主任会议印发会议或者印发提质询案的常务委员会组成人员。

第四十八条　省、自治区、直辖市、自治州、设区的市的人民代表大会常务委员会主任、副主任和秘书长组成主任会议；县、自治县、不设区的市、市辖区的人民代表大会常务委员会主任、副主任组成主任会议。主任会议处理常务委员会的重要日常工作。

第四十九条　常务委员会主任因为健康情况不能工作或者缺位的时候，由常务委员会在副主任中推选一人代理主任的职务，直到主任恢复健康或者人民代表大会选出新的主任为止。

第五十条　县级以上的地方各级人民代表大会常务委员会设立代表资格审查委员会。

代表资格审查委员会的主任委员、副主任委员和委员的人选，由常务委员会主任会议在常务委员会组成人员中提名，常务委员会会议通过。

第五十一条　代表资格审查委员会审查代表的选举是否符合法律规定。

第五十二条　主任会议或者五分之一以上的常务委员会组成人员书面联名，可以向本级人民代表大会常务委员会提议组织关于特定问题的调查委员会，由全体会议决定。

调查委员会由主任委员、副主任委员和委员组成，由主任会议在常务委员会组成人员和其他代表中提名，提请全体会议通过。

调查委员会应当向本级人民代表大会常务委员会提出调查报告。常务委员会根据调查委员会的报告，可以作出相应的决议。

第五十三条　常务委员会根据工作需要，设立办事机构和其他工作机构。

省、自治区的人民代表大会常务委员会可以在地区设立工作机构。

第四章　地方各级人民政府

第五十四条　地方各级人民政府是地方各级人民代表大会的执行机关，是地方各级国家行政机关。

第五十五条　地方各级人民政府对本级人民代表大会和上一级国家行政机关负责并报告工作。县级以上的地方各级人民政府在本级人民代表大会闭会期间，对本级人民代表大会常务委员会负责并报告工作。

全国地方各级人民政府都是国务院统一领导下的国家行政机关，都服从国务院。

地方各级人民政府必须依法行使行政职权。

第五十六条　省、自治区、直辖市、自治州、设区的市的人民政府分别由省长、副省长，自治区主席、副主席，市长、副市长，州长、副州长和秘书长、厅长、局长、委员会主任等组成。

县、自治县、不设区的市、市辖区的人民政府分别由县长、副县长，市长、副市长，区长、副区长和局长、科长等组成。

乡、民族乡的人民政府设乡长、副乡长。民族乡的乡长由建立民族乡的少数民族公民担任。镇人民政府设镇长、副镇长。

第五十七条　新的一届人民政府领导人员依法选举产生后，应当在两个月内提请本级人民代表大会常务委员会任命人民政府秘书长、厅长、局长、委员会主任、科长。

第五十八条　地方各级人民政府每届任期五年。

第五十九条　县级以上的地方各级人民政府行使下列职权：

（一）执行本级人民代表大会及其常务委员会的决议，以及上级国家行政机关的决定和命令，规定行政措施，发布决定和命令；

(二) 领导所属各工作部门和下级人民政府的工作；

(三) 改变或者撤销所属各工作部门的不适当的命令、指示和下级人民政府的不适当的决定、命令；

(四) 依照法律的规定任免、培训、考核和奖惩国家行政机关工作人员；

(五) 执行国民经济和社会发展计划、预算，管理本行政区域内的经济、教育、科学、文化、卫生、体育事业、环境和资源保护、城乡建设事业和财政、民政、公安、民族事务、司法行政、监察、计划生育等行政工作；

(六) 保护社会主义的全民所有的财产和劳动群众集体所有的财产，保护公民私人所有的合法财产，维护社会秩序，保障公民的人身权利、民主权利和其他权利；

(七) 保护各种经济组织的合法权益；

(八) 保障少数民族的权利和尊重少数民族的风俗习惯，帮助本行政区域内各少数民族聚居的地方依照宪法和法律实行区域自治，帮助各少数民族发展政治、经济和文化的建设事业；

(九) 保障宪法和法律赋予妇女的男女平等、同工同酬和婚姻自由等各项权利；

(十) 办理上级国家行政机关交办的其他事项。

第六十条 省、自治区、直辖市的人民政府可以根据法律、行政法规和本省、自治区、直辖市的地方性法规，制定规章，报国务院和本级人民代表大会常务委员会备案。省、自治区的人民政府所在地的市和经国务院批准的较大的市的人民政府，可以根据法律、行政法规和本省、自治区的地方性法规，制定规章，报国务院和省、自治区的人民代表大会常务委员会、人民政府以及本级人民代表大会常务委员会备案。

依照前款规定制定规章，须经各该级政府常务会议或者全体会议讨论决定。

第六十一条 乡、民族乡、镇的人民政府行使下列职权：

(一) 执行本级人民代表大会的决议和上级国家行政机关的决定和命令，发布决定和命令；

(二) 执行本行政区域内的经济和社会发展计划、预算，管理本行政区域内的经济、教育、科学、文化、卫生、体育事业和财政、民政、公安、司法行政、计划生育等行政工作；

(三) 保护社会主义的全民所有的财产和劳动群众集体所有的财产，保护公民私人所有的合法财产，维护社会秩序，保障公民的人身权利、民主权利和其他权利；

(四) 保护各种经济组织的合法权益；

(五) 保障少数民族的权利和尊重少数民族的风俗习惯；

(六) 保障宪法和法律赋予妇女的男女平等、同工同酬和婚姻自由等各项权利；

(七) 办理上级人民政府交办的其他事项。

第六十二条 地方各级人民政府分别实行省长、自治区主席、市长、州长、县长、区长、乡长、镇长负责制。

省长、自治区主席、市长、州长、县长、区长、乡长、镇长分别主持地方各级人民政府的工作。

第六十三条 县级以上的地方各级人民政府会议分为全体会议和常务会议。全体会议由本级人民政府全体成员组成。省、自治区、直辖市、自治州、设区的市的人民政府常务会议,分别由省长、副省长,自治区主席、副主席,市长、副市长,州长、副州长和秘书长组成。县、自治县、不设区的市、市辖区的人民政府常务会议,分别由县长、副县长,市长、副市长,区长、副区长组成。省长、自治区主席、市长、州长、县长、区长召集和主持本级人民政府全体会议和常务会议。政府工作中的重大问题,须经政府常务会议或者全体会议讨论决定。

第六十四条 地方各级人民政府根据工作需要和精干的原则,设立必要的工作部门。

县级以上的地方各级人民政府设立审计机关。地方各级审计机关依照法律规定独立行使审计监督权,对本级人民政府和上一级审计机关负责。

省、自治区、直辖市的人民政府的厅、局、委员会等工作部门的设立、增加、减少或者合并,由本级人民政府报请国务院批准,并报本级人民代表大会常务委员会备案。

自治州、县、自治县、市、市辖区的人民政府的局、科等工作部门的设立、增加、减少或者合并,由本级人民政府报请上一级人民政府批准,并报本级人民代表大会常务委员会备案。

第六十五条 各厅、局、委员会、科分别设厅长、局长、主任、科长,在必要的时候可以设副职。

办公厅、办公室设主任,在必要的时候可以设副主任。

省、自治区、直辖市、自治州、设区的市的人民政府设秘书长一人,副秘书长若干人。

第六十六条 省、自治区、直辖市的人民政府的各工作部门受人民政府统一领导,并且依照法律或者行政法规的规定受国务院主管部门的业务指导或者领导。

自治州、县、自治县、市、市辖区的人民政府的各工作部门受人民政府统一领导,并且依照法律或者行政法规的规定受上级人民政府主管部门的业务指导或者领导。

第六十七条 省、自治区、直辖市、自治州、县、自治县、市、市辖区的人民政府应当协助设立在本行政区域内不属于自己管理的国家机关、企业、事业单位进行工作,并且监督它们遵守和执行法律和政策。

第六十八条 省、自治区的人民政府在必要的时候,经国务院批准,可以设立若干派出机关。

县、自治县的人民政府在必要的时候,经省、自治区、直辖市的人民政府批准,可以设立若干区公所,作为它的派出机关。

市辖区、不设区的市的人民政府，经上一级人民政府批准，可以设立若干街道办事处，作为它的派出机关。

第五章 附 则

第六十九条 省、自治区、直辖市的人民代表大会及其常务委员会可以根据本法和实际情况，对执行中的问题作具体规定。

中华人民共和国行政复议法

（1999年4月29日第九届全国人民代表大会常务委员会第九次会议通过，1999年4月29日中华人民共和国主席令第16号公布，自1999年10月1日起施行）

第一章 总 则

第一条 为了防止和纠正违法的或者不当的具体行政行为，保护公民、法人和其他组织的合法权益，保障和监督行政机关依法行使职权，根据宪法，制定本法。

第二条 公民、法人或者其他组织认为具体行政行为侵犯其合法权益，向行政机关提出行政复议申请，行政机关受理行政复议申请、作出行政复议决定，适用本法。

第三条 依照本法履行行政复议职责的行政机关是行政复议机关。行政复议机关负责法制工作的机构具体办理行政复议事项，履行下列职责：

（一）受理行政复议申请；

（二）向有关组织和人员调查取证，查阅文件和资料；

（三）审查申请行政复议的具体行政行为是否合法与适当，拟订行政复议决定；

（四）处理或者转送对本法第七条所列有关规定的审查申请；

（五）对行政机关违反本法规定的行为依照规定的权限和程序提出处理建议；

（六）办理因不服行政复议决定提起行政诉讼的应诉事项；

（七）法律、法规规定的其他职责。

第四条 行政复议机关履行行政复议职责，应当遵循合法、公正、公开、及时、便民的原则，坚持有错必纠，保障法律、法规的正确实施。

第五条 公民、法人或者其他组织对行政复议决定不服的，可以依照行政诉讼法的规定向人民法院提起行政诉讼，但是法律规定行政复议决定为最终裁决的除外。

第二章 行政复议范围

第六条 有下列情形之一的，公民、法人或者其他组织可以依照本法申请行政复议：

（一）对行政机关作出的警告、罚款、没收违法所得、没收非法财物、责令停产停业、暂扣或者吊销许可证、暂扣或者吊销执照、行政拘留等行政处罚决定不服的；

（二）对行政机关作出的限制人身自由或者查封、扣押、冻结财产等行政强制措施决定不服的；

（三）对行政机关作出的有关许可证、执照、资质证、资格证等证书变更、中止、撤销的决定不服的；

（四）对行政机关作出的关于确认土地、矿藏、水流、森林、山岭、草原、荒地、滩涂、海域等自然资源的所有权或者使用权的决定不服的；

（五）认为行政机关侵犯合法的经营自主权的；

（六）认为行政机关变更或者废止农业承包合同，侵犯其合法权益的；

（七）认为行政机关违法集资、征收财物、摊派费用或者违法要求履行其他义务的；

（八）认为符合法定条件，申请行政机关颁发许可证、执照、资质证、资格证等证书，或者申请行政机关审批、登记有关事项，行政机关没有依法办理的；

（九）申请行政机关履行保护人身权利、财产权利、受教育权利的法定职责，行政机关没有依法履行的；

（十）申请行政机关依法发放抚恤金、社会保险金或者最低生活保障费，行政机关没有依法发放的；

（十一）认为行政机关的其他具体行政行为侵犯其合法权益的。

第七条　公民、法人或者其他组织认为行政机关的具体行政行为所依据的下列规定不合法，在对具体行政行为申请行政复议时，可以一并向行政复议机关提出对该规定的审查申请：

（一）国务院部门的规定；

（二）县级以上地方各级人民政府及其工作部门的规定；

（三）乡、镇人民政府的规定。

前款所列规定不含国务院部、委员会规章和地方人民政府规章。规章的审查依照法律、行政法规办理。

第八条　不服行政机关作出的行政处分或者其他人事处理决定的，依照有关法律、行政法规的规定提出申诉。

不服行政机关对民事纠纷作出的调解或者其他处理，依法申请仲裁或者向人民法院提起诉讼。

第三章　行政复议申请

第九条　公民、法人或者其他组织认为具体行政行为侵犯其合法权益的，可以自知道该具体行政行为之日起六十日内提出行政复议申请；但是法律规定的申请期限超过六十日的除外。

因不可抗力或者其他正当理由耽误法定申请期限的，申请期限自障碍消除之日起继续计算。

第十条　依照本法申请行政复议的公民、法人或者其他组织是申请人。有权申请行政复议的公民死亡的，其近亲属可以申请行政复议。有权申请行政复议的公民为无民事行为能力人或者限制民事行为能力人的，其法定代理人可以代为申请行政复议。有权申请行政复议的法人或者其他组织终止的，承受其权利的法人或者其他组织可以申请行政复议。同申请行政复议的具体行政行为有利害关系的其他公民、法人或者其他组织，可以作为第三人参加行政复议。公民、法人或者其他组织对行政机关的具体行政行为不服申请行政复议的，作出具体行政行为的行政机关是被申请人。申请人、第三人可以委托代理人代为参加行政复议。

第十一条　申请人申请行政复议，可以书面申请，也可以口头申请；口头申请的，行政复议机关应当当场记录申请人的基本情况、行政复议请求、申请行政复议的主要事实、理由和时间。

第十二条　对县级以上地方各级人民政府工作部门的具体行政行为不服的，由申请人选择，可以向该部门的本级人民政府申请行政复议，也可以向上一级主管部门申请行政复议。对海关、金融、国税、外汇管理等实行垂直领导的行政机关和国家安全机关的具体行政行为不服的，向上一级主管部门申请行政复议。

第十三条　对地方各级人民政府的具体行政行为不服的，向上一级地方人民政府申请行政复议。对省、自治区人民政府依法设立的派出机关所属的县级地方人民政府的具体行政行为不服的，向该派出机关申请行政复议。

第十四条　对国务院部门或者省、自治区、直辖市人民政府的具体行政行为不服的，向作出该具体行政行为的国务院部门或者省、自治区、直辖市人民政府申请行政复议。对行政复议决定不服的，可以向人民法院提起行政诉讼；也可以向国务院申请裁决，国务院依照本法的规定作出最终裁决。

第十五条　对本法第十二条、第十三条、第十四条规定以外的其他行政机关、组织的具体行政行为不服的，按照下列规定申请行政复议：

（一）对县级以上地方人民政府依法设立的派出机关的具体行政行为不服的，向设立该派出机关的人民政府申请行政复议；

（二）对政府工作部门依法设立的派出机构依照法律、法规或者规章规定，以自己的名义作出的具体行政行为不服的，向设立该派出机构的部门或者该部门的本级地方人民政府申请行政复议；

（三）对法律、法规授权的组织的具体行政行为不服的，分别向直接管理该组织的地方人民政府、地方人民政府工作部门或者国务院部门申请行政复议；

（四）对两个或者两个以上行政机关以共同的名义作出的具体行政行为不服的，向其共同上一级行政机关申请行政复议；

（五）对被撤销的行政机关在撤销前所作出的具体行政行为不服的，向继续行使其职权的行政机关的上一级行政机关申请行政复议。

有前款所列情形之一的，申请人也可以向具体行政行为发生地的县级地方人民政府提出行政复议申请，由接受申请的县级地方人民政府依照本法第十八条的规定办理。

第十六条　公民、法人或者其他组织申请行政复议，行政复议机关已经依法受理的，或者法律、法规规定应当先向行政复议机关申请行政复议、对行政复议决定不服再向人民法院提起行政诉讼的，在法定行政复议期限内不得向人民法院提起行政诉讼。

公民、法人或者其他组织向人民法院提起行政诉讼，人民法院已经依法受理的，不得申请行政复议。

第四章　行政复议受理

第十七条　行政复议机关收到行政复议申请后，应当在五日内进行审查，对不符合本法规定的行政复议申请，决定不予受理，并书面告知申请人；对符合本法规定，但是不属于本机关受理的行政复议申请，应当告知申请人向有关行政复议机关提出。

除前款规定外，行政复议申请自行政复议机关负责法制工作的机构收到之日起即为受理。

第十八条　依照本法第十五条第二款的规定接受行政复议申请的县级地方人民政府，对依照本法第十五条第一款的规定属于其他行政复议机关受理的行政复议申请，应当自接到该行政复议申请之日起七日内，转送有关行政复议机关，并告知申请人。接受转送的行政复议机关应当依照本法第十七条的规定办理。

第十九条　法律、法规规定应当先向行政复议机关申请行政复议、对行政复议决定不服再向人民法院提起行政诉讼的，行政复议机关决定不予受理或者受理后超过行政复议期限不作答复的，公民、法人或者其他组织可以自收到不予受理决定书之日起或者行政复议期满之日起十五日内，依法向人民法院提起行政诉讼。

第二十条　公民、法人或者其他组织依法提出行政复议申请，行政复议机关无正当理由不予受理的，上级行政机关应当责令其受理；必要时，上级行政机关也可以直接受理。

第二十一条　行政复议期间具体行政行为不停止执行；但是，有下列情形之一的，可以停止执行：

（一）被申请人认为需要停止执行的；
（二）行政复议机关认为需要停止执行的；
（三）申请人申请停止执行，行政复议机关认为其要求合理，决定停止执行的；
（四）法律规定停止执行的。

第五章　行政复议决定

第二十二条　行政复议原则上采取书面审查的办法，但是申请人提出要求或者行政复议机关负责法制工作的机构认为有必要时，可以向有关组织和人员调查情况，听取申请人、被申请人和第三人的意见。

第二十三条　行政复议机关负责法制工作的机构应当自行政复议申请受理之日起七日内，将行政复议申请书副本或者行政复议申请笔录复印件发送被申请人。被申请人应当自收到申请书副本或者申请笔录复印件之日起十日内，提出书面答复，并提交当初作出具体行政行为的证据、依据和其他有关材料。申请人、第三人可以查阅被申请人提出的书面答复、作出具体行政行为的证据、依据和其他有关材料，除涉及国家秘密、商业秘密或者个人隐私外，行政复议机关不得拒绝。

第二十四条　在行政复议过程中，被申请人不得自行向申请人和其他有关组织或者个人收集证据。

第二十五条　行政复议决定作出前，申请人要求撤回行政复议申请的，经说明理由，可以撤回；撤回行政复议申请的，行政复议终止。

第二十六条　申请人在申请行政复议时，一并提出对本法第七条所列有关规定的审查申请的，行政复议机关对该规定有权处理的，应当在三十日内依法处理；无权处理的，应当在七日内按照法定程序转送有权处理的行政机关依法处理，有权处理的行政机关应当在六十日内依法处理。处理期间，中止对具体行政行为的审查。

第二十七条　行政复议机关在对被申请人作出的具体行政行为进行审查时，认为其依据不合法，本机关有权处理的，应当在三十日内依法处理；无权处理的，应当在七日内按照法定程序转送有权处理的国家机关依法处理。处理期间，中止对具体行政行为的审查。

第二十八条　行政复议机关负责法制工作的机构应当对被申请人作出的具体行政行为进行审查，提出意见，经行政复议机关的负责人同意或者集体讨论通过后，按照下列规定作出行政复议决定：

（一）具体行政行为认定事实清楚，证据确凿，适用依据正确，程序合法，内容适当的，决定维持；

（二）被申请人不履行法定职责的，决定其在一定期限内履行；

（三）具体行政行为有下列情形之一的，决定撤销、变更或者确认该具体行政行为违法；决定撤销或者确认该具体行政行为违法的，可以责令被申请人在一定期限内重新作出具体行政行为：

1. 主要事实不清、证据不足的；
2. 适用依据错误的；
3. 违反法定程序的；
4. 超越或者滥用职权的；
5. 具体行政行为明显不当的。

（四）被申请人不按照本法第二十三条的规定提出书面答复、提交当初作出具体行政行为的证据、依据和其他有关材料的，视为该具体行政行为没有证据、依据，决定撤销该具体行政行为。行政复议机关责令被申请人重新作出具体行政行为的，被申请人不得以同一的事实和理由作出与原具体行政行为相同或者基本相同的具体行政行为。

第二十九条　申请人在申请行政复议时可以一并提出行政赔偿请求，行政复议机关对符合国家赔偿法的有关规定应当给予赔偿的，在决定撤销、变更具体行政行为或者确认具体行政行为违法时，应当同时决定被申请人依法给予赔偿。申请人在申请行政复议时没有提出行政赔偿请求的，行政复议机关在依法决定撤销或者变更罚款，撤销违法集资、没收财物、征收财物、摊派费用以及对财产的查封、扣押、冻结等具体行政行为时，应当同时责令被申请人返还财产，解除对财产的查封、扣押、冻结措施，或者赔偿相应的价款。

第三十条 公民、法人或者其他组织认为行政机关的具体行政行为侵犯其已经依法取得的土地、矿藏、水流、森林、山岭、草原、荒地、滩涂、海域等自然资源的所有权或者使用权的，应当先申请行政复议；对行政复议决定不服的，可以依法向人民法院提起行政诉讼。根据国务院或者省、自治区、直辖市人民政府对行政区划的勘定、调整或者征用土地的决定，省、自治区、直辖市人民政府确认土地、矿藏、水流、森林、山岭、草原、荒地、滩涂、海域等自然资源的所有权或者使用权的行政复议决定为最终裁决。

第三十一条 行政复议机关应当自受理申请之日起六十日内作出行政复议决定；但是法律规定的行政复议期限少于六十日的除外。情况复杂，不能在规定期限内作出行政复议决定的，经行政复议机关的负责人批准，可以适当延长，并告知申请人和被申请人；但是延长期限最多不超过三十日。行政复议机关作出行政复议决定，应当制作行政复议决定书，并加盖印章。行政复议决定书一经送达，即发生法律效力。

第三十二条 被申请人应当履行行政复议决定。

被申请人不履行或者无正当理由拖延履行行政复议决定的，行政复议机关或者有关上级行政机关应当责令其限期履行。

第三十三条 申请人逾期不起诉又不履行行政复议决定的，或者不履行最终裁决的行政复议决定的，按照下列规定分别处理：

（一）维持具体行政行为的行政复议决定，由作出具体行政行为的行政机关依法强制执行，或者申请人民法院强制执行；

（二）变更具体行政行为的行政复议决定，由行政复议机关依法强制执行，或者申请人民法院强制执行。

第六章 法律责任

第三十四条 行政复议机关违反本法规定，无正当理由不予受理依法提出的行政复议申请或者不按照规定转送行政复议申请的，或者在法定期限内不作出行政复议决定的，对直接负责的主管人员和其他直接责任人员依法给予警告、记过、记大过的行政处分；经责令受理仍不受理或者不按照规定转送行政复议申请，造成严重后果的，依法给予降级、撤职、开除的行政处分。

第三十五条 行政复议机关工作人员在行政复议活动中，徇私舞弊或者有其他渎职、失职行为的，依法给予警告、记过、记大过的行政处分；情节严重的，依法给予降级、撤职、开除的行政处分；构成犯罪的，依法追究刑事责任。

第三十六条　被申请人违反本法规定，不提出书面答复或者不提交作出具体行政行为的证据、依据和其他有关材料，或者阻挠、变相阻挠公民、法人或者其他组织依法申请行政复议的，对直接负责的主管人员和其他直接责任人员依法给予警告、记过、记大过的行政处分；进行报复陷害的，依法给予降级、撤职、开除的行政处分；构成犯罪的，依法追究刑事责任。

第三十七条　被申请人不履行或者无正当理由拖延履行行政复议决定的，对直接负责的主管人员和其他直接责任人员依法给予警告、记过、记大过的行政处分；经责令履行仍拒不履行的，依法给予降级、撤职、开除的行政处分。

第三十八条　行政复议机关负责法制工作的机构发现有无正当理由不予受理行政复议申请、不按照规定期限作出行政复议决定、徇私舞弊、对申请人打击报复或者不履行行政复议决定等情形的，应当向有关行政机关提出建议，有关行政机关应当依照本法和有关法律、行政法规的规定作出处理。

第七章　附　则

第三十九条　行政复议机关受理行政复议申请，不得向申请人收取任何费用。

行政复议活动所需经费，应当列入本机关的行政经费，由本级财政予以保障。

第四十条　行政复议期间的计算和行政复议文书的送达，依照民事诉讼法关于期间、送达的规定执行。

本法关于行政复议期间有关"五日"、"七日"的规定是指工作日，不含节假日。

第四十一条　外国人、无国籍人、外国组织在中华人民共和国境内申请行政复议，适用本法。

第四十二条　本法施行前公布的法律有关行政复议的规定与本法的规定不一致的，以本法的规定为准。

第四十三条　本法自1999年10月1日起施行。1990年12月24日国务院发布、1994年10月9日国务院修订发布的《行政复议条例》同时废止。

中华人民共和国行政复议法实施条例

(2007年5月23日国务院第177次常务会议通过)

第一章　总　则

第一条　为了进一步发挥行政复议制度在解决行政争议、建设法治政府、构建社会主义和谐社会中的作用，根据《中华人民共和国行政复议法》（以下简称行政复议法），制定本条例。

第二条　各级行政复议机关应当认真履行行政复议职责，领导并支持本机关负责法制工作的机构（以下简称行政复议机构）依法办理行政复议事项，并依照有关规定配备、充实、调剂专职行政复议人员，保证行政复议机构的办案能力与工作任务相适应。

第三条 行政复议机构除应当依照行政复议法第三条的规定履行职责外，还应当履行下列职责：

（一）依照行政复议法第十八条的规定转送有关行政复议申请；

（二）办理行政复议法第二十九条规定的行政赔偿等事项；

（三）按照职责权限，督促行政复议申请的受理和行政复议决定的履行；

（四）办理行政复议、行政应诉案件统计和重大行政复议决定备案事项；

（五）办理或者组织办理未经行政复议直接提起行政诉讼的行政应诉事项；

（六）研究行政复议工作中发现的问题，及时向有关机关提出改进建议，重大问题及时向行政复议机关报告。

第四条 专职行政复议人员应当具备与履行行政复议职责相适应的品行、专业知识和业务能力，并取得相应资格。具体办法由国务院法制机构会同国务院有关部门规定。

第二章 行政复议申请

第一节 申请人

第五条 依照行政复议法和本条例的规定申请行政复议的公民、法人或者其他组织为申请人。

第六条 合伙企业申请行政复议的，应当以核准登记的企业为申请人，由执行合伙事务的合伙人代表该企业参加行政复议；其他合伙组织申请行政复议的，由合伙人共同申请行政复议。

前款规定以外的不具备法人资格的其他组织申请行政复议的，由该组织的主要负责人代表该组织参加行政复议；没有主要负责人的，由共同推选的其他成员代表该组织参加行政复议。

第七条 股份制企业的股东大会、股东代表大会、董事会认为行政机关作出的具体行政行为侵犯企业合法权益的，可以以企业的名义申请行政复议。

第八条 同一行政复议案件申请人超过5人的，推选1至5名代表参加行政复议。

第九条 行政复议期间，行政复议机构认为申请人以外的公民、法人或者其他组织与被审查的具体行政行为有利害关系的，可以通知其作为第三人参加行政复议。

行政复议期间，申请人以外的公民、法人或者其他组织与被审查的具体行政行为有利害关系的，可以向行政复议机构申请作为第三人参加行政复议。

第三人不参加行政复议，不影响行政复议案件的审理。

第十条 申请人、第三人可以委托1至2名代理人参加行政复议。申请人、第三人委托代理人的，应当向行政复议机构提交授权委托书。授权委托书应当载明委托事项、权限和期限。公民在特殊情况下无法书面委托的，可以口头委托。口头委托的，行政复议机构应当核实并记录在卷。申请人、第三人解除或者变更委托的，应当书面报告行政复议机构。

第二节 被申请人

第十一条 公民、法人或者其他组织对行政机关的具体行政行为不服，依照行政复议法和本条例的规定申请行政复议的，作出该具体行政行为的行政机关为被申请人。

第十二条 行政机关与法律、法规授权的组织以共同的名义作出具体行政行为的，行政机关和法律、法规授权的组织为共同被申请人。

行政机关与其他组织以共同名义作出具体行政行为的，行政机关为被申请人。

第十三条 下级行政机关依照法律、法规、规章规定，经上级行政机关批准作出具体行政行为的，批准机关为被申请人。

第十四条 行政机关设立的派出机构、内设机构或者其他组织，未经法律、法规授权，对外以自己名义作出具体行政行为的，该行政机关为被申请人。

第三节 行政复议申请期限

第十五条 行政复议法第九条第一款规定的行政复议申请期限的计算，依照下列规定办理：

（一）当场作出具体行政行为的，自具体行政行为作出之日起计算；

（二）载明具体行政行为的法律文书直接送达的，自受送达人签收之日起计算；

（三）载明具体行政行为的法律文书邮寄送达的，自受送达人在邮件签收单上签收之日起计算；没有邮件签收单的，自受送达人在送达回执上签名之日起计算；

（四）具体行政行为依法通过公告形式告知受送达人的，自公告规定的期限届满之日起计算；

（五）行政机关作出具体行政行为时未告知公民、法人或者其他组织，事后补充告知的，自该公民、法人或者其他组织收到行政机关补充告知的通知之日起计算；

（六）被申请人能够证明公民、法人或者其他组织知道具体行政行为的，自证据材料证明其知道具体行政行为之日起计算。

行政机关作出具体行政行为，依法应当向有关公民、法人或者其他组织送达法律文书而未送达的，视为该公民、法人或者其他组织不知道该具体行政行为。

第十六条 公民、法人或者其他组织依照行政复议法第六条第（八）项、第（九）项、第（十）项的规定申请行政机关履行法定职责，行政机关未履行的，行政复议申请期限依照下列规定计算：

（一）有履行期限规定的，自履行期限届满之日起计算；

（二）没有履行期限规定的，自行政机关收到申请满60日起计算。

公民、法人或者其他组织在紧急情况下请求行政机关履行保护人身权、财产权的法定职责，行政机关不履行的，行政复议申请期限不受前款规定的限制。

第十七条 行政机关作出的具体行政行为对公民、法人或者其他组织的权利、义务可能产生不利影响的，应当告知其申请行政复议的权利、行政复议机关和行政复议申请期限。

第四节　行政复议申请的提出

第十八条　申请人书面申请行政复议的，可以采取当面递交、邮寄或者传真等方式提出行政复议申请。

有条件的行政复议机构可以接受以电子邮件形式提出的行政复议申请。

第十九条　申请人书面申请行政复议的，应当在行政复议申请书中载明下列事项：

（一）申请人的基本情况，包括：公民的姓名、性别、年龄、身份证号码、工作单位、住所、邮政编码；法人或者其他组织的名称、住所、邮政编码和法定代表人或者主要负责人的姓名、职务；

（二）被申请人的名称；

（三）行政复议请求、申请行政复议的主要事实和理由；

（四）申请人的签名或者盖章；

（五）申请行政复议的日期。

第二十条　申请人口头申请行政复议的，行政复议机构应当依照本条例第十九条规定的事项，当场制作行政复议申请笔录交申请人核对或者向申请人宣读，并由申请人签字确认。

第二十一条　有下列情形之一的，申请人应当提供证明材料：

（一）认为被申请人不履行法定职责的，提供曾经要求被申请人履行法定职责而被申请人未履行的证明材料；

（二）申请行政复议时一并提出行政赔偿请求的，提供受具体行政行为侵害而造成损害的证明材料；

（三）法律、法规规定需要申请人提供证据材料的其他情形。

第二十二条　申请人提出行政复议申请时错列被申请人的，行政复议机构应当告知申请人变更被申请人。

第二十三条　申请人对两个以上国务院部门共同作出的具体行政行为不服的，依照行政复议法第十四条的规定，可以向其中任何一个国务院部门提出行政复议申请，由作出具体行政行为的国务院部门共同作出行政复议决定。

第二十四条　申请人对经国务院批准实行省以下垂直领导的部门作出的具体行政行为不服的，可以选择向该部门的本级人民政府或者上一级主管部门申请行政复议；省、自治区、直辖市另有规定的，依照省、自治区、直辖市的规定办理。

第二十五条　申请人依照行政复议法第三十条第二款的规定申请行政复议的，应当向省、自治区、直辖市人民政府提出行政复议申请。

第二十六条　依照行政复议法第七条的规定，申请人认为具体行政行为所依据的规定不合法的，可以在对具体行政行为申请行政复议的同时一并提出对该规定的审查申请；申请人在对具体行政行为提出行政复议申请时尚不知道该具体行政行为所依据的规定的，可以在行政复议机关作出行政复议决定前向行政复议机关提出对该规定的审查申请。

第三章 行政复议受理

第二十七条 公民、法人或者其他组织认为行政机关的具体行政行为侵犯其合法权益提出行政复议申请，除不符合行政复议法和本条例规定的申请条件的，行政复议机关必须受理。

第二十八条 行政复议申请符合下列规定的，应当予以受理：

（一）有明确的申请人和符合规定的被申请人；
（二）申请人与具体行政行为有利害关系；
（三）有具体的行政复议请求和理由；
（四）在法定申请期限内提出；
（五）属于行政复议法规定的行政复议范围；
（六）属于收到行政复议申请的行政复议机构的职责范围；
（七）其他行政复议机关尚未受理同一行政复议申请，人民法院尚未受理同一主体就同一事实提起的行政诉讼。

第二十九条 行政复议申请材料不齐全或者表述不清楚的，行政复议机构可以自收到该行政复议申请之日起5日内书面通知申请人补正。补正通知应当载明需要补正的事项和合理的补正期限。无正当理由逾期不补正的，视为申请人放弃行政复议申请。补正申请材料所用时间不计入行政复议审理期限。

第三十条 申请人就同一事项向两个或者两个以上有权受理的行政机关申请行政复议的，由最先收到行政复议申请的行政机关受理；同时收到行政复议申请的，由收到行政复议申请的行政机关在10日内协商确定；协商不成的，由其共同上一级行政机关在10日内指定受理机关。协商确定或者指定受理机关所用时间不计入行政复议审理期限。

第三十一条 依照行政复议法第二十条的规定，上级行政机关认为行政复议机关不予受理行政复议申请的理由不成立的，可以先行督促其受理；经督促仍不受理的，应当责令其限期受理，必要时也可以直接受理；认为行政复议申请不符合法定受理条件的，应当告知申请人。

第四章 行政复议决定

第三十二条 行政复议机构审理行政复议案件，应当由2名以上行政复议人员参加。

第三十三条 行政复议机构认为必要时，可以实地调查核实证据；对重大、复杂的案件，申请人提出要求或者行政复议机构认为必要时，可以采取听证的方式审理。

第三十四条 行政复议人员向有关组织和人员调查取证时，可以查阅、复制、调取有关文件和资料,向有关人员进行询问。

调查取证时,行政复议人员不得少于2人,并应当向当事人或者有关人员出示证件。被调查单位和人员应当配合行政复议人员的工作,不得拒绝或者阻挠。

需要现场勘验的,现场勘验所用时间不计入行政复议审理期限。

第三十五条　行政复议机关应当为申请人、第三人查阅有关材料提供必要条件。

第三十六条　依照行政复议法第十四条的规定申请原级行政复议的案件,由原承办具体行政行为有关事项的部门或者机构提出书面答复,并提交作出具体行政行为的证据、依据和其他有关材料。

第三十七条　行政复议期间涉及专门事项需要鉴定的,当事人可以自行委托鉴定机构进行鉴定,也可以申请行政复议机构委托鉴定机构进行鉴定。鉴定费用由当事人承担。鉴定所用时间不计入行政复议审理期限。

第三十八条　申请人在行政复议决定作出前自愿撤回行政复议申请的,经行政复议机构同意,可以撤回。

申请人撤回行政复议申请的,不得再以同一事实和理由提出行政复议申请。但是,申请人能够证明撤回行政复议申请违背其真实意思表示的除外。

第三十九条　行政复议期间被申请人改变原具体行政行为的,不影响行政复议案件的审理。但是,申请人依法撤回行政复议申请的除外。

第四十条　公民、法人或者其他组织对行政机关行使法律、法规规定的自由裁量权作出的具体行政行为不服申请行政复议,申请人与被申请人在行政复议决定作出前自愿达成和解的,应当向行政复议机构提交书面和解协议;和解内容不损害社会公共利益和他人合法权益的,行政复议机构应当准许。

第四十一条　行政复议期间有下列情形之一,影响行政复议案件审理的,行政复议中止:

(一)作为申请人的自然人死亡,其近亲属尚未确定是否参加行政复议的;

(二)作为申请人的自然人丧失参加行政复议的能力,尚未确定法定代理人参加行政复议的;

(三)作为申请人的法人或者其他组织终止,尚未确定权利义务承受人的;

(四)作为申请人的自然人下落不明或者被宣告失踪的;

(五)申请人、被申请人因不可抗力,不能参加行政复议的;

(六)案件涉及法律适用问题,需要有权机关作出解释或者确认的;

(七)案件审理需要以其他案件的审理结果为依据,而其他案件尚未审结的;

(八)其他需要中止行政复议的情形。

行政复议中止的原因消除后,应当及时恢复行政复议案件的审理。

行政复议机构中止、恢复行政复议案件的审理,应当告知有关当事人。

第四十二条　行政复议期间有下列情形之一的,行政复议终止:

（一）申请人要求撤回行政复议申请，行政复议机构准予撤回的；

（二）作为申请人的自然人死亡，没有近亲属或者其近亲属放弃行政复议权利的；

（三）作为申请人的法人或者其他组织终止，其权利义务的承受人放弃行政复议权利的；

（四）申请人与被申请人依照本条例第四十条的规定，经行政复议机构准许达成和解的；

（五）申请人对行政拘留或者限制人身自由的行政强制措施不服申请行政复议后，因申请人同一违法行为涉嫌犯罪，该行政拘留或者限制人身自由的行政强制措施变更为刑事拘留的。

依照本条例第四十一条第一款第（一）项、第（二）项、第（三）项规定中止行政复议，满 60 日行政复议中止的原因仍未消除的，行政复议终止。

第四十三条　依照行政复议法第二十八条第一款第（一）项规定，具体行政行为认定事实清楚，证据确凿，适用依据正确，程序合法，内容适当的，行政复议机关应当决定维持。

第四十四条　依照行政复议法第二十八条第一款第（二）项规定，被申请人不履行法定职责的，行政复议机关应当决定其在一定期限内履行法定职责。

第四十五条　具体行政行为有行政复议法第二十八条第一款第（三）项规定情形之一的，行政复议机关应当决定撤销、变更该具体行政行为或者确认该具体行政行为违法；决定撤销该具体行政行为或者确认该具体行政行为违法的，可以责令被申请人在一定期限内重新作出具体行政行为。

第四十六条　被申请人未依照行政复议法第二十三条的规定提出书面答复、提交当初作出具体行政行为的证据、依据和其他有关材料的，视为该具体行政行为没有证据、依据，行政复议机关应当决定撤销该具体行政行为。

第四十七条　具体行政行为有下列情形之一，行政复议机关可以决定变更：

（一）认定事实清楚，证据确凿，程序合法，但是明显不当或者适用依据错误的；

（二）认定事实不清，证据不足，但是经行政复议机关审理查明事实清楚，证据确凿的。

第四十八条　有下列情形之一的，行政复议机关应当决定驳回行政复议申请：

（一）申请人认为行政机关不履行法定职责申请行政复议，行政复议机关受理后发现该行政机关没有相应法定职责或者在受理前已经履行法定职责的；

（二）受理行政复议申请后，发现该行政复议申请不符合行政复议法和本条例规定的受理条件的。

上级行政机关认为行政复议机关驳回行政复议申请的理由不成立的，应当责令其恢复审理。

第四十九条　行政复议机关依照行政复议法第二十八条的规定责令被申请人重新

作出具体行政行为的，被申请人应当在法律、法规、规章规定的期限内重新作出具体行政行为；法律、法规、规章未规定期限的，重新作出具体行政行为的期限为60日。

公民、法人或者其他组织对被申请人重新作出的具体行政行为不服，可以依法申请行政复议或者提起行政诉讼。

第五十条　有下列情形之一的，行政复议机关可以按照自愿、合法的原则进行调解：

（一）公民、法人或者其他组织对行政机关行使法律、法规规定的自由裁量权作出的具体行政行为不服申请行政复议的；

（二）当事人之间的行政赔偿或者行政补偿纠纷。

当事人经调解达成协议的，行政复议机关应当制作行政复议调解书。调解书应当载明行政复议请求、事实、理由和调解结果，并加盖行政复议机关印章。行政复议调解书经双方当事人签字，即具有法律效力。

调解未达成协议或者调解书生效前一方反悔的，行政复议机关应当及时作出行政复议决定。

第五十一条　行政复议机关在申请人的行政复议请求范围内，不得作出对申请人更为不利的行政复议决定。

第五十二条　第三人逾期不起诉又不履行行政复议决定的，依照行政复议法第三十三条的规定处理。

第五章　行政复议指导和监督

第五十三条　行政复议机关应当加强对行政复议工作的领导。

行政复议机构在本级行政复议机关的领导下，按照职责权限对行政复议工作进行督促、指导。

第五十四条　县级以上各级人民政府应当加强对所属工作部门和下级人民政府履行行政复议职责的监督。

行政复议机关应当加强对其行政复议机构履行行政复议职责的监督。

第五十五条　县级以上地方各级人民政府应当建立健全行政复议工作责任制，将行政复议工作纳入本级政府目标责任制。

第五十六条　县级以上地方各级人民政府应当按照职责权限，通过定期组织检查、抽查等方式，对所属工作部门和下级人民政府行政复议工作进行检查，并及时向有关方面反馈检查结果。

第五十七条　行政复议期间行政复议机关发现被申请人或者其他下级行政机关的相关行政行为违法或者需要做好善后工作的，可以制作行政复议意见书。有关机关应当自收到行政复议意见书之日起60日内将纠正相关行政违法行为或者做好善后工作的情况通报行政复议机构。

行政复议期间行政复议机构发现法律、法规、规章实施中带有普遍性的问题，可以制作行政复议建议书，向有关机关提出完善制度和改进行政执法的建议。

第五十八条　县级以上各级人民政府行政复议机构应当定期向本级人民政府提交行政复议工作状况分析报告。

第五十九条　下级行政复议机关应当及时将重大行政复议决定报上级行政复议机关备案。

第六十条　各级行政复议机构应当定期组织对行政复议人员进行业务培训，提高行政复议人员的专业素质。

第六十一条　各级行政复议机关应当定期总结行政复议工作，对在行政复议工作中作出显著成绩的单位和个人，依照有关规定给予表彰和奖励。

第六章　法律责任

第六十二条　被申请人在规定期限内未按照行政复议决定的要求重新作出具体行政行为，或者违反规定重新作出具体行政行为的，依照行政复议法第三十七条的规定追究法律责任。

第六十三条　拒绝或者阻挠行政复议人员调查取证、查阅、复制、调取有关文件和资料的，对有关责任人员依法给予处分或者治安处罚；构成犯罪的，依法追究刑事责任。

第六十四条　行政复议机关或者行政复议机构不履行行政复议法和本条例规定的行政复议职责，经有权监督的行政机关督促仍不改正的，对直接负责的主管人员和其他直接责任人员依法给予警告、记过、记大过的处分；造成严重后果的，依法给予降级、撤职、开除的处分。

第六十五条　行政机关及其工作人员违反行政复议法和本条例规定的，行政复议机构可以向人事、监察部门提出对有关责任人员的处分建议，也可以将有关人员违法的事实材料直接转送人事、监察部门处理；接受转送的人事、监察部门应当依法处理，并将处理结果通报转送的行政复议机构。

第七章　附　则

第六十六条　本条例自 2007 年 8 月 1 日起施行。

中华人民共和国行政监察法

（1997 年 5 月 9 日第八届全国人民代表大会常务委员会第二十五次会议通过，1997 年 5 月 9 日中华人民共和国主席令第 85 号公布，自公布之日起施行）

第一章　总　则

第一条　为了加强监察工作，保证政令畅通，维护行政纪律，促进廉政建设，改善行政管理，提高行政效能，根据宪法，制定本法。

第二条　监察机关是人民政府行使监察职能的机关，依照本法对国家行政机关、国家公务员和国家行政机关任命的其他人员实施监察。

第三条 监察机关依法行使职权，不受其他行政部门、社会团体和个人的干涉。

第四条 监察工作必须坚持实事求是，重证据、重调查研究，在适用法律和行政纪律上人人平等。

第五条 监察工作应当实行教育与惩处相结合、监督检查与改进工作相结合。

第六条 监察工作应当依靠群众。监察机关建立举报制度，公民对于任何国家行政机关、国家公务员和国家行政机关任命的其他人员的违法失职行为，有权向监察机关提出控告或者检举。

第二章 监察机关和监察人员

第七条 国务院监察机关主管全国的监察工作。

县级以上地方各级人民政府监察机关负责本行政区域内的监察工作，对本级人民政府和上一级监察机关负责并报告工作，监察业务以上级监察机关领导为主。

第八条 县级以上各级人民政府监察机关根据工作需要，经本级人民政府批准，可以向政府所属部门派出监察机构或者监察人员。

监察机关派出的监察机构或者监察人员，对派出的监察机关负责并报告工作。

第九条 监察人员必须遵纪守法，忠于职守，秉公执法，清正廉洁，保守秘密。

第十条 监察人员必须熟悉监察业务，具备相应的文化水平和专业知识。

第十一条 县级以上地方各级人民政府监察机关正职、副职领导人员的任命或者免职，在提请决定前，必须经上一级监察机关同意。

第十二条 监察机关对监察人员执行职务和遵守纪律实行监督的制度。

第十三条 监察人员依法执行职务，受法律保护。

任何组织和个人不得拒绝、阻碍监察人员依法执行职务，不得打击报复监察人员。

第十四条 监察人员办理的监察事项与本人或者其近亲属有利害关系的，应当回避。

第三章 监察机关的职责

第十五条 国务院监察机关对下列机关和人员实施监察：

（一）国务院各部门及其国家公务员；

（二）国务院及国务院各部门任命的其他人员；

（三）省、自治区、直辖市人民政府及其领导人员。

第十六条 县级以上地方各级人民政府监察机关对下列机关和人员实施监察：

（一）本级人民政府各部门及其国家公务员；

（二）本级人民政府及本级人民政府各部门任命的其他人员；

（三）下一级人民政府及其领导人员。

县、自治县、不设区的市、市辖区人民政府监察机关还对本辖区所属的乡、民族乡、镇人民政府的国家公务员以及乡、民族乡、镇人民政府任命的其他人员实施监察。

第十七条　上级监察机关可以办理下一级监察机关管辖范围内的监察事项；必要时也可以办理所辖各级监察机关管辖范围内的监察事项。

监察机关之间对管辖范围有争议的，由其共同的上级监察机关确定。

第十八条　监察机关为行使监察职能，履行下列职责：

（一）检查国家行政机关在遵守和执行法律、法规和人民政府的决定、命令中的问题；

（二）受理对国家行政机关、国家公务员和国家行政机关任命的其他人员违反行政纪律行为的控告、检举；

（三）调查处理国家行政机关、国家公务员和国家行政机关任命的其他人员违反行政纪律的行为；

（四）受理国家公务员和国家行政机关任命的其他人员不服主管行政机关给予行政处分决定的申诉，以及法律、行政法规规定的其他由监察机关受理的申诉；

（五）法律、行政法规规定由监察机关履行的其他职责。

第四章　监察机关的权限

第十九条　监察机关履行职责，有权采取下列措施：

（一）要求被监察的部门和人员提供与监察事项有关的文件、资料、财务账目及其他有关的材料，进行查阅或者予以复制；

（二）要求被监察的部门和人员就监察事项涉及的问题作出解释和说明；

（三）责令被监察的部门和人员停止违反法律、法规和行政纪律的行为。

第二十条　监察机关在调查违反行政纪律行为时，可以根据实际情况和需要采取下列措施：

（一）暂予扣留、封存可以证明违反行政纪律行为的文件、资料、财务账目及其他有关的材料；

（二）责令案件涉嫌单位和涉嫌人员在调查期间不得变卖、转移与案件有关的财物；

（三）责令有违反行政纪律嫌疑的人员在指定的时间、地点就调查事项涉及的问题作出解释和说明，但是不得对其实行拘禁或者变相拘禁；

（四）建议有关机关暂停有严重违反行政纪律嫌疑的人员执行职务。

第二十一条　监察机关在调查贪污、贿赂、挪用公款等违反行政纪律的行为时，经县级以上监察机关领导人员批准，可以查询案件涉嫌单位和涉嫌人员在银行或者其他金融机构的存款；必要时，可以提请人民法院采取保全措施，依法冻结涉嫌人员在银行或者其他金融机构的存款。

第二十二条　监察机关在办理行政违纪案件中，可以提请公安、审计、税务、海关、工商行政管理等机关予以协助。

第二十三条　监察机关根据检查、调查结果，遇有下列情形之一的，可以提出监察建议：

（一）拒不执行法律、法规或者违反法律、法规以及人民政府的决定、命令，应当予以纠正的；

（二）本级人民政府所属部门和下级人民政府作出的决定、命令、指示违反法律、法规或者国家政策，应当予以纠正或者撤销的；

（三）给国家利益、集体利益和公民合法权益造成损害，需要采取补救措施的；

（四）录用、任免、奖惩决定明显不适当，应当予以纠正的；

（五）依照有关法律、法规的规定，应当给予行政处罚的；

（六）其他需要提出监察建议的。

第二十四条　监察机关根据检查、调查结果，遇有下列情形之一的，可以作出监察决定或者提出监察建议：

（一）违反行政纪律，依法应当给予警告、记过、记大过、降级、撤职、开除行政处分的；

（二）违反行政纪律取得的财物，依法应当没收、追缴或者责令退赔的。

对前款第（一）项所列情形作出监察决定或者提出监察建议的，应当按照国家有关人事管理权限和处理程序的规定办理。

第二十五条　监察机关依法作出的监察决定，有关部门和人员应当执行。监察机关依法提出的监察建议，有关部门无正当理由的，应当采纳。

第二十六条　监察机关对监察事项涉及的单位和个人有权进行查询。

第二十七条　监察机关的领导人员可以列席本级人民政府的有关会议，监察人员可以列席被监察部门的与监察事项有关的会议。

第二十八条　监察机关对控告、检举重大违法违纪行为的有功人员，可以依照有关规定给予奖励。

第五章　监察程序

第二十九条　监察机关按照下列程序进行检查：

（一）对需要检查的事项予以立项；

（二）制定检查方案并组织实施；

（三）向本级人民政府或者上级监察机关提出检查情况报告；

（四）根据检查结果，作出监察决定或者提出监察建议。

重要检查事项的立项，应当报本级人民政府和上一级监察机关备案。

第三十条　监察机关按照下列程序对违反行政纪律的行为进行调查处理：

（一）对需要调查处理的事项进行初步审查；认为有违反行政纪律的事实，需要追究行政纪律责任的，予以立案；

（二）组织实施调查，收集有关证据；

（三）有证据证明违反行政纪律，需要给予行政处分或者作出其他处理的，进行审理；

（四）作出监察决定或者提出监察建议。

重要、复杂案件的立案，应当报本级人民政府和上一级监察机关备案。

第三十一条　监察机关对于立案调查的案件，经调查认定不存在违反行政纪律事实的，或者不需要追究行政纪律责任的，应当予以撤销，并告知被调查单位及其上级部门或者被调查人员及其所在单位。

重要、复杂案件的撤销，应当报本级人民政府和上一级监察机关备案。

第三十二条　监察机关立案调查的案件，应当自立案之日起六个月内结案；因特殊原因需要延长办案期限的，可以适当延长，但是最长不得超过一年，并应当报上一级监察机关备案。

第三十三条　监察机关在检查、调查中应当听取被监察的部门和人员的陈述和申辩。

第三十四条　监察机关作出的重要监察决定和提出的重要监察建议，应当报经本级人民政府和上一级监察机关同意。国务院监察机关作出的重要监察决定和提出的重要监察建议，应当报经国务院同意。

第三十五条　监察决定、监察建议应当以书面形式送达有关单位或者有关人员。

第三十六条　有关单位和人员应当自收到监察决定或者监察建议之日起三十日内将执行监察决定或者采纳监察建议的情况通报监察机关。

第三十七条　国家公务员和国家行政机关任命的其他人员对主管行政机关作出的行政处分决定不服的，可以自收到行政处分决定之日起三十日内向监察机关提出申诉，监察机关应当自收到申诉之日起三十日内作出复查决定；对复查决定仍不服的，可以自收到复查决定之日起三十日内向上一级监察机关申请复核，上一级监察机关应当自收到复核申请之日起六十日内作出复核决定。

复查、复核期间，不停止原决定的执行。

第三十八条　监察机关对受理的不服主管行政机关行政处分决定的申诉，经复查认为原决定不适当的，可以建议原决定机关予以变更或者撤销；监察机关在职权范围内，也可以直接作出变更或者撤销的决定。

法律、行政法规规定由监察机关受理的其他申诉，依照有关法律、行政法规的规定办理。

第三十九条　对监察决定不服的，可以自收到监察决定之日起三十日内向作出决定的监察机关申请复审，监察机关应当自收到复审申请之日起三十日内作出复审决定；对复审决定仍不服的，可以自收到复审决定之日起三十日内向上一级监察机关申请复核，上一级监察机关应当自收到复核申请之日起六十日内作出复核决定。

复审、复核期间，不停止原决定的执行。

第四十条　上一级监察机关认为下一级监察机关的监察决定不适当的，可以责成下一级监察机关予以变更或者撤销，必要时也可以直接作出变更或者撤销的决定。

第四十一条　上一级监察机关的复核决定和国务院监察机关的复查决定或者复审决定为最终决定。

第四十二条　对监察建议有异议的，可以自收到监察建议之日起三十日内向作出监察建议的监察机关提出，监察机关应当自收到异议之日起三十日内回复；对回复仍有异议的，由监察机关提请本级人民政府或者上一级监察机关裁决。

第四十三条　监察机关在办理监察事项中，发现所调查的事项不属于监察机关职责范围内的，应当移送有处理权的单位处理；涉嫌犯罪的，应当移送司法机关依法处理。

接受移送的单位或者机关应当将处理结果告知监察机关。

第六章　法律责任

第四十四条　被监察的部门和人员违反本法规定，有下列行为之一的，由主管机关或者监察机关责令改正，对部门给予通报批评；对负有直接责任的主管人员和其他直接责任人员依法给予行政处分：

（一）隐瞒事实真相、出具伪证或者隐匿、转移、篡改、毁灭证据的；

（二）故意拖延或者拒绝提供与监察事项有关的文件、资料、财务账目及其他有关材料和其他必要情况的；

（三）在调查期间变卖、转移涉嫌财物的；

（四）拒绝就监察机关所提问题作出解释和说明的；

（五）拒不执行监察决定或者无正当理由拒不采纳监察建议的；

（六）有其他违反本法规定的行为，情节严重的。

第四十五条　对申诉人、控告人、检举人或者监察人员进行报复陷害的，依法给予行政处分；构成犯罪的，依法追究刑事责任。

第四十六条　监察人员滥用职权、徇私舞弊、玩忽职守、泄露秘密的，依法给予行政处分；构成犯罪的，依法追究刑事责任。

第四十七条　监察机关和监察人员违法行使职权，侵犯公民、法人和其他组织的合法权益，造成损害的，应当依法赔偿。

第七章　附　则

第四十八条　本法自公布之日起施行。1990年12月9日国务院发布的《中华人民共和国行政监察条例》同时废止。

中华人民共和国行政诉讼法

（1989年4月4日第七届全国人民代表大会第二次会议通过）

第一章　总　则

第一条　为保证人民法院正确、及时审理行政案件，保护公民、法人和其他组织的合法权益，维护和监督行政机关依法行使行政职权，根据宪法，制定本法。

第二条　公民、法人或者其他组织认为行政机关和行政机关工作人员的具体行政行为侵犯其合法权益，有权依照本法向人民法院提起诉讼。

第三条　人民法院依法对行政案件独立行使审判权，不受行政机关、社会团体和个人的干涉。

人民法院设行政审判庭，审理行政案件。

第四条　人民法院审理行政案件，以事实为根据，以法律为准绳。

第五条　人民法院审理行政案件，对具体行政行为是否合法进行审查。

第六条　人民法院审理行政案件，依法实行合议、回避、公开审判和两审终审制度。

第七条　当事人在行政诉讼中的法律地位平等。

第八条　各民族公民都有用本民族语言、文字进行行政诉讼的权利。

在少数民族聚居或者多民族共同居住的地区，人民法院应当用当地民族通用的语言、文字进行审理和发布法律文书。

人民法院应当对不通晓当地民族通用的语言、文字的诉讼参与人提供翻译。

第九条　当事人在行政诉讼中有权进行辩论。

第十条　人民检议院有权对行政诉讼实行法律监督。

第二章　受案范围

第十一条　人民法院受理公民、法人和其他组织对下列具体行政行为不服提起的诉讼：

（一）对拘留、罚款、吊销许可证和执照、责令停产停业、没收财物等行政处罚不服的；

（二）对限制人身自由或者对财产的查封、扣押、冻结等行政强制措施不服的；

（三）认为行政机关侵犯法律规定的经营自主权的；

（四）认为符合法定条件申请行政机关颁发许可证和执照，行政机关拒绝颁发或者不予答复的；

（五）申请行政机关履行保护人身权、财产权的法定职责，行政机关拒绝履行或者不予答复的；

（六）认为行政机关没有依法发给抚恤金的；

（七）认为行政机关违法要求履行义务的；

（八）认为行政机关侵犯其他人身权、财产权的。

除前款规定外，人民法院受理法律、法规规定可以提起诉讼的其他行政案件。

第十二条　人民法院不受理公民、法人或者其他组织对下列事项提起的诉讼：

（一）国防、外交等国家行为；

（二）行政法规、规章或者行政机关制定、发布的具有普遍约束力的决定、命令；

（三）行政机关对行政机关工作人员的奖惩、任免等决定；

（四）法律规定由行政机关最终裁决的具体行政行为。

<h3 style="text-align:center">第三章　管　辖</h3>

第十三条　基层人民法院管辖第一审行政案件。

第十四条　中级人民法院管辖下列第一审行政案件：

（一）确认发明专利权的案件、海关处理的案件；

（二）对国务院各部门或者省、自治区、直辖市人民政府所作的具体行政行为提起诉讼的案件；

（三）本辖区内重大、复杂的案件。

第十五条　高级人民法院管辖本辖区内重大、复杂的第一审行政案件。

第十六条　最高人民法院管辖全国范围内重大、复杂的第一审行政案件。

第十七条　行政案件由最初作出具体行政行为的行政机关所在地人民法院管辖。经复议的案件，复议机关改变原具体行政行为的，也可以由复议机关所在地人民法院管辖。

第十八条　对限制人身自由的行政强制措施不服提起的诉讼，由被告所在地或者原告所在地人民法院管辖。

第十九条　因不动产提起的行政诉讼，由不动产所在地人民法院管辖。

第二十条　两个以上人民法院都有管辖权的案件，原告可以选择其中一个人民法院提起诉讼。原告向两个以上有管辖权的人民法院提起诉讼的，由最先收到起诉状的人民法院管辖。

第二十一条　人民法院发现受理的案件不属于自己管辖时，应当移送有管辖权的人民法院。受移送的人民法院不得自行移送。

第二十二条　有管辖权的人民法院由于特殊原因不能行使管辖权的，由上级人民法院指定管辖。

人民法院对管辖权发生争议，由争议双方协商解决。协商不成的，报它们的共同上级人民法院指定管辖。

第二十三条　上级人民法院有权审判下级人民法院管辖的第一审行政案件，也可以把自己管辖的第一审行政案件移交下级人民法院审判。

下级人民法院对其管辖的第一审行政案件，认为需要由上级人民法院审判的，可以报请上级人民法院决定。

<h3 style="text-align:center">第四章　诉讼参加人</h3>

第二十四条　依照本法提起诉讼的公民、法人或者其他组织是原告，有权提起诉讼的公民死亡，其近亲属可以提起诉讼。

有权提起诉讼的法人或者其他组织终止，承受其权利的法人或者其他组织可以提起诉讼。

第二十五条 公民、法人或者其他组织直接向人民法院提起诉讼的，作出具体行政行为的行政机关是被告。

经复议的案件，复议机关决定维持原具体行政行为的，作出原具体行政行为的行政机关是被告；复议机关改变原具体行政行为的，复议机关是被告。

两个以上行政机关作出同一具体行政行为的，共同作出具体行政行为的行政机关是共同被告。

由法律、法规授权的组织所作的具体行政行为，该组织是被告，由行政机关委托的组织所作的具体行政行为，委托的行政机关是被告。

行政机关被撤销的，继续行使其职权的行政机关是被告。

第二十六条 当事人一方或者双方为二人以上，因同一具体行政行为发生的行政案件，或者因同样的具体行政行为发生的行政案件、人民法院认为可以合并审理的，为共同诉讼。

第二十七条 同提起诉讼的具体行政行为有利害关系的其他公民、法人或者其他组织，可以作为第三人申请参加诉讼，或者由人民法院通知参加诉讼。

第二十八条 没有诉讼行为能力的公民，由其法定代理人代为诉讼。法定代理人互相推诿代理责任的，由人民法院指定其中一人代为诉讼。

第二十九条 当事人、法定代理人，可以委托一至二人代为诉讼。

律师、社会团体、提起诉讼的公民的近亲属或者所在单位推荐的人，以及经人民法院许可的其他公民，可以受委托为诉讼代理人。

第三十条 代理诉讼的律师，可以依照规定查阅本案有关材料，可以向有关组织和公民调查，收集证据。对涉及国家秘密和个人隐私的材料，应当依照法律规定保密。

经人民法院许可，当事人和其他诉讼代理人可以查阅本案庭审材料，但涉及国家秘密和个人隐私的除外。

第五章 证 据

第三十一条 证据有以下几种：

（一）书证；

（二）物证；

（三）视听资料；

（四）证人证言；

（五）当事人的陈述；

（六）鉴定结论；

（七）勘验笔录、现场笔录。

以上证据经法庭审查属实，才能作为定案的根据。

第三十二条 被告对作出的具体行政行为负有举证责任，应当提供作出该具体行政行为的证据和所依据的规范性文件。

第三十三条 在诉讼过程中,被告不得自行向原告和证人收集证据。

第三十四条 人民法院有权要求当事人提供或者补充证据。

人民法院有权向有关行政机关以及其他组织、公民调取证据。

第三十五条 在诉讼过程中,人民法院认为对专门性问题需要鉴定的,应当交由法定鉴定部门鉴定;没有法定鉴定部门的,由人民法院指定的鉴定部门鉴定。

第三十六条 在证据可能灭失或者以后难以取得的情况下,诉讼参加人可以向人民法院申请保全证据,人民法院也可以主动采取保全措施。

第六章 起诉和受理

第三十七条 对属于人民法院受案范围的行政案件,公民、法人或者其他组织可以先向上一级行政机关或者法律、法规规定的行政机关申请复议,对复议不服的,再向人民法院提起诉讼;也可以直接向人民法院提起诉讼。

法律、法规规定应当先向行政机关申请复议,对复议不服再向人民法院提起诉讼的,依照法律、法规的规定。

第三十八条 公民、法人或者其他组织向行政机关申请复议的,复议机关应当在收到申请书之日起两个月内作出决定,法律、法规另有规定的除外。

申请人不服复议决定的,可以在收到复议决定书之日起十五日内向人民法院提起诉讼,复议机关逾期不作决定的,申请人可以在复议期满之日起十五日内向人民法院提起诉讼,法律另有规定的除外。

第三十九条 公民、法人或者其他组织直接向人民法院提起诉讼的,应当在知道作出具体行政行为之日起三个月内提出,法律另有规定的除外。

第四十条 公民、法人或者其他组织因不可抗力或者其他特殊情况耽误法定期限的,在障碍消除后的十日内,可以申请延长期限,由人民法院决定。

第四十一条 提起诉讼应当符合下列条件:

(一)原告是认为具体行政行为侵犯其合法权益的公民、法人或者其他组织;

(二)有明确的被告;

(三)有具体的诉讼请求和事实根据;

(四)属于人民法院受案范围和受诉人民法院管辖。

第四十二条 人民法院接到起诉状,经审查,应当在七日内立案或者作出裁定不予受理。原告对裁定不服的,可以提起上诉。

第七章 审理和判决

第四十三条 人民法院应当在立案之日起五日内,将起诉状副本发送被告。被告应当在收到起诉状副本之日起十日内向人民法院提交作出具体行政行为的有关材料,并提出答辩状。人民法院应当在收到答辩状之日起五日内,将答辩状副本发送原告。

被告不提出答辩状的,不影响人民法院审理。

第四十四条 诉讼期间,不停止具体行政行为的执行。但有下列情形之一的,停止具体行政行为的执行：

（一）被告认为需要停止执行的；

（二）原告申请停止执行，人民法院认为该具体行政行为的执行会造成难以弥补的损失，并且停止执行不损害社会公共利益，裁定停止执行的；

（三）法律、法规规定停止执行的。

第四十五条 人民法院公开审理行政案件，但涉及国家秘密、个人隐私和法律另有规定的除外。

第四十六条 人民法院审理行政案件，由审判员组成合议庭，或者由审判员、陪审员组成合议庭。合议庭的成员，应当是三人以上的单数。

第四十七条 当事人认为审判人员与本案有利害关系或者有其他关系可能影响公正审判，有权申请审判人员回避。

审判人员认为自己与本案有利害关系或者有其他关系，应当申请回避。

前两款规定，适用于书记员、翻译人员、鉴定人、勘验人。

院长担任审判长时的回避，由审判委员会决定；审判人员的回避，由院长决定；其他人员的回避，由审判长决定。当事人对决定不服的，可以申请复议。

第四十八条 经人民法院两次合法传唤，原告无正当理由拒不到庭的，视为申请撤诉；被告无正当理由拒不到庭的，可以缺席判决。

第四十九条 诉讼参与人或者其他人有下列行为之一的，人民法院可以根据情节轻重，予以训诫、责令具结悔过或者处一千元以下的罚款、十五日以下的拘留；构成犯罪的，依法追究刑事责任：

（一）有义务协助执行的人，对人民法院的协助执行通知书，无故推拖、拒绝或者妨碍执行的；

（二）伪造、隐藏、毁灭证据的；

（三）指使、贿买、胁迫他人作伪证或者威胁、阻止证人作证的；

（四）隐藏、转移、变卖、毁损已被查封、扣押、冻结的财产的；

（五）以暴力、威胁或者其他方法阻碍人民法院工作人员执行职务或者扰乱人民法院工作秩序的；

（六）对人民法院工作人员、诉讼参与人、协助执行人侮辱、诽谤、诬陷，殴打或者打击报复的。

罚款、拘留，须经人民法院院长批准。当事人不服的，可以申请复议。

第五十条 人民法院审理行政案件，不适用调解。

第五十一条 人民法院对行政案件宣告判决或者裁定前，原告申请撤诉的，或者被告改变其所作的具体行政行为，原告同意并申请撤诉的，是否准许，由人民法院裁定。

第五十二条 人民法院审理行政案件，以法律和行政法规、地方性法规为依据。

地方性法规适用于本行政区域内发生的行政案件。

人民法院审理民族自治地方的行政案件，并以该民族自治地方的自治条例和单行条例为依据。

第五十三条　人民法院审理行政案件，参照国务院部、委根据法律和国务院的行政法规、决定、命令制定、发布的规章以及省、自治区、直辖市和省、自治区的人民政府所在地的市和经国务院批准的较大的市的人民政府根据法律和国务院的行政法规制定、发布的规章。

人民法院认为地方人民政府制定、发布的规章与国务院部、委制定、发布的规章不一致的，以及国务院部、委制定、发布的规章之间不一致的，由最高人民法院送请国务院作出解释或者裁决。

第五十四条　人民法院经过审理，根据不同情况，分别作出以下判决：

（一）具体行政行为证据确凿，适用法律、法规正确，符合法定程序的，判决维持。

（二）具体行政行为有下列情形之一的，判决撤销或者部分撤销，并可以判决被告重新作出具体行政行为：

1. 主要证据不足的；
2. 适用法律、法规错误的；
3. 违反法定程序的；
4. 超越职权的；
5. 滥用职权的。

（三）被告不履行或者拖延履行法定职责的，判决其在一定期限内履行。

（四）行政处罚显失公正的，可以判决变更。

第五十五条　人民法院判决被告重新作出具体行政行为的，被告不得以同一的事实和理由作出与原具体行政行为基本相同的具体行政行为。

第五十六条　人民法院在审理行政案件中，认为行政机关的主管人员、直接责任人员违反政纪的，应当将有关材料移送该行政机关或者其上一级行政机关或者监察、人事机关；认为有犯罪行为的，应当将有关材料移送公安、检察机关。

第五十七条　人民法院应当在立案之日起三个月内作出第一审判决。有特殊情况需要延长的，由高级人民法院批准，高级人民法院审理第一审案件需要延长的，由最高人民法院批准。

第五十八条　当事人不服人民法院第一审判决的，有权在判决书送达之日起十五日内向上一级人民法院提起上诉。当事人不服人民法院第一审裁定的，有权在裁定书送达之日起十日内向上一级人民法院提起上诉。逾期不提起上诉的，人民法院的第一审判决或者裁定发生法律效力。

第五十九条　人民法院对上诉案件，认为事实清楚的，可以实行书面审理。

第六十条 人民法院审理上诉案件,应当在收到上诉状之日起两个月内作出终审判决。有特殊情况需要延长的,由高级人民法院批准,高级人民法院审理上诉案件需要延长的,由最高人民法院批准。

第六十一条 人民法院审理上诉案件,按照下列情形,分别处理:

(一)原判决认定事实清楚,适用法律、法规正确的,判决驳回上诉,维持原判;

(二)原判决认定事实清楚,但适用法律、法规错误的,依法改判;

(三)原判决认定事实不清,证据不足,或者由于违反法定程序可能影响案件正确判决、裁定的撤销原判,发回原审人民法院重审,也可以查清事实后改判。当事人对重审案件的判决、裁定,可以上诉。

第六十二条 当事人对已经发生法律效力的判决、裁定,认为确有错误的,可以向原审人民法院或者上一级人民法院提出申诉,但判决、裁定不停止执行。

第六十三条 人民法院院长对本院已经发生法律效力的判决、裁定,发现违反法律、法规规定认为需要再审的,应当提交审判委员会决定是否再审。

上级人民法院对下级人民法院已经发生法律效力的判决、裁定,发现违反法律、法规规定的,有权提审或者指令下级人民法院再审。

第六十四条 人民检察院对人民法院已经发生法律效力的判决、裁定,发现违反法律、法规规定的,有权按照审判监督程序提出抗诉。

第八章 执 行

第六十五条 当事人必须履行人民法院发生法律效力的判决、裁定。

公民、法人或者其他组织拒绝履行判决、裁定的,行政机关可以向第一审人民法院申请强制执行,或者依法强制执行。

行政机关拒绝履行判决、裁定的,第一审人民法院可以采取以下措施:

(一)对应当归还的罚款或者应当给付的赔偿金,通知银行从该行政机关的账户内划拨;

(二)在规定期限内不履行的,从期满之日起,对该行政机关按日处五十元至一百元的罚款;

(三)向该行政机关的上一级行政机关或者监察、人事机关提出司法建议。接受司法建议的机关,根据有关规定进行处理,并将处理情况告知人民法院;

(四)拒不履行判决、裁定,情节严重构成犯罪的,依法追究主管人员和直接责任人员的刑事责任。

第六十六条 公民、法人或者其他组织对具体行政行为在法定期限内不提起诉讼又不履行的,行政机关可以申请人民法院强制执行,或者依法强制执行。

第九章 侵权赔偿责任

第六十七条 公民、法人或者其他组织的合法权益受到行政机关或者行政机关工作人员作出的具体行政行为侵犯造成损害的,有权请求赔偿。

公民、法人或者其他组织单独就损害赔偿提出请求，应当先由行政机关解决。对行政机关的处理不服，可以向人民法院提起诉讼。

赔偿诉讼可以适用调解。

第六十八条　行政机关或者行政机关工作人员作出的具体行政行为侵犯公民、法人或者其他组织的合法权益造成损害的，由该行政机关或者该行政机关工作人员所在的行政机关负责赔偿。

行政机关赔偿损失后，应当责令有故意或者重大过失的行政机关工作人员承担部分或者全部赔偿费用。

第六十九条　赔偿费用，从各级财政列支。各级人民政府可以责令有责任的行政机关支付部分或者全部赔偿费用，具体办法由国务院规定。

第十章　涉外行政诉讼

第七十条　外国人、无国籍人、外国组织在中华人民共和国进行行政诉讼，适用本法。法律另有规定的除外。

第七十一条　外国人、无国籍人、外国组织在中华人民共和国进行行政诉讼，同中华人民共和国公民、组织有同等的诉讼权利和义务。

外国法院对中华人民共和国公民、组织的行政诉讼权利加以限制的，人民法院对该国公民、组织的行政诉讼权利，实行对等原则。

第七十二条　中华人民共和国缔结或者参加的国际条约同本法有不同规定的，适用该国际条约的规定，中华人民共和国声明保留的条款除外。

第七十三条　外国人、无国籍人、外国组织在中华人民共和国进行行政诉讼，委托律师代理诉讼的，应当委托中华人民共和国律师机构的律师。

第十一章　附　则

第七十四条　人民法院审理行政案件，应当收取诉讼费用。诉讼费用由败诉方承担，双方都有责任的由双方分担。收取诉讼费用的具体办法另行规定。

第七十五条　本法自1990年10月1日起施行。

中华人民共和国国务院组织法

（1982年12月10日第五届全国人民代表大会第五次会议通过　1982年12月10日全国人民代表大会常务委员会委员长令第14号公布施行）

第一条　根据中华人民共和国宪法有关国务院的规定，制定本组织法。

第二条　国务院由总理、副总理、国务委员、各部部长、各委员会主任、审计长、秘书长组成。

国务院实行总理负责制。总理领导国务院的工作。副总理、国务委员协助总理工作。

第三条　国务院行使宪法第八十九条规定的职权。

第四条　国务院会议分为国务院全体会议和国务院常务会议。国务院全体会议由国务院全体成员组成。国务院常务会议由总理、副总理、国务委员、秘书长组成。总理召集和主持国务院全体会议和国务院常务会议。国务院工作中的重大问题，必须经国务院常务会议或者国务院全体会议讨论决定。

第五条　国务院发布的决定、命令和行政法规，向全国人民代表大会或者全国人民代表大会常务委员会提出的议案，任免人员，由总理签署。

第六条　国务委员受总理委托，负责某些方面的工作或者专项任务，并且可以代表国务院进行外事活动。

第七条　国务院秘书长在总理领导下，负责处理国务院的日常工作。

国务院设副秘书长若干人，协助秘书长工作。

国务院设立办公厅，由秘书长领导。

第八条　国务院各部、各委员会的设立、撤销或者合并，经总理提出，由全国人民代表大会决定；在全国人民代表大会闭会期间，由全国人民代表大会常务委员会决定。

第九条　各部设部长一人，副部长二至四人。各委员会设主任一人，副主任二至四人，委员五至十人。

各部、各委员会实行部长、主任负责制。各部部长、各委员会主任领导本部门的工作，召集和主持部务会议或者委员会会议、委务会议，签署上报国务院的重要请示、报告和下达的命令、指示。副部长、副主任协助部长、主任工作。

第十条　各部、各委员会工作中的方针、政策、计划和重大行政措施，应向国务院请示报告，由国务院决定。根据法律和国务院的决定，主管部、委员会可以在本部门的权限内发布命令、指示和规章。

第十一条　国务院可以根据工作需要和精简的原则，设立若干直属机构主管各项专门业务，设立若干办事机构协助总理办理专门事项。每个机构设负责人二至五人。

（二）行政法规

公共机构节能条例

（2008年7月23日国务院第18次常务会议通过）

第一章　总　则

第一条　为了推动公共机构节能，提高公共机构能源利用效率，发挥公共机构在全社会节能中的表率作用，根据《中华人民共和国节约能源法》，制定本条例。

第二条　本条例所称公共机构，是指全部或者部分使用财政性资金的国家机关、事业单位和团体组织。

第三条　公共机构应当加强用能管理，采取技术上可行、经济上合理的措施，降低能源消耗，减少、制止能源浪费，有效、合理地利用能源。

第四条　国务院管理节能工作的部门主管全国的公共机构节能监督管理工作。国务院管理机关事务工作的机构在国务院管理节能工作的部门指导下，负责推进、指导、协调、监督全国的公共机构节能工作。

国务院和县级以上地方各级人民政府管理机关事务工作的机构在同级管理节能工作的部门指导下，负责本级公共机构节能监督管理工作。

教育、科技、文化、卫生、体育等系统各级主管部门在同级管理机关事务工作的机构指导下，开展本级系统内公共机构节能工作。

第五条　国务院和县级以上地方各级人民政府管理机关事务工作的机构应当会同同级有关部门开展公共机构节能宣传、教育和培训，普及节能科学知识。

第六条　公共机构负责人对本单位节能工作全面负责。

公共机构的节能工作实行目标责任制和考核评价制度，节能目标完成情况应当作为对公共机构负责人考核评价的内容。

第七条　公共机构应当建立、健全本单位节能管理的规章制度，开展节能宣传教育和岗位培训，增强工作人员的节能意识，培养节能习惯，提高节能管理水平。

第八条　公共机构的节能工作应当接受社会监督。任何单位和个人都有权举报公共机构浪费能源的行为，有关部门对举报应当及时调查处理。

第九条　对在公共机构节能工作中做出显著成绩的单位和个人，按照国家规定予以表彰和奖励。

第二章　节能规划

第十条　国务院和县级以上地方各级人民政府管理机关事务工作的机构应当会同同级有关部门，根据本级人民政府节能中长期专项规划，制定本级公共机构节能规划。

县级公共机构节能规划应当包括所辖乡（镇）公共机构节能的内容。

第十一条　公共机构节能规划应当包括指导思想和原则、用能现状和问题、节能目标和指标、节能重点环节、实施主体、保障措施等方面的内容。

第十二条　国务院和县级以上地方各级人民政府管理机关事务工作的机构应当将公共机构节能规划确定的节能目标和指标，按年度分解落实到本级公共机构。

第十三条　公共机构应当结合本单位用能特点和上一年度用能状况，制定年度节能目标和实施方案，有针对性地采取节能管理或者节能改造措施，保证节能目标的完成。

公共机构应当将年度节能目标和实施方案报本级人民政府管理机关事务工作的机构备案。

第三章　节能管理

第十四条　公共机构应当实行能源消费计量制度，区分用能种类、用能系统实行能源消费分户、分类、分项计量，并对能源消耗状况进行实时监测，及时发现、纠正用能浪费现象。

第十五条　公共机构应当指定专人负责能源消费统计，如实记录能源消费计量原始数据，建立统计台账。

公共机构应当于每年3月31日前，向本级人民政府管理机关事务工作的机构报送上一年度能源消费状况报告。

第十六条　国务院和县级以上地方各级人民政府管理机关事务工作的机构应当会同同级有关部门按照管理权限，根据不同行业、不同系统公共机构能源消耗综合水平和特点，制定能源消耗定额，财政部门根据能源消耗定额制定能源消耗支出标准。

第十七条　公共机构应当在能源消耗定额范围内使用能源，加强能源消耗支出管理；超过能源消耗定额使用能源的，应当向本级人民政府管理机关事务工作的机构作出说明。

第十八条　公共机构应当按照国家有关强制采购或者优先采购的规定，采购列入节能产品、设备政府采购名录和环境标志产品政府采购名录中的产品、设备，不得采购国家明令淘汰的用能产品、设备。

第十九条　国务院和省级人民政府的政府采购监督管理部门应当会同同级有关部门完善节能产品、设备政府采购名录，优先将取得节能产品认证证书的产品、设备列入政府采购名录。

国务院和省级人民政府应当将节能产品、设备政府采购名录中的产品、设备纳入政府集中采购目录。

第二十条　公共机构新建建筑和既有建筑维修改造应当严格执行国家有关建筑节能设计、施工、调试、竣工验收等方面的规定和标准，国务院和县级以上地方人民政府建设主管部门对执行国家有关规定和标准的情况应当加强监督检查。

国务院和县级以上地方各级人民政府负责审批或者核准固定资产投资项目的部门，应当严格控制公共机构建设项目的建设规模和标准，统筹兼顾节能投资和效益，对建设项目进行节能评估和审查；未通过节能评估和审查的项目，不得批准或者核准建设。

第二十一条　国务院和县级以上地方各级人民政府管理机关事务工作的机构会同有关部门制定本级公共机构既有建筑节能改造计划，并组织实施。

第二十二条　公共机构应当按照规定进行能源审计，对本单位用能系统、设备的运行及使用能源情况进行技术和经济性评价，根据审计结果采取提高能源利用效率的措施。具体办法由国务院管理节能工作的部门会同国务院有关部门制定。

第二十三条　能源审计的内容包括：

（一）查阅建筑物竣工验收资料和用能系统、设备台账资料，检查节能设计标准的执行情况；

（二）核对电、气、煤、油、市政热力等能源消耗计量记录和财务账单，评估分类与分项的总能耗、人均能耗和单位建筑面积能耗；

（三）检查用能系统、设备的运行状况，审查节能管理制度执行情况；

（四）检查前一次能源审计合理使用能源建议的落实情况；

（五）查找存在节能潜力的用能环节或者部位，提出合理使用能源的建议；

（六）审查年度节能计划、能源消耗定额执行情况，核实公共机构超过能源消耗定额使用能源的说明；

（七）审查能源计量器具的运行情况，检查能耗统计数据的真实性、准确性。

第四章 节能措施

第二十四条 公共机构应当建立、健全本单位节能运行管理制度和用能系统操作规程，加强用能系统和设备运行调节、维护保养、巡视检查，推行低成本、无成本节能措施。

第二十五条 公共机构应当设置能源管理岗位，实行能源管理岗位责任制。重点用能系统、设备的操作岗位应当配备专业技术人员。

第二十六条 公共机构可以采用合同能源管理方式，委托节能服务机构进行节能诊断、设计、融资、改造和运行管理。

第二十七条 公共机构选择物业服务企业，应当考虑其节能管理能力。公共机构与物业服务企业订立物业服务合同，应当载明节能管理的目标和要求。

第二十八条 公共机构实施节能改造，应当进行能源审计和投资收益分析，明确节能指标，并在节能改造后采用计量方式对节能指标进行考核和综合评价。

第二十九条 公共机构应当减少空调、计算机、复印机等用电设备的待机能耗，及时关闭用电设备。

第三十条 公共机构应当严格执行国家有关空调室内温度控制的规定，充分利用自然通风，改进空调运行管理。

第三十一条 公共机构电梯系统应当实行智能化控制，合理设置电梯开启数量和时间，加强运行调节和维护保养。

第三十二条 公共机构办公建筑应当充分利用自然采光，使用高效节能照明灯具，优化照明系统设计，改进电路控制方式，推广应用智能调控装置，严格控制建筑物外部泛光照明以及外部装饰用照明。

第三十三条 公共机构应当对网络机房、食堂、开水间、锅炉房等部位的用能情况实行重点监测，采取有效措施降低能耗。

第三十四条 公共机构的公务用车应当按照标准配备，优先选用低能耗、低污染、使用清洁能源的车辆，并严格执行车辆报废制度。

公共机构应当按照规定用途使用公务用车，制定节能驾驶规范，推行单车能耗核算制度。

公共机构应当积极推进公务用车服务社会化，鼓励工作人员利用公共交通工具、非机动交通工具出行。

第五章　监督和保障

第三十五条　国务院和县级以上地方各级人民政府管理机关事务工作的机构应当会同有关部门加强对本级公共机构节能的监督检查。监督检查的内容包括：

（一）年度节能目标和实施方案的制定、落实情况；

（二）能源消费计量、监测和统计情况；

（三）能源消耗定额执行情况；

（四）节能管理规章制度建立情况；

（五）能源管理岗位设置以及能源管理岗位责任制落实情况；

（六）用能系统、设备节能运行情况；

（七）开展能源审计情况；

（八）公务用车配备、使用情况。

对于节能规章制度不健全、超过能源消耗定额使用能源情况严重的公共机构，应当进行重点监督检查。

第三十六条　公共机构应当配合节能监督检查，如实说明有关情况，提供相关资料和数据，不得拒绝、阻碍。

第三十七条　公共机构有下列行为之一的，由本级人民政府管理机关事务工作的机构会同有关部门责令限期改正；逾期不改正的，予以通报，并由有关机关对公共机构负责人依法给予处分：

（一）未制定年度节能目标和实施方案，或者未按照规定将年度节能目标和实施方案备案的；

（二）未实行能源消费计量制度，或者未区分用能种类、用能系统实行能源消费分户、分类、分项计量，并对能源消耗状况进行实时监测的；

（三）未指定专人负责能源消费统计，或者未如实记录能源消费计量原始数据，建立统计台账的；

（四）未按照要求报送上一年度能源消费状况报告的；

（五）超过能源消耗定额使用能源，未向本级人民政府管理机关事务工作的机构作出说明的；

（六）未设立能源管理岗位，或者未在重点用能系统、设备操作岗位配备专业技术人员的；

（七）未按照规定进行能源审计，或者未根据审计结果采取提高能源利用效率的措施的；

（八）拒绝、阻碍节能监督检查的。

第三十八条　公共机构不执行节能产品、设备政府采购名录，未按照国家有关强制采购或者优先采购的规定采购列入节能产品、设备政府采购名录中的产品、设备，或者采购国家明令淘汰的用能产品、设备的,由政府采购监督管理部门给予警告,可以并处罚款;对直接负责的主管人员和其他直接责任人员依法给予处分,并予通报。

第三十九条 负责审批或者核准固定资产投资项目的部门对未通过节能评估和审查的公共机构建设项目予以批准或者核准的,对直接负责的主管人员和其他直接责任人员依法给予处分。

公共机构开工建设未通过节能评估和审查的建设项目的,由有关机关依法责令限期整改;对直接负责的主管人员和其他直接责任人员依法给予处分。

第四十条 公共机构违反规定超标准、超编制购置公务用车或者拒不报废高耗能、高污染车辆的,对直接负责的主管人员和其他直接责任人员依法给予处分,并由本级人民政府管理机关事务工作的机构依照有关规定,对车辆采取收回、拍卖、责令退还等方式处理。

第四十一条 公共机构违反规定用能造成能源浪费的,由本级人民政府管理机关事务工作的机构会同有关部门下达节能整改意见书,公共机构应当及时予以落实。

第四十二条 管理机关事务工作的机构的工作人员在公共机构节能监督管理中滥用职权、玩忽职守、徇私舞弊,构成犯罪的,依法追究刑事责任;尚不构成犯罪的,依法给予处分。

第六章 附 则

第四十三条 本条例自 2008 年 10 月 1 日起施行。

国务院机构改革方案

(2008 年 3 月 15 日第十一届全国人民代表大会第一次会议通过)

根据党的十七大和十七届二中全会精神,这次国务院机构改革的主要任务是,围绕转变政府职能和理顺部门职责关系,探索实行职能有机统一的大部门体制,合理配置宏观调控部门职能,加强能源环境管理机构,整合完善工业和信息化、交通运输行业管理体制,以改善民生为重点加强与整合社会管理和公共服务部门。

(一)合理配置宏观调控部门职能。国家发展和改革委员会要进一步转变职能,减少微观管理事务和具体审批事项,集中精力抓好宏观调控。财政部要改革完善预算和税政管理,健全中央和地方财力与事权相匹配的体制,完善公共财政体系。中国人民银行要进一步健全货币政策体系,加强与金融监管部门的统筹协调,维护国家金融安全。国家发展和改革委员会、财政部、中国人民银行等部门要建立健全协调机制,形成更加完善的宏观调控体系。

(二)加强能源管理机构。设立高层次议事协调机构国家能源委员会。组建国家能源局,由国家发展和改革委员会管理。将国家发展和改革委员会的能源行业管理有关职责及机构,与国家能源领导小组办公室的职责、国防科学技术工业委员会的核电管理职责进行整合，划入该局。国家能源委员会办公室的工作由国家能源局承担。不再保留国家能源领导小组及其办事机构。

（三）组建工业和信息化部。将国家发展和改革委员会的工业行业管理有关职责，国防科学技术工业委员会核电管理以外的职责，信息产业部和国务院信息化工作办公室的职责，整合划入工业和信息化部。组建国家国防科技工业局，由工业和信息化部管理。国家烟草专卖局改由工业和信息化部管理。不再保留国防科学技术工业委员会、信息产业部、国务院信息化工作办公室。

（四）组建交通运输部。将交通部、中国民用航空总局的职责，建设部的指导城市客运职责，整合划入交通运输部。组建国家民用航空局，由交通运输部管理。国家邮政局改由交通运输部管理。保留铁道部，继续推进改革。不再保留交通部、中国民用航空总局。

（五）组建人力资源和社会保障部。将人事部、劳动和社会保障部的职责整合划入人力资源和社会保障部。组建国家公务员局，由人力资源和社会保障部管理。不再保留人事部、劳动和社会保障部。

（六）组建环境保护部。不再保留国家环境保护总局。

（七）组建住房和城乡建设部。不再保留建设部。

（八）国家食品药品监督管理局改由卫生部管理。明确卫生部承担食品安全综合协调、组织查处食品安全重大事故的责任。

改革后，除国务院办公厅外，国务院组成部门如下：

1. 中华人民共和国外交部
2. 中华人民共和国国防部
3. 中华人民共和国国家发展和改革委员会
4. 中华人民共和国教育部
5. 中华人民共和国科学技术部
6. 中华人民共和国工业和信息化部
7. 中华人民共和国国家民族事务委员会
8. 中华人民共和国公安部
9. 中华人民共和国国家安全部
10. 中华人民共和国监察部
11. 中华人民共和国民政部
12. 中华人民共和国司法部
13. 中华人民共和国财政部
14. 中华人民共和国人力资源和社会保障部
15. 中华人民共和国国土资源部
16. 中华人民共和国环境保护部

17. 中华人民共和国住房和城乡建设部
18. 中华人民共和国交通运输部
19. 中华人民共和国铁道部
20. 中华人民共和国水利部
21. 中华人民共和国农业部
22. 中华人民共和国商务部
23. 中华人民共和国文化部
24. 中华人民共和国卫生部
25. 中华人民共和国国家人口和计划生育委员会
26. 中国人民银行
27. 中华人民共和国审计署

根据《国务院组织法》规定，国务院组成部门的调整和设置，由全国人民代表大会审议批准。国务院其他机构的调整和设置，将由新组成的国务院审查批准。

国务院工作规则
（2008年3月21日国务院第一次全体会议通过）

第一章　总　则

一、第十一届全国人民代表大会第一次会议产生的新一届中央人民政府，根据《中华人民共和国宪法》和《中华人民共和国国务院组织法》，制定本规则。

二、国务院工作的指导思想是，高举中国特色社会主义伟大旗帜，以邓小平理论和"三个代表"重要思想为指导，深入贯彻落实科学发展观，执行党的路线方针政策，全面履行政府职能，努力建设服务政府、责任政府、法治政府和廉洁政府。

三、国务院工作的准则是，实行科学民主决策，坚持依法行政，推进政务公开，健全监督制度，加强廉政建设。

第二章　组成人员职责

四、国务院组成人员要履行宪法和法律赋予的职责，执政为民，忠于职守，求真务实，勤勉廉洁。

五、国务院实行总理负责制，总理领导国务院的工作。副总理、国务委员协助总理工作。

六、总理召集和主持国务院全体会议和国务院常务会议。国务院工作中的重大事项，必须经国务院全体会议或国务院常务会议讨论决定。

七、副总理、国务委员按分工负责处理分管工作。受总理委托，负责其他方面的工作或专项任务，并可代表国务院进行外事活动。

八、秘书长在总理领导下，负责处理国务院的日常工作。

九、总理出国访问期间,由负责常务工作的副总理代行总理职务。

十、各部、各委员会、人民银行、审计署实行部长、主任、行长、审计长负责制,由其领导本部门的工作。

各部、各委员会、人民银行、审计署根据法律和国务院的行政法规、决定、命令,在本部门的职权范围内,制定规章,发布命令。审计署在总理领导下,依照法律规定独立行使审计监督职能,不受其他行政机关、社会团体和个人的干涉。

国务院各部门要各司其职,各尽其责,顾全大局,精诚团结,维护政令统一,切实贯彻落实国务院各项工作部署。

第三章 全面履行政府职能

十一、国务院要全面履行经济调节、市场监管、社会管理和公共服务职能。

十二、健全宏观调控体系,主要运用经济、法律手段和必要的行政手段引导和调控经济运行,促进国民经济又好又快发展。

十三、严格市场监管,推进公平准入,完善监管体系,规范市场执法,形成统一开放竞争有序的现代市场体系。

十四、加强社会管理,强化政府促进就业和调节收入分配职能,完善社会保障体系,健全基层社会管理体制,妥善处理社会矛盾,维护社会公平正义和社会稳定,健全突发事件应急管理机制。

十五、强化公共服务,完善公共政策,健全公共服务体系,增强基本公共服务能力,促进基本公共服务均等化。

第四章 实行科学民主决策

十六、国务院及各部门要健全重大事项决策的规则和程序,完善群众参与、专家咨询和政府决策相结合的决策机制。

十七、国民经济和社会发展计划及国家预算,宏观调控和改革开放的重大政策措施,国家和社会管理重要事务、法律议案和行政法规等,由国务院全体会议或国务院常务会议讨论和决定。

十八、国务院各部门提请国务院研究决定的重大事项,都必须经过深入调查研究,并经专家或研究、咨询机构等进行必要性、可行性和合法性论证;涉及相关部门的,应当充分协商;涉及地方的,应当事先听取意见;涉及重大公共利益和人民群众切身利益的,要向社会公开征求意见,必要时应举行听证会。

十九、国务院在做出重大决策前,根据需要通过多种形式,直接听取民主党派、社会团体、专家学者、基层群众等方面的意见和建议。

二十、国务院各部门必须坚决贯彻落实国务院的决定,及时跟踪和反馈执行情况。国务院办公厅要加强督促检查,确保政令畅通。

第五章 坚持依法行政

二十一、国务院及各部门要严格按照法定权限和程序履行职责,行使行政权力。

二十二、国务院根据经济社会发展的需要，适时向全国人大及其常务委员会提出法律案，制定行政法规，修改或废止不相适应的行政法规、行政措施或决定。拟订和制定与群众利益密切相关的法律草案和行政法规，原则上都要公布草案，向社会征求意见。

行政法规实施后要进行后评估，发现问题，及时完善。

二十三、各部门制定规章和其他规范性文件，必须符合宪法、法律和国务院的行政法规、决定、命令，并征求相关部门的意见；涉及两个及以上部门职权范围的事项，应由国务院制定行政法规、发布决定和命令，或由有关部门联合制定规章或其他规范性文件。其中，涉及群众切身利益、社会关注度高的事项及重要涉外、涉港澳台事项，应当事先请示国务院；部门联合制定的重要规章及规范性文件发布前须经国务院批准。部门规章应当依法及时报国务院备案，由国务院法制机构审查并定期向国务院报告。

二十四、提请国务院讨论的法律草案和审议的行政法规草案由国务院法制机构审查或组织起草，行政法规的解释工作由国务院法制机构承办。

二十五、严格行政执法责任制和执法过错追究制，有法必依、违法必究，公正执法、文明执法。

第六章　推进政务公开

二十六、国务院及各部门要大力推进政务公开，健全政府信息发布制度，完善各类公开办事制度，提高政府工作透明度。

二十七、国务院全体会议和常务会议讨论决定的事项、国务院及各部门制定的政策，除需要保密的外，应及时公布。

二十八、凡涉及群众切身利益、需要群众广泛知晓的事项以及法律和国务院规定需要公开的其他事项，均应通过政府网站、政府公报、新闻发布会以及报刊、广播、电视等方式，依法、及时、准确地向社会公开。

第七章　健全监督制度

二十九、国务院要自觉接受全国人大及其常务委员会的监督，认真负责地报告工作，接受询问和质询，依法备案行政法规；自觉接受全国政协的民主监督，虚心听取意见和建议。

三十、国务院各部门要依照有关法律的规定接受司法机关实施的监督，同时要自觉接受监察、审计等部门的监督。对监督中发现的问题，要认真查处和整改并向国务院报告。

三十一、加强行政系统内部监督，健全政府层级监督制度。国务院各部门要严格执行行政复议法和规章备案制度，及时撤销或修改违反法律、行政法规的规章和其他规范性文件，纠正违法或不当的行政行为，并主动征询和认真听取地方政府及其部门的意见和建议。

三十二、国务院及各部门要接受新闻舆论和群众的监督。对新闻媒体报道和各方面反映的重大问题,国务院有关部门要积极主动地查处和整改并向国务院报告。

三十三、国务院及各部门要重视人民群众来信来访工作,进一步完善信访制度,确保信访渠道的畅通;国务院领导同志及各部门负责人要亲自阅批重要的群众来信。

三十四、国务院及各部门要推行行政问责制度和绩效管理制度,明确问责范围,规范问责程序,严格责任追究,提高政府执行力和公信力。

第八章 加强廉政建设

三十五、国务院及各部门要从严治政。对职权范围内的事项要按程序和时限积极负责地办理,对不符合规定的事项要坚持原则不得办理;对因推诿、拖延等官僚作风及失职、渎职造成影响和损失的,要追究责任;对越权办事、以权谋私等违规、违纪、违法行为,要严肃查处。

三十六、国务院及各部门要严格执行财经纪律,规范公务接待,不得用公款相互送礼和宴请,不得接受地方的送礼和宴请。要艰苦奋斗、勤俭节约,切实降低行政成本,建设节约型机关。

三十七、国务院组成人员要廉洁从政,严格执行中央有关廉洁自律的规定,不得利用职权和职务影响为本人或特定关系人谋取不正当利益;要严格要求亲属和身边的工作人员,不得利用特殊身份拉关系、谋私利。

第九章 会议制度

三十八、国务院实行国务院全体会议和国务院常务会议制度。

三十九、国务院全体会议由总理、副总理、国务委员、各部部长、各委员会主任、人民银行行长、审计长、秘书长组成,由总理召集和主持。国务院全体会议的主要任务是:

(一)讨论决定国务院工作中的重大事项;

(二)部署国务院的重要工作。

国务院全体会议一般每半年召开一次,根据需要可安排有关部门、单位负责人列席会议。

四十、国务院常务会议由总理、副总理、国务委员、秘书长组成,由总理召集和主持。国务院常务会议的主要任务是:

(一)讨论决定国务院工作中的重要事项;

(二)讨论法律草案、审议行政法规草案;

(三)通报和讨论其他重要事项。

国务院常务会议一般每周召开一次。根据需要可安排有关部门、单位负责人列席会议。

四十一、提请国务院全体会议和国务院常务会议讨论的议题,由国务院分管领导同志协调或审核后提出,报总理确定;会议文件由总理批印。国务院全体会议和国务院常务会议的组织工作由国务院办公厅负责,文件和议题于会前送达与会人员。

四十二、国务院领导同志不能出席国务院全体会议或国务院常务会议,向总理请假。国务院全体会议其他组成人员或国务院常务会议列席人员请假,由国务院办公厅汇总后向总理报告。

四十三、国务院全体会议和国务院常务会议的纪要,由总理签发。

四十四、国务院及各部门召开的工作会议,要减少数量,控制规模,严格审批。应由各部门召开的全国性会议,不以国务院或国务院办公厅名义召开,不邀请省、自治区、直辖市人民政府负责人出席,确需邀请的须报国务院批准。全国性会议应尽可能采用电视电话会议等快捷、节俭的形式召开。

第十章　公文审批

四十五、各地区、各部门报送国务院的公文,应当符合《国家行政机关公文处理办法》的规定。除国务院领导同志交办事项和必须直接报送的绝密事项外,一般不得直接向国务院领导同志个人报送公文。各部门报送国务院的请示性公文,部门间如有分歧意见,主办部门的主要负责人要主动协商,达成一致;不能取得一致意见的,应列出各方理据,提出办理建议。

四十六、各地区、各部门报送国务院审批的公文,由国务院办公厅按照国务院领导同志分工呈批,并根据需要由国务院领导同志转请其他国务院领导同志核批,重大事项报总理审批。

四十七、国务院制定的行政法规,发布的命令,向全国人民代表大会或全国人民代表大会常务委员会提出的议案,由总理签署。

四十八、以国务院名义发文,经国务院分管领导同志审核后,由总理签发。

以国务院办公厅名义发文,由国务院秘书长签发;如有必要,可由国务院分管领导同志签发或报总理签发。

属部门职权范围内事务、应由部门自行发文或联合发文的,不得要求国务院批转或国务院办公厅转发。

第十一章　纪律和作风

四十九、国务院组成人员要坚决贯彻执行党和国家的路线方针政策以及工作部署,严格遵守纪律,有令必行,有禁必止。

五十、国务院组成人员必须坚决执行国务院的决定,如有不同意见可在国务院内部提出,在没有重新做出决定前,不得有任何与国务院决定相违背的言论和行为;代表国务院发表讲话或文章,个人发表涉及未经国务院研究决定的重大问题及事项的讲话或文章,事先须经国务院同意。

五十一、国务院各部门发布涉及政府重要工作部署、经济社会发展重要问题、与群众利益密切相关事项的信息,要经过严格审定,重大情况要及时向国务院报告。

五十二、国务院组成人员要严格遵守保密纪律和外事纪律,严禁泄露国家秘密、工作秘密或者因履行职责掌握的商业秘密等,坚决维护国家的安全、荣誉和利益。

五十三、国务院组成人员要做学习的表率,国务院及各部门要建设学习型机关。

五十四、国务院领导同志要深入基层,调查研究,指导工作,解决实际问题。下基层要轻车简从,减少陪同,简化接待;不要地方负责人到机场、车站、码头及辖区分界处迎送。

五十五、国务院领导同志不为部门和地方的会议活动等发贺信、贺电,不题词,因特殊需要发贺信、贺电和题词,一般不公开发表。国务院领导同志出席会议活动、下基层考察调研的新闻报道和外事活动安排,按有关规定办理。

五十六、国务院组成人员要严格执行请销假制度。副总理、国务委员、秘书长离京出访、出差和休养,应事先报告总理,由国务院办公厅通报国务院其他领导同志。

各部门主要负责人离京外出,应事先向国务院办公厅报告,由国务院办公厅向国务院领导同志报告。

国务院直属特设机构、直属机构、办事机构、直属事业单位适用本规则。

地方各级人民政府机构设置和编制管理条例

(2007年2月14日国务院第169次常务会议通过)

第一章 总 则

第一条 为了规范地方各级人民政府机构设置,加强编制管理,提高行政效能,根据宪法、地方各级人民代表大会和地方各级人民政府组织法,制定本条例。

第二条 地方各级人民政府机构的设置、职责配置、编制核定以及对机构编制工作的监督管理,适用本条例。

第三条 地方各级人民政府机构设置和编制管理工作,应当按照经济社会全面协调可持续发展的要求,适应全面履行职能的需要,遵循精简、统一、效能的原则。

第四条 地方各级人民政府的机构编制工作,实行中央统一领导、地方分级管理的体制。

第五条 县级以上各级人民政府机构编制管理机关应当按照管理权限履行管理职责,并对下级机构编制工作进行业务指导和监督。

第六条 依照国家规定的程序设置的机构和核定的编制,是录用、聘用、调配工作人员、配备领导成员和核拨经费的依据。

县级以上各级人民政府应当建立机构编制、人员工资与财政预算相互制约的机制,在设置机构、核定编制时,应当充分考虑财政的供养能力。机构实有人员不得突破规定的编制。禁止擅自设置机构和增加编制。对擅自设置机构和增加编制的,不得核拨财政资金或者挪用其他资金安排其经费。

第七条 县级以上各级人民政府行政机构不得干预下级人民政府行政机构的设置和编制管理工作,不得要求下级人民政府设立与其业务对口的行政机构。

第二章　机构设置管理

第八条　地方各级人民政府行政机构应当以职责的科学配置为基础，综合设置，做到职责明确、分工合理、机构精简、权责一致，决策和执行相协调。

地方各级人民政府行政机构应当根据履行职责的需要，适时调整。但是，在一届政府任期内，地方各级人民政府的工作部门应当保持相对稳定。

第九条　地方各级人民政府行政机构的设立、撤销、合并或者变更规格、名称，由本级人民政府提出方案，经上一级人民政府机构编制管理机关审核后，报上一级人民政府批准；其中，县级以上地方各级人民政府行政机构的设立、撤销或者合并，还应当依法报本级人民代表大会常务委员会备案。

第十条　地方各级人民政府行政机构职责相同或者相近的，原则上由一个行政机构承担。

行政机构之间对职责划分有异议的，应当主动协商解决。协商一致的，报本级人民政府机构编制管理机关备案；协商不一致的，应当提请本级人民政府机构编制管理机关提出协调意见，由机构编制管理机关报本级人民政府决定。

第十一条　地方各级人民政府设立议事协调机构，应当严格控制；可以交由现有机构承担职能的或者由现有机构进行协调可以解决问题的，不另设立议事协调机构。

为办理一定时期内某项特定工作设立的议事协调机构，应当明确规定其撤销的条件和期限。

第十二条　县级以上地方各级人民政府的议事协调机构不单独设立办事机构，具体工作由有关的行政机构承担。

第十三条　地方各级人民政府行政机构根据工作需要和精干的原则，设立必要的内设机构。县级以上地方各级人民政府行政机构的内设机构的设立、撤销、合并或者变更规格、名称，由该行政机构报本级人民政府机构编制管理机关审批。

第三章　编制管理

第十四条　地方各级人民政府行政机构的编制，应当根据其所承担的职责，按照精简的原则核定。

第十五条　机构编制管理机关应当按照编制的不同类别和使用范围审批编制。地方各级人民政府行政机构应当使用行政编制，事业单位应当使用事业编制，不得混用、挤占、挪用或者自行设定其他类别的编制。

第十六条　地方各级人民政府的行政编制总额，由省、自治区、直辖市人民政府提出，经国务院机构编制管理机关审核后，报国务院批准。

第十七条　根据工作需要，国务院机构编制管理机关报经国务院批准，可以在地方行政编制总额内对特定的行政机构的行政编制实行专项管理。

第十八条　地方各级人民政府根据调整职责的需要，可以在行政编制总额内调整本级人民政府有关部门的行政编制。但是，在同一个行政区域不同层级之间调配使用行政编制的，应当由省、自治区、直辖市人民政府机构编制管理机关报国务院机构编制管理机关审批。

第十九条 地方各级人民政府议事协调机构不单独确定编制，所需要的编制由承担具体工作的行政机构解决。

第二十条 地方各级人民政府行政机构的领导职数，按照地方各级人民代表大会和地方各级人民政府组织法的有关规定确定。

第四章 监督检查

第二十一条 县级以上各级人民政府机构编制管理机关应当按照管理权限，对机构编制管理的执行情况进行监督检查；必要时，可以会同监察机关和其他有关部门对机构编制管理的执行情况进行监督检查。有关组织和个人应当予以配合。

第二十二条 县级以上各级人民政府机构编制管理机关实施监督检查时，应当严格执行规定的程序，发现违反本条例规定的行为，应当向本级人民政府提出处理意见和建议。

第二十三条 地方各级人民政府机构编制管理机关，应当如实向上级机构编制管理机关提交机构编制年度统计资料，不得虚报、瞒报、伪造。

第二十四条 县级以上各级人民政府机构编制管理机关应当定期评估机构和编制的执行情况，并将评估结果作为调整机构编制的参考依据。评估的具体办法，由国务院机构编制管理机关制定。

第二十五条 任何组织和个人对违反机构编制管理规定的行为，都有权向机构编制管理机关、监察机关等有关部门举报。

县级以上各级人民政府机构编制管理机关应当接受社会监督。

第五章 法律责任

第二十六条 有下列行为之一的，由机构编制管理机关给予通报批评，并责令限期改正；情节严重的，对直接负责的主管人员和其他直接责任人员，依法给予处分：

（一）擅自设立、撤销、合并行政机构或者变更规格、名称的；

（二）擅自改变行政机构职责的；

（三）擅自增加编制或者改变编制使用范围的；

（四）超出编制限额调配财政供养人员、为超编人员核拨财政资金或者挪用其他资金安排其经费、以虚报人员等方式占用编制并冒用财政资金的；

（五）擅自超职数、超规格配备领导成员的；

（六）违反规定干预下级人民政府行政机构的设置和编制管理工作的；

（七）违反规定审批机构、编制的；

（八）违反机构编制管理规定的其他行为。

第二十七条 机构编制管理机关工作人员在机构编制管理工作中滥用职权、玩忽职守、徇私舞弊，构成犯罪的，依法追究刑事责任；尚不构成犯罪的，依法给予处分。

第六章 附 则

第二十八条 本条例所称编制，是指机构编制管理机关核定的行政机构和事业单位的人员数额和领导职数。

第二十九条 地方的事业单位机构和编制管理办法，由省、自治区、直辖市人民政府机构编制管理机关拟定，报国务院机构编制管理机关审核后，由省、自治区、直辖市人民政府发布。事业编制的全国性标准由国务院机构编制管理机关会同国务院财政部门和其他有关部门制定。

第三十条 本条例自2007年5月1日起施行。

中华人民共和国政府信息公开条例
（2007年1月17日国务院第165次常务会议通过）

第一章 总 则

第一条 为了保障公民、法人和其他组织依法获取政府信息，提高政府工作的透明度，促进依法行政，充分发挥政府信息对人民群众生产、生活和经济社会活动的服务作用，制定本条例。

第二条 本条例所称政府信息，是指行政机关在履行职责过程中制作或者获取的，以一定形式记录、保存的信息。

第三条 各级人民政府应当加强对政府信息公开工作的组织领导。

国务院办公厅是全国政府信息公开工作的主管部门，负责推进、指导、协调、监督全国的政府信息公开工作。

县级以上地方人民政府办公厅（室）或者县级以上地方人民政府确定的其他政府信息公开工作主管部门负责推进、指导、协调、监督本行政区域的政府信息公开工作。

第四条 各级人民政府及县级以上人民政府部门应当建立健全本行政机关的政府信息公开工作制度，并指定机构（以下统称政府信息公开工作机构）负责本行政机关政府信息公开的日常工作。

政府信息公开工作机构的具体职责是：

（一）具体承办本行政机关的政府信息公开事宜；

（二）维护和更新本行政机关公开的政府信息；

（三）组织编制本行政机关的政府信息公开指南、政府信息公开目录和政府信息公开工作年度报告；

（四）对拟公开的政府信息进行保密审查；

（五）本行政机关规定的与政府信息公开有关的其他职责。

第五条 行政机关公开政府信息，应当遵循公正、公平、便民的原则。

第六条 行政机关应当及时、准确地公开政府信息。行政机关发现影响或者可能影响社会稳定、扰乱社会管理秩序的虚假或者不完整信息的，应当在其职责范围内发布准确的政府信息予以澄清。

第七条　行政机关应当建立健全政府信息发布协调机制。行政机关发布政府信息涉及其他行政机关的，应当与有关行政机关进行沟通、确认，保证行政机关发布的政府信息准确一致。

行政机关发布政府信息依照国家有关规定需要批准的，未经批准不得发布。

第八条　行政机关公开政府信息，不得危及国家安全、公共安全、经济安全和社会稳定。

第二章　公开的范围

第九条　行政机关对符合下列基本要求之一的政府信息应当主动公开：

（一）涉及公民、法人或者其他组织切身利益的；

（二）需要社会公众广泛知晓或者参与的；

（三）反映本行政机关机构设置、职能、办事程序等情况的；

（四）其他依照法律、法规和国家有关规定应当主动公开的。

第十条　县级以上各级人民政府及其部门应当依照本条例第九条的规定，在各自职责范围内确定主动公开的政府信息的具体内容，并重点公开下列政府信息：

（一）行政法规、规章和规范性文件；

（二）国民经济和社会发展规划、专项规划、区域规划及相关政策；

（三）国民经济和社会发展统计信息；

（四）财政预算、决算报告；

（五）行政事业性收费的项目、依据、标准；

（六）政府集中采购项目的目录、标准及实施情况；

（七）行政许可的事项、依据、条件、数量、程序、期限以及申请行政许可需要提交的全部材料目录及办理情况；

（八）重大建设项目的批准和实施情况；

（九）扶贫、教育、医疗、社会保障、促进就业等方面的政策、措施及其实施情况；

（十）突发公共事件的应急预案、预警信息及应对情况；

（十一）环境保护、公共卫生、安全生产、食品药品、产品质量的监督检查情况。

第十一条　设区的市级人民政府、县级人民政府及其部门重点公开的政府信息还应当包括下列内容：

（一）城乡建设和管理的重大事项；

（二）社会公益事业建设情况；

（三）征收或者征用土地、房屋拆迁及其补偿、补助费用的发放、使用情况；

（四）抢险救灾、优抚、救济、社会捐助等款物的管理、使用和分配情况。

第十二条　乡（镇）人民政府应当依照本条例第九条的规定，在其职责范围内确定主动公开的政府信息的具体内容，并重点公开下列政府信息：

（一）贯彻落实国家关于农村工作政策的情况；

（二）财政收支、各类专项资金的管理和使用情况；

（三）乡（镇）土地利用总体规划、宅基地使用的审核情况；

（四）征收或者征用土地、房屋拆迁及其补偿、补助费用的发放、使用情况；

（五）乡（镇）的债权债务、筹资筹劳情况；

（六）抢险救灾、优抚、救济、社会捐助等款物的发放情况；

（七）乡镇集体企业及其他乡镇经济实体承包、租赁、拍卖等情况；

（八）执行计划生育政策的情况。

第十三条　除本条例第九条、第十条、第十一条、第十二条规定的行政机关主动公开的政府信息外，公民、法人或者其他组织还可以根据自身生产、生活、科研等特殊需要，向国务院部门、地方各级人民政府及县级以上地方人民政府部门申请获取相关政府信息。

第十四条　行政机关应当建立健全政府信息发布保密审查机制，明确审查的程序和责任。

行政机关在公开政府信息前，应当依照《中华人民共和国保守国家秘密法》以及其他法律、法规和国家有关规定对拟公开的政府信息进行审查。

行政机关对政府信息不能确定是否可以公开时，应当依照法律、法规和国家有关规定报有关主管部门或者同级保密工作部门确定。

行政机关不得公开涉及国家秘密、商业秘密、个人隐私的政府信息。但是，经权利人同意公开或者行政机关认为不公开可能对公共利益造成重大影响的涉及商业秘密、个人隐私的政府信息，可以予以公开。

第三章　公开的方式和程序

第十五条　行政机关应当将主动公开的政府信息，通过政府公报、政府网站、新闻发布会以及报刊、广播、电视等便于公众知晓的方式公开。

第十六条　各级人民政府应当在国家档案馆、公共图书馆设置政府信息查阅场所，并配备相应的设施、设备，为公民、法人或者其他组织获取政府信息提供便利。

行政机关可以根据需要设立公共查阅室、资料索取点、信息公告栏、电子信息屏等场所、设施，公开政府信息。

行政机关应当及时向国家档案馆、公共图书馆提供主动公开的政府信息。

第十七条　行政机关制作的政府信息，由制作该政府信息的行政机关负责公开；行政机关从公民、法人或者其他组织获取的政府信息，由保存该政府信息的行政机关负责公开。法律、法规对政府信息公开的权限另有规定的，从其规定。

第十八条　属于主动公开范围的政府信息，应当自该政府信息形成或者变更之日起 20 个工作日内予以公开。法律、法规对政府信息公开的期限另有规定的，从其规定。

第十九条　行政机关应当编制、公布政府信息公开指南和政府信息公开目录，并及时更新。

政府信息公开指南，应当包括政府信息的分类、编排体系、获取方式，政府信息公开工作机构的名称、办公地址、办公时间、联系电话、传真号码、电子邮箱等内容。

政府信息公开目录，应当包括政府信息的索引、名称、内容概述、生成日期等内容。

第二十条　公民、法人或者其他组织依照本条例第十三条规定向行政机关申请获取政府信息的，应当采用书面形式（包括数据电文形式）；采用书面形式确有困难的，申请人可以口头提出，由受理该申请的行政机关代为填写政府信息公开申请。

政府信息公开申请应当包括下列内容：

（一）申请人的姓名或者名称、联系方式；

（二）申请公开的政府信息的内容描述；

（三）申请公开的政府信息的形式要求。

第二十一条　对申请公开的政府信息，行政机关根据下列情况分别作出答复：

（一）属于公开范围的，应当告知申请人获取该政府信息的方式和途径；

（二）属于不予公开范围的，应当告知申请人并说明理由；

（三）依法不属于本行政机关公开或者该政府信息不存在的，应当告知申请人，对能够确定该政府信息的公开机关的，应当告知申请人该行政机关的名称、联系方式；

（四）申请内容不明确的，应当告知申请人作出更改、补充。

第二十二条　申请公开的政府信息中含有不应当公开的内容，但是能够作区分处理的，行政机关应当向申请人提供可以公开的信息内容。

第二十三条　行政机关认为申请公开的政府信息涉及商业秘密、个人隐私，公开后可能损害第三方合法权益的，应当书面征求第三方的意见；第三方不同意公开的，不得公开。但是，行政机关认为不公开可能对公共利益造成重大影响的，应当予以公开，并将决定公开的政府信息内容和理由书面通知第三方。

第二十四条　行政机关收到政府信息公开申请，能够当场答复的，应当当场予以答复。

行政机关不能当场答复的，应当自收到申请之日起 15 个工作日内予以答复；如需延长答复期限的，应当经政府信息公开工作机构负责人同意，并告知申请人，延长答复的期限最长不得超过 15 个工作日。

申请公开的政府信息涉及第三方权益的，行政机关征求第三方意见所需时间不计算在本条第二款规定的期限内。

第二十五条　公民、法人或者其他组织向行政机关申请提供与其自身相关的税费缴纳、社会保障、医疗卫生等政府信息的，应当出示有效身份证件或者证明文件。

公民、法人或者其他组织有证据证明行政机关提供的与其自身相关的政府信息记录不准确的，有权要求该行政机关予以更正。该行政机关无权更正的，应当转送有权更正的行政机关处理，并告知申请人。

第二十六条　行政机关依申请公开政府信息，应当按照申请人要求的形式予以提供；无法按照申请人要求的形式提供的，可以通过安排申请人查阅相关资料、提供复制件或者其他适当形式提供。

第二十七条　行政机关依申请提供政府信息，除可以收取检索、复制、邮寄等成本费用外，不得收取其他费用。行政机关不得通过其他组织、个人以有偿服务方式提供政府信息。

行政机关收取检索、复制、邮寄等成本费用的标准由国务院价格主管部门会同国务院财政部门制定。

第二十八条　申请公开政府信息的公民确有经济困难的，经本人申请、政府信息公开工作机构负责人审核同意，可以减免相关费用。

申请公开政府信息的公民存在阅读困难或者视听障碍的，行政机关应当为其提供必要的帮助。

第四章　监督和保障

第二十九条　各级人民政府应当建立健全政府信息公开工作考核制度、社会评议制度和责任追究制度，定期对政府信息公开工作进行考核、评议。

第三十条　政府信息公开工作主管部门和监察机关负责对行政机关政府信息公开的实施情况进行监督检查。

第三十一条　各级行政机关应当在每年3月31日前公布本行政机关的政府信息公开工作年度报告。

第三十二条　政府信息公开工作年度报告应当包括下列内容：

（一）行政机关主动公开政府信息的情况；

（二）行政机关依申请公开政府信息和不予公开政府信息的情况；

（三）政府信息公开的收费及减免情况；

（四）因政府信息公开申请行政复议、提起行政诉讼的情况；

（五）政府信息公开工作存在的主要问题及改进情况；

（六）其他需要报告的事项。

第三十三条　公民、法人或者其他组织认为行政机关不依法履行政府信息公开义务的，可以向上级行政机关、监察机关或者政府信息公开工作主管部门举报。收到举报的机关应当予以调查处理。

公民、法人或者其他组织认为行政机关在政府信息公开工作中的具体行政行为侵犯其合法权益的，可以依法申请行政复议或者提起行政诉讼。

第三十四条　行政机关违反本条例的规定，未建立健全政府信息发布保密审查机制的，由监察机关、上一级行政机关责令改正；情节严重的，对行政机关主要负责人依法给予处分。

第三十五条　行政机关违反本条例的规定，有下列情形之一的，由监察机关、上一级行政机关责令改正；情节严重的，对行政机关直接负责的主管人员和其他直接责任人员依法给予处分；构成犯罪的，依法追究刑事责任：

（一）不依法履行政府信息公开义务的；

（二）不及时更新公开的政府信息内容、政府信息公开指南和政府信息公开目录的；

（三）违反规定收取费用的；

（四）通过其他组织、个人以有偿服务方式提供政府信息的；

（五）公开不应当公开的政府信息的；

（六）违反本条例规定的其他行为。

第五章　附　则

第三十六条　法律、法规授权的具有管理公共事务职能的组织公开政府信息的活动，适用本条例。

第三十七条　教育、医疗卫生、计划生育、供水、供电、供气、供热、环保、公共交通等与人民群众利益密切相关的公共企事业单位在提供社会公共服务过程中制作、获取的信息的公开，参照本条例执行，具体办法由国务院有关主管部门或者机构制定。

第三十八条　本条例自 2008 年 5 月 1 日起施行。

中华人民共和国信访条例

（2005 年 1 月 5 日国务院第 76 次常务会议通过）

第一章　总　则

第一条　为了保持各级人民政府同人民群众的密切联系，保护信访人的合法权益，维护信访秩序，制定本条例。

第二条　本条例所称信访，是指公民、法人或者其他组织采用书信、电子邮件、传真、电话、走访等形式，向各级人民政府、县级以上人民政府工作部门反映情况，提出建议、意见或者投诉请求，依法由有关行政机关处理的活动。

采用前款规定的形式，反映情况，提出建议、意见或者投诉请求的公民、法人或者其他组织，称信访人。

第三条　各级人民政府、县级以上人民政府工作部门应当做好信访工作，认真处理来信、接待来访，倾听人民群众的意见、建议和要求，接受人民群众的监督，努力为人民群众服务。

各级人民政府、县级以上人民政府工作部门应当畅通信访渠道，为信访人采用本条例规定的形式反映情况，提出建议、意见或者投诉请求提供便利条件。

任何组织和个人不得打击报复信访人。

第四条　信访工作应当在各级人民政府领导下，坚持属地管理、分级负责，谁主管、谁负责，依法、及时、就地解决问题与疏导教育相结合的原则。

第五条　各级人民政府、县级以上人民政府工作部门应当科学、民主决策，依法履行职责，从源头上预防导致信访事项的矛盾和纠纷。

县级以上人民政府应当建立统一领导、部门协调，统筹兼顾、标本兼治，各负其责、齐抓共管的信访工作格局，通过联席会议、建立排查调处机制、建立信访督查工作制度等方式，及时化解矛盾和纠纷。

各级人民政府、县级以上人民政府各工作部门的负责人应当阅批重要来信、接待重要来访、听取信访工作汇报，研究解决信访工作中的突出问题。

第六条　县级以上人民政府应当设立信访工作机构；县级以上人民政府工作部门及乡、镇人民政府应当按照有利工作、方便信访人的原则，确定负责信访工作的机构（以下简称信访工作机构）或者人员，具体负责信访工作。

县级以上人民政府信访工作机构是本级人民政府负责信访工作的行政机构，履行下列职责：

（一）受理、交办、转送信访人提出的信访事项；

（二）承办上级和本级人民政府交由处理的信访事项；

（三）协调处理重要信访事项；

（四）督促检查信访事项的处理；

（五）研究、分析信访情况，开展调查研究，及时向本级人民政府提出完善政策和改进工作的建议；

（六）对本级人民政府其他工作部门和下级人民政府信访工作机构的信访工作进行指导。

第七条　各级人民政府应当建立健全信访工作责任制，对信访工作中的失职、渎职行为，严格依照有关法律、行政法规和本条例的规定，追究有关责任人员的责任，并在一定范围内予以通报。

各级人民政府应当将信访工作绩效纳入公务员考核体系。

第八条　信访人反映的情况，提出的建议、意见，对国民经济和社会发展或者对改进国家机关工作以及保护社会公共利益有贡献的，由有关行政机关或者单位给予奖励。

对在信访工作中做出优异成绩的单位或者个人，由有关行政机关给予奖励。

第二章　信访渠道

第九条　各级人民政府、县级以上人民政府工作部门应当向社会公布信访工作机构的通信地址、电子信箱、投诉电话、信访接待的时间和地点、查询信访事项处理进展及结果的方式等相关事项。

各级人民政府、县级以上人民政府工作部门应当在其信访接待场所或者网站公布与信访工作有关的法律、法规、规章，信访事项的处理程序，以及其他为信访人提供便利的相关事项。

第十条 设区的市级、县级人民政府及其工作部门，乡、镇人民政府应当建立行政机关负责人信访接待日制度，由行政机关负责人协调处理信访事项。信访人可以在公布的接待日和接待地点向有关行政机关负责人当面反映信访事项。

县级以上人民政府及其工作部门负责人或者其指定的人员，可以就信访人反映突出的问题到信访人居住地与信访人面谈沟通。

第十一条 国家信访工作机构充分利用现有政务信息网络资源，建立全国信访信息系统，为信访人在当地提出信访事项、查询信访事项办理情况提供便利。

县级以上地方人民政府应当充分利用现有政务信息网络资源，建立或者确定本行政区域的信访信息系统，并与上级人民政府、政府有关部门、下级人民政府的信访信息系统实现互联互通。

第十二条 县级以上各级人民政府的信访工作机构或者有关工作部门应当及时将信访人的投诉请求输入信访信息系统，信访人可以持行政机关出具的投诉请求受理凭证到当地人民政府的信访工作机构或者有关工作部门的接待场所查询其所提出的投诉请求的办理情况。具体实施办法和步骤由省、自治区、直辖市人民政府规定。

第十三条 设区的市、县两级人民政府可以根据信访工作的实际需要，建立政府主导、社会参与、有利于迅速解决纠纷的工作机制。

信访工作机构应当组织相关社会团体、法律援助机构、相关专业人员、社会志愿者等共同参与，运用咨询、教育、协商、调解、听证等方法，依法、及时、合理处理信访人的投诉请求。

第三章 信访事项的提出

第十四条 信访人对下列组织、人员的职务行为反映情况，提出建议、意见，或者不服下列组织、人员的职务行为，可以向有关行政机关提出信访事项：

（一）行政机关及其工作人员；

（二）法律、法规授权的具有管理公共事务职能的组织及其工作人员；

（三）提供公共服务的企业、事业单位及其工作人员；

（四）社会团体或者其他企业、事业单位中由国家行政机关任命、派出的人员；

（五）村民委员会、居民委员会及其成员。

对依法应当通过诉讼、仲裁、行政复议等法定途径解决的投诉请求，信访人应当依照有关法律、行政法规规定的程序向有关机关提出。

第十五条 信访人对各级人民代表大会以及县级以上各级人民代表大会常务委员

会、人民法院、人民检察院职权范围内的信访事项，应当分别向有关的人民代表大会及其常务委员会、人民法院、人民检察院提出，并遵守本条例第十六条、第十七条、第十八条、第十九条、第二十条的规定。

第十六条　信访人采用走访形式提出信访事项，应当向依法有权处理的本级或者上一级机关提出；信访事项已经受理或者正在办理的，信访人在规定期限内向受理、办理机关的上级机关再提出同一信访事项的，该上级机关不予受理。

第十七条　信访人提出信访事项，一般应当采用书信、电子邮件、传真等书面形式；信访人提出投诉请求的，还应当载明信访人的姓名（名称）、住址和请求、事实、理由。

有关机关对采用口头形式提出的投诉请求，应当记录信访人的姓名（名称）、住址和请求、事实、理由。

第十八条　信访人采用走访形式提出信访事项的，应当到有关机关设立或者指定的接待场所提出。

多人采用走访形式提出共同的信访事项的，应当推选代表，代表人数不得超过5人。

第十九条　信访人提出信访事项，应当客观真实，对其所提供材料内容的真实性负责，不得捏造、歪曲事实，不得诬告、陷害他人。

第二十条　信访人在信访过程中应当遵守法律、法规，不得损害国家、社会、集体的利益和其他公民的合法权利，自觉维护社会公共秩序和信访秩序，不得有下列行为：

（一）在国家机关办公场所周围、公共场所非法聚集、围堵、冲击国家机关，拦截公务车辆，或者堵塞、阻断交通的；

（二）携带危险物品、管制器具的；

（三）侮辱、殴打、威胁国家机关工作人员，或者非法限制他人人身自由的；

（四）在信访接待场所滞留、滋事，或者将生活不能自理的人弃留在信访接待场所的；

（五）煽动、串联、胁迫、以财物诱使、幕后操纵他人信访或者以信访为名借机敛财的；

（六）扰乱公共秩序、妨害国家和公共安全的其他行为。

第四章　信访事项的受理

第二十一条　县级以上人民政府信访工作机构收到信访事项，应当予以登记，并区分情况，在15日内分别按下列方式处理：

（一）对本条例第十五条规定的信访事项，应当告知信访人分别向有关的人民代表大会及其常务委员会、人民法院、人民检察院提出。对已经或者依法应当通过诉讼、仲裁、行政复议等法定途径解决的，不予受理，但应当告知信访人依照有关法律、行政法规规定程序向有关机关提出。

（二）对依照法定职责属于本级人民政府或者其工作部门处理决定的信访事项，应当转送有权处理的行政机关；情况重大、紧急的，应当及时提出建议，报请本级人民政府决定。

（三）信访事项涉及下级行政机关或者其工作人员的，按照"属地管理、分级负责，谁主管、谁负责"的原则，直接转送有权处理的行政机关，并抄送下一级人民政府信访工作机构。

县级以上人民政府信访工作机构要定期向下一级人民政府信访工作机构通报转送情况，下级人民政府信访工作机构要定期向上一级人民政府信访工作机构报告转送信访事项的办理情况。

（四）对转送信访事项中的重要情况需要反馈办理结果的，可以直接交由有权处理的行政机关办理，要求其在指定办理期限内反馈结果，提交办结报告。

按照前款第（二）项至第（四）项规定，有关行政机关应当自收到转送、交办的信访事项之日起15日内决定是否受理并书面告知信访人，并按要求通报信访工作机构。

第二十二条　信访人按照本条例规定直接向各级人民政府信访工作机构以外的行政机关提出的信访事项，有关行政机关应当予以登记；对符合本条例第十四条第一款规定并属于本机关法定职权范围的信访事项，应当受理，不得推诿、敷衍、拖延；对不属于本机关职权范围的信访事项，应当告知信访人向有权的机关提出。

有关行政机关收到信访事项后，能够当场答复是否受理的，应当当场书面答复；不能当场答复的，应当自收到信访事项之日起15日内书面告知信访人。但是，信访人的姓名（名称）、住址不清的除外。

有关行政机关应当相互通报信访事项的受理情况。

第二十三条　行政机关及其工作人员不得将信访人的检举、揭发材料及有关情况透露或者转给被检举、揭发的人员或者单位。

第二十四条　涉及两个或者两个以上行政机关的信访事项，由所涉及的行政机关协商受理；受理有争议的，由其共同的上一级行政机关决定受理机关。

第二十五条　应当对信访事项作出处理的行政机关分立、合并、撤销的，由继续行使其职权的行政机关受理；职责不清的，由本级人民政府或者其指定的机关受理。

第二十六条　公民、法人或者其他组织发现可能造成社会影响的重大、紧急信访事项和信访信息时，可以就近向有关行政机关报告。地方各级人民政府接到报告后，应当立即报告上一级人民政府；必要时，通报有关主管部门。县级以上地方人民政府有关部门接到报告后，应当立即报告本级人民政府和上一级主管部门；必要时，通报有关主管部门。国务院有关部门接到报告后，应当立即报告国务院；必要时，通报有关主管部门。

行政机关对重大、紧急信访事项和信访信息不得隐瞒、谎报、缓报，或者授意他人隐瞒、谎报、缓报。

第二十七条　对于可能造成社会影响的重大、紧急信访事项和信访信息，有关行政机关应当在职责范围内依法及时采取措施，防止不良影响的产生、扩大。

第五章　信访事项的办理和督办

第二十八条　行政机关及其工作人员办理信访事项，应当恪尽职守、秉公办事，查明事实、分清责任，宣传法制、教育疏导，及时妥善处理，不得推诿、敷衍、拖延。

第二十九条　信访人反映的情况，提出的建议、意见，有利于行政机关改进工作、促进国民经济和社会发展的，有关行政机关应当认真研究论证并积极采纳。

第三十条　行政机关工作人员与信访事项或者信访人有直接利害关系的，应当回避。

第三十一条　对信访事项有权处理的行政机关办理信访事项，应当听取信访人陈述事实和理由；必要时可以要求信访人、有关组织和人员说明情况；需要进一步核实有关情况的，可以向其他组织和人员调查。

对重大、复杂、疑难的信访事项，可以举行听证。听证应当公开举行，通过质询、辩论、评议、合议等方式，查明事实，分清责任。听证范围、主持人、参加人、程序等由省、自治区、直辖市人民政府规定。

第三十二条　对信访事项有权处理的行政机关经调查核实，应当依照有关法律、法规、规章及其他有关规定，分别作出以下处理，并书面答复信访人：

（一）请求事实清楚，符合法律、法规、规章或者其他有关规定的，予以支持；

（二）请求事由合理但缺乏法律依据的，应当对信访人做好解释工作；

（三）请求缺乏事实根据或者不符合法律、法规、规章或者其他有关规定的，不予支持。

有权处理的行政机关依照前款第（一）项规定作出支持信访请求意见的，应当督促有关机关或者单位执行。

第三十三条　信访事项应当自受理之日起60日内办结；情况复杂的，经本行政机关负责人批准，可以适当延长办理期限，但延长期限不得超过30日，并告知信访人延期理由。法律、行政法规另有规定的，从其规定。

第三十四条　信访人对行政机关作出的信访事项处理意见不服的，可以自收到书面答复之日起30日内请求原办理行政机关的上一级行政机关复查。收到复查请求的行政机关应当自收到复查请求之日起30日内提出复查意见，并予以书面答复。

第三十五条　信访人对复查意见不服的，可以自收到书面答复之日起30日内向复查机关的上一级行政机关请求复核。收到复核请求的行政机关应当自收到复核请求之日起30日内提出复核意见。

复核机关可以按照本条例第三十一条第二款的规定举行听证，经过听证的复核意见可以依法向社会公示。听证所需时间不计算在前款规定的期限内。

信访人对复核意见不服，仍然以同一事实和理由提出投诉请求的，各级人民政府信访工作机构和其他行政机关不再受理。

第三十六条　县级以上人民政府信访工作机构发现有关行政机关有下列情形之一的，应当及时督办，并提出改进建议：

（一）无正当理由未按规定的办理期限办结信访事项的；

（二）未按规定反馈信访事项办理结果的；

（三）未按规定程序办理信访事项的；

（四）办理信访事项推诿、敷衍、拖延的；

（五）不执行信访处理意见的；

（六）其他需要督办的情形。

收到改进建议的行政机关应当在30日内书面反馈情况；未采纳改进建议的，应当说明理由。

第三十七条　县级以上人民政府信访工作机构对于信访人反映的有关政策性问题，应当及时向本级人民政府报告，并提出完善政策、解决问题的建议。

第三十八条　县级以上人民政府信访工作机构对在信访工作中推诿、敷衍、拖延、弄虚作假造成严重后果的行政机关工作人员，可以向有关行政机关提出给予行政处分的建议。

第三十九条　县级以上人民政府信访工作机构应当就以下事项向本级人民政府定期提交信访情况分析报告：

（一）受理信访事项的数据统计、信访事项涉及领域以及被投诉较多的机关；

（二）转送、督办情况以及各部门采纳改进建议的情况；

（三）提出的政策性建议及其被采纳情况。

第六章　法律责任

第四十条　因下列情形之一导致信访事项发生，造成严重后果的，对直接负责的主管人员和其他直接责任人员，依照有关法律、行政法规的规定给予行政处分；构成犯罪的，依法追究刑事责任：

（一）超越或者滥用职权，侵害信访人合法权益的；

（二）行政机关应当作为而不作为，侵害信访人合法权益的；

（三）适用法律、法规错误或者违反法定程序，侵害信访人合法权益的；

（四）拒不执行有权处理的行政机关作出的支持信访请求意见的。

第四十一条　县级以上人民政府信访工作机构对收到的信访事项应当登记、转送、交办而未按规定登记、转送、交办，或者应当履行督办职责而未履行的，由其上级行政机关责令改正；造成严重后果的，对直接负责的主管人员和其他直接责任人员依法给予行政处分。

第四十二条　负有受理信访事项职责的行政机关在受理信访事项过程中违反本条例的规定，有下列情形之一的，由其上级行政机关责令改正；造成严重后果的，对直接负责的主管人员和其他直接责任人员依法给予行政处分：

（一）对收到的信访事项不按规定登记的；

（二）对属于其法定职权范围的信访事项不予受理的；

（三）行政机关未在规定期限内书面告知信访人是否受理信访事项的。

第四十三条　对信访事项有权处理的行政机关在办理信访事项过程中，有下列行为之一的，由其上级行政机关责令改正；造成严重后果的，对直接负责的主管人员和其他直接责任人员依法给予行政处分：

（一）推诿、敷衍、拖延信访事项办理或者未在法定期限内办结信访事项的；

（二）对事实清楚，符合法律、法规、规章或者其他有关规定的投诉请求未予支持的。

第四十四条　行政机关工作人员违反本条例规定，将信访人的检举、揭发材料或者有关情况透露、转给被检举、揭发的人员或者单位的，依法给予行政处分。

行政机关工作人员在处理信访事项过程中，作风粗暴，激化矛盾并造成严重后果的，依法给予行政处分。

第四十五条　行政机关及其工作人员违反本条例第二十六条规定，对可能造成社会影响的重大、紧急信访事项和信访信息，隐瞒、谎报、缓报，或者授意他人隐瞒、谎报、缓报，造成严重后果的，对直接负责的主管人员和其他直接责任人员依法给予行政处分；构成犯罪的，依法追究刑事责任。

第四十六条　打击报复信访人，构成犯罪的，依法追究刑事责任；尚不构成犯罪的，依法给予行政处分或者纪律处分。

第四十七条　违反本条例第十八条、第二十条规定的，有关国家机关工作人员应当对信访人进行劝阻、批评或者教育。

经劝阻、批评和教育无效的，由公安机关予以警告、训诫或者制止；违反集会游行示威的法律、行政法规，或者构成违反治安管理行为的，由公安机关依法采取必要的现场处置措施、给予治安管理处罚；构成犯罪的，依法追究刑事责任。

第四十八条　信访人捏造歪曲事实、诬告陷害他人，构成犯罪的，依法追究刑事责任；尚不构成犯罪的，由公安机关依法给予治安管理处罚。

第七章　附　则

第四十九条　社会团体、企业事业单位的信访工作参照本条例执行。

第五十条　对外国人、无国籍人、外国组织信访事项的处理，参照本条例执行。

第五十一条　本条例自 2005 年 5 月 1 日起施行。1995 年 10 月 28 日国务院发布的《信访条例》同时废止。

国务院关于特大安全事故行政责任追究的规定

（2001年4月21日中华人民共和国国务院令第302号公布，自公布之日起施行）

第一条 为了有效地防范特大安全事故的发生，严肃追究特大安全事故的行政责任，保障人民群众生命、财产安全，制定本规定。

第二条 地方人民政府主要领导人和政府有关部门正职负责人对下列特大安全事故的防范、发生，依照法律、行政法规和本规定的规定有失职、渎职情形或者负有领导责任的，依照本规定给予行政处分；构成玩忽职守罪或者其他罪的，依法追究刑事责任：

（一）特大火灾事故；

（二）特大交通安全事故；

（三）特大建筑质量安全事故；

（四）民用爆炸物品和化学危险品特大安全事故；

（五）煤矿和其他矿山特大安全事故；

（六）锅炉、压力容器、压力管道和特种设备特大安全事故；

（七）其他特大安全事故。

地方人民政府和政府有关部门对特大安全事故的防范、发生直接负责的主管人员和其他直接责任人员，比照本规定给予行政处分；构成玩忽职守罪或者其他罪的，依法追究刑事责任。

特大安全事故肇事单位和个人的刑事处罚、行政处罚和民事责任，依照有关法律、法规和规章的规定执行。

第三条 特大安全事故的具体标准，按照国家有关规定执行。

第四条 地方各级人民政府及政府有关部门应当依照有关法律、法规和规章的规定，采取行政措施，对本地区实施安全监督管理，保障本地区人民群众生命、财产安全，对本地区或者职责范围内防范特大安全事故的发生、特大安全事故发生后的迅速和妥善处理负责。

第五条 地方各级人民政府应当每个季度至少召开一次防范特大安全事故工作会议，由政府主要领导人或者政府主要领导人委托政府分管领导人召集有关部门正职负责人参加，分析、布置、督促、检查本地区防范特大安全事故的工作。会议应当作出决定并形成纪要，会议确定的各项防范措施必须严格实施。

第六条 市（地、州）、县（市、区）人民政府应当组织有关部门按照职责分工对本地区容易发生特大安全事故的单位、设施和场所安全事故的防范明确责任、采取措施，并组织有关部门对上述单位、设施和场所进行严格检查。

第七条 市（地、州）、县（市、区）人民政府必须制定本地区特大安全事故应急处理预案。本地区特大安全事故应急处理预案经政府主要领导人签署后，报上一级人民政府备案。

第八条 市（地、州）、县（市、区）人民政府应当组织有关部门对本规定第二条所列各类特大安全事故的隐患进行查处；发现特大安全事故隐患的，责令立即排除；特大安全事故隐患排除前或者排除过程中，无法保证安全的，责令暂时停产、停业或者停止使用。法律、行政法规对查处机关另有规定的，依照其规定。

第九条 市（地、州）、县（市、区）人民政府及其有关部门对本地区存在的特大安全事故隐患，超出其管辖或者职责范围的，应当立即向有管辖权或者负有职责的上级人民政府或者政府有关部门报告；情况紧急的，可以立即采取包括责令暂时停产、停业在内的紧急措施，同时报告；有关上级人民政府或者政府有关部门接到报告后，应当立即组织查处。

第十条 中小学校对学生进行劳动技能教育以及组织学生参加公益劳动等社会实践活动，必须确保学生安全。严禁以任何形式、名义组织学生从事接触易燃、易爆、有毒、有害等危险品的劳动或者其他危险性劳动。严禁将学校场地出租作为从事易燃、易爆、有毒、有害等危险品的生产、经营场所。

中小学校违反前款规定的，按照学校隶属关系，对县（市、区）、乡（镇）人民政府主要领导人和县（市、区）人民政府教育行政部门正职负责人，根据情节轻重，给予记过、降级直至撤职的行政处分；构成玩忽职守罪或者其他罪的，依法追究刑事责任。

中小学校违反本条第一款规定的，对校长给予撤职的行政处分，对直接组织者给予开除公职的行政处分；构成非法制造爆炸物罪或者其他罪的，依法追究刑事责任。

第十一条 依法对涉及安全生产事项负责行政审批（包括批准、核准、许可、注册、认证、颁发证照、竣工验收等，下同）的政府部门或者机构，必须严格依照法律、法规和规章规定的安全条件和程序进行审查；不符合法律、法规和规章规定的安全条件的，不得批准；不符合法律、法规和规章规定的安全条件，弄虚作假，骗取批准或者勾结串通行政审批工作人员取得批准的，负责行政审批的政府部门或者机构除必须立即撤销原批准外，应当对弄虚作假骗取批准或者勾结串通行政审批工作人员的当事人依法给予行政处罚；构成行贿罪或者其他罪的，依法追究刑事责任。

负责行政审批的政府部门或者机构违反前款规定，对不符合法律、法规和规章规定的安全条件予以批准的，对部门或者机构的正职负责人，根据情节轻重，给予降级、撤职直至开除公职的行政处分；与当事人勾结串通的，应当开除公职；构成受贿罪、玩忽职守罪或者其他罪的，依法追究刑事责任。

第十二条 对依照本规定第十一条第一款的规定取得批准的单位和个人，负责行政审批的政府部门或者机构必须对其实施严格监督检查；发现其不再具备安全条件的，必须立即撤销原批准。

负责行政审批的政府部门或者机构违反前款规定，不对取得批准的单位和个人实施严格监督检查，或者发现其不再具备安全条件而不立即撤销原批准的，对部门或者机构的正职负责人，根据情节轻重，给予降级或者撤职的行政处分；构成受贿罪、玩忽职守罪或者其他罪的，依法追究刑事责任。

第十三条 对未依法取得批准，擅自从事有关活动的，负责行政审批的政府部门或者机构发现或者接到举报后，应当立即予以查封、取缔，并依法给予行政处罚；属于经营单位的，由工商行政管理部门依法相应吊销营业执照。

负责行政审批的政府部门或者机构违反前款规定，对发现或者举报的未依法取得批准而擅自从事有关活动的，不予查封、取缔、不依法给予行政处罚，工商行政管理部门不予吊销营业执照的，对部门或者机构的正职负责人，根据情节轻重，给予降级或者撤职的行政处分；构成受贿罪、玩忽职守罪或者其他罪的，依法追究刑事责任。

第十四条 市（地、州）、县（市、区）人民政府依照本规定应当履行职责而未履行，或者未按照规定的职责和程序履行，本地区发生特大安全事故的，对政府主要领导人，根据情节轻重，给予降级或者撤职的行政处分；构成玩忽职守罪的，依法追究刑事责任。

负责行政审批的政府部门或者机构、负责安全监督管理的政府有关部门，未依照本规定履行职责，发生特大安全事故的，对部门或者机构的正职负责人，根据情节轻重，给予撤职或者开除公职的行政处分；构成玩忽职守罪或者其他罪的，依法追究刑事责任。

第十五条 发生特大安全事故，社会影响特别恶劣或者性质特别严重的，由国务院对负有领导责任的省长、自治区主席、直辖市市长和国务院有关部门正职负责人给予行政处分。

第十六条 特大安全事故发生后，有关县（市、区）、市（地、州）和省、自治区、直辖市人民政府及政府有关部门应当按照国家规定的程序和时限立即上报，不得隐瞒不报、谎报或者拖延报告，并应当配合、协助事故调查，不得以任何方式阻碍、干涉事故调查。

特大安全事故发生后，有关地方人民政府及政府有关部门违反前款规定的，对政府主要领导人和政府部门正职负责人给予降级的行政处分。

第十七条 特大安全事故发生后，有关地方人民政府应当迅速组织救助，有关部门应当服从指挥、调度，参加或者配合救助，将事故损失降到最低限度。

第十八条 特大安全事故发生后，省、自治区、直辖市人民政府应当按照国家有关规定迅速、如实发布事故消息。

第十九条 特大安全事故发生后，按照国家有关规定组织调查组对事故进行调查。事故调查工作应当自事故发生之日起60日内完成，并由调查组提出调查报告；遇有特殊情况的，经调查组提出并报国家安全生产监督管理机构批准后，可以适当延长时间。调查报告应当包括依照本规定对有关责任人员追究行政责任或者其他法律责任的意见。

省、自治区、直辖市人民政府应当自调查报告提交之日起 30 日内，对有关责任人员作出处理决定；必要时，国务院可以对特大安全事故的有关责任人员作出处理决定。

第二十条　地方人民政府或者政府部门阻挠、干涉对特大安全事故有关责任人员追究行政责任的，对该地方人民政府主要领导人或者政府部门正职负责人，根据情节轻重，给予降级或者撤职的行政处分。

第二十一条　任何单位和个人均有权向有关地方人民政府或者政府部门报告特大安全事故隐患，有权向上级人民政府或者政府部门举报地方人民政府或者政府部门不履行安全监督管理职责或者不按照规定履行职责的情况。接到报告或者举报的有关人民政府或者政府部门，应当立即组织对事故隐患进行查处，或者对举报的不履行、不按照规定履行安全监督管理职责的情况进行调查处理。

第二十二条　监察机关依照行政监察法的规定，对地方各级人民政府和政府部门及其工作人员履行安全监督管理职责实施监察。

第二十三条　对特大安全事故以外的其他安全事故的防范、发生追究行政责任的办法，由省、自治区、直辖市人民政府参照本规定制定。

第二十四条　本规定自公布之日起施行。

二　党的文献

（一）中国共产党全国代表大会报告

2007 年 10 月 15 日，胡锦涛在中国共产党第十七次全国代表大会报告中指出："完善体现科学发展观和正确政绩观要求的干部考核评价体系。"

加快行政管理体制改革，建设服务型政府

行政管理体制改革是深化改革的重要环节。要抓紧制定行政管理体制改革总体方案，着力转变职能、理顺关系、优化结构、提高效能，形成权责一致、分工合理、决策科学、执行顺畅、监督有力的行政管理体制。健全政府职责体系，完善公共服务体系，推行电子政务，强化社会管理和公共服务。加快推进政企分开、政资分开、政事分开、政府与市场中介组织分开，规范行政行为，加强行政执法部门建设，减少和规范行政审批，减少政府对微观经济运行的干预。规范垂直管理部门和地方政府的关系。加大机构整合力度，探索实行职能有机统一的大部门体制，健全部门间协调配合机制。精简和规范各类议事协调机构及其办事机构，减少行政层次，降低行政成本，着力解决机构重叠、职责交叉、政出多门问题。统筹党委、政府和人大、政协机构设置，减少领导职数，严格控制编制。加快推进事业单位分类改革。

——节选自胡锦涛在中国共产党第十七次全国代表大会上的报告（2007年10月15日）第六部分

不断深化干部人事制度改革，着力造就高素质干部队伍和人才队伍

坚持党管干部原则，坚持民主、公开、竞争、择优，形成干部选拔任用科学机制。规范干部任用提名制度，完善体现科学发展观和正确政绩观要求的干部考核评价体系，完善公开选拔、竞争上岗、差额选举办法。扩大干部工作民主，增强民主推荐、民主测评的科学性和真实性。加强干部选拔任用工作全过程监督。健全领导干部职务任期、回避、交流制度，完善公务员制度。健全干部双重管理体制。推进国有企业和事业单位人事制度改革，完善适合国有企业特点的领导人员管理办法。

坚持正确用人导向，按照德才兼备、注重实绩、群众公认原则选拔干部，提高选人用人公信度。加大培养选拔优秀年轻干部力度，鼓励年轻干部到基层和艰苦地区锻炼成长，提高年轻干部马克思主义理论素养和政治素质。重视培养选拔女干部、少数民族干部。格外关注长期在条件艰苦、工作困难地方努力工作的干部，注意从基层和生产一线选拔优秀干部充实各级党政领导机关。继续大规模培训干部，充分发挥党校、行政学院、干部学院作用，大幅度提高干部素质。全面做好离退休干部工作。贯彻尊重劳动、尊重知识、尊重人才、尊重创造的方针，坚持党管人才原则，统筹抓好以高层次人才和高技能人才为重点的各类人才队伍建设。创新人才工作体制机制，激发各类人才创造活力和创业热情，开创人才辈出、人尽其才新局面。

——节选自胡锦涛在中国共产党第十七次全国代表大会上的报告（2007年10月15日）第十二部分

深化行政管理体制改革

进一步转变政府职能，改进管理方式，推行电子政务，提高行政效率，降低行政成本，形成行为规范、运转协调、公正透明、廉洁高效的行政管理体制。依法规范中央和地方的职能和权限，正确处理中央垂直管理部门和地方政府的关系。按照精简、

统一、效能的原则和决策、执行、监督相协调的要求，继续推进政府机构改革，科学规范部门职能，合理设置机构，优化人员结构，实现机构和编制的法定化，切实解决层次过多、职能交叉、人员臃肿、权责脱节和多重多头执法等问题。按照政事分开原则，改革事业单位管理体制。

——节选自江泽民在中国共产党第十六次全国代表大会上的报告（2002年11月8日）第五部分

推进机构改革

机构庞大，人员臃肿，政企不分，官僚主义严重，直接阻碍改革的深入和经济的发展，影响党和群众的关系。这个问题亟待解决，必须通盘考虑，组织专门力量，抓紧制定方案，积极推进。要按照社会主义市场经济的要求，转变政府职能，实现政企分开，把企业生产经营管理的权力切实交给企业；根据精简、统一、效能的原则进行机构改革，建立办事高效、运转协调、行为规范的行政管理体系，提高为人民服务水平；把综合经济部门改组为宏观调控部门，调整和减少专业经济部门，加强执法监管部门，培育和发展社会中介组织。深化行政体制改革，实现国家机构组织、职能、编制、工作程序的法定化，严格控制机构膨胀，坚决裁减冗员。深化人事制度改革，引入竞争激励机制，完善公务员制度，建设一支高素质的专业化国家行政管理干部队伍。

——节选自江泽民在中国共产党第十五次全国代表大会上的报告（1997年9月12日）第六部分

下决心进行行政管理体制和机构改革，切实做到转变职能、理顺关系、精兵简政、提高效率

机构改革，精兵简政，是政治体制改革的紧迫任务，也是深化经济改革、建立市场经济体制和加快现代化建设的重要条件。目前，党政机构臃肿，层次重叠，许多单位人浮于事，效率低下，脱离群众，障碍企业经营机制的转换，已经到了非改不可的地步。各级常委和政府必须统一认识，按照政企分开和精简、统一、效能的原则，下决心对现行行政管理体制和党政机构进行改革。综合经济部门的工作重点要转到加强宏观调控上来。撤并某些专业经济部门和职能交叉重复或业务相近的机构，大幅度裁减非常设机构。精减机关人员，严格定编定员。机构改革、精兵简政是一项艰巨任务，必须统筹规划，精心组织，上下结合，分步实施，三年内基本完成。要把人员精减同提高工作效率和发展社会生产力结合起来，既改善机关人员结构，提高人员素质，又使大批人才转移到第三产业和其他需要加强的工作岗位上去，成为现代化建设的生力军。

加快人事劳动制度改革，逐步建立健全符合机关、企业和事业单位不同特点的科学的分类管理体制和有效的激励机制。这方面的改革要同机构改革、工资制度改革相结合。尽快推行国家公务员制度。

——节选自江泽民在中国共产党第十四次全国代表大会上的报告（1992年10月

12日）第二部分

改革干部人事制度

活力、效率、积极性的提高，离不开干部人事制度的改革。近年来，我们在干部人事制度改革方面采取了一些重大措施，积累了有益的经验。但是，现行干部人事制度仍然存在一些重大缺陷，主要是："国家干部"这个概念过于笼统，缺乏科学分类；管理权限过分集中，管人与管事脱节；管理方式陈旧单一，阻碍人才成长；管理制度不健全，用人缺乏法治。这使我们长期面临两大问题：一是年轻优秀的人才难以脱颖而出，二是用人问题上的不正之风难以避免。进行干部人事制度的改革，就是要对"国家干部"进行合理分解，改变集中统一管理的现状，建立科学的分类管理体制；改变用党政干部的单一模式管理所有人员的现状，形成各具特色的管理制度；改变缺乏民主法制的现状，实现干部人事的依法管理和公开监督。

当前干部人事制度改革的重点，是建立国家公务员制度，即制定法律和规章，对政府中行使国家行政权力、执行国家公务的人员，依法进行科学管理。国家公务员分为政务和业务两类。政务类公务员，必须严格依照宪法和组织法进行管理，实行任期制，并接受社会的公开监督。党中央和地方各级党委，依照法定程序向人大推荐各级政务类公务员的候选人，监督管理政务类公务员中的共产党员。业务类公务员按照国家公务员法进行管理，实行常任制。凡进入业务类公务员队伍，应当通过法定考试，公开竞争；他们的岗位职责有明确规范，对他们的考核依法定的标准和程序进行，他们的升降奖惩应以工作实绩为主要依据；他们的训练、工资、福利和退休的权利由法律保障。实行国家公务员制度，有利于加强和改善党对人事工作的领导，有利于造就德才兼备的政务活动家和行政管理家，有利于提高政府的工作效率和国家行政管理的稳定性。建立和完善这样一种制度，需要相当长的过程。当前要抓紧制定国家公务员条例及相应的配套措施，组建国家公务员管理机构，筹办国家行政学院。

在建立国家公务员制度的同时，还要按照党政分开、政企分开和管人与管事既紧密结合又合理制约的原则，对各类人员实行分类管理。主要有：党组织的领导人员和机关工作人员，由各级党委管理；国家权力机关、审判机关和检察机关的领导人员和工作人员，建立类似国家公务员的制度进行管理；群众团体的领导人员和工作人员、企事业单位的管理人员，原则上由所在组织或单位依照各自的章程或条例进行管理。

无论实行哪种管理制度，都要贯彻和体现注重实绩、鼓励竞争、民主监督、公开监督的原则。竞争机制引入企业管理，为优秀企业家和各种专门人才的脱颖而出创造了前所未有的条件，已经并将继续引起企业人事制度的一系列变化。应当适应这种形势，不断总结实践经验，使新的企业人事制度建立和完善起来。竞争机制还应当引入对其他专业人员的管理。各行各业，都要按照各种人才成长的不同规律，形成各具特色的管理方式和制度，使各种专门家和事业家能够成批涌现并且迅速成长为各方面的骨干和中坚。党内党外，都要创造人员能合理流动、职业有选择余地的社会条件，破除论资排辈等压抑进取心和创造性的陈腐观念。这样，人尽其才，各展所长，大家都有奔头，增强党和国家机关以及全社会的生机和活力就有了希望。

——节选自赵紫阳在中国共产党第十三次全国代表大会上的报告（1987年10月25日）第五部分

（二）中共中央文件

关于实行党政领导干部问责的暂行规定
中共中央办公厅、国务院办公厅印发（2009年7月12日）

第一章 总 则

第一条 为加强对党政领导干部的管理和监督，增强党政领导干部的责任意识和大局意识，促进深入贯彻落实科学发展观，提高党的执政能力和执政水平，根据《中国共产党章程》、《党政领导干部选拔任用工作条例》等党内法规和《中华人民共和国行政监察法》、《中华人民共和国公务员法》等国家法律法规，制定本规定。

第二条 本规定适用于中共中央、国务院的工作部门及其内设机构的领导成员；县级以上地方各级党委、政府及其工作部门的领导成员，上列工作部门内设机构的领导成员。

第三条 对党政领导干部实行问责，坚持严格要求、实事求是，权责一致、惩教结合，依靠群众、依法有序的原则。

第四条 党政领导干部受到问责，同时需要追究纪律责任的，依照有关规定给予党纪政纪处分；涉嫌犯罪的，移送司法机关依法处理。

第二章 问责的情形、方式及适用

第五条 有下列情形之一的，对党政领导干部实行问责：

（一）决策严重失误，造成重大损失或者恶劣影响的；

（二）因工作失职，致使本地区、本部门、本系统或者本单位发生特别重大事故、事件、案件，或者在较短时间内连续发生重大事故、事件、案件，造成重大损失或者恶劣影响的；

（三）政府职能部门管理、监督不力，在其职责范围内发生特别重大事故、事件、案件，或者在较短时间内连续发生重大事故、事件、案件，造成重大损失或者恶劣影响的；

（四）在行政活动中滥用职权，强令、授意实施违法行政行为，或者不作为，引发群体性事件或者其他重大事件的；

（五）对群体性、突发性事件处置失当，导致事态恶化，造成恶劣影响的；

（六）违反干部选拔任用工作有关规定，导致用人失察、失误，造成恶劣影响的；

（七）其他给国家利益、人民生命财产、公共财产造成重大损失或者恶劣影响等失职行为的。

第六条　本地区、本部门、本系统或者本单位在贯彻落实党风廉政建设责任制方面出现问题的，按照《关于实行党风廉政建设责任制的规定》，追究党政领导干部的责任。

第七条　对党政领导干部实行问责的方式分为：责令公开道歉、停职检查、引咎辞职、责令辞职、免职。

第八条　党政领导干部具有本规定第五条所列情形，并且具有下列情节之一的，应当从重问责：

（一）干扰、阻碍问责调查的；

（二）弄虚作假、隐瞒事实真相的；

（三）对检举人、控告人打击、报复、陷害的；

（四）党内法规和国家法律法规规定的其他从重情节。

第九条　党政领导干部具有本规定第五条所列情形，并且具有下列情节之一的，可以从轻问责：

（一）主动采取措施，有效避免损失或者挽回影响的；

（二）积极配合问责调查，并且主动承担责任的。

第十条　受到问责的党政领导干部，取消当年年度考核评优和评选各类先进的资格。

引咎辞职、责令辞职、免职的党政领导干部，一年内不得重新担任与其原任职务相当的领导职务。

对引咎辞职、责令辞职、免职的党政领导干部，可以根据工作需要以及本人一贯表现、特长等情况，由党委（党组）、政府按照干部管理权限酌情安排适当岗位或者相应工作任务。

引咎辞职、责令辞职、免职的党政领导干部，一年后如果重新担任与其原任职务相当的领导职务，除应当按照干部管理权限履行审批手续外，还应当征求上一级党委组织部门的意见。

第三章　实行问责的程序

第十一条　对党政领导干部实行问责，按照干部管理权限进行。纪检监察机关、组织人事部门按照管理权限履行本规定中的有关职责。

第十二条　对党政领导干部实行问责，依照下列程序进行：

（一）对因检举、控告、处理重大事故事件、查办案件、审计或者其他方式发现的党政领导干部应当问责的线索，纪检监察机关按照权限和程序进行调查后，对需要实行问责的，按照干部管理权限向问责决定机关提出问责建议；

（二）对在干部监督工作中发现的党政领导干部应当问责的线索，组织人事部门按照权限和程序进行调查后，对需要实行问责的，按照干部管理权限向问责决定机关提出问责建议；

（三）问责决定机关可以根据纪检监察机关或者组织人事部门提出的问责建议作出问责决定；

（四）问责决定机关作出问责决定后，由组织人事部门办理相关事宜，或者由问责决定机关责成有关部门办理相关事宜。

第十三条　纪检监察机关、组织人事部门提出问责建议，应当同时向问责决定机关提供有关事实材料和情况说明，以及需要提供的其他材料。

第十四条　作出问责决定前，应当听取被问责的党政领导干部的陈述和申辩，并且记录在案；对其合理意见，应当予以采纳。

第十五条　对于事实清楚、不需要进行问责调查的，问责决定机关可以直接作出问责决定。

第十六条　问责决定机关按照干部管理权限对党政领导干部作出的问责决定，应当经领导班子集体讨论决定。

第十七条　对党政领导干部实行问责，应当制作《党政领导干部问责决定书》。《党政领导干部问责决定书》由负责调查的纪检监察机关或者组织人事部门代问责决定机关草拟。

《党政领导干部问责决定书》应当写明问责事实、问责依据、问责方式、批准机关、生效时间、当事人的申诉期限及受理机关等。作出责令公开道歉决定的，还应当写明公开道歉的方式、范围等。

第十八条　《党政领导干部问责决定书》应当送达被问责的党政领导干部本人及其所在单位。

问责决定机关作出问责决定后，应当派专人与被问责的党政领导干部谈话，做好其思想工作，督促其做好工作交接等后续工作。

第十九条　组织人事部门应当及时将被问责的党政领导干部的有关问责材料归入其个人档案，并且将执行情况报告问责决定机关，回复问责建议机关。

党政领导干部问责情况应当报上一级组织人事部门备案。

第二十条　问责决定一般应当向社会公开。

第二十一条　对经各级人民代表大会及其常务委员会选举或者决定任命的人员实行问责，按照有关法律规定的程序办理。

第二十二条　被问责的党政领导干部对问责决定不服的，可以自接到《党政领导干部问责决定书》之日起15日内，向问责决定机关提出书面申诉。问责决定机关接到书面申诉后，应当在30日内作出申诉处理决定。申诉处理决定应当以书面形式告知申诉人及其所在单位。

第二十三条　被问责的党政领导干部申诉期间，不停止问责决定的执行。

第四章　附　则

第二十四条　对乡（镇、街道）党政领导成员实行问责，适用本规定。

对县级以上党委、政府直属事业单位以及国有企业、国有金融企业领导人员实行问责，参照本规定执行。

第二十五条　本规定由中央纪委、中央组织部负责解释。

第二十六条　本规定自发布之日起施行。

加强和改善党的领导，为推进农村改革发展提供坚强政治保证

推进农村改革发展，关键在党。要把党的执政能力建设和先进性建设作为主线，以改革创新精神全面推进农村党的建设，认真开展深入学习实践科学发展观活动，增强各级党组织的创造力、凝聚力、战斗力，不断提高党领导农村工作水平。

（一）完善党领导农村工作体制机制。强化党委统一领导、党政齐抓共管、农村工作综合部门组织协调、有关部门各负其责的农村工作领导体制和工作机制。各级党委和政府要坚持把农村工作摆上重要议事日程，在政策制定、工作部署、财力投放、干部配备上切实体现全党工作重中之重的战略思想，加强对农村改革发展理论和实践问题的调查研究，坚持因地制宜、分类指导，创造性地开展工作。党委和政府主要领导要亲自抓农村工作，省市县党委要有负责同志分管农村工作，县（市）党委要把工作重心和主要精力放在农村工作上。加强党委农村工作综合部门建设，建立职能明确、权责一致、运转协调的农业行政管理体制。注重选好配强县乡党政领导班子特别是主要负责人。坚持和完善"米袋子"省长负责制、"菜篮子"市长负责制。完善体现科学发展观和正确政绩观要求的干部考核评价体系，把粮食生产、农民增收、耕地保护、环境治理、和谐稳定作为考核地方特别是县（市）领导班子绩效的重要内容。支持人大、政协履行职能，发挥民主党派、人民团体和社会组织积极作用，共同推进农村改革发展。

（二）加强农村基层组织建设。党的农村基层组织是党在农村工作的基础。以领导班子建设为重点、健全党组织为保证、三级联创活动为载体，把党组织建设成为推动科学发展、带领农民致富、密切联系群众、维护农村稳定的坚强领导核心。改革和完善农村基层组织领导班子选举办法，抓好以村党组织为核心的村级组织配套建设，领导和支持村委会、集体经济组织、共青团、妇代会、民兵等组织和乡镇企业工会组织依照法律法规和章程开展工作。创新农村党的基层组织设置形式，推广在农村社区、农民专业合作社、专业协会和产业链上建立党组织的做法。加强农民工中党的工作。健全城乡党的基层组织互帮互助机制，构建城乡统筹的基层党建新格局。抓紧村级组织活动场所建设，两年内覆盖全部行政村。

（三）加强农村基层干部队伍建设。建设一支守信念、讲奉献、有本领、重品行的农村基层干部队伍，对做好农村工作至关重要。着力拓宽农村基层干部来源，提高他们的素质，解除他们的后顾之忧，调动他们的工作积极性。注重从农村致富能手、退伍军人、外出务工返乡农民中选拔村干部。引导高校毕业生到村任职，实施一村一名大学生计划。鼓励党政机关和企事业单位优秀年轻干部到村帮助工作。加大从优秀村

干部中考录乡镇公务员和选任乡镇领导干部力度。探索村党组织书记跨村任职。通过财政转移支付和党费补助等途径，形成农村基层组织建设、村干部报酬和养老保险、党员干部培训资金保障机制。整合培训资源，广泛培训农村基层干部，增强他们带领农民建设社会主义新农村的本领。扎实推进农村党员干部现代远程教育，两年内实现全国乡村网络基本覆盖。

（四）加强农村党员队伍建设。巩固和发展先进性教育活动成果，做好发展党员工作，改进党员教育管理，增强党员意识，建设高素质农村党员队伍。扩大党内基层民主，尊重党员主体地位，保证党员按照党章规定履行义务、行使权利。组织农村党员学习党的理论和路线方针政策、法律法规、实用技术。广泛开展党员设岗定责、依岗承诺、创先争优等活动。关心爱护党员，建立健全党内激励、关怀、帮扶机制，增强党组织的亲和力。加强和改进流动党员管理，建立健全城乡一体党员动态管理机制。加大在优秀青年农民中发展党员力度。探索发展党员新机制，不断提高发展党员质量。

（五）加强农村党风廉政建设。大力发扬党的优良传统和作风，密切党群干群关系，是做好农村改革发展工作的重要保证。坚持教育、制度、监督、改革、纠风、惩治相结合，推进农村惩治和预防腐败体系建设。以树立理想信念和加强思想道德建设为基础，深入开展反腐倡廉教育，弘扬求真务实、公道正派、艰苦奋斗的作风，筑牢党员、干部服务群众、廉洁自律的思想基础。以规范和制约权力运行为核心，全面推进政务公开、村务公开、党务公开，健全农村集体资金、资产、资源管理制度，做到用制度管权、管事、管人。以维护农民权益为重点，围绕党的农村政策落实情况加强监督检查，切实纠正损害农民利益的突出问题，严肃查处涉农违纪违法案件。广大党员、干部要坚持权为民所用、情为民所系、利为民所谋，关心群众疾苦，倾听群众呼声，集中群众智慧，讲实话、办实事、求实效，坚决反对形式主义、官僚主义，努力创造实实在在的业绩。

——2008年10月12日中国共产党第十七届中央委员会第三次全体会议通过的《中共中央关于推进农村改革发展若干重大问题的决定》第六部分

健全工作机制，加强对农村党风廉政建设的组织领导

农村党风廉政建设任务繁重，责任重大，必须加强组织领导，健全工作机制，推动工作深入开展。

（一）强化领导责任。进一步健全和落实党委统一领导、党政齐抓共管、纪委组织协调、部门各负其责、依靠群众支持和参与的领导体制和工作机制。各级党委和政府要把农村党风廉政建设摆上重要议事日程，纳入农村改革发展的总体规划，切实担负起全面领导责任。各级纪检监察机关要把农村党风廉政建设放在更加突出的位置，明确分管领导和工作机构，加强工作力量，搞好组织协调，积极协助党委和政府抓好农村党风廉政建设。有条件的地方，可设立农村党风廉政建设专门工作机构。各职能部门要坚持谁主管、谁负责，按照任务分工，发挥职能作用，抓好工作落实。

加强农村党风廉政建设,县委是关键,乡镇是基础。县(市)党委和政府要高度重视农村党风廉政建设,抓好工作部署,实施有效领导,在领导精力、财力投放、干部配备上给予保障。县级纪检监察机关要把农村党风廉政建设作为主要任务,搞好工作规划,加强督促指导。乡(镇)党委和政府要担负起抓落实的责任,明确具体要求,及时掌握情况,解决突出问题,切实抓好农村党风廉政建设。乡(镇)纪委要认真履行职责,协助党委、政府抓好农村党风廉政建设各项工作。

进一步加强县(市)、乡(镇)纪检监察队伍建设。探索建立适应农村党风廉政建设要求的纪检监察体制和工作机制,积极推进县级纪检监察机关派驻机构统一管理,充实乡(镇)纪委力量。认真解决在领导班子建设、干部队伍建设、工作条件、工作保障等方面存在的困难和问题。加强教育培训,提高纪检监察干部队伍的政治素质、业务本领和执纪水平。

(二)坚持改革创新。立足农村实际,以改革创新精神推进农村党风廉政建设,逐步建立健全与农村改革发展相适应的拒腐防变教育长效机制、反腐倡廉制度体系、权力运行监控机制。加强对全局性、前瞻性问题研究,准确把握新形势下农村党风廉政建设的特点和规律,抓住工作重点,加强薄弱环节,创新工作思路,提高工作水平。坚持因地制宜、分类指导,根据不同类型农村的特点,制定相应的目标任务和推进措施,增强农村党风廉政建设的整体性、协调性、系统性、实效性。

(三)健全落实机制。建立工作协调机制,健全工作制度,加强情况交流,协调解决问题,增强工作合力,充分发挥农村党风廉政建设协调机构的作用。建立工作督查机制,制定督查办法,细化督查内容,严格督查标准,规范督查程序,确保督查效果。建立考核评价机制,把农村党风廉政建设纳入党风廉政建设责任制考核的重要内容,建立健全农村党风廉政建设工作考核评价制度,将考评结果作为领导干部业绩评定、奖励惩处、选拔任用的重要依据。建立责任追究机制,制定农村党风廉政建设责任追究办法,加大责任追究力度。对工作不落实、措施不得力,职责范围内存在问题不解决、不纠正,造成严重后果的,要严肃追究有关领导和责任人的责任。

——中央纪委监察部《关于深入学习贯彻党的十七届三中全会精神进一步加强农村党风廉政建设若干问题的意见》(2008年11月3日)第五部分

深化体制机制制度改革

(一)推进干部人事和司法体制改革

完善干部选拔任用制度。坚持民主、公开、竞争、择优,形成干部选拔任用科学机制。规范干部任用提名制度,地方党委讨论任用重要干部推行无记名投票表决。完善公开选拔、竞争上岗、差额选举办法,着力解决民主推荐、民主测评及选举中的拉票贿选等问题,提高选人用人公信度。建立公务员正常退出机制,完善领导干部职务任期、回避和交流制度。完善干部考核评价体系,发挥考核结果在干部任用和监督管理中的作用。

优化司法职权配置。完善人民检察院对诉讼活动实行法律监督的程序、措施和范围。完善减刑、假释、保外就医、暂予监外执行、服刑地变更的条件和裁定程序。健全司法人员执法过错、违纪违法责任追究和领导干部失职责任追究等制度。健全涉法涉诉信访工作机制。改革完善司法管理制度和司法财政保障机制。积极推进审判公开、检务公开和警务公开。完善法律统一适用制度，规范司法人员自由裁量权行使，保证严格、公正、文明执法。

（二）推进行政管理和社会体制改革

贯彻落实《关于深化行政管理体制改革的意见》，加快推进政企分开、政资分开、政事分开、政府与市场中介组织分开。着力转变政府职能、理顺关系、优化结构、提高效能，建设服务政府、责任政府、法治政府和廉洁政府。

深化社会体制改革，扩大公共服务，完善社会管理。推进教育、卫生事业改革和发展，加强住房改革和建设，健全社会保障体系，努力使全体人民学有所教、劳有所得、病有所医、老有所养、住有所居。

（三）推进财税、金融和投资体制改革

深化预算管理制度改革，规范预算资金分配，完善和规范财政转移支付制度，逐步向社会公开预算内容和转移支付情况。完善国库集中收付运行机制，健全国库单一账户体系。深化"收支两条线"管理制度改革，建立健全政府非税收入管理体系。切实将国有土地使用权出让收入纳入基金预算管理。推进党政机关领导干部及国有企事业单位领导人员职务消费改革。完善行政事业单位国有资产监管制度，严格执行资产配置管理办法和配置标准。进一步改革完善机关事业单位工资收入分配制度，继续清理规范津贴补贴。积极稳妥地推进税制改革，完善个人所得税制度，强化税收调节。规范各项税收优惠政策，严格控制税收减免。深入推行办税公开，健全税收管理员制度。

完善金融企业公司治理，建立健全现代金融企业制度。健全支付监管体系，完善账户管理系统，依法落实金融账户实名制。完善反洗钱合作机制，逐步将特定非金融机构纳入统一的反洗钱监管体系，加强对大额资金和可疑交易资金的监测。完善防范和查处上市公司信息虚假披露和市场操纵等行为的制度。

制定《企业投资项目核准和备案管理条例》，规范企业投资核准制、备案制。健全政府投资项目决策机制，完善重大项目专家评议和论证制度、公示和责任追究制度。推行非经营性政府投资项目代建制。

（四）推进国有企业改革

深化国有企业公司制股份制改革。健全现代企业制度，完善公司法人治理结构。加强大型国有企业董事会建设，未设立董事会的企业逐步实行党委（党组）书记和总经理分设。推进国有企业监管体制改革。健全国有资本经营预算、企业经营业绩考核和企业重大决策失误追究等制度。建立健全国有企业及国有资本占控股地位、主导地位企业领导人员的经济责任审计制度。健全国有企业经营管理者薪酬制度和国有企业管理层投资持股制度，规范收入分配秩序。完善国有金融资产、行政事业性资产和自然资源资产监管制度，建立具有中国特色的国有企业监管体制。

（五）推进现代市场体系建设及相关改革

完善工程建设项目招标投标制度。实施严格的资格预审、招标公告发布、投标、评标定标以及评标专家管理制度和惩戒办法。健全工程建设项目招标投标行政监督机制。研究制定电子化招标投标办法。逐步构建统一的招标投标信息平台，实现信息资源公开、共享。

规范土地征收和使用权出让制度。推进征地制度改革，规范征地程序，完善征地补偿和安置办法。进一步完善经营性用地招标拍卖挂牌出让制度，规范国有建设用地使用权出让程序。深化土地有偿使用制度和探矿权、采矿权有偿使用制度改革。

推进产权交易市场建设。建立完善国有产权交易监管法规体系，实行企业国有产权进场交易。完善企业国有产权和上市公司国有股权交易监管措施，重点建设和推广使用信息监测系统，实现交易动态监管。加强产权交易行业自律组织建设。

深化政府采购制度改革。扩大政府采购范围和规模。严格实行"管采分离"，加强对政府采购各个环节的监管。研究建立统一的电子化政府采购系统。规范国有企业物资采购招标投标工作。

健全社会信用体系。完善行业信用记录。健全失信惩戒制度和守信激励制度。整合有关部门和行业信用信息资源，建立综合性数据库，逐步形成信用信息共享机制。

——中共中央印发的《建立健全惩治和预防腐败体系2008—2012年工作规划》（2008年6月22日）第五部分

关于深化行政管理体制改革的意见

（2008年2月27日中国共产党第十七届中央委员会第二次全体会议通过）

新华社北京3月4日电　为贯彻落实党的十七大精神，中国共产党第十七届中央委员会第二次全体会议研究了深化行政管理体制改革问题，提出如下意见。

一、深化行政管理体制改革的重要性和紧迫性

党中央、国务院历来高度重视行政管理体制改革。改革开放特别是党的十六大以来，不断推进行政管理体制改革，加强政府自身建设，取得了明显成效。经过多年努力，政府职能转变迈出重要步伐，市场配置资源的基础性作用显著增强，社会管理和公共服务得到加强；政府组织机构逐步优化，公务员队伍结构明显改善；科学民主决策水平不断提高，依法行政稳步推进，行政监督进一步强化；廉政建设和反腐败工作深入开展。从总体上看，我国的行政管理体制基本适应经济社会发展的要求，有力保障了改革开放和社会主义现代化建设事业的发展。

当前，我国正处于全面建设小康社会新的历史起点，改革开放进入关键时期。面对新形势新任务，现行行政管理体制仍然存在一些不相适应的方面。政府职能转变还

不到位，对微观经济运行干预过多，社会管理和公共服务仍比较薄弱；部门职责交叉、权责脱节和效率不高的问题仍比较突出；政府机构设置不尽合理，行政运行和管理制度不够健全；对行政权力的监督制约机制还不完善，滥用职权、以权谋私、贪污腐败等现象仍然存在。这些问题直接影响政府全面正确履行职能，在一定程度上制约了经济社会发展。深化行政管理体制改革势在必行。

行政管理体制改革是政治体制改革的重要内容，是上层建筑适应经济基础客观规律的必然要求，贯穿我国改革开放和社会主义现代化建设的全过程。必须通过深化改革，进一步消除体制性障碍，切实解决经济社会发展中的突出矛盾和问题，推动科学发展，促进社会和谐，更好地维护人民群众的利益。

二、深化行政管理体制改革的指导思想、基本原则和总体目标

深化行政管理体制改革，要高举中国特色社会主义伟大旗帜，以邓小平理论和"三个代表"重要思想为指导，深入贯彻落实科学发展观，按照建设服务政府、责任政府、法治政府和廉洁政府的要求，着力转变职能、理顺关系、优化结构、提高效能，做到权责一致、分工合理、决策科学、执行顺畅、监督有力，为全面建设小康社会提供体制保障。

深化行政管理体制改革，必须坚持以人为本、执政为民，把维护人民群众的根本利益作为改革的出发点和落脚点；必须坚持与完善社会主义市场经济体制相适应，与建设社会主义民主政治和法治国家相协调；必须坚持解放思想、实事求是、与时俱进，正确处理继承与创新、立足国情与借鉴国外经验的关系；必须坚持发挥中央和地方两个积极性，在中央的统一领导下，鼓励地方结合实际改革创新；必须坚持积极稳妥、循序渐进，做到长远目标与阶段性目标相结合、全面推进与重点突破相结合，处理好改革发展稳定的关系。

深化行政管理体制改革的总体目标是，到2020年建立起比较完善的中国特色社会主义行政管理体制。通过改革，实现政府职能向创造良好发展环境、提供优质公共服务、维护社会公平正义的根本转变，实现政府组织机构及人员编制向科学化、规范化、法制化的根本转变，实现行政运行机制和政府管理方式向规范有序、公开透明、便民高效的根本转变，建设人民满意的政府。今后5年，要加快政府职能转变，深化政府机构改革，加强依法行政和制度建设，为实现深化行政管理体制改革的总体目标打下坚实基础。

三、加快政府职能转变

深化行政管理体制改革要以政府职能转变为核心。加快推进政企分开、政资分开、政事分开、政府与市场中介组织分开，把不该由政府管理的事项转移出去，把该由政府管理的事项切实管好，从制度上更好地发挥市场在资源配置中的基础性作用，更好地发挥公民和社会组织在社会公共事务管理中的作用，更加有效地提供公共产品。

要全面正确履行政府职能。改善经济调节，更多地运用经济手段、法律手段并辅

之以必要的行政手段调节经济活动,增强宏观调控的科学性、预见性和有效性,促进国民经济又好又快发展。严格市场监管,推进公平准入,规范市场执法,加强对涉及人民生命财产安全领域的监管。加强社会管理,强化政府促进就业和调节收入分配职能,完善社会保障体系,健全基层社会管理体制,维护社会稳定。更加注重公共服务,着力促进教育、卫生、文化等社会事业健康发展,建立健全公平公正、惠及全民、水平适度、可持续发展的公共服务体系,推进基本公共服务均等化。

各级政府要按照加快职能转变的要求,结合实际,突出管理和服务重点。中央政府要加强经济社会事务的宏观管理,进一步减少和下放具体管理事项,把更多的精力转到制定战略规划、政策法规和标准规范上,维护国家法制统一、政令统一和市场统一。地方政府要确保中央方针政策和国家法律法规的有效实施,加强对本地区经济社会事务的统筹协调,强化执行和执法监管职责,做好面向基层和群众的服务与管理,维护市场秩序和社会安定,促进经济和社会事业发展。按照财力与事权相匹配的原则,科学配置各级政府的财力,增强地方特别是基层政府提供公共服务的能力。

合理界定政府部门职能,明确部门责任,确保权责一致。理顺部门职责分工,坚持一件事情原则上由一个部门负责,确需多个部门管理的事项,要明确牵头部门,分清主次责任。健全部门间协调配合机制。

四、推进政府机构改革

按照精简、统一、效能的原则和决策权、执行权、监督权既相互制约又相互协调的要求,紧紧围绕职能转变和理顺职责关系,进一步优化政府组织结构,规范机构设置,探索实行职能有机统一的大部门体制,完善行政运行机制。

深化国务院机构改革。合理配置宏观调控部门的职能,做好发展规划和计划、财税政策、货币政策的统筹协调,形成科学权威高效的宏观调控体系。整合完善行业管理体制,注重发挥行业管理部门在制定和组织实施产业政策、行业规划、国家标准等方面的作用。完善能源资源和环境管理体制,促进可持续发展。理顺市场监管体制,整合执法监管力量,解决多头执法、重复执法问题。加强社会管理和公共服务部门建设,健全管理体制,强化服务功能,保障和改善民生。

推进地方政府机构改革。根据各层级政府的职责重点,合理调整地方政府机构设置。在中央确定的限额内,需要统一设置的机构应当上下对口,其他机构因地制宜设置。调整和完善垂直管理体制,进一步理顺和明确权责关系。深化乡镇机构改革,加强基层政权建设。

精简和规范各类议事协调机构及其办事机构,不再保留的,任务交由职能部门承担。今后要严格控制议事协调机构设置,涉及跨部门的事项,由主办部门牵头协调。确需设立的,要严格按规定程序审批,一般不设实体性办事机构。

推进事业单位分类改革。按照政事分开、事企分开和管办分离的原则,对现有事业单位分三类进行改革。主要承担行政职能的,逐步转为行政机构或将行政职能划归行政机构；主要从事生产经营活动的，逐步转为企业；主要从事公益服务的，强化公益属性，整合资源，完善法人治理结构，加强政府监管。推进事业单位养老保险制度和人事制度改革，完善相关财政政策。

认真执行政府组织法律法规和机构编制管理规定，严格控制编制，严禁超编进人，对违反规定的限期予以纠正。建立健全机构编制管理与财政预算、组织人事管理的配合制约机制，加强对机构编制执行情况的监督检查，加快推进机构编制管理的法制化进程。

五、加强依法行政和制度建设

遵守宪法和法律是政府工作的根本原则。必须严格依法行政，坚持用制度管权、管事、管人，健全监督机制，强化责任追究，切实做到有权必有责、用权受监督、违法要追究。

加快建设法治政府。规范行政决策行为，完善科学民主决策机制。加强和改进政府立法工作。健全行政执法体制和程序。完善行政复议、行政赔偿和行政补偿制度。

推行政府绩效管理和行政问责制度。建立科学合理的政府绩效评估指标体系和评估机制。健全以行政首长为重点的行政问责制度，明确问责范围，规范问责程序，加大责任追究力度，提高政府执行力和公信力。

健全对行政权力的监督制度。各级政府要自觉接受同级人大及其常委会的监督，自觉接受政协的民主监督。加强政府层级监督，充分发挥监察、审计等专门监督的作用。依照有关法律的规定接受司法机关实施的监督。高度重视新闻舆论监督和人民群众监督。完善政务公开制度，及时发布信息，提高政府工作透明度，切实保障人民群众的知情权、参与权、表达权、监督权。

加强公务员队伍建设。完善公务员管理配套制度和措施，建立能进能出、能上能下的用人机制。强化对公务员的教育、管理和监督。加强政风建设和廉政建设，严格执行党风廉政建设责任制，扎实推进惩治和预防腐败体系建设。

六、做好改革的组织实施工作

深化行政管理体制改革意义重大、任务艰巨，各地区各部门要在党中央、国务院的领导下，精心组织，周密部署，狠抓落实。

要认真组织实施国务院机构改革方案，抓紧制定地方政府机构改革、议事协调机构改革、事业单位分类改革的指导意见和方案，制定和完善国务院部门"三定"规定，及时修订相关法律法规。

要严肃纪律，严禁上级业务主管部门干预下级机构设置和编制配备，严禁突击提拔干部，严防国有资产流失。重视研究和解决改革过程中出现的新情况、新问题，加强思想政治工作，正确引导舆论，确保改革顺利推进。

加强党对构建社会主义和谐社会的领导

构建社会主义和谐社会，关键在党。必须充分发挥党的领导核心作用，坚持立党为公、执政为民，以党的执政能力建设和先进性建设推动社会主义和谐社会建设，为构建社会主义和谐社会提供坚强有力的政治保证。

（一）提高各级领导班子和领导干部领导社会主义和谐社会建设的本领。各级党委要把和谐社会建设放在全局工作的突出位置，把握方向，制定政策，整合力量，营造环境，切实担负起领导责任。坚持和完善民主集中制，扩大党内民主，推进党务公开，严格党内生活，严肃党的纪律，增进党的团结统一，以党内和谐促进社会和谐。建立科学高效的领导机制和工作机制，明确工作分工，搞好协调指导，增强政治敏锐性，加强对社会建设重大问题的调查研究，提高政策措施的针对性和有效性，解决好本地区本部门影响社会和谐的突出矛盾和问题。坚持正确的用人导向，选好配强领导班子，注重培养选拔熟悉社会建设和管理的优秀干部。深化干部人事制度改革，认真实施体现科学发展观要求的综合考核评价办法，把领导社会建设的绩效列为考核内容，增强领导班子和领导干部统筹经济社会发展的能力。大兴求真务实之风，激励干部真抓实干，加强检查监督工作，确保中央的方针政策和工作部署落到实处。加强社会建设理论和社会政策的学习研究和教育培训，不断提高各级领导班子和领导干部管理社会事务、协调利益关系、开展群众工作、激发社会创造活力、处理人民内部矛盾、维护社会稳定的本领。加强和改进党对工会、共青团、妇联等人民团体的领导，支持它们发挥联系群众、服务群众、教育群众、维护群众合法权益的作用。

（二）加强基层基础工作。构建社会主义和谐社会，重心在基层。巩固和发展保持共产党员先进性教育活动的成果，围绕建设社会主义新农村加强农村基层党组织建设，做好企业、城市社区、机关和学校、科研院所、文化团体等事业单位党建工作，推进新经济组织、新社会组织党建工作，扩大党的工作覆盖面，发挥基层党组织凝聚人心、推动发展、促进和谐的作用。健全让党员经常受教育、永葆先进性的长效机制，建立城乡一体的党员动态管理机制，动员和组织广大党员做促进社会和谐的表率。牢固树立群众观点，一切相信群众，一切依靠群众，认真研究和把握新形势下党的群众工作的特点和规律，千方百计把群众工作做深做细做实，始终保持党同人民群众的血肉联系。以增强社会服务功能和提高社会管理、依法办事能力为重点，大力加强基层政权建设。加大对城乡基层组织阵地建设的投入。紧紧依靠广大基层干部做好基层基础工作，加强基层干部队伍建设，制定和落实定期轮训、考评激励、待遇保障等制度措施。严格要求、真心爱护基层干部，积极帮助他们解决工作生活中的困难。做好关心照顾老劳模、老党员和帮扶困难党员工作。完善公务员录用制度，注意从基层选拔优秀干部充实各级党政机关，鼓励年轻干部和大学生到基层建功立业。

（三）建设宏大的社会工作人才队伍。造就一支结构合理、素质优良的社会工作人才队伍，是构建社会主义和谐社会的迫切需要。建立健全以培养、评价、使用、激励为主要内容的政策措施和制度保障，确定职业规范和从业标准，加强专业培训，提高社会工作人员职业素质和专业水平。制定人才培养规划，加快高等院校社会工作人才培养体系建设，抓紧培养大批社会工作急需的各类专门人才。充实公共服务和社会管理部门，配备社会工作专门人员，完善社会工作岗位设置，通过多种渠道吸纳社会工作人才，提高专业化社会服务水平。

（四）深入开展党风廉政建设和反腐败斗争。党风正则干群和，干群和则社会稳。反腐倡廉是加强党的执政能力建设和先进性建设的重大任务，也是维护社会公平正义和促进社会和谐的紧迫任务。坚持党要管党、从严治党，贯彻标本兼治、综合治理、惩防并举、注重预防的反腐倡廉战略方针，推进教育、制度、监督并重的惩治和预防腐败体系建设。以思想道德教育为基础，加强党章和法纪学习教育，加强党员干部党性锻炼和思想道德修养，教育党员领导干部做道德表率，推进廉政文化建设，筑牢拒腐防变的思想道德防线。以正确行使权力为重点，用改革的办法推进反腐倡廉制度建设，拓展从源头上防治腐败的工作领域，形成群众支持和参与反腐倡廉的有效机制，健全防范腐败的体制机制。以保证廉洁从政为目标，加强对领导机关和领导干部的监督，把党内监督与各方面监督结合起来，形成监督合力，提高监督实效。严格要求领导干部廉洁自律、率先垂范，自觉做到为民、务实、清廉。加大查办案件工作力度，严厉惩治腐败。坚持纠建并举、综合治理，切实纠正损害群众利益的不正之风。认真执行党风廉政建设责任制，巩固和发展全党动手抓党风廉政建设的局面，以优良的党风促政风带民风，营造和谐的党群干群关系。

——中国共产党第十六届六中全会《中共中央关于构建社会主义和谐社会若干重大问题的决定》（2006年10月11日）第八部分

体现科学发展观要求的地方党政领导班子和领导干部综合考核评价试行办法
（中共中央组织部2006年7月3日印发实施）

第一章 总 则

第一条 为全面贯彻落实科学发展观，进一步加强领导班子和干部队伍建设，改进和完善干部考核评价工作，依据《中华人民共和国公务员法》、《党政领导干部选拔任用工作条例》和有关法律、法规，制定本办法。

第二条 以邓小平理论和"三个代表"重要思想为指导，围绕全面建设小康社会的奋斗目标，按照科学发展观的要求，着眼于选准用好干部，充分发挥考核评价的导向作用和监督作用，为建设一支政治上靠得住、工作上有本事、作风上过得硬、人民群众信得过的高素质干部队伍，引导地方党政领导班子及其成员努力创造经得起实践、历史、人民检验的政绩，推进经济社会全面协调可持续发展提供保证。

第三条 坚持德才兼备、注重实绩、群众公认原则，以德才素质评价为中心，综合运用民主推荐、民主测评、民意调查、实绩分析、个别谈话、综合评价等具体方法进行。突出重点，严把政治关，加强对干部贯彻民主集中制、勤政廉政、求真务实和心理素质等情况的考核。

第四条 实施综合考核评价办法，应当从实际出发，实事求是，避免繁琐，力戒形式主义。坚持边探索、边总结、边完善。在履行干部选拔任用规定程序的基础上，可以根据本地区本单位的实际情况作适当调整。

第五条 本办法适用于县级以上地方党政领导班子换届考察、领导班子成员个别提拔任职考察。

县级以上地方党政领导班子及其成员的届中考核、年度考核，参照本办法执行。

第二章 民主推荐

第六条 选拔任用地方党政领导干部，必须按照《党政领导干部选拔任用工作条例》规定的要求和程序，经过民主推荐提出考察对象。民主推荐由上级党委组织部门主持，具体方式包括会议投票推荐和个别谈话推荐。

第七条 地方党政领导班子换届考察，参加全额定向会议投票推荐的人员范围为：

（一）党委成员；

（二）人大常委会、政府、政协领导成员；

（三）纪委领导成员；

（四）人民法院、人民检察院、党委工作部门、政府工作部门、人民团体的主要领导成员；

（五）下一级党委和政府的主要领导成员；

（六）担任过本级领导职务的老同志；

（七）其他需要参加的人员。

第八条 地方党政领导班子换届考察，参加个别谈话推荐的人员范围为：

（一）党委、人大常委会、政府、政协领导成员，人民法院、人民检察院主要领导成员；

（二）纪委副书记，部分党委工作部门、政府工作部门、人民团体的主要领导成员；

（三）下一级党委和政府的主要领导成员；

（四）担任过本级正职领导职务的老同志；

（五）其他需要参加的人员。

第九条 通过全额定向会议投票推荐和个别谈话推荐，如拟提拔人选推荐得票较分散，根据推荐情况和班子结构需要，经本级党委常委会与考察组并上级党委组织部门沟通后，也可以差额提出拟提拔人选考察对象初选名单，进行二次会议投票推荐，参加人员范围为：

（一）党委成员；

（二）人大常委会、政府、政协领导成员；

（三）人民法院院长、人民检察院检察长；

（四）其他需要参加的人员。

第十条　推荐地方党委领导成员人选，参加会议投票推荐的人员应当为中共党员。推荐地方政府领导成员人选，应当有民主党派、工商联的主要领导成员和无党派人士中的代表人物参加。

第十一条　地方党政领导班子换届考察，由本级党委常委会根据考察组反馈的会议投票推荐和个别谈话推荐的情况，研究提出考察对象建议名单，经与上级党委组织部门沟通后，确定考察对象。

对拟提拔人选考察对象，应当在一定范围内进行公示。

考察对象人数一般应当多于拟任职务人数。

第十二条　地方党政领导班子成员个别提拔任职考察，民主推荐参照第七条、第八条、第十条、第十一条的规定执行。

第三章　民主测评

第十三条　民主测评主要了解领导班子和领导干部履行职责情况及领导干部德才表现。

第十四条　领导班子民主测评按照思想政治建设、领导能力、工作实绩、党风廉政建设四个类别设置测评内容和评价要点。

测评内容主要包括政治方向、精神面貌，贯彻科学发展观、执行民主集中制、驾驭全局、务实创新、选人用人、处理利益关系、处置突发事件的能力，经济建设、政治建设、文化建设、社会建设和党的建设，以及党风廉政建设等方面的情况。根据测评内容，设置评价要点。

对党委领导班子侧重评价总揽全局、协调各方、科学决策、党的建设等情况。对政府领导班子侧重评价维护大局、围绕中心、依法行政、政府效能建设等情况。

第十五条　领导干部民主测评应当在述职述廉的基础上进行，按照"德、能、勤、绩、廉"五个类别设置测评内容和评价要点。

测评内容主要包括政治态度、思想品质，工作思路、组织协调、依法办事、心理素质，精神状态、工作作风，履行职责成效、解决复杂问题、基础建设，廉洁自律等方面的情况。根据测评内容，设置评价要点。

对党委领导班子成员侧重评价战略思维、协调各方、抓班子带队伍、基础工作等内容。对政府领导班子成员侧重评价创新意识、分工协作、抓落实促发展、部门管理等情况。

第十六条　地方党政领导班子换届考察，在会议投票推荐新一届领导班子成员的同时，对现领导班子及其成员进行民主测评，参加人员范围一般与第七条的规定相同。

党委、政府领导班子分别进行民主测评，按照民主测评评价要点设计民主测评表。

领导班子成员的民主测评，按照"德、能、勤、绩、廉"五个项目和"总体评价"设计民主测评表。

第十七条 考察拟提拔人选考察对象，在其所在地方、部门（单位）召开会议进行民主测评。按照民主测评评价要点设计民主测评表，并可以增加征求意见的栏目。

考察对象为地方领导班子成员的，参加民主测评人员范围一般与第七条的规定相同。

考察对象为部门（单位）领导班子成员的，参加民主测评人员的范围一般为：

（一）本部门（单位）领导成员；

（二）内设机构领导成员、直属单位主要领导成员；

（三）其他需要参加的人员。

本部门（单位）人数较少的，可以由全体人员参加。

第十八条 民主测评表测评项目的评价意见，分为优秀、良好、一般、较差四个档次。对领导干部的总体评价，分为优秀、称职、基本称职、不称职四个档次。

第十九条 各地可以结合实际，适当设置具有地方特色的测评内容。

民主测评评价要点及样表、测评对象述职述廉报告应当在召开会议前发放，以保证参加测评人员有充分的时间准备意见。

第四章 民意调查

第二十条 民意调查主要了解对领导班子和领导干部工作成效和形象的社会评价，从中分析领导班子及其成员的有关情况。

第二十一条 对地方党政领导班子的民意调查，主要包括在经济建设、政治建设、文化建设、社会建设和党的建设方面群众直接感受到的工作状态与成效。

对领导干部的民意调查，主要包括工作作风、履行职责、公众形象等内容。

民意调查内容可以根据不同层次、区域、部门（单位）的具体情况和不同考察任务要求，以及群众关注的突出问题，作适当调整，并设计相应的调查问卷。

第二十二条 地方党政领导班子换届考察，对现领导班子及其成员的民意调查可以分别进行，也可以一同进行。民意调查参加人员范围一般为来自基层的、未参加民主测评的党代会代表、人大代表、政协委员，根据需要也可以增加来自基层的其他人员。

第二十三条 对拟提拔人选考察对象的民意调查，区别不同情况进行。

拟提拔人选考察对象是地方党政领导班子正职的，民意调查的范围与第二十二条的规定相同。

拟提拔人选考察对象是地方党政领导班子副职或部门（单位）负责人的，根据所在班子和所分管工作的性质确定民意调查参加人员范围，一般为直属各部门（单位）未参加民主测评的党代会代表、人大代表、政协委员，还可以包括考察对象分管或所在部门（单位）和下属单位的工作人员，以及其他有关工作服务对象。

第二十四条 民意调查的评价意见，一般分为满意、比较满意、不满意、不了解四个档次。

第二十五条　民意调查应当形成制度，可以定期在党代会代表、人大代表、政协委员中进行。有条件的地方，还可以采取入户调查、政府网站评议等方法在有关人员中进行。

第五章　实绩分析

第二十六条　实绩分析，主要通过有关方面提供的经济社会发展的整体情况和群众评价意见，了解当地在一定时期的发展状况，重点分析地方党政领导班子和领导干部在任期内的工作思路、工作投入和工作成效，以充分体现从实绩看德才、凭德才用干部。

第二十七条　对地方党政领导班子及其成员的实绩分析，内容主要包括：

（一）上级统计部门综合提供的本地人均生产总值及增长、人均财政收入及增长、城乡居民收入及增长、资源消耗与安全生产、基础教育、城镇就业、社会保障、城乡文化生活、人口与计划生育、耕地等资源保护、环境保护、科技投入与创新等方面统计数据和评价意见，具体指标由各地根据实际情况设置；

（二）上级审计部门提供的有关经济责任审计结论和评价意见；

（三）民意调查反映的有关情况。

各地还可以结合实际设置其他具有地方特色的实绩分析内容。

第二十八条　对地方党政领导班子及其成员的实绩分析，按照以下方法进行：

（一）根据有关方面提供的统计数据和评价意见，分析当地经济发展、社会发展、可持续发展等方面的工作思路与成效；

（二）根据民意调查的群众满意度，分析当地经济建设、政治建设、文化建设、社会建设和党的建设等方面的状况与成效；

（三）通过对当地发展状况的总体了解，在适当进行不同地区之间横向比较的同时，突出对任期内的纵向比较；

（四）以分析领导班子整体的工作实绩为基础，结合工作分工和对个人的民意调查，从中分析评价领导干部个人的工作实绩。

第二十九条　拟提拔人选考察对象是部门（单位）负责人的，实绩分析内容主要包括部门（单位）工作成效、机关效能、内部建设、工作作风、廉政建设等方面，一般通过民意调查和分析工作目标考核结果的方法进行。

第三十条　地方党政领导班子换届考察，实绩分析的有关统计数据及分析意见，应当在考察前由上级党委组织部门协调有关部门收集提供。

各地可以根据情况，在每年年初及时汇总实绩分析的有关统计数据及分析意见，并逐步形成制度。

第六章　个别谈话

第三十一条　个别谈话包括民主推荐时的个别谈话，到考察对象所在地方、部门（单位）个别谈话，以及与考察对象本人谈话，主要深入了解地方党政领导班子建设状况和领导干部的德才素质。

第三十二条　个别谈话评价内容、评价要点与民主测评相同。

根据考核工作的要求和个别谈话的不同情况，参考个别谈话评价要点，分类设计谈话参考提纲，针对不同考察对象分别确定谈话重点，提前发放谈话预告。

第三十三条　到考察对象所在地方个别谈话范围，一般与第八条的规定相同，其中包括考察对象。

到考察对象分管或所在部门（单位）个别谈话范围，一般为：

（一）部门（单位）领导成员；

（二）有关内设机构和直属单位主要领导成员；

（三）考察对象。

根据需要，个别谈话可以适当扩大范围，深入了解干部的有关情况。

第三十四条　到考察对象所在地方、部门（单位）个别谈话，结合民主测评、民意调查、实绩分析的情况，突出重点，有针对性地进行。

对在现工作单位任职不满两年的拟提拔人选考察对象，应当到其原工作单位采取个别谈话等方式进行延伸考察。

第三十五条　与拟提拔人选考察对象的谈话，可以采取考察组集体面谈的方式进行。进一步了解其适应职位能力、思想作风、发展潜力和心理素质等方面的情况，印证不同考察环节的评价意见，核实反映的有关问题，深化对考察对象的了解。

第七章　综合评价

第三十六条　综合评价，主要对民主推荐、民主测评、民意调查、实绩分析、个别谈话的结果进行比较分析，并与纪检机关（监察部门）的意见，巡视组巡视、重大事项跟踪考察、参加民主生活会等方面反映的意见，以及其他平时了解的情况相互补充印证。在全面掌握考核信息的基础上，通过考察组集体研究分析，客观公正地对领导班子和领导干部作出评价。

第三十七条　根据考察对象的不同情况和需要，综合评价可以采用以下办法：

（一）类型分析。按照材料来源、发生时间、表现内容和考察对象所起的作用等情况，将各类材料进行分门别类，使之条理化、系统化。

（二）数据分析。从工作层面和社会层面两个方面，通过分析民主推荐、民主测评、民意调查、完成任务结果等有关数据，评价考察对象的工作成效和群众公认度。

（三）比较分析。把不同考察环节反映的同类与不同类情况、考察对象的表现与班子其他成员的表现进行分析比较，评价考察对象的主要优、缺点及特长。

（四）环境分析。对考察对象工作表现的客观环境因素，重点是工作基础和工作条件进行分析，评价考察对象的主观努力。

（五）历史分析。将考察对象的历史情况与现实情况联系分析，评价考察对象的一贯表现与基本素质。

第三十八条　对反映考察对象的有关问题，特别是涉及廉洁、团结、作风等方面的问题，凡是线索清楚、情节具体的，考察组应当通过实地调查、找当事人核实或函询等方法了解清楚。情况比较复杂、一时难以了解清楚的，按照干部管理权限，委托地方党委及纪检监察、审计部门等开展专项调查，形成结论，作为综合评价的重要依据。

对少数人反映考察对象的重要情况，应当认真对待，并加以核实和分析。

第三十九条　考察材料必须客观公正地反映考察结果。撰写考察材料应当符合以下要求：

（一）写实。要依据确切的事实和考察组集体研究的综合评价意见，有观点，有事例，选取的素材应当具有典型性。反映考察对象的工作成绩要实事求是，力求定性评价与定量评价的结合；对缺点和不足要如实反映，避免笼统抽象。

（二）准确。对考察对象的评价要恰如其分，经得起检验。所引用的事例、数据，要认真核实，准确无误。

（三）精练。考察材料应当简明扼要。如遇必须说明的问题，由于篇幅所限不易说清楚的，可以另附专题材料。

第八章　组织实施

第四十条　地方党政领导班子和领导干部考核评价工作，按照干部管理权限，在各级党委领导下，由组织部门组织实施。

第四十一条　各级党委应当把干部考核评价工作作为树立和落实科学发展观、加强党的执政能力建设和先进性建设的重要措施来抓，切实加强领导，周密部署。在组织实施过程中，必须切实加强思想政治工作，严肃纪律，加强监督，保证干部考核评价工作顺利进行。

各级组织部门应当认真履行职责，精心组织，加强协调，既要发挥好有关职能部门的作用，又要防止多头或重复考核。注意研究新情况，解决新问题，探索新方法，提高考察人员素质，加强配套制度建设。

第四十二条　换届考察，应当全面运用综合考核评价办法。个别提拔任职考察，根据不同情况，可以对具体方法的运用作适当简化。

要积极运用信息技术手段，提高干部考核评价工作效率。

第四十三条　综合考核评价结果，应当作为地方党政领导班子调整和领导干部选拔任用、培养教育、奖励惩戒的重要依据。根据综合考核评价结果的不同情况，分别提出干部调整、使用意见。

第四十四条　对地方党政领导班子的有关考核评价情况，应当在一定范围内通报。对地方党政领导干部的考核评价意见，应当向本人反馈。

第九章　附　则

第四十五条　考核评价地方人大常委会、政协领导班子和领导干部，可以参照本办法进行。

第四十六条　各地应当结合实际，制定具体实施办法。

第四十七条　本办法由中共中央组织部负责解释。

推进财政管理体制改革

健全公共财政体制，明确各级政府的财政支出责任。进一步完善转移支付制度，加大对中西部地区和民族地区的财政支持。深化部门预算、国库集中收付、政府采购和收支两条线管理改革。清理和规范行政事业性收费，凡能纳入预算的都要纳入预算管理。改革预算编制制度，完善预算编制、执行的制衡机制，加强审计监督。建立预算绩效评价体系。实行全口径预算管理和对或有负债的有效监控。加强各级人民代表大会对本级政府预算的审查和监督。

——节选自十六届三中全会《中共中央关于完善社会主义市场经济体制若干问题的决定》（2003年10月14日）第七部分

坚持密切联系群众，反对形式主义、官僚主义

勤政为民，真抓实干，是密切联系群众的根本要求。党员干部要增强事业心和责任心，坚持科学态度和求实精神，兢兢业业地做好工作，年轻干部尤其要在实践中经受考验，把精力用在勤勤恳恳为人民服务上。要埋头苦干，扎实工作，坚持讲真话、报实情，力戒浮躁浮夸。要把抓落实作为推进各项工作的关键环节，把中央的决策和部署变为各级党组织和广大群众的实际行动。要爱惜人力、财力、物力，着力解决国家和人民群众的当务之急，反对搞华而不实和脱离实际的"形象工程"、"政绩工程"。正确认识和评价干部政绩，建立和完善科学的考核标准，坚决刹住弄虚作假、欺上瞒下、追名逐利的歪风。涉及群众切身利益的决策，要充分听取群众意见。不准向下级提出不切实际的要求，不准强迫命令，严禁欺压百姓，切实解决作风粗暴、办事不公的问题。

健全联系群众的制度，是新形势下坚持党的群众路线的重要课题。要拓宽反映社情民意的渠道。党政领导机关要坚持群众接待日制度，领导干部要亲自处理来信来访。坚持领导机关干部到基层特别是贫困地区锻炼和帮助工作的制度。通过深化改革，进一步解决因机构重叠、职能交叉而造成的推诿扯皮、效率低下等问题。提高直接面对群众的基层单位和各级领导机关的服务质量。

改进领导方式和工作方法。下决心精简会议和文件，改进会风和文风。从中央做起，压缩会议费用，控制会议规模，提高会议质量，减少文件简报。党政领导干部不参加各种名目的应酬性庆贺、剪彩和迎来送往活动。领导干部下基层要轻车简从，减少陪同，不准超标准接待。

——节选自中国共产党第十五届中央委员会第六次全体会议通过的《中共中央关于加强和改进党风建设的决定》（2001年9月26日）第五部分

关于实行党风廉政建设责任制的规定

（中共中央、国务院1998年11月21日印发）

第一章 总 则

第一条 为了加强党风廉政建设，明确党政领导班子和领导干部对党风廉政建设应负的责任，保证中共中央、国务院关于党风廉政建设的决策和部署的贯彻落实，维护改革、发展、稳定的大局，根据《中华人民共和国宪法》和《中国共产党章程》，制定本规定。

第二条 实行党风廉政建设责任制，要以邓小平理论为指导，坚持"两手抓，两手都要硬"的方针，贯彻执行党中央、国务院关于党风廉政建设和反腐败斗争的一系列指示。

第三条 实行党风廉政建设责任制，要坚持党委统一领导，党政齐抓共管，纪委组织协调，部门各负其责，依靠群众的支持和参与。要把党风廉政建设作为党的建设和政权建设的重要内容，纳入党政领导班子、领导干部目标管理，与经济建设、精神文明建设和其他业务工作紧密结合，一起部署，一起落实，一起检查，一起考核。

第四条 实行党风廉政建设责任制，要坚持从严治党、从严治政；立足教育，着眼防范；集体领导与个人分工负责相结合；谁主管，谁负责；一级抓一级，层层抓落实。

第二章 责任内容

第五条 党委（党组）、政府以及党委和政府的职能部门的领导班子对职责范围内的党风廉政建设负全面领导责任。党委（党组）、政府以及党委和政府的职能部门领导班子的正职对职责范围内的党风廉政建设负总责；领导班子其他成员根据工作分工，对职责范围内的党风廉政建设负直接领导责任。

第六条 党委（党组）、政府以及党委和政府的职能部门的领导班子、领导干部在党风廉政建设中承担以下领导责任：

（一）贯彻落实中共中央、国务院关于党风廉政建设的部署和要求，分析研究职责范围内的党风廉政状况，研究制定党风廉政建设工作计划，并组织实施；

（二）标本兼治，综合治理，完善管理机制、监督机制，从源头上预防和治理腐败；

（三）组织党员、干部学习邓小平关于党风廉政建设的理论，学习党风廉政法规，进行党性党风党纪和廉政教育；

（四）贯彻落实党和国家党风廉政法规制度，结合实际情况，制定本地区、本部门、本系统、本行业的党风廉政法规制度，并组织实施；

（五）履行监督职责，对所辖地区、部门、系统、行业的党风廉政建设情况，领导班子和领导干部廉洁从政情况进行监督、检查和考核；

（六）严格按照规定选拔任用干部，防止和纠正用人上的不正之风；

（七）依法领导、组织并支持执纪执法机关履行职责。

第三章 责任考核

第七条 党委（党组）负责领导、组织对下一级党政领导班子和领导干部党风廉政建设责任制执行情况的考核工作。考核工作要与领导班子和干部考核、工作目标考核、年度考核等结合进行，必要时也可以组织专门考核。对考核中发现的问题，要及时研究解决。

各级党委（党组）应将贯彻落实党风廉政建设责任制的情况，列入年度总结或工作报告，报上级党委、纪委。

第八条 党风廉政建设责任制的执行和考核，应与民主评议、民主测评领导干部相结合，广泛听取党内外群众的意见。

第九条 党风廉政建设责任制执行情况的考核结果，作为对领导干部的业绩评定、奖励惩处、选拔任用的重要依据。

第十条 领导干部执行党风廉政建设责任制的情况，列为民主生活会和述职报告的一项重要内容。

第十一条 纪检监察机关负责对党风廉政建设责任制执行情况的监督检查。

第四章 责任追究

第十二条 领导干部违反本规定第六条，有下列情形之一的，给予组织处理或者党纪处分：

（一）对直接管辖范围内发生的明令禁止的不正之风不制止、不查处，或者对上级领导机关交办的党风廉政责任范围内的事项拒不办理，或者对严重违法违纪问题隐瞒不报、压制不查的，给予负直接领导责任的主管人员警告、严重警告处分，情节严重的，给予撤销党内职务处分。

（二）直接管辖范围内发生重大案件，致使国家、集体资财和人民群众生命财产遭受重大损失或者造成恶劣影响的，责令负直接领导责任的主管人员辞职或者对其免职。

（三）违反《党政领导干部选拔任用工作暂行条例》的规定选拔任用干部，造成恶劣影响的，给予负直接领导责任的主管人员警告、严重警告处分，情节严重的，给予撤销党内职务处分；提拔任用明显有违法违纪行为的人的，给予严重警告、撤销党内职务或者留党察看处分，情节严重的，给予开除党籍处分。

（四）授意、指使、强令下属人员违反财政、金融、税务、审计、统计法规，弄虚作假的，给予负直接领导责任的主管人员警告、严重警告处分，情节较重的，给予撤销党内职务处分，情节严重的，给予留党察看或者开除党籍处分。

（五）授意、指使、纵容下属人员阻挠、干扰、对抗监督检查或者案件查处，或者对办案人、检举控告人、证明人打击报复的，给予负直接领导责任的主管人员严重警告或者撤销党内职务处分，情节严重的，给予留党察看或者开除党籍处分。

（六）对配偶、子女、身边工作人员严重违法违纪知情不管的，责令其辞职或者对其免职；包庇、纵容的，给予撤销党内职务处分，情节严重的，给予留党察看或者开除党籍处分。

其他违反本规定第六条的行为，情节较轻的，给予批评教育或者责令作出检查，情节较重的，给予相应的组织处理或者党纪处分。

具有上述情形之一，需要追究政纪责任的，比照所给予的党纪处分给予相应的行政处分；涉嫌犯罪的，移交司法机关追究刑事责任。

第十三条　实施责任追究，要实事求是，分清集体责任与个人责任，主要领导责任和重要领导责任。

第五章　附　则

第十四条　本规定适用于各级党的机关、人大机关、行政机关、政协机关、审判机关、检察机关。人民团体、国有企业、事业单位参照执行本规定。

第十五条　各地区、各部门可根据本规定制定实施办法。

第十六条　本规定由中央纪律检查委员会、监察部负责解释。

第十七条　本规定自发布之日起施行。

加快党政领导干部选拔任用等重要制度的改革

要坚持党管干部的原则，改进党管干部的方法，继续扩大民主、完善考核、推进交流、加强监督，逐步形成优秀人才能够脱颖而出、富有生机与活力的用人机制。

扩大选拔任用领导干部工作中的民主。无论选任还是委任、聘任领导干部，都要走群众路线，通过民主推荐、民意测验或民主评议，让群众更多地参与。同时，认真进行组织考察，由党委集体讨论决定。多数群众不拥护的，不应提拔。

完善领导干部考核制度，并与升降、奖惩制度相衔接。要全面考核干部的德、能、勤、绩，注重考核工作实绩，坚持领导与群众相结合的考核方法。有关部门要根据不同领导职务的不同特点，制定科学的考核体系和标准，对工作实绩进行全面考核和准确评价。根据考核结果实施升降奖惩，对不胜任现职的要果断调整。要使干部能上能下形成制度。

认真推行领导干部交流制度，并同回避制度和各级领导班子的任期制度结合起来。要有计划、有步骤地在上下级机关之间、地区之间、地区与部门之间、党政之间以及经济比较发达与相对落后地区之间进行干部交流，使他们在多种环境和岗位经受锻炼，增长才干。要加大省部级干部交流力度，继续推进地市县级干部交流，同时注意领导班子相对稳定。各级党委对领导干部的交流要统筹规划，周密安排，认真做好思想政治工作，严格执行党的纪律，坚决克服干部调不出、派不进的不良倾向。

切实加强对选拔任用领导干部工作的监督检查，坚决防止和纠正用人上的不正之风。要制定和实行党政领导干部选拔任用工作条例，使选拔任用干部的工作规范化、制度化。对那些不遵守党的原则，违反组织人事纪律，在用人问题上搞不正之风的，要严肃处理。

培养和选拔德才兼备的领导干部

要认真推行国家公务员制度。对近年来一些地方在一定范围试行委任干部任期制、聘任制、试用制以及公开推荐与考试考核相结合选拔领导干部等，要认真研究和总结，使其不断完善。

——节选自中国共产党第十四届中央委员会第四次全体会议通过的《中共中央关于加强党的建设几个重大问题的决定》（1994年9月28日）第四部分

党政机构改革，是政治体制改革和社会主义政治建设的重要内容，也是深化经济体制改革、加快社会主义现代化建设步伐的重要条件，必须抓紧进行。机构改革应以适应社会主义市场经济发展的要求为目标，转变职能，理顺关系，精兵简政，提高效率。这项改革，直接关系着经济发展和社会稳定，要切实加强领导，统筹规划，精心组织，分步实施。

——节选自中国共产党第十四届中央委员会第二次全体会议公报（1993年3月7日）

三 中央政府文件

（一）国务院政府工作报告

推进政府自身建设，提高驾驭经济社会发展全局的能力

过去一年，政府自身改革和建设取得了新的成绩，但与人民的期待仍有不小差距。政府职能转变还不到位，行政效率有待提高，形式主义、官僚主义比较突出，腐败现象在一些地方、部门和领域比较严重。这些问题必须下大气力解决。要紧紧围绕保增长、保民生、保稳定这个大局，加强政府自身建设。

坚持依法行政。规范行政行为，做到合法行政、合理行政、程序正当、高效便民、诚实守信、权责统一。深入贯彻行政许可法，继续推进行政审批制度改革，减少行政许可和审批事项，特别要减少投资审批、项目核准，落实企业的投资主体地位。促进公平竞争，消除地区封锁，打破行业垄断，组织调动各种社会资源，促进经济增长。通过全面正确履行政府职能，创造良好发展环境，增强企业投资的信心，增强社会消费的信心，增强人民群众对国家发展的信心。

实行科学民主决策。各项决策都要做到程序依法规范、过程民主公开、结果科学公正。政府重大决策的形成和执行都要加强调查研究，做到察民情、听民意、聚民智，尊重客观规律，提高决策的预见性、科学性和有效性。要推进政务公开，增加透明度，保障人民群众的知情权、参与权、表达权、监督权，让人民群众知道政府在想什么、做什么，赢得人民群众的充分理解、广泛支持和积极参与。今年政府投资力度大、新上项目多，要确保监管到位，绝不能搞劳民伤财的"形象工程"和脱离实际的"政绩工程"，绝不允许利用扩大公共投资为单位和个人谋取私利。各级政府都要自觉接受人大监督和政协民主监督，强化监察、审计等专门监督，高度重视人民群众监督和新闻舆论监督，做到行政权力运行到哪里，监督就落实到哪里，财政资金运用到哪里，审计就跟进到哪里。

切实转变工作作风。各级政府要坚定地贯彻中央的决策部署，紧密结合实际，创造性地开展工作，使中央的各项政策落到实处，收到实效。领导干部要深入调查研究，及时发现问题，解决问题；密切联系群众，关心群众疾苦，倾听群众呼声，为群众排忧解难。政府工作人员要始终保持昂扬向上、奋发有为的精神状态，和广大人民群众一道知难而进，开拓进取，艰苦奋斗，共克时艰。

加强廉政建设和反腐败工作。以规范制度和制约权力为核心，针对腐败现象易发多发的领域和环节，从源头上防治腐败。坚决查处腐败案件，依法惩处腐败分子。我们一定要勤勉尽责，以实际行动和工作业绩，建设为民、务实、廉洁、高效的政府，让人民放心，让人民满意。

——节选自温家宝在第十一届全国人民代表大会第二次会议上所作的2009年政府工作报告（2009年3月5日）

加快行政管理体制改革，加强政府自身建设

行政管理体制改革是深化改革的重要环节，是政治体制改革的重要内容，也是完善社会主义市场经济体制的必然要求。改革总的原则和要求是：坚持以人为本、执政为民，坚持同发展社会主义民主政治、发展社会主义市场经济相适应，坚持科学民主决策、依法行政、加强行政监督，坚持管理创新和制度创新，坚持发挥中央和地方两个积极性。要着力转变职能、理顺关系、优化结构、提高效能，形成权责一致、分工合理、决策科学、执行顺畅、监督有力的行政管理体制。

第一，加快转变政府职能。这是深化行政管理体制改革的核心。健全政府职责体系，全面正确履行政府职能，努力建设服务型政府。在加强和改善经济调节、市场监管的同时，更加注重社会管理和公共服务，维护社会公正和社会秩序，促进基本公共服务均等化。重视发挥行业协会、商会和其他社会组织的作用。

第二，深化政府机构改革。这次国务院机构改革方案，主要围绕转变职能，合理配置宏观调控部门职能，调整和完善行业管理机构，加强社会管理和公共服务部门，探索实行职能有机统一的大部门体制；针对职责交叉、权责脱节问题，明确界定部门分工和权限，理顺部门职责关系，健全部门间的协调配合机制。国务院机构改革方案将提交本次大会审议。

第三，完善行政监督制度。坚持用制度管权、管事、管人。加强行政权力监督，规范行政许可行为。强化政府层级监督，充分发挥监察、审计等专门监督的作用。自觉接受社会各个方面的监督。推行行政问责制度和政府绩效管理制度。切实加强公务员队伍建设。严肃法纪政纪，坚决改变有令不行、有禁不止的现象。大力推行政务公开，健全政府信息发布制度，完善各类公开办事制度，提高政府工作透明度，创造条件让人民更有效地监督政府。

第四,加强廉政建设。要把反腐倡廉建设放在更加突出的位置,旗帜鲜明地反对腐败。坚持标本兼治、综合治理、惩防并举、注重预防的方针,扎实推进惩治和预防腐败体系建设。特别要解决权力过分集中和缺乏制约的问题。从根本上加强制度建设,规范财政转移支付、土地和矿产资源开发、政府采购、国有资产转让等公共资源管理。加大专项治理力度,重点解决环境保护、食品药品安全、安全生产、土地征收征用和房屋拆迁等方面群众反映强烈的问题,坚决纠正损害群众利益的不正之风。大力提倡艰苦奋斗,坚决制止奢侈浪费。严肃查处各类违法违纪案件,深入开展治理商业贿赂,依法严惩腐败分子,决不姑息。

——节选自温家宝在第十一届全国人民代表大会第一次会议上所作的2008年政府工作报告(2008年3月5日)

加强政府自身改革和建设

做好新形势下的政府工作,必须不断加强政府自身改革和建设。几年来,我们把实行科学民主决策、推进依法行政、加强行政监督作为政府工作的三项基本准则,注重全面履行政府职能,着力加强社会管理和公共服务,建立健全应对突发公共事件管理体制机制,推进行政审批制度改革,制定和贯彻全面推进依法行政实施纲要,加强监察和审计工作,加大反腐倡廉力度。政府自身改革和建设迈出了重要步伐。

加强政府自身改革和建设,必须坚持以人为本、执政为民,把实现好、维护好、发展好最广大人民的根本利益作为出发点和落脚点;必须坚持从国情出发,实现党的领导、人民当家作主和依法治国的有机统一;必须坚持不断完善社会主义市场经济体制,促进经济社会全面协调可持续发展;必须坚持创新政府管理制度和方式,提高政府工作的透明度和人民群众的参与度。我们的目标是,建设一个行为规范、公正透明、勤政高效、清正廉洁的政府,建设一个人民群众满意的政府。

当前和今后一个时期,要以转变政府职能为核心,规范行政权力,调整和优化政府组织结构与职责分工,改进政府管理与服务方式,大力推进政务公开,加快电子政务和政府网站建设,提升公务员队伍素质,全面提高行政效能,增强政府执行力和公信力。今年要集中力量抓好三项工作:一是完善宏观调控体制,坚持政企分开,深入推进行政审批制度改革,减少审批事项,提高办事效率。二是加强社会管理和公共服务,增强基本公共服务能力,着力解决人民群众反映强烈的问题。三是依法规范行政行为,深入开展廉政建设和反腐败斗争,完善教育、制度、监督并重的惩治和预防腐败体系。

大力加强政风建设。当前一个重要任务,就是要解决一些行政机关存在的严重铺张浪费问题。现在,不少地方、部门和单位讲排场、比阔气,花钱大手大脚,奢侈之风盛行,群众反映强烈。这种不良风气必须坚决制止。要严格控制行政机关新建、扩建办公大楼,严禁建设豪华楼堂馆所,切实规范公务接待行为,堵塞管理漏洞,努力降低行政成本,建设节约型政府。

——节选自温家宝在第十届全国人民代表大会第五次会议上所作的2007年政府工作报告（2007年3月5日）

我们要加快推进行政管理体制改革，进一步转变政府职能。继续推进政企分开，减少和规范行政许可和行政审批。坚决把不该由政府管理的事交给市场、企业、社会组织和中介机构。切实转变政府管理经济方式，加强社会管理和公共服务职能。大力推行政务公开，完善政府新闻发布制度和信息公布制度，提高工作透明度和办事效率。建立健全行政问责制，提高政府执行力和公信力。

——节选自温家宝在第十届全国人民代表大会第四次会议上所作的2006年政府工作报告（2006年3月5日）

加强行政能力建设和政风建设

一年来，我们在贯彻实施行政许可法、坚持科学民主决策、推进依法行政、加强社会管理等方面，做了一些工作。我们深知，政府自身建设还有不小差距。我们要认真贯彻党的十六届四中全会精神，加快政府自身改革和建设步伐。

第一，深化政府机构改革。按照精简、统一、效能的原则和决策、执行、监督相协调的要求，完善机构设置，理顺职能分工，严格控制编制，实现政府职责、机构和编制的科学化、规范化、法定化。要巩固政府机构改革成果，及时解决出现的新问题。加快推进乡镇机构改革，重点是合理界定乡镇机构职能，精简机构和减少财政供养人员。积极稳妥地分类推进事业单位改革。依法规范对事业单位的授权行为。

第二，加快转变政府职能。进一步推进政企分开、政资分开、政事分开。坚决把政府不该管的事交给企业、市场和社会组织，充分发挥社会团体、行业协会、商会和中介机构的作用。政府应该管的事情一定要管好。在继续抓好经济调节、市场监管的同时，更加注重社会管理和公共服务，把财力物力等公共资源更多地向社会管理和公共服务倾斜，把领导精力更多地放在促进社会事业发展和建设和谐社会上。认真贯彻行政许可法，继续深化行政审批制度改革，进一步清理、减少和规范行政审批事项。

第三，改进经济管理方式方法。要彻底改变计划经济的传统观念和做法。各级政府抓经济发展，主要是为市场主体服务和创造良好发展环境，不能包办企业投资决策，不能代替企业招商引资，不能直接干预企业生产经营活动。各级领导干部要增强按市场经济规律领导经济工作的意识和能力，增强按国际通行规则办事的意识和能力，增强主要运用经济、法律手段调节经济运行的意识和能力。

第四，努力建设服务型政府。创新政府管理方式，寓管理于服务之中，更好地为基层、企业和社会公众服务。整合行政资源，降低行政成本，提高行政效率和服务水平。政府各部门要各司其职，加强协调配合。健全社会公示、社会听证等制度，让人民群众更广泛地参与公共事务管理。大力推进政务公开，加强电子政务建设，增强政府工作透明度，提高政府公信力。

第五，提高依法行政能力。认真贯彻依法治国基本方略，全面实施国务院颁布的依法行政纲要,加快建设法治政府。各级政府及其部门都要严格遵守宪法和法律,依照法定权限和程序行使权力,履行职责,接受监督。实行行政执法责任制,坚决克服多头执法、执法不公的现象。强化行政问责制,对行政过错要依法追究。各部门都要加强内部管理,积极配合和支持审计、监察部门依法履行职责,对于发现的问题要认真整改。进一步扩大公民、社会和新闻舆论对政府及其部门的监督。

第六,大力加强政风建设。坚持以人为本、执政为民。牢固树立科学发展观和正确政绩观,大兴求真务实之风。严格执行统计法。抓紧研究建立科学的政府绩效评估体系和经济社会发展综合评价体系。坚决反对形式主义和虚报浮夸,不搞劳民伤财的"形象工程"、"政绩工程"。减少会议和文件,改进会风和文风。严格规范和控制各种检查、评比、达标活动。认真贯彻国务院第三次廉政工作会议精神,以改革和制度建设为重点,加强廉政建设和反腐败斗争。结合开展保持共产党员先进性教育活动,加强对公务员的教育、管理和监督,努力建设一支人民满意的公务员队伍。

——节选自温家宝在第十届全国人民代表大会第三次会议上所作的2005年政府工作报告(2005年3月5日)

加强政府自身建设

在全面建设小康社会的进程中,政府担负着繁重而艰巨的任务。各级政府和领导干部必须适应新形势新任务,不断提高行政能力和管理水平。一年来,我们按照执政为民的要求和建设法治政府的目标,突出强调实行科学民主决策、坚持依法行政和加强行政监督三项基本准则,并认真贯彻执行。新的一年,我们要着力抓好以下几个方面:

第一,推进政府职能转变。各级政府要全面履行职能,在继续搞好经济调节、加强市场监管的同时,更加注重履行社会管理和公共服务职能。特别要加快建立健全各种突发事件应急机制,提高政府应对公共危机的能力。要加快政企分开,进一步把不该由政府管的事交给企业、社会组织和中介机构,更大程度地发挥市场在资源配置中的基础性作用。同时,加强对中介机构的规范和监管。政府该管的事一定要管好,并适应新形势改进管理方式和方法,提高行政效能和工作效率。

第二,坚持科学民主决策。要进一步完善公众参与、专家论证和政府决策相结合的决策机制,保证决策的科学性和正确性。加快建立和完善重大问题集体决策制度、专家咨询制度、社会公示和社会听证制度、决策责任制度。所有重大决策,都要在深入调查研究、广泛听取意见、进行充分论证的基础上,由集体讨论决定。这要作为政府的一项基本工作制度,长期坚持下去。

第三,全面推行依法行政。各级政府都要按照法定权限和程序行使权力、履行职责。所有政府工作人员都要学会并善于依法处理经济社会事务。要改革行政执法体制,相对集中行政许可权和行政处罚权,推进综合执法试点,解决多头执法和乱罚款等问题。要加强行政执法监督,促进严格执法、公正执法和文明执法。实行执法责任制和执法过错追究制，完善并严格执行行政赔偿制度，做到有权必有责、用权受监督、侵权要赔偿。《中华人民共和国行政许可法》今年7月1日将正式施行，这是规范政府行为的一部重要法律，各级政府必须认真执行。

第四，自觉接受人民监督。政府的一切权力都是人民赋予的，必须对人民负责，为人民谋利益，接受人民监督。只有人民监督政府，政府才不会懈怠。各级政府要自觉接受同级人民代表大会及其常委会的监督，接受人民政协的民主监督，认真听取民主党派、工商联、无党派人士和各人民团体的意见。同时，要接受新闻舆论和社会公众监督；重视人民群众通过行政复议、行政诉讼等法定渠道，对政府机关及其工作人员的监督；加强政府系统内部监督，支持监察、审计部门依法独立履行监督职责。为便于人民群众知情和监督，要建立政务信息公开制度，增强政府工作的透明度。

第五，加强政风建设和公务员队伍建设。弘扬求真务实精神，树立科学发展观和正确的政绩观，是加强政风建设的一项重要内容。各级政府办事情、作决策，都要符合中国现阶段国情。必须坚持一切从实际出发，按客观规律办事，既要积极进取，又要量力而行，不盲目攀比；必须坚持办实事，求实效，珍惜民力，不搞劳民伤财的"形象工程"；必须坚持察实情，讲真话，不虚报浮夸；必须坚持统筹兼顾，立足当前，着眼长远，不急功近利；必须坚持改进工作作风，精简会议，减少文件，把更多时间和精力用于深入基层，调查研究。各项工作都要经得起实践、群众和历史的检验。

公务员的素质决定着政府的管理水平和效率。要建设一支政治坚定、业务精通、清正廉洁、作风优良的公务员队伍。这支队伍要坚持解放思想，实事求是，与时俱进；牢固树立执政为民的思想，保持同人民群众的密切联系，全心全意为人民服务；遵守宪法和法律，具有依法行政能力；忠于职守，努力学习，勤奋工作；遵守纪律和职业道德，诚信廉明，公道正派，甘于奉献。各级政府都要从严治政，赏罚分明。要重视和加强公务员的培训和考核工作。

加强廉政建设和反腐败斗争。要建立教育、制度、监督并重的预防和惩治腐败体系。坚决查处违纪违法案件，坚决惩处腐败分子，坚决纠正损害人民群众利益的不正之风。全体政府工作人员特别是各级领导干部，都要继续保持谦虚谨慎、不骄不躁的作风，继续保持艰苦奋斗的作风。

——节选自温家宝在第十届全国人民代表大会第二次会议上所作的2004年政府工作报告（2004年3月5日）

切实加强政府自身建设

在大力推进改革开放和现代化建设的新情况下，进一步加强政府自身建设特别是政风建设，十分重要。

深化行政管理体制改革。坚持政企分开，按照精简、统一、效能的原则，进一步转变政府职能，调整政府机构设置，理顺部门职能分工，减少行政审批，提高政府管理水平，努力形成行为规范、运转协调、公正透明、廉洁高效的行政管理体制。国务院根据党的十六届二中全会审议通过的《关于深化行政管理体制和机构改革的意见》形成的《国务院机构改革方案》，将提交本次大会审议。

坚持依法行政，从严治政。完善公务员制度，建设高素质公务员队伍。加快电子政务建设。继续深入开展反腐败斗争，大力纠正部门和行业不正之风，严肃查处各类违法违纪案件。加强制度建设，强化行政监督和审计监督，努力从源头上治理腐败。做好信访工作，加强舆论监督和社会监督。切实转变工作作风，反对形式主义和官僚主义，不搞劳民伤财、沽名钓誉的"形象工程"，纠正虚报浮夸、强迫命令的恶劣作风，反对奢侈浪费。各级政府工作人员要深入基层，深入群众，倾听群众呼声，关心群众疾苦，及时解决群众反映强烈和不满意的问题。在新的形势下，要增强忧患意识，居安思危，务必继续保持谦虚谨慎、不骄不躁的作风，务必继续保持艰苦奋斗的作风。

——节选自朱镕基在第十届全国人民代表大会第一次会议上所作的2003年政府工作报告（2003年3月5日）

进一步转变政府职能，加强政风建设

这是适应改革开放的新形势，建设廉洁、勤政、务实、高效政府的要求。要全面贯彻党的十五届六中全会精神，着力抓好三个方面。

加快政府职能转变。政府机构改革和职能转变，取得了很大进展，但还存在不少问题。必须进一步解放思想，彻底摆脱传统计划经济的羁绊，切实把政府职能转到经济调节、市场监管、社会管理和公共服务上来。继续理顺政府部门职能分工，防止有些事情互相推诿和无人负责。认真贯彻依法治国方略，坚持依法行政，从严治政。进一步改革和减少行政审批，必须审批的也要规范操作，简化程序，公开透明，明确责任。对此，国务院已做出了部署，各地区各部门要认真贯彻落实。加快政府管理信息化建设，推广电子政务，提高工作效率和监管有效性。

切实加强政风建设。深入开展反腐败斗争，加强廉政建设。廉洁从政，执政为民，是我们党和政府根本宗旨的要求，也是政府机关每个工作人员必须恪守的基本准则。各级政府和所有干部都必须做到清正廉明，奉公守法。对那些违法乱纪、以权谋私、贪污腐化的人，必须彻底查处。加大治本力度，从源头上预防和治理腐败。要认真落实党中央关于把今年作为转变作风年的要求。坚决克服误国害民的形式主义、官僚主义。要大力精简会议和文件，切实解决当前严重存在的"文山会海"问题。大兴调查研究之风，深入实际，深入基层，了解真实情况。要倾听群众呼声，关心群众疾苦，抓紧解决人民群众反映强烈和不满意的问题。坚决纠正虚报浮夸、欺上瞒下、滥用民力、强迫命令的恶劣作风，做到讲真话、办实事、求实效。

坚决反对奢侈浪费。当前，无论是生产、建设、流通还是消费领域，都存在严重铺张浪费的现象。有的地方热衷于搞华而不实的"形象工程"、"政绩工程"，市政建设盲目追求高档次、高标准；有的地方连工资都不能按时发放，还在乱上建设项目，违反规定兴建楼堂馆所。还有名目繁多的办节、庆典活动，比阔气、讲排场；用公款大吃大喝、进行高档消费娱乐，公费出国旅游。凡此种种，耗费巨额资财，必须坚决刹住这种奢侈浪费之风。一要大张旗鼓地倡导艰苦创业、勤俭建国、勤俭办一切事业。坚决制止各种不切实际、不计效果的错误做法。二要努力节省开支。生产、建设、流通等领域都要大力降低成本和费用。所有机关、企业、事业单位，都要精打细算，禁止各种不必要的开支。今年，各地区、各部门、各单位都要提出杜绝浪费、节省开支的具体目标和措施。三要严肃财经纪律。推行国库集中收付制度，强化各级财政预算、审计监督、财政专户管理。完善超预算收入的管理。严厉查处设立小金库和各种违反规定乱花钱的行为。

各级政府要自觉接受同级人民代表大会及其常委会的监督，主动加强与人民政协的联系，认真听取民主党派、工商联、无党派人士和人民团体的意见。进一步健全民主决策制度，鼓励人民群众对政府机构及其工作人员进行监督，拓宽及时反映社情民意的渠道，使政府工作能够真正体现人民的意愿和利益。

——节选自朱镕基在第九届全国人民代表大会第五次会议上所作的2002年政府工作报告（2002年3月5日）

从严治政，加强政府自身建设

全面推进依法行政，从严治政，建设廉洁、勤政、务实、高效政府。要从政治思想、工作作风、制度建设和机构改革等方面加大工作力度，着重抓好以下几个方面。

进一步加强廉政建设和反腐败斗争。我们的政府是人民的政府，廉洁从政是对各级政府最起码的要求。每个政府工作人员都要忠实履行全心全意为人民服务的宗旨，做到清正廉明。近几年来，反腐倡廉工作虽然取得明显成效，但与中央的要求和人民群众的期望还有较大差距，反腐败的任务仍相当繁重。必须采取更加有力的措施，坚持不懈地开展廉政建设和反腐败斗争。一是继续严格执行中央关于廉政准则等有关规定，切实加强领导干部廉洁自律工作。各级政府工作人员必须遵纪守法，特别是领导干部要严格廉洁自律，并管好自己的亲属和身边工作人员。严格执行领导干部不准利用职权和职务上的影响为配偶、子女谋取非法利益的规定，违者要追究领导干部及相关人员的责任。二是严肃查处各类违法违纪案件，集中力量突破一批大案要案。重点查办各级政府机关和县处级以上领导干部的违纪违法案件，加大对金融、证券、工程建设、土地批租转租和物资采购等领域违纪违法案件的查处力度，认真查办国有企业领导人员违纪违法、国有资产严重流失的案件。对所有重大案件，不管涉及哪个部门哪个人，都要一查到底，决不徇情，决不手软，对腐败分子要严惩不贷。三是继续大力纠正部门和行业不正之风。重点解决群众关心和反映强烈的突出问题。要加强监督监察，严格执纪执法。进一步深化行政管理制度的改革，强化监督制约机制，推行政府采购制度、会计委派制度、领导干部任期经济责任审计制度等，加大从源头上预防和治理腐败的工作力度。认真实行领导干部廉政建设责任制。

厉行勤俭节约，反对奢侈浪费。在新的形势下，要继续发扬勤俭建国、勤俭办一切事业的优良作风。各级政府和所有工作人员都要有忧患意识和勤俭观念，时刻把国家和人民的利益放在心上。坚决刹住一些地方、部门和单位的铺张浪费、奢侈挥霍之风。各级政府要继续执行有关规定，严格控制扩建、新建办公楼，不准建设楼堂馆所，国务院各部门要作出表率。严肃查处违反规定的公款消费和集团消费。现在名目繁多的办"节"、剪彩、评比达标等活动泛滥成灾，借机用公款旅游和吃喝玩乐，劳民伤财，群众深恶痛绝，必须坚决加以制止。

进一步转变政府职能，推进政府机构改革。国务院各部门要巩固机构改革的成果。地方政府机构改革要按照中央的部署和要求抓紧进行。要通过改革，做到精兵简政，建立办事高效、运转协调、行为规范的行政管理体系和工作机制。严格按照法定的权限和程序履行职责，建立健全工作责任制。要加强法制的宣传教育。国务院各部门和省地级政府要按照党中央的要求，巩固和扩大"三讲"教育成果，认真落实整改措施。同时，切实搞好县级"三讲"教育。各级政府和政府工作人员要牢固树立公仆意识，密切联系群众，倾听群众意见，关心群众疾苦。当前要特别关心部分困难群众的生活，千方百计帮助他们克服困难。要继续完善和认真执行国家公务员制度，进一步提高公务员的政治思想和业务素质。

各级政府都要自觉接受同级人民代表大会及其常委会的监督，主动加强与人民政协的联系，认真听取民主党派、工商联、无党派民主人士和各人民团体的意见。积极推行政务公开，鼓励人民群众依法对政府及其工作人员进行监督，并充分发挥舆论监督的作用。

——节选自朱镕基在第九届全国人民代表大会第三次会议上所作的 2000 年政府工作报告（2000 年 3 月 5 日）

从严治政，建设廉洁、勤政、务实、高效政府

各级政府和各部门要进一步转变职能，转变工作方式，转变工作作风，提高工作效率。国务院组成人员要继续严格执行"五项要求"、"约法三章"。地方各级政府也要按照这个精神，定出行为规则，公之于众，接受监督。每个政府工作人员都要牢记自己是人民的公仆，勤奋工作，全心全意为人民服务。要敢于坚持原则，敢于碰硬，不能回避矛盾，更不能随波逐流；要深入实际，体察民情，为群众办实事，力戒空话套话；要求真务实，严禁虚报浮夸、欺上瞒下；切实改变文山会海、繁文缛节，克服形式主义、官僚主义，把精力真正集中到研究和解决实际问题上来。认真开展讲学习、讲政治、讲正气的"三讲"教育。进一步完善国家公务员制度，严格管理，加强培训，提高公务员的政治和业务素质。

——节选自朱镕基在第九届全国人民代表大会第二次会议上所作的 1999 年政府工作报告（1999 年 3 月 5 日）

积极推进政府机构改革

政府机构改革是深化经济体制改革、促进经济和社会发展的迫切需要，是国家领

导制度改革的重要内容，也是密切政府同人民群众联系的客观要求。现有政府机构设置的基本框架，是在计划经济体制的条件下逐步形成的。过去虽然进行过多次调整和改革，取得一些进展，积累了经验，但由于历史条件限制和宏观环境制约，很多问题未能得到根本性的解决，机构设置同社会主义市场经济发展的矛盾日益突出。机构庞大，政企不分，滋生官僚主义，助长不正之风，也给财政带来了沉重负担。经过调查研究，广泛征求意见，拟定了国务院机构改革方案，将提交本次大会审议。

这次机构改革，要按照发展社会主义市场经济的要求，根据精简、统一、效能的原则，转变政府职能，实现政企分开，建立办事高效、运转协调、行为规范的行政管理体系，完善国家公务员制度，建设高素质的专业化行政管理干部队伍。国务院机构改革的重点，是调整和撤销那些直接管理经济的专业部门，加强宏观调控和执法监管部门，按照权责一致的要求，调整部门的职责权限，明确划分部门之间职责分工，完善行政运行机制。除国务院办公厅外，国务院组成部门从40个减少到29个。国务院直属机构与办事机构也将进行相应的调整与改革。这次机构改革，是改革开放以来机构变化较大、人员调整较多的一次，既要坚定不移地推进，又要审慎稳妥，做好耐心的思想工作。政府工作人员一般素质较高，大多具有专业知识，是国家的宝贵财富。要实行"带职分流，定向培训，加强企业，优化结构"的办法，根据需要，充实工商企业、金融企业，以及财税、政法、市场管理等机构，文化、教育、卫生等单位和适应社会主义市场经济发展的社会中介组织，充分发挥这些人员的作用。各级地方政府也要自上而下有步骤有秩序地进行机构改革，精简机构和人员。要加强行政组织立法，实现各级政府机构、职能、编制的法制化。

要坚持依法治国，加强社会主义民主和法制建设。所有政府机关及其工作人员都必须认真执行国家的法律、法规和政策，依法行政，忠实履行自己的职责。要切实加强勤政廉政建设，坚持不懈地开展反腐败斗争，坚决惩处腐败分子。各级领导干部要以身作则，模范地遵纪守法，自觉接受监督，抵制腐朽思想的侵袭，做艰苦奋斗、廉洁奉公的表率。所有政府工作人员都要牢固树立为人民服务的思想，密切联系群众，改进工作作风，提高办事效率，做人民满意的公务员。

——节选自李鹏在第九届全国人民代表大会第一次会议上所作的1998年政府工作报告（1998年3月5日）

深入持久地开展勤政廉政建设

公正廉洁是每个公职人员的行为准则，也是人民群众对政府工作人员的基本要求。必须从国家兴衰存亡的高度来认识惩治腐败的重要性，对腐败分子严惩不贷，决不手软。县（处）级以上领导干部的廉洁自律要继续抓好，今年还要抓紧县（市）科级干部、乡（镇）领导干部的廉洁自律。对国有企业领导干部也要落实廉洁自律制度，加强监督和制约。继续重点查办县（处）级以上领导干部的案件和其他大案要案，依法秉公处理。要在全国范围内继续纠正行业不正之风，狠刹公路上乱设卡、乱收费、乱罚款，中小学乱收费，向农民乱收费、乱摊派等不正之风。加强思想政治建设是拒腐防变的根本措施。我们的权力是人民给的，只能用来为人民谋利益，绝不能为个人或小团体谋私利。身教重于言教，各级领导干部都要带头廉洁自律，并且切实对廉政建设和反腐败工作负起全面责任。领导干部要转变作风，克服官僚主义和形式主义，提高工作效率，加强纪律，纠正有令不行、有禁不止的现象，保证政令畅通。

——节选自李鹏在第八届全国人民代表大会第三次会议上所作的1995年政府工作报告（1995年3月5日）

继续搞好机构改革，切实转变政府职能

一年来，国务院按照八届全国人大一次会议批准的方案，进行了机构改革，各部门定职能、定机构和定编制的工作已经基本结束。今年要基本完成省级政府的机构改革，并在部分市县级政府进行机构改革。各级政府都要在转变职能，提高工作效率上下工夫。要坚持政企分开，把属于企业经营自主权范围的事情交给企业，把应由市场解决的问题交给市场，充分发挥行业协会、商会等市场中介组织的作用。加强统计、行政监察和审计监督工作。政府主要搞好宏观调控、综合协调和社会管理。各级干部特别是领导干部，都要努力学习市场经济知识，掌握好重大改革方案和政策法规，以提高自己的领导水平，增强工作的主动性，减少盲目性。国务院决定成立国家行政学院，加强对高、中级公务人员的培训。

——节选自李鹏在第八届全国人民代表大会第二次会议上所作的1994年政府工作报告（1994年3月10日）

认真进行行政管理体制和政府机构改革

行政管理体制和机构改革，是建立社会主义市场经济体制和加快经济发展的重要条件，也是政治体制改革的紧迫任务。当前的突出问题，是政企不分，关系不顺，机构臃肿，效率低下。要围绕转变政府职能这个中心环节，用三年时间基本完成各级政府机构改革的任务。

这次国务院的机构改革方案，是本着转变职能，理顺关系，精兵简政，提高效率的原则制定的，重点是加强宏观调控和监督部门，强化社会管理职能部门。一部分专业经济部门转变为行业管理机构或经济实体。我国市场经济体制尚在形成过程中，某些关系国计民生的基础行业部门还不能取消，但要大力精简内设机构，减少人员，不再直接管理企业。通过改革，国务院组成部门设置41个，国务院秘书长罗干将对此作专门说明，请各位代表审议。国务院直属机构和办事机构进行了较大幅度的精简，精简后为18个。国务院的部委和直属机构、办事机构共59个，比现有的86个减少27个。非常设机构由85个减为26个。各级国家机关工作人员总数减少幅度在25%左右。省和省以下的机构，由于各地经济发展水平、所管辖的人口和面积有很大差异，在设置上要区别对待，给地方一定的自主权。国家规定机构设置和人员编制限额，区别必设机构和因地制宜设置的机构，后一类不要求上下对口设置。地区机构改革要同调整

行政区划相结合。各级派出机构要大力精简。地和地级市并存于一地的,原则上要合并。县级政府要按照"小机构,大服务"的方向,将大部分专业经济部门改为经济实体或服务实体。乡一级机构要结合加强基层政权建设和完善农村社会化服务体系进行精简,减少脱产人员。在机构改革中,要建立健全各级政府机关和工作人员责任制,确定各级行政机构的职能、编制和定员。在完成机构改革的地区和部门,实行国家公务员制度。事业单位要按照政事分开和社会化的原则进行改革。

要把精简机构同改善机关人员结构,提高人员素质结合起来。政府机关工作人员一般素质比较高,有一定管理经验和业务专长,在精简中要妥善安排,进行必要的培训,实现人才分流。有的可以到基层任职,充实工商管理、税务、政法等部门。有的可以到事业单位和实体性公司,但从事经营性活动的要与原单位脱钩,严禁以权经商、以权谋私。鼓励一部分人员走出机关,创办第三产业。认真清退临时人员和借调人员。严格执行离退休制度,切实从政治上、生活上关心离退休人员。

国务院机构改革方案,在本次大会后要抓紧组织实施。地方各级政府机构改革方案,报上一级政府批准后组织实施。机构改革是一项艰巨复杂的任务,这次改革只是迈出了重要一步。县级机构改革已经进行多年,有比较成熟的经验,县域经济又基本上是市场调节的,改革步子可以更大一些。省级以上机构改革,经验还比较少,这次改革的措施有些是过渡性的,今后还要在不断总结经验的基础上,继续进行这方面的改革。

机构精简后,政府的责任不是减轻了,而是加重了。各级政府必须切实加强勤政廉政建设,政府工作人员都要认真学习,不断提高政策水平和业务能力。加强政务纪律和经济纪律,保证政令畅通,纠正有令不行、有禁不止的现象,使各项政策能够得到正确的贯彻落实。要进一步转变工作作风,体察民情,秉公办事,认真克服官僚主义和形式主义。在整个改革开放过程中,要坚决地把反腐败斗争作为大事来抓,重点查处领导机关、领导干部以及经济管理、执法监督部门工作人员的违法违纪问题,对贪污受贿、严重渎职等重大案件,不论涉及什么人,都要一查到底,依法惩治。要继续大力纠正部门和行业不正之风,查处那种利用职权索取钱财,不给好处不办事的腐败现象。反腐败斗争要立足于加强法制,同建立健全各方面的制度结合起来。所有政府工作人员都要全心全意为人民服务,廉洁自律,克己奉公,领导干部更要以身作则。要把勤政廉政作为考核干部的重要标准。在机构改革中,严禁突击提干和瓜分国家财产,违者严肃查处。

——节选自李鹏在第八届全国人民代表大会第一次会议上所作的1993年政府工作报告(1993年3月15日)

按照政企职责分开的原则,积极推进政府机构改革

随着经济体制改革的深化、对外开放的扩大和现代化建设的发展,必须积极而又稳步地推进政府机构改革。目前各级政府机构庞大,人浮于事,办事手续繁琐,效率

低下，对经济建设和改革开放产生了许多不利的影响。今年要在深入调查研究的基础上，按照政企分开、转变职能、精兵简政、提高效率的原则，提出各级政府精简机构、减少人员和建立公务员制度的方案，并逐步付诸实施。湖南省华容县、山西省隰县等县级政府，已经在实践中取得了精简机构、改善服务的宝贵经验，要认真加以总结和推广。各级政府要逐步建立和健全民主的、科学的决策制度和程序。要自觉地接受人民代表大会及其常委会的监督，充分发挥人民政协、各民主党派、无党派人士、人民团体在政治协商和民主监督中的作用。要从民主党派和无党派人士中，继续选拔优秀分子担任各级领导职务和各种民主监督工作。要加强基层民主政治建设，健全企业民主管理制度和居民、村民自治制度，进一步活跃基层民主生活。在推进民主政治建设的同时，必须加强社会主义法制建设。抓紧起草有关法律（草案）和制定有关行政法规，改善行政执法活动，完善行政执法监督机制。深入开展法制宣传教育，提高全民法律意识，努力把各项工作纳入法制轨道。

——节选自李鹏在第七届全国人民代表大会第五次会议上所作的1992年政府工作报告（1992年3月20日）

切实搞好政府机构改革，努力克服官僚主义、提高工作效率和严肃政纪法纪

改革政府工作机构是政治体制改革的重要组成部分，是下届政府的中心工作之一。

政府机构改革的长远目标，是根据党政分开、政企分开和精简、统一、效能的原则，逐步建立具有中国特色的功能齐全、结构合理、运转协调、灵活高效的行政管理体系。实现这个目标，需要经过长期的努力。在今后五年内，要努力创造条件，逐步理顺政府同企事业单位和人民团体的关系、政府各部门之间的关系以及中央政府同地方政府的关系。国务院这次的机构改革方案，着重考虑了以下几点。

第一，这次机构改革主要着眼于转变职能。经过几年来的经济体制改革，现有政府机构不适应改革要求的情况已经暴露得比较明显，政府在怎样管理经济的问题上也取得了一些新的经验。这就使得我们有可能根据深化改革的要求，按照加强宏观管理和减少直接控制的原则，转变职能，划清职责范围，配置机构。该撤销的撤销，该加强的加强，该增加的增加，不搞简单的撤并机构和裁减人员，使改革后的机构能够比较适应经济体制改革和发展社会主义商品经济的要求。

第二，这次机构改革的重点是同经济体制改革关系极为密切的经济管理部门，特别是其中的专业管理部门和综合部门内的专业机构。对于新组建的部门，要按新的职能配置机构，搞好定职能、定机构、定人员的工作。对于要撤销的部门，要有妥善的过渡措施，以保证工作的连续性。对于保留的部门，也要根据机构改革的精神，转变职能，下放权力，调整机构和精简人员。

第三，这次机构改革要同经济体制和政治体制改革的总进程相适应。现在的机构改革方案，全面衡量了改革的需要和现实的可能，既迈出了具有决定意义的一步，又考虑到了社会的承受能力；既对传统管理模式有所突破，又带有一定的过渡性。

机构改革是很复杂的工作，既要坚定不移地进行，又要审慎稳妥。国务院这次机构改革的实施步骤是：改革方案经本次大会审议通过后，三个月内把新部委组建起来并投入运行；其余部委的内部调整和人员精简，要求在半年内完成。地方政府的机构改革要有领导有计划地、自上而下地逐步展开。除国务院批准的试点城市外，各省、自治区、直辖市政府机构的改革，拟从1989年开始。县和乡政府的机构改革，拟再晚一些进行。国务院各部门要支持地方政府的机构改革，不要强求地方政府机构同中央政府机构上下对口。

在改革政府机构的同时，抓紧建立和逐步实施国家公务员制度。尽快制定《国家公务员条例》，研究制定《国家公务员法》，开办行政学院，培养行政管理人员。今后各级政府录用公务员，要按国家公务员条例的规定，通过考试，择优选拔。

政府机构和干部人事制度的改革，是我国政治生活中的大事。政府工作人员特别是各级领导干部，一定要转变观念，顾全大局，以积极的态度搞好改革。在具体工作上，要周密制定改革方案，精心组织实施，做好深入细致的思想工作和组织工作，把机构改革和干部人事制度改革搞好。

改革机构的一个重要目的是克服官僚主义，提高工作效率，树立良好政风。随着机构精简和管理职能的转变，各级政府要在思想作风和工作作风上有一个大的转变。各项工作不能停留于一般号召，必须注重落实，加强督促检查。全体干部特别是各级领导干部都要想人民所想，急人民所急，坚决反对以权谋私、假公济私、行贿受贿的腐败作风，坚决刹住大吃大喝、公费旅游、铺张浪费的奢侈之风，发扬为政清廉、艰苦朴素、忠诚积极、勤勤恳恳为人民服务的优良作风。国务院和各级地方政府要起模范带头作用。这直接关系到社会风气，关系到建设和改革的成败，应当引起高度重视。我们必须时刻牢记，我国是一个发展中国家，人民生活还不富裕，又在进行大规模的建设，资金短缺，物资紧张，任何挥霍浪费都是极大的犯罪。必须兢兢业业，克勤克俭，才能带领人民群众，经过长期的艰苦努力，逐步改变我国的落后面貌而达到现代化的目标。对那些有令不行，有禁不止，肆意挥霍浪费和违反政纪法纪者，必须严厉制裁。各级审计、监察、财政部门都要加强监督检查，并热诚欢迎舆论机关和人民群众加强公开的社会监督。

——节选自李鹏在第七届全国人民代表大会第一次会议上所作的1988年政府工作报告（1988年3月25日）

当前国内形势和基本任务

各级政府广大工作人员总的来看是勤勤恳恳为人民服务的，但政府工作中还存在着某些预见性不强、措施不够有力等缺点。机构重叠、人浮于事、效率低下、官僚主义和不正之风等弊病，还需要下很大力量去努力消除。对这些问题，必须引起我们在思想上和工作上的高度重视。

巩固和发展安定团结的政治局面

当前，各级政府领导部门和负责工作人员，应当积极地、主动地开辟多种渠道，经常同广大群众对话。要把方针政策、工作部署、建设和改革的成绩以及工作中遇到的困难和问题，及时向群众进行宣传解释。同时也要认真听取群众的意见和呼声，接受合理建议和正确批评，坚决克服官僚主义，切实改进工作作风，努力提高工作效率，更加热忱而有效地为人民服务。

——节选自赵紫阳在第六届全国人民代表大会第五次会议上所作的1987年政府工作报告（1987年3月25日）

当前在我们国家政治生活和经济管理工作中存在的官僚主义倾向，是走发展国民经济的新路子，进行四个现代化建设的严重障碍。去年9月五届人大三次会议上，曾经讨论了克服官僚主义的问题，分析了国家现行管理制度中官僚主义的各种表现及其产生的原因，提出了解决办法。一年多来，在克服官僚主义弊病的斗争中，特别是在改变干群关系方面，取得了不少的成绩，干部作风中出现了不少令人振奋的新气象。但总的说来还不能令人满意。最近，国务院根据中共中央的建议，对克服官僚主义的问题又进行了多次研究和讨论，决心采取果断措施，坚决改变部门林立、机构臃肿、层次繁多、互相扯皮、人浮于事、副职虚职过多、工作效率很低这类不能容忍的状况，以便有效地领导现代化建设工作。国务院决定，从国务院各部门首先做起，进行机构改革，限期完成。政府机构的改革，对于振奋广大干部的精神，进一步改善我们的领导作风和领导方法，对于我们整个经济的调整和改革，都将产生极大的推动作用。国务院所属各部门的领导干部和全体工作人员，应该在实现精简机构、提高效率的任务中，为地方各级政府作出表率。在政府机构的改革中，国务院各部门将作较大的裁减或合并，人员将尽量精简，领导干部将有较大的变动，建议全国人民代表大会授权人大常委会，届时予以审议和批准。

在精简机构的同时，要用行政立法明确规定国务院和地方各级政府的各部门的职责权限，以及各个行政机构内部的各个组织和工作人员的职责范围。要建立国家工作人员的严格考核制度和奖惩制度。坚决纠正相互推诿、办事拖拉、对工作极不负责的恶劣习气，坚决扫除热衷于搞文牍旅行而不解决实际问题的衙门作风。在精简机构的过程中，要有计划地把思想政治好、有业务知识和实践经验、有领导才能的优秀中青年干部，提拔到各级领导岗位上来，努力实现领导人员的革命化、知识化、专业化、年轻化。

——节选自赵紫阳在第五届全国人民代表大会第四次会议上所作的1981年政府工作报告（1981年11月30日）

要扩大和发扬社会主义民主，各级政府还要十分重视加强各级行政机关和企业事业单位内部的民主生活。我们要在各企业中推行职工代表大会制度，企业负责人要定期向大会报告工作并听取大会的意见。我们要推广和改善干部的选举制度，不仅农村人民公社的各级领导人员要实行群众选举，工矿企业、商店等企业事业单位的基层领导人员，也要逐步实行群众选举，并且按照需要和可能，逐步扩大选举的范围。在不宜于实行选举的单位，也可以试行定期（例如每年年终）的民意投票，借以对领导干部的工作进行群众性的评定和考核。采取这些措施，有利于把大公无私、精通业务、办事效率高和有组织才能的优秀分子选拔到领导岗位上来，而把那些严重脱离群众、严重失职甚至违法乱纪的领导人员，及时加以调动或处理。我们要广泛研究国内外的经验，建立和完善对干部的考试制度、考核制度、监督制度、奖惩制度、罢免制度、轮换制度、退休制度，坚决改变那种工作好坏无人考核、赏罚不明、能上不能下、能进不能出的"铁饭碗"办法，严格防止我们的干部从人民公仆变成骑在人民头上的老爷。各级政府机关和企业事业单位的领导人一定要倾听群众的呼声，关心群众的疾苦，亲自审理群众的来信来访。我们要继续鼓励广大群众揭露政府机关、企业事业单位及其工作人员在工作中的错误和违法乱纪现象，伸张正气，打击邪气。

——节选自华国锋在第五届全国人民代表大会第二次会议上所作的1979年政府工作报告（1979年6月18日）

（二）政府规划

第三十章 着力推进行政管理体制改革

按照精简、统一、效能的原则和决策、执行、监督相协调的要求，建立决策科学、权责对等、分工合理、执行顺畅、监督有力的行政管理体制，加快建设服务政府、责任政府、法治政府。

第一节 推进政府职能转变

按照政企分开、政资分开、政事分开以及政府与市场中介组织分开的原则，合理界定政府职责范围，加强各级政府的社会管理和公共服务职能。进一步推进行政审批制度改革，减少和规范行政审批。深化政府机构改革，优化组织结构，减少行政层级，理顺职责分工，提高行政效率，降低行政成本，实现政府职责、机构和编制的科学化、规范化、法定化。合理划分中央与地方及地方各级政府间在经济调节、市场监管、社会管理和公共服务方面的权责。加快推进事业单位分类改革。

第二节 健全政府决策机制

健全科学民主决策机制，完善重大事项集体决策、专家咨询、社会公示和听证以及决策失误责任追究制度。推行政务公开并逐步实现制度化，完善政府新闻发布制度，提高政府工作透明度，保障公民对政府工作的知情权、参与权、表达权和监督权。全面推进依法行政，行政机关及其工作人员要严格按照法定权限和程序履行职责。实行综合执法，加强对行政执法的监督，建立执法责任追究制。推行政府问责制，完善行政赔偿制度。

第三节 深化投资体制改革

落实企业投资自主权，逐步缩小政府对投资项目的核准范围，健全企业投资项目核准制和备案制。合理界定政府投资范围和中央与地方的投资事权，改进和完善决策规则和程序，提高资金使用效率，建立政府投资项目决策责任追究制。建立和完善投资调控体系。

——节选自第十届全国人民代表大会第四次会议批准的《国民经济和社会发展第十一个五年规划纲要》(2006年3月14日)

推进行政管理体制和政府机构改革

继续推进行政管理体制和政府机构改革 建立廉洁高效、运转协调、行为规范的行政管理体制,推进政府决策的民主化、科学化。按照发展社会主义市场经济的要求,进一步转变政府职能,集中精力搞好宏观调控和创造良好的市场环境,不直接干预企业正常的生产经营活动。加快政府审批制度改革,大幅度减少行政性审批,规范审批行为,强化监督机制。发挥商会、行业协会等中介组织的作用。继续改革和精简政府机构,解决部门职责不清、管理层次多、办事效率不高等问题。完善公务员制度。

——节选自第九届全国人民代表大会第四次会议批准的《国民经济和社会发展第十个五年计划纲要》(2001年3月15日)

转变政府职能

按照政企分开的原则,转变政府职能。政府的经济管理职能,要真正转变到制定和执行宏观调控政策,搞好基础设施建设,创造良好的经济发展环境上来,把不应由政府行使的职能逐步转给企业、市场和社会中介组织。要按照精简、统一、效能的原则,着手制定进一步改革和调整政府机构的方案,把综合经济部门逐步调整和建设成为职能统一、具有权威的宏观调控部门;把专业经济管理部门逐步改组为不具有政府职能的经济实体,或改为国家授权经营国有资产的单位和自律性行业管理组织;对其他政府部门也要进行合理调整。中央和地方各级政府,都要按照建立社会主义市场经济体制的要求,认真转变职能。

完善宏观调控体系的重点是,建立计划、金融、财政之间相互配合和制约,能够综合协调宏观经济政策和正确运用经济杠杆的机制。计划要根据经济社会发展需要和社会财力、物力可能,合理确定经济社会发展战略和宏观调控目标,并通过实施产业政策、区域规划及投资政策,促进经济结构优化。中央银行通过实施货币政策和加强对金融业的监管,运用各种货币政策工具,调节货币供应量,保持币值稳定。财政通过实施财政政策,运用预算、税收手段和预算内外的综合财力,并按照中央和地方的事权划分,建立起比较规范的财政转移支付制度,着重调节收入分配结构和地区分配结构。

——节选自第八届全国人民代表大会第四次会议批准的《国民经济和社会发展"九五"计划和2010年远景目标纲要》(1996年3月17日)

社会主义民主和法制建设

要坚持工人阶级领导的、以工农联盟为基础的人民民主专政,不断完善人民代表大会制度,以及共产党领导的多党合作和政治协商制度,巩固和发展爱国统一战线。建立健全民主决策、民主监督的程序和制度,建立有利于提高办事效率和调动各方面积极性的领导体制。加强基层政权建设，健全村民、居民自治制度，活跃基层民主生活，提高公民参政、议政意识和能力。

进一步强化宪法和法律在政治生活、经济生活、文化生活和社会生活的各个领域中的权威和作用。根据实际需要，继续适时制定有关法律、法规，确实保证已经制定的法律和法规得到认真的遵守和执行，使各种违法犯罪行为得到有效的预防和制裁。加强政府法制建设，使政府管理活动逐步做到规范化、法制化。在公民中继续开展法制宣传教育，提高公民的社会主义法律意识，促进各项事业的依法管理。

继续加强政法工作，动员和依靠社会各方面的力量对社会治安进行综合治理。继续打击严重刑事犯罪和经济犯罪活动，保护广大人民群众的生命、财产安全和合法权益，保护经济建设和改革开放的顺利进行。深入持久地进行"扫黄"斗争，坚决制止和取缔一切败坏社会风气的丑恶现象。要努力加强政法机构和相应的设施建设，改善技术装备，提高政法队伍的整体素质和执法能力。

——节选自第七届全国人民代表大会第四次会议批准的《国民经济和社会发展十年规划和第八个五年计划纲要》（1991年4月9日）

四 地方性法规及地方政府文件

（一）哈尔滨市政府绩效管理条例

哈尔滨市第十三届人民代表大会常务委员会公告第32号

《哈尔滨市政府绩效管理条例》业经哈尔滨市第十三届人民代表大会常务委员会第十五次会议于2009年3月26日通过，黑龙江省第十一届人民代表大会常务委员会第十次会议于2009年6月12日批准，现予公布，自2009年10月1日起施行。

哈尔滨市人民代表大会常务委员会
二〇〇九年七月七日

哈尔滨市政府绩效管理条例

（2009年3月26日哈尔滨市第十三届人民代表大会常务委员会第十五次会议通过，2009年6月12日黑龙江省第十一届人民代表大会常务委员会第十次会议批准）

第一章 总 则

第一条 为了改进政府管理，提高行政效能，提升公共服务水平，促进科学发展，结合本市实际，制定本条例。

第二条 市人民政府所属工作部门以及区、县（市）人民政府及其所属工作部门（以下简称政府及部门）的绩效管理适用本条例。

第三条　本条例所称政府绩效管理是指根据政府及部门发展目标和履行的职能设定绩效目标，并对目标实施结果进行系统评估以达到政府及部门绩效不断提升的管理过程。

第四条　政府绩效管理应当坚持科学发展观，遵循科学规范、公开公平、注重实绩、社会参与的原则，促进公共服务水平和质量持续提高。

第五条　市人民政府负责本条例的组织实施。

区、县（市）人民政府负责本地区的绩效管理工作。

本级人民政府负责绩效管理工作的机构（以下简称绩效管理机构），具体承担下列工作：

（一）组织制定、审核绩效计划；

（二）指导、监督绩效管理工作的实施；

（三）受理、复核不服绩效评估结果的申诉；

（四）本级人民政府交办的绩效管理的其他工作。

第六条　绩效管理机构工作人员应当具备与其从事的绩效管理工作相适应的专业知识和业务能力。

市和区、县（市）人民政府应当有计划地做好绩效管理机构工作人员的教育、培训和考核工作。

第二章　绩效计划

第七条　政府及部门应当根据本地区经济社会发展规划，制定中长期绩效管理计划。中长期绩效管理计划期限一般为三至五年。

区、县（市）人民政府制定的本地区经济社会发展五年计划含有政府绩效管理内容的，可以不再另行制定中长期绩效管理计划。

第八条　中长期绩效管理计划应当包括以下内容：

（一）主要职能和所承担的工作任务概述；

（二）完成主要职能和工作的总目标和具体指标；

（三）影响目标和工作任务的关键因素分析；

（四）完成目标任务的方法、措施和进度。

第九条　政府及部门应当根据中长期绩效管理计划及本地区经济社会发展年度计划，制定年度绩效计划。

第十条　年度绩效计划应当包含以下内容：

（一）设定年度绩效目标的主要依据；

（二）本年度绩效目标及其评估标准；

（三）实现本年度绩效目标的方法和措施。

第十一条　制定中长期绩效管理计划和年度绩效计划应当广泛听取社会公众意见、建议，并报绩效管理机构审核，按照管理权限，经批准后组织实施。

经批准的绩效计划应当向社会公布。

第十二条 绩效管理机构认为年度绩效计划有不符合本地区经济社会发展计划、未能全面履行职能等情形的，应当向制定绩效计划的政府及部门反馈意见并沟通，取得一致意见后，由制定绩效计划的政府及部门修改计划。

社会公众对绩效计划有意见、建议的，可以向绩效管理机构提出，由绩效管理机构按照前款规定向政府及部门反馈并进行沟通。

第十三条 因政府重大政策调整或者不可抗力因素的影响，年度绩效计划需要修改的，应当经绩效管理机构审核。

第十四条 政府及部门应当按照年度绩效计划实施绩效管理，定期自查和监测，及时发现和解决问题，持续改进管理，提高工作效率和质量。

绩效管理机构应当有计划地组织有关专家，为政府及部门实施绩效计划提供指导和咨询服务。

第三章 绩效评估

第十五条 对政府及部门履行职能，实现绩效目标的实绩和效果，应当按照科学、规范、系统的指标体系和评估程序定期进行评估。

第十六条 政府绩效评估指标体系应当满足全面评价政府及部门绩效状况的需要，客观反映评估对象履行职能，实现绩效目标的实绩和效果。

第十七条 绩效评估内容应当依据本市的发展战略和工作重点、政府职能、公众需求及不同部门、地区的工作特点和实际状况确定。

第十八条 区、县（市）人民政府的绩效评估内容应当包含经济建设、政治建设、文化建设、社会建设、自身建设五个方面。

政府所属工作部门的绩效评估内容应当包含行政成本、工作实绩、社会效果三个方面。

第十九条 政府及部门应当遵循定量与定性相结合、可测性与可比性相结合、过程与结果相结合的原则，将绩效评估内容分解细化为具体的评估指标，并根据评估指标的类别、性质和功能，确定评估权重、评估方法和评估标准。

第二十条 对本地区经济社会有重大影响、涉及公众利益、关系民生或者需要较大公共财政投入等下列事项，应当实行专项绩效管理：

（一）规范性文件的制定与实施；

（二）开发、建设项目的立项、审批与实施；

（三）政府惠民行动计划的制定与实施；

（四）其他应当实行专项绩效管理的事项。

第二十一条 绩效管理机构应当对政府及部门实施绩效目标的情况进行监督检查，并提供咨询和指导。

第二十二条 绩效评估应当按照年度进行，并按照下列程序实施：

（一）制定评估工作方案。

（二）评估动员和前期准备。

（三）自我测评。政府及部门依据既定的评估指标和评估标准，对绩效目标及职责的完成情况进行自我测评，撰写绩效自评报告，提交绩效管理机构。

（四）指标考核。绩效管理机构组织有关部门、机构采集和整理评估信息，汇总和查访核实基础资料、数据，对被评估单位绩效指标完成情况进行考核、评价。

（五）满意度测评。由绩效管理机构组织有关机构，根据绩效评估内容设计服务对象测评表和社会公众问卷调查表，对被评估单位的绩效进行满意度测评；也可以委托具有一定资质的社会组织和机构进行。

（六）综合评估。由绩效管理机构对自我测评、指标考核、满意度测评结果进行复核和分析，形成评估结果，撰写评估报告。

（七）建立评估档案。

第二十三条　对政府及部门的满意度测评，应当从内部服务对象和外部服务对象两方面进行。

内部服务对象应当包括被评估单位所属系统的上级领导、同级部门、下级部门。

外部服务对象应当包括人大代表、政协委员以及其他社会公众。

第二十四条　年度绩效自评报告的内容应当包括绩效目标以及职责的完成情况、存在的问题及其原因、改进措施。

第二十五条　年度绩效评估报告由绩效管理机构组织相关人员撰写。

绩效评估报告的内容包括：

（一）绩效评估指标数据的获取情况；

（二）绩效目标的实现情况；

（三）实际业绩与绩效目标的比较；

（四）未完成绩效目标的情况及其原因；

（五）改进的意见和建议；

（六）绩效评估结果。

第二十六条　绩效评估报告应当提交绩效管理机构的本级人民政府审定。

第二十七条　年度绩效评估结束后，绩效管理机构应当拟定绩效考核意见，并出具绩效评估意见告知书。

绩效评估意见告知书应当载明绩效评估结果、绩效管理存在的问题及改进意见。

第二十八条　政府及部门对绩效评估结果有异议的，可以自收到绩效评估意见告知书之日起7个工作日内，向绩效管理机构申请复核。

绩效管理机构收到复核申请后，应当在5个工作日内组织专家和有关部门进行复核，并在15个工作日内作出复核决定。

第二十九条　绩效管理机构、政府及部门可以委托高等院校、科研机构、社会中介组织等第三方对政府及部门开展绩效评估。

高等院校、科研机构或者社会中介组织等也可以在未受委托的情况下，独立开展对政府及部门的绩效评估。

第三十条　开展绩效评估，应当全面、客观、准确地使用绩效信息，不得有选择地使用。

第四章　绩效信息

第三十一条　政府及部门应当准确、及时地收集绩效信息，建立绩效信息数据库。绩效信息的范围、形式、标准等，由市绩效管理机构统一制定。

第三十二条　本市的其他国家机关、事业单位等应当支持、配合绩效管理机构工作，并为其收集绩效信息提供便利。

第三十三条　政府及部门应当推进电子政务建设，提高绩效信息管理自动化、规范化水平。

第三十四条　绩效信息应当依法公开。

政府及部门应当建立绩效信息管理公共互动平台，为公众参与政府绩效管理提供便利。

第三十五条　政府及部门应当按照要求向绩效管理机构提供绩效信息，并对所提供绩效信息的真实性、合法性、有效性和完整性负责，不得拖延、拒绝、弄虚作假。

第三十六条　高等院校、科研机构或者社会中介组织等接受绩效管理机构或者政府及部门委托开展绩效评估的，应当对不属于依法应当公开的绩效信息予以保密，未经委托人同意，不得公开或者用于评估以外的其他事项。

评估机构未经委托人同意，不得公开评估报告、评估结果或者与评估结果有关的信息。

第三十七条　高等院校、科研机构或者社会中介组织，未经委托独立开展绩效评估的，应当使用依法公开的绩效信息。

第五章　绩效结果

第三十八条　绩效管理机构应当对无异议的绩效评估结果或者经复核确认的评估结果，按照政务公开有关规定向社会公布。

第三十九条　政府及部门应当根据绩效评估结果，采取措施，改进管理和服务，并向绩效管理机构反馈落实情况。

第四十条　绩效管理机构可以根据年度绩效评估情况，组织相关部门对涉及机构职能设置、权限分配、协调机制、经费投入、人员编制等事项，向本级人民政府提出改进建议。

第四十一条　政府及部门的绩效评估结果，应当作为政府及部门负责人职务任免、升降和工作人员奖励、问责的重要依据。

第四十二条　对政府及部门负责人和有关责任人员问责，可以采取下列方式进行：

（一）责令限期整改；

（二）责令作出书面检查；

（三）通报批评；

（四）调整工作岗位；

（五）责令辞职；

（六）建议降职或者免职；

（七）法律、法规规定的其他问责方式。

本条前款规定的问责方式，可以单独或者合并适用。

第四十三条　市和区、县（市）人民政府应当在每年上半年向本级人民代表大会常务委员会报告上一年度开展绩效管理工作的情况。

第六章　法律责任

第四十四条　违反本条例规定有下列情形之一的，对政府及部门主要负责人和其他直接责任人，按照管理权限，依法给予行政处分；构成犯罪的，依法追究刑事责任：

（一）无正当理由未能按期完成上级机关确定由其承担的工作任务的；

（二）不正确执行上级机关依法作出的决策和部署，影响政府整体工作部署的；

（三）本部门工作效率低下，服务质量差，群众反映强烈的；

（四）未依法公开绩效信息，或者隐瞒事实真相、提供虚假绩效信息的；

（五）造成公共利益、行政管理相对人合法权益、国家财产严重损失的；

（六）违反财经纪律，情节严重的；

（七）发生重大决策失误的；

（八）因疏于管理、处置不当致使公共利益、行政管理相对人合法权益遭受严重损害的；

（九）阻挠、变相阻挠绩效管理机构依法行使管理权，或者拒绝按照规定提供有关资料、数据等绩效信息的；

（十）打击报复绩效管理机构工作人员的。

第四十五条　绩效管理工作人员滥用职权、玩忽职守、徇私舞弊、收受贿赂、泄露秘密或者有其他渎职、失职行为的，按照管理权限，依法给予行政处分；构成犯罪的，依法追究刑事责任。

第七章　附　则

第四十六条　市人民政府应当依据本条例，制定具体实施办法。

第四十七条　本市乡、镇人民政府及其他机关、单位的绩效管理工作，可参照本条例执行。

第四十八条　本条例自 2009 年 10 月 1 日起施行。

（二）延边州 2009 年县（市）政府绩效评估工作实施方案

延州政发〔2009〕11 号

各县、市人民政府，州政府各委办局：

《2009年县（市）政府绩效评估工作实施方案》已经州政府同意，现予印发，请结合实际认真贯彻实施。

二〇〇九年七月六日

2009年县（市）政府绩效评估工作实施方案

为进一步推进政府管理创新，加强政府自身建设，确保工作有效落实，推动全州经济社会持续稳步健康发展，按照省政府的总体部署，州政府决定从2009年开始对各县（市）政府任务目标完成情况开展绩效评估。现制定实施方案如下：

一、指导思想

以邓小平理论和"三个代表"重要思想为指导，深入贯彻落实科学发展观，紧紧围绕州委、州政府2009年全州经济社会发展的总体部署，结合实际，建立科学合理的评估指标体系，完善规范公平的评估方式方法，形成组织健全、程序完备、运转协调的工作机制和正确的导向激励机制，切实提高政府的管理效能和服务水平，确保各项任务目标顺利完成。

二、评估指标体系

确定评估指标体系总的要求是：根据县（市）经济社会发展实际，紧紧围绕保增长、保民生、保稳定和州委、州政府2009年经济社会发展的总体部署进行细化；承接、量化、分解全州经济社会发展的主要指标和重点工作任务；确定本县（市）有特点的创新性工作；围绕确保完成全年工作任务和加强政府自身建设，确定共性工作目标。评估指标体系包含的要素要体现州委九届五次全会决策部署、2009年《州政府工作报告》确定的主要奋斗目标和重点工作目标，确保全州经济社会发展的决策部署全面贯彻落实，同时，给县（市）政府创造性开展工作留有空间。

评估指标体系包括重点工作目标和共性工作目标两个方面，基础分值为100分。

（一）重点工作目标（80分）。主要是反映区域经济社会发展的主要目标任务评估指标，包括增长速度、在全州发展中的贡献率、关系全州和县（市）经济社会发展的重大建设项目、关系全州和县（市）全局的重点工作任务、县（市）自定的创新性工作目标以及州委、州政府和省、州业务主管部门部署、交办和追加的其他重点工作任务等。其中，反映区域经济社会发展的主要目标任务评估指标，由州政府绩效评估委员会办公室（以下简称州绩效评估办）协调州政府相关职能部门设计并与县（市）沟通后确定，占重点工作目标分值的80%；县（市）政府自定的创新性工作目标评估指标，由各县（市）政府自行提出并进行量化，占重点工作目标分值的20%。

（二）共性工作目标（20分）。主要包括服务型政府建设、专项资金使用两个方面。其中，服务型政府建设目标指标评估体系由州政府办公室、州监察局、州政府法制办公室、州人力资源和社会保障局等部门提出，占共性工作目标分值的50%；专项资金使用指标评估体系由州审计局、州财政局提出，占共性工作目标分值的50%。共性工作目标任务指标，由州绩效评估办协调相关部门后统一下达。

各县（市）对评估指标进行细化分解，明确载体，落实到各部门、乡镇（街道），形成层层抓落实的目标责任体系。年度工作目标的制定和分解落实工作在7月中旬前完成。工作目标一经确定，不得随意调整。在实施过程中，确因不可抗拒的客观因素、涉及全局工作任务变化和其他特殊情况需要调整的，须在2009年10月30日前，报请州政府绩效评估委员会（以下简称州绩效评估委）批准。

三、评估方法程序

采取定量评估与定性评估、跟踪评估与年终评估相结合，政府领导、评估组、机关和社会各界不同评估主体多维度评估的方法进行。具体如下：

（一）领导评估（占评估总分30%）。由州长、副州长、秘书长、副秘书长等州政府领导分别对县（市）政府年度工作完成情况进行评估，按照优秀90分、良好80分、一般70分、较差60分四个等次赋分，并在评估表上提出相应等次的评价意见。其中，州长评估占15%，副州长、州政府秘书长评估占10%，州政府副秘书长评估占5%。

（二）社会评估（占评估总分15%）。州政府成立绩效评估组，向社会发放评估卡和调查表，采集党政机关和社会各界对县（市）政府的综合评估意见，按照优秀90分、良好80分、一般70分、较差60分四个等次赋分，并在评估表上提出相应等次的评估意见。其中，州委委员、候补委员，州纪委委员，州人大代表，州政协委员等评估占5%；县（市）委委员，县（市）纪委委员，县（市）人大代表，县（市）政协委员等评估占3%；州政府工作部门评估占3%；县（市）政府工作部门评估占2%；社会各界代表（50名）评估占2%。

（三）跟踪评估（占评估总分5%）。州绩效评估办对各县（市）政府工作任务完成情况适时进行跟踪督查并予以评价，按照优秀90分、良好80分、一般70分、较差60分四个等次赋分。

（四）年度评估（占评估总分50%）。年度工作结束后，州政府成立评估组，通过"听、查、看、访"的形式，对各县（市）政府重点工作目标完成情况逐项评估。对于有形工作项目，由评估组进行实地查验；对于需要核实经济指标和相关数据的，由州绩效评估办协调相关部门予以查验，最终由评估组根据实际完成情况赋分。

（五）年终评估。由州绩效评估办综合各方面的评估数据，计算出各县（市）政府的最终得分和排名，拟定评估等次和表彰奖励对象，提交州绩效评估委审定并报州政府常务会议审议后公布。

四、加分和降低评估等次

（一）加分。对工作有创新、超额完成指标任务和作出突出贡献的县（市）政府，可在年终评估总分中予以加分。其中，获国家级表彰奖励的加5分，获省部级表彰奖励的加3分。同一事项获得不同级别奖励的，取最高分值，不重复加分。

（二）降低评估等次。对于领导班子成员出现违法犯罪或严重违纪案件的，因领导失职、渎职造成工作重大失误或发生重大责任事故的，因领导班子出现问题进行调整的，降低一个评估等次。对于在计划生育、安全生产等国家和省、州有限制性规定的工作中出现重大问题的，实行"一票否决"。

五、评估结果运用

（一）绩效评估结果作为加强和改进县（市）政府工作的依据。州及县（市）政府可根据评估结果，对政府工作进行分析总结，查找问题和薄弱环节，提出对策和措施，推进政府转变职能，改进工作，提高效率。

（二）绩效评估结果作为行政奖励的依据。按照年终评估得分结果，取前5名进行表彰奖励，颁发奖牌，并颁发奖金。一等奖1名，奖金200万元；二等奖2名，奖金100万元；三等奖2名，奖金50万元。

（三）绩效评估结果作为行政问责的依据。对绩效评估被确定为较差等次的予以通报批评，限期整改，对主要领导进行诫勉谈话；对涉及行政问责的，严格按照规定进行问责；对工作出现重大失误或发生重大责任事故，并造成严重社会影响的，按照有关规定追究责任。

（四）绩效评估结果作为各县（市）政府向州政府报告工作任务完成情况和州政府向被评估县（市）反馈情况、提出改进工作意见的依据。

六、组织领导

州政府绩效评估委员会负责全州政府绩效评估工作的组织领导。各县（市）政府也要成立相应的领导机构，并在同级人力资源和社会保障部门设立工作机构，配备专门人员，确保2009年县（市）政府绩效评估工作扎实有效开展。

（三）长治市政府网站考核办法

长政办发〔2008〕66号

各县、市、区人民政府，市直各委、局、办，各有关单位：

《长治市政府网站考核办法（试行）》已经市人民政府同意，现印发给你们，请认真遵照执行。

二〇〇八年五月八日

长治市政府网站考核办法（试行）

第一条 为进一步加强长治市各级、各部门政府网站的建设和管理，建立全市政府网站考核机制，改进和提高政府网站的服务质量，制定本办法。

第二条 对各县（市、区）政府、市直各部门网站绩效考核，目的是规范政府网站建设，促进政府信息公开，改进工作作风，转变工作方式，提高工作质量，体现政府、部门网站联系群众、服务群众的窗口作用，加强政府与公众的密切联系，推进"服务政府、责任政府、法治政府"的建设。

第三条 政府网站的绩效考核工作由长治市政府门户网站协调工作领导组办公室负责。各县（市、区）政府、市直各部门要根据各自的情况，按照领导组办公室的统一安排，制定相应实施方案。

第四条 考核方为市政府门户网站协调工作领导组办公室，被考核方为各县（市、区）政府、市直各部门。

第五条 各县（市、区）政府、市直各部门网站考核的内容，由政务信息公开、在线办事、公众参与和网站设计四部分组成。

第六条 市政府门户网站协调工作领导组办公室根据各县（市、区）政府、市直各部门的不同情况，制定分类考核标准，进行分类考核。

第七条 各县（市、区）政府、市直各部门网站的考核由网上公众评议和日常考核两部分组成。

第八条 网上公众评议活动每年第四季度在"中国长治"政府门户网站上进行。

第九条 日常考核由市政府门户网站协调工作领导组办公室负责实施。

市政府门户网站协调工作领导组办公室对各县（市、区）政府、市直各部门网站按政务信息公开、在线办事、公众参与和网站设计四个方面内容每季度进行一次考核，年底对考核结果进行汇总。

第十条 各网站综合考核的结果排名，通过"中国长治"政府门户网站和新闻媒体予以公布。

第十一条 考核结果将纳入政府及部门工作目标责任制考核。市政府在每年年终对本年度考核优秀单位进行表彰，对考核不合格单位进行通报批评。

第十二条 本办法自发布之日起试行。

（四）吉林省政府网站绩效评估办法

吉政办发〔2007〕26号

各市（州）人民政府，长白山管委会，各县（市）人民政府，省政府各厅委、各直属机构：

现将《吉林省政府网站绩效评估办法》印发给你们，请认真按照执行。

吉林省人民政府办公厅
二〇〇七年六月十一日

吉林省政府网站绩效评估办法

为进一步加强、规范全省政府网站的建设和管理，改进和提高政府网站服务水平，建立健全政府网站绩效评估机制，促进全省电子政务发展，依据《中华人民共和国行政许可法》、《中华人民共和国政府信息公开条例》、《国务院办公厅关于加强政府网站建设和管理工作的意见》，结合我省实际，制定本办法。

第一条 实施绩效评估的政府网站包括：市（州）政府、长白山管委会、县（市）政府门户网站，省政府组成部门、直属特设机构、直属机构和具有行政管理职能的省政府直属事业单位网站。

第二条 绩效评估工作由省政府办公厅组织实施，每年年末发布评估报告。

第三条 绩效评估以《吉林省政府网站绩效评估内容及要求》（见附件）为基础，

每年根据网站发展情况及工作重点制定具体评估指标体系，市（州）政府、长白山管委会、县（市）政府门户网站和省政府部门网站指标体系内容各有侧重。年度评估指标体系由省政府办公厅于每年 5 月 1 日前下发。

第四条 绩效评估方式：

（一）网上调查。每年第二季度、第四季度在省政府门户网站上进行，了解社会公众对政府网站的满意程度。调查内容由省政府公众信息网服务中心确定并负责信息汇总。

（二）日常监测。利用政府网站监督、评价信息管理系统等技术手段，对各政府网站的信息维护、日常运行、网上服务质量等进行动态监测，信息采集。

（三）专家评估。组织省内电子政务、公共管理等方面的有关专家，根据工作分工对网站实施跟踪评估，每年的 6 月、12 月集中汇总分析网上调查、日常监测、专家跟踪评估采集的数据，对网站绩效做出评价。

第五条 网站绩效评估设优秀政府网站和示范政府网站奖，优秀政府网站按参评网站绩效得分确定，示范政府网站在优秀政府网站中产生，比例按优秀政府网站的 30% 掌握。

第六条 网站绩效评估结果以省政府办公厅文件在全省政府系统通报，同步在吉林省政府门户网站，《吉林省人民政府公报》和《政务信息化》简报上发布。

第七条 市（州）、县（市）政府部门网站的绩效评估工作，由本级政府办公厅（室）参照本办法自行组织实施。

第八条 本办法自发布之日起施行。《吉林省人民政府办公厅关于印发吉林省人民政府部门互联网站评议考核暂行办法的通知》（吉政办发〔2004〕58 号）同时废止。

附件：吉林省政府网站绩效评估内容及要求

一、信息公开

（一）行政法规、规章和规范性文件；

（二）国民经济和社会发展规划、专项规划、区域规划及相关政策；

（三）国民经济和社会发展统计信息；

（四）财政预算、决算报告；

（五）行政事业性收费的项目、依据、标准；

（六）政府集中采购项目的目录、标准及实施情况；

（七）行政许可的事项、依据、条件、数量、程序、期限以及申请行政许可需要提交的全部材料目录及办理情况；

（八）重大建设项目的批准和实施情况；

（九）扶贫、教育、医疗、社会保障、促进就业等方面的政策、措施及其实施情况；

（十）突发公共事件的应急预案、预警信息及应对情况；

（十一）环境保护、公共卫生、安全生产、食品药品、产品质量的监督检查情况；

（十二）市（州）、县（市）政府门户网站信息公开评估还包括：城乡建设和管理的重大事项，社会公益事业建设情况，征收或者征用土地、房屋拆迁及其补偿、补助费用的发放、使用情况，抢险救灾、优抚、救济、社会捐助等款物的管理、使用和分配情况；

（十三）本行政机关的机构设置，工作职责、工作制度、办公地址、联系电话、电子信箱、领导简介及工作分工；

（十四）市（州）、县（市）概况信息；

（十五）各种会议、领导调研专访等重要政务活动信息；

（十六）提供政府信息公开指南、政府信息公开目录；

（十七）依法提供依申请公开政府信息服务；

（十八）其他依照法律、法规和国家有关规定应当主动公开的信息。

信息公开要具有全面性、实效性、准确性、完整性、权威性和可读性，突出政务特色。

二、网上办事

（一）提供行政许可项目表格下载、业务咨询、在线申请、网上预审、办理状态查询、办理结果反馈等服务，有条件的网站提供全过程在线服务。

（二）提供教育、科技、文化、卫生、农业、商贸、社会保障、公用事业等公益性信息资源和各类便民服务。

下载的表格规范、易用、全面，咨询服务要讲求答复效率和质量，预审服务注重信息反馈，办理情况查询便捷有效。

三、公众参与

（一）围绕政府重点工作和公众关注热点，开展在线访谈、热点解答、网上咨询。

（二）设置行政首长信箱、公众监督信箱，接受公众建言献策和情况反映。

（三）围绕政府重要决策和与公众利益密切相关的事项，开展网上调查、网上听证、网上评议。

交流互动形式多样，参与程序简单便捷，意见建议答复及时。

四、网站设计

（一）注重设计创新，以美观大方、简洁庄重、层级适中、栏目清晰的页面风格体现政府网站共性与特色的统一。

（二）科学合理地部署网站内容，采用多种信息形式和网站语言，增强页面展示效果，体现以民为本的服务理念。

（三）加强信息检索、导航链接、评比统计以及个性化定制等辅助功能建设，提高政府网站的可用性和易用性。

（四）合法使用名称和网站域名。

网页设计科学美观，网页访问响应迅速，信息检索便捷，链接导航有效。

（五）部分省市出台的政府网站绩效评估文件

序号	发文机构	文件名称	文号	发文日期
1	吉林省人民政府办公厅	吉林省人民政府办公厅关于印发吉林省政府网站绩效评估办法的通知	吉政办发〔2007〕26号	2007年6月11日
2	长治市人民政府办公厅	长治市政府网站考核办法（试行）	长政办发〔2008〕66号	2008年5月8日
3	聊城市信息化工作领导小组办公室	关于开展2008年聊城市政府系统政务网站绩效评估的通知	聊信组办字〔2008〕7号	2008年5月12日
4	邯郸市信息化工作领导小组办公室	关于开展2009年度邯郸市政府网站绩效评估工作的通知	邯信组办〔2009〕1号	2009年3月5日
5	宁德市人民政府办公室	2009年宁德市政府网站绩效评估实施方案的通知	宁政办〔2009〕43号	2009年3月24日
6	淮安市农业信息中心	关于开展2009年淮安市农业政务网站绩效测评活动的通知	淮农发〔2009〕25号	2009年3月25日
7	长沙市人民政府办公厅	长沙市人民政府办公厅关于对政府网站进行绩效评估有关问题的通知	长政办函〔2009〕63号	2009年4月17日
8	贵州省信息化领导小组办公室	2009年度贵州省政府系统门户网站评测工作实施方案	黔信领办〔2009〕9号	2009年4月20日
9	哈尔滨市信息化工作办公室	关于2009年哈尔滨市政府网站绩效评估的通知	哈信办发〔2009〕8号	2009年5月20日
10	山东省信息化领导小组办公室	山东省信息化领导小组办公室发出关于开展2009年全省政府门户网站绩效评估的通知	鲁信办字〔2009〕4号	2009年5月27日
11	延边朝鲜族自治州人民政府	2009年延边州政府绩效评估工作实施方案	延州政发〔2009〕11号	2009年7月6日
12	湖南省政府办公厅	湖南省政府网站绩效评估办法	湘政办函〔2009〕131号	2009年7月31日
13	广东省信息产业厅	关于开展2009年广东省政府网站评估和行政许可事项网上办理率测算相关准备工作的函	粤信厅函〔2009〕773号	2009年8月14日
14	温州市人民政府办公室	关于开展2009年度政府系统网站测评活动的通知	温政办发明电〔2009〕168号	2009年8月17日
15	常州市政府办公室	常州市政府办公室关于开展2009年度全市政府网站绩效评估工作的通知	常政办发〔2009〕112号	2009年9月15日
16	泰州市人民政府办公室	关于开展泰州市政府网站测评活动的通知	泰政传发〔2009〕128号	2009年9月30日
17	南阳市人民政府办公室	2009年度南阳市政府网站绩效评估实施方案的通知	宛政办〔2009〕104号	2009年10月21日

续表

序号	发文机构	文件名称	文号	发文日期
18	揭阳市信息产业局办公室	关于开展2009年度揭阳市政务网站评估工作的函	揭信局函[2009]30号	2009年10月22日
19	龙岩市人民政府办公室	关于开展2009年龙岩市政府网站绩效考核的通知	龙政办[2009]245号	2009年11月2日
20	浙江省人民政府办公厅信息中心	关于开展2009年浙江省县（市、区）政府门户网站测评工作的通知	——	2009年11月3日
21	连云港市信息化领导小组办公室	关于开展2009年度连云港市政务网站测评活动的通知	连信发[2009]14号	2009年11月18日
22	延安市信息化办公室	延安市信息化办公室关于继续在全市开展2009年度政府网站评比活动的通知	延市信息办[2009]27号	2009年11月27日
23	南宁市信息化工作领导小组办公室	关于开展2009年南宁市政务网站绩效评估的通知	南信组办发[2009]3号	2009年11月30日

Ⅱ　领导讲话

一　邓小平

不搞政治体制改革，经济体制改革难于贯彻。党政要分开，这涉及政治体制改革。党委如何领导？应该只管大事，不能管小事。党委不要设经济管理部门，那些部门的工作应该由政府去管，现在实际上没有做到。

政治体制改革包括什么内容，应该议一下，理出个头绪。我想政治体制改革的目的是调动群众的积极性，提高效率，克服官僚主义。改革的内容，首先是党政要分开，解决党如何善于领导的问题。这是关键，要放在第一位。第二个内容是权力要下放，解决中央和地方的关系，同时地方各级也都有一个权力下放的问题。第三个内容是精简机构，这和权力下放有关。

——邓小平在听取中央财经领导小组汇报时的谈话（1986年9月13日）

我们越来越感到进行政治体制改革的必要性和紧迫性，但现在还没有完全理出头绪。最近我在设想，要向着三个目标进行。

第一个目标是始终保持党和国家的活力。这里说的活力，主要是指领导层干部的年轻化。几年前我们就提出干部队伍要"四化"，即革命化、年轻化、知识化、专业化。这些年在这方面做了一些事情，但只是开始。领导层干部年轻化的目标，并不是三五年就能够实现的，十五年内实现就很好了。明年党的十三大要前进一步，但还不能完成，设想十四大再前进一步，十五大完成这个任务。这不是我们这样年纪的人完成得了的。但是制定一个目标十分重要。哪一天中国出现一大批三四十岁的优秀的政治家、经济管理家、军事家、外交家就好了。同样，我们也希望中国出现一大批三四十岁的优秀的科学家、教育家、文学家和其他各种专家。要制定一系列制度包括干部制度和教育制度，鼓励年轻人。在这方面，严格说来我们刚刚开步走，需要思考的问题和需要采取的措施还很多，必须认真去做。

第二个目标是克服官僚主义，提高工作效率。效率不高同机构臃肿、人浮于事、作风拖拉有关，但更主要的是涉及党政不分，在很多事情上党代替了政府工作，党和政府很多机构重复。我们要坚持党的领导，不能放弃这一条，但是党要善于领导。几年前就提出这个问题了，但如何做还没有考虑清楚。搞四个现代化不讲工作效率不行。现在的世界，人类进步一日千里，科学技术方面更是这样，落后一年，赶都难赶上。所以必须解决效率问题。当然，提高工作效率不仅是党政分开问题，还有其他方面的问题也需要解决。

第三个目标是调动基层和工人、农民、知识分子的积极性。这些年来搞改革的一条经验，就是首先调动农民的积极性，把生产经营的自主权力下放给农民。农村改革是权力下放，城市经济体制改革也要权力下放，下放给企业，下放给基层，同时广泛调动工人和知识分子的积极性，让他们参与管理，实现管理民主化。各方面都要解决这个问题。

领导层有活力，克服了官僚主义，提高了效率，调动了基层和人民的积极性，四个现代化才真正有希望。

——邓小平在会见日本首相中曾根康弘时的谈话（1986年11月9日）

精简机构是一场革命

我讲几点意见。

第一点，精简机构是一场革命。精简这个事情可大啊！如果不搞这场革命，让党和国家的组织继续目前这样机构臃肿重叠、职责不清，许多人员不称职、不负责，工作缺乏精力、知识和效率的状况，这是不可能得到人民赞同的，包括我们自己和我们下面的干部。这确是难以为继的状态，确实到了不能容忍的地步，人民不能容忍，我们党也不能容忍。我们要坚持社会主义道路，要坚持实现四个现代化，能够容忍这种状况继续下去？所有老干部都要认识，实现干部队伍的革命化、年轻化、知识化、专业化，是革命和建设的战略需要，也是我们老干部的最光荣最神圣的职责；是我们对党的最后一次历史性贡献，也是对我们每个人党性的一次严重考验。所以，这件事情必须解决，而且早就应该解决。但是，早了没有条件。现在，我们经过粉碎"四人帮"，又经过十一届三中全会一直到六中全会，创造了这个条件。我们现在可以把这个问题提到议事日程上来了。再晚些解决行不行呢？晚解决更困难，问题的本身会更严重，牵扯的问题也更多，牵扯的人肯定一年比一年多。还有一点，这个问题涉及很多老同志。现在确实也有个好的条件，因为许多觉悟比较高的老同志还在，能够带头，也能够克服阻力，只要大家取得一致意见，解决这个问题比较容易。所以，时间不能再拖了。总之，这是一场革命。当然，这不是对人的革命，而是对体制的革命。这场革命不搞，让老人、病人挡住比较年轻、有干劲、有能力的人的路，不只是四个现代化没有希望，甚至于要涉及亡党亡国的问题，可能要亡党亡国。如果不进行这场革命，不论党和政府的整个方针、政策怎样正确，工作怎样有成绩，我们却只能眼睁睁地看着党和政府的机构这样的缺少朝气、缺少效率，正确的方针、政策不能充分贯彻，工作不能得到更大的成绩，我们怎么能得到人民的谅解，我们自己又怎样能安心？不要只看到我们的工作确实有成绩，天天暴露的问题不晓得有多少啊！

第二点，这个问题要涉及几百万人。精简不是百万，是几百万。按中央这一级来说，要精简三分之一。就下面来说，我看不止三分之一。就是四分之一，也有五百万人。当然，不完全是干部，还有一般服务人员、工作人员，也可以减少。所谓精简，是说各部门各单位都要确定编制，一部分人在岗位上工作，其他的人抽出来轮训，学习考试合格以后，到岗位上工作，再让现在岗位上的人去接受轮训。总之，这是涉及几百万大、中、小干部的问题。如果企业、事业单位整顿起来，涉及的人就更多了。单单机关就涉及大约四五百万人的问题。所以，这个问题很大。正是因为大，工作就要做细。但是，第一条决心要大，第二条才是工作要细。再细，也难免有照顾不周到的地方，这个话要说到前面。特别是时间这么紧，我们说用两年来的时间完成这场革命，是很紧的。所以，决心要大。我们政治局确定之后，要坚定不移，不能受干扰。现在一些外国人也在议论，说我们搞这件事情看起来要失败。我们下面的干部都觉得困难得很。我还是那个话，困难确实困难，但是只要我们下了决心，坚定不移，我不相信搞不成。不是要抱必胜的信心吗？我看这样的事应该抱必胜的信心。因为没有别的选择，这件事不能犹豫，不能妥协，也不能半途而废。发生问题，其中包括示威，都要预料到。不要原则赞成，一涉及本身的利害，问题就来了。在精简中如果发生什么游行示威呀，贴大字报呀，都不要怕。在处理精简问题的时候，又不可避免地要牵涉到一部分人中间的派性，处理的人牵扯着这派那派，是很复杂的问题。但是，不管怎样，对这场革命要坚定不移。下了决心，就要顽强，不动摇，出点乱子不要紧，吓不住我们。

第三点，我建议政治局原则上批准中央国家机关的精简方案。中央直属机关的方案不够具体，可能减的人还少了。我这里说一句不客气的话，可能革命精神不够。中央直属机关不是拆大庙，但小庙多得很嘛。还有每个庙的菩萨也太多，很有文章可做的，不要以为没有好多油水。比如群众团体，工青妇现在趁这个机会搞一个精简的方案，搞一个精简的机构，造成一个好传统。过去，工青妇的人也不多的，本来机构并不大，现在相当大。事业单位也不是没有油水。国务院系统精简百分之三十多一点，中央党群系统只精简百分之几恐怕太少了。对中央直属机关的方案也原则批准，但是，应该再去摸一摸，不要以为没有油水。总之，这个方案的革命性还不够。

军队正在考虑，坚决减少军队的人数。

精简方案批准以后就开始着手实行，首先找一两个部门研究编制、定额。如国务院，副总理究竟几个适当？这次会议有的同志提出两个，两个也可以考虑，可能不够一点，如果两个能够行得通，我也赞成。再加几个国务委员。这些国务委员相当于副总理，将来可以出访。国务委员的任务可以比较机动，总理可以分配他做这样那样的事。如果有国务委员，副总理少几个也可以，这个问题也研究一下。部委的精简现在就可以着手。最好先搞一两个部门，有些什么典型经验，有些什么反应，有些什么问题，跟大家见面，这样别的部门进行起来就心中有数，事情好办。总之，中央这一级的精简规定半年时间。要理个头绪出来，半年的时间应该够了。人员的处理是另一件事，但是机构要理出眉目。人员完全处理妥当可能要比较长的时间。把一个一个部门的编制搞出来，我看半年时间应该够了。如果实在不够，顶多三个季度，不能再迟了。当然，省、市、自治区待中央机关进行一段时间以后也可以着手，不必等到中央处理完毕再开始。我们的方案确定了，又有了几个典型经验，各地方就可以开始搞。中央一级先找一两个单位，比如说首先从外贸系统开始，试试看。还找一个什么单位？可否找合并简便一点的水利部、电力部？看看究竟有些什么问题。会有各种各样的反应，会从各种各样角度提出问题。精简方案不可能一下子很完备，大体上差不多就行了。原则上是从紧，要放宽很容易。这一次我们紧了之后，硬着头皮不放宽。比如规定定额，副部长是几个人，以后人员可以动，但是名额不能动，这样有利于进进出出。要不然不得了。要做到进一个人真不容易。这样做了，才能给我们起用比较年轻的干部创造一个条件。定了额，每个同志都要实实在在顶一个人做事，不能挂名和半挂名。有些同志说自己还行，到真正需要顶着干的时候，究竟行不行？那就要经得起考验了。要我做八小时工作，我就肯定不行。

总之，今天原则批准这两个方案，就着手干。经过个把月，抓一两个典型，制定编制，规定定额，规定各单位和各个人的职责界限，包括具体的人事安排，看有什么问题。

最后，第四点，这一次革命，不但要注意出的问题，还特别要注意进的问题。刚才说，有几百万人要出，应该注意解决好；但第一位应该着眼于进。部长也好，司局长也好，选什么人，什么人进，这最重要。包括军队也是这个问题最重要。进和出，进摆在第一位。选人要选好，要选贤任能。选贤任能这个话就有德才资的问题。贤就是德，能无非是专业化、知识化，有实际经验，身体能够顶得住。这次我们让多余的或者身体不好的老同志退休、离休，或者换到适当的位置（我说的适当位置就是荣誉职务了），什么人来接替？人一定要选好。还是老话，要坚决贯彻陈云同志讲的几条，几种人不能放进去啊！人有的是。进，最关键的问题是选比较年轻的。当然，可能有个过渡，一两年内，部长还要岁数大一点的同志当，特别是刚精简以后。这是很明白的一个道理。国务院机构缩小，部委的权力就要加大，部委又要加大企业、事业单位的权力。这也是拨乱反正。副部长、司局长要选年轻的，尽量选年轻的。开国时的部长都是年轻的，那个时候差不多都是三四十岁嘛。现在我们好多骨干，就是五十年代、六十年代的大学毕业生，比那个时候我们部长的知识多得多。精简是革命，选贤任能也是革命。出要解决好，更重要的是解决进。这是一道手脚，不要以后再来搞运动解决这个事情。这次也算是一个小运动。我们说大运动不搞了，这次搞个小运动，但不是用过去搞运动的方法。

我就讲这么四点意见。

——邓小平在中共中央政治局讨论中央机构精简问题会议上的讲话（1982年1月13日）

3. 党和国家现行的一些具体制度中，还存在不少的弊端，妨碍甚至严重妨碍社会主义优越性的发挥。如不认真改革，就很难适应现代化建设的迫切需要，我们就要严重地脱离广大群众。

从党和国家的领导制度、干部制度方面来说，主要的弊端就是官僚主义现象，权力过分集中的现象，家长制现象，干部领导职务终身制现象和形形色色的特权现象。

官僚主义现象是我们党和国家政治生活中广泛存在的一个大问题。它的主要表现和危害是：高高在上，滥用权力，脱离实际，脱离群众，好摆门面，好说空话，思想僵化，墨守成规，机构臃肿，人浮于事，办事拖拉，不讲效率，不负责任，不守信用，公文旅行，互相推诿，以至官气十足，动辄训人，打击报复，压制民主，欺上瞒下，专横跋扈，徇私行贿，贪赃枉法，等等。这无论在我们的内部事务中，或是在国际交往中，都已达到令人无法容忍的地步。

官僚主义是一种长期存在的、复杂的历史现象。我们现在的官僚主义现象，除了同历史上的官僚主义有共同点以外，还有自己的特点，既不同于旧中国的官僚主义，也不同于资本主义国家中的官僚主义。它同我们长期认为社会主义制度和计划管理制度必须对经济、政治、文化、社会都实行中央高度集权的管理体制有密切关系。我们的各级领导机关，都管了很多不该管、管不好、管不了的事，这些事只要有一定的规章，放在下面，放在企业、事业、社会单位，让他们真正按民主集中制自行处理，本来可以很好办，但是统统拿到党政领导机关、拿到中央部门来，就很难办。谁也没有这样的神通，能够办这么繁重而生疏的事情。这可以说是目前我们所特有的官僚主义的一个总病根。官僚主义的另一病根是，我们的党政机构以及各种企业、事业领导机构中，长期缺少严格的从上而下的行政法规和个人负责制，缺少对于每个机关乃至每个人的职责权限的严格明确的规定，以致事无大小，往往无章可循，绝大多数人往往不能独立负责地处理他所应当处理的问题，只好成天忙于请示报告，批转文件。有些本位主义严重的人，甚至遇到责任互相推诿，遇到权利互相争夺，扯不完的皮。还有，干部缺少正常的录用、奖惩、退休、退职、淘汰办法，反正工作好坏都是铁饭碗，能进不能出，能上不能下。这些情况，必然造成机构臃肿，层次多，副职多，闲职多，而机构臃肿又必然促成官僚主义的发展。因此，必须从根本上改变这些制度。当然，官僚主义还有思想作风问题的一面，但是制度问题不解决，思想作风问题也解决不了。所以，过去我们虽也多次反过官僚主义，但是收效甚微。解决以上所说的制度问题，要进行大量的工作，包括进行教育和思想斗争，但是非做不可，否则，我们的经济事业和各项工作都不可能有效地前进。

权力过分集中的现象，就是在加强党的一元化领导的口号下，不适当地、不加分析地把一切权力集中于党委，党委的权力又往往集中于几个书记，特别是集中于第一书记，什么事都要第一书记挂帅、拍板。党的一元化领导，往往因此而变成了个人领导。全国各级都不同程度地存在这个问题。权力过分集中于个人或少数人手里，多数办事的人无权决定，少数有权的人负担过重，必然造成官僚主义，必然要犯各种错误，必然要损害各级党和政府的民主生活、集体领导、民主集中制、个人分工负责制，等等。这种现象，同我国历史上封建专制主义的影响有关，也同共产国际时期实行的各国党的工作中领导者个人高度集权的传统有关。我们历史上多次过分强调党的集中统一，过分强调反对分散主义、闹独立性，很少强调必要的分权和自主权，很少反对个人过分集权。过去在中央和地方之间，分过几次权，但每次都没有涉及党同政府、经济组织、群众团体等等之间如何划分职权范围的问题。我不是说不要强调党的集中统一，不是说任何情况下强调集中统一都不对，也不是说不要反对分散主义、闹独立性，问题都在于"过分"，而且对什么是分散主义、闹独立性也没有搞得很清楚。党成为全国的执政党，特别是生产资料私有制的社会主义改造基本完成以后，党的中心任务已经不同于过去，社会主义建设的任务极为繁重复杂，权力过分集中，越来越不能适应社会主义事业的发展。对这个问题长期没有足够的认识，成为发生"文化大革命"的一个重要原因，使我们付出了沉重的代价。现在再也不能不解决了。

五中全会讨论的党章草案，提出废除干部领导职务终身制，现在看来，还需要进一步修改、补充。关键是要健全干部的选举、招考、任免、考核、弹劾、轮换制度，对各级各类领导干部（包括选举产生、委任和聘用的）职务的任期，以及离休、退休，要按照不同情况，作出适当的、明确的规定。任何领导干部的任职都不能是无限期的。

要有群众监督制度，让群众和党员监督干部，特别是领导干部。凡是搞特权、特殊化，经过批评教育而又不改的，人民就有权依法进行检举、控告、弹劾、撤换、罢免，要求他们在经济上退赔，并使他们受到法律、纪律处分。对各级干部的职权范围和政治、生活待遇，要制定各种条例，最重要的是要有专门的机构进行铁面无私的监督检查。

——节选自《党和国家领导制度的改革》邓小平在中共中央政治局扩大会议上的讲话（1980年8月18日）

二　江泽民

要抓住制度建设。抓作风建设，一靠教育，二靠制度。既要加强思想政治建设，提高党员干部发扬党的优良传统和作风的自觉性与坚定性，又要建立健全一套管用的制度和机制，推进作风建设制度化、规范化。对党内在作风建设方面存在的一些突出问题，这些年来，我们花了很大的气力加以解决，收到了不小的成效。但是，有些问题相当顽固，已有的问题解决了，新的问题还在产生。这就需要我们深入思考了。从根本上来说，这涉及在改革开放和发展社会主义市场经济的新条件下党的执政方式和领导方式问题。这也反映出，我们对发展社会主义市场经济条件下执政的规律还知之不多、知之不深，还需要全党同志在实践中继续探索。解决这个问题，需要多方面的努力,其中很重要的一条就是要加强制度建设。保证党和国家的长治久安,制度建设是最根本的。全党要不断总结和探索有利于提高领导水平和执政能力、提高拒腐防变和抵御风险能力的新办法新制度。

完善各个方面的制度,是新的历史条件下加强党的建设的重要课题。党和国家的领导制度,经济、文化、科技、社会等方面的管理制度,党内教育、管理、监督的制度,都需要根据新的形势加以完善。加强和改进作风建设,也必须紧紧抓住制度建设。理论联系实际、密切联系群众、批评与自我批评、民主集中制等优良传统和作风,要靠制度来坚持。我们党在改革开放新时期形成的新鲜经验,也要靠制度来坚持。全党同志都要向实践学习,向群众学习,不断改进执政方式和领导方式,不断推进制度建设,把党的思想作风、学风、工作作风、领导作风和干部生活作风建设提高到一个新的水平。

——节选自《党的作风建设的核心问题是保持党同人民群众的血肉联系》江泽民在党的十五届六中全会上讲话的一部分(2001年9月26日)

贯彻"三个代表"要求,我们必须坚持民主集中制,建立健全科学的领导体制和工作机制,充分发扬党内民主,坚决维护党的集中统一,保持并不断增强党的活力。

民主集中制是我们党的根本组织制度和领导制度。我们坚持和完善民主集中制的基本要求和目标,就是要努力在全党造成又有集中又有民主,又有纪律又有自由,又有统一意志又有个人心情舒畅、生动活泼的政治局面。

发展党内民主,充分发挥广大党员和各级党组织的积极性主动性创造性,是党的事业兴旺发达的重要保证。要切实保障党员的民主权利,拓宽党内民主渠道,加强党员对党内事务的了解和参与。凡属党组织工作中的重大问题都应力求组织广大党员讨论,充分听取各种意见。通过建立有效机制,保证基层党员和下级党组织的意见能及时反映到上级党组织中来。上级党组织应充分听取党员和下级党组织的意见,集思广益,不断推进决策的科学化、民主化。按照集体领导、民主集中、个别酝酿、会议决定的原则,进一步完善党委内部的议事和决策机制,发挥好党的委员会全体会议的作用,健全党委常委会的决策程序。凡属重大决策,都必须由党委集体讨论,不允许个人说了算。进一步完善集体领导下的个人分工负责制,提高工作效率。集体领导和个人负责,二者不可偏废。通过发展党内民主,积极推动人民民主的发展。

要按照总揽全局、协调各方的原则,进一步加强和完善党的领导体制,改进党的领导方式和执政方式,既保证党委的领导核心作用,又充分发挥人大、政府、政协以及人民团体和其他方面的职能作用。党委要通过科学化、规范化、制度化的机制,加强对人大、政府、政协、人民团体的领导,人大、政府、政协、人民团体的党组以及担任领导职务的党员干部,在依法进行职责范围的工作中,必须坚决贯彻党的路线方针政策和党委的决定。各级领导干部都必须坚决贯彻中央的大政方针和工作部署。

全党同志都要增强民主集中制的观念,严格执行民主集中制原则,提高贯彻民主集中制的本领，努力掌握适应新形势新任务要求的领导艺术、领导方式和领导方法，把坚持党的领导同发扬人民民主、严格依法办事、尊重客观规律有机地统一起来。制度建设更带有根本性、全局性、稳定性和长期性。要进一步完善民主集中制的各项制度，进一步完善党的领导制度和工作机制，从制度体系上保证民主集中制的正确执行。坚决抵制西方多党制和三权鼎立等政治模式的影响。坚决克服违反民主集中制原则的个人独断专行和软弱涣散现象。

由于实行改革开放和发展社会主义市场经济，我国社会经济成分、组织形式、就业方式、利益关系和分配方式日益多样化。如果我们思想上不清醒，工作中不注意，是很容易搞散的。维护党和国家的集中统一，维护中央的权威，是极端重要的。党和国家的指导思想、奋斗目标、大政方针和法律制度，以及重要工作部署等等，必须统一，各个地方、部门和单位绝不能各行其是。党的基层组织是党的全部工作和战斗力的基础，要适应新形势新任务的要求，不断加强和改进基层组织建设。

贯彻"三个代表"要求，我们必须全面贯彻干部队伍革命化、年轻化、知识化、专业化的方针和德才兼备的原则，深化干部人事制度改革，努力建设一支高素质的、能够担当重任、经得起风浪考验的干部队伍。

政治路线确定之后，干部就是决定因素。培养讲政治、懂全局、善于治党治国的领导人才尤为重要。中国的社会主义事业能不能巩固和发展下去，中国能不能在激烈的国际竞争中始终强盛不衰，关键看我们能不能不断培养造就一大批高素质的领导人才。

要坚持党管干部的原则，改进干部管理方法，加快干部人事制度改革步伐，努力推进干部工作的科学化、民主化、制度化。坚持扩大干部工作中的民主，落实群众对干部选拔任用的知情权、参与权、选择权和监督权。坚持公开、平等、竞争、择优的原则，积极推行公开选拔、竞争上岗等措施，促进干部奋发工作、能上能下。加强对干部选拔任用工作的监督，完善干部考核制度和方法。坚决防止和纠正用人上的不正之风。

加强对年轻干部的培养，是保证党和国家长治久安的战略任务。年轻干部要担当起领导重任，必须努力提高马克思主义理论水平和思想修养水平，不断增强为人民服务的本领，善于从政治上正确判断形势和把握大局，善于在复杂条件下开展工作。各级党委都要支持、鼓励和安排年轻干部到艰苦环境中去，到重大斗争的第一线去经受锻炼和考验。

时代在前进，事业在发展，党和国家对各方面人才的需求必然越来越大。要抓紧做好培养、吸引和用好各方面人才的工作。进一步在全党全社会形成尊重知识、尊重人才，促进优秀人才脱颖而出的良好风气。领导干部要有识才的慧眼、用才的气魄、爱才的感情、聚才的方法，知人善任，广纳群贤。要用崇高的理想、高尚的精神引导和激励各种人才为国家为人民建功立业，同时要关心和信任他们，尽力为他们创造良好的工作条件。加快建立有利于留住人才和人尽其才的收入分配机制，从制度上保证各类人才得到与他们的劳动和贡献相适应的报酬。通过各项工作，努力开创人才辈出的局面。

贯彻"三个代表"要求，我们必须坚持党要管党的原则和从严治党的方针，各级党组织必须对党员干部严格要求、严格教育、严格管理、严格监督，坚决克服党内存在的消极腐败现象。

党要管党，从严治党，是保持党的先进性和纯洁性，巩固党的执政地位的重要保证。治国必先治党，治党必须从严。要深刻认识和吸取世界上一些长期执政的共产党丧失政权的教训。党执政的时间越长，越要抓紧自身建设，越要从严要求党员和干部。

从严治党，必须全面贯彻于党的思想、政治、组织、作风建设，切实体现到对各级党组织、广大党员和干部进行教育、管理、监督的各个环节中去。各级党组织和每个党员都要严格按照党的章程和党内法规行事，严格遵守党的纪律。各级领导干部都要自重、自省、自警、自励，始终注意讲学习、讲政治、讲正气。要经常运用批评和自我批评的武器，开展积极的思想斗争，坚持真理，修正错误。各级党组织都要努力增强解决自身矛盾的能力，勇于正视和解决存在的问题，决不回避和粉饰。

党的作风，关系党的形象，关系人心向背，关系党的生命。要全面加强党的思想作风、学风、工作作风、领导作风和干部生活作风建设。要结合新的实际，努力发扬党的理论联系实际、密切联系群众、批评和自我批评的优良作风，同时要总结新的实践经验努力培育新的作风。一切不符合党的事业发展要求、不符合人民利益的不良风气，都应坚决克服。当前，特别要注意克服不思进取、无所作为的思想状况，克服种种严重脱离群众的现象，坚决反对形式主义和官僚主义的歪风。各级干部必须时时处处重实际、求实效，创造性地开展工作，想群众之所想，急群众之所急，忠诚地为群众谋利益。

全党同志一定要从党和国家生死存亡的高度，充分认识反腐倡廉工作的重大意义，把党风廉政建设和反腐败斗争进行到底。要深刻认识反腐败工作的长期性、艰巨性和复杂性，既要树立持久作战的思想，又要抓紧当前的工作。坚持标本兼治、综合治理的方针，从思想上筑牢拒腐防变的堤防，同时通过体制创新努力铲除腐败现象滋生的土壤和条件，加大从源头上预防和解决腐败问题的力度。我们手中的权力都是人民赋予的，各级干部都是人民的公仆，必须受到人民和法律的监督。要通过加强党内监督、法律监督、群众监督，建立健全依法行使权力的制约机制和监督机制。关键要加强对领导干部的监督，保证他们正确运用手中的权力。全体党员特别是领导干部，都必须始终坚持清正廉洁，一身正气，经得起改革开放和执政的考验，经得起权力、金钱、美色的考验，绝不允许以权谋私、贪赃枉法。各级党组织和领导干部都要旗帜鲜明地反对腐败。对任何腐败行为和腐败分子，都必须一查到底，决不姑息，决不手软。党内不允许有腐败分子的藏身之地。我们一定要以党风廉政建设的实际成果取信于人民。

——节选自江泽民在庆祝中国共产党成立八十周年大会上的讲话（2001年7月1日）

我们推进政府职能转变，精简机构，实行政企分开，使企业在市场竞争中发挥主体作用。我们大力推进干部人事制度改革，健全和完善干部制度，开展民主推荐、公开考试、择优录取，引入竞争机制，在干部选拔、培养、考核等方面形成了许多新制度、新办法、新措施，等等。

——节选自《政治体制改革的目的是完善社会主义政治制度》江泽民在全国社会治安工作会议上的讲话（2001年4月2日）

现在，在工作作风方面存在的问题，群众反映最大的是两个问题，一是形式主义，二是官僚主义。这必须引起全党上下的高度重视，必须痛下决心把这两股歪风煞住，越快越好。我们做工作，需要有一定的形式，没有形式，内容也表现不出来，但不能搞形式主义。搞形式主义，要害是只图虚名，不务实效。比如，有的干部做工作，不去认真领会中央精神，也不去了解下情，习惯于做表面文章，喊口号；有的沉湎于文山会海、应酬接待，不能深入基层；有的热衷于沽名钓誉，哗众取宠，应付上级，应付群众；有的搞各种名目的所谓"达标"活动，形式上热热闹闹，实则劳民伤财；有的只说空话套话，不干实事；有的报喜不报忧，掩盖矛盾和问题，以致酿成恶果。现在发生的一些严重的突发性事件和群体性事件，有些让人想都想不到的事件，其中一个重要原因，是由于工作不落实、不扎实、不切实。工作部署了，没有抓到底，口号提出来了，没有落实。结果流于形式，浮于表面，没有实效。这种风气如果不纠正，不仅会导致党的路线方针政策无法落实，而且必然会出乱子，甚至出大乱子。官僚主义作风，要害是脱离群众、做官当老爷。在一些地方和部门，有的干部无所用心，有的作威作福、欺压群众，引起了干部和群众的强烈不满。对官僚主义作风，我们不仅要认识它的危害性，而且要深刻认识它产生的根源。官僚主义，在很大程度上源于我国封建社会形成的"官本位"意识。所谓"官本位"，就是"以官为本"，一切为了做官，有了官位，就什么东西都有了，"一人得道，鸡犬升天"。这种"官本位"意识，流传了几千年，至今在我国社会生活中仍然有着很深的影响。一些共产党员和党的领导干部，也自觉不自觉地做了这种"官本位"意识的俘虏，于是跑官、买官、卖官的现象出来了；弄虚作假，虚报浮夸，骗取荣誉和职位的现象出来了；明哲保身，不思进取，但求无过，一切为了保官的现象出来了；以权谋私的现象出来了。当前，"官本位"意识的要害，就是对党和国家的事业不负责，对民族和人民的利益不负责任，只对自己或亲属或小团体负责。其危害极大。因此，对于历史上遗留下来的"官本位"意识，必须狠狠批判和坚决破除。我曾经说过，每一个领导干部都应好好想一想，参加革命是为什么？现在当干部应该做什么？将来身后应该留点什么？这些问题，我们每个领导干部都应经常想一想。我们共产党人是全心全意为党和国家、为民族和人民的利益而奋斗的，有什么个人的东西不能抛弃呢？

"实干兴邦,空谈误国。"形式主义作风和官僚主义作风,是我们党的一大祸害。全党上下,全国上下,必须狠刹形式主义、官僚主义的歪风。各级领导干部必须时时处处坚持重实际、说实话、务实事、求实效,必须大力发扬脚踏实地、埋头苦干的工作作风。大家都要坚定地贯彻中央的路线方针政策,努力结合自己的工作实际创造性地做好工作,想群众之所虑,急群众之所难,谋群众之所求,扎扎实实地解决好关系改革发展稳定全局和影响群众生产生活的各种紧迫问题,以改进工作作风的实际行动取信于民。

——节选自《关于改进党的作风》江泽民在党的十五届五中全会上讲话的一部分(2000年10月11日)

总结多年的实践经验,从严治党,关键在于建立起一整套便利、管用、有约束力的机制,使党的各级组织对党员、干部实行有效的管理和监督,及时发现矛盾、解决问题,使党的肌体始终保持健康。

邓小平同志早就提出,要实现社会主义民主的制度化、法律化,使这种制度和法律不因领导人的改变而改变,不因领导人看法和注意力的改变而改变。最重要的是要坚持和完善能够保证党的领导坚强有力和社会主义兴旺发达的一整套制度,并用法律、法规、政策、纪律、教育等各种手段来保障这套制度能够得到严格遵守。我们要珍惜由千百万烈士流血牺牲建立和建设起来的社会主义政权,坚持社会主义制度不能动摇。西方的那一套资产阶级民主模式绝不能搞,搞了中国必然会乱。但也必须不断加强和改善我们党和国家各个方面的制度,使之更加成熟、完善。我们在这方面已进行了不少努力,今后还要继续加强这方面的探索和实践。去年以来,在县级以上党政领导班子和领导干部中集中开展的"三讲"教育,取得了明显的成绩。事实再次说明,我们这个党是有力量、有办法解决自身存在的问题的。这次"三讲"教育,为加强党的建设、建立一套从严治党的机制提供了许多重要启示。各级党委要认真总结经验,并运用到健全党的领导工作制度、党内生活制度、干部工作制度、权力监督制度等各个方面。要坚持不懈地加强对全体党员特别是领导干部的思想政治教育,并努力探索和创造出一套新形势下进行思想政治教育的有效方式与方法,不能都是老一套的办法。只要建立健全了从严治党的一整套制度和机制,大家都自觉坚持和维护这套制度和机制,同时又不断加强党的思想政治建设,我们党就一定会建设得更加组织严密、更加行动一致、更加团结有力、更加朝气蓬勃。

——节选自江泽民在中纪委四次全会上的讲话(2000年1月14日)

这次政府机构改革总的目标是,适应经济发展和社会全面进步的要求,建立办事高效、运转协调、行为规范的行政管理体系,完善国家爱公务员制度,建设高素质、专业化的国家行政干部队伍,提高为人民服务的水平。大的原则有四项:一是按照发展社会主义市场经济的要求,转变政府职能,实现政企分开;二是按照精简、统一、效能的原则,调整政府组织结构,实行精兵简政;三是按照权责一致的原则,调整政府部们的职责权限,明确划分部门之间的职能分工;四是按照依法治国、依法行政的要求，加强行政体系的法制建设。

——节选自江泽民在中共十五届二中全会上的讲话（1998年2月26日）

加强党风廉政建设和开展反腐败斗争，是邓小平理论的重要内容，是建设有中国特色社会主义的必然要求。十四大以来，各级党委、政府对这项工作的决心和力度都在加大，并取得了阶段性成果。指导思想、基本原则更加明确，统一领导、协同行动的工作局面已经形成，一批大案要案受到查处，纠正部门和行业不正之风有了新的进展。特别是去年以来，在党政机关中开展的厉行节约，制止奢侈浪费，收到了明显的成效。这些成绩应当充分肯定。但是也要看到，党政机关中存在的消极腐败现象尚未全面有效地得到遏制，有些地方、有些方面甚至还在滋长，反腐败斗争任务仍很艰巨，形势依然严峻。既要看到斗争的长期性艰巨性，又要立足当前，加强有针对性的措施和工作。

在新的一年里，我们必须紧密结合推进改革、发展、稳定的各项工作，继续加强党风廉政建设，不失时机地加大反腐败斗争的力度，力求取得更明显的成效。坚持党委统一领导，党政齐抓共管，纪委组织协调，部门各负其责，依靠群众的支持和参与，这是有效地防止和惩治腐败的重要经验，应继续贯彻。要按照中央的部署，进一步抓好领导干部廉洁自律，进一步落实党政机关厉行节约、制止奢侈浪费行为等各项规定，刹住挥霍公款、追求享受的不良风气；坚决查处严重违纪违法的大案要案，严厉惩处腐败分子；切实纠正部门和行业不正之风，继续搞好减轻农民负担、减轻企业负担和清理预算外资金的工作，坚决纠正干部中发生的侵犯群众利益的行为。

——节选自江泽民在中纪委二次全会上的讲话（1998年1月22日）

三　胡锦涛

必须坚持不懈地加强领导干部党性修养，使各级领导干部始终保持共产党人的政治本色，发扬党的光荣传统和优良作风，树立和坚持正确的事业观、工作观、政绩观，以优良作风带领广大党员、群众迎难而上、锐意改革、共克时艰。

当前，要重点抓好以下几方面工作。第一，认真履行监督检查职责，推动科学发展重大决策部署的贯彻落实。要开展对中央扩大内需、促进经济增长政策措施执行情况的检查，保证中央政策措施落实到位。第二，加强对领导干部的教育和监督，保证权力正确行使。要增强领导干部廉洁自律意识，抓好领导干部廉洁自律各项规定的贯彻落实。要加强党内监督，增强党内监督实效。第三，加大查办案件工作力度，着力解决重点领域的腐败问题。要严肃查处领导机关和领导干部中滥用职权、贪污贿赂、腐化堕落、失职渎职的案件，决不让腐败分子逃脱党纪国法的惩处。要加大预防腐败力度，切实提高监管水平。第四，切实解决群众反映强烈的突出问题，坚决维护群众切身利益。要重点解决群众反映强烈的问题，既要深入开展纠风专项治理，又要形成防治不正之风的长效机制。

——节选自胡锦涛在第十七届中央纪律检查委员会第三次全体会议上的讲话（2009年1月13日）

必须把推动经济基础变革同推动上层建筑改革结合起来，不断推进政治体制改革，为改革开放和社会主义现代化建设提供制度保证和法制保障。30年来，我们既积极推进经济体制改革，又积极推进政治体制改革，发展社会主义民主政治，建设社会主义法治国家，保证人民当家作主，不断推动我国社会主义上层建筑与经济基础相适应，社会主义民主政治展现出更加旺盛的生命力。

我国是工人阶级领导的、以工农联盟为基础的人民民主专政的社会主义国家。人民民主是社会主义的生命，人民当家作主是社会主义民主政治的本质和核心。没有民主就没有社会主义，就没有社会主义现代化。我们顺应经济社会发展变化、适应人民政治参与积极性不断提高，以保证人民当家作主为根本，以增强党和国家活力、调动人民积极性为目标，不断发展社会主义政治文明。我们依法实行民主选举、民主决策、民主管理、民主监督，保障人民的知情权、参与权、表达权、监督权，坚持科学执政、民主执政、依法执政，推进决策科学化、民主化，最广泛地动员和组织人民依法管理国家事务和社会事务、管理经济和文化事业。我们坚持科学立法、民主立法，建立和完善中国特色社会主义法律体系，树立社会主义法治理念，坚持公民在法律面前一律平等，尊重和保障人权，推进依法行政，深化司法体制改革，推进国家各项工作法治化，维护社会公平正义，维护社会主义法制的统一、尊严、权威。我国政治体制改革是社会主义政治制度自我完善和发展，必须坚持中国特色社会主义政治发展道路，坚持党的领导、人民当家作主、依法治国有机统一，坚持社会主义政治制度的特点和优势，坚持从我国国情出发。我们需要借鉴人类政治文明有益成果，但绝不照搬西方政治制度模式。我们要始终坚定不移地发展社会主义政治文明，深化政治体制改革，坚持和完善人民代表大会制度、中国共产党领导的多党合作和政治协商制度、民族区域自治制度以及基层群众自治制度，壮大爱国统一战线，推进社会主义民主政治制度化、规范化、程序化，更好保证人民当家作主，巩固和发展民主团结、生动活泼、安定和谐的政治局面。

——节选自胡锦涛在纪念党的十一届三中全会召开30周年大会上的讲话（2008年12月18日）

转变经济发展方式，关键是各级党委和政府要在深入调查研究和科学分析的基础上找准问题，明确方向，制订和完善切实实际地转变经济发展方式的总体规划和具体措施，坚持不懈地抓好落实。要坚持社会主义市场经济的改革方向推进各方面体制机制创新，完善政府绩效考核体系，形成充满活力、富有效率、更加开放，有利于科学发展的体制机制，促进经济发展方式加快转变。要真正把科学发展观贯穿于经济社会发展的全过程，落实到经济社会发展的各个环节，在转变经济发展方式上不断取得实实在在的成效。

——节选自胡锦涛在中共中央政治局第五次集体学习时的讲话（2008年4月28日）

建设服务型政府，首先要创新行政管理体制。要着力转变职能、理顺关系、优化结构、提高效能，把政府主要职能转变到经济调节、市场监管、社会管理、公共服务上来，把公共服务和社会管理放在更加重要的位置，努力为人民群众提供方便、快捷、优质、高效的公共服务。要优化政府组织结构，加强公共服务部门建设，推进以公共服务为主要内容的政府绩效评估和行政问责制度，完善公共服务监管体系，加快法治政府建设，全面推进依法行政，依法规范政府职能和行政行为。要加快推进政企分开、政资分开、政事分开、政府与市场中介组织分开，发挥公益类事业单位提供公共服务的重要作用，支持社会组织参与公共服务和社会管理，形成公共服务供给的社会和市场参与机制。要完善公共财政体系，调整财政收支结构，扩大公共服务覆盖范围，把更多财政资金投向公共服务领域，把更多公共资源投向公共服务薄弱的农村、基层、欠发达地区和困难群众，增强基层政府提供公共服务的能力。要创新社会管理体制，努力实现管理与服务有机结合，在服务中实施管理，在管理中体现服务。要全面加强公务员队伍思想建设、作风建设、能力建设，加强公务员制度建设，不断提高公务员为人民服务的能力和水平。各级政府工作人员特别是领导干部要牢记全心全意为人民服务的宗旨，大力增强公仆意识，切实转变工作作风，努力做到思想上尊重群众、感情上贴近群众、行动上深入群众、工作上依靠群众，时刻把群众的安危冷暖放在心上，多为群众办好事、办实事，真正做到为民、务实、清廉。

——节选自胡锦涛在中共中央政治局第四次集体学习时的讲话（2008年2月23日）

勤政建设，关键是要提高广大干部贯彻落实党的理论和路线方针政策的能力和水平，提高推动科学发展、促进社会和谐的能力和水平，提高依法行政、依法办事的能力和水平，提高为人民服务的能力和水平，增强对党和人民事业的责任心，同时要把廉政建设的要求贯穿于勤政建设之中，通过加强勤政建设促进廉政建设。要引导广大干部坚持解放思想、实事求是、与时俱进，大力弘扬求真务实精神、大兴求真务实之风，增强机遇意识、发展意识、大局意识、责任意识、忧患意识，满腔热情、高度负责地承担和履行自己的职责，坚定不移地贯彻落实中央的大政方针和工作部署。要教育和引导广大干部老老实实做人，踏踏实实做事，兢兢业业工作，不断提高工作效率和服务水平，在抓好落实上狠下工夫，在务求实效上狠下工夫，努力做出经得起实践、人民、历史检验的政绩。要支持广大干部锐意创新，在深入调研、把握规律的基础上，坚定不移推进改革开放，创造性地开展工作。要鼓励广大干部深入基层、深入群众，敢于直面困难、正视矛盾，主动到条件艰苦、环境复杂、矛盾集中的地方去，同干部群众一起研究办法、采取措施，努力打开工作局面。在用人导向上，要格外关注在条件艰苦、工作困难地方努力工作的干部，格外关注埋头苦干、默默奉献、注重打基础的干部。要围绕提高行政效率、经济效益、工作质量等问题，深入经济社会管理的各个部位和环节,开展效能检查,促进勤政高效。要加快实行政府绩效管理制度和行政问责制度,加大对失职渎职行为的追究力度。

——节选自胡锦涛在第十七届中央纪律检查委员会第二次全体会议上的讲话（2008年1月15日）

要建立健全保障科学发展观贯彻落实的体制机制,完善经济社会发展评价体系,建立体现科学发展观和正确政绩观的干部考核、评价、激励机制。要把科学发展观作为检验党的建设的重要标准,对符合科学发展观的事情就全力以赴地去做,对不符合的就毫不迟疑地去改,努力使党的建设各项工作都符合科学发展观的要求,经得起实践、历史、人民的检验。

——节选自胡锦涛在庆祝中国共产党成立85周年暨总结保持共产党员先进性教育活动大会上的讲话（2006年6月30日）

要进一步完善适应社会主义市场经济发展要求的政府管理科技事业的体制机制,建立健全有关法律法规,完善科技开发计划,促进科技创新要素和其他社会生产要素有机结合,形成科技不断促进经济社会发展、社会不断增加科技投入的良好机制。要完善科技资源配置方式,优化科技资源配置,促进科技资源开放和共享,形成广泛的多层次的创新合作机制,建立健全绩效优先、鼓励创新、竞争向上、协同发展、创新增值的资源分配机制和评价机制。要建立竞争机制,坚持国家科技计划对全社会开放,支持和鼓励国内有条件的各类机构平等参与承担国家重大计划和项目,为全社会积极创新创造良好条件。要加强科技基础条件平台建设,加强对重要技术标准制定的指导协调。在社会主义市场经济条件下,企业是市场竞争的主体,也是技术创新的主体。我们必须培育一大批具有自主创新能力、拥有自主知识产权的企业。要抓紧制定切实有效的改革举措、激励政策和法律法规,完善鼓励自主创新的金融财税政策,改善对高新技术企业特别是科技型中小企业的信贷服务和融资环境,加快发展创业风险投资,积极为企业技术创新服务,为不同类型、不同所有制企业提供公平的竞争环境。我国广大企业家应该增强民族自信,树立世界眼光,坚韧不拔,百折不挠,为建设创新型国家贡献自己的聪明才智。

——节选自胡锦涛在全国科学技术大会上的讲话（2006年1月9日）

要完善对行政管理权力的监督机制,强化对决策和执行等环节的监督,建立体现科学发展观和正确政绩观要求的干部实绩考核评价制度,认真推行政务公开制度,完善人大、政协、司法机关、人民群众、舆论依法进行监督的机制。

——节选自胡锦涛在中共中央政治局第二十七次集体学习时的讲话（2005年12月20日）

四 温家宝

今年是我国进入新世纪以来经济发展最为困难的一年。国际金融危机还在蔓延、仍未见底，外部需求持续收缩，进出口降幅较大，企业利润减少，财政收入下降，就业形势十分严峻。在这样的形势下，推进政府自身改革和建设，加强反腐倡廉工作意义尤为重大。只有建设一个进取有为、勤政廉政、务实高效的政府，才能够更好地凝聚人心，有效协调各方面行动，形成全社会合力，有力应对金融危机，战胜困难和挑战。

进一步深化改革，简政放权，激发经济社会发展活力。应对国际金融危机的冲击，既要靠扩大内需，增加政府投资，带动社会投资，更要靠体制改革和制度创新，规范行政权力运行，充分发挥市场机制的作用，进一步激发和释放企业、社会发展的活力。要深化行政审批制度改革。这项改革已经取得很大成绩，但仍不到位。今年要进一步集中清理行政审批事项，再取消一批审批项目。同时严格规范审批程序，坚持公开透明、阳光操作，充分利用电子监察等现代技术手段，强化对审批全过程的监控。要加快投资体制改革。最大限度地缩小投资审批、核准范围，完善和落实企业自主决策、自担风险的投资决策机制，促进和扩大社会投资。加强政府投资管理，建立政府投资绩效考核制度，完善重大投资责任追究制度。要规范公共资源配置。土地使用权出让、矿产资源开发、公共工程建设、政府采购等，要严格按规定采用公开招标、拍卖等方式进行。要加快法规制度建设，保证各项改革的顺利进行。

今年政府工作任务重、头绪多，要注重推进管理创新，提高办事效率和工作透明度，加强对权力的制约监督，保证行政权力规范运行和正确行使。尤其要防止利用扩大公共投资的机会为本部门、本单位和个人谋取私利。

深入推进政务公开。公开透明是保证权力不被滥用、公共投资不出问题的有效办法。要深入推进政务公开，凡应该公开、能够公开的事项都要及时全面公开。要拓展公开渠道，提高公开层次，增加公开内容，创造条件让人民更好地了解政府、监督政府、批评政府。继续全面推行公共企事业单位办事公开制度，方便群众办事和实施监督。今年特别要把公开透明原则贯穿于落实扩内需、保增长政策的全过程，项目实施和资金管理使用不准搞暗箱操作，保证每个环节都透明运行，最大限度地减少发生腐败行为的机会。

推进行政问责制度和绩效管理制度。行政问责的根本目的在于强化行政监督、提高政府执行力和公信力。今年要重点抓好三个方面的行政问责：对中央关于保增长、保民生、保稳定各项政策执行不力的要问责；对公共资金使用不当、投资项目出现失误的要问责；对发生损害群众生命财产的重特大安全事故的要问责。要继续推进行政问责的制度化、规范化，进一步明确问责范围、问责程序，加大问责力度，增强行政问责的针对性、操作性和时效性，坚决纠正行政不作为和乱作为。要建立政府绩效管理制度，引导各级干部特别是领导干部形成符合科学发展观要求的正确政绩观。

——节选自温家宝在国务院第二次廉政工作会议上的讲话（2009年3月24日）

推行行政问责和绩效管理制度。行政问责制度是强化行政监督的有效形式。2008

年要选择部分省市和国务院部门开展试点,加快实行以行政首长为重点的行政问责和绩效管理制度。要合理分清部门之间的职责权限,在此基础上落实工作责任和考核要求。要把行政不作为、乱作为和严重损害群众利益等行为作为问责重点。对给国家利益、公共利益和公民合法权益造成严重损害的,要依法追究责任。国务院有关部门要加强调查研究,认真总结地方的试点经验,抓紧制定对行政首长进行问责、行政过错责任追究和绩效评估等相关制度。

惩治腐败要一手抓制度建设,防患于未然;一手抓查办违法违纪案件,决不手软。少数政府工作人员贪污腐败、失职渎职,严重影响政府形象,群众深恶痛绝。要进一步加大查办案件的力度,对各种违法违纪行为严惩不贷,始终保持对腐败分子的高压态势。要以发生在领导机关和领导干部中的案件为重点,严肃查办官商勾结、权钱交易、权色交易和严重侵害群众利益的案件,不论涉及什么人,不论职务多高,都必须依纪依法严肃查处。要继续查处商业贿赂案件,对政府公务员、国有企业和事业单位以及金融机构领导人员利用职权索贿受贿的案件,要依法严肃查办,决不姑息。治理商业贿赂既要惩处受贿行为,又要惩处行贿行为。对国(境)外经济组织在我国内地的商业贿赂活动也要采取有效的打击措施。要坚决查处失职渎职方面的案件,对土地管理、安全生产、环境保护、食品药品监管等方面失职渎职问题,要坚决追究责任,并查处背后隐藏的腐败问题。要依法加大对腐败分子的经济处罚、赃款赃物追缴和缉捕追逃力度,决不让腐败分子在经济上占到便宜,决不让他们逍遥法外。

——节选自温家宝《认真贯彻党的十七大精神　大力推进廉政建设和反腐败工作》,《人民日报》2008年5月1日,《求是》2008年第9期

要健全对行政权力监督的体制机制。各级政府及其工作人员都要接受人大监督、政协民主监督,接受新闻舆论监督和社会公众监督,支持监察、审计部门依法独立履行监督职责。现在有些被查处的大案要案,社会上早有反映,群众也有不少议论,是不难了解清楚的,但却没有给予足够的重视,以致酿成严重后果。我们一定要在建立健全能够及时发现问题、有效纠正过错的体制机制上下工夫,做到防微杜渐。今年要在全国推行以行政首长为重点对象的行政问责制度,抓紧建立政府绩效评估制度,科学评估政府工作人员履行职责的情况。要进一步强化政府内部的专门监督。监察部门要严肃查处有令不行、有禁不止和失职渎职等行为。审计部门要重点加强对社会保障基金、住房公积金等公共基金的审计工作。

——节选自温家宝在国务院第五次廉政工作会议上的讲话(2007年2月9日)

只有加快推进政府自身建设和管理创新,才能更好地贯彻落实科学发展观,适应发展社会主义市场经济和构建社会主义和谐社会的要求。我们一定要深刻认识政府自身改革和建设的重要性和紧迫性,增强责任感和使命感,努力建设法治政府、服务政府、责任政府和效能政府。

建立问责制度,开展绩效评估。按照权责统一、依法有序、民主公开、客观公正

2006年9月4日，温家宝在"加强政府自身建设、推进政府管理创新电视电话会议"上说："绩效评估是引导政府及其工作人员树立正确导向、尽职尽责做好各项工作的一项重要制度，也是实行行政问责制的前提和基础。"（新华社记者　马占成　摄）

的原则，加快建立以行政首长为重点的行政问责制度，并把行政问责与行政监察、审计监督结合起来，有责必问，有错必究，努力建设责任政府。对损害人民群众利益的突出问题，要严格依法追究责任。绩效评估是引导政府及其工作人员树立正确导向、尽职尽责做好各项工作的一项重要制度，也是实行行政问责制的前提和基础。有了绩效评估的结果，行政问责才有可靠的依据。要科学确定政府绩效评估的内容和指标体系，实行政府内部考核与公众评议、专家评价相结合的评估办法，促进树立与科学发展观相适应的政绩观。要按照奖优、治庸、罚劣的原则，充分发挥绩效评估的导向作用和激励约束作用，坚决反对虚报浮夸、急功近利，反对搞劳民伤财的形象工程和政绩工程。要抓紧开展政府绩效评估试点工作，并在总结经验的基础上逐步加以推广。

——节选自温家宝在"加强政府自身建设、推进政府管理创新电视电话会议"上的讲话（2006年9月4日）

高度重视，明确责任。各地方、各部门、各单位要进一步提高对加快建设节约型社会的认识，切实把这项工作作为一件大事，放在重要议事日程。要按照国务院的部署和要求，结合本地区、本部门、本单位的实际，抓紧制定具体方案、目标、任务和措施，落实工作责任。地方各级政府特别是省级政府要对本地区建设节约型社会负总责，主要领导同志要亲自抓，层层抓落实，建立健全工作责任制。要把资源节约纳入政绩考核指标，建立节约型政府绩效评估体系，更好地推动建设节约型社会的工作。

——节选自温家宝在全国建设节约型社会电视电话会议上的讲话（2005年6月30日）

推进行政执法责任制。行政执法是政府依法履行管理职能的基本形式和经常性工作。各级政府以及各个部门，都有与职能相应的行政执法权，如果这个权力被滥用，执法违法，以权谋私，就会导致腐败，损害群众利益。必须看到，许多腐败现象和损害群众利益的问题，就发生在行政执法过程中。因此，必须推进行政执法责任制，规范行政执法行为。行政执法必须坚持权责一致，做到有权必有责、用权受监督、侵权要赔偿、违法要追究。要完善行政执法程序。目前在行政执法工作中，忽视执法程序的现象十分普遍，这是滥用职权和执法犯法的一个重要原因。各级政府机关及其工作人员必须养成按法定程序办事的习惯，行政决定要符合法定程序，执法行为要遵守法定程序。要实行行政执法依据公开制度、执法过错追究制度和执法行为评议考核制度。对于违法或不当的行政执法行为，必须坚决纠正和严肃处理。这样才能保证政府机关及其工作人员公正执法、文明执法，减少和杜绝侵害群众合法权益的事情发生。

切实加强监督检查。要充分发挥监察、审计等专门监督机关的作用。各级监察、审计部门要敢于坚持原则，严格执纪执法，切实加强对行政机关运用权力、履行职责情况的监督检查。监察部门要加强廉政监察、执法监察和效能监察，促进政府工作人员廉洁从政，保证政令畅通。审计部门要加强对财政预算执行和收支、政府投资和国有资产的监管，及时发现问题。各级行政机关都要积极配合监察、审计等专门监督机关依法履行职责，自觉接受监督，切实改进工作。同时，要进一步扩大公民、社会和新闻舆论对政府及其部门的监督。只有人民监督政府，政府才不会懈怠，政府工作人员才不会滥用权力。

——节选自温家宝在国务院第三次廉政工作会议上的讲话（2005年2月16日）

树立正确的政绩观

科学发展观与正确的政绩观紧密相关，要树立和落实科学发展观，必须树立和坚持正确的政绩观；不坚持科学发展观，就不可能有正确的政绩观。各级党委、政府和各级领导干部，要真正树立与科学发展观相适应的政绩观。创造政绩是为了发展，是为了造福人民。我们讲的发展，是以经济建设为中心，经济社会的全面发展、协调发展和可持续发展；我们所讲的政绩，是为实现这样的发展而创造的政绩。我们要用全面的、实践的、群众的观点看待政绩。所谓用全面的观点看政绩，就是既要看经济指标，又要看社会指标、人文指标和环境指标；既要看城市变化，又要看农村发展；既要看当前的发展，又要看发展的可持续性；既要看经济总量增长，又要看人民群众得到的实惠；既要看经济发展，又要看社会稳定；既要看"显绩"，又要看"潜绩"；既要看主观努力，也要看客观条件。所谓用实践的观点看政绩，就是重实干、办实事、求实效，各项政绩应该经得起实践检验和历史检验。所谓用群众的观点看政绩，就是倾听群众呼声，忠实履行全心全意为人民服务的宗旨，把实现人民群众的利益作为追求政绩的根本目的。衡量干部政绩，最根本的是看人民群众拥护不拥护、赞成不赞成、高兴不高兴、答应不答应。

树立科学发展观和正确政绩观，必须大兴求真务实之风。我们想问题、办事情、作决策，都要符合中国现阶段国情。必须坚持一切从实际出发，既要积极进取，又要量力而行，不追求脱离实际的高指标，不盲目攀比；必须坚持办实事，求实效，珍惜民力,不搞劳民伤财的"形象工程";必须深入实际,察实情,讲实话,不虚报浮夸,不做表面文章;必须立足当前,着眼长远,不急功近利。要淡泊名利,只有视个人名利淡如水,才能视人民利益重如山。现在一些不正确的政绩观及其表现,许多与我们现行的体制、机制和具体制度有关。要推进和深化改革,抓紧建立和完善政绩评价标准、考核制度和奖惩制度,以形成正确的政绩导向。

——温家宝在省部级主要领导干部"树立和落实科学发展观"专题研究班结业仪式上的讲话(2004年2月21日)

加快推进政府管理创新,关键是进一步转变政府职能。要着力抓好四个环节:

一是坚决实行政企分开。继续把政府不该管的事交给企业、市场、社会组织和中介机构,更大程度地发挥市场在资源配置中的基础性作用,调动各方面的积极性,增强企业和整个社会经济活力与效率。要把政府经济管理职能转到主要为市场主体服务和创造良好发展环境上来,主要运用经济手段和法律手段管理经济。

二是加快推进行政审批制度改革。各级政府及其部门要全面贯彻实施《中华人民共和国行政许可法》,加快投资体制改革,确立企业投资主体地位,使行政审批走向制度化、规范化和法制化。

三是全面履行政府职能。要在继续加强经济调节和市场监管职能的同时,更加重视政府的社会管理和公共服务职能。当前,特别要加快建立健全各种应急机制,提高政府应对各种突发事件的能力;大力推进教育、卫生、科技、文化等公共事业发展,扩大就业,提供社会保障,建设公共设施,提高公共服务水平。

四是树立以人为本的政府管理思想,坚持全面、协调和可持续的发展观。要注重统筹兼顾,促进经济与社会、城市与农村、东部地区与中西部地区、人与自然的协调发展,全面提高人民的物质文化生活水平和健康水平。

推进政府管理创新,还要实现政府运行机制创新和管理方式创新。要完善科学民主决策机制,健全重大问题集体决策制度和专家咨询制度,实行社会公示和社会听证制度;大力推进依法行政,严格按照法律规定的权限和程序行使权力、履行职责;加强对行政权力的制约和监督,充分发挥行政系统内部监督、新闻舆论监督和人民群众监督的作用。要按照统筹规划、资源共享、面向公众、保障安全的要求,加强电子政务建设。

——温家宝在国家行政学院省部级干部研究班上的讲话(2003年9月15日)

五 习近平

要按照科学发展观的要求,认真清理现有的规章制度,努力构建充满活力、富有效率、更加开放、有利于科学发展的体制机制。市县机关要着重健全完善转变政府职能、改进作风、推动科学发展的政策规定;国有企业要进一步健全现代企业制度,完善规章制度，提高管理水平，增强风险控制能力；高等学校要进一步完善党委领导下的校长负责制，健全教学、科研、后勤管理制度。对涉及全局性的体制机制问题，各地各单位要积极提出建设性的改进意见。

——节选自习近平在部分省区深入学习实践科学发展观活动座谈会上的讲话（2009年6月10日）

六 周永康

加快推进政府职能的转变，更加注重履行社会管理职能。温家宝总理深刻指出，我国经济社会发展中存在的深层次矛盾和突出问题，主要原因在于体制不完善，特别是行政管理体制改革滞后。要按照转变职能、权责一致、强化服务、改进管理、提高效能的要求，深化行政管理体制改革，优化机构设置，加快政府职能的转变，在继续抓好经济调节、市场监管的同时，更加注重履行社会管理和公共服务职能，把人力、物力、财力等公共资源更多地向社会管理和公共服务倾斜，把工作着力点更多地放在解决社会矛盾和社会问题上。

检验一个地方维护社会稳定工作的绩效，不仅要看这个地方管理是否严格，而且要看这个地方的党政部门特别是政法部门服务是否到位；不仅要看这个地方是否安定有序，而且要看这个地方是否充满了活力；不仅要看这个地方是否保持了稳定，而且要看这个地方是否促进了和谐。要把构建社会主义和谐社会能力作为检验各级党委和政府执政能力、执政水平的重要标志，不断提高各级领导班子和领导干部管理社会事务、协调利益关系、开展群众工作、激发社会创造活力、处理人民内部矛盾、维护社会稳定的本领。

——节选自周永康《加强和改进社会管理 促进社会稳定和谐》，《人民日报》2006年10月25日

树立和落实科学发展观。科学发展观的内涵极为丰富，涉及经济、政治、文化、社会发展的方方面面。化解社会矛盾，维护社会秩序，保持社会稳定，促进社会和谐，是科学发展观题中应有之义。深化改革、加快发展是政绩，维护社会稳定同样也是政绩。检验一个地区、一名领导干部的政绩，不仅要看GDP的增长，而且要看社会稳定的状况。这就要求把社会稳定作为检验执政能力和执政水平的重要标志，把抓社会稳定工作的成效作为对领导干部政绩进行考核的重要内容。

——节选自周永康《关于社会稳定问题》，《学习时报》2004年8月2日

七 贺国强

我们一定要从政治和全局的高度充分认识做好监督检查工作的重要性和紧迫性，

进一步增强责任感和使命感，切实把中央交给的这项重要任务完成好。要把抓好整改与严格执纪结合起来，针对检查中发现的问题，把督促整改作为一项重要任务来抓，切实做到有什么问题就解决什么问题、什么问题突出就着力解决什么问题；同时要把严格执行纪律作为确保监督检查取得实效的重要手段，对各种违纪违法案件做到发现一起、查处一起，坚决快查严办，切实起到震慑和警示作用。要把集中检查与经常性检查结合起来，在巩固和发展前两轮集中监督检查成果以及筹备和组织好第三轮集中监督检查的同时，投入更大力量抓好经常性监督检查，促进监督检查工作经常化、规范化、科学化。要把解决当前问题与健全长效机制结合起来，对执行不得力、落实不到位甚至出现偏差的问题要切实做到早发现、早解决，防止小问题发展成大问题、苗头性倾向性问题蔓延成严重问题，同时注重发挥监督检查的治本功能，针对监督检查中发现的有关政策、制度、管理等方面存在的问题和漏洞，在深化改革、完善制度、强化监督上下工夫，从体制机制制度上保证中央决策部署的贯彻落实。要把总结经验与创新方式方法结合起来，解放思想、大胆创新，深入实际、调查研究，根据形势和任务的变化不断调整和充实监督检查的内容，认真总结各地各部门特别是基层在监督检查工作中创造的好做法好经验，积极探索监督检查工作的有效方法和途径，不断增强监督检查工作的科学性、实效性。

——节选自贺国强在中央扩大内需促进经济增长政策落实检查组第二轮检查汇报会上的讲话（2009年5月6日）

要推进监督工作创新，切实做到关口前移、增强实效。强化监督是有效预防腐败的关键。要建立健全决策权、执行权、监督权既相互制约又相互协调的权力结构和运行机制，切实把防治腐败的要求落实到权力结构和运行机制的各个环节。加强事前监督和事中监督，特别是要对中央的一些重大决策部署进行全过程监督，最大程度地减少权力"寻租"机会；严格执行党内监督各项制度，重点加强对领导干部特别是主要领导干部的监督，加强对人财物管理使用、关键岗位的监督，提高监督有效性；完善巡视工作制度，加强纪检监察派驻机构统一管理工作；积极探索和建立健全经济责任审计、行政问责、绩效管理等制度，不断完善制约和监督机制；拓宽监督渠道，把党内监督与人大监督、政府专门机关监督、政协民主监督、司法监督、群众监督等结合起来，发挥好民主党派、社会团体、新闻舆论监督作用，形成有效监督的合力。

——节选自贺国强在纪念党的纪律检查机关恢复重建30周年暨反腐倡廉建设理论研讨会上的讲话（2008年12月5日）

加强和改进行政监察工作，充分发挥监察机关的职能作用，紧紧围绕政府中心工作，认真开展执法监察、廉政监察和效能监察，加强对国家行政机关及其工作人员履行职责、依法行政的监督。结合行政管理体制改革，推行以行政首长为重点对象的行政问责制，试行绩效管理制度，促进行政效能的全面提高。开展对公务员法、行政许可法等法律法规执行情况的监督检查。推进行政执法责任制，加大行政执法过错责任追究力度。发挥特邀监察员监督作用。积极推广电子监察系统。加强行政服务中心的建设和管理。

——节选自贺国强在十七届中纪委二次全会上的工作报告（2008年1月14日）

八　吴官正

坚持以改革统揽预防腐败工作。按照中央的部署，各地区及有关职能部门要各负其责，以制度建设为重点，继续抓好各项改革。深化干部人事制度改革，认真实施地方党政领导班子和领导干部综合考核评价办法，党的地方和基层组织要加强对党员的经常性监督，落实和完善相关制度和措施，防止考察失真和干部"带病提拔"、"带病上岗"。推进司法体制和工作机制改革，执行人民陪审员、人民监督员制度，健全司法机关依法接受外部监督和加强内部监督制约的机制，继续加强司法机关的反腐倡廉工作。深化行政审批制度改革，继续清理行政许可项目和非行政许可审批项目，加强对行政审批的规范和监督。推进财政管理制度改革，深化部门预算和全面实施政府收支分类改革，进一步落实"收支两条线"各项规定，逐步把政府非税收入纳入财政预算管理，扩大实施国库集中收付制度范围。继续清理"小金库"，严格公共资金的使用和管理。推进领导干部职务消费改革。切实降低行政成本。深化投资体制改革，完善政府投资监管体系，加强对政府投资决策和资金安排、企业投资项目核准和备案的监督管理。加快金融体制改革，健全反洗钱法律制度，形成对大额资金外流有效监控的预警机制。

积极开展执法监察，加强对国家宏观调控政策措施落实情况的监督检查。继续开展对公务员法、行政许可法等法律法规执行情况的监督检查。做好重特大责任事故调查处理工作。加强效能监察，健全行政效能投诉受理机制。积极推行行政问责制。

——节选自吴官正在十六届中纪委七次全会上的工作报告（2007年1月8日）

认真贯彻中央关于深化改革的精神，适应完善社会主义市场经济体制的进程，积极推进改革和制度创新，力争在关键领域和重要环节取得突破，进一步铲除腐败现象滋生蔓延的土壤和条件。

按照中央的部署，各地及有关职能部门要各负其责，深入推进干部人事制度、司法体制和工作机制、行政审批制度、财政税收体制、投资体制、金融体制改革。抓好公务员法的贯彻实施工作，建立符合科学发展观要求的领导班子和领导干部综合考核评价制度，加大党政领导干部交流力度，加强对党政领导干部选拔任用工作的监督。重视对县级党政主要负责人的选拔、任用和监督工作。进一步推行领导干部经济责任审计工作。完善公开审判和检务公开制度，健全违法司法行为责任追究制度。进一步减少和规范行政审批，推广行政审批电子管理和监控系统，开展对社团、行业组织和社会中介组织的清理和规范，解决职能错位、行为失范等问题。全面落实"收支两条线"规定，深入推进部门预算改革，规范转移支付制度，中央部门、省（区、市）和市（地）全面实行国库集中收付制度，有条件的县（市、区）也要实行。健全政府投资监管制度，建立政府投资项目公示制度，逐步建立政府投资决策责任制度，规范政府投资行为。完善金融监管体制，建立金融风险预警体系，强化金融机构内控机制，健全社会信用体系。

发挥市场在资源配置中的基础性作用。健全工程建设项目招标投标制度，加强对重大工程建设项目从立项、设计、开工到验收等环节的全程监督。完善经营性土地使用权出让制度，推进矿业权市场规范建设，特别要加强对土地转让和矿产等重要资源开发审批的监督。规范和健全产权交易市场。完善政府采购制度，切实加强对政府采购工作的监督检查。

——节选自吴官正在十六届中纪委六次全会上的工作报告（2007年1月5日）

第二篇

理论综述

国外政府绩效管理与评估的实践模式与发展趋势

孙迎春　周志忍

随着全球化、信息化及后工业社会的来临，政府的责任意识和绩效意识不断加强。作为行政改革的重要内容和措施，各国相继推行了绩效评估和绩效管理制度，力图借此提高行政效率，加强政府的回应性和责任感。[①] 实践的飞速发展催生了大量的理论研究，国际有关政府绩效管理和绩效评估的学术文献可谓浩如烟海。

对国际有关状况和发展趋势的追踪，既可以聚焦于政府绩效管理的实践，也可以聚焦于相关的理论和学术研究。本文聚焦于发达国家政府绩效管理与评估的实践，重点讨论实践模式与发展趋势。全文内容结构如下：简要描述绩效评估和绩效管理出现的历史背景与推动力，概括国际绩效管理与评估实践的多元模式及其划分标准；分别讨论具有一定特色的绩效管理环节或方面；最后总结国际绩效管理实践的脉络和发展趋势。

一　政府绩效管理与评估的背景与多元模式

进入20世纪90年代以后，公共部门绩效评估与绩效管理在发达国家得到了广泛应用，其繁荣状态一度被西方学者称为"评估国"现象。"评估国"的出现和绩效管理的广泛实施有其历史背景。首先，政府面临的财政困境构成了绩效管理的内在动力。20世纪70年代末出现的经济衰退和持续财政赤字，迫使西方各国致力于提高效率、降低成本，绩效评估和绩效管理被视为提高效率的有效工具。其次，竞争构成了推行绩效评估和绩效管理的外部压力，包括不同国家政府之间、同一国家不同层次政府之间、政府与企业和社会组织之间的竞争，这些竞争扩大了服务对象的选择权，迫使政府竭力改善服务的效率与质量，关注绩效的提高与改进。再次，新的管理理念为公共部门

---

① 孙迎春：《英国行政制度的现代化改革》，《国家行政学院学报》2001年第5期。

绩效管理奠定了理论基础，特别是新公共管理倡导的"企业型政府"、"顾客为本"、"结果导向"、竞争与分权化管理等理念。作为贯彻落实这些理念的重要措施，绩效评估和管理成为新公共管理的标志性要素之一。最后，社会科学新的分支领域和研究方法的长足发展，特别是新统计工具和计算机技术的发展，为公共部门绩效评估奠定了技术基础。

与绩效评估、绩效管理得到广泛应用相对应的是，各国实践体现出各自特色。1997年，经合组织（OECD）围绕所追求的目标、实施途径、组织安排和绩效信息系统四个方面，对10个国家（澳大利亚、加拿大、丹麦、芬兰、法国、荷兰、新西兰、瑞典、英国和美国）的绩效管理与评估实践进行了系统的调查和分析比较。结果显示，各国在上述四个方面体现出不同的侧重和特点，从而形成政府绩效管理和评估的多元实践模式。[①]

首先，从公共组织绩效管理和评估所追求的目标来看，可以把实践模式划分为"管理与改进"、"责任与控制"、"节约开支"三大基本类型。目标和侧重点的不同相应带来管理机制和评估方法的不同。"管理与改进型"突出引进竞争压力来提高绩效，强调市场检验、竞争力与标杆管理等更加灵活的管理工具和技术。在这种评估中，自下而上的模式可以在自愿的基础上使用，但还需要自上而下的模式作为补充。澳大利亚、芬兰和瑞典属于此种类型。"责任与控制型"评估只需要简单而透明的绩效信息系统，绩效指标与数据应是大众所熟悉了解并易于获得的。这种评估多采用自上而下的模式。法国、新西兰和英国基本属于此种类型。"节约开支型"主要关注公共部门的投入，由于此类评估并非出自公共部门的自愿，因而自下而上的评估模式难以得到大量使用。美国和加拿大比较倾向于此种类型。当然，实践具有高度复杂性，各国并不会追求单一目标，而是在多元目标中取得平衡。此外，受财政状况和其他外部因素的影响，各国绩效管理和评估所追求的目标处在动态变化过程中，不同空间和不同时间段目标的侧重点亦有所不同。

其次，从公共部门绩效管理与评估的实施途径来看，可以划分为自上而下或自下而上、激进或渐进、个别或系统等不同途径。按照经合组织的结论，芬兰、丹麦和瑞典等北欧国家一般属典型的自下而上的分权化途径，上层很少或根本没有正式的要求；澳大利亚、新西兰则属于自上而下的途径；法国、加拿大、荷兰、英国和美国多采用的是两者都有的复合式评估途径。从推行力度来讲，新西兰采用的是激进方式，而芬兰和法国则采用的是试点或实验性的个别渐进式方案。

再次，从绩效管理与评估的组织安排来看，设立专门机构负责绩效管理和评估是各国的通行做法，但机构隶属以及相互关系上存在差异。一般而言，财政或预算部门在评估过程中发挥着重要的督促和指导作用，比如美国和澳大利亚，财政或预算管理

---

① OECD：In Search Of Results：Performance Management Practices，1998.

部门设有绩效评估的管理机构。除财政/预算部门以外，中央其他部门也对绩效管理和评估承担责任，例如芬兰和挪威的内政部长就有权指导地方政府的绩效管理和评估工作，法国负责公共服务的部长、新西兰的国家服务委员会和英国的公共服务办公室，都负有促进和推行绩效管理和评估的重任。鉴于传统政府部门并不总是欢迎绩效管理和评估，在现有部门内部建立专家机构就成为普遍做法，专家管理机构主要是起思想库的作用，促进和指导绩效管理和评估。此外，建立相关的培训制度，帮助组织成员转变观念态度，也是制度安排的必要内容。

最后，从绩效管理与评估的信息系统来看，各国也呈现不同的侧重。绩效信息系统包括评估内容、绩效数据审核、结果反馈制度和绩效信息的利用机制四个方面。

在绩效评估体系的内容上，由于被评估的组织性质不同，评估的侧重点也有所不同，比如新西兰注重产出，澳大利亚和美国注重效益，丹麦注重顾客满意度，但评估指标应该涵盖组织的所有活动内容和支出项目。另外，评估内容会随着管理的需要不断变化。最后，组织予以改进的服务性质也决定了评估的内容结构。能够感受到的服务比较容易衡量和评估，其次是与个人相关的服务，最不容易评估的是诸如政策建议或咨询之类的无形服务。有些国家如新西兰和英国，曾尝试用一些可衡量的指标将这些无形的服务转化为可感触的服务，比如对政策质量的衡量，可以通过实际采用的数量、覆盖范围、政策的及时性、政策成本和列出质量标准检查清单等方法，使质量评估更易于操作。

在绩效评估信息的审核上，一般都有专门的机构来实施。新西兰的《公共财政法》规定各部委每年必须提供绩效审计报告；英国国家审计办公室负责中央部委的绩效审计，地方政府绩效信息的审核由审计委员会负责；在澳大利亚，国会的财政和公共行政委员会经常对绩效信息质量提出中肯意见，国家审计办公室会做出绩效信息是否影响决策的评价；在加拿大，总审计长负责与绩效评估信息相关的工作。

在绩效信息的利用机制上，涉及以下三个方面：使用绩效信息检验组织是否达到原先设定的目标；利用绩效信息编制绩效预算；利用绩效评估的信息对组织和个人进行绩效激励。在绩效预算方面，澳大利亚、瑞典、芬兰和加拿大已经开始由绩效导向的预算转为更加重视年度报告。丹麦、加拿大和瑞典等国执行的是跨年度预算，以保证相对的财政稳定。

尽管不同的文化和行政体制会侧重不同的绩效内容，采用不同的评估制度和程序安排，但所有进行绩效改革的国家，其效率、效益和成本意识都有显著提高，政治责任更加明确，责任机制也更加透明。许多国家都认为，在开发良好绩效信息系统遇到困难时，应该更加重视通过内部磋商、自我审计和利益相关人参与的方式建立组织内部的信息系统。其中，英国的绩效报告和绩效问责、荷兰的绩效预算、瑞士的绩效合同、美国的绩效改良与公民参与、欧盟的绩效评价与自我评估等方式，都是各国在绩效管理与评估的实践探索中总结出的有效经验与做法。

二　国外政府绩效管理与评估实践做法

（一）英国的绩效报告与绩效问责

1. 绩效报告

英国公共服务绩效信息报告是在过去 20 多年中逐渐发展起来的，目前已经不同程度地遍及英国政府各级部门。这一进程开始于 20 世纪 80 年代早期的国家卫生服务，从地方政府中传播蔓延（Carter et al，1992；Holloway et al，1995），到 20 世纪 90 年代，绩效测评逐渐传遍各个公共服务领域。自 1992 年以后，地方政府都要向立法机构报告审计委员会所订立的一系列绩效指标的完成情况。由于英国相当独特的立法结构，中央政府不用立法的支持就可以要求包括（非竞选）地方性服务（如警察、消防等）和半官方机构在内的各种其他公共服务领域汇报绩效信息。所以，新的劳工党于 1997 年上台，开始在所有公共服务领域强制使用绩效报告制度，英国因此而成为世界上最全面实行公共服务绩效测评和报告的国家（公共行政专业委员会，2003）。

自 1988 年成立政府内部"执行局"后，各部门执行局开始通过自己公布"关键绩效指标"的形式进行广泛的绩效测评。从 20 世纪 90 年代中期开始，各部委也开始要求非官方机构报告绩效信息（Comptroller and Auditor General，2000）。1996 年，英国政府各大部委开始实施绩效报告制度，采取的方式是一刀切的做法，也就是说，直接将绩效报告制度"添加"进 20 世纪 90 年代早期实行的"资源清算和预算"的制度。这一政策还要求所有部门做出"产出与绩效分析说明"（OPA），并将其列为各部门年度报告的一部分（HMTreasury，1997；Talbot，1998）。新工党一上台，立即废除了 60 年代末期执行的"公共支出调查计划"（PES）。于 1998 年 7 月公布了新的"综合性支出评价"，考虑到政府工作的连续性，承诺可以有两年的过渡期。新制度的关键环节是引入了一种半合同制的机制，也就是说，政府部门的开支必须与其绩效挂钩。"综合支出评价"公布 5 个月后，英国政府于 1998 年 12 月又公布了《公共服务协议》，以合同制的形式第一次有效地决定了公共服务的内容和价格。

《公共服务协议》设有高水准的目标和任务，要求部门承诺达到一个特殊的成就水平。该协议会被正式写在部门年度报告中，可以每年更新两次。同时，它也可以被视为更广泛绩效管理体制的一部分。除了对目标和任务的陈述之外，协议还要求对政府的投入实行改革，要求各部门说明将如何配置资源以完成所规定的目标和任务，如何监控完成目标和任务的过程。财政大臣认为，这实际上是一种针对服务生产现状设计和推动改革的"公共服务更新合同"。

公共服务合同是英国公共服务绩效报告制度过渡过程中的"关键因素"。经过 20 年的发展，整个公共部门，包括核心政府在内，都已经实行了绩效报告制度。中央政府机构（部委、执行局和半官方机构）以及成百上千的地方政府，卫生、教育和其他地方服务组织每年的报告都会提供大量的信息，每年都会超过10万个绩效"数据端"。毫无疑问，政府认为这一工具非常重要，特别是《公共服务协议》，被誉为"政府对议会及其人民负责任的根本性变化"。

但在为数不多的针对新公共服务协议制度进行的学术研究中，James（2004）总结道，制度实践远远落后于理论，各部委及其高级官员对协议的重视程度并没有达到政策所要求的高度。大量公布的公共服务协议也已被证明并不全面，也不可靠。国家审计办公室针对协议报告的数据质量所进行的两份研究中均指出，相当多的公共服务协议根本是言之无物，或不能达到绩效审查要求。2005年有20％，2006年有18％。在2006年的研究中，审计署总结说，只有30％的协议报告是完全"符合审查要求的"，有问题的占47％。很显然，这里提出了一个重要的问题，议会到底能够和应该审查什么？政府所承诺的协议报告的透明程度又将如何？

2. 绩效问责

英国议会作为负责审查政府绩效工作的监督问责机构，拥有来自英国公共服务每个角落的大量绩效数据信息，每年会达到上万个数据端。但与其他制度相比，英国议会的审查职能一直就不是特别强盛，而且还面临着各种挑战。政府行政权力的不断加强，欧盟等机构的权力国家化趋势等，都是使其审查行政能力进一步弱化的潜在因素。这势必会影响议会对《公共服务协议》的审查力度，从某种意义上说，协议代表了一定的"绩效指标系统"。

为了强化议会的审查能力，专责委员会制度是一条关键路径。专责委员会的历史已经长达几百年，在人们眼中一般都很普通（比方说公共会计委员会）。而在某些情况下，也会相当特殊。比方说，1979年设立的部门专责委员会，就是为了追踪、监控政府部门的工作而设。这还曾被视为一种重要的创新举措，很有解决议会与行政之间权力失衡问题的潜力。

在"现代化"政治议程的推动下，新工党政府于1997年建立了"众院现代化"专责委员会，部分是为了让部长们向众院汇报工作，缓解议会与行政之间的紧张关系。其结果产生的重要变化就是让专责委员会获得了更多的资源和任务。其实，"众院现代化变革"主要被描述成"行政管理"的现代化，而不是鼓励更多的监督审查。但有些变革还是多少增加了议会审查职能的效力。其中，核心任务的引入就是现代化过程中增强议会对部门绩效审查功能的一个事例（Kelly，2004）。2002年以前，所有专责委员会都拥有设定审查内容和日程的自由。但由专责委员会主席组成的联络委员会认为，虽然各专责委员会总体上做了很多有效的工作，但其潜能还有待于进一步开发与实现。尤其是，缜密的财务审查能力。为此，在现代化委员会的支持下，通过为专责委员会引入"核心任务"，议会开始了改革和现代化进程，以实现更加有效的审查。

核心任务的概念最早来自于"英国议会学会"中的"议会审查权限"（Hansard Society，2001）。文章意在鼓励各委员会进行更广泛、系统的审查。其原则就是促进

"行政、财政和政策"之间的调查平衡,其中包括支出与绩效的建议,还特别提到了部门直接负责的《公共服务协议》。强化议会权限也表达了一个愿望,那就是应该更加关注"资源估算,部门规划与产出以及绩效分析"。最终,在众院现代化委员会的邀请下,联络委员会于 2002 年制定了核心任务。

核心任务在 4 个目标下设有 10 个指标任务,4 个目标包括:政策、支出、行政以及协助众院讨论与决策,在行政目标下审查绩效。部门专责委员会的第 6 项任务是:负责审查政府部门的《公共服务协议》、附带的目标任务和所使用的统计手段,并在适当的情况下进行报告(联络委员会,2002:第 13 段)。

建立部门专责委员会是为了增强行政对议会、公民和纳税人的责任性,作为永久性机构,它拥有决定质询内容的权力。为了收集和发送信息,他们拥有全面质询的权力,可以启动一次单一作证的会议,与专家的非正式研讨会,召集人员和书面文章,进行国际、国内访问,就次级立法或开支计划的细节要求书面证词,并思考立法草案,也会撰写报告,通常在一次全面质询之后,这些报告是议会交流其观点的关键途径。

另外,还设有 3 个"交叉性"专责委员会,拥有特殊的审查义务,共同负责审查政府的绩效政策:

• 公共会计委员会(PAC)被认为是议会中最高级的委员会,主要负责处理公共开支和廉政方面的问题。关于问责制方面出现的根本性变化,我们只能期望他们逐渐适应,更多地关注《公共服务协议》中资源消耗的产出和成果。

• 公共行政专责委员会(PASC)主要负责"政府机器的运转",期待它能够在绩效变革过程中,重视利用问责环节来影响政府。

• 国库专责委员会具有独特性。某些情况下是一个"部门性的"委员会,直接处理财政部的事情,但因其国库的性质,所以还兼有处理更广泛的宏观和微观经济政策问题的职能,其交叉性更强。从 1997 年开始,中央政府中的关键部门——财政部就已经制定了"绩效政策",公布了《公共服务协议》的指导原则,在四个开支评价报告中就协议的内容与各级政府进行谈判。因此,该委员会负责审查财政部如何履行其绩效职责。

应该说,自 1998 年实施《公共服务协议》以来,议会在绩效问责方面取得了很大的成绩:公共服务协议制度已经全面建立,有四个公共服务制度体系支撑着突出并可观的报告制度;鼓励协议审查的"核心任务"在最初阶段就已全部到位;公共服务绩效相当显著;专责委员会开始收到政府额外的支持和资源。但在更大范围和更深层次的绩效审查方面,各委员会表现不一,委员们的看法也不尽相同。

部门专责委员会认为,(1)很难估算公共服务协议绩效信息的数量。知道部门设定的绩效目标和任务,但是不容易计算目标和任务的数量,经常在书面形式中,几个任务会写成一个。所以,估算出的量可能要比部门真正提供的数量高。但是,协议在开支评审期间的第三年会相互交叉(协议设定的是 3 年,每 2 年可修订一次),所以估算量更是无法准确计算。(2) 委员会是根据"委员会年度报告"确定公共服务协议的目标任务,而委员会之间和委员会内部不同的审查期间,对协议的审查幅度都会有所不同。必须承认的是,委员会的审查率很低,大部分的协议并未经过议会审查。(3) 委员会审查的深度也不够,只是一些定性评估,没有足够的量化分析。而且不同委员会所采取的方法也有差别,在绩效管理、测评和目标任务的价值方面,不同委员会也有不同的看法。综合来看,公共服务协议并没有得到广泛的审查,平均值只达到1/5,而接受审查的部分也大部分是报告中相对少的部分或不是很重要的部分。如果协议是绩效报告成功与否的主要渠道,这肯定不能算作对"产出或成果导向的政府管理"的有效审查。

交叉委员会认为,(1) 公共会计委员会负责审查政府的"投入"决定。在通过预算管理到目标管理的政府政策变革过程中,公共会计委员会面对的变革挑战最大,同时它又是向审计总长和国家审计署报告的委员会,因此会被认为是审查所有政府部门及其机构资源使用是否达到经济、效率和效能的最佳机构。但公共会计委员会很少关注协议政策的开发,只是重视部门目标、公共服务协议和公共机构及其隶属部门绩效成果之间的关系,这与协议本身的报告根本没有什么借鉴作用。国家审计署非常关注政府绩效评估问题,虽然先后出版了《执行局和非部委公共机构绩效报告中的良好实践》(审计总长,2000),《评估政府部门绩效》(审计总长,2001) 和《公共服务协议:管理数据质量概述报告》(审计总长,2005),但都未经过公共会计委员会的质询。(2) 国库委员会在审查针对协议的国库政策方面非常积极,每次政府支出评价和协议公布之后都会召开听证会,专家组、国库官员,最后是财政大臣本人都会接受检查。每次都会出版支出评价和协议两方面的改进报告和建议。除了针对协议和开支进行报告外,还会对必要的部分提请议会进行外部审计,公布简明扼要的年度审计报告,并对出现的问题提出相应的改进建议。(3) 公共行政委员会在其2003年的质询中,最实质性地关注了政府和公共服务内的"测评文化"。这是一次相当大的质询,包括11次证词会议,39个证人,63个备忘录,3名特殊顾问,2次境外访问。报告总体目标是要建立一个更为开放、磋商性高、更加灵活、更加重视审计的绩效评估体制,其中包括了对所有部门协议进行的详细分析。值得一提的是,该报告涉及广泛的"绩效政策"问题,例如:增强公共服务自主性的选择方案;更少的国家目标;国家审计署和审计委员会的更大参与;用户在目标设定和满意度调查过程中更大参与;绩效测评应该更以趋势为主,更少使用绝对性目标;为部门官员提供更为前沿的经验;公布的绩效数据应接受更多的审计等。并提出一个重要的建议:政府应该撰写白皮书。

委员会委员认为,(1) 应该少做表面文章,更加注重测评的实际效益。(2) 协议目标可能偶尔会影响问责,但部委和公共服务的绩效常常是靠其他标准衡量。(3) 批评让所有协议目标都关注"成效"的"万能药方"做法,建议用投入或产出的形式设定目标将会更有针对性和更为有用。(4) 对目标设定的范围和评判标准提出质疑:协议只是其中的一种工具,但不是委员会让行政负责任的唯一方式。

总体上讲,议会根本就没有相信政府所谓公共服务协议有助于审查政府行政的说辞,而是明确地感觉到,政府并没有提供充分的资源,也不相信政府提供的信息或数据的准确性。其一,许多分析家都发现,专责委员会并没有积极地响应政府提出的有关《公共服务协议》是一个政策工具和问责机制的说法。这也符合英国议会审查能力相对薄弱和对协议政策本身抱有怀疑态度的分析。为此,议会审查的活跃性不高,绝大部分关注过程和制度本身,很少审查实质性的评估数据。其二,单一的政策很难改变行政和立法之间的制度性权力平衡。公共服务协议制度本身代表了政府的良好愿望,但政府提供的信息还不够充分,议员们无法进行更近距离的核查。议会用来审查的数据或信息大部分是政府根据自身意愿提供的,所以缺乏真正的有效性。另外,因为缺乏资金,议会很明显不会重视定期、系统和详细的协议审查,而是更加关注分析家们提出的更为突出明显的"关键事件"。其三,如果政府的行政机构真的将其决策实践由注重投入转变成注重产出/效果,那么注重投入(预算和实际开支)的传统审查方式也应该随之变化。如果政府的行政和立法所执行的不是相同的评估与执行政策模式(一个基于绩效,另一个基于传统的投入和过程为主的问责制),就可能产生真正的民主赤字。其四,专责委员会希望用更为系统的方式应对政府提出的各种绩效报告制度。有人提出要借鉴美国行政与立法之间的"联合监控"职能。

(二) 荷兰的绩效预算

绩效预算是荷兰中央政府绩效管理的手段。荷兰自1976年颁布《政府预算和会计法案》以来,中央政府一直都在系统地测评绩效,特别是产出。法案中的绩效指标规范是可行的,具有针对性,2002年中央政府实施了绩效预算制度,开始逐渐使用绩效评估。但该绩效评估中所使用的绩效指标虽然明确说明了类别,却没有说明价值观念,所以在代表公民价值取向的有效性方面受到质疑。结果,可能会出现绩效悖论,在指标变量的解释中也会产生模棱两可的问题,这样就给会计提供了操纵"结果"的机会,在内部管理者和外部审计人员等不同利益方之间就可能陷于"政治"漩涡。

通常情况下,绩效预算呈现出的指标有效性是不确定的,与决策的相关性也不明确说明,只是从绩效管理的实际运用中加以推演。而绩效指标应用也很少能提供这种相关性的明确证据。在大部分情况下,绩效管理指标变量的实际后果不可能被积极评估。组织治理中在指标状态不明确的情况下,绩效报告也可能不牢靠。绩效指标可能倾向结果、产出、过程或投入四个指标中的任何一个,而每一个指标都要求控制和报告的不同形式。绩效预算所呈现的结果可能会体现出一个绩效的"真实和公平"观,但当用投入或过程指标代理产出或成果评估的时候,这种真实和公平就是表面文章。为保持责任性,真正进行绩效管理的变量应该公开。

假定在资源配置中,规范的指标状况是由计划和控制所应用的工具推导出来的,如果计划和控制没有调整到假定监管绩效的指标变量,利益相关人也可以意识到他们的真实相关性。

1. 结果导向的计划和控制

绩效指标的有效性有赖于它们与组织继续活动能力的相关度。商业是从销售中赢利，至少是偿付成本，否则就会破产。但在政府组织中，损失可以一直由税收补偿。要想评估，就必须调查组织有效资源依赖其绩效特点的真实程度。

（1）利润中心的特点：资源在某种程度上是通过服务转向客户，所以生产的连续性要求不断产生税收并最终产生财政结果。可以将这种绩效特点归为经济独立。显然，这些要求对于政府组织来说无法直接观察，真正的行为可能要基于一种预期，那就是，损失会无条件地返还。所以，组织在财政结果的管理责任就是税收和成本。

（2）成本为中心的特点：资源从某种程度上有赖于提前为生产设定的目标。所以，资金至少部分取决于实现目标的成功度。因此，组织会在政府资金问题上注重节省，特点是绩效依赖性。绩效依赖性无法直接观察，但可以通过计划和控制的行为判断。计划和控制如果是真的受绩效驱动，就会重视绩效指标在计划、监控和影响指标实际价值的控制中所决定的目标价值，并分析和判断指标的变量。生产的绩效目标可能指的是产出和成本，所以一定要确定组织在管理产出目标和成本标准的责任。

绩效管理是以责任为中心而不是以活动为中心。传统上，政府绩效管理评估主要是从其活动特点来判断组织绩效指标的优缺点。通过活动来评估绩效测评的可能性。组织绩效管理是通过将实际绩效测评与评估所推导出的规范相比较来进行评估的。

威尔逊的著名分类法在评估中得以应用。他以活动的两个特点（产品的知识/测评能力、变革过程）将公共机构划分为 4 种类型：通过可测量的产品和过程为特点的生产性组织；程序性组织（不可测量的产品，可测量的过程）；工艺性组织（可测量的产品，不可测量的过程）；应对性组织（产品和过程都不可测量）。

用这种分类方法评价荷兰政府组织的"产出导向的管理控制"时，生产性组织是最能获得成功性成果的类型，因为代理人的使命是靠主观解释的。威尔逊的分类学其实是投入机构和被投入组织之间根据绩效要求和活动资源而签订的协议分类。

- 生产性合同中会规范目标相关的产出目标和成本标准。资源配置会导致产出预算，即根据生产的产出量说明价格。例如，根据研究生数量来考虑教育经费。绩效测评会假定等级质量的可观测度和实施考试的教育项目的同质性。

- 程序性合同会规范与活动相关的成本标准。财政计划会导致不用考虑产出的过程预算。例如，课程架构活动经费的基础，但不能依赖这些活动的成果编制预算。

- 工艺性合同规范产出或成果。财政计划会导致任务预算，资金只是代表实现目标的有效资源。在教育上，这种类型是一揽子预算，与通过一组学员被分配给指导老师从而获得一些明确技能相关。

- 应对性协议会假定没有可测评的绩效特征。资源配置只能由投入预算组成，没有资源有效性附带的任何明确绩效要求。

一个组织的等级自治可以是与结构相关的变量，将组织的持续要求与绩效管理联系起来。自治的公共机构只能通过法律或合同协议进行政府控制，而政府内部的单位可以通过组织层级直接控制。政府组织应该根据绩效测评对结果负责，但除了具有经济独立特点的组织外，对结果负责通常都会低于最初的期望。

2. 资金拨款和预算过程中的责任

一般来说，资源配置要对结果负责。经济独立的组织，可以通过外部市场增加收入，合理分配其财源，并通过成本收益来衡量管理者的绩效，因此委托人对绩效的要求没有严格的管理控制。而在经济不独立的组织中，就需要通过产出任务和成本标准来衡量整个组织的绩效。往往在全面成本控制目标上过分规范绩效的目标任务。在预算和产出目标之间，虽然不同的部门表现不一，但或多或少都有些间接联系。

3. 治理中的责任

要想让政府管理者真正为结果负责，就必须在绩效指标、财政拨款与预算编制方面保持一致，要用计划和控制的工具指导决策过程。首先，财政计划必须与所设定的结果挂钩，如果计划与结果不匹配，就会影响成果或非控制性估算。其次，只有计划和控制相匹配，才能为管理者做好工作扫清道路。财政计划中设定的任务必须在管理控制系统中的权威、控制和评估环节中反映出来。

在连贯的治理体制中，管理控制应该与计划中的任务目标相结合，必须完成以下三个方面的任务：

- 权威性：负责在决策的时候让计划的结果与委派的权限相匹配；
- 运行控制：当委托人根据事先同意的限定条件干预代理人行为的时候，要保留对计划结果的责任；
- 评估：问责只是反映出对计划结果负责，不多也不少。

（三）瑞士的绩效合同

通过所实现的效果和结果为公共服务和监控机构设定目标已经成为国际上新公共管理改革的重要话题。绩效评估和以成果为导向结合资源使用方面灵活性的不断提高，已经成为20世纪90年代以来瑞士政府现代化改革的基石。执行这些监控机制的工具和过程已经成为概念改革模式和各级政府执行改革的核心。执行的关键工具是绩效合同。在最近几年中，许多国家都引进了绩效合同，目的是提高以成果为导向的工作业绩。对组织绩效和管理改进以及改革战略和工具好处的期望也很多。应该说，绩效合同是瑞士保留以相关控制信息的成果为导向的改革的核心工具。

瑞士于20世纪90年代早期和中期开始实行新公共管理政策，开始了以成果为导向的公共管理改革。因此，成果的导向和焦点一直是改革的核心目标。即便是各级政府运用的是同样的概念性改革模式，联邦制也会允许每一个政府根据自身的层级和背景相应地特制出符合自己实际的改革过程和工具。所以，即便是在同一个改革理念指导下，瑞士各地在改革方式和手段的运用和设计上也存在差异。总体上看，瑞士模式的基本部分是以结果为导向的绩效合同外加绩效预算制，同时还包括重视管理信息系统，客户导向和质量改进。在国际经验的基础上，瑞士改革的过程中不断出现各种新的话题，比如组织实体不断增加的自主性，自由裁量权和权力向较低层级的委派，最重要的是赋予组织实体相当大的管理责任。

如绩效评估的其他模式一样，瑞士的绩效管理模式也是基于一个简单化生产过程的假设。投入用于生产以创造产出，产出导向有时被描述成对公共服务产生影响的成果、结果或相应的影响力。成果式控制机制要执行的第一个阶段是确认并定义这一生产过程的目标。但目标任务不应该重点放在投入、过程和产出，而是效果和结果。为了达到控制的目的，必须对目标进行测量、评估。为此，就必须定义指标，给出目标实现的相关信息。通过成果和结果而不是投入和活动，来跟踪整个绩效和服务的过程。

根据 Wov 改革模式，关注绩效的控制变化应该同时减少对投入的控制，增加机构的运行自主权，特别是财政和资源的灵活性。条状项目化预算应该符合综合预算的方式。作为综合预算，服务性资源（投入）会作为总量分配给各个产品组，同时省略了对资源的详细说明。于是，资源控制的能力转给了资源提供者，由自愿提供者为目标实现承担责任。综合预算可能被定义为总额预算，或可以包含一个变量的成分，但预算要根据产出的水平进行调整。这样，组织在有限的综合预算限额下，既能够灵活使用和分配资源，同时还能够结合绩效指标保证控制。绩效评估与综合预算的结合被看作预防规范不足或规范过度的先决条件。与此同时，还应该给管理者和员工提供一种激励机制，以促进资源提供者层面的绩效管理。

成果导向需要使用大量的工具，诸如中等范围的计划、绩效合同、报告、预算或基准设定。而最重要也是最核心的工具则是层级结构中不同层级所签订的绩效合同。绩效合同以产出和成果的形式规定了预期绩效，包括相关的指标和与产出和结果相对应的资源数量。这些合同在服务提供者层面上签订，被视为标准和机制监控方面的协议。作为政府改革中的中央控制工具，合同中包含了中央政府以成果为导向的监控信息和资源使用的情况信息。

执行以结果为导向的控制是一个复杂的发展过程。传统上，地方政府没有明确写下来的成果目标。通常的做法都是先定义产品并收集有关产出数量、成本和质量方面的信息，然后才开始根据产出或产品组定义目标与任务，最后才是指标确定。总之，瑞士的改革进程采取的是先试点后稳步推进的方式。以成果为导向的绩效评估不仅仅用在内部机构的服务过程，还应用到外部服务组织，如非营利组织、私人组织或其他为地方政府提供公共服务的公共组织。

美国的《政府绩效与结果法案》强调政府机构成果目标的定义，英国的政府现代化改革战略也很重视结果和成果目标的定义，特别是在地方政府。国际改革评价与报告认为，定义成果目标和指标仍然是许多政府面临的挑战。定义成果与产出的目标和指标其实是一件复杂的工作。尽管开发出许多改良的方法，也取得了一定的进步，但在实践中仍然很难定义和采集成果导向的绩效信息。技术原因是缺乏实际技能，或者尚不知晓的偶然性的误导。政治原因是导致目标或指标摇摆决策的战术或政治。成本原因是绩效指标的测评过于昂贵，不切实际。在操作实际中，技术原因影响更大。上述问题导致绩效系统提供的绩效信息微不足道或缺乏完整性，给目标确定带来了相当大的难度。

而绩效预算的理论与实际相对脱节，并没有在政府内广泛使用。因为整个预算周期中所需要的大量工具和要求，如成本会计、评估和战略计划等，还没有开发出来，这也妨碍了绩效预算的全面执行。加上绩效信息和控制赤字，导致管理者既不愿意放权，也不会充分负责。

但在分析瑞士地方政府结果导向控制的实践战略中，总结出三种类型：

- 结果导向的程序控制：传统的官僚控制，但附加合同和一些以绩效为导向的数据（大部分是有关投入、过程和部分产出的信息）；
- 结果导向的管理控制：注重结果定义和控制过程中的管理作用，但忽视政治家和公民的作用；
- 强烈的过程导向，并结合质量管理。

这些战略在信息与控制系统的质量和设计方面拥有不同的要求。选择结果导向的程序控制类型经常会结合控制机制的优势，如果产出导向添加投入导向，那么就会假定有更多控制的可能。在结果导向的控制下，不完整的绩效评估信息会导致下行周期。如果给组织下派的绩效定义不明确，就会在控制和提供方之间产生更大的距离，使控制更加困难。于是就会无意识地过分夸大财政因素。而在缺乏控制的情况下，用持续的投入和程序控制来弥补，政府就会陷于两难境地。明确的绩效评估及其必要的可信度就会降低，结果导向也不会随着各种到位的控制结构进一步发展。显然，在执行结果导向的控制和绩效合同中，还存在许多障碍。

在绩效合同中的绩效控制设计方面，有以下四种类型的绩效规范。

1. 通用目标：绩效协议的第一目标是提供任务和义务，不详细说明服务和产出目标。目标也只是在一个非常抽象的水平上描述，不对通用目标排序或物质规范。

2. 产品：通用目标宣布后，合同的很大篇幅是罗列所要提供的产品和服务，但不会详细说明产品或产品组的目标。这样，产品目录就会被理解成通用目标的实质，即说明为了实现通用目标而需要提供的服务和活动。

3. 结果目标：这一类包含了实际的结果和产出/成果相关的目标，但没有确定评估。为了准确，合同中会列出每个产品或产品组的追求目标。出于分类的目的，会有明显的区分。只考虑"物质目标"，这样合同就会包含具体的目标。

4. 目标和指标：最后，绩效合同明确说明服务提供的目标和目标手段，即所谓指标。绩效合同中，不是所有的目标都必须包含指标，但必须为所有指标给出明确的定义。

绩效评估指标：在成果导向的绩效评估和控制系统中，目标和指标应该定义在成果水平上。当然，在成果之外，投入、过程特别是产出手段也必须进行效率评估。为了获得对目标的实际评估，按照测评的绩效水平（使用投入、过程、产出还是成果指标）来分析带有各种指标的绩效合同，只有相当少部分的绩效合同具有成果导向，也就是说，绝大部分的绩效管理系统还没有进行成果导向的绩效评估。成果指标应该很活跃并适用于控制目的，因此应该符合一定标准，如有效性、及时性、评估提供者能施加影响。许多指标实际上是满意度测评手段或公平或合法性测评。往往在使用一个成果指标的时候，会产生出几个定性问题。首先，满意度或合法性是否涵盖了完成服务所要实现的所有目标。其次，只是关注满意度目标就有忽视其他公共利益和目标的危险。最后，如何计算满意度并没有规范和明确，这可能对结果产生影响，会产生更多的定性问题。

财政控制：根据预算中的自治和灵活程度，可以区分出以下三种类型的财政控制。

- 投入导向归因：只是根据投入来进行传统的条款式预算或服务拨款。资源不依赖产出或成果划拨。
- 综合归因：根据服务划拨资金总额。资金数量是固定的，希望在固定的财政框架下提供一定的服务。包括服务组融资规范的综合预算，固定总量或最大限度的赤字担保。
- 变量归因：资金划拨以所提供的产品或活动为导向，并根据产出数量而变化。可以是固定资金总额和一个变量部分共同组成。

绩效与财政控制相结合：由于以产出为导向的财政拨款应该靠绩效控制来补充，所以就产生了控制能力的问题。为了在绩效合同中将绩效与财政控制相结合，就必须分析财政资源的不同归因制度。

概念模式认为，综合归因需与结果水平上的定义和指标相结合，变量归因多少相同，只是产出手段要确定出变量成分。综合归因常常会与目标定义和指标定义相结合。而指标质量和水平的结果表明，要小心对待各种数字，因为在变量融资模式中往往很少能找到可测量的目标定义。这就导致了产出融资而不是产出计划。

以投入为主的资金划拨重视开支和过程的控制，所以，客观说明和绩效测评不在考虑范围，以投入为主的融资与通用目标定义相结合很大程度上适用于传统的以投入为主的控制机制。1/3以上的绩效合同属于这一控制类型。另外，投入归因的绩效合同会与更为详细的绩效信息相结合，大部分罗列的是各种产品。而产品列举没有控制功能，只是服务的有关说明。

在许多绩效合同的分析中发现，以成果为导向的控制体系会造成规范过度或规范不力的后果。如果只是放松投入控制而没有可控制的绩效规范，就会造成规范不力；而不放松投入控制的同时增加绩效控制，就容易产生过度规范。如何正确地把握尺度，是绩效合同成功实施的关键。

Rieder（2005）指出，成果测评是瑞士公共管理改革的致命弱点。成果型公共管理的控制有赖于对成果的定义和评估。但如今，许多绩效合同中使用的控制信息都还没有达到这个要求，在许多改革项目和研究中都谈到了成果定义和评估的问题与困境。由于与成果相关的绩效信息不到位，瑞士在政治层面上会很难再在其他政策领域广泛应用新的控制模式，这会使瑞士的公共行政改革停滞不前。

从结果导向的质量上看，服务供应控制方面的绩效得到加强，大部分绩效协议中都强调服务供应的成果和产出，被认为是过去 10—15 年的重大发展变化。但对成果控制的要求经常会超出绩效合同所列信息的类型和质量。无法评估或权衡的产品清单与通用目标都不足以实施成果导向的控制。就整个 OECD 国家而言，绩效管理也没有系统包含成果信息。

瑞士一些地方政府实施的结果导向控制机制是伴随着权力下放进行的，更多的是在项目驱动的组织或分权化服务供应过程中使用"结果导向的程序控制"。所以，绩效合同只有在开发出相应的绩效控制工具之后才能有效执行。此外，地方政府在成果定义和评估的过程中还面临技术和政治方面的问题，执行起来更加复杂，在实践中，地方政府经常会感到绩效指标不恰当、不可信、不及时也不好用。到目前为止，指标定义方面的创意度很低，主要靠公民满意度和法律手段作为成果测评的手段。Boyne and Law（2005）认为，成果可以通过不同的指标体现如满意度成果、公平成果、直接成果或实际成果。Rieder（2003）认为，简单的成果归因模式应该随着时间的发展而不断完善。瑞士地方政府在标杆设定项目上的成功经验，对绩效管理和评估也提供了许多有用的信息和见地。

作为执行的核心工具，瑞士地方政府的绩效合同为提供公共服务设定目标的同时，也不断增加着资源使用的灵活性，是绩效规范以及绩效与财政监控的结合体。但分析结果表明，瑞士地方政府使用的许多绩效合同并没有完成改革计划所赋予的任务。特别是，合同的绩效部分常常无法满足理论要求，无法规范有效绩效监控所需要的绩效水平。可能是概念模式还存在某些空白，或仍然处于执行的发展阶段，执行战略也只是在适应或部分地切合改革计划。如果只是简单地添加而不是有针对性地将绩效管理整合进监控系统，绩效管理就可能会产生副作用或消极影响。

（四）美国的绩效改良与公民参与

在过去 20 年，世界各国政府不断采用绩效管理技术。澳大利亚、加拿大、美国、欧盟成员国、新西兰等国家都推行绩效管理并将绩效评估数据用作增加政府透明度和提高政府工作效率的方式。在美国，有两件事情推动了政府使用绩效管理与评估。联邦层面上，《政府绩效与结果法案》（1993 年）要求所有联邦政府部门和机构每年向总统和国会报告所有项目、服务和主要活动的绩效，包括效率（产出）、质量和效力（成果）的数据。在州和地方政府层面上，政府会计标准委员会（"鼓励"但还没有立法）要求政府每年报告所有项目、服务和主要活动以及单位成本（每一产出的成本和每一成果的成本）的服务过程与完成情况，包括效率（产出）、质量和效力（成果）的数据。除了报告服务及完成情况外，许多州和地方政府还在每年的预算文件和年度报告中公布绩效信息和单位成本。

政府会计标准委员会将产出定义为"服务数量"的手段,将质量定义为提供符合一定质量要求的服务数量,将成果定义为由于提供服务而产生的结果、成绩或影响。由于政府会计标准委员会是一个为州和地方政府建立通用会计原则的组织,所以,它提出的服务与完成情况的报告制度不仅对于绩效评估和绩效管理具有重要的影响,对绩效预算影响也很大。

1. 绩效改良

目前,各级政府不断将绩效评估数据用于预算编制过程。联邦政府预算管理办公室从2004年起还将绩效评估数据包含进联邦财政年度预算中,并为至少20%的联邦项目提供效能评级。尽管实施的范围和程度各有不同,但各级政府的总体趋势是,在政府公布的预算中更多使用绩效评估数据,更加重视成果绩效和绩效改良。

几十年来,竞选和政治任命的官员都认为,绩效改良很有必要,也存在可能性,但提出的战略莫过于简单化的"减肥"、"减少政府的财政资源"、"采用私营部门的效率手段"等,均不能反映政府绩效改良的真实情况。实际上,政府需要根据完善的绩效评估理论运用精细的绩效改良战略,另外,大部分的创新性和生产性部门都不是简单地执行某一个好计划,而是执行整合各种先进管理技术以提高生产率的综合方案。富于成效的政府机构强调运用多种手段:内部能力、所产生的产出和所达到的效果,利用绩效测评和评估建立各种目标并测评各种结果,估算和合理说明资源要求,重新配置资源,开发组织改进战略,鼓励员工改进绩效。

绩效测评一直是政府重要的改良战略,但是,各机构一直未建立能够涵盖公民、商人、立法者、各利益群体等大量利益相关人需求和进步的测评能力。绩效测评总是对产出和成果问题含混不清。而回答计划是否能产生所承诺的结果这类问题非常重要,能够提供影响配置或重新配置公共部门资源并设定或改变优先序列决定的各种反馈。由州长、机构领导、公共管理者和立法者做出决策,再通过公民、公共利益倡导组织、私人商业组织以及竞选或媒体机构所产生的反馈"从外部"影响决定。而不论是内在还是外在影响因素,在稀有公共资源的配置方面,经常会根据绩效和效能的评估,而不是主观和"软性"判断。

客观绩效测评能够提供一种开发和代表"硬性"数据的机会,能够有助于将决策基础从个人经验转变为测评结果。产出、成果和相关成本效益比率水平及其发展趋势的数据有助于维护、扩大或改进计划。

高绩效的组织监控"内部"服务的生产,为客户提供的"外部"服务的效率效力生产作出贡献。这种内部服务包括产出生产的必要条件如维护、培训和审计。

• 针对所提供的服务,可以以数量和质量等要素的形式测评其产出。产出测评会提出以下问题:服务的客户有多少?提供了多少单元的服务?服务是否达到了一定的标准?失误率有多少?

• 产出是一个狭隘的形式，限制了生产力改进的解释。如果管理者在进行资源配置和重新配置的时候想作出更好的决策，就不仅需要产出测评，还需要成果测评，比如是否改进了客户的生活质量，或是否有能力保持就业？

因此，一个富有生产力的机构一定要在三个阶段监控并改进生产率：内部服务、外部服务和成果，并且要就这些手段与民众进行明确而真实的交流。幸运的是，这些工具是现成的。绩效测评有效地开发出了一系列有助于公共组织更好决策的工具。负责日常工作的管理者现在能获得有助于他们有效率地执行公共政策的各种信息。研究表明，公共服务的测评在概念上已经相当完善和可行。绩效测评项目要求实际的专业知识和仔细的计划。成功者都要回答以下商人和其他利益相关人提出的问题：

• 关于项目绩效：服务到底提供了多少？资源有效利用的程度有多少？服务提供的效率怎样？

• 为了测评服务的效力，好的测评计划提供回答下列问题的各种指标：服务的目的是什么？预期影响是什么？服务在防患于未然方面做得怎样？服务充分吗？好接受吗？客户满意吗？服务是公平分配吗？产品持久耐用吗？提供给客户的服务多大程度上体现了尊严？

• 在设计绩效手段的时候，一定要考虑被测评的服务：服务有意义吗？被评估的问题适当吗？服务真的有效吗？是否以一种及时又相对直接的方式提供？另外，还必须检查绩效手段本身：绩效是否可量化？绩效手段是否有效？是否可接受？绩效是否是整体测评的结果？测评手段是否准确和可靠？

此外，绩效手段还应该有助于改善决策。公共管理者和政策制定者利用绩效测评工具帮助其履行服务责任并改善服务质量。这些工具至少包含 8 个不同的战略：

• 建立目标和测评结果；
• 估算和适当说明资源要求；
• 重新配置资源；
• 开发组织改进战略；
• 促使员工改善绩效；
• 控制运行过程；
• 预见工作超量或不够量的区间；
• 开发更精细的测评能力。

其中，前四项对在公私利益相关人中间建立政府公信力尤其重要。在建立目标和测评结果目标下，如果政府想在私人部门、纳税人和竞选中获得可信度，政府项目就必须承担责任。但如果项目目标模糊不清，公众就会极不满意政府的工作，也得不到政府工作的进展信息。最好的公共项目是商业化运作的，会详细说明目标，将目标作为计划的任务并将结果与计划挂钩。这样比较容易催化责任性。在估算和适当说明资源要求的目标下，就必须改变基于过去开支"估算"未来需求的传统做法，更加系而定量地完成财政计划，因为支出的正当性说明能够更加精确、更加客观也更加实际地测评产品。在预算和重新配置资源的目标下，测评有助于做出更有效力的资源配置决策。可以通过开发并评估成本效益关系节省实际开支总额，有助于通过低成本方法减少费用。在开发组织改进战略的目标下，测评有助于将各种问题集中起来。一旦明确，就可以以一种更为系统的方式解决问题，比如克服障碍、目标性服务、为预期问题作计划等。简而言之，测评有助于避免失望和预料之外的情况。通过整合先进的管理技术，在最佳的情况下，通过生产力改进制度化，这样的项目可以系统地提高绩效。

而在全面绩效改良计划中，绩效测评、质量管理、人力资源开发和技术适应等指标也非常重要。在绩效测评中，大部分成功的机构都是使用事先列好的各种技术，使测评由主观和个人手段转向客观和实证手段。为了让生产率和成功最大化，机构还应该利用内部能力、产出（服务）和成果（影响力）的多元手段建立目标，测评结果。测评工具可以让机构有效估算并正当说明资源要求，在适当的时候，还能够重新配置资源。机构还能够让员工参与评估以激励他们改进自身的绩效。在质量管理中，要求最高管理层的支持，员工的授权和团队工作。员工必须接受充分培训并认可他们的贡献。质量管理要求以顾客为中心，重视长期的战略计划，承诺测评、分析和质量保证。在人力资源开发中，质量管理者必须雇用最好最聪明的人，让他们接受系统培训并不断给他们提供帮助。最好的管理者承认多元化价值，通过组织内建立团队的方式提供服务，懂得平衡员工需求和组织需求的重要性。在技术适应方面，为了改善生产率、创新和绩效，机构应该寻找适当的机会建立伙伴关系。与其他公共部门组织、私人部门成员、非营利组织、公民和志愿者合作将有助于机构不断改善绩效。

总之，大部分创新和富有生产力的机构都会通过确认、执行、测评和奖励重要的成本节约和绩效改进手段使生产率和绩效改良制度化。他们会在全国范围内的同行中找出标杆，以客户为导向，最重要的是，富有成效的项目都会依赖公务员的奉献精神、想象力、团队合作和勤奋上进。

2. 公民参与

公民驱动的政府绩效。

绩效改良的系统理论很有必要，但还没有充分达到21世纪利益相关人的期望。政府绩效评估的下一步是通过授权公民、商界、媒体和利益集团的方式强化整体的绩效改良制度。有三个方面可以驱动这一发展：绩效评估项目、公民调查和绩效报告标准。

• 绩效评估项目

阿尔弗雷德·P. 斯隆（Alpred P. Sloan）基金会开发了《市政府项目绩效评估》，鼓励创立并全面实施市政府绩效测评，客观地评价对人民、商界、立法和其他利益集团来说很重要的成果。项目的计划重视公民的参与，以保证所测评的内容是公民最关心的服务，同时还保证测评的数据不会被那些喜欢报好事瞒坏事的官员们所贪污。项目战略分为两部分：所选市政府的现有项目和促进公民绩效实施的其他项目。公民可以以许多方式参与这些项目,特别是,鼓励建立一些网页,让公民能够直接参与绩效评估。基金会选取了新泽西、俄亥俄、纽约、爱荷华、得克萨斯和俄勒冈州进行了实证比较。

在新泽西州,1997年基金会开展了为期三年的公民驱动的政府绩效项目。通过召集各种非正式的会议,与公民、公民小组、竞选官员和市政府管理人员一起探讨了两个问题:公民、市政府管理人员和竞选官员如何沟通与互动?公民、市政府管理人员和竞选官员如何确定政府正在提供的服务是一件好事?项目的总体目标是让利益相关人参与政府绩效评估与改进过程并影响政府回应社区需要的过程。为了支持目标,项目采取让公民积极参与确认绩效问题的手段,支持在公共决策过程中使用绩效指标,在公民、地方政府和大学之间建立合作关系,鼓励参与的公民、竞选官员和政府行政人员互相学习,并从全国的类似经验中学习,开发长期支持公民参与的制度。基金会发动了尽可能多的人参与确认公民最为关心的服务领域和社区条件,并开发出了测评绩效的途径。然后与公民建立工作团队确认期望目标,并帮助公民和政府管理人员将绩效问题和指标与期望目标和政府的项目预算目标相结合。该项目显示了公民有效确认绩效问题并选择绩效指标的能力。公民参与产生了14个重要议题,并根据议题确认出60个绩效测评指标。最后由公民设计并实施了第一次公民满意度调查。"调查委员会"的公民以及参加开幕大会的其他公民共同设计了与市政府服务和期望目标相关的调查问题,再由基金会与该委员会共同筛选出有效的问题后,实施了一场由志愿者驱动的全社区调查。最终,项目建立了绩效测评公民咨询委员会。委员会的任务就是将这一过程制度化并保证绩效测评和公民参与是政府的最重要工作。

2001年,基金会在爱荷华州开展了一个为期三年的公民发动的绩效评估项目。与传统做法不同,这次评估重视公民、竞选官员和管理者之间的合作,在开发绩效手段上保证政治可信度和手段可接受度;重视公民在绩效评估中的观点,而不是经常强调投入和成本效益的管理者的观点;重视绩效评估结果的公开传播,以保证政府工作的责任性。

项目第一年,每个参与城市成立一个"公民绩效团队",团队的主体是来自不同领域的公民。有些城市采用报纸声明、城市新闻和闭路电视节目公开招募公民,许多城市从其他公民委员会和社区组织中招募公民。除了公民之外,每一个绩效团队还有1—2名政府雇员代表和市政厅成员。每次会议上,绩效团队都会收到政府运行的简单评价报告。有些城市要求公民制定战略以根据城市的人口招募额外的成员。然后由团队选出1—2项公共服务进行绩效评估,通常是具有财政意义,直接影响公民利益和公民最为关切的服务。项目涉及警察、消防、紧急医疗服务、图书馆、康复中心、街道维修、扫雪、公共交通、垃圾管理、危害控制、公园和休闲服务。项目的第一阶段,公民绩效团队确认所选公共服务的"关键环节",然后据其制定评估手段,实施评估。在评估标准中,关键是采用对公民有用且易于理解的评估手段。第二阶段,政府部门制定必要的工具如公民调查，来收集绩效信息。同时，由公民帮助收集绩效数据，向市政厅报告项目进展情况，开发鼓励普通公民更广泛参与项目的战略。最后，将绩效评估结果汇报绩效团队、市政厅和老百姓。政府部门会将绩效结果用于战略计划、绩效预算和服务运行的活动型管理。

该项目得出的经验表明：基金会帮助官员重视成果测评和公民关系的问题，会进一步提高公共责任性和公共服务的结果导向。项目显示了公共沟通的重要性。管理者应该进行绩效评估比较，因为许多公民想知道自己政府的工作比别人好在哪里。许多绩效评估会在街道层面上报告，以提高其服务的针对性。另外，绩效评估的公开报告非常重要，政府应该考虑使用互联网等技术以减少成本。

在纽约州的实践，代表了公民影响地方政府责任性、可接近性和绩效的一种尝试。通过纽约州公共利益研究小组，基金会于20世纪90年代初，斥资"发起了一次深入评价换乘服务质量的新举措"。第一份报告于1997年公布，用6个评价指标评估了纽约市20条主要地铁线路，包括时刻表服务数量，最拥堵时段乘客落座的机会，车厢的清洁程度，广播的充足性。另一份21页的报告描述了公共汽车系统的现状。两份报告都代表了由非政府组织完成的有关主要公共交通系统绩效的最全面评价。项目实现了两个目标：为今后的地铁服务比较奠定了坚实的基础；向乘客、社区和官员提供了向换乘当局施压要求更好服务的信息。总之，乘客就是希望等车时间少，享有定期可靠的服务，有落座的机会，整洁的车厢和清晰的播音。项目已经基本上做到了向公众提供"实时"信息，也建立了一个与公民互动的网页。

在俄亥俄州，公民参与的长期项目获得了两个突出的目标：筛选出了生活质量指标，保证了指标的最初生产和政府计划部门年度出版的制度化。项目参与了一系列公民参与指标的改革过程与开发，以评估公民参与在人民生活和政府工作中的深入程度。项目重在生活质量标准的开发、生产和制度化，包括经济发展；社区发展；青年、教育及人力服务；开放空间与生活质量；繁华闹市区服务；城市服务。

但是，公民驱动的战略计划与绩效评估相结合的真正的长期利益是保证不断强化公民参与的各种组织。在战略计划背景下，结合具体的时间表和阶段性评估可以观察工作进度，改善保留和录用编外公民的机会。当然，这一过程首先要得到3个关键群体的支持和承诺：政府的合作承诺；社区中拥有某些权限的公民团体的支持；两个不同技能系列的学术支持（参与公共磋商服务的设计与催化；参与精细数据控制和地理信息系统化的能力）。

- 公民调查

基金会的另一个实验是公民满意度调查的启动和快速发展，特别是在市政府一级。公民满意度调查已经普遍流行，因为许多政府希望测量公民对政府服务的预期和满意。该调查通过电话、邮件或在线的方式收集了美国8万多个政府单位的不同观点。

费城的年度公民满意度调查要求公民评估政府的全面绩效及其主要公共服务，包括警察、消防、垃圾清理、公园和休闲、自由的图书馆服务。

1999 年 Winston-Salem 公民满意度调查是公民效率评审委员会对政府服务效率效力进行客观评价的目标任务，以便提出问题后让政府在未来的工作中予以改进。

2001 年威廉王子县公民满意度调查是年度调查系列的第九次，所提出的评估问题相对要少，可大约一半的问题是"核心"问题，每年都必须进行。

Chandler 满意度调查的方式是，每年两次（2月和8月）通过政府设施使用费用清单向居民发放调查卡片。居民有机会让政府了解自己对公共服务的看法。

- 绩效报告标准

美国政府会计标准委员会为州和地方政府绩效报告列出了五条发展要求：

- 开发并改善决策绩效的手段；
- 将这些手段向公众和其他用户开放；
- 开发州与地方政府沟通绩效手段的方式；
- 教导用户如何利用绩效手段评估服务工作、成本和政府成就；
- 保证绩效手段的针对性、全面性、可理解性、及时性和可信性。

得克萨斯州政府是使有效利用绩效手段制度化的模范政府。绩效手段在该州已经使用了 20 多年，大部分显著的改进都已成为立法的要求。1991 年开始要求在印刷出版的预算中包括绩效手段，在预算分配过程中真正使用绩效手段。最近在政府行政中又有了新的变革，好像要在政府中全面推进绩效手段制度化。在过去 10 年中，州政府在开发有效沟通项目和部门绩效的绩效手段过程中，采用的是合作性地跨部门工作。国家审计署在培训人员和认证绩效手段可靠性方面也起了关键的作用。当然，在开发和报告绩效手段的过程中，也出现了一些公民和公民群体的参与活动。许多政府机构都开始准备共享部分绩效信息的报告。教育机构在报纸上公布了考试分数，司法部也通过报告的形式向其政策理事会提供部分信息。预算应该是政府出版或报告绩效信息的最广泛形式，但这种绩效沟通还仅限于政府间进行。

得克萨斯州在战略计划与决策时使用绩效手段确认预期的成果，重视实现这些成果，并确认何时需要以及需要什么样的战略来改进项目。首先，成功的关键有赖于领导作用，政府部门之间的合作，政府之间的沟通以及培训。不论是行政还是立法机构，领导都很关注并积极倡导部门使用绩效手段。政府部门之间的合作使政府有能力关注成果。而这种合作往往表现在行政与立法预算办公室以及立法、州长和政府职员/成员之间的参与。审计办公室也会与行政和立法预算办公室和机构合作，以通过绩效审计来改善已经建立起来的测评手段。其次，在开发和使用绩效手段的过程中，沟通的重要性被认为是成功的关键。绩效手段虽然有助于与政府建立沟通，但必须列出沟通的优先序列，否则也不可能制定出改善政府工作的有意义的绩效手段。沟通也是领导能力的一部分，远见、目标和目的方面的沟通往往来自政府的高层，这种沟通必须目标明确。最后，得克萨斯州在培训方面投入很大，采用外部咨询师来研究其他政府和组织的第一手材料,由审计办公室、立法预算办公室和预算与计划办公室提供政府的内部培训,并承诺持续培训,这被视为制度不断取得成功的关键。

俄勒冈州以它的绩效评估标杆制度而闻名,这一制度由各种不同的社会属性指标系列组成,根据公民和商界福祉的重要性来确认指标的优先序列。这些标杆来自20世纪80年代的俄勒冈亮点活动。虽然由于这些标杆过于广泛,也没有更好地考虑政府的项目和责任,使随后政府内部利用标杆指导项目并监控预期结果完成进度的过程相当长,但俄勒冈案例却提供了一个将政府服务目标与涉及全社会更广泛问题和观点相联系的成功经验。

开发俄勒冈标杆时使用了来自公民和商界的大量投入,而且公民和商界还会继续参与俄勒冈进步委员会的工作。从最初被用作改善经济为主的广泛的目标系列开始,俄勒冈亮点活动经过修改,已经逐渐转变成更加具有针对性的手段和目标,有时还相当富有创意地将这些手段和目标与地方政府和机构的服务与项目相联系。许多部门的预算编制目前也包含了各种绩效手段。同时,俄勒冈项目还认为,在政府绩效管理与评估中需要协调各部门之间的活动,在社区层面上成立了解困小组负责跨部门协调社区的发展问题。进步委员会还积极开发并使用重在绩效手段和标杆设定的绩效管理与评估制度,创建了绩效评估工作组,负责协调跨部门绩效手段的开发与利用。

(五)欧盟的绩效评价与自我评估

自我评估是提高绩效管理知识和实践的另一个关键因素。欧盟通用绩效评估框架(CAF)虽被定位于一种全面质量管理工具,但同时属于包含了内容结构、实施程序和相关要求的公共组织绩效管理和评估体系,源于欧洲质量管理基金会的卓越模型和德国施拜尔公共行政大学的质量管理模式,目的是通过领导驱动、战略与规划、各种伙伴关系、资源和过程管理等,来实现组织绩效的最佳结果。在多元化的政府绩效管理和评估实践模式中,欧盟通用绩效评估框架具有自我评估性、普遍适用性、可比性、简便性、经济性、初级性、兼容性、一致性、自愿性、权变性等特点,所以采用通用绩效评估框架进行机构评估可以达到评估内容全面、操作简单、成本低和投入精力少的目的,同时还可以促进机构在自我诊断的基础上持续改进,促进机构内部人员之间的相互交流,提高内部人员的参与度,有利于不同机构之间相互借鉴学习。

从绩效评估的内容来看,欧盟通用框架可分为两大类要素:"能动因素"和"结果因素"。能动因素共有5个标准或指标,即领导力、人力资源、战略与规划、伙伴关系与资源、过程与变革管理。结果要素有4个标准或指标,即雇员角度的结果、顾客/公民导向的结果、社会结果、关键绩效结果。各要素之间的逻辑关系是:5个能动因素发挥作用的程度决定着前3个结果因素的实现程度,而前8个要素之间的协调互动决定着关键绩效结果。因此,在考察结果因素的时候,可以回溯考察每一个能动因素,然后确定出被评估组织的优势和需要改进的不足,并通过学习与创新加以不断改进。上述9个要素构成了公共部门绩效评估的一级标准/指标,每个一级标准/指标又分别包括 2—6 个次级标准/指标，9 个标准共包括 28 个次级标准/指标。由于这些次级标准/指标仍然比较抽象，为便于评估的实施，又列出了数量不等的例证。

在计分方法上，欧盟通用绩效评估框架还针对能动因素和结果因素采用了不同的评分方法。对于能动因素所包括的 20 个次级标准，是根据戴明提出的"计划—执行—检查—行动"循环（即 PDCA 循环）打分。对于结果因素所包括的 8 个次级标准，则是根据所评机构取得进步的大小、与自身目标以及与同类机构相比成果如何来打分。2006 版通用绩效评估框架中使用了两种评分方法，即通用绩效评估框架评分系统和通用绩效评估框架精细评分系统。通用绩效评估框架评分系统是对 2002 版评分系统的更新，评分幅度在 0—5 分之间。而通用绩效评估框架精细评分系统是一种同步评分系统，是对 2002 版评分系统的发展，它将评分幅度细化为 0—100 分，表现了每一个次级指标/标准在 PDCA 循环中的评分情况。这种评分方式更加贴近于现实，使绩效测评更加准确、细致。

在评估的基本步骤中，框架要求对组织的文化、成熟度等变量给予足够的关注。自我评估一般包括以下步骤。[①]

1. 对组织管理做出承诺：组织高层管理者应对启动自我评估过程做出决定，以实施组织的改进行动。决定什么领域以及整个机构还是部分机构开展自我评估；决定如何组成自我评估小组；决定如何应用通用绩效评估框架。

2. 确定通用绩效评估框架的项目领导人及其职责范围：项目领导人的职责主要包括向自我评估小组提供必要的信息和文献，在自我评估小组内保持沟通联络和信息发布，安排会议，撰写报告等。

3. 沟通和任命自我评估小组的成员：自我评估小组的成员尽可能代表组织的各个层面。成员通常来自组织内的各个部门/层级。小组规模要尽可能小，但必须精干高效，能够对组织内部有着准确和细致的观察。小组成员的能力也是非常重要的，通常指的是人事技能（如分析和沟通技能）而不是专业技能。小组的组长可以是项目领导人，也可以不是。主要负责主导小组工作的进程以及与项目领导人的合作。

4. 培训：应当对小组成员进行必要的培训，培训内容包括全面质量管理和通用绩效评估框架方面的知识，了解组织外部的供应商，由组织管理层介绍组织的现状等。

5. 打分并取得一致：在个人打分的基础上，经过小组充分讨论，最终在给定分数和证据方面达成一致。为此评估小组可以多次协商，也可以计算小组成员所打分数的平均值。负责人在这一过程中发挥重要作用。任何情况下，这种讨论都应当依据组织所做的具体努力和所取得的成果。为协助确定证据，通用绩效评估框架还提供了相关的例证。对于某一组织来说，只要符合与其相关的指标就可，没有必要符合所有指标。但是，小组也有权设定与被评估组织相关的其他例证。

---

① 刘旭涛、纵向东：《欧盟国家公共部门通用评估框架评介》，《国家行政学院学报》2005 年第 6 期。

6. 报告并确定组织改进的优先序列：确定组织的优势和需要改进的领域，在需要改进的领域上排定优先顺序。在这一步骤中，SWOT分析方法非常有用。

7. 制订行动计划和改进方案：精心制订一个行动计划，包括目标设置和实施战略；与员工进行充分沟通；选择改进的方法，如质量周期、顾问咨询或开展标杆管理；实施改进方案。

8. 重新开始新一轮的自我评估过程：再次运用通用绩效评估框架；检查在第一轮评估中需要改进的领域；重新制订新的行动计划。

在评估雇员参与的问题上，欧盟通用框架强调评估并不仅仅是管理者的职责，只有全体员工共同参与、相互协作、相互信任和相互尊重，才能有效地完成自我评估过程。

在完善评估的要求或建议方面，为了能更好地与国际质量标准接轨，便于进行国际比较与学习，欧盟评估框架设计者提出一些建议。首先，建议使用通用绩效评估框架的全部内容，至少通用绩效评估框架的9个标准和28个次级标准不能变，但可以在考察因素部分根据自身组织的具体情况变动30%左右。其次，建议保持通用绩效评估框架的逻辑顺序。再次，经验数据表明，自我评估小组的人数应该在7—15人较为合适，既不能太多，也不能太少。人数太少，评估结果会失去客观性和公正性；人数太多，评估结果会由于受到各方利益的干扰，很难形成一致。最后，一个自我评估周期一般为3周，可召开5个半天的评估会议，其中2次会议为培训，2次会议为评分，1次会议为向组织的管理层报告；此外，如果有需要，可以请组织的外部机构确认自我评估的结果（如参加质量奖的评选活动等）。

由于通用绩效评估框架本身所具有的通用性和可比性强、操作简便和成本低廉、能够包容其他各种管理模式（不会与组织现有的管理工具相冲突）、便于组织自我改进等特点和优势，使其在短短几年的实践中取得了非常好的成效，在欧盟各国的公共机构中产生了一定的影响，而且所波及的范围和力度也在不断扩大和加强。[①] 总体上讲，

[①] Study on the use of the Common Assessment Framework in European Public Administrations, May 2005. Survey carried out by the CAF Resource Centre at the European Institute of Public Administrations on behalf of the Luxembourg Presidency.

Geert Bouckaert, "Modernising Government: The Way Forward – a comment", *International Review of Administrative Sciences* 2006, 72.

Marc Holzer and Kaifeng Yang, "Performance Measurement and Improvement: an Assessment of the State of the Art", *International Review of Administrative Sciences* 2004, 70.

Nico P. Mol and Johan A. M. de Kruijf, "Performance Management in Dutch Central Government", *International Review of Administrative Sciences* 2004, 70.

Isabella Proeller, "Outcome-orientation in performance contracts: empirical evidence from Swiss local governments", *International Review of Administrative Sciences* 2007, 73.

Carole Johnson and Colin Talbot, "The UK Parliament and performance: challenging or challenged?", *International Review of Administrative Sciences* 2007, 73.

Carter, N., Klein, R. and Day, R., (1992) *How Organisations Measure Success – The Use of Performance Indicators in Government*. London: Routledge.

通用绩效评估框架在欧洲的应用呈现出非常良好的发展势头,在欧洲各国的运行情况也非常乐观。总结经验后发现:通用绩效评估框架适用于各种规模的组织机构,但更适用于独立性较强的公共机构和那些以前没有多少全面质量管理经验的单位。公共部门想要提高服务质量、改进管理水平、提高组织绩效,就必须找出自身的竞争优势和需要改进的领域,提高组织对质量的责任感和敏感意识,使全体员工积极参与组织的管理。公共机构高层管理人员的积极支持和深入参与以及重视组织之间的沟通是通用绩效评估框架取得成功的关键因素。通用绩效评估框架主要采用组织内部的自我评估方式,虽然使用起来简便,但在使用过程中,特别是在准备阶段,仍然需要外部专家或有关机构的辅导和帮助。使用通用绩效评估框架必须作出精心的准备,共享信息并改善组织沟通,更清晰地了解组织的强势和劣势,明确组织下一步应该采取的行动,采用改进措施。综上所述,不论是从应用范围还是从影响力度,通用绩效评估框架正在被越来越多的欧洲国家甚至是世界范围的国家所采用和推广,其强劲的发展势头不容忽视。

政府政策的推动与支持也促进了公共部门绩效评估的发展,在西方各国达到鼎盛时期,其过程也更加规范化、系统化,在评估指标的确立和分析方法的选择上也逐步呈现出由定性转向定性与定量相结合并采取科学的数学统计分析方法等趋势。1993年美国政府成立全国绩效审查委员会,目标在于"使整个政府降低开支、提高效率",并公布《从繁文缛节到以结果为本——创造一个运行更好花钱更少的政府》的报告。[1] 随后公布的《政府绩效与结果法案》可以说是政府绩效评估达到高潮的标志,它要求将绩效评估制度在联邦政府层级制度化。效益和"顾客满意"变成了政府改革创新的焦点,质量被提到了重要的地位。

(作者 孙迎春:国家行政学院研究员;周志忍:北京大学政府管理学院教授、博士生导师,全国政府绩效研究会副会长)

---

[1] Al Gore, "From Red Tape to Results: Creating a Government That Works Better and Costs Less", Washington DC: U.S. Superintendent of Documents.

中国政府绩效评价：回顾与展望

包国宪　周云飞

政府绩效评价在 20 世纪 70 年代产生于英、美等西方国家并不是偶然的事情，它是近 30 年世界政治、经济持续演进及政府变革催生的产物。作为一种新的管理理论，政府绩效评价已成为公共管理学的重要内容和学术界讨论的一个热点问题；作为一种新的管理工具，它已成为政府实施行政改革、提高管理能力的有效手段。

国内学术界对政府绩效评价的研究始于 20 世纪 80 年代，学者们一方面译介西方政府绩效评价理论，并结合中国的实际取舍借鉴，探索构建本土化的政府绩效评价理论体系；另一方面将研究的理论成果应用于实践，积极推动省、市级政府及部门开展政府绩效评价活动。截至 2008 年底，学者已经发表了 800 余篇有关政府绩效评价的论文，出版了 40 余部著作，全国 1/3 的省、市开展了政府绩效评价实践。回顾我国政府绩效评价的演变过程，梳理理论研究的概况，总结评价实践的各种模式，把握国内政府绩效评价发展的全貌和基本趋势，能为学术界下一步的理论研究和各级政府及其部门开展评价实践提供指导。

一　我国政府绩效评价的发展脉络

学术界公认的我国现代意义上的政府绩效评价实践是 1994 年山西省运城地区行署办公室的"新效率工作法"。作为一个标志性事件，它在政府绩效评价发展中具有"分水岭"的作用。在此之前出现的微观意义上的公务员考核和中观层面的部门作风建设等都蕴涵着政府绩效评价的元素，是政府绩效评价的萌发。在此之后出现的目标管理责任制、社会服务承诺制、效能监察、万人评政府等，都是在融入中国文化和行政理念的基础上，从不同侧面切入的绩效评价实践形式。据此，可以把我国政府绩效评价的演变历程分为两个时期，即政府绩效评价的萌芽期和政府绩效评价的发展期，而后者又可以依据研究范围、深度与广度的不同划分为初步探索阶段、研究拓展阶段和细化创新阶段[①]。

---

① 蓝志勇、胡税根：《中国政府绩效评估：理论与实践》，《政治学研究》2008 年第 3 期。

(一) 政府绩效评价的萌芽期 (1949—1993 年)

新中国成立后，人民政府继承了革命战争年代形成的干部考核方式和工作作风建设中的绩效思想，形成了干部考核制度和部门工作作风建设制度，并在其发展过程中逐步改进和完善。

1. 干部考核制度

新中国成立初期，干部考核叫"鉴定"或"考察"。这一时期干部鉴定的目的主要是促进干部素质的提高和干部工作的改进，但仍然存在着防止和清除"奸细"的问题；鉴定内容重点在立场、观点、作风、掌握政策、遵守纪律、联系群众、学习态度等方面；鉴定采取个人自我检讨、群众会议讨论、领导负责审查三种方式结合进行。1966年开始的"文化大革命"，使干部鉴定制度严重扭曲，考核工作几乎陷于停滞。1978年十一届三中全会后干部考核工作重新受到重视。1979年11月，中央组织部的《关于实行干部考核制度的意见》指出："干部考核的标准和内容，要坚持德才兼备的原则，按照各类干部胜任现职所应具备的条件，从德、能、勤、绩四个方面进行考核。"1993年国务院颁布了《国家公务员暂行条例》，标志着我国公务员制度正式建立，并取代了传统的干部制度。2005年4月27日，《中华人民共和国公务员法》通过，并从2006年1月1日开始实施，标志着我国公务员制度建设迈入了一个新的发展阶段。

2. 作风建设制度

机关作风是政府机关及其工作人员精神面貌、领导水平、办事效率、服务质量的外在表现。中央政府对机关作风建设的重视程度可以从政府工作报告对它的论述中体现出来。1955年《政府工作报告》指出："一切国家机关的工作人员，一切企业部门的工作干部，都应该进一步地改进工作作风，努力克服工作中的各种缺点和错误。"1960年《政府工作报告》又强调："各级领导干部要切实改进领导作风，贯彻执行勤俭办社、勤俭办一切事业的方针，反对贪污，反对浪费，反对官僚主义、命令主义作风。"1978年实行改革开放后，政府工作面临着外部环境的挑战。中央政府强调"我们的思想、作风和工作方法，都要有一个新的提高和改进"。经过努力，机关作风建设取得了一些成就，但还需要继续深入。

干部考核制度和机关作风建设制度并不是相互独立的，而是一个相互联系、相互促进的有机体。两者之间的核心纽带是行政效率问题，但是对行政效率测定的研究直到20世纪80年代末才有学者开始探讨。其中，夏书章、刘怡昌、周世述、黄达强等对行政效率的概念、行政效率的基本要素、测量标准和方法都进行了专门阐述。干部考核制度、作风建设制度以及与之相关联的行政效率测定为现代意义上的政府绩效评价作了充分准备。

(二) 政府绩效评价的发展期 (1994 年至今)

1. 初步探索阶段 (1994—1999 年)

20世纪90年代初期，我国学界已经开始使用"绩效评估"或"绩效评价"的概念，但对其内涵的理解仅限于员工绩效评价[①]和科研机构绩效评价[②]。研究的内容涉及绩效评价的目的与意义、指标设计、评价模式、评价方法、评价程序等。1994年，左然介绍了英国地方政府绩效评估的实践情况[③]，探讨了在中央政府实行政府绩效评估的紧迫性、可行性问题[④]，标志着以政府组织为对象的绩效评估进入了我国学者的视野。但是，文章仅仅是对英国政府绩效评价实践的一个简单描述，未深入介绍英国政府绩效评估的实施背景及特征、绩效指标设计、评估内容框架等。同时，随着市场经济体制的建立，通过调查接受服务的公众对服务的满意程度来测评组织在一定时期内的业绩，成为企业竞相采用的一种方式。如何提高政府公共服务的公众满意度成为学者需要思考的问题。总体上，这一时期学术界对于政府绩效评价的理论研究主要集中在对西方国家政府绩效评价理念和方法体系的介绍方面，现代政府绩效评价思想开始进入中国。

在实践中，各种形式的政府绩效评价活动不断涌现。1994年6月，烟台市针对广大市民反映强烈的城市社会服务质量差的问题，借鉴英国和香港地区社会管理部门的做法，率先在市建委试行"社会服务承诺制"。1995年福建省在全省范围内实行政府效能监察制。1997年，福建省漳州市为解决吃、拿、卡、要等"老大难"问题，启动机关效能建设试点工程。1998年沈阳市率先实施"市民评议政府"活动。1999年珠海市开展"万人评政府"活动，这一评价形式引起社会的强烈反响，各地纷纷效仿跟进，随后有南京万人评、扬州万人评、哈密万人评、江门万人评、乌鲁木齐万人评等。

2. 研究拓展阶段（2000—2003年）

这个阶段，政府绩效评价的学术关注度提高，众多的行政管理学者投身于其中，理论研究逐渐向系统化发展；同时，理论成果对实践的指导增强，在理论研究者的参与或直接指导下地方政府绩效评价实践如火如荼地开展起来。

在理论界，对政府绩效评价的研究主要集中在三个方面：第一，介绍西方国家政府绩效评价的理念与经验。[⑤][⑥] 英国、美国、新西兰、澳大利亚等国家开展政府绩效评价较早，积累了丰富的可供我国借鉴的经验。第二，分析中国实行政府绩效评价的可行性及障碍。政府绩效评价虽然是一个舶来品，但在中国目前的国情下，它在社会发展、经济、政治和技术等方面都是可行的。[⑦] 第三，梳理国内地方政府的绩效评价实

[①] 周礼智：《图书馆专业人员绩效评估浅探》，《图书馆学刊》1991年第1期。
[②] 吴俊卿、张志兴：《研究所综合绩效评价的理论与实践》，《科研管理》1991年第5期。
[③] [英]大卫·伯宁瀚：《英国地方政府中运用绩效评估尺度的观察》，左然编译，《行政人事管理》1994年第1期。
[④] [英]约翰·鲍恩：《如何评估中央政府的工作绩效》，左然编译，《中国行政管理》1994年第3期。
[⑤] [美]阿里·哈拉契米：《政府业绩与质量测评：问题与经验》，张梦中、丁煌译，中山大学出版社2003年版。
[⑥] [美]凯瑟琳·纽科默：《迎接业绩导向型政府的挑战》，张梦中、李文星等译，中山大学出版社2003年版。
[⑦] 徐双敏：《我国实行政府绩效管理的可行性研究》，《中南财经政法大学学报》2003年第5期。

践。中国行政管理学会联合课题组于2001—2002年对全国开展政府绩效管理与评价的地方政府进行调查，试图提出适用于我国政府机关的绩效评估基本原则、指标设置标准等。[①] 这是对全国政府绩效评价实践的一次较为全面的考察。

在实践中，2000年，邯郸市实施了市民评议政府及部门的问卷调查活动；杭州市举行了市直机关"满意不满意"评选；福建省全面开展效能建设。2001年，南通市推行目标责任制绩效管理工作，确立了督查工作与目标绩效管理相结合、与考核评比相结合的工作模式。此外，还有一些地方政府进行了与上述几种形式相似的绩效评价实践。

3. 细化创新阶段（2004年至今）

2004年3月22日国务院颁布的《全面推进依法行政实施纲要》指出："要积极探索行政执法绩效评估和奖惩办法。"这是在中央政府官方文件中第一次使用"绩效评估"概念，但是范围仅限于行政执法领域。同年10月26日，国务院全体会议把"建立健全公共产品和服务的监管和绩效评估制度，简化程序，降低成本，讲求质量，提高效益"写进了新修订的《国务院工作规则》。这标志着绩效评估得到官方的认可，并试图在政府的多个职能领域应用。2005年3月30日，国务院常务会议讨论并通过《国务院2005年工作要点》，指出，要"探索建立科学的政府绩效评估体系和经济社会发展综合评价体系"。这意味着政府绩效评价已经成为中央政府关注的问题，表明国务院开始在中央政府层面推行政府绩效评价。2006年9月4日，在"加强政府自身建设、推进政府管理创新电视电话会议"上，温家宝指出："绩效评估是引导政府及其工作人员树立正确导向，尽职尽责做好各项工作的一项重要制度，也是实行行政问责制的前提和基础。""要抓紧开展政府绩效评估的试点工作，并在总结经验的基础上逐步加以推广。"这是到目前为止中央对政府绩效评价最具体详细的论述，它明确指出要在全国推行政府绩效评价，并借助这一工具，促进政府自身建设和管理创新。2007年党的十七大报告中写道，"要提高政府效能，完善政府绩效管理体系；建立以公共服务为取向的政府业绩评价体系，建立政府绩效评估机制"。这标志着政府绩效评价也引起了党中央的重视。2008年2月27日通过的《关于深化行政管理体制改革的意见》明确指出："推行政府绩效管理和行政问责制度，建立科学合理的政府绩效评估指标体系和评估机制。"这一意见的实施，为学者开展政府绩效管理与评价的理论研究提供了政策依据，也为绩效管理与评价在中国的发展确定了一个基本方向。

在政府和社会的推动下，政府绩效评价研究发展迅速，专业性学术研究机构开始建立。2004年12月18日，高校首家政府绩效评价的专业学术机构——兰州大学中国地方政府绩效评价中心成立。2006年9月23日，全国政府绩效管理研究会成立大会暨

[①] 中国行政管理学会联合课题组：《关于政府机关工作效率标准的研究报告》，《中国行政管理》2003年第3期。

政府绩效评估与行政体制改革理论研讨会在兰州大学隆重召开。会上,来自全国的100多名代表讨论制定了研究会章程,选举产生了第一届理事会、会长、副会长和秘书长,标志着从事政府与公共部门绩效评估和管理研究的全国性学术团体正式成立。与会代表还围绕政府绩效评估的理论与实践、绩效评估与行政体制改革的关系、绩效管理在政府管理创新中的地位与作用等问题,进行了广泛的研讨和交流。这次会议后,不管是政府绩效管理的理论研究还是实践探索,都有了显著的进展。与此同时,中山大学政治与公共事务管理学院、厦门大学公共事务学院、兰州大学管理学院、西安交通大学公共政策与管理学院等都纷纷向硕士研究生和博士研究生开设了"政府绩效管理与评估"课程,或者设置了"政府绩效管理与评估"研究方向,传授绩效评价理论,培养新生的科研力量。

在实践中,地方政府绩效评价出现了新的形式。2004年年底至2005年年初,兰州大学中国地方政府绩效评价中心受甘肃省人民政府的委托对全省所辖14个市(州)政府和省政府39个职能部门的绩效进行了评价,并于2005年3月9日向社会发布了《甘肃省非公有制企业评价政府绩效结果报告》。这一举措被媒体称作"兰州试验",开创了我国第三方评价政府绩效的先河。[①] 2007年11月,华南理工大学公共管理学院课题组对外发布《2007广东省市、县两级政府整体绩效评价指数研究红皮书》,也是第三方开展绩效评价的一次探索。[②] 这表明,政府绩效评价开始由政府自己组织实施向由政府以外的学术机构、调查咨询公司等组织实施的方向拓展。

二 我国政府绩效评价的理论研究进展

前面在对政府绩效评价发展脉络进行梳理时,已经就其不同阶段的理论研究成果做了简要的阐述。下面对政府绩效评价的理论研究作一评述。

目前,政府绩效评价研究的理论成果可以简单分为介绍国外绩效评价的理论与实践经验和在中国特定情境下探讨政府绩效评价具体内容这两个方面。

(一)对国外政府绩效评价理论与实践经验的介绍

西方国家政府绩效评价经过几十年的发展,已经形成了一套从理念到方法的完整体系。吸收借鉴西方国家的优秀成果为我所用,是我国政府绩效评价研究的重要内容。美国是最早开展政府绩效评价的国家,但它并没有全国统一的评价制度和标准,而是联邦、州和地方政府各有自己的绩效评价制度与操作方法。即使是《政府绩效与结果法案》也只是为联邦政府制定战略规划和绩效评价这一目的而制定的,其规范的对象仅限于联邦政府的各个组成部门。另外,美国锡拉丘兹大学坎贝尔研

[①] 包国宪等:《绩效评价:推动地方政府职能转变的科学工具——甘肃省政府绩效评价活动的实践与理论思考》,《中国行政管理》2005年第7期。

[②] 郑方辉、张文方等:《中国地方政府整体绩效评价:理论方法与广东试验》,中国经济出版社2008年版。

究所对全美国 50 个州、35 个最大城市和 40 个最大县的政府管理能力进行了评价。① 作为一个学术研究机构，它独立实施的政府绩效评价对我国民间组织开展政府绩效评价有很好的参考价值。英国的政府绩效评价始于 1979 年的雷纳评审，之后依次经历了部长管理信息系统、财务管理新方案、下一步行动、公民宪章运动、竞争求质量运动、全面支出评审、现代化政府等形式。2002 年，英国国家审计委员会出台了新的地方政府绩效评价框架——全面绩效考核，并依照此框架对郡政府和一级制政府进行严格考核。② 此外还有对新西兰、澳大利亚等国家政府绩效评价实践的介绍。

（二）对国内政府绩效评价具体问题的研究

1. 政府绩效评价理念的研究

现代政府治理变革的基本路径是以"绩效途径"代替"效率途径"，以"绩效评价"取代"效率测量"，以及与这种变化相联系的结果为本、顾客导向等管理理念的树立。③ 从政府内部看，绩效评价作为管理改革的措施，体现了放松规制和市场化的取向，是一种以结果为本的控制；从政府与外部的关系看，它是改善政府公共部门与社会公众的关系、加强社会公众对政府信任的措施，体现了服务和顾客至上的理念。④ 在科学发展观指引下，政府绩效评价融入新的元素，有学者开始尝试构建政绩与自然生态环境相结合的政府绩效评价体系。

2. 政府绩效评价组成系统研究

从系统的角度看，政府绩效评价包括绩效目标系统、绩效比较系统、绩效测定系统、绩效反馈系统等。这些子系统又由绩效计划、绩效评价方法、绩效评价主体、绩效评价指标、绩效评价的定量分析、绩效审计、绩效预算、绩效沟通与反馈以及绩效评价法制化等要素构成⑤。只有对各构成要素以及要素间关系进行深入研究，才能保证子系统的良性运行与协调，进而保证政府绩效评价顺利开展。

3. 政府绩效评价的价值取向研究

价值取向构成了地方政府绩效评价体系和绩效评价行为的深层结构，是"要一个什么样的政府或者要建成一个什么样的政府"这一根本目的的体现。价值取向有一股无形的力量，影响和制约着地方政府绩效评价。在科学发展观的指导下，在构建和谐社会过程中，政府正朝着法治政府、服务政府、责任政府、效能政府的建设目标迈进，政府绩效评价应该追求公平、正义、民主、秩序等价值。⑥

---

① ［美］The Maxwell School of Citizenship and Public Affairs：《政府绩效评估之路》，邓淑莲等译，复旦大学出版社 2008 年版。
② 陈宏彩：《英国地方政府全面绩效考核体系及其借鉴意义》，《国外社会科学》2007 年第 2 期。
③ 刘旭涛：《政府绩效管理：制度、战略与方法》，机械工业出版社 2003 年版。
④ 蔡立辉：《政府绩效评估的理念与方法分析》，《中国人民大学学报》2002 年第 5 期。
⑤ 范柏乃：《政府绩效评估与管理》，复旦大学出版社 2007 年版。
⑥ 倪星、余凯：《试论中国政府绩效评估制度的创新》，《政治学研究》2004 年第 3 期。

4. 政府绩效评价指标体系研究

指标体系是政府绩效评价的核心，是政府行为的导向和反映评价对象属性的指示标志。目前，学者们初步建立起省、市、县、乡各个层级的指标体系，如从公共服务、公共物品、政府规模、居民经济福利四个因素构建省级政府绩效评价指标[①]；通过职能指标、影响指标和潜力指标 3 个一级指标，11 个二级指标以及 33 个三级指标去评价市县级政府的绩效状况[②]；由职能履行、依法行政、管理效率、廉政勤政、政府创新 5 个一级指标构成的市级政府绩效评价指标体系[③]；反映政府内部管理能力和为公众提供服务的"内外兼具"的乡镇绩效评价指标体系[④]。此外还有对专业领域或者未注明适用政府层级的评价指标体系。

5. 政府绩效评价主体研究

政府绩效评价研究要解决为什么要评价、评价什么、谁来评价以及如何评价这四个问题，其中的"谁来评价"就是评价主体的问题。在理论上，任何政府活动的"利益相关者"都可以作为评价主体而存在。西方企业社会绩效评价主体确定时依据的利益相关者理论对政府绩效评价主体的选择提供了指引。开展政府绩效评价时，主体的选择与组合要做到既经济又科学，使各主体能充分发挥自身的优势同时又能互相弥补不足。总体上，以多元化主体代替传统的单一主体是政府绩效评价主体构成的发展方向。

6. 政府绩效评价的法律、制度研究

国外政府绩效评价发展较好的国家都有相关的法律制度，如美国的《政府绩效与结果法案》、英国的《地方政府法》和《绩效审计手册》、日本的《关于行政机关实施政策评价的法律》、韩国的《政府业务评价基本法》等，这些法律成为政府绩效评价的制度保证。在我国，公共管理学者讨论政府绩效评价立法与制度构建主要是侧重于对立法内容的研究，对于法律的完整体系构成则关注较少。行政法学者杨寅从行政法的角度设计并讨论关于建立政府绩效评估法律的立法宗旨、基本原则、基本步骤、内容以及对政府绩效评估行为的监督与审查等问题。[⑤] 这是学术界首次从法学的角度来研究政府绩效评价立法问题，对单一从行政学角度研究是一种有效补充。

另外，学者还对政府绩效评价方法、政府绩效与电子政府、政府绩效与绩效预算、绩效沟通与监管等问题进行了探讨。

---

① 唐任伍、唐天伟：《2002 年中国省级地方政府效率测度》，《中国行政管理》2004 年第 6 期。
② 桑助来、张平平：《政府绩效评估体系浮出水面》，《瞭望》2004 年第 29 期。
③ 吴建南、孔晓勇：《地方政府绩效评价指标体系的构建：以乡镇政府为例》，《理论与改革》2005 年第 5 期。
④ 邱法宗、张霁星：《关于地方政府绩效评估主体系统构建的几个问题》，《中国行政管理》2007 年第 3 期。
⑤ 杨寅、黄萍：《政府绩效评估的法律制度构建》，《现代法学》2004 年第 3 期。

三 我国政府绩效评价实践模式

（一）政府绩效评价模式研究现状

政府绩效评价模式是指在政府绩效评价实践过程中产生的可供"模仿"或比较的一个标准或范例。它体现出政府绩效评价构成要素及其评价过程各环节间的相互关系与作用方式。构成要素的组织方式或者评价流程的不同，绩效评价就会表现出不同的特点，进而形成了不同的模式。总结各具特色的政府绩效评价实践形式，提炼出不同的评价模式，对地方政府开展绩效评价有重要意义。从全国性的实践来看，英国地方政府绩效评价最显著的特点是中央保持高度的监控权，各级地方政府在绩效信息的收集与处理过程中，必须严格遵照英国审计委员会的规定。美国地方政府绩效评价则是通过国家级绩效评价研究组织和地方政府合作，在协商的基础上展开的。英国和美国地方政府绩效评价的实践形成了两种典型的模式。国内由于地区间发展差距较大，难以形成国家层面上的绩效评价模式，学者主要在地方政府层面上思考绩效评价模式问题。目前有两种观点在一定程度上被学术界接受：其一是按照评价对象把政府绩效评价分为普适性的政府机关绩效评价、具体行业的组织绩效评价和专项绩效评价三种模式；其二是根据绩效评价的实践特色，把政府绩效评价分为"甘肃模式"、"青岛模式"、"思明模式"和"珠海模式"[①]。这两种分类方式都存在相互间交叉重叠、边界不清的问题。而除此之外的分类尝试，大都没有得到认同。因此，探寻一个既能包括所有实践形式又能保证不同模式间边界清晰的模式划分标准，是学者面临的一个难题。

（二）政府绩效评价模式的划分依据

在绩效评价中，涉及四类相关者：评价主体、评价管理者、评价组织者和被评价者。其中，被评价者是被研究对象，它有义务提供相关的绩效信息。评价管理者，即政府内部成立的专门的政府绩效评价领导小组或委员会，负责对政府绩效评价活动进行宏观管理，拥有评价管理权；评价组织者，即组织实施评价的机构，主要负责组织评价过程和对评价信息科学处理并获得最终评价结果，拥有评价组织权；评价主体在组织机构的组织协调下对政府绩效做出判断，拥有具体评价权[②]。具体评价权是政府绩效评价的基础；评价组织权是政府绩效评价的核心；评价管理权是政府绩效评价科学、健康运行的保障。

政府绩效评价能否顺利达到预期的效果，在很大程度上取决于评价组织机构的组织和筹划，即评价组织权的使用。作为政府绩效评价的核心，评价组织权既可以属于政府内部的某一职能部门或专门的评价机构，也可以属于政府外部专业性绩效评价机

---

① 包国宪、曹西安：《我国地方政府绩效评价的回顾与模式分析》，《兰州大学学报》（社会科学版）2007年第1期。

② 包国宪、曹西安：《地方政府绩效评价中的"三权"问题探析》，《中州学刊》2006年第6期。

构。因此，根据评价组织权在政府内部还是在政府外部，可以把政府绩效评价模式分为内部评价模式和外部评价模式两大类。内部评价模式是指由政府及其部门组织实施的绩效评价，通常包括第一方评价和第二方评价。第一方评价是指政府部门组织的自我评价；第二方评价是指政府系统内，上级组织对下级的评价，在实际中常常由代表上级的考核办或评价办组织实施。外部评价也称为第三方评价，是指由独立于政府及其部门之外的机构组织实施的评价，它包括独立第三方评价和委托第三方评价。独立第三方评价是指外部机构自己负责组织实施的政府绩效评价；委托第三方评价是指外部机构受政府或其部门委托开展的政府绩效评价（见图1）。

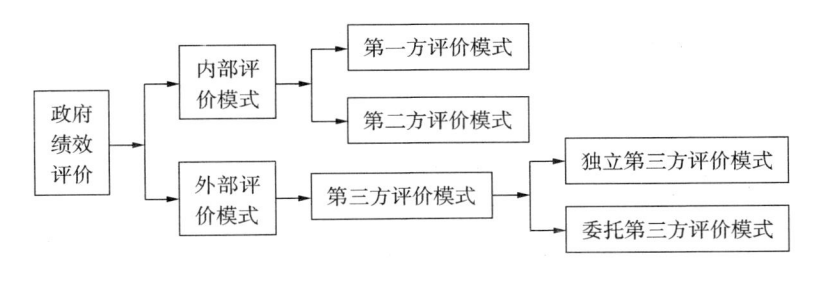

图1 政府绩效评价模式分类

（三）典型模式

根据前面的划分标准，我们对实践中各种政府绩效评价形式进行分析归类，列出三类典型的模式，即第一方评价模式，第二方评价模式和第三方评价模式（见表1）。

四 几点展望

从前面的分析中可以看出，学者对政府绩效评价理论体系的每一个方面都有所研究，并取得了一些成果。地方政府绩效评价实践活动形式多样，形成了各具特色的模式，积累了丰富的经验。但是，理论研究中还存在一些尚未解决的问题：首先，我国开展政府绩效评价的动力究竟是什么？西方国家开展政府绩效评价是因为政府陷于财政危机、信任危机和绩效危机。我国政府同样面临着绩效危机，但政治架构、行政体制等都与西方有明显的不同。因此，探寻我国政府绩效评价的动力源泉是学术界的一个重要问题。其次，政府绩效评价的体系构成及运行机制是什么？政府绩效评价是一个系统，整个系统的良性运行需要各个组成要素和各个实施阶段间的协调。因此，探索政府绩效评价的体系构成及运行机制是保证评价规范化的核心问题。再次，政府绩效评价的制度建设与立法问题。2009年3月26日哈尔滨市第十三届人民代表大会常务委员会第十五次会议通过了《哈尔滨市政府绩效管理条例》。该条例于2009年6月12日得到黑龙江省第十一届人民代表大会常务委员会第十次会议批准，自2009年10月1日起正式实施。这是全国第一个地方性的政府绩效评价法，是绩效评价立法探索的首次

表 1　　地方政府绩效评价实践典型模式

模式类型	模式名称	评价组织者	主要评价主体	评价管理者	评价主要目的	主要特点
第一方评价模式	运城地区行署"新效率工作法"	运城地区行署办公室	办公室工作人员	运城地区行署办公室	探索办公室工作的运行规律，提高行政效率	工作量化、质量优先、全面考核
第二方评价模式	烟台市"社会服务承诺制"	市建委承诺办公室	建委所属10个单位的服务对象	烟台市建委	解决行业服务态度差、服务质量低、群众意见多的问题	把监督权交给市民，动员全社会的力量来监督政府工作
	青岛市的目标管理绩效考核	青岛市目标管理绩效考核委员会办公室	市考核办、专家评估组等	青岛市目标管理绩效考核委员会	打造高绩效的政府组织，落实各项重大决策，提升城市的核心竞争力	督事、评绩、考人、查纪相结合的新督查模式
	杭州市"满意不满意单位"评选	杭州市级机关满意单位不满意单位评选活动领导小组办公室	市民、政府代表、社区党政负责人、企业代表、专家学者等	杭州市级机关满意单位不满意单位评选活动领导小组	转变机关工作作风，提高服务水平，优化发展环境，促进杭州和谐健康发展	评价主体广泛、根据单位性质分类计分排序、评选结果与奖惩挂钩
	杨浦区机关部门工作目标管理绩效评估	杨浦区机关工作目标管理绩效考核办公室	人民群众、互评部门、职能部门、分管领导	杨浦区机关工作目标管理绩效考核领导小组	拓宽社情民意渠道，提高公务员的综合素质和竞争意识	评价主体广泛、网上评议得分记入最后结果
	厦门思明区公共部门绩效评估	思明区机关效能建设工作领导小组办公室	临时评估组、普通群众、部门直管领导	思明区机关效能建设工作领导小组	打造一个"事要办好、钱要花少、人民还要满意"的绩效型政府	开发了一套政府绩效评估的系统软件，以提高政府能力为目标
	珠海市"万民评议政府"	珠海市委直属机关工作委员会	党代表、人大代表、政协委员、企业和公民	珠海市委	加强"高效率办事、高质量服务、让人民群众满意"的机关作风建设	机关作风建设的组成部分，企业为主要评价主体
	沈阳市"市民评议政府"	沈阳市政府纠风办	普通市民	沈阳市政府	加强机关建设、深化政务公开，推进民主法制化建设	参与范围广、评议内容较全，是政府主导的民意测评
	漳州市机关效能建设	漳州市机关效能建设工作领导小组办公室	效能监督员、机关单位负责人、服务对象等	漳州市机关效能建设工作领导小组	推进机关作风改变，优化经济发展环境	突出考核工作业绩，变单一的考核评比为政府自身能力建设
	南通市机关作风建设和目标责任制考核	绩效考评指导委员会综合办、目标办、作风办、督查办	市领导、群众、审核组、考评组和监督组	南通市绩效考评指导委员会	提升机关的工作绩效和人民群众对党委、政府的满意程度	将部门分为党政综合服务、政府经济管理、行政执法、垂直管理四类进行考核
第三方评价模式 委托第三方	甘肃省非公有制企业评议政府绩效	兰州大学中国地方政府绩效评价中心	有代表性的非公有企业、省政府评议组和评议工作专家委员会	甘肃省非公有制企业评议政府部门活动领导小组	通过非公有制企业评价政府绩效，以制定发展非公有企业的政策	由外部机构组织实施、非公有制企业为主要评价主体，评价过程透明
第三方评价模式 独立第三方	广东省市、县两级政府整体绩效评价	华南理工大学公共政策评价中心	18—70岁常住人口、中心研究人员	华南理工大学公共政策评价中心	激发公众议政热情，为政府改善绩效提供参照系	外部机构独立组织实施、评价主体为普通公民

注：本表是笔者根据公开资料整理制作而成。

尝试。但是，政府绩效评价的制度建设与立法问题，仍是研究中非常薄弱的一个领域。最后，随着国内外行政改革的深入和社会经济环境的变化，政府绩效评价自身的发展演变也将进入一个新的阶段，在新的阶段政府绩效评价的内涵是什么，形态是什么，也是学者需要思考的重要问题。

结合我国正处于社会转型期的具体国情和行政体制改革的需求，以及政府绩效评价的研究进展和当前面临的问题，我们认为未来若干年中国政府绩效评价研究的重点方向包括如下几个方面：

1. 系统全面地梳理目前各地政府绩效评价实践模式，提炼出其核心功能、本质和适用环境。各地政府绩效评价有不同的背景和目的，不同的侧重点，结果的使用也各不相同。因此，理清每一种实践形式的来龙去脉，才能为不同的地方政府选择采用不同的绩效评价形式提供理论指导，同时也为构建我国政府绩效评价框架体系奠定实践基础。

2. 研究构建我国政府绩效评价的框架体系。在吸收国外政府绩效评价体系建设的经验基础上，根据我国的政府组织形式和职能设置，构建我国政府绩效评价框架体系，从而使我国的政府绩效评价走上科学化、规范化的轨道。

3. 探索推动全国范围内的政府绩效评价立法途径。西方国家绩效评价的历程显示，政府绩效评价的法制化是我国的必然选择。西方国家的发展路径是先由中央政府出台政府绩效评价的相关行政规章，在实施一段时间后进一步修正完善规章内容，再以国家法律的形式颁布实施。我国也可以采用这种模式，先由中央政府制定行政条例，经实践后再由人大制定法律颁布实施，这其中有一系列理论问题需要研究。

4. 由政府绩效评价逐步走向公共治理评价，由提高政府绩效走向提高公共治理绩效[①]。政府绩效评价基于政府是公共事务的唯一管理者而言，而公共治理绩效评价则基于政府是公共事务的管理主体之一而言。在公共治理主体构成中，企业和公民社会都是不可或缺的重要主体。由政府独自提供公共产品与服务的局面将逐渐被由政府、企业与公民社会三者合作共同提供所代替。因此，由政府绩效评价走向公共治理评价将是未来的趋势，相关理论研究也就面临重要的任务。

（作者　包国宪：教授、博士生导师，兰州大学管理学院院长，兰州大学中国地方政府绩效评价中心（CCLGPE）主任，全国政府绩效研究会副会长、甘肃省管理学会会长；周云飞：兰州大学管理学院博士生）

---

① 包国宪、周云飞：《中国公共治理评价的几个问题》，《新华文摘》2009 年第 9 期。

中国政府绩效管理研究态势与热点主题

沙勇忠　解志元　韩　亭　张　华

一　引言

我国政府绩效管理的学术研究始于20世纪80年代，一方面引进、介绍西方国家的政府绩效管理理论，另一方面结合我国行政管理体制改革的实际进行本土探索，政府绩效管理作为新的管理理论的确立及其实践应用，推动了我国地方政府及公共部门的绩效评估及管理活动。进入21世纪以来，政府绩效管理的理论研究迅速发展，截至2009年10月，研究文献达到1087篇，一批政府绩效管理的专门研究机构相继成立，定期和不定期的学术会议频繁召开，政府绩效管理成为大学中的课程、研究方向或专业，成为公共管理学科的一个热点领域，显著地改变了国内公共管理学科的学术追求、研究内容和学科结构。

本文运用文献分析方法，考察中国政府绩效管理的研究进展、热点主题、研究特点及应用情况，期望得出一些具有价值的认识，促进我国政府绩效管理的学术研究和理论发展。

二　样本库的建立与研究方法

（一）样本库的建立

本文研究借助中国知网数字出版平台（http://www.edu.cnki.net/），选择其中中国学术期刊网络出版总库、中国博士学位论文全文数据库、中国优秀硕士学位论文全文数据库、中国重要会议论文全文数据库为文献分析的样本来源。该库囊括了中国国内8200多种综合期刊与专业特色期刊的全文，是国内最具权威的中文期刊全文数据库。具体方法是对1989—2009年10月的文献，在主题字段下查找到与"绩效管理"和"政府"相关的文献共计15098篇，采用主题检索避免了关键词不全造成的文献遗漏，适用于本文的研究路线，并在此基础上人工筛选出与本研究有关的1087篇文献作为研究的基础数据。

(二) 研究方法

在对基础数据进行描述性统计分析的同时,我们得出高产作者排名,并对这些高产作者运用 ACA 方法[①]进行了聚类分析,得出了有意义的结论。为了证明这一结论,我们又将基础数据中被引文献排名前 50 位的论文进行了同被引聚类处理,即:两篇文献如果同时被后来的某一篇或者多篇文献引用,则称这两篇文献为同被引。如果同被引次数越多,说明它们在引用者看来具有共同的特点。得出的结果充分佐证了我们的结论。同时,结合文献关键词运用内容分析法[②],在大量阅读文献的基础上,我们确立了 10 个热点研究主题并进行主题分布的分析。最后,对国内这 10 个热点主题领域所进行的研究进行阐述,并总结出中国政府绩效管理的特点和发展趋势。

三 中国政府绩效管理的研究状况一般描述

(一) 文献的增长状况

本研究在检索资料时将时间跨度尽可能拉大,在进行筛选后得到的文献绝大部分分布在 2003 年到 2009 年,并呈现逐步稳定的增长态势。2008 年文献稍有回落,2009 年的文献异常则是研究时间所决定的。

从国内政府绩效管理文献年度增长量图(见图1)中,我们可以清楚地看到 2001 年之前,国内研究政府绩效管理的文献很少,很多行政管理领域的学者并没有关注绩效管理。而从 2002 年开始,研究文献总体上呈快速增长态势,说明政府绩效管理已经成为一个重要研究领域,并越来越受到重视。

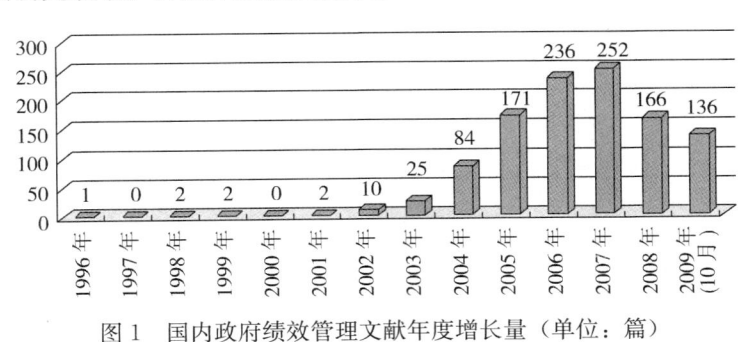

图 1 国内政府绩效管理文献年度增长量(单位:篇)

数据:1996年1篇、1997年0篇、1998年2篇、1999年2篇、2000年0篇、2001年2篇、2002年10篇、2003年25篇、2004年84篇、2005年171篇、2006年236篇、2007年252篇、2008年166篇、2009年(10月)136篇。

---

① ACA 属于同被引分析法,其全称是作者同被引分析(Author Co-citation Analysis)。这种方法从特定学科或特定领域的核心著者的同被引入手,探讨学科结构和流派等问题。

② 内容分析法:内容分析是一种在常规阅读文献的途径之外,系统、客观地对文献内容进行分析的专门方法。内容分析法最大的特点就是定量与定性相结合,它提供了信息量化的新方式,推进了定性分析的系统化。

（二）核心作者的确定

核心作者①的确定对于我们认识一个研究领域的研究群体具有十分重要的作用。在核心作者确定过程中，在样本数据的基础上，按照第一作者统计发表文献的数量，得到最高的吴建南和彭国甫各11篇，其次包国宪9篇，我们选取了发文量在3篇及以上的前25位作者（见表1）。然后将这25位作者作为分析对象，进行同被引分析，并用Ucinet制成下图（见图2）。

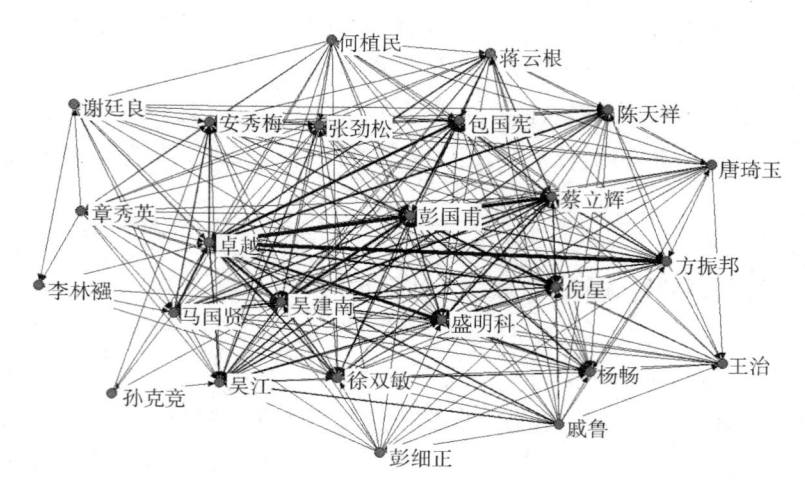

图2 高产作者同被引情况

每个节点代表一名作者，节点与节点间的线条代表同被引关系。两点间有连线就说明这两名作者被同时引用过，连线越粗说明这两名作者同被引的次数越多，也就表明二者关系越近。彭国甫、卓越、蔡立辉、吴建南、盛明科之间连线很粗，说明其同被引次数较多，相互之间学术联系紧密。

另外，作者发文的被引频次也是确定核心作者很重要的指标，为了保证研究的科学与全面，我们进一步关注了基础数据中被引频次在前50位的高被引作者文献（见表2）。

表1 发文量较多的作者列表

序 号	作者姓名	发文数量	作者单位
1	吴建南	11	西安交通大学公共政策与管理学院
2	彭国甫	11	湘潭大学管理学院
3	包国宪	9	兰州大学管理学院
4	盛明科	7	湘潭大学管理学院
5	安秀梅	5	中央财经大学财政与公共管理学院
6	倪星	5	武汉大学政治与公共管理学院

---

① 核心作者：在一个研究领域发文量较多，所发文章被引频次较高的作者群体，是一般意义上的学科带头人。

续表

序号	作者姓名	发文数量	作者单位
7	徐双敏	5	中南财经政法大学公共管理学院
8	杨畅	5	湖南省社会科学院科研处
9	吴江	4	西南大学政治与公共管理学院
10	卓越	4	厦门大学公共事务学院
11	陈天祥	4	中山大学行政管理研究中心
12	张劲松	4	南京师范大学管理学院
13	孙克竞	4	东北财经大学
14	蔡立辉	3	中山大学政务学院
15	马国贤	3	上海财经大学公共政策研究中心
16	彭细正	3	信息产业部电子第五研究所
17	王治	3	华中科技大学管理学院
18	方振邦	3	中国人民大学
19	蒋云根	3	华东师范大学法政学院
20	李林褆	3	成都信息工程学院
21	唐琦玉	3	湖南行政学院公共管理教研部
22	谢廷良	3	国防科技大学信息系统与管理学院
23	章秀英	3	浙江师范大学法政经济学院
24	何植民	3	江西农业大学人文与公共管理学院
25	戚鲁	3	南京理工大学经济管理学院

表2　　　　　　　　　　　被引频次前50位的文章列表

序号	作者姓名	文献名	发表期刊	被引频次	发表年
1	蔡立辉	西方国家政府绩效评估的理念及其启示	清华大学学报（哲学社会科学版）	385	2003
2	蔡立辉	政府绩效评估的理念与方法分析	中国人民大学学报	345	2002
3	中国行政管理学会联合课题组	关于政府机关工作效率标准的研究报告	中国行政管理	236	2003
4	彭国甫	对政府绩效评估几个基本问题的反思	湘潭大学学报（哲学社会科学版）	219	2004
5	卓越	公共部门绩效评估的主体建构	中国行政管理	177	2004
6	张小玲	国外政府绩效评估方法比较研究	软科学	123	2004
7	刘旭涛，许铭桂	论绩效型政府及其构建思路	中国行政管理	102	2004
8	臧乃康	政府绩效评估及其系统分析	江苏社会科学	101	2004
9	颜如春	关于建立我国政府绩效评估体系的思考	行政论坛	87	2003
10	朱火弟，蒲勇健	政府绩效评估研究	改革	85	2003
11	范柏乃，朱华	我国地方政府绩效评价体系的构建和实际测度	政治学研究	85	2005
12	徐双敏	我国实行政府绩效管理的可行性研究	中南财经政法大学学报	84	2003
13	张定安，谭功荣	绩效评估：政府行政改革和再造的新策略	中国行政管理	73	2004

续表

序号	作者姓名	文献名	发表期刊	被引频次	发表年
14	朱立言,张强	美国政府绩效评估的历史演变	湘潭大学学报（哲学社会科学版）	73	2005
15	雷达	新公共管理对绩效审计的影响及对我国绩效审计发展的启示	审计研究	72	2004
16	吴建南,阎波	政府绩效：理论诠释、实践分析与行动策略	西安交通大学学报（社会科学版）	72	2004
17	吴建南,温挺挺	政府绩效立法分析：以美国《政府绩效与结果法案》为例	中国行政管理	68	2004
18	姜晓萍,刘汉固	建设"服务型政府"的思路与对策	四川大学学报（哲学社会科学版）	67	2003
19	祝建兵,王春光	论公务员考核制度改革	江西行政学院学报	66	2003
20	吴建南,郭雯菁	绩效目标实现的因果分析：平衡计分卡在地方政府绩效管理中的应用	管理评论	66	2004
21	何翔舟	论政府成本	中国行政管理	64	2001
22	周晓玮	我国公务员绩效测评的困境与原因初探	理论探讨	63	2003
23	李燕凌	政府绩效管理障碍的制度分析	重庆大学学报（社会科学版）	63	2002
24	包国宪	绩效评价：推动地方政府职能转变的科学工具——甘肃省政府绩效评价活动的实践与理论	中国行政管理	62	2005
25	徐友浩,吴延兵	顾客满意度在政府绩效评估中的运用	天津大学学报（社会科学版）	60	2004
26	倪星,余凯	试论中国政府绩效评估制度的创新	政治学研究	59	2004
27	唐铁汉	加强政府绩效管理　深化行政管理体制改革	中国行政管理	58	2006
28	宁有才	英国政府绩效评估及其启示	行政与法（吉林省行政学院学报）	58	2004
29	周志忍	政府绩效管理研究：问题、责任与方向	中国行政管理	56	2006
30	彭国甫	地方政府公共事业管理绩效评价指标体系研究	湘潭大学学报（哲学社会科学版）	56	2005
31	母天学	对美国政府绩效考评活动的考察	行政论坛	56	2001
32	倪星,李晓庆	试论政府绩效评估的价值标准与指标体系	科技进步与对策	54	2004
33	蔡立辉	政府绩效评估：现状与发展前景	中山大学学报（社会科学版）	54	2007
34	桑助来	建立科学的政府绩效评估制度	中国人才	52	2004

续表

序号	作者姓名	文献名	发表期刊	被引频次	发表年
35	刘文俭，王振海	政府绩效管理与效率政府建设	国家行政学院学报	48	2004
36	陈学安	建立我国财政支出绩效评价体系研究	财政研究	48	2004
37	杨皓然	西方国家政府绩效评估的理念及其借鉴意义	学术论坛	45	2005
38	曾志柏	英国地方政府绩效管理及其对中国的借鉴意义	云南行政学院学报	44	2003
39	周志忍	公共组织绩效评估：中国实践的回顾与反思	兰州大学学报（社会科学版）	43	2007
40	田萱	公共管理背景下的政府绩效评估	理论导刊	40	2003
41	吴建南，孔晓勇	地方政府绩效评价指标体系的构建：以乡镇政府为例	理论与改革	40	2005
42	胡宁生	构建公共部门绩效管理体系	中国行政管理	39	2006
43	吴建南，庄秋爽	测量公众心中的绩效：顾客满意度指数在公共部门的分析应用	管理评论	39	2005
44	倪星	地方政府绩效评估指标的设计与筛选	武汉大学学报（哲学社会科学版）	39	2007
45	周志忍	政府绩效评估中的公民参与：我国的实践历程与前景	中国行政管理	38	2008
46	林鸿潮	美国《政府绩效与结果法》述评	行政法学研究	38	2005
47	蒋容	中国政府绩效评估现状及其完善	黑河学刊	35	2003
48	吴振兴	改进我国公务员绩效评估制度的思考	华南热带农业大学学报	35	2003
49	包国宪，孙加献	政府绩效评价中的"顾客导向"探析	中国行政管理	33	2006
50	卓越	政府绩效评估指标设计的类型和方法	中国行政管理	32	2007

综合上述分析，我们得出政府绩效管理领域的权威作者，他们是：彭国甫、蔡立辉、吴建南、盛明科、卓越、包国宪、倪星、马国贤。由于发文被引存在时间延迟，一些专家学者所发文章并没有达到很高的被引数据，所以未能进入核心作者群。

（三）主要研究机构

在发文量较多的作者列表中（见表1），我们看到的高产作者的单位大部分是国内政府绩效管理研究的主要机构。比如：湘潭大学、西安交通大学、兰州大学、中山大学、厦门大学等聚集了一批学科带头人，形成了良好的学术团队，支撑起了研究机构。在对合作完成文献进行考察后我们发现，浙江大学、兰州大学、四川大学、南开大学、江西农业大学、华南师范大学、成都信息工程学院等高校在跨机构合作方面表现活跃。

（四）研究文献类型分析

本研究检索出的文献主要有期刊论文、博士论文和硕士论文。其中839篇来自期刊，248篇来自博、硕论文。

（五）合作研究的情况

本研究选用的1087篇文献中，单个作者完成的文献量是785篇（博硕论文248篇占了单个作者完成文献量的31.59%），占72.2%；两个作者合作完成的文献量是245篇，占22.5%；三人以及三人以上合作完成的文献量是57篇，仅占5.3%（见图3）。

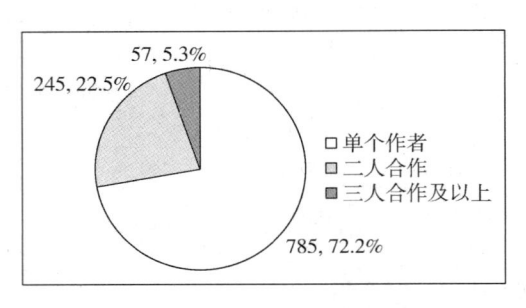

图3 国内政府绩效管理文献合作情况

在合作完成的302篇文献中，跨机构合作完成文献量为75篇。多来自高校和高校之间、高校和中央、地方政府之间以及高校研究机构和地方职能部门之间，凸显了合作的多元化发展趋势。总体来看，整体机构合作活跃度并不高，但是局部地域内的跨机构合作却较为活跃。

四 中国政府绩效管理的认识地图分析

（一）核心作者聚类龙骨图

对将1087篇文献进行统计得出的发文量在3篇及以上的前25位作者进行分层聚类，得出聚类龙骨图（图4）。结合作者发表的文献内容，我们得出，目前我国的绩效管理研究仍比较分散，没有形成明显的研究领域，高产作者的研究成果在诸多方面都有涉及。这与国外绩效管理的研究有较大差距，在我们所作的研究当中，可以很清晰地得出国外研究的领域，且各领域内的研究较之我国程度更深、更透彻，也更加全面。这将是我国绩效管理研究今后亟待改善之处。

（二）被引前50位论文聚类龙骨图

为了进一步证明我们得出的这一结论，我们将1087篇基础文献中被引频次高居前50位的论文进行了分层聚类，得出聚类龙骨图（图5）。可以看出，聚类得出的每一领域中研究的内容是庞杂的。例如：在得出的10、13、15、16、17、18、19、20、21、22、24、29、33、36、39、41、43、45、48这19篇论文中，有对绩效审计的研究（如第15篇雷达的《新公共管理对绩效审计的影响及对我国绩效审计发展的启示》），有从

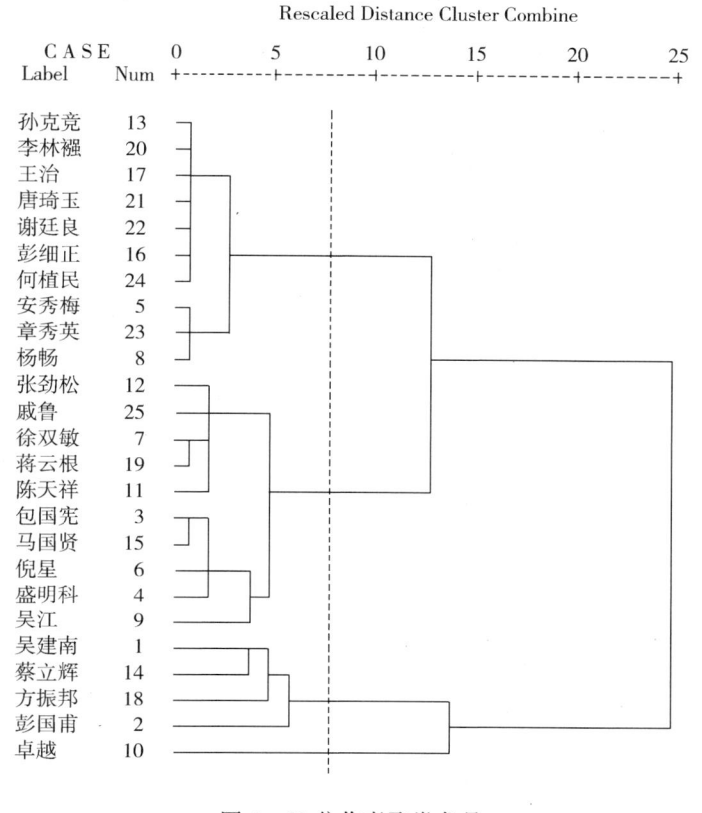

```
                    Rescaled Distance Cluster Combine
          C A S E    0         5        10        15        20        25
          Label  Num +---------+---------+---------+---------+---------+
         孙克竞   13  ─┬─┐
         李林褆   20  ─┘ ├─┐
         王治     17  ───┘ ├─┐
         唐琦玉   21  ─┬─┐ │ │
         谢廷良   22  ─┘ ├─┘ ├───────────┐
         彭细正   16  ───┘   │           │
         何植民   24  ─┬─────┤           │
         安秀梅    5  ─┤     │           │
         章秀英   23  ─┤     │           │
         杨畅      8  ─┘     │           │
         张劲松   12  ─┬─┐   │           │
         戚鲁     25  ─┘ ├─┐ │           │
         徐双敏    7  ───┘ ├─┘           │
         蒋云根   19  ─┬─┐ │             │
         陈天祥   11  ─┘ ├─┘             │
         包国宪    3  ───┘               │
         马国贤   15  ─┬─┐               │
         倪星      6  ─┘ ├─┐             │
         盛明科    4  ───┘ ├─────┐       │
         吴江      9  ─────┘     ├───────┘
         吴建南    1  ─┬─┐       │
         蔡立辉   14  ─┘ ├─┐     │
         方振邦   18  ───┘ ├─────┘
         彭国甫    2  ─┬───┘
         卓越     10  ─┘
```

图 4　25 位作者聚类龙骨

经济学角度提出并论述政府成本问题的（如第 21 篇何翔舟的《论政府成本》），也有侧重研究我国地方政府绩效评估指标体系的（如第 41 篇吴建南与孔晓勇的《地方政府绩效评价指标体系的构建：以乡镇政府为例》），还有侧重研究政府绩效评估中的公民参与问题的（如第 45 篇周志忍的《政府绩效评估中的公民参与：我国的实践历程与前景》）。由此可以得出，我国学者对政府绩效管理的研究十分宽泛，内容上比较重视综合研究，研究的深度有所欠缺。

五　中国政府绩效管理研究热点主题

政府绩效管理研究已迅速成为中国公共管理研究的新课题和研究成果的新增长点，其研究主题主要集中在以下几个方面。

（一）国外相关研究成果和实践经验的介绍与借鉴

绩效评估是绩效管理的一个重要方面，国内很多学者研究政府绩效评估始于对英、美等国家政府绩效评估研究成果和实践经验的介绍和借鉴。蔡立辉教授指出，绩效评估是西方国家在现存政治制度的基本框架内、在政府部分职能和公共服务输出市场化

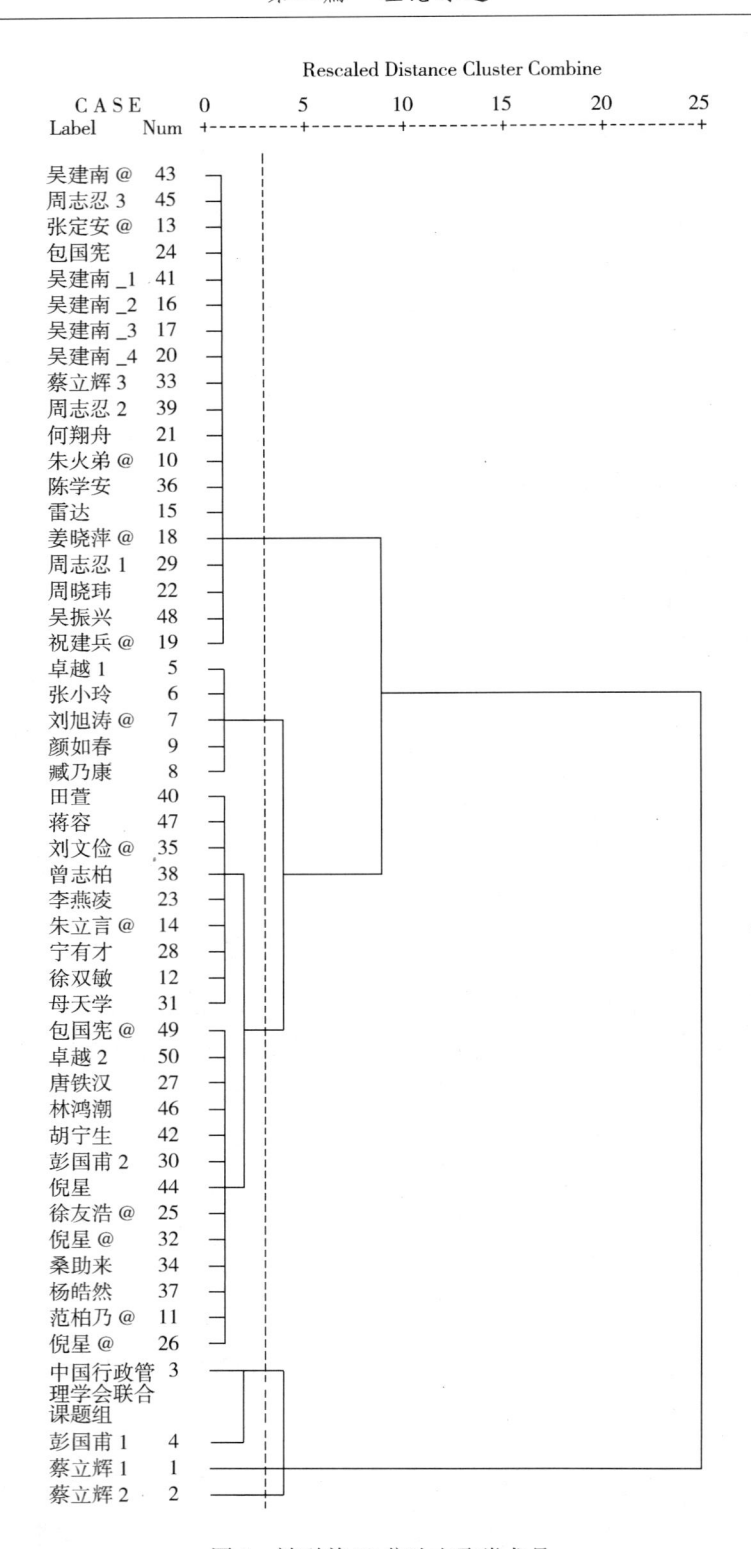

```
                    Rescaled Distance Cluster Combine
     C A S E    0        5       10       15       20       25
     Label  Num +--------+--------+--------+--------+--------+
   吴建南@     43
   周志忍 3    45
   张定安@     13
   包国宪      24
   吴建南_1    41
   吴建南_2    16
   吴建南_3    17
   吴建南_4    20
   蔡立辉 3    33
   周志忍 2    39
   何翔舟      21
   朱火弟@     10
   陈学安      36
   雷达        15
   姜晓萍@     18
   周志忍 1    29
   周晓玮      22
   吴振兴      48
   祝建兵@     19
   卓越 1      5
   张小玲      6
   刘旭涛@     7
   颜如春      9
   臧乃康      8
   田萱        40
   蒋容        47
   刘文俭@     35
   曾志柏      38
   李燕凌      23
   朱立言@     14
   宁有才      28
   徐双敏      12
   母天学      31
   包国宪@     49
   卓越 2      50
   唐铁汉      27
   林鸿潮      46
   胡宁生      42
   彭国甫 2    30
   倪星        44
   徐友浩@     25
   倪星@       32
   桑助来      34
   杨皓然      37
   范柏乃@     11
   倪星@       26
   中国行政管   3
   理学会联合
   课题组
   彭国甫 1    4
   蔡立辉 1    1
   蔡立辉 2    2
```

图 5 被引前 50 位论文聚类龙骨

以后所采取的政府自利方式，也是公众表达利益和参与政府管理的重要途径和方法，反映了政府管理寻求社会公平与民主价值的发展取向，贯穿了公共责任与顾客至上的管理理念。① 兰州大学管理学院沙勇忠教授通过文献计量分析和知识图谱分析，得出国际上政府绩效管理研究形成了四个核心知识区域或研究范畴，并详细介绍了国际政府绩效管理研究具体有 10 个热点主题，即绩效测量、政府公共服务质量、绩效管理的价值取向、绩效预算、绩效评估体系与机制、公共组织的绩效评估、政府绩效管理的多元参与、电子政府与绩效改进、政府人力资源管理与绩效改进、绩效管理的立法研究。② 张小玲系统介绍了国外通用的"3E"评价法、标杆管理法、平衡记分卡法三种政府绩效的评估方法，深入分析了这三种方法的政府绩效评估准则、指标设计特征、评估程序与实施方法、运用背景以及存在的主要问题，扼要总结了国外政府绩效评估的成功经验。③ 吴建南、温挺挺以美国 1993 年颁布的《政府绩效与结果法案》（GPRA）为例，分析了该法案实施中出现的诸多问题，并在总结这些经验教训的基础上，提出了我国未来政府绩效立法的基本思路。④ 朱立言、张强从项目评估、部门评估到跨部门评估等方面详细介绍了当代美国联邦政府绩效评估的方法和技术，揭示了对我国当前政府绩效评估理论和实践的启示。⑤ 杨皓然认为，政府绩效评估作为一项有效的管理工具，贯穿于西方国家公共责任和顾客至上等管理理念中，提出我国政府绩效评估的发展处于初级阶段，在政府绩效评估的程序、制度等方面都存在许多问题，需要借鉴西方国家的经验，结合我国的具体国情，在实践中不断完善。⑥

（二）政府绩效审计与财政管理

关于绩效审计与财政税务管理、公共支出等相关问题，陈学安⑦指出，我国财政支出绩效评价工作主要存在缺乏统一的法律保障，没有明确的管理机构，缺乏科学、规范、合理的指标体系，工作内容不完整以及结果约束乏力等问题，并针对存在的诸多问题提出了建立我国财政支出绩效评价体系的思路与建议。戚啸艳等⑧认为，绩效审计是政府财务管理系统的重要环节，是构建绩效责任导向型政府、提升政府施政能力的现代管理工具。健全的绩效审计制度则是提升审计质量、实现审计目标的必要保障。其以历史为视角，比较、分析英国、美国以及我国绩效审计制度的变迁与特征，进而

---

① 蔡立辉：《西方国家政府绩效评估的理念及其启示》，《清华大学学报》（哲学社会科学版）2003 年第 1 期。
② 沙勇忠、王义、刘海娟、孔令国：《政府绩效管理研究的知识图谱与热点主题》，《公共管理学报》2009 年第 7 期。
③ 张小玲：《国外政府绩效评估方法比较研究》，《软科学》2004 年第 5 期。
④ 吴建南、温挺挺：《政府绩效立法分析：以美国〈政府绩效与结果法案〉为例》，《中国行政管理》2004 年第 9 期。
⑤ 朱立言、张强：《美国政府绩效评估的历史演变》，《湘潭大学学报》（哲学社会科学版）2005 年第 5 期。
⑥ 杨皓然：《西方国家政府绩效评估的理念及其借鉴意义》，《学术论坛》2005 年第 1 期。
⑦ 陈学安：《建立我国财政支出绩效评价体系研究》，《财政研究》2004 年第 8 期。
⑧ 戚啸艳、王昊、易仁萍：《中外绩效审计制度变迁及我国现行制度体系完善的思考》，《审计研究》2005 年第 6 期。

就我国现行的绩效审计制度体系的完善提出相关建议。马国贤教授[1]认为，由于财政效率处于绩效管理制度建设核心地位，因此，对公共支出绩效管理的研究必须从财政效率开始。在此基础上，该学者将政府绩效管理基本理论归结为"一观三论"，即："花钱买服务、花钱买效果"的预算观；公共委托——代理论；结果导向管理理论；为"顾客"服务论。王宗军和王治[2]指出，受过去重收入轻支出思想的影响，有关公共财政收入理论的研究要比公共财政支出理论研究丰富得多、深入得多。其以新公共管理运动为研究背景，在分析政府采购支出绩效评价发展的基础上，重点考察了新公共管理视角下政府采购支出绩效评价的主要特点，以及其对中国政府采购支出绩效管理的若干有益启示。吴建南、李贵宁和侯一麟[3]以特定乡镇政府为对象，采用文献探讨、年度财政资料分析以及深度访谈等定性研究方法，揭示在特定资源禀赋条件下，中国地方政府组织财政管理与其绩效关系主要是通过财政管理调控组织首要领导的角色冲突程度来间接作用的，得出整体财政管理体制尤其是事权与财权的严重不对等，是造成现阶段乡镇政府绩效不佳的根本原因的结论，进而提出如果不尽快调整财政管理体制，会进一步加剧乡镇政府的不作为并使绩效水平较低的状态进一步恶化。另有孙克竞[4]揭示了政府预算绩效管理背后深刻的公共经济学理论背景，深入分析了政府预算绩效管理与其公共经济学理论基础间的逻辑关系，并对我国政府预算绩效管理改革的开展提出了有益的思考。

（三）地方政府绩效评估

对地方政府绩效管理的研究，国内学者大多从绩效评估的角度着手并深入，旨在构建地方政府绩效评估的科学的指标体系。如湘潭大学彭国甫教授通过深入研究，提出了衡量地方政府公共事业管理绩效的业绩指标、成本指标、内部管理指标3方面共计33项指标。[5] 厦门大学卓越教授设计了一套地方政府通用评估指标，由基本指标与指标要素或评判方法两个层次54项指标构成，主要包括思想建设、组织建设、政风建设、制度建设、一票否决、依法行政、举止文明、环境规范等15个方面。[6] 兰州大学中国地方政府绩效评价中心则指出，政府绩效评价指标体系应由职能履行、依法行政、管理效率、廉政勤政、政府创新5个一级指标，经济运行等14个二级指标，40个三级指标构成。[7]

---

[1] 马国贤：《政府绩效管理原理研究》，《扬州大学税务学院学报》2005年第2期。
[2] 王宗军、王治：《新公共管理运动对提高政府采购支出绩效的启示》，《经济与管理》2005年第11期。
[3] 吴建南、李贵宁、侯一麟：《财政管理、角色冲突与组织绩效——面向中国乡镇政府的探索性研究》，《管理世界》2005年第12期。
[4] 孙克竞：《公共经济学视角下的政府预算绩效管理改革思考》，《南京财经大学学报》2008年第4期。
[5] 彭国甫：《地方政府公共事业管理绩效模糊综合评价模型及实证分析》，《数量经济技术经济研究》2005年第11期。
[6] 卓越：《公共部门绩效评估初探》，《中国行政管理》2004年第2期。
[7] 兰州大学中国地方政府绩效评价中心课题组：《兰州试验：第三方政府绩效评价新探索》，《城市管理》2005年第3期。

中山大学倪星教授[①]在政治合法性基础转型所带来的新的价值标准指导下，从投入—管理—产出（结果）的框架出发，将投入指标划分为人力资源与财政资金；对管理指标的设置，侧重从政府的行政能力、廉洁程度、服务能力、政策制定与执行状况等方面考核政府运行过程中的各方面绩效；产出与结果指标则细分为经济发展水平、人民生活质量、政治民主程度、社会稳定与秩序、生态环境、教科文卫六个方面。

除指标体系研究外，还有学者从理念、体制、模式以及方法等各个层面，对地方政府绩效管理进行研究。如蒋意桥[②]指出，当前地方政府绩效考核中"政府本位"的价值取向应向"民众本位"转变，同时以经济性、公平性、稳定性、公开性、政策回应性等作为衡量政府绩效的标准。邓向青[③]认为，针对我国地方政府绩效评估体制存在的问题，要通过立法、培育和完善多元化的政府绩效评估主体、建立多重评估机制等手段进行建设与完善。兰州大学中国地方政府绩效评价中心包国宪教授则在理论研究的基础上将地方政府绩效评价概括为四种模式：甘肃模式、青岛模式、思明模式和珠海模式，并对这四种模式的本质、特点、适用条件、发展与完善等进行了初步探析。[④] 罗良清、刘逸萱[⑤]在论述标杆管理基本原理和回顾政府绩效评价相关理论的基础上，阐述如何将标杆管理法理念引入到地方政府绩效评估中并加以应用。同时，从政府绩效评价标准、绩效评价指标、绩效审计及绩效评价总结四个方面论述标杆管理对政府绩效评价系统的改进，并分析了标杆管理对我国地方政府绩效评价体系的借鉴意义。

（四）政府绩效评估信息与电子政务

对电子政务绩效进行评估是国内外理论研究的重点和前沿课题，是经济学、公共管理学和计算机科学共同关注的焦点。国内学者对电子政务绩效的研究主要集中在以下几点：一、从评估体系角度研究电子政务建设与实施的绩效。如马连杰等[⑥]从成本收益的角度设计了一套绩效评估指标，主要包括项目投资、项目运行管理、项目维护、电子政务机会成本以及效率提高程度、公开透明度、公民服务、对企业服务等衡量指标。杨剑等[⑦]研究如何应用平衡记分卡（BSC）方法对电子政府的绩效进行全面评估，并在此基础上提出了一套电子政府BSC绩效评估指标体系，该指标体系围绕财务、顾客、内部过程和学习与发展四个维度，基于电子政府全流程的管理实况而建立，结合

---

① 倪星：《地方政府绩效评估指标的设计与筛选》，《武汉大学学报》（哲学社会科学版）2007年第2期。
② 蒋意桥：《地方政府绩效考核价值取向及评价标准的完善》，《哈尔滨商业大学学报》（社会科学版）2006年第3期。
③ 邓向青：《试论当前我国地方政府绩效评估体制的创新》，《湖南行政学院学报》2007年第6期。
④ 包国宪、曹西安：《我国地方政府绩效评价的回顾与模式分析》，《兰州大学学报》（社会科学版）2007年第1期。
⑤ 罗良清、刘逸萱：《标杆管理在地方政府绩效评估中的应用》，《统计教育》2006年第1期。
⑥ 马连杰、胡新丽、张晓莲、韩华：《论我国电子政务绩效评估体系的构建》，《湖北社会科学》2005年第11期。
⑦ 杨剑、梁樑、古继宝：《基于BSC的电子政府绩效指标体系的构建》，《科技管理研究》2006年第1期。

了"服务"和"技术"两方面的特征，并注重其操作性，有利于推动电子政府的绩效管理。彭细正[1]认为，电子政务绩效评估体系主要包括评估模型、指标体系、评估方法、绩效确定方法。评估模型主要包括评估对象及其范畴，有综合评估模型（"面"模型）和项目评估模型（"点"模型）；指标体系是对评估模型的具体细化，包括建设产出、应用效果和投资绩效三个层面的范畴。建设产出的评估内容包括系统基础架构、系统功能、系统保障和系统环境变革四个一级指标；应用效果的评估内容包括公众满意度、政府满意度和系统成熟度三个一级指标；投资绩效的评估内容包括资金投入和资源投入两个一级指标；评估方法包括一套最佳实践的调查问卷、现场考察等方式来获取具体指标值的数据采集方法。二、从评估的制度角度研究电子政务绩效。如张锐昕教授指出，各级政府在承担电子政务工程时应当建立电子政务评估制度，对自身的电子政务实施状况进行考评，以制度机制来规范和引导电子政务建设工作，逐渐构建起有效率的电子政务。三、从信息资源角度研究电子政务绩效。如颜佳华和盛明科[2]认为，政府绩效信息资源的开发与共享是政府绩效管理的基础工程，应将其纳入政府信息化建设和电子政务发展的宏观战略，以提高政府公共决策水平和公共服务质量。更有学者将绩效理论上升为顶层设计的驱动理念，用于体现绩效管理的导向作用和驱动能力，为推进协同型电子政务提供方法保障。[3]

此外，邓崧[4]认为电子政务价值评估是政府绩效评估中的重要内容，也是提升政府绩效的必然要求，应对其予以足够重视。而唐斌[5]则从政务流程的角度提出，应将政务流程再造与电子政务建设相结合，积极利用信息网络技术以实现再造。

（五）公务员绩效评估

政府绩效评估中的重要一环是公务员的绩效评估体制的建立和完善，它是政府绩效评估的基础，是提高政府绩效的重要手段。周晓玮[6]指出，国家公务员的考核制度是我国公务员绩效测评的制度化形式，由于公务员考核具体制度的设计和政府组织自身的制度特征，承担着评价、管理、激励与监督四个方面功能的公务员考核，在实际考核工作中存在较大的障碍，造成了公务员绩效测评必然面临重重困境。吴振兴[7]从我国公务员考核制度实施中的问题出发，提出了改进我国政府绩效评估的几点建议：建立健全科学的评价系统；必要的立法保障；建立多重评估体制。秦立春[8]从我国基层政府公务员绩效考评研究存在许多空白的现状出发，提出了我国基层政府公务员绩效考评

---

[1] 彭细正：《电子政务绩效评估体系探讨》，《信息化建设》2005年第5期。
[2] 颜佳华、盛明科：《基于网络技术的政府绩效信息资源开发与共享研究》，《电子政务》2006年第6期。
[3] 樊博：《绩效驱动的电子政务信息共享及协同应用》，《图书与情报》2008年第4期。
[4] 邓崧：《论政府绩效下的电子政务价值评估》，《情报杂志》2007年第9期。
[5] 唐斌：《基于信息网络的政务流程再造》，《电子政务》2005年第22期。
[6] 周晓玮：《我国公务员绩效测评的困境与原因初探》，《理论探讨》2003年第3期。
[7] 吴振兴：《改进我国公务员绩效评估制度的思考》，《华南热带农业大学学报》2003年第1期。
[8] 秦立春：《我国基层政府公务员绩效考评工作刍议》，《中国行政管理》2003年第7期。

的基本框架，以改进基层政府公务员的考评工作，推进基层政府公务员绩效考评的规范化、制度化、科学化，促进基层政府公务员管理体制的创新。汪灵艳和王萌林[1]在系统梳理行政生态学相关理论脉络和主干内容的基础上，科学考察了我国经济、政治、文化环境对公务员考核制度的评价功能、管理功能、激励功能、监督功能作用发挥的影响，逐步推进了行政体制改革、行政文化创新、政府人事制度改革和法律环境构建，使绩效管理系统趋向于均衡化或稳定化，促进了系统与环境协调发展。孟凡仲[2]认为，当前我国公务员考核中存在的弊端是阻碍公务员队伍整体素质提高的症结所在，也是造成政府绩效水平不高的根本原因。在借鉴国外公务员绩效考核的经验的同时，作者提出了完善我国公务员绩效考核的相关对策。孙震[3]从心理契约的研究出发，将其与公务员绩效管理相结合，提出如何在政府中建立有效的心理契约形成机制的策略，来完善公务员绩效管理，帮助政府更好地实现目标。

（六）政府绩效评估的模型、指标体系与评估方法

选择评估方法是政府绩效评估的关键环节，是确保政府绩效评估得出准确结论的重要前提。至今国外政府绩效评估发展最具代表性的评估方法主要有三种——3E评价法、标杆管理法和平衡记分卡法。有的学者以顾客满意度方法，从被服务者——顾客的角度思考问题，来评估政府绩效的好坏优劣。它把政府当成一个组织，从组织外部对政府组织进行评估，评估结果比较公正、合理。[4] 还有的学者在政府绩效评价过程中运用了模糊综合评估模型。[5] 在3E和4E评估标准的基础上，美国州政府将标杆管理法运用于政府绩效评估，通过广泛征询地方政府、立法机关、普通市民、商业团体、慈善机构和专家学者的意见，建立了Oregon州政府绩效评估体系。[6] 吴建南、孔晓勇设计了反映政府内部管理能力和为公众提供服务的"内外兼具"的绩效评价模型，以乡镇政府为例，通过乡镇政府内部管理系统的学习与成长、内部流程和财务三个层面对为公众提供服务的外部系统进行评价。[7] 此外，国内学者还研究了许多其他方法和模型，如彭国甫、李树丞提出了层次分析法；马雁军、赵国杰提出了DEA模型；颜佳华等提出了BP人工神经网络模型；盛明科、李林提出了因子分析法；马国贤提出了样本基准分析方法。

政府绩效评估指标体系的构建是评估整体流程的要点和难点，所以鉴定和选择绩

---

[1] 汪灵艳、王萌林：《公务员绩效考核制度的行政生态环境分析》，《长春市委党校学报》2006年第8期。
[2] 孟凡仲：《国家公务员绩效考核策略研究》，《社会科学战线》2007年第5期。
[3] 孙震：《基于心理契约的我国公务员绩效管理研究》，广西民族大学2009年硕士论文。
[4] 徐友浩、吴延兵：《顾客满意度在政府绩效评估中的运用》，《天津大学学报》（社会科学版）2004年第4期。
[5] 彭国甫：《地方政府公共事业管理绩效模糊综合评价模型及实证分析》，《数量经济技术经济研究》2005年第11期。
[6] 范柏乃、朱华：《我国地方政府绩效评价体系的构建和实际测度》，《政治学研究》2005年第1期。
[7] 吴建南、孔晓勇：《地方政府绩效评价指标体系的构建：以乡镇政府为例》，《理论与改革》2005年第5期。

效评估指标体系就成为我国绩效评估的研究热点。范柏乃和朱华[①]提出了一套我国地方政府绩效评估指标体系。该评估体系由职能指标、影响指标和潜力指标3个一级指标，11个二级指标以及33个三级指标构成。适用于全面系统地评估我国地方各级政府，特别是市、县级政府的绩效和业绩状况。还有的学者归纳了我国政府绩效评估指标体系的具体内容：1. 国民经济，包含三个方面：（1）GDP总量、人均值及其增长率；（2）产业结构；（3）就业率与失业率。2. 人民生活，包含三个方面：（1）人均收入及其增长率、恩格尔系数；（2）基尼系数；（3）社会保障实施情况。3. 科教文卫，包含五个方面：（1）科技进步；（2）教育发展；（3）文化事业；（4）卫生和防疫；（5）计划生育。4. 生态环境。5. 社会治安。6. 其他指标，如重大案件和事故、施政成本、公众满意度等。[②] 此外，兰州大学中国地方政府绩效评价中心的研究结果是市、州政府绩效评价指标体系由职能履行、依法行政、管理效率、廉政勤政、政府创新5个一级指标，经济运行等14个二级指标，40个三级指标构成。省政府所属职能部门绩效评估、评价指标体系由职能发挥与政策水平、依法行政、政风与公务员素质、服务质量4个一级指标，职能发挥等9个二级指标，31个三级指标构成。[③] 彭国甫教授认为能够用于评价地方政府或者地方政府某一个部门、某一个岗位的绩效的指标是多种多样、数量可观的，但进行地方政府公共事业管理绩效评价时，不可能也没有必要面面俱到，只能选择那些以绩效评价目的为依据的评价指标进行评价，否则，不仅绩效评价没有可操作性，而且也会失去意义，没有什么评价的价值。[④]

（七）政府绩效评估的现状、存在问题及对策

政府绩效评估已成为中国政府管理创新的重要举措，同时也成为中国政府行政效率提升的必要条件，但中国政府绩效评估尚处于起步阶段，还存在诸多不足。蒋满元[⑤]分析了目前我国政府绩效评估体系及评估中存在的突出问题：一是我国传统的政府绩效评估工作存在着明显的政府自我评估和以简单化的数量指标来衡量政绩的倾向；二是缺乏系统的理论指导；三是对绩效评估的概念不一，对绩效评估的范围不清，并始终没有建立起一套完善的政府绩效评估的指标体系和方法；四是由于评估程序没有规范化并存在很大的随意性，因而评估结果很难做到客观公正，甚至是完全流于形式；五是政府的绩效评估过程既缺乏媒体监督，同时又带有较明显的封闭性与神秘性；六是开展评估所必需的相关配套措施不完备。兰州大学管理学院包国宪教授则以2004年甘肃省非公有制企业评价政府绩效活动为研究对象，以国内外已经开

---

① 范柏乃、朱华：《我国地方政府绩效评价体系的构建和实际测度》，《政治学研究》2005年第1期。
② 倪星、李晓庆：《试论政府绩效评估的价值标准与指标体系》，《科技进步与对策》2004年第9期。
③ 兰州大学中国地方政府绩效评价中心课题组：《兰州实验：第三方政府绩效评价新探索》，《城市管理》2005年第3期。
④ 彭国甫：《地方政府公共事业管理绩效评价指标体系研究》，《湘潭大学学报》（哲学社会科学版）2005年第3期。
⑤ 蒋满元：《政府绩效管理的制度障碍及其制度创新分析》，《改革研究》2005年第6期。

展的政府绩效评价实践为参照,结合西方先进的绩效评价理论,对甘肃省这次实践的总体思路、指标体系、评价方法、评价过程以及模式创新进行了研究。有的学者则认为,绩效指标难以制定、绩效评估难以进行等障碍因素都是表面原因,而根本原因来自政府官僚机构和政府管理人员的障碍。① 还有的学者从我国的基本国情出发,分析了我国政府绩效管理的主要障碍。中国是一个发展中的社会主义国家,这个基本国情决定了在我国,政府实行绩效管理,不论是理论上还是现实中都会遇到显著的困难。②

关于政府绩效提升对策的研究方面,唐铁汉③归纳出我国政府绩效管理亟待解决的几个问题:1. 全面建立法治化、制度化与科学化的政府绩效管理体系;2. 探索完善我国政府绩效评估的指标体系;3. 加快建立绩效预算制度与绩效审计制度。吴建南和阎波④根据相关理论诠释、构思了面向地方政府绩效测量实践的行动策略:1. 制定政府绩效行动策略的基本思路,内容主要包括:整合现有政府绩效活动;实现政府绩效评价相关活动的创新;协调各利益相关主体,力求形成最佳方案。2. 改革政府绩效评价,内容主要包括评价机制、评价指标两个方面。3. 推行政府绩效管理。

(八)政府绩效评估的法律制度

考察国外政府绩效管理先行一步并有所成效的国家,其做法往往是运用法制的要求、科学的方法、标准的程序,对政府的实绩和结果作出客观的、正确的评价,在此基础上采取切实有效的措施以改善和提高公共管理绩效。为此,如何加强政府绩效管理的法制建设,将其纳入制度化、规范化、科学化的轨道,是当前我国在推进行政体制改革、优化政府绩效管理过程中需要认真探索的实践性课题。⑤ 周丽君等在研究美国《政府绩效和结果法》(GPRA)的基础上,结合我国政府绩效管理的现实特点,提出我们要建设的国家是法制国家,没有法制就不会有绩效改革的成功。⑥ 蒋云根还针对近年来我国一些地方政府进行绩效评估尝试过程中存在的问题,提出需要通过制定必要的法律法规,规范政府绩效评估的过程,以进一步提高政府绩效评估的实际效果,包括:1. 为政府绩效评估制定必要的法律法规;2. 依法完善政府绩效评估的主体;3. 依法规范政府绩效评估指标体系;4. 加强政府绩效评估的申诉制度建设;5. 完善政府绩效评估的法律问责制度。⑦ 吴建南从研究美国《政府绩效与结果法》存在的问题角度入手,总结经验教训,为我国未来政府绩效立法

---

① 李燕凌:《政府绩效管理障碍的制度分析》,《重庆大学学报》(社会科学版)2002年第4期。
② 徐双敏:《我国实行政府绩效管理的可行性研究》,《中南财经政法大学学报》2003年第5期。
③ 唐铁汉:《加强政府绩效管理,深化行政管理体制改革》,《中国行政管理》2006年第3期。
④ 吴建南、阎波:《政府绩效:理论诠释、实践分析与行动策略》,《西安交通大学学报》(社会科学版)2004年第3期。
⑤ 蒋云根:《略论政府绩效管理及其法制化建设》,《广东行政学院学报》2006年第4期。
⑥ 周丽君、张凤军:《美国〈政府绩效和结果法〉对中国政府绩效改革的启示》,《电子科技大学学报》2006年第4期。
⑦ 蒋云根:《我国政府绩效评估法制化建设的路径思考》,《中国行政管理》2004年第9期。

提供借鉴。① 林鸿潮也认为美国《政府绩效与结果法》在实施中获得好评的同时，也表现出了绩效改革与传统行政法治秩序之间的固有矛盾，使得绩效与法治两种目标的冲突在美国的政府改革过程中日见突出。我国正在逐步深入的行政改革需要对此认真思考。② 国家行政学院的薄贵利教授③则指出，地方政府绩效管理制度包括依法明确地方政府绩效管理主体，实行地方政府绩效定期评估制度，推行地方政府绩效公开制度，建立地方政府绩效奖惩制度，实行地方政府绩效改进制度等方面。建立和完善政府绩效管理制度，有利于规范地方政府绩效评估，实现地方政府绩效评估与管理的制度化、规范化、科学化和常态化，以便更好地发挥绩效评估在地方政府管理中的作用，促进地方各级政府转变职能，提高效能。

（九）政府绩效评估的主体体系

由谁来评估政府绩效，直接影响到政府绩效评估的客观性、准确性和权威性。彭国甫④认为，我国政府绩效评估主体分为政府机关以外的外部评估主体和政府机关自身的内部评估主体。卓越教授提出公民，特别是评估对象的相对人作为评估主体，可以最直观地体现评估的满意特征，明确评估的价值取向，通过这样一种"使用者介入"机制，将事实与价值取向结合起来，可以增加评估模式的社会相关性。⑤ 臧乃康则提出绩效测定的主体要根据具体的绩效生产的过程来确定，在既定测定的框架内，不能既是绩效评估的主体，同时又是客体。⑥ 兰州大学中国地方政府绩效评价中心课题组对第三方专门机构评价政府绩效的意义极为重视，认为由第三方评价政府可以从更为广泛的视角看政府绩效，可以采用更科学的方法和形式衡量、测度政府绩效，把政府主导和公众参与有机地结合起来，从而避免政府绩效评价陷入"盲人摸象"的困境。⑦ 倪星、余凯认为，独立于政府的专业性评估机构既不同于政府内部的绩效评估，又不同于社会中普通公众的评估，因为该机构的组成人员比普通公众更具有胜任政绩评估这项工作的能力。由它来专司评估之职，可以使政绩评估职能与人事任免职能相分离，免受其他方面的干扰。⑧

（十）政府绩效评估价值取向

价值取向限制、决定着评价标准，所以确定正确的绩效评估价值标准是一项当前我国绩效管理工作的首要任务。倪星、余凯认为立足中国现实的政府绩效评估的价值

---

① 吴建南、温挺挺：《政府绩效立法分析：以美国〈政府绩效与结果法案〉为例》，《中国行政管理》2004年第9期。
② 林鸿潮：《美国〈政府绩效与结果法〉述评》，《行政法学研究》2005年第2期。
③ 薄贵利：《建立和推行地方政府绩效管理制度》，《国家行政学院学报》2009年第3期。
④ 彭国甫：《对政府绩效评估几个基本问题的反思》，《湘潭大学学报》（哲学社会科学版）2004年第3期。
⑤ 卓越：《公共部门绩效评估的主体建构》，《中国行政管理》2004年第5期。
⑥ 臧乃康：《政府绩效评估及其系统分析》，《政治学研究》2004年第2期。
⑦ 包国宪：《绩效评价：推动地方政府职能转变的科学工具——甘肃省政府绩效评价活动的实践与理论》，《中国行政管理》2005年第7期。
⑧ 倪星、余凯：《试论中国政府绩效评估制度的创新》，《政治学研究》2004年第3期。

标准应包括以下三个方面：一是效率与公平并重。二是效率与民主兼顾。三是经济增长和社会发展同步。上述三者共同作为政府绩效评估的价值标准，有利于充分体现政府存在的意义，更好地履行政府职能，提高公众对政府的认同感和满意度。[①] 李文艳、陈通归纳出，政府绩效的基本价值取向主要是增长、公平、民主、稳定、自由、进步。其中，增长和公平是经济绩效，民主和稳定是政治绩效，自由和进步是社会绩效。[②] 有的学者认为政府管理人本模式是对传统效率观的超越，是政府人本绩效理念的回归。[③] 还有的学者[④]在将我国社会主义核心价值观与绩效管理价值取向进行比较分析之后，指出以"富强、民主、文明、和谐"和"人本"为基本内容的社会主义核心价值观应成为我国当前政府绩效管理价值取向的实践方向和基本要求。兰州大学中国地方政府绩效评价中心认为评估中要坚持以公民为导向的原则，评估的内容、标准和指标体系的设计应从为公民服务的立场出发，同时在评价过程中要有公民的广泛参与，将公民的满意视为政府绩效评价的终极目标。

六　中国政府绩效管理研究趋势展望

（一）跨学科研究将受到高度重视

跨学科、多学科研究，尤其是自然科学和社会科学相结合的跨学科、多学科研究，既是学科发展提出的内在要求，又是解决日益复杂的实际问题的客观需要。政府绩效管理这一领域属于世界性难题，越来越呈现出复杂性、相互依存性的特征。而仅仅依靠公共管理学科自身的内在逻辑，去揭示社会现实，有其严重的局限性，无法全面、准确地揭示政府绩效管理的本质。所以，政府绩效管理研究迫切需要跨学科的视野。

国外政府绩效管理研究广泛涉及政治学、法学、管理学、经济学、心理学、社会学、系统理论与计算机信息科学等学科，这些学科从各自不同的角度丰富了政府绩效管理的理论基础、结构体系、研究方法和实践模式。国内学者已经认识到跨学科、多学科研究政府绩效管理的必要性与重要性，尝试从多学科视角分析，并得出了一些有益的结果。在今后一段时间内，跨学科研究必将得到我国学者的高度重视。

（二）学科研究范式将初步形成

范式是方法、模式或模型、共同体信念三者的有机统一。[⑤] 从国际政府绩效管理研究的成果来看，已经形成了以完善电子政府提高政府绩效、政府绩效的测量、公共组织绩效以及社会文化和政府绩效为核心知识区域或研究范式的较完整的学科内容。而

---

① 倪星、余凯：《试论中国政府绩效评估制度的创新》，《政治学研究》2004年第3期。
② 李文艳、陈通：《政府绩效评估的价值取向及我国政府绩效评估的完善》，《行政发展》2004年第6期。
③ 孔祥利、盛明科：《论政府绩效管理中的人本模式构建》，《江西行政学院学报》2003年第3期。
④ 曾豪杰：《社会主义核心价值观与我国政府绩效管理价值取向发展》，《黑河学刊》2009年第6期。
⑤ 蔡立辉：《公共管理范式：反思与批判》，《政治学研究》2002年第3期。

我国的文献分析显示，虽然国内政府绩效管理研究从多重视角出发，对政府绩效评估的理论基础、结构体系、研究方法与实践模式等进行了研究，呈现出系统化特点，并初步形成了中国政府绩效管理研究的宏观框架，但绩效管理的学科研究范式尚不清晰。随着国内研究的不断深入与拓展，学科研究范式的轮廓将会初步形成，促进适合我国国情的绩效管理体系的建立与完善，更好地指导绩效管理的实践活动。

（三）合作研究将进一步加强

在本研究选用的 1087 篇文献中，两个作者合作完成的文献量是 245 篇，占 22.5％；三人以及三人以上合作完成的文献量是 57 篇，仅占 5.2％。由此可以看到，国内关于政府绩效管理研究的合作活跃度还不是很强，跨机构、跨区域的合作研究仍比较弱，尤其是政府部门与专家学者之间，合作情况尤为薄弱。虽然我国绩效管理的实践开展较西方晚，但发展速度很快，政府各部门在理论的指导下纷纷开展本土化工作，有着丰富的实际操作经验，对绩效管理理论中存在的问题有着十分深刻的直观体会，这正是理论工作者所缺少的，如果政府部门能够和理论学者有效结合，对我国绩效管理的理论与实践的发展将会起到非常重要的作用。

（四）实证研究将进一步凸显

实证研究是政府绩效管理研究的本质特征和内在要求。面向实证的研究，可以避免理论成果被束之高阁，可以更好地发现理论研究的空白与缺陷。随着改革的深入，我国的政府绩效管理工作越来越引起人们的广泛关注，社会影响也越来越大，实证研究对于丰富政府绩效管理的研究方法、创新政府绩效管理理论、指导政府绩效管理改革，有着十分重要的意义。自 2003 年以来，我国政府绩效管理的研究文献虽呈快速增长的趋势，但其中实证研究所占比例却比较低，成为我国目前政府绩效管理研究的一个薄弱环节。可以预见，理论与实际相结合的实证研究将在以后的研究中得到重视和强化。

（作者 沙勇忠：兰州大学管理学院教授、博士生导师，兰州大学中国地方政府绩效评价中心（CCLGPE）副主任；解志元，韩亭：兰州大学管理学院行政管理专业硕士研究生；张华：兰州大学管理学院情报学专业硕士研究生）

国际政府绩效管理研究的知识图谱与热点主题

沙勇忠　王　义　刘海娟　孔令国

如果追溯政府绩效管理研究的学术源头，1938 年 Ridley C. E. 与 Simon H. A. 的经典著作《市政活动的测量》的出版，标志着学术界对政府绩效管理研究的开始。Fayol H. 的"一般管理理论"则以更宏观的视角把绩效管理从工商领域推广到其他组织，认为起源于企业的管理技术同样也适用于公共部门。20 世纪 70 年代以来，随着"新公共管理"运动在西方的兴起，绩效管理作为一个重要的改革工具开始在政府部门广泛应用，相应的理论研究开始迅速发展。同时，信息技术革命为绩效管理提供了强劲的技术支持，随着经济与社会的发展，公众对政府的要求不断上升，政府管理改革也促进了绩效评估的普遍应用，20 世纪 90 年代以来，政府绩效管理日益成为公共管理学科的研究热点。西方国家政府改革的实践表明，绩效管理对提升政府绩效起了积极的作用，成为改进公共管理的关键方式之一。

本文运用文献计量分析方法，对国外政府绩效管理领域的研究状况进行全面考察，通过知识图谱、热点主题和研究特点的描述和分析，期望得出一些有价值的认识，对我国政府绩效管理理论研究和实践发展有所启示。

一　分析样本的建立与研究方法

（一）分析样本的建立

以汤姆森科技信息集团的《社会科学引文索引》（*Social Science Citation Index*，SSCI）数据库为样本来源，检索得到 SSCI 收录的绩效管理研究文献 25906 篇；剔除关于企业和私有部门的绩效管理文献，得到政府绩效管理文献 620 篇，作为政府绩效管理研究状况整体描述的样本；再按照文献被引频次排序，选取前 30 篇高频被引文献进行知识图谱分析，对前 50 篇高频被引文献进行主题分析。高频被引文献是政府绩效管理领域最受关注的核心文献，对其分析可以反映当前研究热点。

检索式如下：Topic= (Government Performance Or Performance Management Or

Public Service Improvement Or Civil Service Or Public Policy Reform Or Performance Budgeting Or Performance Evaluation)

Timespan=All Years. Databases=SSCI

(二) 研究方法

应用频次分析方法描述国外政府绩效管理研究的概况，利用 SSCI 数据库的分析功能识别出本领域的核心作者（只统计第一作者）及核心研究机构。

使用文献同被引分析（Document Co-Citation Analysis）绘制政府绩效管理研究的知识图谱。文献同被引分析方法的原理是：两篇文献如果同时被后来的某一篇或者多篇文献引用，则称这两篇文献为同被引；同被引频次越高，说明它们之间的联系越紧密。因此，根据文献的同被引关系可以分析它们之间的亲疏关系，把它们分成若干类，根据各个类中文献的内容分析当前国外政府绩效管理的研究热点。

二 政府绩效管理研究状况整体描述

(一) 文献量增长

政府绩效管理研究兴起于 20 世纪 70 年代，90 年代以来受到广泛关注，文献量呈快速增长的态势（图 1）。

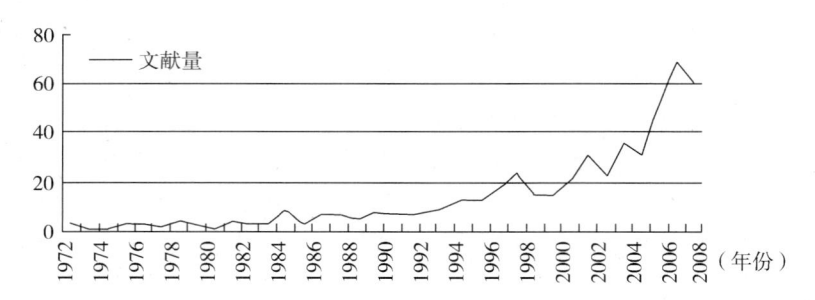

图 1 文献量增长态势（单位：篇）

(二) 核心作者

对作者发文量和被引用频次进行统计分析，可识别政府绩效管理领域的高产作者以及作者的学术影响力。本文识别出了发文量前 20 位和单篇被引频数前 20 位的作者（见表 1、表 2）。

表 1 发文量前 20 位的作者

序号	作者	篇数	序号	作者	篇数
1	Boyne G A	19	11	Potoski M	6
2	Walker R M	18	12	Downe J	5
3	Law J	10	13	Enticott G	5

续表

序号	作者	篇数	序号	作者	篇数
4	Andrews R	9	14	Martin S	5
5	Boyne G	7	15	Carmeli A	4
6	Moynihan D P	7	16	Halachmi A	4
7	Gould-Williams J	6	17	Kim S	4
8	Heinrich C J	6	18	Pandey S K	4
9	Meier K J	6	19	Powell M	4
10	O'toole L J	6	20	Thompson J R	4

表2　　　　　　　　　　　单篇论文被引频次前20位的作者

序号	作者	被引频次	序号	作者	被引频次
1	Porta R L	281	11	Kravchuk R S	28
2	Hoggett P	90	12	Meier K J	28
3	Moon M J	54	13	Marshall M N	28
4	Dixit A	48	14	Fletcher C	26
5	Knack S	39	15	Levy P E	26
6	Melkers J	34	16	Chandler D	26
7	West D M	33	17	Julnes P D	26
8	Theodore h. Poister	32	18	Rice T W	25
9	Meier K J	31	19	Behn R D	24
10	Boyne G A	31	20	Isham J	23

Boyne G A、Walker R M、Law J 发文量10篇及以上，是政府绩效管理领域领先的高产作者。单篇论文被引频次前20位的作者中，除Porta L R的论文被引频次超过200次外，其余都在100次以下，并且集中在25—35次之间。Porta L R的论文《The Quality of Government》被引频次高达281次，说明他在政府绩效管理领域具有突出的学术影响力；Meier K J 有两篇文献分别名列第9位和第13位，累计被引频次达59次，与Hoggett P、Moon M J、Dixit A、Knack S一起，是有显著学术影响力的作者。Boyne G A、Meier K J 同时出现在表1、表2中，说明他们既是高产作者，又具有高学术影响力。

（三）主要研究机构

从国别上看，政府绩效管理领域发文量前10位的机构美国6个，英国3个，中国1个（香港大学），可见美国和英国的政府绩效管理研究比较活跃，且处于领军地位。从类型上看，政府绩效管理研究机构主要集中在高校，说明高等院校是该领域的主要研究力量（见表3）。

表3　　　　　　　　　　　　发文量前10位的机构

序号	机构	篇数	国别	类型
1	Cardiff University	26	英国	高校
2	University Georgia	13	美国	高校
3	University Glamorgan	12	英国	高校

续表

序号	机构	篇数	国别	类型
4	Texas A&M University	12	美国	高校
5	University Hong Kong	12	中国	高校
6	University Wisconsin	10	美国	高校
7	Rutgers State University	10	美国	高校
8	Syracuse University	9	美国	高校
9	University Birmingham	9	英国	高校
10	American University	9	美国	高校

（四）核心期刊

按影响因子排序，政府绩效管理领域的核心期刊如表4所示。

表4　　　　　　　　　　政府绩效管理的核心期刊

序号	核心期刊
1	Public Administration Review
2	Public Administration
3	Public Money & Management
4	Local Government Studies
5	Journal of Public Administration Research and Theory
6	Journal of Policy Analysis and Management
7	Journal of Management
8	American Review of Public Administration
9	American Journal of Political Science
10	Publius - The Journal of Federalism

三　政府绩效管理研究的知识图谱分析

（一）知识图谱的整体描述

把从SSCI上检索的620篇政府绩效管理文献按被引频次（Times Cited）排序，选取被引频次前30位（最少的为15次）的文献（按第一作者标注）作为分析对象。当同一作者发表的单篇论文被引频次都在前30位时，视为不同作者的论文并用被引频次进行区分。把引用这30篇文献的所有文献套录下来进行同被引分析，并用Ucinet制成同被引可视图（图2）。

图中每个节点代表一篇文献（按第一作者标注），节点与节点间的线条代表同被引关系。两点间有连线就说明这两篇文献被同时引用过，连线越粗说明这两篇文献同被引的次数越多，也就表明两篇文献关系（主题）越近。

除了Marshall M N（Public Reporting on Quality in the United States and the United Kingdom），其他文献间都有同被引关系，且个别文献的同被引强度很高（最高达到16次）。文献Marshall M N单篇被引频次较高但没有同被引，这是因为该篇文献论

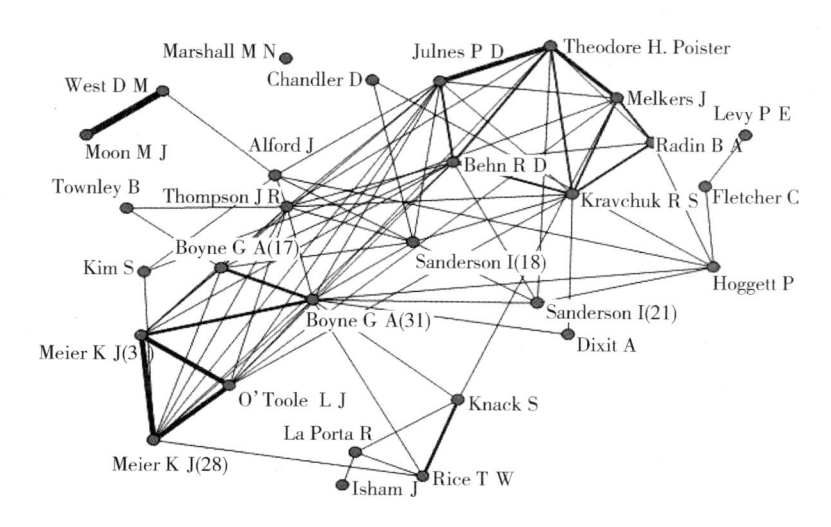

图 2 被引频次前 30 位的文献（按第一作者标注）同被引可视图

述的是美国和英国公立医院和私立医院质量改善中的政府工作及其绩效，它虽是政府医疗改革绩效的核心文献，但和其他主题相差较远。

把连线较粗的几篇文章归为一类，可以看出各类间还有一些细线连接。细线部分可以看成按粗线划分的大类的交集，包括绩效管理的价值取向、政府公共服务质量、绩效预算、电子政府与绩效改进、绩效评估体系与机制、政府人力资源管理与绩效改进、政府绩效管理的多元参与、绩效管理的立法研究等主题。

（二）知识图谱的结构描述

在图 2 的基础上把同被引强度（频次）低于 3 的节点间的线全部删除，得到政府绩效管理研究的知识图谱（图 3）。可以看出，国际政府绩效管理的主要研究内容分为Ⅰ、Ⅱ、Ⅲ、Ⅳ四类。

类Ⅰ为完善电子政府、提高政府绩效，包括 West D M（E-Government and the Transformation of Service Delivery and Citizen Attitudes）、Moon M J（The Evolution of E-Government among Municipalities：Rhetoric or Reality?）2 篇文献。

类Ⅱ为政府绩效的测量，包括 Poister T H（Performance Measurement in Municipal Government：Assessing the State of The Practice）、Julnes P D（Promoting the Utilization of Performance Measures in Public Organizations：An Empirical Study of Factors Affecting Adoption and Implementation）等 6 篇文献。

类Ⅲ为公共组织绩效，包括 Meier K J（Public Management and Organizational Performance：the Effect of Managerial Quality）、O'Toole L J（Plus Ca Change：Public Management, Personnel Stability, and Organizational Performance）等 5 篇文献。其中 Boyne G A、Meier K J 分别在此领域发表了两篇高被引文献，说明这两位作者在公共组织绩效研究中处于核心地位。

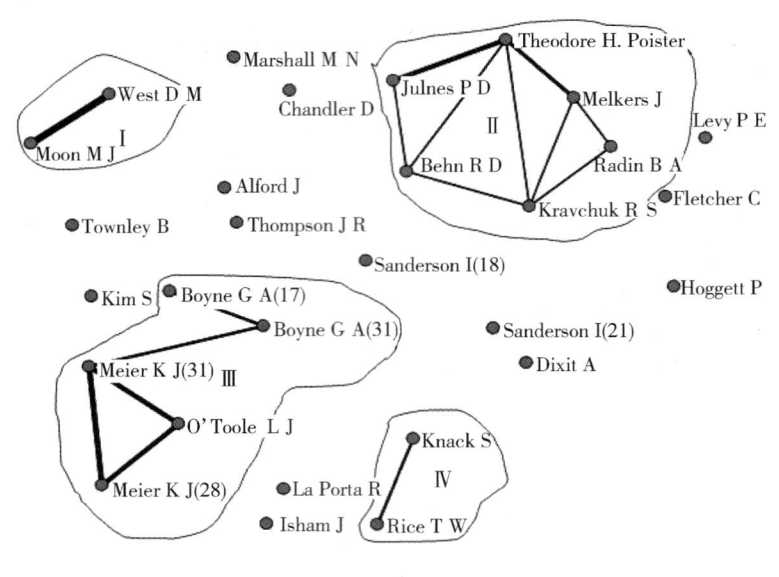

图 3　政府绩效管理研究的知识图谱

类Ⅳ为社会文化和政府绩效，包括 Rice T W（Civic Culture and Government Performance in the American States）、Knack S（Social Capital and the Quality of Government：Evidence from the States）2 篇文献。

对比图 2 可以看出，这四类研究内容是目前政府绩效管理研究中的热点，在一定程度上反映了政府绩效管理的学科结构。它们不是孤立的，而是有着不同程度的联系。类Ⅱ（政府绩效的测量）、类Ⅲ（公共组织绩效）之间的线条较多，联系较强，说明政府绩效测量和公共组织绩效的研究交集比较多。类Ⅰ（完善电子政府、提高政府绩效）、类Ⅳ（社会文化和政府绩效）和其他类之间的线条较少，联系较弱，说明这两个领域的研究相对独立。

四　政府绩效管理研究的热点主题

对被引频次前 50 位的文献结合同被引可视图和知识图谱进一步分析，得到政府绩效管理研究的 10 个热点主题。

（一）绩效测量

根据美国公共行政学会《绩效测量的概念和技术》一书的定义，绩效测量是指测量一个公共项目或一种公共行为达到顾客、消费者或股东所期望的后果或结果所取得的进展情况的一种方法。[①] 绩效测量能使官员保持对组织的责任和为绩效改进结果，也

---

① 彭国甫、盛明科：《深化中国政府绩效评估研究需要新的视野》，《湖南师范大学社会科学学报》2007 年第 1 期。

能帮助公民和顾客判断政府为他们所创造的价值，同时也为管理者提供了他们需改进绩效的数据。①

绩效测量具有战略管理和管理控制方面的多种用途，但不同的目的需要不同的测量方法。② 作为西方国家政府改革的一个有效工具，在过去的60年随着改革目标的变化其测量重点也不断改变，为政府效率和服务质量的提高做出很多贡献，但绩效测量本身也暴露出很多不足。Kravchuk R S和Schack R W研究了在《政府绩效与结果法》下设计更高效的绩效测量系统。③ Julnes P D研究了公共组织中影响绩效测量效用的因子，强调通过提供有效的绩效信息，达到提高绩效测量效用的目的。④ 此外，由于不同的绩效测量方法会产生不同的绩效信息，如何利用绩效信息进行决策成为政府必须面对的一个关键问题。⑤

（二）政府公共服务质量

在许多发展中国家，低质量的公共服务和治理限制了减贫和经济的规模增长。⑥ 公共部门（包括地方政府），已经转向一个更注重以结果为导向、以顾客为导向的方法来提供公共服务。⑦ Boyne G A的实证研究发现，决定公共服务绩效的主要因素有资源配置、市场结构、政策规制、组织优化与管理水平，而有效地利用外在资源和提升管理水平，对公共服务质量提升和绩效改进具有更为重要的意义。⑧ 同时，公共服务的改善是一个动态过程，本质上存在公平问题，其改善虽然建立在单个组织的绩效与效率上，但更多地关注多组织（Multi-Organizational）网络的绩效，将更有利于公共服务的绩效改进。⑨ 随着新公共管理理论的普及，美国很多地方政府尝试改革原来主要由政府提供公共服务的传统方式，引入市场机制，形成了多种替代性服务提供方式（Alternative Service Delivery，ASD），包括资产出售与转让、政府间协议、

---

① Behn R D, "Why Measure Performance? Different Purposes Require Different Measures", Public Administration Review 2003, 63 (5), 586—606.

② Ibid.

③ Kravchuk R S, Schack R W, "Designing Effective Performance Measurement Systems under Government Performance and Results of 1993", Public Administration Review 1996, 56 (4), 348—356.

④ Julnes P D, Holzer M, "Promoting the Utilization of Performance Measuring Public Organizations: An Empirical Study of Factors Affecting Adoption and Implementation", Public Administration Review 2001, 61 (6), 693—703.

⑤ [美] 菲利普·乔伊斯：《政府绩效测量的热点问题——来自美国的经验教训》，《西安交通大学学报（社会科学版）》2007年第5期。

⑥ Deininger K, Mpuga P, "Does Greater Accountability Improve the Quality of Public Service Delivery? Evidence from Uganda", World Development 2005, 33 (1), 171—191.

⑦ Robertson R, Ball R, "Innovation and Improvement in the Delivery of Public Services: The Use of Quality Management Within Local Government in Canada", Public Organization Review 2002 (2), 387—405.

⑧ Boyne G A, "Sources of Public Service Improvement: a Critical Review and Research Agenda", Journal of Public Administration Research and Theory 2003, 13 (3), 367—394.

⑨ Boyne G A, "What Is Public Service Improvement", Public Administration 2003, 81 (2), 211—227.

内部市场、合同外包、特许经营、凭单制、补助、志愿服务等。① 在实践上，英国政府在提高公共服务质量方面引进一系列新的措施，包括最好的价值、绩效测量、绩效监督、全面绩效评估（Comprehensive Performance Assessments）以及公共服务协议等。②

（三）绩效管理的价值取向

根据里根和撒切尔的市场化模型，克林顿的"重塑政府"以及布莱尔的"第三条道路"，顾客导向已经成为公共管理领域的新兴主题。③ 1993 年美国国家绩效评审委员会提交的第一份报告——《从繁文缛节到以结果为本——创造一个运行更好花钱更少的政府》（简称《戈尔报告》）所提出的改革四大原则的第二项即为"顾客优先的原则"，1994 年和 1995 年国家绩效评审委员会又出版了《顾客至上：服务美国民众的标准》和《顾客至上：1995 年服务美国民众的标准》两份报告重申和细化顾客至上原则；1993 年 3 月，英国以布莱尔为首的工党政府执政后发表了《政府现代化》白皮书，其核心是提高政府绩效，提出了要在 10 年之内打造一个更加侧重结果导向、顾客导向、合作与有效的信息时代政府。④

以结果为导向的绩效管理要求增加各级政府的绩效评估活动。⑤ 公共部门的改革已经引入市场关系和私营部门的管理方法，一种关于管理主义观念的问责制已经发展起来，它与绩效测量和监督密切联系，在地方政府的"最好的价值"框架中得到明显体现。⑥ Alford J 从基于社会交换的视角来确定公共部门的客户，验证了顾客导向的正确性。⑦

（四）绩效预算

绩效预算是集计划、预算和评估于一体的系统，强调资金预算和期望结果之间的关系。美国预算史上经历了五次重大的预算改革，即线性预算、绩效预算、项目预算、零基预算和新绩效预算。全国绩效评估委员会（National Performance Review，NPR）定义新绩效预算为"使命驱动（mission driven）、结果定位（results oriented）的预算"。Miller G J 认为新绩效预算将预算决策的重点从投入转向了最终结果，从而将效率绩效引入了公共预算。由于新绩效预算强调预算资金的配置必须与某种明确的产出

---

① 句华：《美国地方政府公共服务合同外包的发展趋势及其启示》，《中国行政管理》2008 年第 7 期。
② CAIRNS B, HARRIS M, Hutchison R, Tricker M, "Improving performance? The adoption and implementation of quality systems in UK Nonprofits", Nonprofit management and leadership2005, 16 (2), 135—151.
③ ALFORD J, "Defining the client in the public sector: A social-exchange perspective", Public Administration Review2002, 62 (3), 337—346.
④ 范柏乃：《政府绩效评估：理论与实务》，人民出版社 2005 年版。
⑤ HEINRICH C J, "Outcomes-Based Performance Management in the Public Sector: Implications for Government Accountability and Effectiveness", Public Administration Review2002, 62 (6), 712—722.
⑥ SANDERSON I, "Beyond performance measurement? Assessing 'value' in local government", Local Government Studies1998, 24 (4), 1—25.
⑦ ALFORD J, "Defining the client in the public sector: A social-exchange perspective", Public Administration Review2002, 62 (3), 337—346.

相关，并且要求使这种明确的产出结果化，符合公众的某种预期，这就使得预算资源的配置与公共支出的最终目的更加接近。① Schick A 对于如何提高公共支出的效率也进行了专门的研究。

在英美等国的实践中，绩效预算与绩效评估和绩效目标的结合非常紧密，"2005 年总体预算清楚地表明了项目绩效和项目预算之间的联系比往年更加紧密：被评为'有效'项目的资助平均增幅达 7%；'中等有效性'项目的资助平均增幅达 8%；而'勉强有效'项目的资助平均下降 1.6%；'无效'项目的资助平均下降 38%"②。

（五）绩效评估体系与机制

Boyne G A 认为，绩效评价指标设计的核心原则是绩效指标是否与组织绩效的重要方面相符。他分析了组织绩效的"3E"模型（Economy，Efficiency，Effectiveness）和"输入—输出—结果"模型（The Inputs - Outputs - Outcomes，IOO）的优缺点，提出了一个评估地方政府绩效的指标框架，其中包含产出、效率、服务产出、响应能力、民主产出 5 个主要领域 15 个具体层面的绩效指标，然后分别应用到 1993—2001 年英格兰地方政府指标的设置和评价以及 1994—2002 年威尔士地方政府指标的设置和评价中，结果显示，指标的有效性和可比性随着时间的流逝在本质上会发生变化。绩效考核指标决定于政府绩效管理的目的，并为其服务，直接影响到政府绩效管理的实践效果，要坚持获得完美的绩效指标可能只有失败。③

Kravchuk R S 和 Schack R M 为构建有效的绩效管理系统提出了十项原则：建立清晰连贯的使命，发展明晰可测量的战略，多方的参与，合理化组织结构，发展多样化的测量工具，考虑顾客关系，为每个使用者提供详细信息，定期回顾与更新测量，考虑自上而下和自下而上的结构特征，防止信息过度。④ 从评估方法上看，国外政府绩效评估最具代表的三种评估方法是"3E"评价法、标杆管理法和平衡计分卡法。"3E"评价法强调经济性、效率性、效果性。标杆管理法的指标体系比较全面，除了经济层面的指标外，还包括政府提供的公共产品指标。平衡记分卡法则明确提出政府要以长远的眼光对社会的发展做出远景规划，思考其在社会发展中应承担的使命，指导政府绩效评估。

（六）公共组织的绩效评估

公共部门绩效评估被誉为政府官员手中"最有效的管理工具"。公共组织绩效管理

---

① Miller G J, Hidreth W B, Rabin J, "Performance - Based Budgeting", Colorado：Westview Press2008, pp. 135—148.

② Mercer J. Omb's. "Program Assessment Rating Tool", (2002-7-20) [2008-7-20]. http：//www.john-mercer.com/omb_part.htm.

③ Boyne G A, "Concepts and Indicators of Local Authority Performance：An Evaluation of the Statutory Frameworks in England and Wales", Public Money & Management2002, 22 (2), 17—24.

④ Kravchuk R S, Schack R W, "Designing effective performance measurement systems under the Government Performance and Results Act of 1993", Public Administration Review1996, 56 (4), 348—353.

的研究是对公共行政的一个关键的挑战。① 公共部门绩效评估的发展是公共管理发展的必然要求。1907年,纽约市政研究局首次把以效率为核心的绩效评估技术应用到纽约市政府,运用社会调查、市政统计和成本核算等方法和技术,建立了评价政府活动的成本/投入(input)、评价政府活动的产出(output)、评价政府活动的结果(outcome)3种类型的绩效评价,在实践上开创了公共组织绩效评价的先河,在政府绩效评估历史上具有里程碑式的意义。②

美国公共生产力研究中心在1997年发布的《地方政府绩效评估简要指南》中提出了实施绩效评估的七大步骤:(1)鉴别要评估的项目;(2)陈述目的并界定所期望的结果;(3)选择衡量的标准或指标;(4)设置业绩和结果的标准;(5)监督结果;(6)业绩报表;(7)使用结果和业绩信息。Boyne G A 等在研究新公共管理及其影响时提出公共组织绩效包括响应力、效率和公平③,Pollitt C 持有相似观点,但他的标准更加宽泛,包括了节约、过程改善、效率提高、效益增加、整体的能力、灵活性、反应力增加等。④ Benowitz P S 和 Schein R 认为公共组织可以通过绩效管理来增进公众的信心,并重建公共组织在公众中的形象。Hoogenboezem J A 也指出绩效管理使政府可以对那些没有达到目标的公共部门做出相应的惩罚,以提高公共服务的质量。⑤ Donald R M 和 Teather G 提出了建立组织绩效管理文化三个要素:(1)对绩效信息在管理过程中所扮演的角色有一共同认识是十分必要的;(2)对这种认识有一个合适的组织激励和组织文化承诺来展示,包括高层领导的支持;(3)组织必须不仅能提供可信的绩效信息而且具有使用信息的能力。⑥

(七)政府绩效管理的多元参与

改善政府绩效管理的一个有效途径是引入公民参与机制。改进政府绩效管理必须取得民众的关注与参与,民众的关注与参与必定能有效地改进政府绩效管理。评估主体多元结构是保证公共部门绩效评估有效性的一个基本原则⑦,在评估过程中有公民和服务对象的广泛参与,由单纯的政府机关内部的评估发展到社会机构共同参与评估。政府、媒体(公众)和研究部门都可以作为评估者,并且引进第三方进行评估发挥着越来越重要的作用。第三方评估多是由领域内的专家和学者构成,且大都掌握专业知

---

① Nicholson-Crotty, O'Toole L J, "Public Management and Organizational Performance: The Case of Law Enforcement Agencies", Journal of Public Administration Research and Theory2004, 14 (1), 1—18.
② 朱立言、张强:《美国政府绩效评估的历史演变》,《湘潭大学学报(哲学社会科学版)》2005年第1期。
③ Boyne G A, "What Is Public Service Improvement", Public Administration2003, 81 (2), 11—227.
④ Pollitt C, Bouckaert G, "Public Management Reform", New York: Oxford University Press2000, 198—201.
⑤ Hoogenboezem J A, "Local Government Performance Indicators in Europe: An Exploration", International Review of Administrative Sciences2004, 70 (1), 51—64.
⑥ Donald R M, TEATHER G, "Measurement of S&T Performance in the Government of Canada: From Outputs to Outcomes", Journal of Technology Transfer2000, 25 (2), 223—236.
⑦ 卓越:《公共部门绩效评估的主体建构》,《中国行政管理》2004年第5期。

识，信息面较广，又与被评价者没有利益冲突，更能客观公正地做出评价。发达国家建立了专门的社会评估组织，鼓励有关专家学者和社会团体对各级政府绩效进行科学的诊断和评估，将政府自我的评估、上级评估与专家评估以及社会公众评估相结合，实现评估主体多元化。①

在绩效管理的评估主体中，政府绩效评估应以公民为中心，以公民满意为政府绩效的终极标准，评估过程有公民的广泛参与等。② Vigoda E 认为公民是公共部门运营的客户和主要受益人，所以他们应该参与到绩效评估的每一个过程中。③ Tat－Kei Ho 和 Coates K 认为公众在绩效测量实施中的参与，尤其是在选举议员中的合法参与，可以提高公众在决策过程中的价值。Putnam R D 最新的研究中报告了在意大利公民文化和政府绩效存在着紧密的联系。Rice T M 延伸了 Putnam R D 的研究，利用相似的方法构建了公民文化和政府绩效的指标，相关的结果表明公民的文化程度和政府绩效存在着显著的联系：公民文化程度越高，政府就倾向于制定更加自由创新的政策，相应的政府绩效将得到提高。即使在严格控制政治文化、思想、教育等其他因素的情况下，公民的文化程度依然与政府绩效紧密联系。④ Isham J 利用世界银行资助的政府绩效项目的跨国数据，研究了政治效能与政府治理的关系。发现公民自由与政府绩效有着密切联系，通过提高公民积极性，使其参与治理可以使政府更具效能。⑤

（八）电子政府与绩效改进

电子政府被定义为信息和通信技术（ICT）在政府设置中的应用。⑥ Schedler K 等认为，全面认识电子政府需要理解三个关键问题：（1）电子政府在网络环境下对信息技术的应用；（2）电子政府对公共行政中的组织问题的处理；（3）电子政府对公共行政与环境即顾客、供应者、公民、政府官员、商业等之间相互关系的把握。⑦ 在欧洲信息社会，现代政府使用的创新性信息通信技术已成为影响其竞争力和发展越来越重要

---

① 陈宝胜：《中国公共部门绩效管理发展趋势研究》，《经济与管理》2007 年第 10 期。
② Denhardt R B, Denhardt J V, "The New Public Service: Serving Rather than Steering", Public Administration Review2000, 60 (6), 549—557.
③ Vigoda E, "Are You Being Served? The Responsiveness of Public Administration to Citizens' Demands: An Empirical Examination in Israel", Public Administration2000, 78 (1), 165—191.
④ Rice T M, Sumberg A F, "Civic Culture and Government Performance in the American States", The Journal of Federalism1997, 27 (1), 99—114.
Isham J, Kaufmann D, Pritchett L H, "Civil liberties, democracy and the performance of government projects", World Bank Economic Review1997, 11 (2), 219—242.
⑤ Isham J, Kaufmann D, Pritchett L H, "Civil liberties, democracy and the performance of government projects", World Bank Economic Review1997, 11 (2), 219—242.
⑥ Gil - Garcia J R, Moyano M., "Understanding the Evolution of E - Government: The Influence of Systems of Rules on Public Sector Dynamics", Government Information Quarterly2007, 24 (2), 266—290.
⑦ Schedler K, Summermatter L, Schmidt B, "Managing the Electronic Government: From Vision to practice", Arizona: Information Age Publishing2004, 90—96.

的因素，公共机构被迫提高运行能力以变得更加快速有效。①

电子政府能够鼓励公民参与以及加快地方政府的现代化进程。② 美国各联邦政府都试图在财政紧缩和不断的变化中向顾客提供可支付的、易得到的并能够满足顾客需要的项目和服务。一个实现该目标的主要战略就是通过信息管理和信息技术的使用来精简业务，提高服务水平并可以为决策提供更好的信息。③ 而且，信息通信技术已成为管理改革的关键要素，电子政府在以后的政府治理中也会有显著的作用④，在某些方面，电子政府有潜力提供社会服务和反映公民的态度。⑤ 尤其需要重视的是，电子政府被证明是有潜力将公共行政塑造成更强调以顾客为导向的政府。⑥

（九）政府人力资源管理与绩效改进

政府绩效水平提升和服务能力改善的关键在于政府是否形成战略性人力资本管理的思想，并以此建立起一整套的人力资本管理系统。随着政府管理理念和管理模式的转变，传统公务员制度"已经成为官僚化墨守成规和信誉扫地的传统的化身"。⑦ 为了解决公务员制度的过度规制和对雇员权利的过度保护所带来的僵化和低效率等一系列问题，美国1978年实施的《公务员改革法案》（*Civil Service Reform Act*）将关注的重点放在了绩效上，"绩效评估、绩效工资、绩效红利、解雇绩效差的雇员、把雇员保护与绩效管理分开，通过这些措施就能集中关注雇员正在做什么、做得好坏。在美国公务员改革历史上，该法案首次把焦点集中在如何提高雇员的绩效"⑧。

Kellough J E 从实证的角度对美国州政府的人事改革进行了分析，认为立法的专业化、工会密度和失业率这些环境背景影响着人事改革的预测方向。其中，立法的专业化与公共人事改革呈正相关的关系，也就是说州政府的立法专业化程度越高，人事改革的可能性就越大。随着工会的密度的增加，改革的可能性越小。此外，研究表明州政府的经济情况的变化是公共人事改革的重要预测器。

---

① Wimmer M A, Codagnone C, Ma X, "Developing an e‐government research roadmap: method and example from e‐govRDT2020", Lecture Notes In Computer Science2007, 4656, 1—12.

② Cotterill S, King S. "Public Sector Partnerships to Deliver Local E‐Government: A Social Network Study", Lecture Notes In Computer Science2007, 4656, 240—251.

③ Shane B, "Implementing a Performance Measurement System in a Public Service Informatics Function", Optimum1998, 28 (3), 36—44.

④ Moon M J, "The Evolution of E‐Government among Municipalities: Rhetoric or Reality?", Public Administration Review2002, 62 (4), 424—433.

⑤ West D M, "E‐Government and the Transformation of Service Delivery and Citizen Attitudes", Public Administration Review2004, 64 (1), 15—27.

⑥ Schedler K, Summer matter L, "Customer orientation in electronic government: motives and effects", Government Information Quarterly2007, 24 (2), 291—311.

⑦ ［美］罗纳德·桑德斯：《美国的公务员队伍：是改革还是转型》，见国家行政学院国际合作交流部《西方国家行政改革述评》，国家行政学院出版社1998年版。

⑧ Ingraham P W, Moynihan D P, "Evolving Dimensions of Performance from the CSRA onward, the Future of merit‐twenty years after the Civil Service Reform Act", Cambridge: Cambridge University Press2000, pp. 103—126.

2004年，美国联邦政府人事管理办公室制定并颁布了一份指导联邦政府机构向人力资本战略管理转型的综合性文件——《人力资本评估与职责框架》，提出由三个层次构成的人力资本战略管理模式框架结构。第一层次是6条人力资本管理的"成功标准"，即战略联盟、劳动力规划与配置、领导与知识管理、成果导向绩效文化、才能、责任，它们形成人力资本战略管理的6个方向。第二层次是6条成功标准分解出来的16项"关键成功因素"，包括人力资本管理定位、机构间人力资本协作、劳动力分析、劳动力规划及配置、人才竞争、领导规划及其实施、变革管理、战略知识管理、学习与改进、绩效管理及奖赏、工作—管理关系等，它们可被看作成就6个方向期望成果的路径。第三层次由问题、肯定状况描述、建议的绩效指标三部分构成，"问题部分以询问句形式表述走向某一关键成功因素的具体路标，肯定状况描述是在肯定性回答某一问题时所应该符合的状况，建议的绩效指标则是指用以显示或证明某一关键成功因素方面取得进步的事实依据。"

（十）绩效管理的立法研究

政府绩效管理需要以法律法规作为依据。在20世纪90年代，美国国会专门为政府绩效评估制定了一系列法律[①]，如1993年的《政府绩效与结果法案》（GPRA）、1996年的《财务管理的改革法案》、1996年的《信息技术的改革立法》等。这些法律为绩效评估的实施提供了依据和保证，如White B所指出的，《政府绩效与结果法案》最重要的贡献是为当代联邦绩效评估建立了永久性的法律框架，为政府部门和国会提供了持续进行绩效评估的可能性。[②] 但西方学者对政府为保证绩效管理实施制定的法律法规也存在着某种程度的质疑。Kettl D F认为戈尔的"国家绩效评论"报告存在着两个令人伤脑筋的问题：一是如何提高政府绩效；二是缺乏一个清楚的战略来处理政府与国会的关系。[③] Moe R C则更进一步指出，效率或企业化运作的原则将违背民主程序中分权与制衡的理念，以市场机制解决公共问题基本上违背了政府存在的目的。[④]

五 政府绩效管理研究的特点

（一）跨学科的研究视角

跨学科（interdisciplinary）是混合多个学科进行问题解决的过程，在此过程中各

---

① [美] 尼古拉斯·亨利：《公共行政与公共事务》，中国人民大学出版社2001年版。
② White B, "Performance - Informed Managing and Budgeting for Federal Agencies: An Update [EB/OL]", (2003-6-01) [2008-7-20]. http://whitepapers.zdnet.co.uk/0, 1000000650, 39053140c, 00.htm.
③ Kettl D F, "Reinventing Government? Appraising the National Performance Review", Baltimore and London: The Brookings Institution1994, 5.
④ Moe R C, "The Reinventing Government Exercise: Misinterpreting the Problem, Misjudging the Consequences", Public Administration Review1994, (2), 54.

学科仍然保持学科本身的差异性,同时被整合在一起的各学科致力于创造持续性、实质性的局部一致性的成果。① 跨学科研究被视为当代科学发展的最显著的特征之一。

政府本身的复杂性和政府治理的综合性决定了政府绩效管理的复杂性和综合性特点,需要从多主体、多角度,应用多元方法和管理手段进行跨学科的综合研究。文献分析显示,政府绩效管理研究广泛涉及政治学、法学、管理学、经济学、心理学、社会学、系统理论与计算机信息科学等学科,这些学科从各自不同的角度丰富了政府绩效管理的理论基础、结构体系、研究方法和实践模式,契合了当代公共管理力图通过跨学科的知识交叉,解决政府改革的复杂性问题和进行知识生产的学科气质。从研究方法上看,在高频被引的前50篇文献中,属实证研究的占76%。正如Evan Berman所指出的,价值导向的多元化,绩效测量、绩效评估方法的多元化等,形成了绩效管理领域的不同研究方向,促使了倾听顾客声音、项目评估、管理信息系统、电子政务等公共管理方法应运而生,为政府公共管理和绩效管理开拓了新的视野。② 跨学科是政府绩效管理研究最为显著的特点。

(二)政府绩效管理的核心知识范畴基本形成

核心知识范畴的确立是一门学科(领域)区别于其他学科(领域)的重要标志,显示了该学科的独特研究内容和学科价值。从政府绩效管理研究的知识图谱可以看出,通过电子政府的完善提高政府绩效、政府绩效的测量、公共组织绩效以及社会文化和政府绩效,是政府绩效管理的四个核心知识区域或研究范式。其他热点主题,如政府公共服务质量、绩效管理的价值取向、绩效预算、绩效评估体系与机制、政府绩效管理的多元参与、公共组织的绩效评估、绩效管理法律、政府人力资源管理等,都是涵盖于或靠近这四个核心知识区域的学科内容,它们共同构成了政府绩效管理的核心知识范畴。核心知识范畴之外的其他研究内容是政府绩效管理的边沿知识区域,并且越远离核心知识区域,其概念和学科界限越变得模糊和流动。

事实上,一门学科在一定历史时期的研究方向与重点取决于两个方面:一是社会的需要,二是由学科本身的性质和任务所决定的价值目标。政府绩效管理研究方向与重点的形成,是学科发展的过程中历史和逻辑的必然所致。核心研究范式的形成及沿各自方向有效的知识积累导致了政府绩效管理进入学科整体更新的发展阶段,一方面,它使研究领域得以拓宽,研究内容得以深化;另一方面,研究范式的交叉渗透又会产生新的学科知识生长点和学科知识的有效融合,最终推动政府绩效管理核心知识范畴的形成和学科体系的日渐成熟。

(三)高校是政府绩效管理研究的核心研究力量

在被引频次最高的前50篇政府绩效管理论文中,由高校作者完成的占92%,其中

---

① Aram J D, "Concepts of Interdisciplinary", Human Relations2004, (4), 57—61.
② Berman E, "Performance Measurement in US Counties: Capacity for Reform", Public Administration Review2000, 60 (5), 409—417.

高校间作者合作完成的占34.78%。高校作为除企业、研究机构之外的研发主体，云集了一大批优秀的教学和科研人才，具有理论水平和科研能力方面的优势，加上高校有先进的科研设备、良好的学术研究氛围和科学的育人激励机制，所以涌现出大量的学术、科研和教学研究成果。以美国为例，高校基础研究的比重一直在60%左右[1]，在政府绩效管理研究方面，高校表现得更加明显。此外，高校与政府机构、科研院所在绩效管理研究方面的合作也在加强。

（作者　沙勇忠：兰州大学管理学院教授、博士生导师，兰州大学中国地方政府绩效评价中心（CCLGPE）副主任；王义，刘海娟：兰州大学管理学院行政管理专业硕士研究生；孔令国：兰州大学管理学院情报学专业硕士研究生）

---

[1] Adams J D, "Comparative localization of academic and industrial spillovers", Journal of Economic Geography 2002, 2 (3), 253—278.

第三篇

专题研究

中国财政绩效评价的理论和实践

马国贤 刘国永 欧阳华生

财政绩效评价是公共支出绩效评价的简称，它是指根据花钱买服务的预算观，由政府和财政部门按一定的绩效指标和程序，对公共支出的业绩和结果进行评议和估价的制度。这就是说，绩效评价是一种制度，绩效的理念和评价绩效的方法论是支撑该制度的两个柱石。因此，本文将从理念和方法论两个方面来分析我国绩效评价的发展历程。

一 财政绩效评价制度的产生背景

财政绩效评价，也称为绩效评价，或政府绩效评价，其完整名称是公共支出绩效评价，是指政府和财政部门根据"花钱买效果"预算观，按一定程序对公共支出业绩和效果进行评议和估价的制度。它是政府绩效管理的基础环节。政府绩效管理是当前各国政府改革的核心内容，包括"三个再造"（政府职能再造、管理流程再造和预算再造）和"一项制度"（绩效评价制度）。

按评价主体和对象，政府绩效评价可分为两类：1. 上级政府对下级政府的业绩评价；2. 财政绩效评价，是由财政部门主持的对公共支出效果的评价，如对各种政策性专项、建设性专项和经常性支出的绩效评价。由于这类评价更接近"谁拨款，谁问效，谁用款，谁对支出效果负责"的责任原则，加上政府支持和技术方法上的突破，因而进展较快。

（一）国外的财政绩效评价背景

绩效实质上是指财政效率，亦即公共管理中的实际效果与公共支出之比。绩效的概念最早出现在美国，1950年胡佛政府针对当时采用的分项排列预算（这种方式存在着财政支出与业绩和效果严重脱节的缺陷，以及政府管理上的官僚主义、浪费和腐败三大难题），提出了以预算改革来推动政府行政管理改革的设想。按照这一思路，提出政府拨款的依据不是"养人"，而应当以做什么事，是否有效果为依据，对无效果的支出不能拨款的主张。当时，将这种新的拨款形式称为"绩效预算"。

按该设想，联邦政府预算局设计了基于绩效的预算制度，并于 1951 年在联邦政府进行了绩效预算试点。但由于当时理论界对什么是绩效、怎样测量财政支出的效果等问题缺乏理论准备和必要的方法论依据，加上当时美国经济尚处于工业经济社会，对于政府是否要花如此大的力气去改革，以及改革能否解决政府工作中的官僚主义等三大难题，各方看法不一，因而改革没有成功。

尽管绩效预算改革流产了，但是，通过预算去推动政府管理改革的思路，却为一代又一代的美国政府领导所接受。50 年代的美国预算改革转向了做事预算，即以"做什么事"为拨款依据。1958 年此预算改革始于国防部，以后推广到所有部门。西方主要国家的"项目预算"（PPBS），亦即项目—计划预算改革就是在这一背景下产生的，其做法是将行政部门的经常性经费，包括人员工资纳入部门的发展计划或项目，因而，财政不再专门向部门拨款人员经费。70 年代，美国尼克松政府在此基础上，进行了目标管理（OM）改革。80 年代卡特政府又进行了零基预算（ZBB）改革。由于这些改革都是沿着如何完善预算的项目管理，即"办事预算"的思路进行的，虽然，它对政府有触动，但改革并没有触动官僚主义、浪费和腐败的基础——过程管理模式，因而实际收效远低于宣传，改革都失败了。

与此同时，随着西方经济步入后工业社会，在工业经济社会里形成的政府行政管理模式与经济发展要求脱节的问题日益严重，并成为经济发展桎梏。为此，20 世纪 70 年代，各国掀起了针对官僚主义、浪费和腐败等传统政府行政弊症的改革，到 80 年代，它发展成为西方各国声势浩大且旷日持久的"新公共管理"或"重塑政府"运动。英国和美国率先开始变革并获得成功，其他国家纷纷效仿，如新西兰的"行政文化重塑运动"和"迈向公元 2010 年"；德国的"新领航行政模式"和"行政弹性工时"；法国的"行政现代化政策"；荷兰的"行政自动化"和加拿大的"2005 年文官改革法"等。"政府再造"运动迅速席卷西方各国，到 20 世纪 90 年代，新兴工业化国家及部分发展中国家，如韩国、菲律宾、印度等也加入到这场改革中，形成了政府管理的全球化革命。

"政府再造"秉承了以预算改革推动政府改革的思想，以提高公共服务的质量和效果为宗旨，以与后工业经济社会相适应的建设服务型、效率型政府为宗旨。而这一改革中的推动力就是对公共支出绩效进行评价。它通过"与取得的业绩相比，政府花的钱是否值得"的回答来作决定，如果不值得，就必须或者改善管理，或者干脆撤销这项拨款（有时，撤销某项拨款等于撤销某一公共服务的部门），这就成为推动新公共管理的"抓手"和动力，而绩效管理以其强调公共服务质量和顾客满意的理念，也为各国政府所接受，从而成为建设服务型政府的核心内容。

受以上经验推动，美国地方政府从 80 年代引进绩效理念，并开展了绩效评价工作。1993 年，克林顿政府通过立法，在联邦政府范围内正式启动了财政绩效评价。从 50 年代的绩效预算到 90 年代的绩效评价，美国的政府改革经历了曲折的道路，这反过来也说明，发达国家的政府改革是以提高公共支出绩效为核心展开的，其特点是：

第一，改革重点不是政治层面，而是行政层面，通过公共委托代理制和结果导向管理替代传统的"过程管理"，来完善政府行政管理机制。

第二，在管理方式上突出了政府预算的地位，将人员拨款的"养人预算"变成以绩效目标为先导的、基于专项的项目性拨款。"专项"是将预算（"给什么钱"）与做事（"办什么事"）有机联系起来的有效方式。通过对专项拨款效果的评价，财政不再是单纯的资金供给者，而是深入到政府各项管理，政府预算从政府管理的工具，变成管理政府的工具。财政绩效评价的介入，使政府行政管理由传统的以"事件"为中心的命令——执行制，变为以财政效率（或称为绩效）为中心的行政问责制。

第三，财政绩效评价成为政府行政管理的重要制度。在"谁拨款，谁问效，谁用款，谁对效果承担责任"的原则下，财政绩效评价将抽象的、基于权力配置的传统政府管理观念转化为基于"花钱买服务"理念的服务观念，将政府为民众办事是偶然的、"做好事"的奉献观，变成政府必须获得一定的公众满意率，否则就属于不合格的责任观，从而促进了政府行政管理观念的转变。通过这些，财政绩效评价也取得了新公共管理基础的地位。

限于篇幅，表1仅列举了美、英、加和澳大利亚四国的财政支出绩效评价的开展情况。

表 1 部分西方国家财政支出绩效评价实践

内容	美国	英国	加拿大	澳大利亚
法律制度	1979年OMB《关于行政部门管理的改革和绩效评价工作应用》；1993年戈尔报告；1993年国会《政府绩效与结果法案》（GPRA）	1982年《财务管理新举措》；1988年《下一步行动》法案（Next Step Program）；1997年《支出综合审查》、《现代化政府白皮书》、《公共服务协约》、《秋季绩效评价报告》等	1977年《绩效评价政策》；1981年《绩效评价工作指南》；1989年《联邦政府和部门绩效评价的工作标准》；1994年《绩效检查条例》；2000年《对绩效评价工作的研究》；2001年《加拿大财政绩效评价政策和标准》、《部门战略规划及预期结果》	1976年《Coombs报告》；1983年《改革澳大利亚公共服务白皮书》；1998年《辨析目标和产出》；1999年《澳政府以责发生制为基础的目标和产出框架：审查指南》；2000年《目标与产出框架》、《部长预算陈述》
组织实施	国会领导、国会会计总署（GAO）直接进行考评，总统预算与管理办公室（OMB）协助，各部门也设专门评价办公室	公共服务和公共支出内阁委员会指导监督；各部门实施自我评价；财政部对项目和支出进行评价	内阁财政委员会秘书处领导，由其所属评价中心具体协调；各部副部长专门负责评价事宜	财政与管理部负责组织领导，各部门分别实施评价
实施方式	联邦各部门制定长期战略规划、年度工作计划，由国会会计总署或委托中介机构对各部进行绩效评价，向国会提交绩效评价报告	各政府部门与财政部签订《公共服务协约》，确定其目标与责任，每年秋季要向议会提交《秋季绩效评价报告》	各联邦政府部门都要制定《部门战略规划及预期结果》，每年各部门都要对其绩效进行评价，评价一般在各部门内部进行	各部的部长每年都向财政与管理部上报《部长预算陈述》，简述部门目标与预计完成情况；财政年度结束后，要提交部门《年度报告》，进行绩效评价

续表

内容	美国	英国	加拿大	澳大利亚
评价对象	部门绩效评价；专题绩效评价；项目评价	对政府部门的评价；单位评价；地方政府评价；项目评价	政府对国家整体能力的评价；政府部门评价；单位评价；项目评价	部门绩效评价；单位绩效评价；项目评价
评价内容	前期评价，即立项决策评价；经济效益评价；综合影响评价；持续性和长期评价	对立项决策效果的评价；对技术方案效果的评价；对经济性和有效性的评价；对社会影响的评价	重要性和相关性评价；效果性评价；成本效益评价；管理有效性评价	目标是否实际、可行；绩效指标能否真实客观衡量和反映目标；实施结果（即产出）与目标的对比；具体项目投入产出比较
评价的应用	及时发现政府各部门管理中的问题并提出解决方案，供国会与政府参考；与各部门和单位的管理责任相结合；与部门预算相结合	作为调整政府长期经济目标和计划的依据和财政对各部门预算的依据；落实政府责任制的依据；公众和国会监督政府的依据	绩效评价已成为各部门的日常工作之一，对各部门管理中存在的问题进行剖析并提出建议方案，上报国会及内阁财政委员会	评价结果运用于预算制定；用于考核管理责任，建立了以结果为基础与导向的管理责任制
特点	国会领导并直接参与评价工作	财政对某些支出项目进行单独评价	政府必须对国家整体进行评价并向国会提交综合报告	建立了"目标与产出框架"的理论体系

（二）国内的财政绩效评价开展背景

在我国，1998年国务院根据建设社会主义市场经济体制的要求，提出了建设公共财政的目标，进行了部门预算、政府采购和财政集中收付三项制度的改革。部门预算将单位预算分为"基本支出预算"和"项目支出预算"两部分，专项支出将办事与预算有机联系起来，成为部门预算增长的主要来源，为财政切入公共管理提供了依据。

但是，由于部门预算改革依附于传统政府行政的过程管理模式，改革偏重于技术层面，尚未触及财政效率这一核心问题，无法解决财政支出与效果脱节的难题，因而随着时间推移，其自身的制度性缺陷逐渐暴露。在行政改革方面，虽然国家针对官僚主义、浪费和腐败三大难题，建立了一些重要制度，但由于没有将改革与预算绩效联系起来，因而停留在就事论事上，难以深入。这就需要在政府行政中引进绩效概念，通过绩效评价促进政府行政由管理型模式，向服务型、效率型模式转变。

二 国内有关财政绩效评价的理论成果检索

在我国，财政绩效评价在理论界和实际部门真正受到重视，是由近几年对财政收支矛盾和财政风险的关注，提高政府公共活动效能引起的，财政绩效问题成为政府绩效的核心问题。

（一）机构建设和课题成果检索

绩效评价是一种重要的政府行为，它需要一定的专业机构和人员支撑。在这方面，1999年成立了北京大学政治发展与政府管理研究所，2000年成立了中山大学行政管理研究中心，2005年，兰州大学成立"中国地方政府绩效评价中心"，2006年上海财经大学成立了"中国教育支出绩效评价（研究）中心"。此外，有些高校虽然没有成立研究机构，但也参与政府绩效评价工作，如以卓越教授为代表的厦门大学公共事务学院在绩效评价工作上也做出了较大成绩。

在对政府公共活动效果如何进行评价方面，我国学界进行了广泛而深入的研究，近几年来，许多研究政府绩效问题的专家、学者，通过课题立项、专著以及论文形式，对政府绩效问题展开研究。

例如，周志忍1998、2000年分别主持"公共组织绩效评估的理论方法"（社科）和"公共组织绩效管理的理论和实务"（自科）研究；吴建南2003、2005年分别主持"地方财政绩效评价与最佳管理实践研究"（自科）、"基于最佳管理实践的地方政府绩效考评研究"（社科）和"行风评议何以改进组织绩效"（自科）研究；卢祖洵2004年主持"社区卫生服务绩效评价系统研究"（自科）；吕炜2004年主持"政府公共教育支出绩效考评制度研究"（自科）；杨永恒2004年主持"基于市民感知的地方财政绩效评价方法和管理研究"（自科）；王健2005年主持"重塑地方政府政绩指标体系研究"（自科）；彭国甫2005、2006年主持"地方政府公共事业管理的绩效评估与模式创新研究"（社科）和"基于绩效评价的地方政府公共事业治理研究"（自科），等等。

通过专题研究，相继出版了有关理论专著和教材。如周志忍的《发达国家政府绩效管理》（北京图书馆出版社2005年版）；卓越的《公共部门绩效管理》（福建人民出版社2004年版）和《公共部门绩效评估》（中国人民大学出版社2004年版）；彭国甫的《地方政府公共事业管理绩效评价研究》（湖南人民出版社2004年版）和《地方政府绩效评估研究》（湖南人民出版社2005年版）；包国宪的《政府绩效评估与行政体制改革》（中国社会科学出版社2008年版）；马国贤的《政府绩效管理》（复旦大学出版社2005年版）；吴建南的《公共部门绩效测量：理论与实施》（清华大学出版社2006年版）；范柏乃的《政府绩效评估理论与实务》（人民出版社2005年版）；郭济等的《绩效政府：理论与实践创新》（清华大学出版社2004年版）；刘旭涛的《政府绩效管理：制度、战略与方法》（机械工业出版社2003年版）；张泰峰的《公共部门绩效管理》（郑州大学出版社2004年版）；胡税根的《公共部门绩效管理——迎接效能革命的挑战》（浙江大学出版社2005年版）；孟华的《政府绩效评估——美国的经验与中国的实践》（上海人民出版社2006年版）；张旭霞的《公共部门绩效评估》（中国商务出版社2006年版）；周凯的《政府绩效评估导论》（中国人民大学出版社2006年版）；朱国玮的《公共服务供给绩效评价研究》（中国教育文化出版社2006年版）；郭济的《绩效政府理论与实践创新》（清华大学出版社2005年版）等。

（二）论文成果检索

此外，一些学者也将自己对财政绩效评价问题研究的相关成果，以论文形式在相关杂志发表。

近几年来，我国国内一些具有一定影响力的杂志，如《中国行政管理》、《政治学研究》、《管理世界》、《国家行政学院学报》等，每年都用一定的篇幅刊登有关政府绩效问题研究的相关成果。如《中国行政管理》2006年第12期刊登了周志忍的《政府绩效管理研究：问题、责任与方向》一文；《中国行政管理》2005年第8期刊登了吴建南、孔晓勇的《以公众服务为导向的政府绩效改进分析》一文；《政治学研究》2005年第2期刊登了卓越的《政府绩效评估的模式建构》一文；《国家行政学院学报》2007年第3期刊登了薄贵利的《政府绩效评估必须确立正确的价值导向》一文，等等。

从近几年的相关研究文献来看，国内学者们研究比较多的主要有：强调绩效评估的原理和价值取向（马国贤，2000；彭国甫，2004；臧乃康，2005，2006，2007；薄贵利，2007）、评估主体（卓越，2004；颜如春，2005；陈国权、李志伟，2005；周志忍，2006；曾友中，2007）、指标设置（卓越，2004；彭国甫、盛明科、李树承，2004；范柏乃、朱华，2005；倪星，2007；卓越，2007；陈天祥，2007）、评估实施（马国贤，2006；范柏乃，2005；孙晓娟，2007；朱继岩，2007）、评估信息问题（张创新、芦刚，2007；狄佳，2007；朱国玮，2005）、评估沟通问题（陈小林，2005；蔡立辉，2007；包国宪，2007）以及评估结果运用（卓越，2005；郑志龙，2007）六个方面。

与上述发展阶段相联系的还有绩效审计。绩效审计是在传统审计（合规性审计）的基础上发展起来的新学科。国内学界对绩效审计的探讨，主要集中于理论和方法论方面。

在理论方面，马曙光（2005）[1]认为，审计制度实际上是以受托责任为前提，以参与人利益冲突与协调的结果为基础的，体现了参与人共同的选择，既是参与人策略互动的博弈机制，也是一种重复博弈的纳什均衡，具有动态演化的特征。审计制度变迁实质上是一个均衡向另一个均衡变动的过程，其变迁过程具有渐进性和周期变化的规律性特征；戚啸艳、王昊、易仁萍（2005）[2]从历史视角，比较、分析了英国、美国以及我国绩效审计制度的变迁与特征，进而就我国现行的绩效审计制度体系的完善提出相关建议；陈宋生、余新培（2005）[3]以制度变迁理论为理论基础，结合世界各国经济发展的经验证据，提出并验证绩效审计变迁的五种影响因素，即技术水平、人均国民收入、高等教育水平、政府总支出占GDP的百分比重、交通发达程度；此外，陈宋生等分别对美国[4]、瑞典[5]等国家绩效审计变迁进行分析；邢俊芳（2004）[6]更多地从借鉴学习角度研究我国的绩效审计问题，在论及中国的绩效审计时，提出应当为绩效审计立法，加快人才培训，学习西方国家先进经验等；杨肃昌（2004）[7]则认为只有改进

---

[1] 马曙光：《博弈均衡与中国政府审计制度变迁》，《审计研究》2005年第5期。
[2] 戚啸艳等：《中外绩效审计制度变迁及我国现行制度体系完善的思考》，《审计研究》2005年第6期。
[3] 陈宋生、余新培：《世界各国政府绩效审计变迁：理论和来自各国的经验证据》，《当代财经》2005年第5期。
[4] 陈宋生、郭颖：《美国政府绩效审计变迁：自愿安排》，《价格月刊》2006年第10期。
[5] 陈宋生：《瑞典政府绩效审计变迁的理论分析》，《审计与理财》2005年第1期。
[6] 邢俊芳、陈华、邹传华编：《最新国外效益审计》上、下册，中国时代经济出版社2004年版。
[7] 杨肃昌：《中国国家审计：问题与改革》，中国财经出版社2004年版。

审计体制，中国绩效审计才能得到发展；等等。

在方法论方面，竹德操等人（1997）[①]认为，方法体系包括审计方法基础、一般方法或绩效审计模式、审计技术方法三部分；李敦嘉（1996）[②]认为，绩效审计方法包括：核实的方法（如审阅法）、对比的方法（包括实绩与计划比）、分析的方法（包括因素分析法等）和评价的方法（包括现值法等）四类。任月君等人（1999）[③]认为，绩效审计方法包括财务审计方法（审阅法等）和其他方法（如指标对比法、比率分析法等）。

（三）对上述成果的综述

上述研究及其相关成果，极大地丰富了我国财政领域的绩效评价理论，财政绩效评价作为财政绩效评价的核心问题，对其进行独立研究，国内学界也经历了一个不断探索和发展的过程。

从资料查询看，专门针对财政领域绩效评价作出全面阐述的著作，较早的应属朱志刚的《财政支出绩效评价研究》（中国财政经济出版社2003年版），该书对财政支出绩效评价的理论和实践问题进行了较为系统的研究，主要包括：财政支出绩效评价的理论基础；我国财政支出绩效评价体系的框架；绩效评价的财政支出分类体系；财政支出绩效评价的指标体系；财政支出绩效评价的标准；财政支出绩效评价结果的计量方法；财政支出绩效评价结果的应用领域等。该书既有对财政支出绩效评价理论的探索，又有对绩效评价的实证研究；既有对国外绩效评价状况的介绍，也有对我国绩效评价现状的分析，内容全面丰富，对我国财政支出绩效评价理论研究与实践起到了很大的促进作用。

马国贤的《政府绩效管理》（复旦大学出版社2005年版）从研究政府的一般理论和财政理论出发，分析了政府与政府改革理论、财政效率问题、绩效管理原理、政府绩效管理的理论和制度框架等，从理论高度并结合其所承担的相关课题成果，进行了深刻的阐述，提出将"一观三论"，即"花钱买服务"的预算观、"公共委托—代理"论、"目标—结果导向管理"论和"为顾客服务"论，作为财政绩效管理与评价的基础理论，为我国财政资金绩效管理领域开创了先河，并初步建立了我国义务教育、职业教育和高等教育资金绩效评价模式。该书适合公共管理专业、财政专业本科及研究生教学使用，同时，对相关部门深入和推进政府绩效管理研究的意义重大。

与此同时，国内其他学者通过专门研究形成了一些有关财政绩效评价的研究成果，例如，张少春的《政府公共支出绩效考评理论与实践》（中国财政经济出版社2005年版）；蔡军的《财政绩效管理研究》（吉林大学出版社2005年版）；以丛树海为组长的上海财经大学课题组的《公共支出评价》（经济科学出版社2006年版）；陈工的《财政

---

① 竹德操等：《经济效益审计》，中国审计出版社1997年版。
② 李敦嘉：《效益审计的理论结构》，中国审计出版社1996年版。
③ 任月君主编：《经济效益审计》，东北财经大学出版社1999年版。

支出管理与绩效评价》(中国财政经济出版社 2007 年版);王敏的《政府财政教育支出绩效评价研究》(经济科学出版社 2008 年版);程晋烽的《中国公共卫生支出的绩效管理研究》(中国市场出版社 2008 年版)等。

国内财政部期刊《财政研究》在 2006 年安排专栏,专门刊登国内财政绩效评价相关成果,极大地推动了我国财政绩效评价理论的研究。目前,对财政绩效评价的学术研究与讨论围绕的主要问题有:探讨财政绩效评价理论;介绍国外的经验,主要是介绍澳大利亚、美国、英国等国家的做法;讨论我国建立绩效评价制度的必要性和可行性;探讨财政绩效评价的原则、方法;探讨财政绩效评价指标体系构建;探讨评价结果的应用,等等。例如,申书海(2002)较为系统地提出了财政支出绩效评价的基本原则、分类体系、指标体系和标准体系。但他只作了定性分析,未进行定量的研究;朱志刚对国外财政绩效评价基本情况进行了分析,并针对我国的实际情况,提出了开展财政绩效评价的相关建议;徐一心、曾俊林(2005)从总体绩效评价和社会保障与发展两方面,构建了较为完整的财政支出绩效评价指标体系,并以乐山市为例,作了初步的实证分析;毛继荃(2006)构建了较为详细、完整的财政支出高速公路项目绩效评价指标体系,并以 GS 高速公路的实际案例,对指标体系和评价方法进行了初步验证;陆庆平(2003)在分析公共财政支出绩效管理的基本内容时,指出公共财政支出绩效管理应包括公共财政支出的配置绩效管理和耗用绩效管理,配置绩效是对财政资金在各领域的分配比例所产生的经济效果的宏观分析和判断,耗用绩效是通过财政资金的基本流向和流量分析,区别财政支出在不同领域的实际耗用情况,对财政支出的实际使用所产生的经济效果的具体分析和判断,同时,他指出耗用绩效管理中的经常性支出没有必要列入绩效管理的范围;刘汉屏(2000)分析了公共支出项目评价方法,指出提高公共支出效率的途径除了在宏观上优化财政支出结构外,更主要的途径还在于加强公共支出项目管理,通过提高逐个项目的效率达到提高整体支出的效率;陈学安(2003)认为,应在财政支出分类的基础上,分别建立财政支出项目绩效评价、单位财政支出绩效评价、部门财政支出绩效评价和财政支出综合绩效评价指标库,并从指标的适应性角度,将指标分为通用指标、专用指标、补充指标和评议指标,根据指标的性质不同分为定量指标和定性指标;窦玉明(2004)认为,按照财政支出效益评价的主体与客体的不同,可将评价工作分为三大类即财政支出综合效益评价、部门(单位)财政支出效益评价和财政支出项目效益评价;吴俊培(2003)在分析财政支出效益的评价方法时认为,由于民众偏好意愿表达的不充分和民众意愿集合的困难,公共商品提供的垄断形式的困难,"产权"界定的困难,成本收益测算的困难,因而对财政支出效益进行评价非常困难,而且财政支出的门类很多,纯公共商品提供的支出效率评价相对困难,混合商品提供的支出效率评价相对容易。

此外,陈文学(2003)、卢静(2005)等对财政支出绩效评价的层次性作了深入的研究;吕春建(2002),徐晨阳、王华梅(2004)等对财政支出绩效评价原则作了分析；郭亚军、何延芳（2004），余振乾、余小方（2005）等对绩效评价指标作了分析；章建石、孙志军（2006）等对财政绩效评价方法应用进行了探索；刘国永、任晓辉（2006）对义务教育资金绩效评价方法、指标体系与评价模式作了深入的分析和实践；欧阳华生（2007）对城市道路保洁财政性资金绩效评价与管理作了深入的研究和实践，等等。

虽然我国财政绩效评价研究已取得了一定成就，但与实际需要相比，尚存在着一定距离，这主要表现为：

一是对绩效评价的理念把握不够。一些学者对绩效的理解仍处于西方早期的3E阶段，从现有的案例看，不少人将跟踪问效与绩效评价混为一谈。理论的失误导致政府的绩效评价操作变形。

二是理论研究多而方法论研究缺失。管理学是以方法论为主的学科，而理论是方法论的概括，绩效评价的重点是方法论，没有方法论也就没有管理。而我国现阶段的成果主要偏重于理论方面，对实践的指导意义比较有限。

三 财政绩效评价的制度建设和实施

（一）早期的财政效率（60—80年代）

虽然我国的财政绩效评价尚处于设点阶段，但讲求公共支出效果的思想由来已久，如1957年1月6日《人民日报》发表了题为《充分考虑经济效果》的社论，提出了要提高财政支出经济效益的思想。我国1981年的《政府工作报告》提出了"经济效益"概念，尤其是在国家财政收支矛盾突出的时期，提高财政支出效率就受到重视。然而，由于我们尚未严格鉴别经济效率、行政效率和财政效率的概念差异，也未形成一套评价效率的机制和具可操作性的方法，因而停留在口号阶段。

（二）投入/产出分析在政府管理中的应用（90年代）

投入/产出分析在政府绩效管理的理论和方法论形成过程中，有着重要的地位。在美国，政府管理的应用始于20世纪70年代尼克松政府的"目标管理"，80年代，我国已广泛地应用于企业管理，并逐步进入政府管理领域。作为标志，1990年陈共先生率先引入财政学教材。90年代初，国家计委、财政部、审计署、交通部等开始借鉴世界银行做法，开展对项目投资的投入/产出进行分析，国家计委还要求在申报项目时，必须附有基于投入/产出分析的可行性报告。财政部1993年成立了统计与评价司，2001年，财政部先后在湖北、福建、河北等省进行了绩效评价试点。

投入/产出法的难点在于，我们必须将各种收益（直接、间接收益）货币化，通过比较不同方案的投资收益，选择合理的投资方案。然而，由于政府支出具有外部性，因而在大多数情况下，公共支出的收益是难以货币化的，而且，对间接收益的货币化计算更为困难，此外，有些项目的收益涉及人的生命价值，更无法以货币来计算，这也是许多国家的学者在将投入/产出法应用于政府管理上时,遇到的共同难题。即使经济学家将上述收益计算出来,其结果也不具有可信度,因而在政府管理上,投入/产出法只能用于某些单项性投资项目的辅助决策上,而无法成为对政府支出效果全面评价的工具。而且,由于以上技术性缺陷的存在,它极易变成某些人可利用的"政治化"工具,将投资可行性报告变成"可批性报告"。投入/产出法的技术性困难也是导致美国70年代尼克松政府的目标管理改革、卡特政府的零基预算改革破产的重要原因。

但是,尽管投入/产出法在技术方法上有以上缺陷,就公共支出投入必须讲求效益这点来说,是能够为政府、公众普遍接受的。因而,投入/产出法在我国的应用,为其替代方法——财政绩效评价的产生提供了条件。从这一点说,投入/产出法为财政绩效评价的登场拉开了序幕。

(三) 21 世纪的财政绩效评价制度建设

近年来,伴随我国的"廉洁、高效"政府建设和公共财政建设,财政资金的绩效问题越来越引起重视。从中央到地方,对绩效评价、绩效预算和政府绩效管理的理论研究和实践探索逐渐成为关注热点。

以下就制度建设和工作两个方面,对国内绩效评价作简要描述。

1. 中央政府层面

从国家层面看,2003 年中共中央在《关于完善社会主义市场经济体制若干问题的决定》中提出了"建立预算绩效评价体系";2005 年,国务院总理温家宝在《政府工作报告》中指出:"抓紧研究建立科学的政府绩效评估体系和经济社会发展综合评价体系。" 2006 年 9 月,温家宝在国务院工作会议上指出:"要抓紧开展政府绩效评估试点工作,并在总结经验的基础上逐步加以推广。"此后,国务院在《政府工作报告》中,每年都提出绩效评价的要求,并见诸重大决策。2008 年 10 月中共中央在《关于推进农村改革发展若干重大问题的决定》中提出:"完善体现科学发展观和正确政绩观要求的干部考核评价体系,把粮食生产、农民增收、耕地保护、环境治理、和谐稳定作为考核地方特别是县(市)领导班子绩效的重要内容。"

在财政管理层面上,在 2003 年、2004 年和 2005 年全国财政工作会议上,财政部原部长金人庆先后提出"要研究绩效预算评价体系,促进财政支出效益的最大化";"在科教文、行政政法、农业、社保、经建等领域选取一些跨年度的重大支出项目进行绩效评价试点,并将评价结果作为以后年度项目预算安排的重要依据之一";"要在继续预算管理制度的基础上,积极探索建立财政资金绩效评价制度"等要求。

2003 年以来,财政部、国资委等部门加强了绩效评价的制度建设,财政部相继颁布了《中央级科教文部门项目绩效评价管理办法》(财教〔2003〕28 号)、《中央级行政经费项目支出绩效考评管理办法(试行)》(2003 年 9 月)、《中央政府投资项目预算绩效评价工作的指导意见》(2004 年 12 月)、《中央部门预算支出绩效考评管理办法(试行)》(2005 年 5 月)、《财政扶贫资金绩效考评试行办法》(财政部、国务院扶贫办

2005年联合制定)，国资委也颁布了《中央企业综合绩效评价管理暂行办法》(2006年4月)和《中央企业综合绩效评价实施细则》(国务院国有资产监督管理委员会2006年9月)等文件。

此外，从2004年起，财政部还对中央级行政经费支出和科教文卫、农口、经济建设、中央政府投资项目、扶贫资金等项目支出，以及中央企业开展了绩效评价。如国土资源大调查专项、污水处理国债专项、"农业科技跨越计划"等中央部门预算专项，以及支持边境地区改善基础教育办学条件、中央与地方共建高校实验室等中央补助地方的专项支出的绩效评价等。2008年，国家农发办联合上海财大，开展了全国农业综合开发资金绩效评价的试点工作。

2. 地方政府层面

在中央政府和财政部的示范下，部分地方结合自身实际，开展了对绩效评价的实践探索，总结出一些各具特色的绩效评价模式。自2003年广东、无锡、河南等地率先试点以来，江苏、北京、广东、云南、河南、浙江、湖南、湖北、黑龙江等地设立了专职从事绩效评价工作的处室，广东、河南、江苏、浙江等省还将绩效评价机构延伸到地市一级，按照"先简后繁，先易后难，由点及面"的原则，稳步推进各地的绩效评价工作。从工作层面看，以下几个地区的实践具有一定的代表性。

(1) 广东省

2003年8月，广东省财政厅开展了财政支出绩效评价试点工作。同年12月，广东省政府《转发省财政厅关于进一步加强财政支出管理意见的通知》(粤府办[2003]100号)。2004年8月，省财政厅、审计厅、监察厅和人事厅联名印发了《广东省财政支出绩效评价试行方案》(粤财评[2004]1号)，就财政支出绩效评价工作原则、基本方法、指标体系、组织管理、工作程序、分类实施、实施范围和步骤、结果应用八个方面作了具体规定，为开展财政支出绩效评价工作提供了依据。同年，广东省财政厅成立了绩效评价处。2005年，广东省财政厅下发了《财政支出项目绩效评价自评报告书》(粤财评[2004]15号)，全面推开了省级部门预算单位对500万元以上和跨年度的省级财政支出项目资金使用情况实行自我绩效评价。

四年多来，广东省通过建立和完善绩效评价专门机构，建立财政支出绩效评价制度规范，使评价工作逐渐纳入制度化、规范化、程序化的轨道，其绩效评价工作已经历试点、总结规范、全面推开三个阶段，取得了明显成效。南海区政府通过对专项资金的前期评价、专家评价结果与立项挂钩的改革，较好地解决了项目支出决策的"拍脑袋"、公共资金低效率和腐败难题，受到财政部领导和专家的肯定。此外，广州市、中山市的绩效评价工作形成了自身特色，在全国产生了一定影响。

(2) 江苏省

江苏的财政绩效评价于2005年启动，从一开始就得到了省委、省政府的重视和关注。在实施上，根据厅党组要求，财政厅采用了既积极又分阶段稳步推进的渐进性原则，通过几年的实践，在制度创新、操作规程、队伍建设、路径探索等方面取得了显著的成效。

2005年，江苏省财政厅以"江苏省义务教育财政支出绩效评价"作为绩效评价改革的起步项目。此次试点在上海财经大学的支持下，江苏7786所义务教育制学校填报了数据，349所抽样学校参加课程测试，测试学生为18万人次；参加测试学校均参加问卷调查，共回收家长问卷94544份，教师问卷29722份。可以说这是国内开展绩效评价以来规模最大的绩效评价项目。此次试点，不仅全面了解了江苏义务教育状况，同时为有效开展江苏的绩效评价工作锻炼了队伍，积累了一套技术方法和程序，也为今后的工作奠定了基础。

在义务教育试点基础上，2006年，江苏省财政厅印发了《江苏省财政支出绩效评价办法（试行）》（苏财绩〔2006〕11号），为全省开展财政绩效评价提供了依据。2007—2008年，在省财政厅的组织和领导下，全省财政绩效评价进入扩大试点并稳步推进的阶段。从省财政厅的角度看，相继开展了部分高校财政支出绩效评价、农村敬老院财政支出绩效评价、农村桥梁财政支出绩效评价、江苏省公共卫生应急体系财政支出绩效评价、事业单位资产使用绩效评价等项目的绩效评价工作，同时指导全省各市开展相关绩效评价工作，特别是协助部分地区开展了城市社区卫生和职业教育绩效评价工作，实现了由点及面、由重点到一般的推进工作，初步形成了懂绩效、能实干、讲方法的江苏财政系统绩效评价干部队伍，掌握了绩效评价的基本原理和方法，在实践方面积累了一套能够适应江苏绩效评价实践所需要的操作性模式，并在国内绩效评价界形成一定的影响。

2008年，省财政厅下发了《江苏省财政厅项目支出绩效评价操作规程》（苏财办〔2008〕42号）。该文件提出了建设财政绩效评价的七大体系：财政支出分类体系、评价指标体系、评价方法体系、标准体系、信息体系和问责体系等。根据该文件要求，省财政厅初步建立了省级财政绩效评价数据库。

结合实践科学发展观，省财政厅印发了《江苏省财政支出绩效评价管理办法》（苏财绩〔2008〕59号），该办法于2009年1月1日起施行，该办法要求全面推行对专项资金的绩效评价，逐步扩大绩效评价结果的公布的范围。扩大专项支出绩效评价范围，逐步形成以结果为导向的财政资金使用新模式。

在搞好省级评价的同时，省财政厅支持和鼓励无锡、苏州、镇江、常州、南京、泰州、淮安、徐州、常熟等有条件的市，按市政府要求，独立开展绩效评价，并将指标纳入省级绩效指标体系建设规划。无锡市、苏州市对多项资金开展了绩效评价，通过评价，形成了专项资金前期评价与后期评价相结合的思路和按绩效对项目排队的新决策机制，镇江市联合上海财大专家，通过对下岗人员再就业工程支出绩效的连续三年评价，完善了再就业培训机制，通过对产学研资金绩效的连续三年评价，修订了产学研资金的立项标准，同时，也改变了对这项资金的认识，找到了市级财源建设重点。

(3) 浙江省

2005年,为深化财政支出管理体制改革,提高财政资金使用效益,浙江省政府下发了《浙江省人民政府办公厅关于认真做好财政支出绩效评价工作的通知》(浙政办发〔2005〕91号),在全省范围内启动绩效评价工作。根据省府办公厅《通知》精神,浙江省财政厅先后制定《浙江省中介机构参与绩效评价工作暂行办法》(浙财绩效字〔2005〕6号)、《浙江省财政支出绩效评价实施意见》(浙财绩效字〔2006〕2号)、《浙江省财政支出绩效评价工作考核办法(试行)》(浙财绩效字〔2006〕3号)、《浙江省财政支出绩效评价专家管理暂行办法》(浙财绩效字〔2006〕4号)、《浙江省财政厅绩效评价内部协调工作制度(试行)》、《关于开展省级部门项目支出绩效自评工作的通知》(浙财绩效字〔2007〕2号)、《关于开展省级财政专项资金执行情况调查的通知》(浙财绩效字〔2008〕2号)、《浙江省中介机构参与绩效评价工作规程(试行)》(浙财绩效字〔2008〕9号)和《关于加强财政支出绩效评价结果应用的意见》(浙财预字〔2008〕12号)等文件,积极推进全省的财政支出绩效评价工作。

浙江省通过健全和完善绩效评价工作制度体系,整合绩效评价基础数据资源,加快建立绩效评价信息库、中介机构库和专家库等推进财政支出绩效评价工作。通过推进财政支出绩效评价,逐步确立了以结果为导向的预算绩效理念和机制。绩效评价以专项支出为重点,采取项目单位自评、主管部门和财政部门评价相结合的方式,并提出,对有条件的地方和部门,可在项目评价的基础上,逐步推行单位支出整体绩效评价试点。

(4) 上海市浦东新区

2005年,国务院批准浦东新区进行综合配套改革试点。绩效评价是浦东新区综合配套改革试点的重要内容。从2005年起,新区政府和财政局对绩效评价和绩效预算改革进行了探索,目标是通过试点,逐步扩大评价范围,形成较为科学、合理的预算绩效评价制度,力争到"十一五"期末建成具有浦东特色的绩效预算体系。2006年,浦东进行了绩效预算改革试点,其做法主要有:

第一,搞好制度建设。从2006年起,在区委、区府支持下,新区财政局先后拟订了《浦东新区财政局绩效预算管理办法(试行)》、《浦东新区财政局预算监督办法(试行)》、《浦东新区街道预算民主理财管理办法》、《浦东新区政府投资项目绩效评价办法(试行)》四项制度,并获区府批转,后又草拟了《浦东新区绩效预算管理行政首长问责办法(试行)》和《浦东新区预算绩效评价结果公开管理办法(试行)》两个配套办法,为绩效预算工作提供了制度保障。此外,财政局还先后制定和下发了《项目绩效评价工作方案》、《预算绩效评价参考指标》和《预算绩效评价报告》等文件,供主管部门、功能区参考。

第二,以项目支出为重点开展绩效评价。2006年新区选择中小学校校舍达标、河道整治补贴、促进就业等21项主要涉及民生的重点项目实施绩效评价,涉及资金41.4

亿元。2007年的绩效评价项目为41个,涉及资金91.53亿元,评价对象扩展到公安支出、义务教育支出等经常性支出;2008年,进一步扩大到43个项目,涉及资金104.69亿元,在内容上扩大到新农村建设专项资金等政策性专项资金。绩效评价的稳步推进提高了各部门的绩效意识,为绩效预算改革打下了良好基础。

第三,创新绩效评价工作模式。一是新区财政局根据任务重,自身力量有限的实际,充分利用了上海市高校和人才集中、会计师事务所集中的优势,积极依托中介机构,创立了"政府招标,委托中介评价"的委托责任模式;二是为拓宽绩效评价层面,他们建立了部门、功能区和街道的绩效评价联络员制度,保证了绩效评价人员、工作的连续性;三是联合上海财大,对联络员绩效评价和中介机构进行业务培训,初步形成了一支技术队伍。

第四,注重评价结果的应用。一是将评价结果用于预算管理,例如,新区财政通过连续对物业管理的绩效评价,形成了新的物业管理预算和服务标准;针对第一期新农村建设资金绩效评价中反映出来的问题,新区政府及时调整方向,加大了村级自由安排资金部分的比重;二是针对绩效评价中发现的问题,政府鼓励部门(单位)利用评价结果改进管理,例如,在对基层卫生院拨款的绩效评价中,他们发现部分卫生院虽然接受了政府拨款,但重点却放在"创收"上,为此采取了相应措施。通过义务教育支出绩效评价,针对新区有2万多外来务工子女尚未纳入新区义务教育,社会发展局采取了相应的整改措施;在河道建设资金绩效评价中,专家们对非景观性河道护坡的绿化标准过高提出了意见,环保局及时修改了标准。总之,及时整改,使绩效评价结果为我所用,为绩效预算改革所用,使绩效评价越来越成为政府工作的重要"抓手"。

(5) 湖北、湖南省

早在2001年,湖北省财政厅就在恩施市进行"效益财政"试点。2004年,湖北省财政厅设立绩效评价处,下发了《关于加强全省行政事业单位资产管理(绩效评价)工作的通知》(鄂财行资发〔2005〕2号),同年印发了《湖北省省级部门预算项目支出绩效考评管理办法(试行)》(鄂财行资发〔2005〕5号),在全省范围内推进绩效评价的试点工作,组织各试点部门对重大项目和公众服务类项目进行自评。从2007年开始,湖北省财政厅陆续选择了一些有代表性的项目,如职业教育、农业开发、饮水安全等,聘请专家成立财政绩效评价专家库,开展财政性专项绩效评价,探索建立专项资金绩效评价的指标、标准和方法体系。2008年10月,财政厅印发了《湖北省省级部门预算项目支出绩效评价工作规范》,进一步规范了省级部门预算项目支出绩效评价工作的组织、技术和行为。

2002年,湖南省财政绩效评价开始在郴州试点,2003年又在株洲试点,2005年绩效评价工作全面推开。2005年8月,省财政厅出台了《湖南省财政支出绩效评价管理办法(试行)》,并首先对"二期义教工程"开展试点评价。继后,省财政厅又选择了一些公众关心的财政资金支出项目进行绩效评价试点。2006年,财政厅印发了《湖南省一般性转移支付绩效评价办法(试行)》(湘财预[2006]174号),并召集14个市州举行专门会议进行工作布置,安排了退耕还林资金、计划生育资金、社保资金、缓解县乡财政困难资金四项绩效评价课题。其工作思路是实现由项目支出评价到对财政运行总体评价的转变,先选择部分项目开展试点,再逐步推广到整个预算支出项目,并将评价结果作为编制下一年度财政预算的重要参考依据。

此外,国内其他省也制定了财政绩效评价的规范性文件,例如,黑龙江省财政厅制定和实施的《黑龙江省市县财政绩效评价暂行办法》、《黑龙江省财政支出绩效评价工作暂行方案》、《开展财政支出绩效评价试点工作的通知》和《黑龙江省省级财政支出项目绩效评价办法(试行)》;河北省财政厅制定和实施的《河北省省级财政支出绩效评价办法(试行)》、《河北省省级财政支出绩效评价试行方案》、《河北省就业再就业资金绩效评价试行办法》、《河北省省级信息产业发展专项资金效益评价实施暂行规定》和《河北省省级环保专项资金绩效评价实施暂行办法》等;甘肃省财政厅制定和实施的《甘肃省财政支农资金绩效考评暂行办法》等。

从以上介绍中可以看出,虽然我国的财政绩效评价起步较晚,但由于受到党委和政府重视,绩效评价结果对改进政府管理有用,因而进展很快,其效果也逐渐显示出来了。

四 财政绩效评价的社会反响

我国财政绩效评价理论与实践所经历的时间尽管不长,但各级政府及财政部门十分重视,各种媒体予以高度关注,对我国财政领域近几年各地区开展的绩效评价工作进行了充分报道,极大地推动了我国财政绩效评价的研究和实践,相关媒体的部分报道请参见表2。

表2　　　　　　　　　　　财政绩效评价的相关媒体报道

题　目	作者	来源	年份
公共财政绩效评价广东试验:机制扼杀"过路财神"	唐莹	中国经营报	2004年2月23日
财政支出绩效评价应引起高度重视	王宏雁	河北经济日报	2004年11月6日
封杀"过路财神"公共财政绩效评价广东试点	王晶	中国经营报	2004年12月20日
财政支出呼唤绩效评价	蔡晓梅	安徽日报	2005年2月21日
财政资金绩效评价今年"扩面"	海涛	无锡日报	2005年3月4日
关于开展财政支出绩效评价工作的意见	汕头市财政局	汕头日报	2005年4月27日
沁阳市开展财政支出绩效评价工作	朱娅利、耿曙光	焦作日报	2005年7月22日
磐安财政项目绩效评价	傅建明	中国财经报	2005年11月8日
构建凉山州公共财政的重要举措	本报记者	凉山日报(汉)	2006年1月1日
推行绩效评价　深化财政改革	本报记者	凉山日报(汉)	2006年1月1日
钱都花在老百姓身上	何莹莹、夏祖军	中国财经报	2006年2月8日
基建问效"蛹"变"蝶"	宁新路	中国财经报	2006年2月10日

续表

题　目	作者	来源	年份
我省《财政支出绩效评价办法》出台	绩评	江苏经济报	2006年4月18日
浙江全面推进财政支出绩效评价	刘明中	中国财经报	2006年4月25日
国外财政支出绩效评价经验	木易	中国财经报	2006年5月9日
我省在全国率先实施高校财政支出绩效评价	绩评	江苏经济报	2006年6月13日
江苏高校支出实施绩效评价	吴红萱、绩评	中国财经报	2006年6月13日
财政支出绩效评价的总体分析	余小平	中国财经报	2006年6月23日
广东积极推进财政支出绩效评价	肖学	中国财经报	2006年7月28日
财政不是"唐僧肉"胡乱花钱将问责	黄志军	抚顺日报	2006年10月25日
要建立科学的财政支出绩效评价机制	干胜道	光明日报	2007年2月12日
财政支出怎能"不问效"	禹志明等	经济参考报	2007年2月15日
湖南首推财政支出绩效评价制度	荆参	中国改革报	2007年2月28日
遂昌健全财政支出绩效评价制度	遂纪	丽水日报	2007年3月14日
徐州27亿元财政性资金接受绩效评价	徐财	江苏经济报	2007年5月15日
绩效评价促财政资金增效	吴红萱、张迪	中国财经报	2008年2月16日
我州正式启动财政项目支出绩效评价工作	程丽银	红河日报	2008年4月24日
绩效评价为财政支出把脉问诊	周春山	江苏经济报	2008年4月29日
逐步形成"绩效导向"评价机制	王娟、王永招	湛江日报	2008年8月4日
我州三项财政支出绩效评价试点工作启动	马光辉、何云	大理日报（汉）	2008年8月26日

从媒体的报道内容看，不仅有理论研究成果，而且介绍了各地政府在财政绩效评价方面的实践经验及取得的成绩。从媒体覆盖范围来看，既有国家报刊，又有地方性报刊。这表明，我国财政绩效评价的研究和实践在全国范围内已经全面展开，各地区各级政府结合自己的实际情况，有针对性地进行财政绩效评价的探索，我国财政绩效评价在社会上已经产生了广泛而深远的影响。

（作者　马国贤：上海财经大学公共经济与管理学院教授、博士生导师；刘国永：上海财经大学博士后；欧阳华生：上海财经大学博士生）

中国政府人力资源管理绩效

吴　江　陈胜军　孙一平

政府人力资源管理绩效一直是现代政府管理的前沿课题，我国各级党委和政府在长期实践以及借鉴西方政府绩效评估的有益经验基础上，积极探索适合我国国情的政府人力资源绩效管理制度和方式。本文共分为四部分，第一部分介绍中国政府人力资源的基本状况，第二部分回顾和梳理中国政府人力资源管理绩效的制度建设，第三和第四部分总结了我国公务员以及党政领导干部的绩效管理。

一　中国政府人力资源的基本状况

（一）中国政府人力资源的数量与结构[①]

按照《中华人民共和国公务员法》（以下简称《公务员法》），公务员是指依法履行公职、纳入国家行政编制、由国家财政负担工资福利的工作人员。具体涉及中国共产党机关的工作人员、人大机关的工作人员、行政机关的工作人员、政协机关的工作人员、审判机关的工作人员、检察机关的工作人员、民主党派机关的工作人员。严格地说，以上也是我国政府人力资源的主体。到2007年年底，我国党政机关、人民团体的工作人员总数达到1291.2万人[②]，其中中国共产党机关56.9万人，国家机构1191.5万人，人民政协和民主党派9.1万人，群众社团、社会团体和宗教组织23.0万人。由于党政人才在我国政府人力资源中的重要地位，本文以党政人才为主体进行分析。党政人才指的是各级党委、人大、政府、政协、法院、检察院、民主党派和人民团体的领导干部和机关干部。

1. 党政人才的数量

2005年，我国党政人才总量达到663.9万人，与2000年相比，减少了44.7万人，如图1所示。这是我国政府重视加大机构改革力度，精简合并部分机构，分流部分公务员的结果。2005年至今党政人才队伍数量总体呈上升趋势，根据中央组织部干部一局巡视员

[①] 改编自吴江《人才强国战略论》，党建读物出版社2008年版，第63—65页。
[②] 《中国统计年鉴》2008年版。

吴云华"党政人才队伍建设研究成果汇报提纲",截至2007年年底达到689万人。

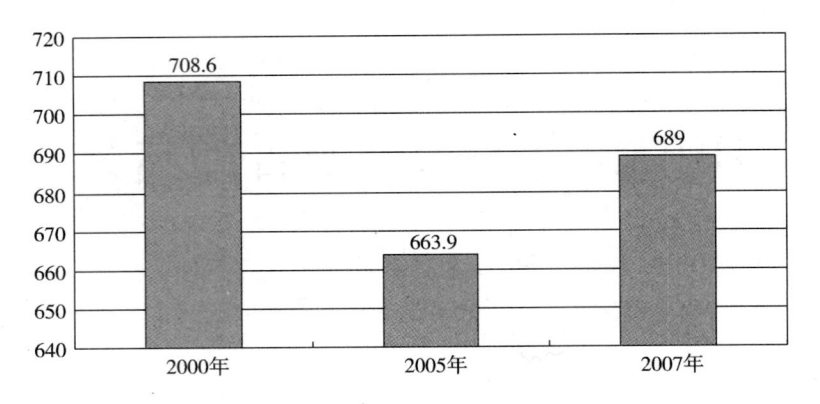

图1 2000年、2005年、2007年我国党政人才数量比较（万人）

2. 党政人才的分布

党政人才在中央和地方的分布为，中央48.6万人，省（区、市）57.1万人，市（地、州、盟）151.7万人，县（市、区、旗）306.7万人，乡镇99.8万人，如图2所示。

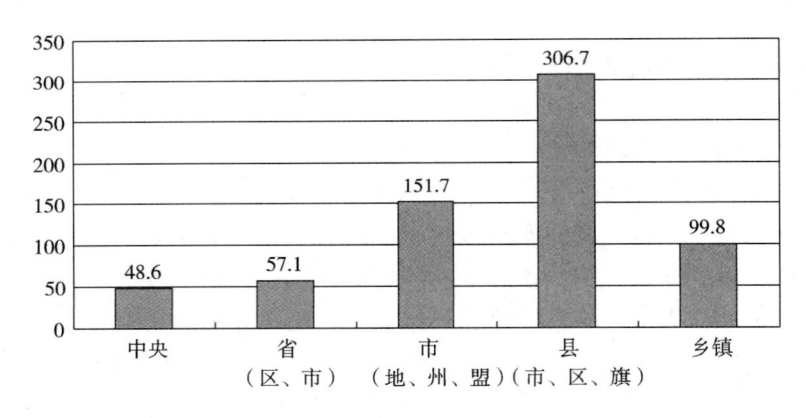

图2 我国党政人才的层次分布（万人）

在部门中的分布为，各级党委机关85.6万人、人大机关7.9万人、政府机关505.7万人，政协机关6.2万人、法院检察院46.2万人、民主党派和人民团体机关12.2万人，如图3所示。我国党政人才在层次和部门上的分布基本上能满足党政工作的需要。

3. 党政人才的学历结构

2005年，我国党政人才中，具有大学专科以上学历的占80.7%[①]，研究生、大学

---

① 根据中央组织部干部一局巡视员吴云华"党政人才队伍建设研究成果汇报提纲"，截至2007年年底，抽样调查显示，党政人才队伍具有大专以上文化程度的占87.5%，比2000年提高了27.5个百分点。

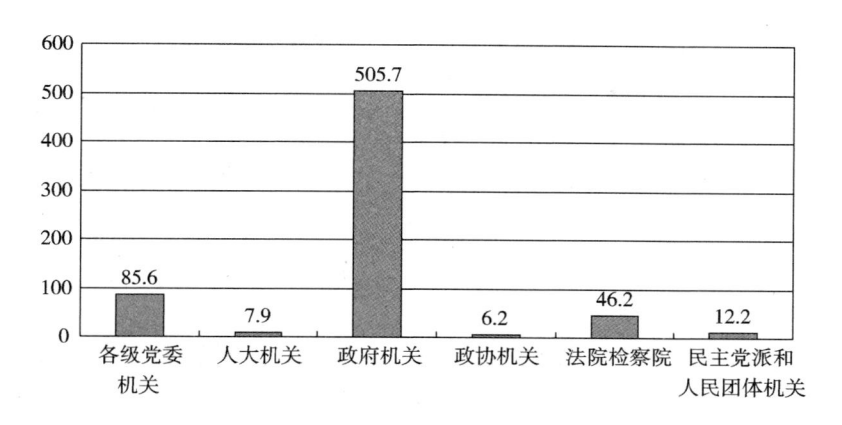

图3 我国党政人才的部门分布（万人）

部门	人数（万人）
各级党委机关	85.6
人大机关	7.9
政府机关	505.7
政协机关	6.2
法院检察院	46.2
民主党派和人民团体机关	12.2

本科、大学专科所占比例分别为1.8%、31.8%、47.1%，与2000年相比，研究生和大学本科学历所占比例分别增加了1个和16个百分点；其中，县（处）级、地（厅）级和省（部）级以上党政领导人才大学本科以上学历的人数分别为55.5%、70%和82%。一支高素质、专业化的政府人力资源队伍已经形成。

4. 党政人才的年龄结构

2008年，中组部抽样调查显示，从总体上看，全国党政领导干部中，35岁以下的占30%，36—45岁的占41.5%，46—54岁的占23.1%。从地区分布来看，2004年，省级党政领导班子成员平均年龄53.5岁。其中，60岁左右的占21.4%，55岁左右的占35.5%，45岁左右的占8.6%。市（地）级党政领导班子成员平均年龄49.1岁。其中，50岁左右的占39.4%，45岁左右的占24.1%，40岁左右的占12.5%。县级党政领导班子成员平均年龄43.1岁。其中，45岁左右的占29.8%，40岁左右的占37.4%，35岁左右的占14.1%。各级党政领导班子基本上形成了梯次年龄结构。

5. 女性党政人才

注意和选拔女干部。到2005年，全国党政人才中，女干部有151.1万人，占总数的22.8%[①]，比2000年增长了1.5%。其中，省（部）级以上女干部238万人，地（厅）级0.6万人，县（处）级9.3万人，分别占同级党政领导干部的9.9%、12.6%和16.9%。

6. 少数民族党政人才

党和政府一贯重视少数民族干部队伍建设。到2005年，全国共有少数民族干部62.9万人，占全国党政人才总数的9.5%[②]，而少数民族人口只占全国总人口的8.1%。

[①] 根据中央组织部干部一局巡视员吴云华"党政人才队伍建设研究成果汇报纲要"，到2008年，女干部所占比重已经升至23.5%。

[②] 根据中央组织部干部一局巡视员吴云华"党政人才队伍建设研究成果汇报纲要"，到2008年，少数民族干部所占比重已经升至9.7%。

其中省（部）级以上252人，地（厅）级0.4万人，县（处）级4.1万人，分别占同级党政领导干部的10.5%、8.4%和7.5%万人。

7. 非中共党员党政人才

非中共党员干部的选拔培养力度加大。到2005年，全国各级领导机关和人民团体有非中共党员干部150万人，占党政人才总数的22.6%。有3.1万名非中共党员干部担任各级机关县（处）级以上领导职务。

（二）中国政府人力资源管理的成就

干部人事制度改革不断深化，实行了公务员制度，对推进党政人才队伍的建设走向科学化、制度化，对党政人才队伍的机构优化和素质提高提升起到了重要作用。

1. 构建了公务员管理的法律法规体系

法制是公务员管理的基础和关键。改革开放以来，党和国家高度重视公务员管理的法制化问题。1993年，国务院发布《国家公务员暂行条例》，开始在国家机关建立和推行公务员制度。经过10余年的改革探索，我国公务员制度建设取得了重大进展。2005年4月27日，经过反复论证，十届全国人大常委会第十五次会议审议通过了《中华人民共和国公务员法》，并于2006年1月1日正式实施。

为推进法律的实施，《公务员法》颁布后，按照中央统一部署，中组部、人事部组织开展了《公务员法》实施工作，组织开展了对600多万公务员的全员轮训。目前，数百万公务员的登记工作基本完成，参照管理审批工作正在自上而下有序推进。

《公务员法》的相关配套法规建设也在抓紧进行，2006年年底以来，《公务员考核规定（试行）》、《行政机关公务员处分条例》等相继发布。2008年，一系列部门规章公布实施，包括：《公务员职务任免与职务升降规定（试行）》、《公务员调任规定（试行）》、《新录用公务员任职定级规定》、《公务员培训规定（试行）》、《公务员奖励规定（试行）》、《公务员申诉规定（试行）》等公务员法配套规章。公务员管理的法制化程度进一步提高。

2. 形成科学规范选人用人机制

坚持"公开、平等、竞争、择优"的原则，形成科学规范选人用人机制，是人事制度改革的重要目标。建立了考试录用、公开选拔、调任、选任、聘任等制度，使各类优秀人才有足够的通道进入公务员队伍。

规范了公务员考试录用工作。各级党政机关坚持"凡进必考"原则，把好队伍进口关。全国31个省、区、市均实行了公开招考，实现了考录工作的制度化、规范化和正常化，形成了涵盖笔试、面试、体检、考核、监督等诸环节的考录法规体系。中央和地方在考录实践中，主要突出对考生能力、素质和知识面的测评，打破身份、地域限制。在实施过程中，坚持做到"五个统一"、"五个公开"：即统一政策、统一组织、统一公告、统一考试、统一程序；公开报考职位、公开报考条件、公开政策规定、公开考试成绩、公开录用结果，接受群众监督和社会舆论监督。一大批素质好、年纪轻、学历高的优秀人才通过公开招考脱颖而出。截至 2007 年年底，全国通过考试录用公务员近 110 万人。2007 年，中共中央组织部、人事部印发《公务员录用规定（试行）》，以《公务员法》为依据，吸收十多年来各地各部门考录工作的实践经验，对公务员录用的原则、报考条件、招考程序和方法以及纪律监督等作出了全面规定，体现了公务员录用公开、平等、竞争、择优的原则和要求。

实施竞争上岗和公开选拔制度，打破了公务员职务晋升中的"论资排辈"现象。竞争上岗和公开选拔制度也已逐渐成为党政机关选拔优秀人才的重要途径，这使得一大批优秀人才脱颖而出。从 2003 年到 2006 年底，全国有 20 多万名公务员通过竞争上岗走上领导岗位；这期间通过社会公开选拔产生的高中级公务员达 1.5 万多人。

拓宽公务员来源渠道。根据中组部 2008 年抽样调查显示，公务员来源于高校毕业生的占 33.8%，来源于军转干部的占 12.7%，来源于企事业单位的占 37.5%。其中，地方各级领导干部多数具有下一级领导工作经历以及经受多岗位的锻炼。为了提高公务员的执政能力与行政能力，近年来逐步加大了录用有基层工作经验的公务员和公开选拔高中级公务员的力度。从 2006 年开始，省级以上党政机关考录公务员，具有 2 年以上基层工作经历的高校毕业生的比例不得低于三分之一。

3. 构建公务员分类管理制度

分类管理是公务员科学管理的基础。为完善公务员职位分类制度，人事部从 2000 年开始，先后进行了专业技术和行政执法职位任职制度试点，进行公务员分类管理的探索。2004 年 7 月，人事部联合国家工商行政管理总局在上海市工商行政管理局开展了行政执法类公务员管理（企业注册管）试点工作。2005 年 2 月，为加强质检系统公务员队伍建设，人事部又联合国家质量监督检验检疫总局在内蒙古、黑龙江、江苏、福建、云南五省（自治区）质检机构开展了行政执法类公务员管理试点工作。

2006 年实施的《公务员法》以法律形式明确，"国家实行公务员职位分类制度"，并根据公务员职位的性质、特点和管理需要，从国情出发，将公务员划分为综合管理类、专业技术类和行政执法类等类别，构建了我国公务员的分类管理体系。

4. 深入开展公务员培训与职位交流

建立健全公务员分类培训制度和职位交流制度，保证公务员素质的维护和全面提升。我国行政机关公务员培训管理体系初步建立，基本上形成了政府人事部门分级管理、统一规划、综合指导；其他部门分工负责、具体实施、密切配合的工作格局。人事部门建立了公务员培训证书管理制度和培训质量考核制度。2007 年，人事部颁发了《"十一五"行政机关公务员培训纲要》，对"十一五"期间公务员培训工作进行了具体的部署。"十一五"期间，各类公务员培训超过 1700 多万人次，到 2006 年，全国共培养公共管理硕士 3 万多人、公务员初任培训率达到 100%；从 1993 年到 2002 年底，有 75 万多名公务员进行了职位转任。同时，政府坚持在实践中、在艰苦的环境中培养和锻炼干部，下发了《关于实行党和国家机关领导干部交流制度的决定》等，强调在中央、国家机关与地方之间，东、中部地区与西部地区之间开展对口培训，据统计，在2000年至2005年间，全国共交流县（处）级以上党政领导干部人才18.2万人。

5. 完善公务员激励制度

完善了公务员考核、奖惩、轮岗、辞退等制度。创新和完善公务员考核办法，不断探索建立以工作实绩为主要内容的党政领导干部考核评价指标体系。修订《荣誉称号条例》，规范了政府奖励制度。2006年年底，中共中央组织部、人事部下发《公务员考核规定（试行）》，公务员管理的法制化程度进一步提高。2007年6月1日起实施《行政机关公务员处分条例》，健全了公务员行政处分制度。

6. 稳妥推进公务员工资制度改革

从2003年下半年起，中央就着手研究改革公务员工资制度和规范公务员收入分配秩序问题。2006年，我国开始进行机关事业单位工资制度的全面改革，这是新中国成立以来的第四次工资制度改革，先后制定了《公务员工资制度改革方案》及实施办法等31个政策性文件，推动了公务员工资制度的科学化、规范化和法制化。通过改革，建立了科学完善的公务员薪酬制度，将公务员收入分配纳入法制化的轨道，逐步建立了统一的职务与级别相结合的公务员工资制度和正常的收入增长机制；完善了地区附加津贴和艰苦边远地区津贴制度，逐步形成地区间工资收入差距的调控机制；建立了适应经济体制和干部管理体制要求的公务员工资管理体制；推动了管理严格的公务员收入分配秩序的形成。

二 中国政府人力资源管理绩效的制度建设

（一）中国政府人力资源管理绩效制度的历史沿革

在政府人力资源管理绩效方面，我国先后出台了一系列法律法规及相关文件，例如：2006年1月1日正式实施的《中华人民共和国公务员法》，2007年1月4日印发的《公务员考核规定（试行）》，2006年7月3日印发的《体现科学发展观要求的地方党政领导班子和领导干部综合考核评价试行办法》，2006年12月30日修订的《中央企业负责人经营业绩考核暂行办法》，1998年5月26日印发的《党政领导干部考核工作暂行规定》，1998年4月8日中共中央纪委检查委员会、中共中央组织部、人事部下发的《关于受党纪处分的党政机关工作人员年度考核有关问题的意见》，1995年12月14日人事部印发的《事业单位工作人员考核暂行规定》，1995年11月24日中共中央组织部下发的《关于干部年度考核工作有关问题的通知》等。这些法律法规或文件相互配合，逐渐形成了我国政府人力资源管理绩效的有机系统。

（二）公务员法：中国政府人力资源管理的"总章程"

在上述法律法规或文件中，最核心的是《公务员法》，它标志着我国公务员制度的正式形成，是我国政府人力资源管理的第一部总章程性质的法律。该法对于公务员采取了大范围的界定模式，奠定了中国政府人力资源管理的新格局，开启了我国公务员民主管理和依法管理的新阶段，推动了我国政府人力资源管理体制改革的发展进程，对中国政府人力资源管理绩效的提升起到了积极推动作用。

1. 《公务员法》的形成过程

1984年中央提出建立国家公务员制度的构想，1987年，党的十三大正式提出在我国建立和推行国家公务员制度，1993年国务院颁布《国家公务员暂行条例》标志着制度初步建立，在各级国家行政机关推行公务员制度，同时，其他党政机关"参照试行"。在推行公务员制度的10余年间，干部人事制度改革不断深化。1995年5月中央颁布了《党政领导干部选拔任用工作暂行条例》，2000年6月中央批准并印发了《深化干部人事制度改革纲要》，2002年7月中央印发了《党政领导干部选拔任用工作条例》，2004年4月中央办公厅印发了《公开选拔党政领导干部暂行规定》等五个法规文件。这些重要文件的出台，为进一步完善公务员制度打下了基础。2005年全国人大常委会通过《中华人民共和国公务员法》标志着该制度的正式形成。

2. 公务员采取大范围的界定模式

中国的公务员包括中国共产党的机关、人民代表大会机关、国家政府行政机关、人民政治协商机关、审判机关、检查机关和民主党派机关七大机关的工作人员。将立法机关和司法机关的工作人员纳入公务员范围，在国际上有先例。而将政党机关工作人员纳入公务员队伍则具有明显的中国特色，是中国的政治制度和国家治理模式的具体反映。在中国，共产党领导、民主党派参与国家事务和公共事务管理。因此，中国共产党机关和民主党派机关与国家机关一样，都具有公共部门的性质与特点，其工作人员都属于依法履行公务的公职人员范畴。

3. 《公务员法》是深化干部人事制度改革、完善公务员制度的必然要求

《公务员法》明确了公务员管理的基本原则、基本制度和基本方法，明确了公务员的权利和义务、公务员管理机构和有关法律责任。《公务员法》的内容涵盖公务员管理的各个环节，体现了四个机制：新陈代谢机制，竞争择优机制，权益保障机制，监督约束机制。公务员制度的建立和推行，对于推进政府人力资源管理的科学化、民主化、制度化建设，优化人力资源队伍结构，提高队伍素质，促进政府的勤政廉政，增强政府人力资源管理的绩效，起到了重要作用。

（1）凡进必考机制基本建立。各级政府机关面向社会公开招考公务员，选拔了一大批素质好、有知识、年纪轻的优秀人才。从2003年到2006年底，全国通过社会公开选拔产生的高中级公务员达1.5万多人。截至2007年底，全国通过考试录用公务员近110万人。基于提高公务员执政能力与行政能力的需要，近年来逐步加大了录用有基层工作经验的公务员和公开选拔高中级公务员的力度。从2006年开始，省级以上党政机关考录公务员，具有2年以上基层工作经历的高校毕业生的比例不得低于三分之一。2009年，中央国家机关公务员招考录取比例为57.1∶1。凡进必考机制有效地聚

集了优秀人才,构筑了提升政府人力资源管理绩效的人才基础。

(2) 考核机制运行良好。"授任必求其当,用人必考其功。"加强公务员绩效考核和评估是建立责任政府、提高行政效能的重要手段,是当代国际行政管理的共同发展趋势。《公务员法》实施以来,我国公务员考核和政府绩效评估的制度建设取得较大的进展。自1994年起,各级政府机关每年都有98%以上的公务员参加年度考核,考核的奖优罚劣功能得到初步发挥。2007年1月4日《公务员考核规定(试行)》作为《公务员法》的配套法规出台,对公务员考核的基本原则、内容、标准、程序、结果的使用等作出了全面规定,强化了考核的评价功能,增强了考核的可操作性,将考核结果与公务员的职务、级别、工资晋升和奖惩、培训、辞退结合起来,推进了考核工作的规范化,有利于提高公务员的工作绩效。

(3) 公开选拔和竞争上岗制度逐步推开。公开选拔、竞争上岗主要适用于选拔任用地方党委、政府工作部门的领导成员或者其他人选,党政机关内设机构的领导成员或者其人选,以及其他适于公开选拔、竞争上岗的领导职务。公开选拔面向社会进行,竞争上岗在本单位或者本系统内部进行。《公务员法》、《党政领导干部选拔任用工作条例》和《党政机关竞争上岗工作暂行规定》明确了竞争上岗的程序和条件,还明确了竞争考试的内容、形式、方法。公开选拔、竞争上岗的基本程序为:公布职位、报考人员的资格条件、基本程序和方法等;报名与资格审查;统一考试(竞争上岗须进行民主测评);组织考察,研究提出人选方案;党委(党组)讨论决定。竞争上岗和公开选拔解决了由少数人在少数人中选人的问题,通过职位公布、标准公开、程序公开、结果公开,扩大了公民参与程度,有效落实了群众的知情权、选择权、参与权、监督权,遏制了选人用人的不正之风。各地各部门把竞争机制引入公务员晋升工作中,扩大了选人视野,为人才的脱颖而出创造了条件。从2000年至2004年底,各级党政机关通过竞争上岗走上领导岗位的干部有64.5万人。

(4) 交流、回避制度初见成效。从1996年到2003年底,全国共有90多万公务员进行了轮岗,3万余人进行了任职回避,促进了勤政廉政建设和队伍建设。

(5) 工资福利制度改革稳步推进。工资正常增长机制逐步建立,设立了艰苦边远地区津贴,建立和调整了部分公务员的特殊岗位津贴,对促进干部队伍建设起到了积极作用。

(6) "出口"初步畅通。从1996年到2003年底,全国共有1.6万余名公务员被辞退,3万人辞职;2004年到2006年,全国自愿辞职、引咎辞职和责令辞职的领导干部共有6824人。基本上改变了"能进不能出"的局面。

(7) 培训工作经常化、制度化。建立全员分类培训制度,健全职位交流制度,推行竞争上岗制度,保证公务员素质能力的有效维护和全面提升。"十五"期间,各类公务员培训超过1700多万人次,到2006年,全国共培养公共管理硕士3万多人、公务员初任培训率达到100%;从1993年到2002年底,有75万多名公务员进行了职位转任;

从 2003 年到 2006 年底，有 20 多万名公务员通过竞争上岗脱颖而出，走上领导岗位。

(8) 奖惩制度发挥有效作用。据不完全统计，2006 年 26 个省、区、市和部分中央机关共对 8496 名行政机关公务员给予政纪处分。监督机制的健全，使公务员的管理与服务方式不断优化，管理与服务质量不断提高，从 1996 年以来共评选出全国"人民满意的公务员"130 名，"人民满意的公务员集体"72 名。通过对业绩显著的公务员给予奖励，对违反纪律的公务员进行惩戒，促进了勤政廉政建设，提高了政府人力资源管理的绩效。

(9) 权益保障机制不断完善。明确公务员的基本权利，实施申诉控告等制度，对不公正的人事处理及时纠正，维护了公务员的合法权益。建立工资比较和正常增长制度，健全奖励和福利保障制度，拓宽职务职级晋升渠道，加大权益保障力度，提升对优秀公务员的保留能力和对优秀人才的吸引能力。公务员权益一旦受到侵害，可通过申诉控告和人事争议仲裁方式进行有效维权；职位职级相结合的工资制度的建立，加大了工资的激励作用；通过年度考核，每年有近 20% 的公务员被评为优秀公务员。

(10) 分类管理格局基本形成。公务员制度的建立，既是干部分类管理的结果，也是推进干部分类管理改革的重要措施，它从根本上改变了用单一模式管理所有"国家干部"的状况，对于形成党政机关、企业和事业单位各具特色的人事管理制度起到了促进作用。

4. 《公务员法》是中国政府人力资源管理的里程碑

《公务员法》的制定和实施标志着我国人力资源管理进入了法制化的新阶段，具有里程碑意义。

(1) 有利于健全干部人事管理的法律法规体系，实现干部人事管理的法制化。依法治国，首先要求依法管理各级党政干部。《公务员法》的出台，结束了我国 50 多年来没有干部人事管理法律的历史，填补了我国法律体系的空白。这有力地推进了干部人事工作的法制化建设，实现了对党政机关干部的依法管理、依法监督和依法保障，并将进一步推进依法治国方略的实施。

(2) 有利于深化干部人事制度改革，实现干部人事管理的科学化。《公务员法》系统总结了我国干部人事工作的基本经验，特别是《国家公务员暂行条例》实施以来的实践经验，吸收了近年来干部人事制度改革的最新成果，借鉴了国外公务员制度的有益做法。这既为公务员管理提供了科学合理的管理规范，又为进一步深化干部人事制度改革奠定了坚实基础。贯彻实施《公务员法》，对我国的干部人事制度改革将产生重大而深远的影响。

(3) 有利于促进干部队伍建设和各级政权建设，提高党的执政能力。公务员的素质和能力决定着党和国家的管理能力，决定着党的执政水平和国家的管理水平。《公务员法》强调坚持公开、平等、竞争、择优的原则；坚持任人唯贤、德才兼备的原则；坚持监督约束与激励保障并重，明确了公务员的义务和权利，对公务员的录用、考核、任免、奖惩、培训等作出详细规定，对包括各级党政领导干部在内的广大公务员依法进行管理。这将有利于保证广大公务员切实履行义务，正确行使权力，树立和落实科学发展观与正确政绩观，促进勤政廉政，提高政府的工作绩效。

（4）有利于推进政治体制改革，建设社会主义民主政治。《公务员法》强调，公务员制度坚持以马克思列宁主义、毛泽东思想、邓小平理论和"三个代表"重要思想为指导，贯彻社会主义初级阶段的基本路线，贯彻党的干部路线和方针，坚持党管干部的原则。《公务员法》的有关规定贯彻了"扩大民主，完善考核，推进交流，加强监督"的改革精神，扩大了党员和群众的知情权、参与权、选择权、监督权。这充分反映了我国政治制度和政治发展的要求，体现了我国政治制度的自我完善和发展，体现了党的领导、人民当家做主和依法治国的有机统一，有利于保持和发挥我国社会主义政治制度的特点和优势，从而提高政府人力资源管理的绩效。

三　公务员的绩效管理

加强公务员绩效考核是建立责任政府、提高行政效能的重要手段，是当代国际行政管理的共同发展趋势。《公务员法》实施以来，我国公务员考核的制度建设取得较大的进展。2007年1月4日，《公务员考核规定（试行）》作为《公务员法》的配套法规率先出台，对公务员考核的基本原则、内容、标准、程序、结果的使用等作出了全面规定，强化了考核的评价功能，增强了考核的可操作性，将考核结果与公务员的职务、级别、工资晋升和奖惩、培训、辞退结合起来，推进了考核工作的规范化。本节将以公务员的绩效考核为中心，介绍我国政府公务员绩效管理的具体做法、分析其存在的问题，并尝试提出有益的对策。

（一）我国公务员绩效考核的主体

从广义上讲，凡依法对公职人员享有管理权、监督权、选举权、批评权、罢免权的组织和社会成员都可有权利对公务员的绩效进行考核。目前，我国公务员的绩效考核正在形成多元化考核主体的趋势，也就是说，实行政府、社会公众特别是受益群体代表、专业评估机构等多元考核主体的结合。考核主体的多元化意味着不仅政府部门（公务员的自我考核以及上级考核），而且企业、公众、社会中介、专家也都要成为公务员绩效考核的主体，由此形成内部考核和外部考核的双向推动模式。

（二）我国公务员绩效考核的基本程序

一般来说，我国公务员的绩效考核包括五个环节：制订绩效计划、监控绩效、实施绩效考核、公布并反馈绩效考核结果和绩效考核结果的应用。

1. 制订绩效计划

首先，被考核单位根据中央的有关方针、政策，省委、省政府的年度工作部署，当年工作要点、要事等编制考核目标，采取自下而上、自上而下的办法反复征求意见，确定目标任务，提出绩效计划，包括：绩效目标、考核标准、主要活动、资源投入和工作步骤等。其次，采取条块结合、双轨分解的办法，即将总体工作目标首先分解到省和省直各部门。而后，由市逐级分解到县、乡；由省、市、县直属部门按系统逐级分解。各级、各部门内部处室之间、领导班子及其成员之间层层分解认定目标，落实到公务员个人。绩效计划按照管理权限审定后开始实施。在考核周期方面，一般来说，对国务院工作部门、地方各级政府及其工作部门的公务员的绩效考核以一年为一个考核周期。

2. 监控绩效

绩效目标的实现是一个连续的、渐进的过程。为确保考核目标的全面落实，采取了分层监控、数据监测等手段，建立了季度目标完成情况通报以及分析制度，并针对目标运行重点、难点实施有效的督导。通过制订阶段性工作计划，考核部门与公务员在执行绩效计划的具体细节上进行协商并达成一致目标，定期就目标的进展情况进行考核。如果出现了意外情况，考核部门可以提出改进下一阶段工作的意见，公务员必须及时调整执行计划，在偏离目标太远的情况下，要及时进行干预，保证预期目标的实现。

3. 实施绩效考核

年末绩效考核是绩效考核过程中最重要的一个环节，包含三个步骤：一是公务员提交年末自评绩效报告，主要内容包括绩效目标的完成情况、未达标工作存在的问题及其原因、今后改进工作的措施等；二是由绩效考核委员会办公室牵头，会同多个考核主体综合采用目标考核、公众评议等方法对其进行考核；三是在征求被考核公务员个人、主管领导的意见后，由政府绩效考核领导机构审定绩效考核报告，确定绩效考核结果。在考核标准制定上，实行分类定标、分类考核；在考核程序上，采取总结述职、民主测评、个别座谈、检查核实、征求意见和综合评价等步骤进行考核；在评价档次的认定上，坚持定量考核与定性分析相结合、群众评议与领导评价相结合、相关部门评价与上级主管部门评价相结合的方法。

4. 公布并反馈绩效考核结果

除涉及国家秘密和工作秘密外，公务员年度绩效考核结果应向社会公布，并及时向有关单位反馈。反馈可采用年度绩效考核报告的方式，肯定成绩，指出需要进一步改进工作的要求和意见。被考核公务员对考核结果有异议的，可申请复核。目前，我国公务员绩效考核普遍存在着绩效信息向利益相关主体公开不足的情况：绩效信息的神秘化、整个绩效考核过程的不透明性、绩效考核成为绩效管理的终点、只作为奖惩的依据。这将无法发挥绩效管理的积极作用，即引导高绩效行为、学习高绩效经验，而只是发挥或部分发挥了绩效考核的消极性作用——惩戒或奖励。因此，在公务员的绩效考核模式中，必须考虑绩效信息的反馈循环应用，采取新闻媒介通报、内部通知、树立先进典型等形式公开公布考核结果，接受社会监督和评议。

5. 运用绩效考核的结果

考核结果的有效运用是绩效考核工作发挥作用的关键，要充分发挥公务员绩效考核的激励约束作用，合理、有效地运用考核结果，本着奖优、治庸、罚劣的原则，坚持组织激励与个人激励相结合、精神奖励与物质奖励相结合，对绩效突出的予以鼓励，对绩效较差的追究相关人员责任并促其改进工作。将考核结果与公务员的考核、选拔任用、职务升降、辞职辞退、奖励惩戒、培训交流等有机结合起来。进一步健全政务公开、行政投诉等机制，全面推进公务员队伍建设和政风建设，不断提高政府自身建设水平。需要注意的是，考核结果的运用要避免两个极端：一是将考核结果束之高阁，与奖惩、问责和改进自身建设完全脱节。长此以往将失去绩效考核的激励作用。二是在考核结果的运用上急功近利，不分场合地一味使用"一票否决"和"末位淘汰"制。

（三）我国公务员绩效考评的具体做法

1. 以岗位责任制和目标管理责任制为主要内容的公务员绩效考核

20世纪70年代末，我国党和政府提出了以经济建设为中心的工作指导思想，邓小平在1980年发表了《党和国家领导体制改革》的重要讲话，提出了在发展经济和改革开放时期"官僚主义是总病根"的政治论断。为解决官僚主义弊端，1982年中央自上而下在全国发动了改革开放以来第一次政府机构改革，大幅度精简了政府机构和人员编制。为了配合机构改革以及巩固机构改革的成果，1982年劳动人事部下发《关于建立国家行政机关工作人员岗位责任制的通知》，1984年中共中央组织部、劳动人事部又联合下发《关于逐步推行机关工作岗位责任制的通知》。在此后的几年中，就全国范围来看，均不同程度地建立了岗位责任制，并进一步发展为机关工作目标管理责任制。

目标管理责任制是目标管理理论在我国的实践形式，一般包括确立、分解组织目标、设定岗位目标、定期检查目标进度、考核目标完成情况、设立新目标等环节。这一考核制度旨在将各项决策和工作任务转化为目标责任体系，用目标引导行动，用督查推进目标落实。

目标管理责任制的根本特征是，一级政府在一定时限内（一般为一年）的总体目标和任务确定之后，按照行政隶属关系向下层层分解、逐级落实，并依据业已落实的目标任务进行相应的考核，按照考核的结果实行相应的奖惩。这样，目标管理责任制实质上也就是"组织责任制"，相应的考核制度也就是对"组织责任制"的考核制度。

由于政府目标管理责任制自身具有的这一特征，在推行的过程中便呈现出以下几个特点：①目标管理责任制所追求的是既定目标的实现，即在一定的时限内完成既定的任务，与此相应的考核或评价的最终依据也就是目标任务完成的效果，即业绩的大小。②目标经过分解确立以后，其实现的载体势必要落实到人（包括领导成员和一般成员）。这样，目标责任制的组织考核与个人考核，就在实现目标任务的基础上统一了起来。③目标内容是具体的，从而为目标管理的量化考核创造了前提。所以，尽管目前各地建立的目标管理责任制及其考核制度的内容与形式有所不同，但是有一点却是共同的，即考核的主流是量化，量化的主流方法是计分法。

就全国范围来看，目标管理责任制及其考核工作无论在广度上或者深度上均获得了较大的发展。同时，随着行政管理体制改革的深入，绩效考核作为目标责任制的一个环节，开始应用到政府部门，并逐步取代原来的目标管理。

在一些先行地区，如福建、青岛等省市，目标管理责任制及其考核制度在广度和深度上还有更新一层的含义，主要表现是：①在当地党委和政府的统一规划和领导下，目标管理责任制及其考核制度的建立和实行已经不限于政府系统，而是覆盖党委、政府、人大、政协、检察、审判等涉及国家管理的各个机构。②在政府系统内部，各个职能部门全方位建立与推行目标管理责任制及其考核制度。③为推行目标管理责任制及其考核制度，建立了比较统一、相对稳定的监督、考核组织系统。④实现了目标考核与公务员考核在内容和时间上的统一。⑤建立或局部建立了比较行之有效的目标考核指标体系。在指标体系中强调并加大了外部评价所占分数的比例。

2. 以年度考核为主要形式的公务员绩效考核

年度考核是对公务员的一种定期考核，在每年年末或者翌年年初进行。自1993年《国家公务员暂行条例》颁布以来，公务员的年度考核已经实施了10多年，全面考核机制已经制度化了。

从内容上讲，年度考核内容较为全面，主要是对"德能勤绩廉"进行考核，其中又以绩为主，既考素质，也考绩效，实行了素质与绩效相结合的全面考核。

从方法上讲，年度考核实行个人自我评价、组织考核、群众评议三者相结合的考核方式。具体程序则是先由被考核公务员按照职位职责和有关要求进行总结，并在一定范围内述职；主管领导在听取群众和公务员本人意见的基础上，根据平时考核情况和个人总结，写出评语，提出考核等次建议和改进提高的要求；对拟定为优秀等次的公务员在本机关范围内公示；由本机关负责人或者授权的考核委员会确定考核等次；将考核结果以书面形式通知被考核公务员，并由公务员本人签署意见。同时，对担任机关内设机构领导职务的公务员的考核，必要时可以在一定范围内进行民主测评。

从结果运用上讲，主要体现为以评优和薪级增长为主的激励方式。总体上看，发挥了较好的激励和约束作用，为公务员管理提供了有效的依据。

3. 问责制

问责制可以视为一种特殊形式的考核，是指政府及其公务员接受监督，并向有关机构或相关利益群体等对自己的工作行为进行解释。问责制的对象是政府及其公务员，实践中特别强调对行政领导干部的责任追究。问责制的主体是非常宽泛的，包括政党、行政监察机关、社会公众等。根据是否与问责对象处于同一系统，问责分为同体问责和异体问责两种形式。同体问责是指行政系统内部对其成员的问责，或者政党内部对其成员的问责；异体问责是指非本系统内部的问责，比如人大代表对政府的问责、社会公众对政府的问责、新闻舆论对政府的问责等。问责的客体指的是问责的范围是什么，公务员需要对哪些事项负责。

2004年7月，《重庆市政府部门行政首长问责暂行办法》正式实施，被视为首次将问责上升到制度层面上的强制规定，是在问责制度方面的一次突破性探索。[①] 此后，各地陆续有类似的制度出台。近几年来，我国各地的问责力度明显加大，取得了一定的成效，提高了行政机关的执行力，增强了执政为民的意识等。2005年12月起，深圳市全面推行公务员职位说明书、行政问责"白皮书"等制度，使行政执法的责任主体明确化、部门责任法定化、岗位责任具体化、责任层级清晰化、责任"链接"无缝化，明确了责任，强化了监督，是我国行政问责的一个实质性进步。[②] 但同时问责制的推行也凸显出一些问题，集中表现在：问责范围不明确；问责程序不规范；同体问责力度弱，作用不明显，而异体问责发展缓慢；缺乏法律和制度的保障等问题。

（四）我国公务员绩效考核面临的困境及对策

总体上看，我国公务员绩效考核制度发挥了较好的激励和约束作用，为公务员管理提供了有效的依据。但是从整体制度设计与执行效果上，也存在一些问题和新的挑战。

1. 公务员绩效考核制度面临的困境

（1）公务员绩效考核信度与效度不足，流于形式

虽然绩效考核已经成为公务员考核的重要组成部分，并且各地也涌现出了很多创新做法，但是，从总体上看，很多考核的设计或实施存在着信度与效度不足的问题，考核流于形式。这一方面是由于现有考核方法往往有多重目标，既要管理、又要评优，既要提高绩效、又要开发人才，考核价值目标不明确，整体实际效果有限；另一方面则是因为公务员的特殊性，现代绩效管理的理论认为，公务员作为绩效创造主体应当对上级、下级甚至社会等利益相关者负责，实行多元化评估主体，但是由于目前我国公务员往往由上级选任，公务员对上级权力意志较为敏感，这就为责任主体的责权关系带来了一些矛盾与混乱，将考核引向了形式主义。

（2）公务员绩效考核方法与公平性的矛盾

相对于企业员工的绩效，公务员的绩效具有难以量化、难以衡量的特点，因此很多情况下，需要采用主观评价或者定性评价的方法，而很难采取定量评价方法。主观评价方法虽然可以较为全面地描述被考核公务员的绩效，但是也存在缺乏统一、客观标准的问题，这就导致了绩效考核的公平性不足，如此不但解决不了激励的问题，反而带来了一些负面影响。

（3）公务员考核结果的运用有限，激励不足

如前面所述，公务员绩效的特点以及管理制度和考核制度的设计问题，往往会导致考核及其结果的信度与效度不足，不能客观反映公务员个体的能力和绩效，因此，

[①] 闫建、陈建先：《行政首长问责制的实施与完善》，《理论探索》2009年第3期。
[②] 李英：《我国行政问责制的要素分析与制度构建》，《领导科学》2009年第4期。

结果运用的依据不足，结果运用也不足。这样，绩效考核在公务员的管理中应当发挥的作用就大打折扣了。

2. 完善公务员绩效考核的对策

（1）转变观念

要从传统的技术理性的过程控制理念转变为以人为本的价值管理理念。工具理性是把人假设为工具，认为人天生是懒惰的，而以人为本的理性假设，则强调公务员的能力不是管出来的，而是激励和开发出来的。从过程导向转变为结果导向。过程导向总是关注公务员都做了什么事情，而较少关心结果；结果导向则是坚持绩效创造全过程的动态考核，而不是简单的静态考核。

（2）创新考核规则

建立以绩效能力为本的考核模式，区分考核目的与考核形式；淡化考核形式，强化考核的纠错过程；增强考核的公开性和透明化程度，加大对公务员管理与考核的社会监督与服务对象监督，防止内部人控制；扩大考核结果运用范围，将考核结果与"能进能出、能上能下"的退出和淘汰机制结合起来；完善申诉和救济制度。维护公务员的权益，要有确实的公务员申诉和救济制度和专有机构。

（3）坚持集中性与灵活性相结合的原则

允许各地方和各部门进行各种创新、各种形式的探索，允许各部门结合工作性质来采用各种方式。要针对不同层级政府的特点，允许进行多样化的考核，包括考核的内容、形式、绩效奖励、结果运用等。

四 党政领导干部的绩效管理

党政领导干部的绩效管理是指考评机构对党政领导干部绩效表现的考核与评价活动。其内涵是对党政领导干部在组织群众实现本地区、本部门既定的规划和目标过程中，所进行的投入、产出、结果以及由它们所反映出的效率、效力、经济、公平、质量等维度设置绩效指标和标准，并在日常的管理和考核工作中围绕绩效指标收集有关领导活动趋向于既定目标的进展情况的信息，从而通过与绩效标准的比较，确定党政领导干部的绩效表现情况，进而对其绩效进行评定和划分等级。

由于领导干部在一个组织中处于法人地位，他们在组织的行为表现就不是个人的行为表现，而是代表组织的行为表现，他们要对组织的绩效负全责。因此，党政领导绩效的本质就是对组织绩效所承担的集体责任和个人责任，或者说是集体贡献和个人贡献。相对组织绩效来说领导绩效是手段，是为组织绩效服务的。因此，党政领导绩效考评既包括对组织的考评，也包括对党政领导班子和领导个人的考评，既包括了对履行经济发展和社会管理职能的绩效考评，也包括了对党政机关内部管理的绩效考评。

科学衡量绩效，是选拔任用和管理监督党政领导干部的基础与前提。用什么样的指标考核绩效，用什么样的标准衡量绩效，领导干部就会相应地以什么样的态度来对待绩效。党政领导绩效考评制度直接影响着党政领导干部的政绩观。因此，建立科学的党政领导绩效考评体系，是各级组织人事部门的一项重要而紧迫的任务。中央组织部在 2006 年下发了《体现科学发展观要求的地方党政领导班子和领导干部综合考核评价试行办法》，提出了一整套全面考核评价党政领导班子和领导干部的制度体系。为把组织绩效评价与党政领导个人绩效评价统一在一个评估制度框架内，本文将探索一种基于能力建设的党政领导干部绩效考评制度。

（一）党政领导干部绩效考评体系的原则

设计领导绩效考评体系，必须确立领导绩效是一个系统和综合的概念，该体系应是一个能够反映公共管理多元目标的价值标准体系，而不是传统的单一"效率取向"。因此，须遵循以下四个原则。

1. 价值导向原则

遵循价值导向原则，就要求我们设计考评指标体系必须把着眼点放在现阶段社会发展正面临和所要解决的主要社会矛盾上，而不是面面俱到，事无巨细。社会主要矛盾不同，社会发展的整体价值取向就不同，评估领导绩效的指标体系也就不同。党的十六大确立的执政为民思想和以人为本的科学发展观，表达了执政党和广大人民群众的基本社会价值取向，这一社会价值取向对绩效考评指标体系的确定起着决定性作用，指标体系的设计必须从总体上反映中央提出的坚持科学发展观和坚持"五个统筹"的原则。

2. 合法性原则

党和国家机关的工作绩效，是管理主体依据宪法和行政法规赋予的国家职能和公共权力依法执政的结果。党政领导干部在其中担负着重要的政治责任和法律责任。领导绩效的所有表现应该都看作有法可依和依法授权的组织作为，绝不是一种个人的随意作为，也不是像企业那样可以自负盈亏的市场行为。

3. 职能依据原则

在社会主义市场经济条件下，我国政府正逐步从过去"无所不能"向"有限责任"转变，更多地强调向社会提供公共服务，满足社会的公共需求。强调政府在市场经济中要做到有所为有所不为。在设计绩效考评指标体系时要充分考虑转变政府职能的要求，把握好绩效的标准问题，主要指标必须是履行党政领导职能的绩效，而不能把全社会各种组织特别是需要企业和市场发挥作用的项目和指标，再全部背在自己身上。领导的职能有层级的差别，也有专业分工的不同，这样就形成了纵向的中央政府和各级地方政府，横向的政府职能部门。因此，管理主体不同意味着它们所管理的公共事务的性质、内容和方式就不同。它们的绩效目标、进行绩效评估时所划分的评估项目也不同。绩效目标和评估项目不同就会有不同的评估标准。

4. 公众满意原则

社会公众满意度在设计指标体系中主要体现在两个方面：一是党政机关和领导干部的工作，能否满足广大公众的利益需求，其程度总是相对的。这种满足的程度可划分为满意、比较满意、不满意等。同时，处于不同满足程度层次上的社会公众的人数也是相对的。二是领导活动过程中如何对待和处理群众反映强烈的社会问题。这个问题与社会公众的满意度也密切相关。领导是否建立了与社会公众之间进行信息交流与沟通的渠道和机制，是否及时解答和处理社会公众反映的问题，这都应作为考评指标体系的重要系数。因为，领导绩效考评的过程就是通过评定与划分绩效的不同等级，来改善和回应社会公众对领导干部有效监督和批评的过程，也是提高领导效率、能力、服务质量和公共责任的过程。

（二）党政领导干部绩效考评的主体和机构

从广义上讲，凡依法对公职人员享有管理权、监督权、选举权、批评权、罢免权的组织和社会成员，都有权利对党政领导绩效进行考核与评价。从狭义上讲，绩效考评主体是特指党政领导干部的任命机关、主管机关和监督机关。考评主体和机构常常因考评的目的、内容、形式的不同而确定。科学界定领导绩效考评主体，健全考评机构，是建立领导绩效考评体系的组织保障。

1. 人大对其选举和任命的领导干部的考核评估

各地人大开展的对领导干部述职评议活动，有一个发展的过程。早在1986年，各地人大为了加强司法监督工作，开展了对司法机关的评议活动，以后发展到对政府行政执法部门的评议。这种评议称为执法评议或者工作评议。评议主体是人大代表，评议内容是司法和执法情况。1989年以后，在探索如何行使人大的监督职能，发挥人大的监督作用的过程中，有些地方又开展了组织政府组成人员和法院、检察院的领导人员向同级人大常委会述职，由人大常委会进行评议的活动。1995之后在许多省市迅速开展起来，有些地方基本上是省、市、县三级政府全面铺开，如山西达95%以上，浙江省达90%左右。这项活动在全国引起了较大反响，各地人大相互学习效仿，先后召开5次全国性的经验交流会，被普遍认为是人大对干部监督的一种好形式。

从评议的对象来看，大多数地方的评议限于人大任命的干部，即政府各工作部门厅局长。大多数地方规定干部在一届任期内至少要述职评议一次，有的地方规定除此之外，每年都要进行一次书面述职。从评估主体来看，参评人员主要是人大常委会委员，有的省也组织部分人大代表参加，还邀请纪检监察、组织人事、审计等部门的负责同志参加。

述职评议的程序一般分为四步：一是准备发动，召开述职评议工作的动员会，进行宣传发动。通知述职人员提前写出述职报告，报人大常委会审阅。二是调查研究，由人大常委会组成若干个调查小组，到述职人员所在单位和下属单位，采取召开座谈会、个别谈话、审阅卷宗等方式,考察核实情况。考察一般用两周时间,有五六十人参加谈话。三是进行述职评议,述职评议一般在人大常委会例会进行,也有的地方由人大常委会召开专门的述职评议会,会上由上述述职者作述职报告。述职内容一般是结合任期内的工作,汇报个人在贯彻党的路线方针政策、执行人大决议和法规,以及勤政廉政方面的情况。述职后即由人大常委会委员及部分人大代表评议,评出优秀、称职、不称职等不同档次。评议后,人大常委会正式向被评议人反馈评议意见,提出整改意见。四是整改,评议后,人大常委会正式向被评议人反馈评议意见,提出整改意见。被评议人员一般在2个月内要向人大常委会写出整改报告,有的地方人大常委会还要进行跟踪调查,看整改措施是否落实。

选举机构的绩效考评是代表民意,反映社会满意度的监督权利和民主形式。目前我国各类党政领导人员的选举机构对选任人员绩效的考评重视还不够,代表的主体作用发挥不够,绩效考评的体系不健全,方法不科学,考评的效果不明显。党政领导干部管理部门的绩效考评,主要是为了换届选举,调整领导班子,推荐优秀人才,结合领导干部的全面考核进行的。考核绩效是更好地鉴别党政领导干部德才素质的主要手段,对党政领导干部创造绩效有着直接的激励和制约作用。

2. 业务主管机关的绩效考评

业务主管机关是指党政领导干部直接向其负责、接受其领导的工作上级,既有按业务管理建立的领导关系,也有按属地管理建立的领导关系。业务主管机关的绩效考评,以对组织绩效的考评为主,一般不直接对领导个人绩效作出评价。对组织的绩效考评主要以业务职能为依据,建立相应的考核指标体系,并与年初下达计划、建立目标责任制、定期检查督导、年终工作报告是结合在一起进行的,通常也称绩效管理系统。实行行政首长负责制的领导干部和实行委员会制的领导班子,都要对组织绩效全面负责,组织绩效好坏与领导责任直接相关,同时也直接影响干部选拔任用。因此,政府应尽快建立一套科学的组织绩效考评系统,领导绩效考评工作可以纳入组织绩效考评系统,作为其中一个子系统运行。由于多数领导干部具有业务和属地这样双重管理体制关系,以及管事与管人的制度脱节问题,在组织绩效考评中也反映出目标的多重性、指标的差异性以及实施的协调性、考评的权威性不够等困难。

3. 监察审计机关的绩效监督

监察审计机关是从行政监督的角度实行问责和审查绩效。纪检监察机关针对领导干部勤政廉政的绩效表现开展监察监督活动,目前我国许多地方推行的效能监察可以说是领导绩效考评的一种特殊形式。其特殊之处在于它的问题导向。

(三)党政领导干部绩效考评的指标体系

党政领导干部绩效考评指标设计应以通用性指标为基础,以管理职能为依据,以服务社会和服务群众为导向。结合欧盟公共部门中绩效考评的通用评价模型(CAF),本文把该考评指标分为领导作用指标与领导结果指标两大类。

1. 领导作用指标

领导作用指标是指领导集体和个人为促进组织绩效，实现组织目标所投入的管理要素。具体包括领导职能、战略与规划、人力资源管理、发展协调公共关系、管理创新五项指标。

标准一：领导职能。指领导者如何明确组织发展方向，确定并积极实现组织的使命和远景目标，确立组织长远发展所需要的价值观，并能够根据实际需要不断完善和优化组织管理体系，以身作则，调动群众积极性，发展组织与社会各种相关组织的关系，为实现组织目标提供有力的资源保障，清除各种障碍。

标准二：战略与规划。依据组织职能，能够透彻地了解社会和公众近期与长远的公共需求，明确社会发展战略，确立、审查、并贯彻组织的战略和规划，制定相关政策、计划和方案实现其使命和远景目标。

标准三：人才资源管理。根据组织战略和规划，规划、管理、改善人力资源，培养开发各类人才的知识和全部潜力，通过对话和授权提高人才的参与度，并对此进行合理规划，以便支持组织的政策和战略及人员的有效运转。

标准四：发展协调公共关系。为实现组织的使命，确立和设计组织在社会的良好形象，明确发展和维护重要的合作伙伴关系，以支持其政策和战略以及程序的有效运转；建立与社会组织及公民的沟通渠道，支持和动员社会的广泛参与和有效监督。

标准五：管理创新。改善管理方式和管理手段，优化组织结构，重组业务流程，发展电子政务，降低行政成本，完善财务和预算管理，提高管理效益。

2. 领导结果指标

领导结果指标是指领导作用对组织绩效所产生的影响及效果。具体包括群众满意度、社会贡献度、主要绩效的成果、公共支出效果、组织发展的效果五项指标。

标准六：群众满意度。指组织在满足服务对象和群众的需求与期望方面取得的结果。如公众对组织绩效的总体满意水平，办事的友好和公正度，反应灵敏度和积极的行动，处理个别情形的灵活度和能力，政务公开，服务承诺的效果，给群众生活质量带来的影响等。

标准七：社会贡献度。指组织在满足社会的整体需要和预期方面取得的结果以及所产生的影响。维护社会和谐所做出的努力贡献，对公共危机的应对和处置结果，组织活动是否对公民造成侵扰和损害，确保公民的生命财产的安全。对于群众的民主意识、维权行为和社会参与的支持度。

标准八：主要绩效结果。指领导班子和领导成员在完成组织计划、任务，实现任期主要目标，以及满足社会需求和社会发展方面取得的关键结果。如按职能提供公共产品和服务方面的实际效果，市场监管的能力，满足和平衡群众利益需求的能力，维护社会稳定的能力，依法行政的能力。

标准九：公共支出效果。包括遵守预算的程度，财务目标完成度，满足和平衡财务利益的能力，有效使用运转资金的能力，财务审计和检查的频率和结果，精打细算并强调风险意识的财务管理措施等。

标准十：组织与人员发展效果。改进与创新组织战略、组织结构、组织效能、思想作风方面的成绩，更好地使用信息技术，确定目前个人和组织在知识、技能和态度方面的能力状况，制定和宣传符合组织和个人需要的培训计划。正确处理组织内部的平等机会和待遇公正问题，发扬民主，支持公务员参与决策的程度，参与绩效改进活动的程度，协商和对话机制。

上述指标体系，可视为一个通用管理考评指标体系，重点强调的是管理绩效和服务绩效，通过领导作用的有效发挥使组织目标顺利实现，并取得良好的组织效益。在各项标准中，根据组织的不同职能，可设定具体的二级指标，每项指标可视不同要求予以量化，但并不要求都必须量化，关键是指标描述的清晰化、质量标准的具体化。

（四）党政领导干部绩效考评的形式、程序和步骤

领导绩效考评一般分为两种形式，即任期绩效考评和年度绩效考评。

根据我国党政领导干部绩效考评的实践经验，借鉴国外的成功做法，党政领导绩效考评的基本程序和步骤，包括以下十个方面。

1. 成立考评组织。由党政领导干部主管机关牵头成立领导干部绩效考评组织，包括绩效考评专家组，委托社会专业调查评估机构，明确考评组织的权利和责任。

2. 提出绩效目标。领导干部上任后应在规定的时限内向任免机关和主管机关提交任期目标责任书，正职行政领导还应提交本地区或本部门的年度绩效计划和年度绩效预算。

3. 绩效风险评估。考评机构或委托专业机构依据绩效计划内容，对考评对象的绩效能力、绩效环境进行可行性评估和绩效风险评估，评估后双方充分沟通意见，明确绩效协议主要内容和责权利关系。

4. 确定绩效责任。经法定机构核准后，被考评人与主管领导签署一份绩效协议书，确立双方的绩效责任关系。

5. 制定与公布考评目标。考评机构依据年度绩效计划和年度绩效预算以及绩效协议内容，确定考评目标、重点内容、考评方式和方法。并在规定的时限内，通过媒体公布主要领导干部的任期目标和绩效计划，增强透明度，以利于社会监督。

6. 绩效检查。考评机构或委托专业机构对考评对象实行绩效过程信息跟踪，定期对考评对象的工作绩效情况，进行公开的实地检查了解，并收集群众的反馈意见，同时要与考评对象沟通意见，听取他们提出的困难和要求，必要时，对计划进行适时调整。预算部门应根据绩效计划和执行的情况，严格控制预算，确保资金的有效使用。

7. 年度考评和任期考评。考评机构要向社会公布考评内容、对象、方法，并利用信息网络广泛收集相关评价信息。有关考评机构要依法组织社会范围的民主评议或满意度测评。有条件的应聘请有关专家进行专项绩效分析评估。

8. 考评等级的评定。领导绩效的等级评定应以组织绩效的等级为参照,并结合年度干部考核,综合平衡确定。

9. 考评结果使用。考评结果要与行政问责、奖励制度结合起来,并作为选拔使用和监督管理干部的基本依据。考评机构要对完成绩效目标的领导干部给予适当的物质和精神奖励,并引导媒体广泛宣传,树立先进典型。没有实现绩效目标的干部,要按行政问责制的规定,提出批评和相应的处罚。

10. 绩效总结。考评机构应责成被考评人认真总结完成绩效的成功经验,查处不良绩效的原因和责任,并提出改进方案和措施,以正式文本形式报告考评机构和上级机关。

综上,改革开放以来,各级党委组织部门在党政领导干部的考核实践中,创造和总结了许多行之有效的方法,积累了许多成功的经验,特别是从单一的考核主体逐步转向重视多元考核主体的作用,从单一的考核方法逐步转向多种考核方法的综合运用。概括起来就是四个结合的方法:一是组织考核与民主评议相结合;二是绩效考评与德才素质考察相结合;三是定性考核和定量考核相结合;四是经常性考核与定期考核相结合。但同时也还存在许多不尽科学和手段落后的问题,如绩效信息的收集标准缺失,信息分析量化程度不高,常常以传统的访谈调查为主,人为因素影响很大,信息盲点较多,造成较多的误区;个人素质能力的考核与绩效考核不能科学区分,常常是相互替代,造成一种晕轮效应误差;历史绩效的考核权重过大,常常是先入为主,造成考评的首因效应误差,使现实的绩效很难客观公正地考评;绩效分析手段落后,难以避免考评中以偏赅全,一好百好,以功抵过,班子和个人的绩效责任考察不清,造成人人有份的绩效"大锅饭";民主评议绩效信息不对称,可信度不高,常常出现思维定式效应误差等。这些都在一定程度上影响了绩效考评的准确性、客观性和公正性,影响了考评结果使用的有效性。

改进与完善党政领导干部绩效考评的方法,要立足于符合我国干部人事制度改革的实际需要,大胆进行理论和实践的探索创新,积极学习引进国外的先进技术和方法,逐步建立一套科学有效的党政领导干部绩效考评体系。

(作者 吴江:中国人事科学研究院院长、研究员、博士生导师,中国人才研究会常务副会长,全国政府绩效管理研究会副会长,中国行政管理学会副会长;陈胜军:劳动经济学博士,中国人事科学研究院博士后;孙一平:管理学博士,中国人事科学研究院)

中国电子政府建设绩效

蔡立辉

政府信息化是信息时代政府改革和发展的必然结果。电子政务作为网络信息技术革命的产物，被各个国家和地区政府视为当前政府改革和发展的核心工程，并成为提高行政效率、降低行政成本、树立政府形象和改变行政方式的必然选择。2007年是我国行政管理体制改革不断深化、电子政务建设稳步推进的一年。胡锦涛总书记在十七大报告中将信息化与工业化、城镇化、市场化、国际化并举，鲜明地提出信息化与工业化融合发展的新思路，赋予我国信息化工作全新的历史使命。同时，党的十七大报告也明确指出，要加快行政管理体制改革，建设服务型政府。在这一过程中要"健全政府职责体系，完善公共服务体系，推行电子政务，强化社会管理和公共服务"[1]。在新的行政管理体制改革中，推行电子政务建设再次作为行政改革目标的重要组成部分被提出来。这为我国电子政务建设指明了方向，提出了新的要求，我国的电子政务建设开始步入以建设服务型政府为目标的新时期。《中华人民共和国政府信息公开条例》（以下简称《条例》）正式颁布，并将于2008年5月1日起施行，该条例对深化行政管理体制改革，推进政务公开等工作将产生深远的影响。

我国政府电子政务建设从1983年发展至今已有25个年头了，这期间我国的电子政务建设取得了长足的进步。联合国经济和社会事务部发布的《2008年度全球电子政务调查报告：从电子政务到整合治理》显示，在全球电子政务发展水平排名中，我国电子政务排名第65位，其中，在电子政务的公民参与程度方面，中国从2005年度报告中的第32位跃至第21位。[2] 目前，我国电子政务建设正围绕"两网一站四库十二金"工程重点展开，电子政务建设如火如荼。可以说，我国政府部门的信息化建设正处于高峰期。

2007年中国的电子政务建设是走向务实的一年，政府行业IT投入保持了11.2%的增长，总规模达到421.6亿元，中国电子政务市场投资额更是达到657.34亿元，同

---

[1] 胡锦涛：《高举中国特色社会主义伟大旗帜 为夺取全面建设小康社会新胜利而奋斗——在中国共产党十七次全国代表大会上的报告》，人民出版社2007年版，第32页。
[2] 赛迪网，www.ccidnet.com，2008年11月24日。

比增长19.6%。[①] 根据2007年年底的调查反映出，2008年的中央财政和地方财政尤其经济发达地区地方财政的IT投入在平稳中略有增长，电子政务工程的投资管理更加规范，预计2008年政府行业IT投资仍将保持12%以上的增长率，投资规模将达到475亿元，[②] 如图1所示。同时，我国的信息化产业也达到了5.6万亿元的规模。[③] 中国电子政务建设取得了长足的进步。

	2005年	2006年	2007年	2008年
投资金额	336.7	379.2	421.6	475.9

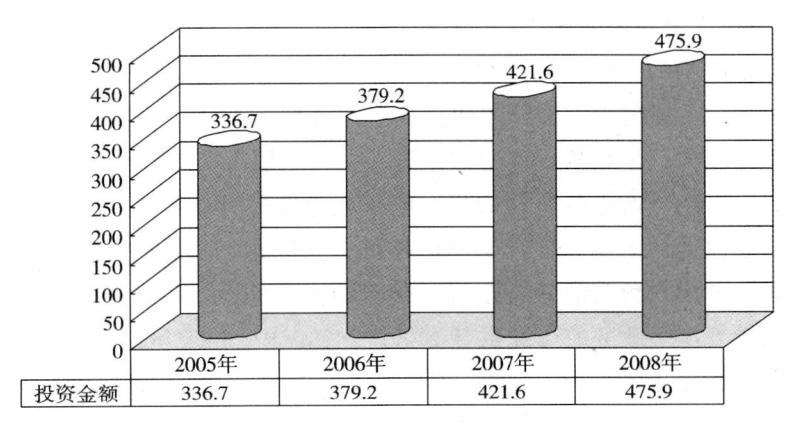

图1 2005—2008年中国政府行业IT投入（亿元）[④]

一 电子政务绩效评估的基本理论

（一）绩效的内涵

绩效是一个多义的概念，人们对于绩效的认识经历了一个不断发展的过程：从单纯强调数量到强调质量再到强调满足顾客需要；从强调"即期绩效"发展到强调"未来绩效"。这说明，不论是对公共部门还是对公共管理人员来说，都应该以综合的、发展的眼光来认识和理解绩效的含义，包括综合考虑绩效产生的过程、方式、时间以及结果等。

为此，我们可以从以下方面来理解绩效的含义：第一，从绩效内容与外延的规定性来看，绩效反映的是公共部门及其人员在履行其职能或岗位职责过程中、在一定时间内以某种方式实现某种结果的过程，在职能或岗位职责履行以外所产生的结果不能视为绩效；第二，从绩效产生的主体来看，绩效包括了公共部门整体绩效、公共管理

---

① 赛迪顾问：《2006—2007年中国电子政务市场研究年度报告》，www.ccidnet.com，2008年11月25日。
② Broada广通、荣欣IT培训中心：《2008年中国电子政务ITIL市场需求与应用调查报告》，2008年5月。http://www.cbinews.com/，2008年10月10日。
③ 杨学山：《加强政府网站内容和服务建设 切实提高社会关注度——2007年中国政府网站绩效评估结果发布会权威人士致辞》，《电子政务》2008年第2期。
④ Broada广通、荣欣IT培训中心：《2008年中国电子政务ITIL市场需求与应用调查报告》，2008年5月。http://www.cbinews.com/，2008年10月10日。

人员个人绩效和项目绩效；第三，从绩效质与量的本质属性来看，绩效并不等于产出本身，也不等于任务或产品本身，绩效是投入所获得的产出及其所产生的社会效果，绩效不仅有量的规定性、也有质的规定性；第四，从绩效形成的过程来看，绩效具有一定的周期，具有投入—获得中期结果—再获得最终结果的周期性发展过程，时间对绩效的形成具有影响作用。

（二）电子政务绩效的内涵

目前，电子政务的绩效评估一般有三层含义：一是从投入角度看，强调投入的节约性；二是从产出的角度看，强调"快捷地生产或提供更多"，即提高电子政务的服务效率和服务供给能力；三是从最终的结果看，强调"所需要的产品或者服务"，即注重电子政务的产出对用户产生的实际效果。电子政务绩效评估的以上三层含义虽然可以分别进行相对独立的评估和管理，但它们是具有内在密切关联的，电子政务对用户产生的实际效果，即用户角度的效益是政务绩效的根本归宿，也是电子政务建设的出发点，它不仅引导着电子政务应当提供什么（产出），也引导着投入什么、如何投入。由此可见，政府应当以用户为导向确定电子政务建设内容，谋求用最低的成本获取最大的绩效。因此电子政务的绩效研究也必须注重从用户的角度进行评价，促使政府根据用户需求提供信息和服务，即不仅要考察诸如政府网站把多少信息放到网上的问题，更重要的是还要研究其实际结果或效果如何，这些信息让用户受益多少。以此为出发点，确定电子政务提供更好的服务、具有更高效率和更低行政成本的管理模式和运行机制。

如果仅从上述投入、产出和效果三个层次出发设计电子政务的绩效评价体系，仍然是站在工程项目建设的角度进行评价的，不足以全面反映电子政务的效益，因此这样的评价体系不能全面反映电子政务建设的特征和目标。电子政务的核心是"政务"而不是"电子"，评价电子政务的绩效不能仅局限于评估某些工程或投入产生的效果，而是要全面评价电子政务对整体提升行政能力和行政水平的贡献。因此，电子政务绩效是指电子政务活动在社会管理活动中的结果、效益及其管理工作效率、效能，也包含了政治绩效、经济绩效、文化绩效、社会绩效四个方面。它的核心和实质是电子政务的价值取向。具体体现在，电子政务应当完善和加强政府的经济调节、市场监管、社会管理、公共服务的职能，通过提高自身的决策水平、管理水平，为社会公众和企事业单位提供更好的服务。

（三）电子政务绩效评估

所谓电子政务绩效评估，是指由专门的机构和人员依据大量的客观事实和数据，按照专门的规范、程序，遵循统一的标准和特定的指标体系，通过定量定性的对比分析，运用科学的方法，对电子政务建设的投入、产出和效益所作出的客观、公正和准确的评估。[①] 从控制论的角度，绩效评估就是系统中最关键的反馈环节。绩效评估通过

---

① 黄波、万道濴、张诺：《电子政务绩效评估概述》，《电子政务》2008 年第 10 期。

不断地反馈和矫正,实现理想的电子政务治理理念,如图 2 所示。

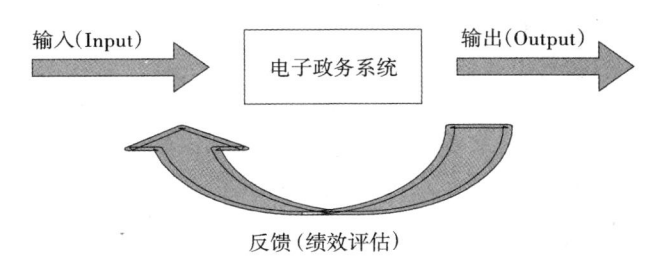

图 2 电子政务绩效评估示意图

电子政务绩效评估包括对电子政务一切投入和产出的过程的评估。这种过程可以是有形的,也可以是无形的,既包括电子政务"硬件"建设,又包括电子政务"软件"发展的政务活动过程。全面的电子政务绩效评估是以政府经济学、公共管理学、信息技术、投资均衡理论和资产评估、网络评估等为基础。完整的电子政务绩效评估的内容可规范为四个大的方面:一是电子政务业绩。主要表现为电子政务为社会经济活动提供服务的数量和质量。在数量上,表现为尽可能满足社会对政府管理服务规模的需要;在质量上,表现为尽量提供优质服务,具有高效率的办事能力。二是电子政务效率。电子政务效率反映的是行政机关和行政人员从事的电子政务活动所得的劳动成果、社会经济效益同所消耗的人力、物力、财力和时间的比例关系。它属于对政府机关和公务员从事电子政务工作的数量和质量的评价。三是电子政务效能。是指政府通过实施电子政务所生产的"产品"和向公众提供的服务的水平。四是电子政务的成本。即实施电子政务所占用和耗费的资源及其程度。

(四)电子政务绩效评估的类型

从不同角度出发,可将电子政务绩效评估划分为不同的类型。根据评估层次划分,可将电子政务绩效评估分为宏观评估、中观评估和微观评估;根据评估指标划分,可将电子政务绩效评估划分为规制性评估、描述性评估和警示性评估;根据评估时限划分,可将电子政务绩效评估划分为近期评估、中期评估和远期评估;从电子政务绩效评估的主体来划分,可以分为三类:外部评估、内部评估和内外部相结合的综合评估。其中发达国家开展的电子政务绩效评估多为前两种类型,内外部相结合的评估模式通过将上级领导部门监管、第三方专业机构和公众监督相结合;根据评估内容划分,可将电子政务绩效评估划分为专项评估与综合评估。每一种评估都有自己的侧重点。从目前研究与实践情况来看,我国电子政务绩效评估主要有五种类型:政府网站绩效评估、财政支出项目绩效评估、电子政务系统绩效评估、电子政务发展水平评价以及电子政务综合绩效评估。

二 2008年中国电子政务建设的成就与现状

2007年，我国电子政务建设保持平稳的增长。《中华人民共和国政府信息公开条例》的颁布和实施，将为电子政务带来更多的发展空间，中国电子政务系统建设迎来了实质性阶段的建设高潮。从具体内容来讲，电子政务建设从发展理念、外部环境改善到网站的建设与评估及服务质量等方面都有巨大进步。

（一）"服务导向"的发展理念的确立

面向公共服务是电子政务的发展方向。我国政府以此为指导，通过面向公众需求为核心的电子政务建设来推动政府公共服务的改革，以共享服务方式来提高整个政府系统的效率并为公众提供完整的服务。服务是我国电子政务的战略取向和价值目标，便民是我国电子政务建设的重点，充分体现党的执政为民的宗旨，体现权为民所用、利为民所谋、情为民所系的为民服务思想，以提高政府公共服务水平为中心，科学发展电子政务。信息产业部"十一五"规划将电子政务的发展方向定为"以服务提升效益"。我国电子政务建设目标在此得以鲜明体现，即通过先进的技术应用来实现政府优质的公共服务和高效的管理职能。

2006年5月8日，中共中央办公厅、国务院办公厅印发了《2006—2020年国家信息化发展战略》，指出我国电子政务的重点发展方向应该是"改善公共服务，逐步建立以公民和企业为对象、以互联网为基础、中央和地方相配合、多种技术手段相结合的电子政务公共服务体系。重视推动电子政务公共服务延伸到街道、社区和乡村。逐步增加服务内容，扩大服务范围，提高服务质量，推动服务型政府建设"[①]。

1. "中国电子政务试点示范工程"开通

"十五"期间，"中国电子政务试点示范工程"开通。以深圳、青岛、绵阳和南海四个城市为首批试点工程的建设城市。四个试点城市的建设重点各有不同，其中，深圳结合行政审批制度改革，重点推进和完善面向企业和公众的各类在线服务应用系统，包括电子安全认证交换平台、统一的信息交换平台等多个为社会公众服务的应用项目。深圳通过创建国家电子政务试点城市，进一步完善公共服务系统，使广大市民在劳动就业、社会保障、医疗卫生、教育文化、民主参与、婚姻登记、计划生育、户籍管理、交通出行、旅游、住房和纳税等方面享受更便利的电子政务服务；同时也使企事业单位在年检年审、商务活动、对外交流、人力资源等方面得到更高效率的电子政务服务。深圳市政府明确提出，到2008年，要求公开的政务信息100%都可在网上查询，行政审批项目100%都可在网上申请及查询结果，100%的政府行政许可和非行政许可审批项目都将纳入电子监察范围，并对50%以上的行政许

[①] 中办、国办印发：《2006—2020年国家信息化发展战略》，http://news.xinhuanet.com/newscenter/2006-05/08/content_4522878.htm，2008年9月10日。

可项目实现在线处理。

随后，天津市、北京市、浙江省、上海市四省市被定为我国政务信息资源共享的试点省市。它们在试点过程中构建了数据交换和管理平台，为实现跨部门、异构系统、异构数据库之间的信息交换和共享积累了珍贵的实践经验。

2. 政府网站"百件实事网上办"活动在全国展开

建设服务型政府，"以服务为导向"的发展理念在电子政务建设中得到深入实践。为了加强政府网站建设，面向社会公众宣传政府网站功能，提高政府网站的社会认知度和满意度，切实提高我国各级政府网站服务能力，2007年8月16日，国务院信息化工作办公室综合组发布了《关于开展政府网站"百件实事网上办"活动》的通知，从2007年9月起在全国范围内开展政府网站"百件实事网上办"活动。活动的主要内容是就社会公众关心的教育、医疗卫生、社会保障、交通出行和公用事业五个重点领域，形成首批政府网站应该提供的100项服务事项，让社会公众体会政府网站的实际作用。各级地方政府网站可以在此基础上增加其他相关服务内容。2007年9月30日，各级地方政府网站统一开通该服务专栏，面向社会公众提供相关服务。为更好地推动此项工作，2007年10月，2007年年度政府网站绩效评估指标体系将"百件实事网上办"纳入其中，设立"社会宣传普及"的三级指标，并占5分的权重。这让社会公众充分体会政府网站的实际作用，也开创了以电子政务促进服务行政建设的新局面。

（二）电子政务建设环境进一步改善

1. 电子政务建设观念发生转变——由注重硬件到注重软件

中国电子政务建设的观念在发生变化，对电子政务建设侧重点的变化给予了有效解释。2007年12月至2008年3月正在建设和准备建设的电子政务系统排前5位的依次是：政务公开系统→行政服务审批系统→系统运行保障系统→协同政务系统→资源整合系统，如图3所示。政府在信息建设方面硬件支出比例不断减少，虽然投资结构不会发生本质变化，但软件和维护的费用有大幅度提高。根据调查的预测，2008年政府IT投资中软件的投资比例将达到21.50%，继续保持高速增长；IT服务与维护的投资比例将达到21.20%，增长率达到19.8%，创造历史新高；而硬件的投资比例将下降至54.90%，增长率只有3.5%。但这与发达国家相比——系统运维投入占IT总投入的75%；系统建设投入占IT总投入的25%——具有明显的差异。这证明我国电子政务还处在基本建设阶段。

2. 电子政务相关法律法规逐步完善

（1）《中华人民共和国政府信息公开条例》的颁布

电子政务相关法律规范的建立对于电子政务的发展起着至关重要的作用。电子政务相关法律法规的颁布实施是伴随着电子政务的发展而展开的。继2004年7月1日正式实施的《行政许可法》和2005年4月1日起正式施行的《电子签名法》之后，与电

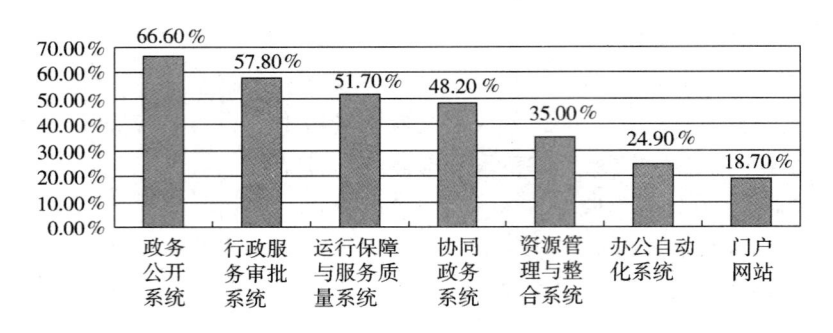

图3 我国电子政务系统建设趋势①

子政务建设密切相关的重要法规就是2007年1月17日颁布、2008年5月1日开始正式施行的《中华人民共和国政府信息公开条例》。

为进一步推行和规范政府信息公开，推进社会主义民主、完善社会主义法制、建设法治国家，建立行为规范、运转协调、公正透明、廉洁高效的行政管理体制，更好地发挥政府信息对人民群众生产生活和经济社会活动的服务作用，制定的专门法规——《中华人民共和国政府信息公开条例》，对政府信息公开的范围和主体、方式和程序、监督和保障等内容做出了具体规定。这是中国正式颁布的第一部国家级信息公开立法。它在实践中会发挥四大作用：第一，能够有效地保证人民群众的知情权；第二，便于从制度上、从源头上遏制和预防腐败；第三，能够促进行政机关工作作风的转变；第四，有利于推进和统一全国的政府信息公开工作。

（2）《国家电子政务工程建设项目管理办法》的施行

为了贯彻落实《国务院关于投资体制改革的决定》，针对电子政务审理中出现的矛盾和问题，全面加强电子政务工程建设项目管理，保证工程建设质量，提高投资效益，国家发改委联合国信办等有关部门，根据国家信息化领导小组的工作部署和要求，结合电子政务工程项目建设管理的特点和问题，在深入调研、广泛征求意见基础上编制而成的我国第一部针对信息化工程提出的系统性管理规范——《国家电子政务工程建设项目管理办法》于2007年9月1日正式施行。它也成为今后一个时期从事政务信息化建设的部门和机构必须严格遵守的法规性文件。《管理办法》对国家电子政务工程的项目审批管理、建设管理、资金管理、监督管理、验收评价管理、运行管理等重要环节的程序和管理进行规范，对项目建设主体和审理、监管部门的责任和权力做出明确规定。该办法的颁布，使我国电子政务项目在审批、实施和验收过程中将有章可循、有法可依，对我国电子政务的建设将产生现实的指导意义。此外，为进一步规范政府网站建设和管理工作，国务院办公厅于2006年12月29日公布了《国务院办公厅关于加强政府网站建设和管理工作的意见》。

---

① Broada 广通、荣欣 IT 培训中心：《2008年中国电子政务 ITIL 市场需求与应用调查报告》，2008年5月。http://www.cbinews.com/，2008年10月10日。

(3) 地方政府法规

一些地方政府在电子政务建设方面的相关立法也取得进展。2007年9月，北京市、天津市和山东省政府相继通过并颁布了《北京市信息化促进条例》、《天津市信息化促进条例》和《山东省信息化促进条例》。条例的制定是地方政府根据"十一五"规划和当前信息化建设的实际需要，在现有政府规章确定的管理基础上，总结近年来地方政府在信息化发展中确定的方针政策和措施。条例的内容主要包括：信息化工程建设、信息资源开发和利用、信息技术的推广应用、信息安全保障、监理管理和法律责任等。《条例》成为指引地方政府信息化发展方向，规范和促进地方政府电子政务建设的法律保障。

3. 国家电子政务标准体系初步形成

随着国家电子政务标准体系建设项目一期工程的进展，国家标准化委员会已经批准发布8项国家电子政务标准，发布了信息技术、安全技术、公务员基础等11项信息安全国家标准，同时发布了6个电子政务标准化指南和《政务信息资源目录体系与交换体系》等23项国家标准征求意见稿。中国电子政务总体框架标准已基本形成。

其中，信息安全标准化在信息安全保障工作中具有重要的基础性示范性作用。近年来，我国信息安全标准化工作取得了显著成就，围绕信息安全保障体系建设，以信息安全技术、机制、服务、管理和评估为重点，共发布信息安全国家标准54项。这些标准为推进我国信息安全标准化工作奠定了良好基础，在国家信息安全保障体系建设中发挥了重要作用。2007年2月1日开始实施的GB/T 20518—2006《信息安全技术公钥基础设施数字证书格式》、GB/T 20519—200《信息安全技术公钥基础设施特定权限管理中心技术规范》和GB/T 20520—200《信息安全技术公钥基础设施时间戳规范》三项信息安全国家标准，作为公钥基础设施的关键基础标准，对《中华人民共和国电子签名法》的实施和我国网络信任体系建设将起到重要的规范性作用，对促进民族信息安全技术和产业发展、提高我国信息安全产业的国际竞争力有着重要意义。据了解，目前还有34项信息安全国家标准正在研究制定之中。

国家信息化领导小组2007年提出，依托统一的国家电子政务网络，建设政务信息资源目录体系与交换体系。为贯彻和落实中央部署，国务院信息办、国家标准化管理委员会共同推进政务信息资源目录体系与交换体系建设，开展了标准制定、地方验证试点、部门间共享资源调查等工作。政务信息资源目录体系与交换体系标准已分别在北京、上海等4省（市）的531个部门进行试点。就《政务信息资源目录体系与交换体系》试点成果来看，北京市通过市区两级目录体系，实现了领导决策目录的梳理，摸清了全市各政府部门为决策提供的信息资源296类，其中梳理出有业务系统支撑、能实现实时共享的157类。标准化试点工作取得初步成效。

同时，许多地方政府从自身需要和实际情况出发，积极探索和制定本地区标准。这些标准为政务信息系统间的业务协同、信息共享、网络与信息安全提供了基础性技术支撑。

4. 电子政务培训工作稳步推进

为加快全国政府系统政务信息化人才培养，提高信息化管理和应用水平，国务院办公厅开始筹建全国政府系统政务信息化培训班。国务院办公厅决定从2006年开始，举办全国政府系统政务信息化培训班，计划用3年左右时间，把全国县（市、区）以上政府办公室（厅）和国家部委办办公厅从事政务信息化的分管领导、技术主管、技术骨干轮训一遍；同时，结合政务信息化重点建设任务，组织专题培训。从2006年开始，国办秘书局发布了《关于举办全国政府系统政务信息化培训班及2006年培训安排的通知》，电子政务培训工作全面展开。在2006年的培训基础之上，2007年，在杭州成功举办了19期全国政府系统政务信息化培训班，共培训了1472名来自国务院各部门办公厅、各省（市、区）、副省级城市政府办公厅、新疆生产建设兵团办公厅和全国242个地市级、129个县（市）级政府办公室等1166家参训单位的信息化分管领导、技术主管和技术骨干。这为我国政府系统政务信息化建设造就了一支充满活力的人才队伍。[①]

与此同时，一些部门和地方政府的电子政务培训工作也逐步展开。在农业信息化方面，信息产业部、国务院信息化办公室、科技部、农业部、文化部于2007年12月11日在北京联合召开了农村信息化综合信息服务试点经验交流暨工作座谈会。会上部署开展农村信息化培训和推广普及工作。利用已有基础条件，建立和健全面向"三农"的信息化培训基地，重点培训市（地）、县、乡、村领导干部，信息技术骨干和兼职农村信息员。利用各类信息服务站点、"信息大棚"等多种方式面向广大农民培训，普及信息化应用。为扩大政府门户网站的社会影响范围，全面推进政府网站建设工作，中国软件评测中心于2007年4月1日至2007年11月30日多次组织政府网站建设培训活动，共与各级政府网站建设者200余人进行交流研讨。贵州省从2007年2月27日开始，公务员信息化与电子政务省直培训班在省信息中心开班，从而拉开了全省15万公务员信息化与电子政务培训的序幕。全省55岁以下的各级国家机关公务员以及参照公务员制度管理单位中的工作人员都必须参加。

5. 电子政务信息安全等级保护制度取得重大进展

随着网络新技术的飞速发展和各类信息系统的广泛应用，网络与信息安全也相应出现许多新情况、新问题。国家的网络与信息安全防护工作面临的形势十分严峻。基础信息网络已成为重要的社会基础设施，重要信息系统已成为相关领域不可或缺的工作平台，信息安全已成为国家安全的重要组成部分。信息安全等级保护是信息安全保护体系建设的重要内容，是信息安全保障工作的一项重要制度和一项基础性工作。

---

① 资料来源：《2006年全国政府系统政务信息化培训工作回顾》，《信息化建设》2007年第2期；《齐心协力做好2008年政务信息化培训工作》，《信息化建设》2008年第5期。

信息安全等级保护制度是国家在国民经济和社会信息化的发展过程中，提高信息安全保障能力和水平，维护国家安全、社会稳定和公共利益，保障和促进信息化建设健康发展的一项基本制度。我国实施的信息系统安全等级保护制度，根据信息系统在国家安全、经济建设、社会生活中的重要程度，信息系统遭到破坏后对国家安全、社会秩序、公共利益以及公民、法人和其他组织的合法权益的危害程度等因素，将信息系统的安全保护等级划分为五个级别，从第一级到第五级逐级增高，对不同安全级别的信息系统实施不同的安全管理。

从1994年国务院颁发《中华人民共和国计算机信息系统安全保护条例》（国务院147号令）以来，国家在信息安全等级保护制度方面做出大胆的探索。2006年1月，公安部、国家保密局、国家密码管理局、国务院信息办联合制定了《信息安全等级保护管理办法（试行）》，并于2007年6月修订。2007年6月，公安部会同国家保密局、国家密码管理局和国务院信息办联合颁布《信息安全等级保护管理办法》（公通字〔2007〕43号），明确了信息安全等级保护制度的基本内容、流程及工作要求，进一步明确了信息系统运营使用单位和主管部门、监管部门在信息安全等级保护工作中的职责、任务，为开展信息安全等级保护工作提供了规范保障。通过这一系列工作，国家重要信息系统的安全保障工作得到切实加强。

（三）电子政务外网建设取得重大进展

随着国民经济和社会信息化的发展，尤其是电子政务的深入推进，我国政府网站建设和发展不断加快。2006年1月1日中央政府门户网站正式开通，标志着由中央政府门户网站、国务院部门网站、地方各级人民政府及其部门网站组成的政府网站体系基本形成。而国家电子政务外网建设作为我国"十五"期间电子政务建设的重要基础工程之一，自2005年8月开始启动。

2007年4月，中央政务外网已具备了向政府部门提供网络接入应用支撑和安全保障等方面的服务能力，已完成了国务院扶贫办、监察部劳动和社会保障部、农业部四个中央部门的接入工作，人事部接入工作正在进行中。国家自然资源和地理空间基础数据库、文化部文化信息资源共享平台两个国家级数据中心也即将植根于国家政务外网应用支撑平台。该平台的建成和业务应用的逐步拓展，将在很大程度上提高各政府部门内部数据交换和信息分享的安全性，同时将有利于政府部门向企业和公众提供更便捷的综合信息服务。

2007年5月，中国网通启动了国家电子政务网中央级传输骨干网建设。2007年9月30日，国家电子政务网络中央级传输骨干网络正式开通。中央级传输骨干网络正式开通，标志着统一的国家电子政务网络框架基本形成，为各部门、各地区开展业务应用提供了一个安全可靠、资源丰富、管理规范、服务专业的公共平台。

截至2008年1月，已经形成纵向链接32个省级节点（包括新疆生产建设兵团），横向接入了国务院应急办、国务院扶贫办、国家审计署、国家监察部、文化部等40个国家部、委、局、署部门、纠风系统、文化共享工程等一批应用已开始运行。[1] 同时，还建设了相应的网管中心、数据中心、安全中心。在这些基础设施之上，又建设了应用支撑平台以及政务外网网站、政务信息资源目录体系框架及交换原型系统等应用系统。[2] 目前，国家政务外网与已建省级政务外网的20个省、区、市实现了互联互通，和其余12个省、区的过渡性网络实现了对接。湖南、广东两省之间计划进行流动人口计划生育信息的交换和共享的跨省数据共享试验。[3] 同时，地方政务外网建设也取得一定进展，部分省级政务外网已经覆盖到县，并已开始利用政务外网进行网上办事和在线处理等服务。电子政务外网建设初见成效。

政府外网一期工程主要依托统一的国家公用通信传输网络，连接部分部（委、局、署）和省（自治区、直辖市）级节点，初步建成了安全可靠、具备承载运行有关业务系统能力的国家政务外网（见图4）。

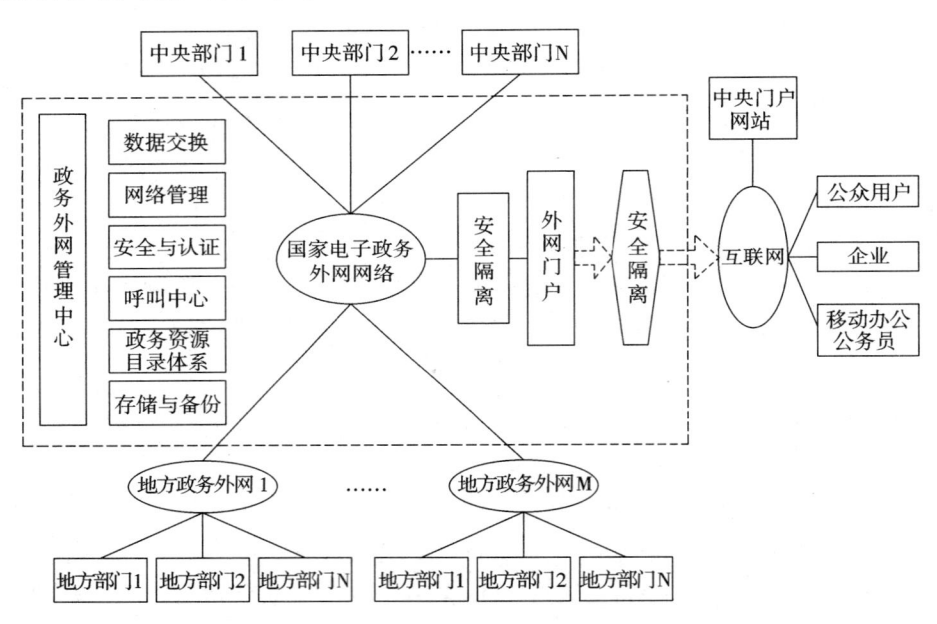

图4 国家电子政务外网网络拓扑图[4]

国家政务外网承载的主要业务包括国家宏观经济管理信息系统、金审工程、金保工程、低保系统先行试点示范工程、金农工程先行试点示范工程、金土工程、国资委所属的国有大型企业等针对公共服务的业务应用系统，以及国家电子政务建设中的基

---

[1] 宁家骏、周民、杨帆：《创新模式以构建服务型政府公共网络平台——关于国家政务外网建设的几点思考》，《电子政务》2008年第6期。
[2] 吴阿明、梁建华：《构建国家电子政务外网统一的应用支撑平台》，《电子政务》2008年第6期。
[3] 于施洋、吴昊：《2007年中国电子政务发展回顾与2008年展望》，见王长胜《中国电子政务发展报告(2008)》，社会科学文献出版社2008年版。
[4] 刘增明、戈文杰：《国家电子政务外网建设概况》，《电子政务》2008年第6期。

础性数据库。其功能结构如图5所示。

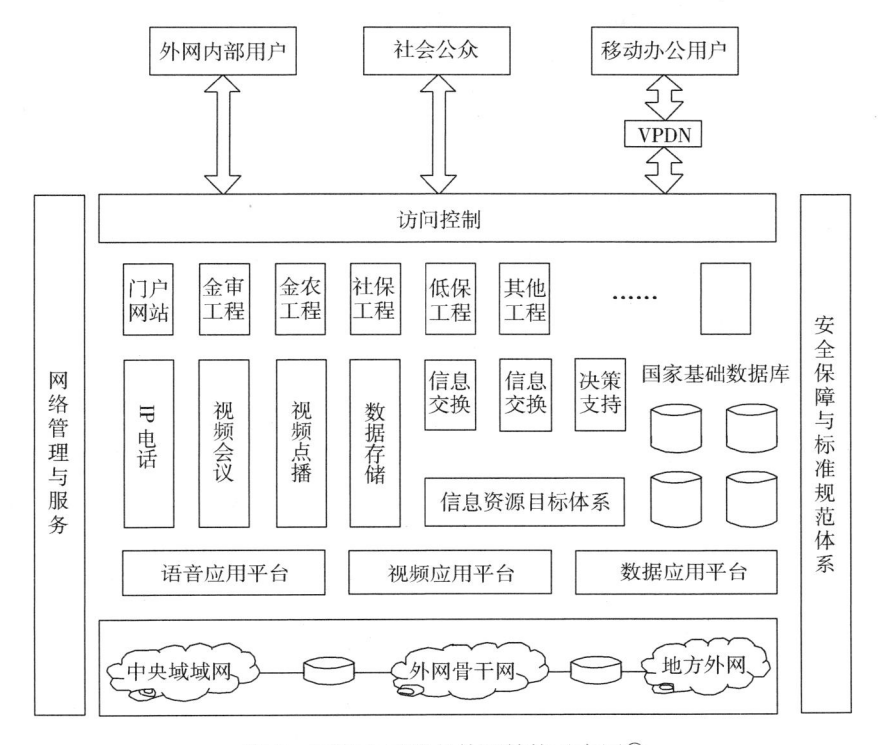

图5 国家电子政务外网结构示意图①

国家电子政务外网的建设，通过覆盖全国各级政务部门的网络平台和服务体系，支持电子政务业务系统的运行，支持跨部门、跨地区的信息资源共享，支持电子政务业务系统的互联互通和信息交换，促进政府监管能力和服务水平的提高。

（四）重点工程和业务系统建设有序推进

"十五"期间，国家已经启动建设的重点国家电子政务工程有22个，"金税"二期工程、"金审"一期工程、"金盾"一期工程、国家电子政务标准体系建设一期工程四个项目已基本完成建设内容，通过了国家组织的工程验收，中央政府门户网站、"金保"—社保工程、"金保"—低保工程、"金质"一期工程、"金土"一期工程、电子政务外网平台等其余18个项目也都在稳步有序推进当中。② 国家电子政务重点工程的实施，提高了政府部门的行政效率和服务水平，在各部门的业务实施中发挥了积极作用。

随着金税工程的实施和金税工程增值税征管信息系统的运行，金税工程运行数据显示增值税认证过程中发现的涉嫌违规发票占全部认证发票的比例已从2001年1月的0.227%下降为2007年4月的0.0002%（百万分之二）；稽核发现的涉嫌违规发票占稽

---

① 刘增明、戈文杰：《国家电子政务外网建设概况》，《电子政务》2008年第6期。
② 于施洋、吴昊：《2007年中国电子政务发展回顾与2008年展望》，见王长胜《中国电子政务发展报告（2008）》，社会科学文献出版社2008年版。

核票总数的比例从2001年初的8.5%下降为2007年4月的0.031%（万分之三点一）。① 金审工程也已建成具有人力资源管理、公文管理、审计计划管理、审计统计管理、审计档案管理、审计法规库、被审计单位资料库、审计专家经验库、审计文献资料库、宏观经济信息等20多项功能的信息化系统，审计效率提高了三倍以上。于2006年11月16日顺利通过竣工验收的"金盾"工程也发挥出了巨大威力，显著提升了公安机关侦查破案打击犯罪的能力和水平。2005年，全国共抓获网上逃犯238559人。在提高服务水平方面，2005年全国各级人口信息管理系统为公安机关提供人口查询3337万人次，为各级政府部门提供人口查询1090万人次，为群众提供查询1241万人次，协助破案76万起，抓获在逃人员2.8万名，挽回经济损失6.5亿元。②

"金土工程"一期工程建设取得重大进展：在业务系统建设方面成效明显。应用系统主体开发工作基本完成，整合框架已经形成。国土资源部完成了建设用地审批、建设用地预审、矿业权管理等应用系统建设，开发了将向各地部署的金土工程统一界面集成工具、在线分析系统和数据交换系统，完成了土地利用计划管理系统、耕地占补平衡管理系统、土地供应备案管理系统、省政府批准建设用地备案管理系统、矿产资源储量数据库管理系统、矿山开发利用数据库管理系统、国土资源执法监察管理系统7个统一配发的应用系统，以及综合统计网上直报系统和矿业权许可证统一配号与信息发布系统的开发。各地采用电子政务平台的技术路线，围绕本地国土资源管理业务的实际需求，积极推进应用系统建设，31个单位已完成国土资源部要求的建设用地审批、建设用地预审、矿业权管理等应用系统的开发。此外，数据库整合工作稳步推进，数据集中管理的框架已经形成。金土工程一期数据库整合覆盖面已达到94%，除4个单位外，其余60个单位均已完成了6类基础数据库整合工作。在此基础上，网络互联不断延伸，基本满足国土资源部与64个节点业务系统纵向联网运行的需要。主干网运行稳定，保障了部—省间的远程数据传输与交换。超过三分之二的省到试点城市的纵向网已经开通。

"金农"工程一期招投标顺利完成，计划从2007年8月至2009年7月完成一期工程的建设，将"金农"工程建设成为一个具有"三大应用系统，两类信息资源，一个信息服务网络"的信息体统。即建设农业监测预警系统、农产品和生产资料市场监管信息系统、农村市场与科技信息服务系统；开发整合国内、国际农业信息资源；建设延伸到县乡的全国农村信息服务网络。

2006年4月，经国务院同意，发改委正式批准"金财"工程（一期）建设项目立项，标志着"金财"工程建设进入一个新的发展阶段。2007年1月，财政部部署"金财"工程的建设任务，计划在三年内初步完成"金财"工程的一期建设，初步建成业务标准统一、操作功能完善、网络安全可靠、覆盖所有财政资金、辐射各级财政部门

---

① 国家税务局：《金税工程增值税征管信息系统》，《中国科技奖励》2008年第10期。
② 苏红：《"金盾工程"通过国家验收》，《信息网络安全》2006年第12期。

和预算单位的政府财政管理信息系统。

（五）政府网上服务质量逐步提高

建设"为民电子政务"、"便民电子政务"，或者确立以公众为中心的电子政务，正在成为越来越多人的共识，也成为建设和谐电子政务中最重要的内容之一。2007年政府门户网站建设的重点是突出构建统一的政府门户网站，或者打造政府门户网站群。政府的门户网站更加规范，突出政府门户最基本的服务功能，不同层面的政府门户网站的服务内容、服务框架的特色进一步显现，服务质量显著提高。以公众为中心的服务型电子政务建设，有更多的创新和发展，"广覆盖、广服务"成为各级政府构建在电子政务服务应用系统中的普遍追求。为公众提供更加人性化的便民服务，以此促进社会和谐，促进政府与民众之间的和谐。

政府网站日益成为服务社会公众的平台。如在公众教育方面，广东、四川、陕西等省政府网站开设了"免费义务教育"、"平民教育"、"农民工子女教育"等专题，及时发布教育政策和信息，提供入学、收费等方面的信息查询和解答服务，对保障贫困地区、民族地区适龄儿童和进城务工人员子女受教育的权利起到了非常重要的作用。在劳动就业方面，教育部、人事部、劳动和社会保障部等网站搭建了就业平台，提供了大量的就业招聘信息，帮助高校毕业生、下岗职工等待业群体择业就业。厦门、大连、青岛等地方政府网站积极发挥平台优势，提供了在线就业培训服务，重点为农民工和下岗职工提供技能培训，帮助劳动者提高就业能力和竞争力，健全了劳动者的职业教育培训制度。此外，广州、青岛、西安、杭州、厦门等地方政府网站整合并发布了各类医疗机构的名单名录、专家信息，提供网上预约挂号服务，为公众提供各类医疗卫生信息服务。广州、深圳、成都等地方政府网站不断创新网站社保服务方式，开通了城市居民养老、医疗保险的场景式导航服务，缩短了社保的办理时间。

在线服务效果明显。各级政府网站的办事指南、表格下载、网上申报、办事查询等服务内容的数量明显增加，质量显著提高，内容更加实用。北京、上海、天津、浙江、安徽、福建等10家领先省级政府网站和深圳、广州、武汉、青岛、大连等13家地市级政府网站办事指南的数量均在1300条以上，表格下载数量均超过900个。各级政府网站通过合理划分主题、设置快速通道、整合服务流程等方式不断提高政府网站在线服务的人性化程度，体现政府"以人为本"的办站理念。

各级政府部门在服务方式上展开创新并取得良好效果。农业部构造网站集群为新农村提供服务，目前已形成包括70个频道和50多个专题栏目的主站、35个专业及行业网站及联合各省市自治区为一体的组织。2007年农业部网站促销、营销平台会员达到23.5万，在农产品市场营销领域产生了一定的影响。商务部积极推进政务公开，把网站作为政务公开的平台，累计发布政务信息550万条，建成在线办事系统110个。特办子站及驻外经商机构子站345个，累计发布各类信息552万条，日均发布信息3000条。北京市以人为本开拓网上服务新局面，形成以事项为核心，办事指南、表格下载、在线申报、结果公示等多项服务内容构成的一站式一体化的服务。其中包括对个人的 24 类 500 项、对企业的 28 类 1600 余项、对特殊人群的 400 余项服务事项。北京市还于 2007 年 8 月 23 日成功开通了综合信息服务网站——北京网。此外，天津市整合在线资源提高公共服务水平、广州市面向公众整合资源打造 "一站式" 公共服务平台、西安市以公众为中心提升政府网站服务水平等方式都在公共服务方面作出了创新性举措。[1]

（六）政务信息资源管理与开发取得积极进展

政务公开逐步规范化。2007 年，13 家部委网站、12 家省级政府网站、53 家地市级政府网站和 28 家县级政府网站（抽样评估范围内）公布了信息公开的制度规范。各级政府网站从用户的角度出发，不断创新公开形式，方便用户查询获取信息。武汉市政府通过 "拆迁服务站" 栏目提供了全市拆迁电子地图，用户可以轻松获取全市范围内所有拆迁项目的详细信息。西安市政府网站利用网站信息聚合和沟通优势，搭建了 "西安社区服务在线" 系统，成为各类服务中介、机构提供市场信息的有效平台，极大地方便了市民查询信息并获取服务。

信息资源整合与信息共享逐步推进。广东省电子政务统一平台分为政务外网和政务内网两部分，政务外网面向政府管理和公共服务，连接省、市、县，目前有省、市接入单位 3045 个，县区 150 个；政务内网面向内部管理和领导决策，省、市接入单位 1231 个，县区 87 个。政务外网省级平台还为 60 个单位的 113 台主机办理主机托管，为 52 个单位提供统一的互联网出口，开通电子邮箱 5600 多个，为 40 个单位提供空间使用服务，跨部门应用系统累计 27 个。2007 年开始建设的广东省数据中心二期工程，搭建信息存储和共享统一平台，目前完成 10 个单位节点，包括省公安厅、民政厅、卫生厅、审计厅、地税局、工商局、质监局、药品食品监管局、社会保险基金管理局等。此外，还制定了《数据共享管理办法》和《数据共享和交换标准》，为各级部门提供数据共享、数据转换、数据清洗、数据比对等服务。同时，推进跨部门信息系统建设，例如，由省信息办牵头组织省工商局、国税局、地税局、质监局、中国人民银行广州分行、海关广东分署等部门建设的全省企业信用信息网；由省信息办会同公安厅、交通厅、广东保监局以及全省 12 家财产保险公司建设的交通安全信息共享系统。还有企业基础信息共享系统、社会保障信息系统等都是多个部门联合，连接到省、市、县的大型信息系统。[2]

福建省开展政务信息资源整合改造，建设了全省基础数据中心和部门专题应用数据分中心，以及全省政务数据灾难备份中心，同时建成一批可运行的行业重要业务系统，共有 30 多个省直厅局约 100 个政务信息数据库和 20 多个行业应用系统，使 TB 级的政务信息资源实现整合应用。目前，已建成的政务信息资源数据库，大部分已接入

---

[1]《2007 政府网站绩效大排名》，《信息系统工程》2008 年第 2 期。
[2] 邹生：《电子政务资源整合与电子政务畅通工程》，《电子政务》2007 年第 8 期。

共享平台。此外还启动了基础数据库建设,如"数字福建"人口信息服务系统,发挥了良好的效用。到 2007 年为公安部门提供查询 237075 人次,为政务部门提供查询 1564997 人次,为群众提供查询 1482098 人次,提供破案线索 3 万余条。福建省还建成了测绘、统计、地质、档案、气象 5 个基础数据库。①

广州市的信息资源共享也取得积极成效。广州市着力加强政府部门信息的资源整合,对关系民生的各类政府事务信息事项进行了梳理,一共整合了 3500 项服务资源。这些资源涉及政府的 113 个机构的特色服务,提供了 10 多种公众沟通渠道。② 广州市围绕着自然人、法人的信息共享数据提供已进入稳定化、规范化的阶段,各有关数据提供单位向数据中心的数据传送、数据中心向各应用部门的数据提供已以天为周期规范运行,数据传送大多数已采用自动处理程序嵌入到用户的业务流程中自动运行。以地税为例,自 2006 年 9 月企业新增数据实现自动交换至 2007 年 7 月 16 日,共向市信息共享平台提供数据 560911 条,其中企业登录数据 382244 条,验换数据 177060 条,注销数据 633 条,非正常户认定信息 947 条。③

此外,天津市政府网站通过开设网上全程办事导航栏目,整合跨部门相关办事资源,梳理办理流程,为用户提供了全面的办事指南服务,使用户根据流程图就能获取跨部门服务。武汉市政府网站提供了典型业务事项导航服务,以业务办理为中心,整合各部门的办事资源,规范办事程序,提供跨部门审批申报"一站式"服务,方便了用户使用,提高了办事效率。

(七) 政府网站绩效评估逐步完善

从 2002 年开始,中国软件评测中心与中国信息化绩效评估中心(北京化工大学)受国务院的委托连续 6 年对全国政府网站进行调查评估。评估过程更加科学合理,评估工作取得有效成果。

2007 年中国政府网站在提高网站的便民服务(百件实事网上办)、政府信息公开程度与规范性、网站服务的人性化等方面取得了长足的进步。评估结论表明,政府网站在改善民生、服务城乡公众、方便企业办事、提高经营管理效率、推动社会主义新农村建设、促进对外经济交流、维护市场经济秩序健康发展、弘扬宣传先进文化、扩大社会主义民主、保障公民基本权益、促进行政管理体制改革等方面发挥了重要的作用。

2007 年的评估工作在以下五个方面创新了工作方式:④

一是大力推进"百件实事网上办"活动,引导政府网站更加贴近百姓实际生活。为加强政府网站建设,面向社会公众宣传政府网站功能,切实提高网站服务的实用性,国务院信息化工作办公室于 2007 年 8 月起在全国范围内开展政府网站"百件实事网上

---

① 潘榕:《福建省政务信息资源开发利用经验初探》,《电子政务》2007 年第 11 期。
② 《广州市面向公众、整合资源 打造一站式公共服务平台》,《信息系统工程》2008 年第 2 期。
③ 胡小明:《广州市电子政务信息共享步入良性循环的原因分析》,《电子政务》2008 年第 1 期。
④ 中国软件测评中心:《2007 年中国政府网站绩效评估总报告》2008 年。

办"活动。各级政府积极行动，充分利用政府网站服务社会公众的功能，坚持"以人为本"，以用户为中心的理念，全面打造服务型政府的重要平台。通过大力建设公民教育、医疗卫生、社会保障、交通出行和公用事业五个重点领域的100项服务事项，倡导政府网站要从市民身边小事做起，让社会公众充分体会政府网站的实际作用。在认真落实"百件实事网上办"活动的同时，各级政府网站积极开展宣传，不断扩大网站的影响力，使越来越多的公众能够享受到政府网站带来的便利。

二是加强对政府网站建设的分类评估，进一步提升评估工作的公平公正性。评估工作根据部委的业务特点以及是否具有面向社会的行政办事服务职能，将部委网站细化为"具有面向社会行政办事服务职能的部委网站"和"其他部委网站"两类，分别进行评估。具有面向社会行政办事服务职能的部委网站共60家，以排名和评估的方式判断网站的绩效水平；其他部委网站共15家，则逐一点评，不进行排名。

三是开展政府网站"日常监测"工作，促进政府网站做好更新维护。为避免出现政府网站存在以突击工作方式应付评估，日常更新维护不及时，政府文件、人事任免、财政预决算等深度信息更新维护不及时现象以及部分政府网站存在提供虚假或无效的服务信息，在线查询和在线申报等服务无法使用，数据更新不够及时等现象，2007年中国软件评测中心进一步完善了政府网站的评估指标体系，增加网站日常监测等评估内容，重点关注政府网站内容的有效性、及时性以及真实性，引导政府网站建立日常维护机制，落实内容保障责任。

四是深入开展政府网站用户认知度和满意度调查工作，探索完善绩效评估指标体系。中国各级政府网站经过多年建设，虽然总体上还属于初级发展阶段，但发展水平已经显著提高。目前，网站建设的重要任务之一就是深入研究政府网站将来的发展方向。通过用户认知度、满意度调查，可以了解公众对政府网站的需求和意见，从而充分发挥群众的智慧，群策群力，共同促进政府网站的发展。

2007年中国软件评测中心继续深入开展政府网站用户认知度和满意度调查工作，并且首次将用户调查结果纳入省级和地市级政府网站综合绩效评分。绩效评估指标体系的评估范围逐步覆盖政府网站的内容供给和用户感受。

五是积极借鉴国外政府网站建设先进经验，引导政府网站不断提升在线服务的人性化水平。2007年，中国软件评测中心借鉴荷兰、加拿大、美国等国外领先网站的成功做法与经验——政府网站的在线服务应以用户为中心，从用户类型和用户需求出发，针对用户对象提供服务，以用户使用场景进行导航，围绕流程整合资源，提高网站的人性化程度，体现政府网站"以用户为中心"的精神。将人性化程度指标引入绩效评估体系，不断引导各级政府网站在丰富服务内容的同时，设置科学合理、简便易用的人性化服务导航和框架，方便用户快速获取所需的服务资源。

（八）电子政务行政审批效能监察系统逐步完善

我国网上行政审批建设始于2000年，如今各方面建设呈现出良好的发展态势。中央及各地方政府也非常重视网上行政审批建设，积极推出网上行政审批服务，并取得了一定的成效。效能监察在电子政务行政审批过程中发挥着重要作用，功能如图 6 所示，主要包括：实时监察、督办纠错、效能测评、综合查询和统计分析等。

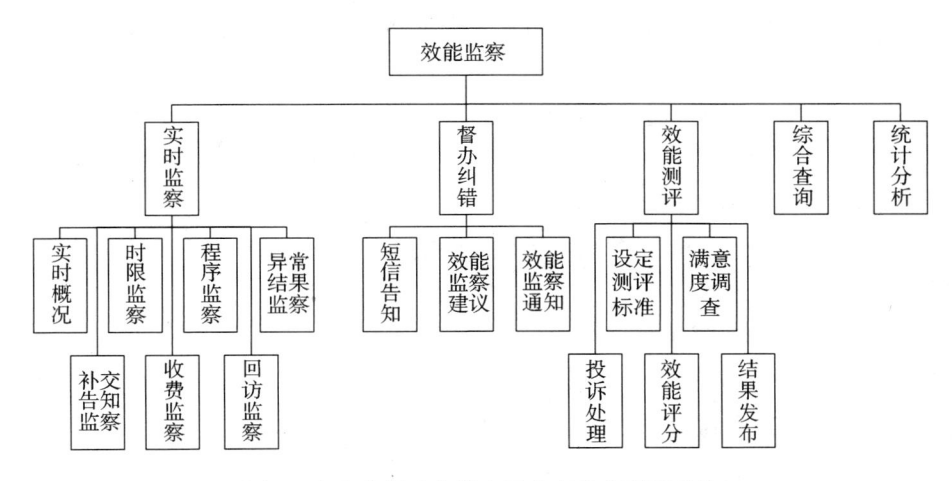

图 6 广东省行政审批电子监察省市联网系统

作为国务院审改办的试点单位，深圳市、苏州市在规范审批程序和条件的基础上，在全国率先建立了行政审批电子监察系统，对行政审批项目的受理、承办、批准、办结和告知等环节进行全程监督，及时发现和纠正违规和不当审批行为。

广东省行政审批电子监察系统的建设取得了积极进展。2007 年 4 月开通的省级电子监察系统是在网上审批系统的基础上建立的，已实现对省直 48 个部门、465 项行政许可事项、4.3 万笔审批业务实行实时在线监察。广州、深圳、珠海、佛山、东莞、中山、江门、云浮、肇庆、惠州 10 个地市电子监察系统也建成开通，实现省市联网监察；其他地市也于 2007 年底建成。电子监察系统促进了电子政务对公众服务系统的建设，促进了政府职能转变，提高了行政办事效率。例如，中山市网上审批系统，将原有 1400 多项审批事项减少了 1054 项，减幅达 75.3%；通过网上审批系统，资料齐备、符合审批条件的项目，立项手续只需 1 个工作日，最快的 20 分钟内完成。中山市行政审批电子监察系统自 2006 年 7 月正式启用以来，针对全市行政服务在线网上审批中出现延时或出错等异常现象共发出黄牌 175 次、红牌 476 次。[①] 佛山市"一站式"电子政务，整合 48 个部门 460 多个审批项目，使得多个部门可以同时在一个中心集中提供行政审批服务；投资立项、企业设立登记、前置审批和后续登记、工程报建、便民办事等多个事项，均可集中完成；近一年来，受理案例为 46 万件，办结 46 万件。此外，以政府网站为龙头，推进政务公开，促进政民互动，推动了服务的畅通。[②]

[①] 吴敏校：《中山"电子眼"盯紧网上审批效能》，《中国纪检监察报》2007 年 1 月 20 日，第 2 版。
[②] 邹生：《电子政务资源整合与电子政务畅通工程》，《电子政务》2007 年第 8 期。

2007年4月23日，泉州市进行第七轮行政审批制度改革，构建"全程式网上审批"模式。该市通过在市直各部门设立审批科，成建制进驻行政服务中心，并引入数字证书、电子印章等系统应用安全保障措施，对市发展和改革委员会等7个部门的31个项目率先推行全程式网上审批。申报人可通过网络申报有关手续，政府部门工作人员在线进行审核、签署意见、拟发批文，同时通过短信或语音电话告知申报人，申报人审批全程不用出家门即可通过相关设备远程输出审批结果。这一审批模式集信息与咨询、审批与收费、管理与协调、投诉与监督于一体。有关部门将对所有审批服务项目实行全流程电子监察，对窗口人员服务态度进行远程视频监控，采用警示灯对工作人员超时办理进行提示告警，确保网上审批高效有序运作。这一模式开全国电子政务全程网上审批先河。

（九）农村信息化取得重大进展

农村信息化是建设社会主义新农村的重要推动力量。在2006年农村信息化建设的基础上，2007年我国农村信息化建设又取得了重大进展。2007年1月29日下发的1号文件《中共中央国务院关于积极发展农业扎实推进社会主义新农村建设的若干意见》，将农村信息化列入工作重点，适应了信息化发展的趋势，彰显信息化在促进社会主义新农村建设中的重要位置；2007年11月21日，农业部组织制定并印发了《全国农业和农村信息化建设总体框架（2007—2015）》，用以指导各级农业部门加快推进农业和农村信息化工作。

2007年12月11日，信息产业部、国务院信息化工作办公室、科技部、农业部、文化部在北京联合召开了"农村信息化综合信息服务试点经验交流暨工作座谈会"。强调要通过加强规划和指导，完善政策法规、加大引导资金的投入、开展试点示范等多项措施，动员全行业力量，实施农村通信"村村通"、邮政惠农、农村信息化综合信息服务、农村信息技术推广应用、农村信息化教育培训五项重点工程；还要积极配合有关部门开展全国农村党员干部现代远程教育工作，推进了"金农工程"、广播电视"村村通"、"信息扶贫工程"等多项工作。

在政府的努力下，我国农业信息化建设取得了良好成效。一方面，建立了完善的农业信息工作体系。全国各省级农业部门，97%的地（市）和80%的县级农业部门都设有信息管理和服务机构，64%的乡镇设立了信息服务站，发展了20多万人的农村信息员，建立了从中央到地方的农业信息工作体系。另一方面，建成了初具规模的农业信息网络体系。农业部门户网站"中国农业信息网"的功能日益强大，在世界农业网站排名中位居第二；全国31个省、80%以上的地级市和60%以上的县级农业部门建立了农业信息网站，部、省与地、县、乡联动，形成了覆盖全国的农业信息网站群。据不完全统计，目前国内农业网站数量达12000多个。①

---

① 杜维成：《农业信息服务"三电合一"工程现状与思考》，《电子政务》2008年第11期。

此外，一些社会力量积极投入到农业信息服务工程，大大推动了中国农村信息化建设的进程。以电信通信业为代表的社会力量开始不断参与到农村信息化进程中。中国移动、中国网通、中国电信等电信运营集团和IT企业等工商企业纷纷看好农村信息化事业，采取多种模式、多种形式进入其中，开展信息服务拓展市场空间。中国移动与浙江农业厅合作共建了"农民信箱"，与重庆市供销合作社一起搭建了"农信通"信息服务平台，其他省、地、县域公司与所在地涉农部门也实现了合作。中国网通吉林公司与吉林省农委有关单位合作，开通了"12316"农村信息服务热线。社会力量的参与，极大地推动了农业信息服务工作的进程。

三 2008年中国电子政务建设存在的问题

我国电子政务发展到现在，从起步时期的政府内部建设发展和基础建设阶段，发展为当前的全方位投入和实质推进阶段，建设规模日益扩大，发展速度急剧提升。但也存在着一些不得不面对的问题。

（一）电子政务建设与行政改革的脱节

电子政务建设过程中的技术决定论、技术与政务的严重脱节，导致电子政务只是作为一种外延式的技术性手段来加以应用。实践证明，政府行政改革的滞后在很大程度上制约了我国电子政务的建设与发展。电子政务建设与政府行政改革缺乏有机结合，电子政务建设只停留在技术应用的层面上，无法推进电子政务在深度和广度方面的发展。技术决定论者片面地认为只要投入资金把网站建起来、设备买回来，电子政务就水到渠成了。其结果，电子政务建设虽然也建立了政府网站，开设了电子邮箱，也有一些电子政务应用项目，但在实际效果上并没有给公众和企业带来获取政府信息与服务的便捷。

从政府公共管理面临的问题出发，政府公共部门运用网络信息技术不能只是为了提高自动化技术水平和办公效率，更重要的是使现代信息技术普遍运用来再造政府、改革公共部门和实现政府公共管理目标，最终实现提高政府对社会的服务质量、降低公众办事成本等目标。而提高政府对社会的服务质量、降低公众的办事成本是以更新行政理念、改革原有的政府管理方式、优化行政业务流程为前提的。因为，网络信息技术本身不可能自动、自发地创造出有意义与价值的政府管理体制。因此，电子政务建设必须把新技术应用与政府行政改革有机结合起来，以政府行政改革为基础和前提。只有这样，才能真正建成电子政务，才能发挥电子政务的效用。

（二）缺乏统一规划和统一标准规范

我国政府十分重视电子政务的基础设施建设，运用先进的现代科学技术建立了业务应用系统、解决了本地区各类业务对技术的需求问题。正是从各种职能行使、各种业务开展的具体情况出发选择、使用技术，没有统一各类技术使用的标准，导致办公自动化技术水平虽然提高了，但同时也形成了一个个的自动化孤岛；虽然办理单个业务的效率提高了，但也进一步加剧了业务之间的分割，整体的效能反而没有体现；虽然公众办理单项业务的效率提高了，但对于涉及多个部门、多个系统的业务办理并没有体现效率和便捷；同时，还进一步固化了传统分割的体制，进一步加剧了分散执法、多头执法、执法混乱的情形。这种自动化孤岛严重阻碍了跨部门网络化协同办公的形成，与当代电子政务深度发展的要求是相背离的。这种以分散的、各自为政的方式进行公共管理和提供公共服务的运作机制已经不适应以集中、整体和无缝方式进行公共管理和提供公共服务的发展要求。

因此，电子政务建设并不简单地等同于硬件基础设施建设。电子政务实质是要能够加强各项业务办理之间、各部门之间的协作，实行跨部门业务与服务的集成整合，并形成跨部门的网络化协同办公环境。这些目标只有统一技术应用的规范标准才能得到实现。电子政务建设，技术应用是一个方面，但统一技术应用的规范标准、建立技术应用的共同规范是更为重要的方面。

推进电子政务建设的关键是要搞好整体规划，制定统一的技术标准，是电子政务有效长远发展的前提。虽然我国出台了一些发展电子政务的具体规定，但至今还没有制定全国性的中长期发展规划，特别是没有出台统一的技术标准。"条块分割"的管理体制与电子政务的统一性、开放性、交互性和规模经济等自然特性之间必然会产生冲突。各级地方政府和部门在开展电子政务时往往各自为政，采用了不同的标准，业务内容单调重复，造成新的重复建设。因此，尽早制定统一的规划和技术标准，整合现有资源，防止重复建设和各自为战，已成为电子政务建设的当务之急。

（三）电子政务发展不均衡，数字鸿沟问题突出

伴随着信息技术的推广应用和电子政务的飞速发展，数字鸿沟问题比较突出，显著存在于地区之间、城乡之间和不同人群之间。所谓数字鸿沟，是指不同社会群体之间在拥有和使用现代信息技术方面存在的差距。数字鸿沟问题不仅关系到国家信息化战略目标的实现，也将对统筹城乡和区域发展产生深远影响，日益成为和谐社会建设过程中必须面对的重大难题。数字鸿沟内容丰富，我们主要从城乡和地区两个方面来考察。

1. 城乡数字鸿沟表现

中国的经济发展呈现严重的城乡二元结构，这导致城乡经济发展差距出现不断拉大的局面，城乡信息化发展差距与之相伴而生。

首先，从 2005—2007 年中国城乡网民普及率情况来看，如图 7 所示，2007 年城市网民普及率为 27.4%，比上年提高 7.2 个百分点，增长了 35.8%。农村网民普及率为 7.2%，比上年提高了 4.1 个百分点，增长了 132%。从相对差距看，城市网民普及率是农村网民普及率的 3.8 倍，与上年 6.5 倍相比差距缩小了 41.5%。从绝对差距看，城市网民普及率高出农村 20.2 个百分点，比上年增加 3.1 个百分点，差距比上年拉大

了18%。

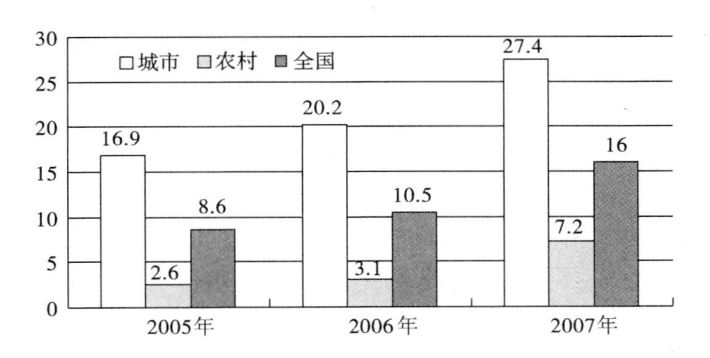

图7 2005—2007年中国城乡网民普及率（%）①

其次，我们从城乡计算机拥有量的变化来看，2002—2007年中国城乡百户家庭计算机拥有量变化如图8所示。2007年城市居民家庭每百户拥有计算机53.77台，比上年增加6.6台，增长14%。农村居民家庭每百户拥有计算机3.68台，比上年增加1台，增长34.8%。城市居民家庭计算机拥有量是农村的14.6倍。

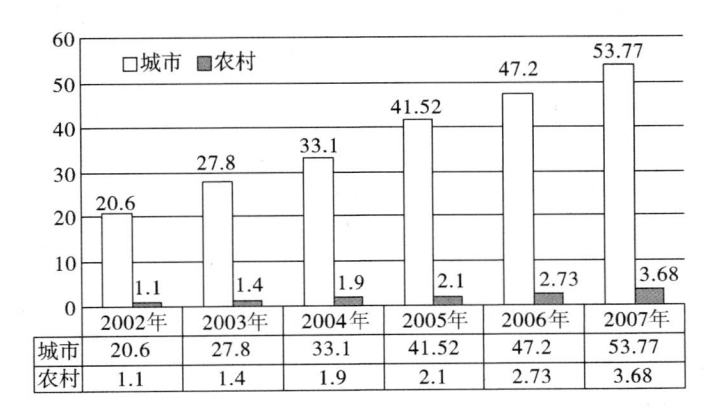

	2002年	2003年	2004年	2005年	2006年	2007年
城市	20.6	27.8	33.1	41.52	47.2	53.77
农村	1.1	1.4	1.9	2.1	2.73	3.68

图8 2002—2007年中国城乡百户家庭计算机拥有量变化（台/百户）②

此外根据《中国数字鸿沟报告2008》的测算表明，2007年城乡数字鸿沟总指数为0.64，即农村信息技术应用总体水平落后于城市64%左右，表明城乡之间存在着明显的数字鸿沟。③

2. 地区数字鸿沟

我国的国情是地域广阔，地区发展不均衡，特别是自改革开放以来，地区经济发展呈现出严重的割裂局面。由此导致地区信息化水平发展严重不均衡。虽然国家采取

---

① 张新红：《中国数字鸿沟报告2008》，《电子政务》2008年第11期。
② 同上。
③ 同上。

各种措施在努力缩小这一差距,但是我们从 2000—2007 年中国地区互联网绝对差距变化情况来看,如图 9 所示,这一差距仍在不断扩大。从绝对差距看,最低地区普及率与最高地区及全国平均水平间的差距都呈进一步扩大趋势。2007 年,最低地区互联网普及率落后全国平均水平 10 个百分点,这一差距水平是 2000 年(相差 1.52 个百分点)的 6.6 倍。此外,2000 年最落后地区互联网普及率比最先进地区落后 19.91 个百分点,到 2007 年这一差距扩大到 40.6 个百分点。

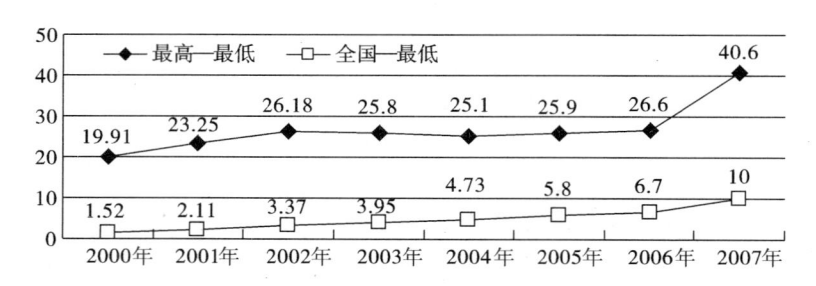

图 9 2000—2007 年中国地区互联网绝对差距变化情况(%)①

在计算机拥有方面,2000—2007 年中国地区计算机绝对差距变化情况如图 10 所示。从绝对差距看,2007 年每百户拥有计算机量最低地区落后于全国平均水平 35.39 台,比上年扩大 7.73 台,差距扩大了 27.9%。由于发达地区计算机应用正处于快速扩张期,导致地区间绝对差距呈逐年扩大趋势,2007 年地区计算机绝对差距是 2000 年的 4.1 倍。如果拿最低地区与最高地区进行比较,则地区间计算机绝对差距还大得多,2007 年最高地区比最低地区高出 85.52 台。

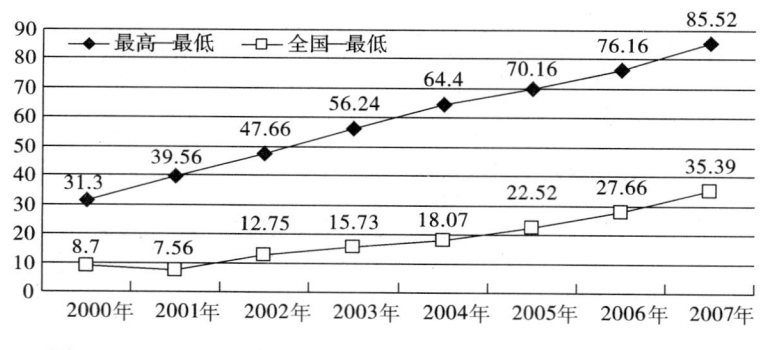

图 10 2000—2007 年中国地区计算机绝对差距变化情况(台)②

根据《中国数字鸿沟报告 2008》的测算表明,2007 年地区数字鸿沟总指数为 0.53,即最低地区的信息技术综合利用水平落后于全国平均水平 53% 左右,表明地区

---

① 张新红:《中国数字鸿沟报告 2008》,《电子政务》2008 第 11 期。图中"最高—最低"表示全国互联网普及率最高地区和最低地区的绝对差距;"全国—最低"表示中国互联网普及率最低地区与全国平均水平的差距。
② 同上。

之间仍存在着明显的数字鸿沟。

（四）电子政务信息资源共享推进难度大

据统计，中国各级政府部门掌握着3000多个数据库、80%的社会信息资源，而能够互相连接的数据库不到30%。[①] 电子政务信息资源整合对于政府信息资源有效利用是比较理想的方式，然而，在具体的运作过程中，其面临各种障碍，从而制约电子政务信息资源整合的顺利进行。

这一方面是由于信息资源整合本身的复杂性所致。由于政府管理内容比较复杂，覆盖范围广泛，信息采集涉及各种不同的部门和层次，因此政务信息的采集和整理面临很多实际困难。另一方面，也是根本性的因素就是现有的"条块分割"的管理体制障碍。我国现行的"条块分割"的行政管理体制具体表现为政府组织结构纵向层级制和横向职能制的矩阵式结构形式。这种行政管理体制及其运作机制存在着机构设置不合理、部门之间职能交叉和重叠、行政许可事项过多过滥、政府工作缺乏严格的程序、行政流程不合理、透明度低、政府决策科学性差、管理体制条块分割、投资分散、行政行为缺乏监督等问题。这些问题构成了我国电子政务建设的体制性障碍。条块分割的行政管理体制滋长了部门利益和地方利益。各地方政府和部门在进行电子政务建设时往往从本部门、本地区的利益出发，各自为政，采用各不相同的标准规范；只从解决本机构内部的业务需求出发考虑新技术的应用。这必然造成各层级政府、各部门、各业务应用系统之间不能互动、信息资源不能共享，出现信息"孤岛"和自动化"孤岛"，造成新的重复建设与浪费。[②]

此外，经费预算不统一、投资分散，是我国电子政务建设体制障碍的另一表现。目前，各地电子政务建设所需经费，除经济落后地方电子政务建设的一部分费用是实行转移支付之外，原则上都是由地方财政负责解决。国务院及其所属各部门的电子政务建设费用由国家财政支付，各地方的建设费用由各地方财政支付，没有形成统一的电子政务建设经费预算体制、支付体制和电子政务绩效评估机制。完全实行各级政府、各部门自主投资、自主建设，经费预算不统一、投资分散，缺乏成本—效益分析和必要的绩效评估，都进一步加剧了电子政务建设过程中各自为政、标准不统一、信息资源不能共享、严重缺乏整体规划、重复建设与浪费等问题。

（五）电子政务绩效评估体系不完善

通过对电子政务绩效评估的实践进行深入分析，我们可以发现当前我国电子政务绩效评估过程中存在着一系列的问题。

1. 观念上的认识误区

从我国电子政务绩效评估的实践过程我们可以发现，当前的电子政务绩效评估中存在着一个巨大的误区：政务网站绩效评估基本等同于电子政务绩效评估。而对于电

[①] 赵仲明：《动态善用政务与技术资源 实现电子政务"条块结合"》，《电子政务》2007年第8期。
[②] 蔡立辉：《电子政务：信息时代的政府再造》，中国社会科学出版社2006年版，第204页。

子政务项目的评估和成本—效益分析则是明显缺失。这种认识上的误区带来了评估的盲目性。当前几乎所有的评估都是基于政府网站的评估，评估机构直接基于政府网站建设情况来进行电子政务绩效打分和排序，把政府网站建设绩效简单等同于电子政务的绩效。这种认识导向与电子政务建设的价值取向是完全相悖的。电子政务绩效评估中，网站建设是一个重要方面，但网站绩效不能代表电子政务的整体绩效，它只是电子政务中的一个方面。中国IT治理研究中心专家认为，电子政务绩效评估是一项系统而全面的工作，主要应从四个层次进行，包括电子政务项目绩效、系统绩效、综合绩效、发展水平四个模块，政务网站绩效评估应该是电子政务系统评估的一个具体应用。

2. 标准化进程推进缓慢

一方面，电子政务绩效评估的指标体系标准化进程推进缓慢。在全国范围内开展电子政务绩效评估，虽然情况复杂、需求多变，但是全国性的、总纲性的、抽象化的指标体系（参考体系）的建立还是必要的。另一方面，电子政务工作的开展，并不是以绩效评估结果为导向的。各级部门在电子政务工作的实际推进过程中，缺乏一个统一的、明确的、量化的绩效参考模型，这使得他们在开展具体工作时对所要达到的具体目标和效果的认识相对模糊；在另一个层面其实强化了电子政务绩效评估的作用，使其负面导向可能变大。

3. 评估内容和形式比较单一

目前，我国电子政务绩效评估大都聚焦于政府网站，评估模式涉及的内容主要限于对电子政务（政府网站）的一般功能上，特别是信息公开、政府服务、互动交流、在线办事等方面，而这些功能仅从电子政务的现状考虑，没有从政府管理改革、电子政务发展趋势等战略高度考虑问题。这种评估模式很少有深入电子政务内部绩效方面的理论研究或评估实践。对电子政务绩效的研究主要集中在政府网站建设绩效的层面，对电子政务应用系统的评估也整合在政府网站的评估当中。而且，大量电子政务绩效的研究主要从政府网站外部特征入手，重点考察外部绩效，较少涉及流程优化、制度建设、成本投入等电子政务的内部运营绩效。从评估主体上讲，绝大多数评估采取的是政府上级对下级或者单位自评的评估方式，社会第三方评估和公众参与力度有限。从评估流程上看，基本上采取的是下发通知、单位自评、抽查和综合评估的方式，形式单一。正所谓"兼听则明，偏信则暗"，多层次、多方法的评估机制，尤其是引入第三方的评估机制有待建立。上述原因造成评估内容和评估结果的指导性不强，对电子政务建设的改进、对政府管理体系改革的促进作用较弱。

4. 评估结果的应用比较薄弱

对电子政务绩效进行评估不是评估的目的，绩效评估的目的在于通过评估改进电子政务绩效并推进政府管理改革和创新。在现有的评估模式中，往往忽略了对评估结果运用的指导。一个省级电子政务系统被评估后一般得到的是名次与分数，并不清楚自己真正的差距何在。这就极大地削弱了评估的意义和评估主体的积极性。目前，除北京等少数省市将绩效评估的结果和政府常规考核、预算审批挂钩外，大多数单位还是将考核结果当成批评或者表扬的依据，评估结果的应用深度有待发掘。事实上，评估的结果对于被评单位下阶段的工作开展、有效地加强相关单位和个人的责任意识、加强资金的投入和利用效率都是大有裨益的。

此外，我国电子政务绩效评估还缺乏立法和相应制度的保障。缺乏立法和制度保障的根源在于电子政务绩效评估起步较晚，缺乏相应的理论和实践的支持。从已有的几个尝试电子政务绩效评估的省市来看，它们多属无序和自发行为。然而，中国电子政务建设已经基本完成从基础设施建设阶段向内容建设阶段的跨越，部分领先的省市已经着力开展服务和应用建设。注重内容、效果和影响的综合评估已经迫在眉睫。然而，立法工作和相应的制度制定工作的滞后，又使得在全国范围内很难开展全面的电子政务绩效评估。

四 中国电子政务建设的对策及发展趋势

利用现代信息技术和网络技术，突破时间和空间限制，打破政府行政机关之间的组织界限，建立一个整体性的虚拟政府，为社会提供信息和服务及进行有效的管理，消除政府各部门之间的信息孤岛，这已经是目前电子政务发展的必然趋势，是社会发展对政府工作的必然要求。要建立一个以服务为宗旨的"无缝隙"、"一体化"的整体政府，就必须在以下几个方面作出努力。

（一）电子政务建设与行政改革相结合

变"以技术为导向"的建设模式为"以政务为导向"的建设模式，使电子政务与行政改革紧密结合。"重技术轻政务"的传统观念导致了电子政务建设完全是一种外延式的技术应用，是以传统的方式来利用现代科学技术，使新技术去适应旧体制，原有的行政业务流程、办事方式、服务范式和组织结构形式都原封不动。所以，新技术不可能充分发挥其有效作用。电子政务与行政改革从一开始就应是一体化了的概念。行政改革是电子政务建设的前提，电子政务不是要对已有的传统业务流程实现自动化处理，而是要对再造后的业务流程进行固化；电子政务是实现行政改革、推进行政现代化的载体，没有电子化的手段就难以实现流程的优化、跨部门的互动与共享。电子政务系统的建设与政府再造之间的关系，正如理查德·赫克斯（Richard Heeks）所说，它们之间具有两种联系方式，电子政务系统的建设能够支持政府公共部门的改革；政府公共部门的改革能够影响电子政务系统的建设与管理。

同时，在电子政务建设过程中，网络信息技术等现代科学技术与政府行政改革各自有着不可替代的功能作用。但这二者的作用不是平等的，技术本身只是工具，技术发挥作用的程度与方向深受制度、体制和管理者的影响；同样的技术，在不同的制度、体制和管理环境条件下，被赋予了不同的功能、意义和价值。其根本转变就是政府部门运用网络信息技术从追求自动化技术水平的提高转变到提高公民、法人和其他组织办事的效率和改善行政绩效，由注重只解决本部门内部的需求转向加强政府各部门之间的协作，最终形成跨部门的网络化协同办公环境。

(二) 制定电子政务总体建设规划，统一标准

在统一技术标准规范方面，由于电子政务建设是一个复杂的系统工程，面临着特殊的应用需求和安全需求，其建设和应用涉及计算机软硬件设备、计算机网络技术、数据库技术和各种开发工具。因此，必须统一规范标准，包括总体标准、应用业务标准、应用支撑标准、网络基础设施标准、信息安全标准和管理标准。标准和规范的建立是支撑电子政务的重要手段，在电子政务建设过程中，这些标准和规范是各信息系统互操作性、兼容性、资源共享使用的保证。

制定电子政务总体规划和统一标准应当由全国性机构从系统管理的角度来统筹考虑，对整体化建设的目标、方案与措施、评价与监督机制等方面进行全局规划。为此，既要兼顾全国资源整体建设的协调性、层次性、互动性，又要强调布局的科学性、合理性和实用性；不仅要考虑现有资源配置的合理化调整，又要注重新增资源、动态资源的规划建设，还要力求实现异构数据库之间的有效整合。就目前而言，政府应该加强以"三网一库"为主要内容的政务信息系统的建设规划，以此为基础建立各级政务信息系统运行中心，包括网络中心、安全中心、数据中心、服务中心等，在统筹全局、互动共享的前提下开展广泛的电子政务信息资源的整合与应用。

(三) 减少信息分化，缩小数字鸿沟

由经济发展不平衡所导致的信息发展不均衡，为社会带来了严重的不公平。数字鸿沟涉及整个社会的贫富差距、信息资源多寡和资金、文化、就业、生活质量等问题，涉及国家或地区科技参与能力的强弱、经济的增长方式等更深层次方面的社会问题。数字鸿沟出现的原因包括国际政治经济的不平衡和不合理、一个国家内的不同阶层或不同地区间存在的经济水平之间的差异性以及公众在传播技能、已有知识储存量、社交范围、信息的选择等社会因素方面的差异。在消除数字鸿沟问题上，应该树立正确的观念，加强政策的落实，理性消除数字鸿沟。

首先，应该强化信息基础，加快基础设施建设。社会信息化必须具有先进的、完备的信息基础设施作为支撑。美国学者赫伯特·席勒指出："现存的信息不平等不应该理解为信息生产的垄断控制的结果，而应该理解为不平等传播能力的后果，也就是不平等的科技能力。"[1] 信息基础设施是互联网联结的基本条件，是电子政务系统与公众联系的通道，要集中资源加快进行高速、宽带、大容量的基础设施建设，以提供语音、数据、图像、多媒体传输业务，为电子政务和其他各种信息应用提供通信基础。

---

[1] 谢俊贵：《信息的富有与贫乏》，上海三联书店2004年版，第349页。

其次，要展开信息扶贫，减缓信息贫困。信息扶贫是当代社会信息化过程中新出现的一个概念。它是基于社会信息化发展过程中的信息发展不均衡而提出来的。地区之间的信息基础设施发展也存在较大差距。就互联网普及的情况看，2007年普及水平最高的北京市（46.6%）比最低的贵州省（6.0%）高出40多个百分点；31个省（区、市）中有21个地区的普及率未达到全国平均水平，其中5个地区普及率还不足10%。截至2007年年底，东、中、西部互联网用户发展差异巨大，东部地区网民数占全国网民总数的58.5%，超过中、西部地区网民数总和。[①] 国家在信息扶贫方面也做了很多工作，但是数字鸿沟仍在进一步拉大。

再次，发展教育事业，缩小知能差距。信息分化的一个重要原因就是知能的差异，其原因就是教育的分化。因此把发展教育事业作为填平数字鸿沟、缩小社会成员信息贫富差距的根本措施，是符合当今社会信息化发展的科学规律和要求的。只有通过大力发展教育事业，使社会体系中的广大社会成员都能接受良好的教育，提高全民的科学文化水平，才能缩小社会成员间的知能差异，进而缩小数字鸿沟。要发展教育，一是要大力发展提高国民的文化素质的教育事业，二是要大力发展提高国民信息素质的教育事业。

最后，探索缩小数字鸿沟的长效机制。近年来，中国政府在如何建立缩小数字鸿沟的长效机制方面也进行着持续的探索与创新。随着社会各界对缩小数字鸿沟问题的关注度和参与度日益提高，政府应积极探索和构建"政府主导、企业参与、多方共赢"的运行模式，充分发动社会的全面力量缩小数字鸿沟。

（四）注重信息资源整合，推进信息资源共享

面对电子政务建设过程中由技术标准和规范不一致所导致的部门之间、系统之间不能互相联通、信息不能共享的技术孤岛和信息孤岛的现象，中国的电子政务建设在深度和广度方面发展的重要体现就是要由注重建设转变为注重整合与应用，也就是在充分利用现有的网络基础设施和资源的基础上，进行跨部门的业务、资源与服务的整合与集成。

这种整合一方面是要统一技术和政务方面的规范标准、进行政务流程的整合与优化。另一方面是要注重行政业务流程整合与优化：一是要对政府部门内部业务流程进行优化，包括改变各职能管理机构重叠、中间层次多的状况，使每项职能只有一个职能机构管理，做到机构不重叠、业务不重复。二是要对跨政府部门的业务流程进行优化。优化跨越多个政府部门边界的行政业务流程，把涉及处理同一项业务的各个部门整合在一个流程上，使完成该项业务处理所涉及的各个职能部门、所需要的各个功能环节和机构的人员以及各种资源整合成为一个完整的流程；打破部门界限和部门鸿沟，形成跨部门的网络化协同办公环境；实现一个窗口对外、提供"一站式"

---

① 张新红、于凤霞：《中国缩小数字鸿沟的行动效果及对策建议》，《电子政务》2008年第11期。

网络化服务。三是逐步实现由"一楼式"办公向"一站式"网络虚拟办公的方向转化,解决"窗口"(前台)受理与其本部(后台)处理之间的互动互联的问题、解决各个窗口部门之间的互动互联与资源共享问题,在形成网络化办公环境和实现无缝服务方面下工夫。

同时,要积极采取以下措施实现信息资源共享。

1. 编制政务信息资源交换共享目录

首先,要科学构建政务信息资源目录的总体框架。政务信息资源目录的总体框架包括:资源层、目录层、服务层和应用层,如图11所示。其次,要科学构建目录体系服务模型。目录体系主要包括目录体系生产系统、目录体系管理系统和目录体系查询系统三个部分。其使用者包括元数据生产者、目录体系管理者和信息查询者三类用户,如图12所示。此外还要明确政务信息资源交换共享目录的具体内容以及制定政务信息资源交换共享目录管理制度。①

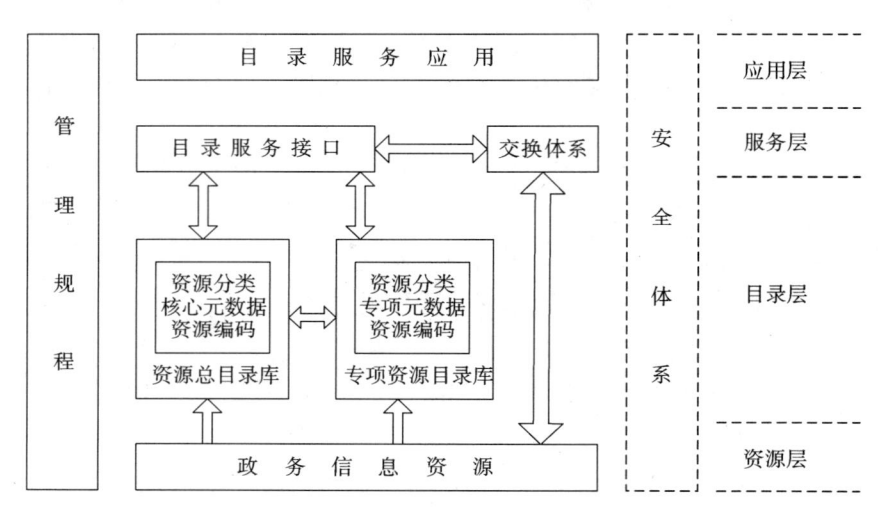

图11 政务信息资源目录的总体框架

2. 健全与完善政务信息资源交换共享标准规范

标准规范为信息资源的一致性和技术平台的互联互通互操作提供了基本的保证,是实现政务信息资源交换共享和规范化运行的有力支撑和可靠保障。政务信息资源交换共享标准规范具体包括:(1)健全与完善技术平台对外服务接口规范;(2)健全与完善前置交换环境相关规范;(3)健全与完善交换中心环境相关规范;(4)健全与完善技术平台内部各模块接口规范;(5)健全与完善编码规范。如图13所示。

3. 健全与完善政务信息资源交换共享管理制度

政务信息资源交换共享涉及信息资源提供方、信息资源管理方、信息资源使用方、

---

① 蔡立辉:《电子政务》,清华大学出版社2009年版,第237页。

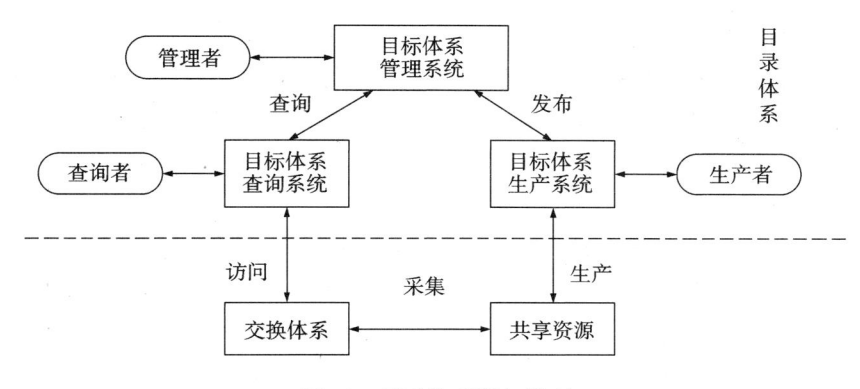

图 12　目录体系服务模型

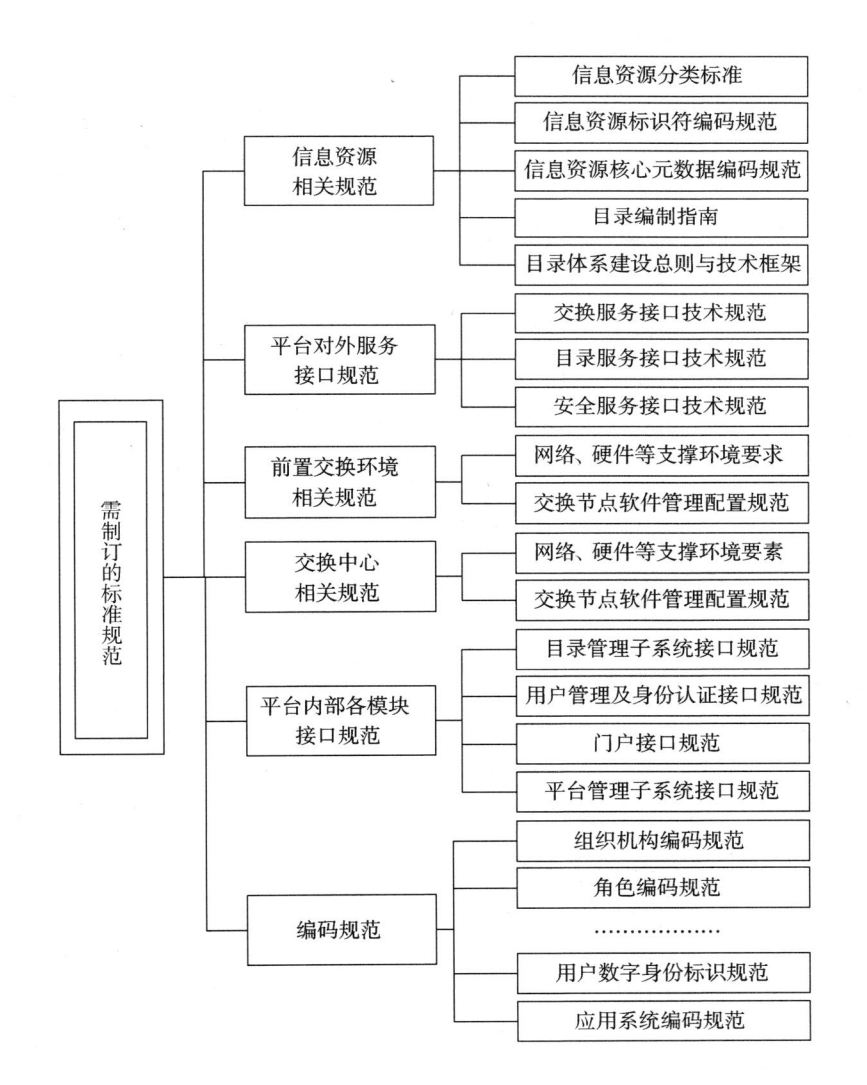

图 13　政务信息资源交换共享标准规范

技术平台管理运维方、技术平台建设方等其他相关部门及人员，管理对象包括政务信息资源、技术平台。健全与完善政务信息资源交换共享管理制度是政务信息资源能够长效交换共享的关键因素，包括政务信息资源管理维护制度、技术平台管理维护制度和分级管理制度，如图14所示。

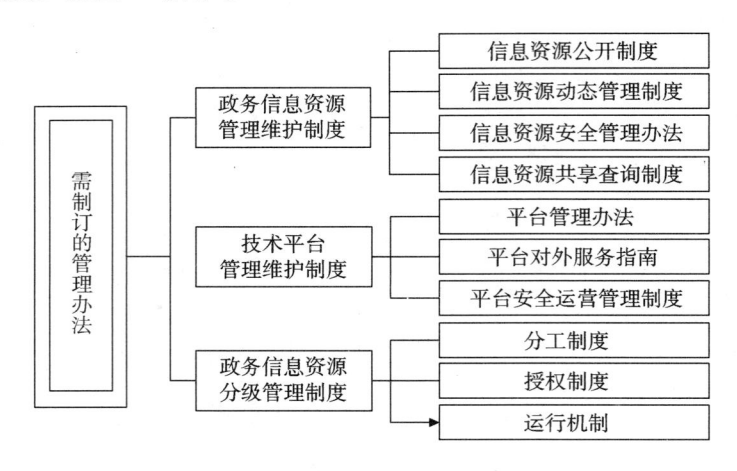

图14　政务信息资源交换共享管理制度

此外还要建立和完善政务信息资源共享机制，建立和完善政务信息资源共享协商机制；确定不同性质的政务信息资源的共享机制和确定政务信息资源共享的收费原则和资金保障机制。最后要以信息资源目录、全文数据库和元数据库为主，建设政务信息资源共享数据库。

（五）建立科学的绩效评估指标体系

1. 优化政府职责配置，完善政府绩效评估的组织体系

按照深化行政管理体制改革的总体要求，不断健全和强化电子政务绩效评估的职能，完善电子政务绩效评估组织体系，建立权威和专门的绩效评估机构，履行政策制定、绩效督查和科学评估职责。要解决这一问题，就需要首先从政府高层的认可开始，通过一系列正式的政府文件和规章制度来确定电子政务绩效评估的地位，建立专门的电子政务绩效评估机构，从而在政府体制、运行机制上为电子政务绩效评估工作提供制度基础。首先，要将电子政务绩效评估工作纳入政府工作日程之中，以制度规定电子政务绩效评估的周期，促使电子政务绩效评估能够长期、有效地发挥作用。其次，要基于电子政务绩效评估的结果，建立有效的激励机制，为电子政务绩效评估制度的规范化和持续化发展奠定基础。最后，建立专门的电子政务绩效评估机构。政府要实施绩效评估工作，就需要建立相应的评估机构，以获得组织内的权力、资金和人员的支持。

2. 坚持内部评估与外部评估相结合，建构多元化的绩效评估主体

电子政务绩效评估制度建设的主体只能是政府，但绩效评估主体的选择除了政府

（包括其聘请专家）之外，还可以是第三方机构和社会公众等。任何一个业已确定的评估主体都有自身特定的评估角度，有不可替代的比较优势，同时，具有特定身份的评估主体亦有自身难以克服的评估局限。因此，电子政务绩效评估主体的选择应该是多元化的。如果从评估的主导者和实施者来看，电子政务绩效评估可以由政府以及第三方机构来主导、实施；如果从评估的参与者的角度来看，政府、第三方机构以及社会公众都是其重要的参与者。总的看来，电子政务绩效评估主体应该是趋于相互合作以及渗透，而不是割裂。

3. 建立科学的绩效评估指标，完善电子政务绩效评估体系

绩效评估是从多角度对各级政府的电子政务建设状况进行评估，而指标体系是根据评估目标和评估内容的要求构建的一组相关指标，据以搜集评估对象的有关信息资料，反映评估对象的基本面貌、素质和水平。所以，科学的电子政务绩效评估指标体系涉及的内容比较广泛，具体包括：一是电子政务绩效评估指标体系既要包括评估"电子"的指标，也要包括政府职能的实现程度等"政务"类指标（如公共服务、市场监管、社会管理以及经济调节等），要把与电子政务紧密关联的管理模式、业务流程、组织结构、人员素质、信息处理以及反映政府综合能力和过程控制状况等的相关内容也纳入指标体系中来，重点关注政府在应用电子政务之后在管理和服务方面的改进、提高和创新的范围和程度；二是电子政务绩效评估指标还要涉及政府绩效评估的价值取向、理念和设计模式等要素，要尽量使评估指标既能反映电子政务的优势，也能反映电子政务的缺陷，以使人们不仅能发现电子政务已有的长处和可改善的机会，也能发现电子政务现存的弱点和不足；三是要考虑到电子政务的发展环境（包括法律法规建设、政策设计和制度安排等软环境）和贡献因素，以及投入成本（包括规划成本、设计成本、实施成本、维护成本等）和产出成本等。

目前，我国绝大多数的电子政务绩效评估体系处于使用价值层面，所开展的仍然是围绕电子政务的具体组成内容。电子政务的绩效评估，内在地包含了政府网站、信息化项目、政务系统等要素，但并不能仅仅停留在这个层次，而是要在不同的时期，根据各地自身的政府职能及电子政务发展状况，对评估方法进行综合的考虑和权衡，逐步发展到评估电子政务对于政府职能的实现程度的绩效评估，并最终发展到电子政务的价值评估的层次。电子政务绩效评估体系，如图15所示，应该是一个综合的体系。

4. 完善电子政务绩效评估方法，健全评估内容

电子政务绩效评估不仅需要建立科学准确的评估指标，而且还需要运用科学规范的评价手段和方法。不同评估主体在不同的评估阶段对电子政务绩效进行评估的范围和侧重点有所不同，评估方法自然也存在很大的差别。这就需要在设定科学合理的绩效评估理念和绩效目标基础之上，依评估的具体范围和阶段选取相应的评估方法。评估方法的选取在注意政府内部、第三方机构和用户评估结合的基础上，尽量采用定性

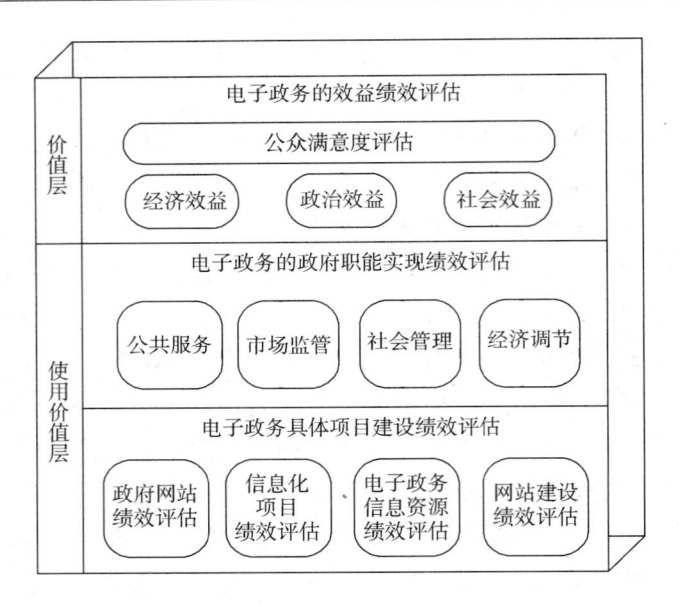

图 15　电子政务绩效评估体系

与定量相结合的方法，必要时要将难以测量的电子政务状况转换成为可以量化和比较的数字、数据和符号。最后还应充分考虑所用指标的可操作性，在采集过程中的可获得性，使得评估方法切实具有可行性和实用性。另外，在评估的过程中可以引入点面结合的方法：既要看重电子政务绩效评估的整体效果，也要注重对某一具体电子政务项目的深入考察。在具体实施的时候，可以借鉴网站评估和项目评估的经验，在对"面"评估的时候，注重评估内容的有限全面性；同时在每一个评估面上，抽查具体的评估点。这样才可以使评估显得有力度。

在电子政务绩效评估内容方面，不能简单地局限于对政府网站的评估。从发达国家的经验来看，成熟的做法包括对基础设施、信息资源、政府电子化服务提供水平、社会影响和领导能力等诸多方面的评估。当然，在具体评估过程中，评估的内容可以是有限的，但是从全国的电子政务绩效评估范围来看，至少在理论上和多点实践上丰富和健全评估内容是必要的。

5. 加大绩效评估力度，完善电子政务绩效评估结果运用体系

根据电子政务绩效评估的结果改进电子政务建设和政府服务，是电子政务绩效评估的重要目的，也是电子政务绩效评估权威性和评估目的的体现。在目前中国的电子政务绩效评估工作中，一般性做法是由信息办牵头制定评估方法和指标体系，然后联合各个具体的委办局开展评估工作。在大多数情况下，信息办和评估对象是平级单位，不具有领导职能。同时，电子政务绩效评估和政府其他的业务考核相对独立，并不成体系。综合来说，目前电子政务绩效评估的影响力还是有限的。政府在下阶段的电子政务绩效评估工作中，要尽快将电子政务绩效评估工作纳入政府的常规考核体系中来，

加强奖惩力度，保证执行力。要建立电子政务绩效评估与财政预算和项目经费管理相结合的机制。搞好电子政务绩效评估与领导人员选拔任用的结合。以绩效评估为基础，促进公务员考核科学化。建立电子政务绩效评估结果公开制度，强化绩效评估的激励功能。

此外，在外在环境方面，要大力推进政府绩效评估的制度化法制化。通过立法途径使我国电子政务绩效评估走上法制化、规范化和经常化的轨道，尽快使绩效评估从一种活动上升为一种科学的机制。

（六）电子政务发展的三个方向

第一，构建"政务先行，资源整合"的电子政务建设模式。在电子政务建设过程中将面临着两大难题：一是如何在信息技术支撑下对政府形态与工作流程的改造和优化问题；二是政务管理改革与信息技术运用有机结合和互动的问题。制约着这两大难题的主要因素就是管理体制上的障碍以及缺乏科学的规划与健全的法律规章，造成全国信息化建设出现重复建设、资源浪费、利用效率低等问题，阻碍了电子政务的推行。为了解决在电子政务建设过程中出现的难题，构建"政务先行，资源整合"的电子政务建设模式。

"政务先行"指两个先行：政务流程与制度先行，规划与绩效评估先行。"资源整合"，就是要通过对各类信息化资源的整合，避免资源浪费和重复投资，实现资源共享，提高政府管理的整体效能。在这一建设模式的指导下，统一制定和推进电子政务和社会信息化的规划与建设，并由CIO统一负责和协调好各部门的信息化建设，从而有效地整合信息化建设的资金、技术标准、人员、设备和数据等资源，推进我国信息化的建设步伐，形成具有中国特色的电子政务建设模式。在此基础上，大力实施行政流程再造与"一网式"协同工作平台构建工程，用信息化手段加强公众、政府、职能部门的联系，努力形成"只要公众有需求、只要找到其中一个政府部门、整个政府系统就进行快速联动运作和反馈"的新型行政工作机制。

第二，落实政务信息公开条例，大力提升电子政务与广大公众的互动性，推进服务型政府建设。到2007年4月，《中华人民共和国政府信息公开条例》对外公布实施。《条例》有许多值得期待的亮点：以行政法规的形式将信息公开确定为政府部门的责任和义务，扩大了信息公开的范围，引入了依申请公开，规定了寻求救济的渠道，对配套制度建立进行了明确规定。《条例》的实施将在促进政府信息资源管理、信息资源空前暴涨、相关法律法规的完善、政府部门工作效率的提升、反腐倡廉工作的推进、政府绩效评价体系的完善、公民参政能力的提升等方面发挥积极作用；另一方面，也将对政府部门的响应能力带来一系列的挑战。《条例》的实施为构建阳光型政府奠定了基础。《条例》首先给老百姓获得政府信息提供了制度上的保障。另外在不涉及国家机密的大原则下老百姓不仅可以直接获取政府信息而且可以满足更多的个人诉求。同时，建设"服务型政府"目标的确立，也将有利于促进电子政务在取得实效方面取得突破。

各级政府都要按照《条例》的要求切实做好政务信息公开工作,满足广大公众对可公开政务信息的合理需求,这是服务型政府负责任的一种表现形式。

第三,电子政务为实现大部制改革、消除部门分割提供支撑。十七大报告中提出的政府要按照大部制管理的要求,会深刻地影响到电子政务系统的模式和信息资源的采集、共享和利用。大部制改革涉及业务重组、机构调整和制度建立,明确了责、权、利的相对统一。大部制改革促使电子政务通过资源共享来实现跨部门之间的业务协同和部门间无缝。这对于部门重组来说不仅要求其在人事和业务方面进行整合,还需要在数据资源和网络系统方面进行整合与改造。对于保留的部门来说也在电子政务建设中被赋予新的内涵。大部制"宽职能,少机构"的基本指向,对促进电子政务深化过程中的业务整合、协同工作提供了有利条件。大部制改革所带来的重大变化一方面有力地推动了信息化建设;另一方面在很大意义上也将引发电子政务建设应用在政务公开、信息整合、应用协同三个方面取得新进展。电子政务设计的原则也需要随其部门整合而进行相应调整。解决好电子政务如何适应大部制需求的问题,这是我国电子政务建设和应用发展面临的又一重大契机。按照大部制的要求,统筹政府的信息资源,将受到更多的关注。[1]

(七) 当前电子政务急需研究的问题

当前,电子政务急需研究什么,取决于电子政务发展的实践。就我国而言,从20世纪80年代开始起步,经历了从单机到联网、从分散到集成、从办公自动化到政务信息化三个发展阶段。与此相适应,政务信息化建设及其应用也必将经历从各部门、各行业根据不同需求的、各自为政的分散式应用发展到跨部门、跨业务、跨应用系统的集成整合再发展到以数据中心形式实现的数据共享,从而实现政府各部门从分散的、各自为政的方式进行公共事务管理和提供公共服务向集中的、整体的和无缝的方式进行公共事务管理和提供公共服务的方向转变,实现跨部门之间、跨政府层级之间的无缝式连接和信息资源共享。

因此,应该根据电子政务、政务信息化发展的阶段性,来具体判断我们所处的发展阶段和发展阶段上存在的问题,而不是笼统地谈电子政务研究的问题;否则,研究就失去了针对性和实践的指导性。这样,确定当前电子政务急需研究什么问题,首要的就是确认我们现在所处的电子政务发展阶段及其应用水平。

从功能发展角度来说,根据全国政治、经济和社会发展的需要,普遍还处在如何应用信息化手段解决政府公共部门内部的管理问题,包括规范管理行为、改进管理手段、提高管理效能等方面;但同时适应和谐社会、服务型政府的建设,又要解决方便公众办事、提高服务效率和服务质量等问题,这就是管理与服务并重的功能发展现实。从建设与应用的发展阶段而言,全国政务信息化、电子政务建设和应用发展不平衡,

---

[1] 蔡立辉:《解读当前电子政务发展新形势》,《信息化建设》2008年第11期。

但基本处于各部门、各行业根据不同需求的、各自为政的分散式建设、分散式应用的阶段以及从各部门、各行业根据不同需求的、各自为政的分散式建设、分散式应用向跨部门、跨业务、跨应用系统的集成整合式应用过渡的阶段。北京、上海、广东等发展先进省、市的情况，充分体现了这种过渡阶段发展的需求。

由此，确定的当前电子政务急需研究的主要问题包括：[①]

第一，电子政务绩效评估研究。通过构建科学的电子政务绩效评估指标体系，来指导发现电子政务建设和应用过程中存在的问题，规范建设行为，从而提高电子政务建设项目的成效。

第二，信息化手段与业务处理、管理体制创新一体化的研究。如何通过信息化手段的运用来实现管理体制创新、科学和高效地处理业务的问题，需要进一步调查研究信息化手段在改革和完善管理体制中的支撑作用和实际体现，需要进一步调查研究信息化手段在优化业务流程、改善组织结构和信息传递路径的支撑作用和实际体现。

第三，政务信息化管理体制研究。由于政务信息化的功能、发展阶段的发展变化，以及政治、经济和社会发展的需要，技术导向的信息化发展逐步向政务导向的信息化发展转型。因此，管理的问题非常突出。如何科学地形成全国自上而下的政务信息化管理体制，包括组织机构的设立、机构名称及性质、职能配置、人员编制配备、运行方式等，都必须在理论上结合实际进行科学研究，真正确立起电子政务建设和应用过程中的组织机制、协调机制、指挥和监督机制。

第四，政务规范研究。要能发挥好电子政务的业务处理功能（特别是跨部门业务处理功能）、资源整合功能和社会服务功能，除了必须建立起科学的技术规范之外，还必须建立科学的、符合法治要求的政务规范。通过政务规范规制电子政务建设行为。

第五，电子政务建设与应用中的资源共享机制研究。这是更具体的研究问题，研究电子政务实现资源共享的各类主体及其相应的机制、各种管理制度和各种措施。

（作者　蔡立辉：中山大学电子政务研究中心教授、博士生导师）

[①]　蔡立辉：《电子政务》，清华大学出版社2009年版，第56页。

中国政府成本理论与实践

——过去、现在与未来

何翔舟

一 引言

随着社会经济的发展，许多人发现，所有的行业都在严格控制经营管理活动中的运行成本，唯独政府始终坚持着有史以来的软约束预算，最为敏感的是在行政管理支出方面，涉及各种接待费用、出国旅游、汽车使用等领域。1997年，时任国家人事部部长的阮崇武先生，在一次讲话中提出，公务员所花的钱是纳税人支付的，应当考虑成本问题。从此，管理学家们从理论的角度开始探讨政府成本问题，当时，许多人把政府成本问题仅仅局限在行政成本支出范围。2001年7月，何翔舟在《中国行政管理》杂志发表了《论政府成本》一文，该文被《新华文摘》2001年第12期全文转载，标志着中国政府成本理论与学术研究的正式开始，之后，在2001年12月人民出版社出版的《政府成本论》一书中，为政府成本所定义的边界是"政府及其公务员在管理社会的一切活动中，所造成的当前和未来时期的社会、公众的负面效应，是政府成本，包括有形成本和无形成本，直接成本和间接成本，等等"。

这样，政府成本不仅仅是行政支出成本，行政管理成本仅仅是政府成本的一个方面。实际上政府最大的成本是决策活动中的成本，"决策之难"在政府管理活动中确实屡见不鲜，它除了给社会带来了直接的经济损失外，还造成了诸如循环经济、长时期社会政治与经济文化发展等方面的问题，我们称之为政府成本，由于它的公共性特征而往往被人们忽略。随着现代政府管理与执政绩效观念的改变，如果不从根本上研究解决政府成本问题，必然影响到政府的执政能力、和谐社会的建立以及重塑公共管理的基本职能等事关战略全局的问题。毛泽东在《矛盾论》中指出："生产力、实践、经济基础，一般表现为主要的决定的作用……然而，生产关系、理论、上层建筑这些方面，在一定条件之下，又转过来表现其为主要的作用，这也是必须承认的。"[①] 政府成

[①] 《毛泽东选集》第1卷，人民出版社1995年版，第325页。

本作为上层建筑领域的弊端的体现，一方面对社会造成了普遍意义上的危害，另一方面它又具有非常强的公共性特征，公众普遍存在"搭便车"的思想，同时，由于政府管理的特殊性，政府成本大都是转嫁给公众或后继政府承担，因此，人们对于政府成本的研究与治理欲望大大降低了。但是，到了现代公共管理时代，这一课题已经是无法回避的问题。20世纪40—70年代，公共选择理论（Public Choice）学派创始人，英国北威尔士大学的邓肯·布莱克、詹姆斯·布坎南和戈登·塔洛克等针对"政府过于庞大，效率低下"现象，创造了公共选择理论，从官僚体制上解释了政府成本居高不下的主要原因。新制度经济学理论（The New Institutional Economics）的代表R. H. 科斯、A. A. 阿尔钦、H. 登姆塞茨、张五常、E. G. 菲吕博滕等，从委托代理理论（产权理论）和交易成本理论涉足政府成本，试图从制度的角度论述政府成本问题。20世纪70年代以来，为摆脱传统福利国家的困境，西方发达资本主义国家普遍兴起了一场轰轰烈烈的新公共管理运动，形成了新公共管理理论（The New Public Management）。这一理论的实质与核心是在公共部门领域内引入私营部门的管理方法和管理技术，创建一个企业化的政府，以改善公共部门的管理绩效，这为政府成本概念的提出并深入研究提供了理论基础。20世纪90年代到21世纪初，美国人保罗·纳特出版了《决策之难——15个重大决策失误案例分析》，可以说从真正意义上开了研究政府成本问题的先河。该研究对政府在有形公共产品决策方面的成本问题进行了深入讨论，但是就政府成本问题存在的原因没有深入探讨。总的来看，国际上也有许多从外围研究政府成本的理论成果，也解决了许多实践中的问题。但是还没有把政府成本问题不断膨胀的原因直接提出来进行深入解剖，政府成本膨胀的趋势远没有遏制。其根本原因是：一方面既往的研究虽然也在一定范围涉及与政府成本相关的问题，但研究政府成本的切入点并不明确；另一方面，在政府成本理念的界定上还存在一定的偏颇。[①]

二 政府成本机理

在传统的政府管理思维中，人们往往认为政府成本指的是政府最终消费支出，殊不知政府成本与政府最终消费支出这两者并不等同。政府最终消费支出是指各级政府一年内购买、使用、消费的全部产品和服务的价值。尽管各国列入政府最终消费支出的内容不完全相同，但其主要内容一般包括政府雇员的报酬，公路、桥梁、医院、学校等的建筑费用，购买军用物资、进行科学技术研究等的开支，以及一些专项拨款如教育补助拨款等。有的国家（如美国）还把各级政府对企业的投资也包括在政府最终消费支出中。这样，不论政府最终消费支出包括的项目多少，它都只是政府成本中的一部分，而不等同于政府成本。政府成本不仅应当包括政府最终消费支出，更主要的

---

① 有些研究并没有明确提出政府成本理念，而有的研究把政府成本仅仅局限于有形的公共产品领域。这样，政府在重大战略决策以及社会经济发展方面的综合问题都被掩盖了。

应包括政府决策和政府行为引起的政治文化、社会经济发展和生态环境等方面的成本。分析这部分成本比分析政府最终消费支出更为重要。不规范的决策和行为在各级政府中大量存在，不仅造成直接资源的大量浪费，而且破坏长远的社会经济、生态平衡，其成本代价十分巨大，也在一定意义上遏制了政治文明的发展。这种成本代价是传统的政府最终消费支出理念所不能界定和涵盖的，表面上是社会问题，而实质上体现的是政府执政能力问题。

在我国，政府决策和政府行为的失误曾经使我们支付了昂贵的"学费"，既损害了人民群众当期的生活福利，又大大影响了后来的社会生活效应。如"大跃进"、"文化大革命"之类的重大失误性决策所造成的直接和间接的经济损失及资源浪费，不可能直接反映在政府最终消费支出的会计账务上，但可作为政府管理决策活动中的机会成本来考察[①]，由于政府管理决策的一般都是影响社会的重大问题，因此，政府成本在这一领域所表现的问题也更加重要。过去人们大都看到并在乎的问题是表现在有形产品上的或者政府的直接消费支出，而不大关注无形的政府成本问题。这是因为，政府的直接消费支出是公众的直接负担，政府决策所造成的各类无形成本或无形损失，并没有直接兑现在公众个人支出上。但是，随着现代社会的进步，这一问题日益凸显出来了，公众也为社会的循环经济、可持续发展、和谐社会建立等体会出政府决策失误的严重性。这样，政府成本理论的提出与深入研究也成了社会重大课题。所以政府成本提出的一个假设是，在政府决策和政府行为活动中，除了政府最终消费支出外，肯定还存在给社会和公众带来的负担或成本。这种因政府决策和政府行为引起的社会负担和社会成本问题，当今的一些理论将其归属于可持续发展问题，我们认为这种归属缺乏相应的理论针对性。当量化的分析无从着手时，定性的一般理性分析在解决具体问题时必定疏漏许多重要的分析依据。政府成本范围的界定不仅利于社会公众监督政府，而且利于政府自身控制不规范行为。只有从理论上确立政府成本概念，才能就政府决策和政府行为对社会、经济、生态等方面的发展所带来的效应做出正确评估。

这样对政府成本做出如下定义：政府成本是政府及其行政过程中所发生的各种直

[①] 在管理经济学中，机会成本是指决策者在可选择的多个方案中，选择了其中的一个方案因而放弃了其他方案可能得到的收入。例如区域A有资源M，现在有两个方案可供选择，即修一条跨区域的高速公路S或者在本区域建设一个汽车厂X。如果选S决策方案，会使区域A和区域B都有N收益；如果选择X决策方案，只能使区域A有0.8N的收益。有关政府往往由于认为选择S方案决策时对于区域A和区域B所享有的收益是均等的，因此，很可能选择方案X而放弃方案S。在这个决策方案的选择中，受到了传统行政观念与科学决策知识的限制。各级地方政府如此决策的思维是屡见不鲜的，它给社会资源的优化配置以及社会公众应享受的福利造成了很大的损失，其损失在理论上称为机会成本。按照机会成本与经济利润的数学模型，在这个案例中，有两种意义的机会成本并经济利润，其一是区域A的机会成本与经济利润，其二是社会总机会成本与经济利润。就区域A来说，机会成本应该是N，经济利润为0.8N-N=-0.2N；就社会来说，机会成本为2N，经济利润为0.8N-2N=-1.2N。我们再假定，区域A选择了修高速公路的方案，则区域A的机会成本为0.8N，经济利润为N-0.8N=0.2N；社会机会成本0.8N，社会经济利润为2N-0.8N=1.2N。两种决策，带来截然不同的机会成本与经济利润。

接费用和开支，以及其所引发的现今和未来一段时期内社会的间接性负担，这些直接的或间接的费用开支和负担是可以通过优化决策和优化行政行为加以适当控制的。政府成本概念，使人们对于约束政府行为、规范公共管理以及提高政府公共服务能力等，有了可供操作的判断依据或标准。

三 政府成本的表现形式[①]

政府成本的表现形式是多维的，同时，它们之间也是密切的正相关关系。这里我们就政府成本的主要表现形式进行归纳。

（一）以政府消费支出为特征的会计成本

政府会计成本，即通过财政预算的政府各项支出的总和，广义的政府会计成本应当包括政府最终消费支出、社会公共产品支出（主要指教育、卫生设施等副业支出），以及政府垄断控制和社会不愿投资领域的那部分投资支出。狭义的政府会计成本仅指政府行政中的各项支出，政府会计成本在一定程度上标志着政府的调控能力。研究政府会计成本，不仅利于政府自身的经营与管理，而且利于政府的廉政建设和对社会经济资源的节约。政府会计成本具有一定的刚性，也具有一定的可控性。比如，政府可根据经济发展状况合理确定公务人员的收入。公务员的收入不应该也不可能是"全国一盘棋"。全国各地的公务员占全体人口的比重不同，不同地区间的公众收入档次不同，公务人员的素质和配置结构存在差异，公务人员的工作效率大不一样。因此，在市场经济条件下，应该根据各地经济发展水平确定公务员的收入档次，并以此作为控制或约束政府会计成本的重要内容。进一步分析就会发现，政府的会计成本与政府的决策成本有密切的联系，即当政府决策出现失误而造成机会成本时，政府的会计成本也将增加；而当政府会计成本无节制时，往往会由此而滋生各类腐败现象，进而出现政府在决策领域的诱发性成本。

（二）政府决策活动中的机会成本

政府不仅在公共产品领域存在着经济决策问题，而且在许多竞争性行业同样有经济决策问题。只要有经济决策，就客观地存在机会成本，因为任何经济决策都是在不同的方案中博弈选优的。例如，某政府打算在建一座桥梁、建一间工厂、建一所学校、建一家医院四个不同项目中选择其中一个，选择标准是对本县未来一个时期的经济发展产生促进作用。现将四个项目分别用 a、b、c、d 表示，并假设出有关情况，如表 1 所示。

[①] 尽管政府决策和政府行为对社会、经济、生态的负面效应已被一些发展经济学家所注意，但迄今没有建立正式的理论模型。下面我们对政府成本进行"分解"，这种"分解"并不是本来意义的分解，而是对间接成本处于"游离"状态的一种"集聚"，使之进入分析的范畴，并由此出发研究政府的制度建设。

表 1　　　　　　　　　四个项目选择的机会成本情况[①]　　　　　　　　单位：万元

内容指标项目	投资总额	投资回报率（%）	经济利润
a	5000	12	10000
b	8000	10	9000
c	200	14	8000
d	3000	13	6000

由表 1 中可以看出，在四个项目的选择中，如果进行决策预测，就肯定存在经济机会，有机会成本。当人们在经济决策中将机会成本忽略时，很可能依据会计成本做出决策，这就失去了政府在经济决策中的科学性。在会计成本决策思路中，人们考虑的因素是给定的，一般都从目前状况出发，很可能都要选择 b，因 b 是私人产品的生产，马上有赢利或投资回报；而 a、b、d 都是公共生产，它们的周期都很长，可谓远水不能解近渴。其实，选择 c 与 d 的机会成本才是最小的。政府经济决策客观上都有机会成本存在，但一般情况下政府并不太重视机会成本问题。这是因为，在传统决策中人们并不习惯于应用向前看的思想，而是考虑收益与成本之间的关系，没有考虑不同选择下的优劣关系。机会成本概念源于西方经济学理论。在我国的一般政府决策人员中，在决策指导思想上欠缺相应的理论基础。一方面政府决策者缺乏决策理性，另一方面权力寻租在一定程度上冲淡了对机会成本的重视。同时在决策方案选择活动中比较机会少，由于对政治形式的追求缺乏正确理性，错误地理解上级政府在某一时期的发展战略。

（三）政府管理活动中的风险成本

国外较早研究风险问题的美国学者 A. H. 威雷特在他的博士论文《风险与保险的经济理论》中指出："风险是关于不愿发生的事件发生的不确定性的客观体现。"美国经济学家 F. H. 奈特认为风险是"可测定的不确定性"，是指可以测定的事物发生损失的可能性。他讲的是企业在其生产经营活动的各个环节可能遭受到的损失，因此企业要防范市场风险、经营风险和技术风险等。政府决策活动的不确定性远大于私人组织，因此，政府管理的风险概率更大且成本更高。只是由于政府决策风险最终是由社会及公众承担的，这就使得政府风险成本具有很大程度的公共性，因而，政府不像企业那样重视风险而已，我们把政府行为中可以测定的事物发生损失的可能性叫政府风险。

政府风险成本可能给社会及公众带来多方面的不利影响，政府一旦面对风险而不削减风险成本，就必须付出相应的代价。这种由政府活动的风险引发的政府损失就叫做政府风险成本。政府在政治、经济、文化及管理社会的各个方面决策活动中，都要承担相应的风险和责任。政府风险成本是一种理论抽象，它伴随着各项决策的成功与否，隐形地存在。风险成本虽然不能用经济量的大小来具体判定，但它毕竟是可以衡

[①] 表 1 中的经济利润，即项目为当地经济发展所做的经济贡献，以各项目的生命周期计算。

量的。例如，某政府或政府部门在一项决策活动中造成重大失误，上级或有关方面对该政府或政府部门及有关责任人做出处罚，这时风险成本的大小就与处罚的轻重可以相互衡量。政府在风险管理中，不能满足于"亡羊补牢"，而应加强监测和预测，以预防为主，把风险减少到最低限度，缩小风险可能造成的损失和带来的影响。

（四）政府执政周期内的社会成本[①]

在政府执政周期内，我们将政府决策和政府行为给社会带来的支出和负担总和称为政府社会成本。各级政府决策活动和公务人员的行政活动，都因主客观原因，不同程度地对社会产生成本。这种成本的特征是影响面广，直接增加社会公众的支出，或者加重社会的负担，影响政府形象，并对经济社会的未来发展产生间接性影响，无论是现代循环经济问题，还是和谐社会问题，都可以归结为政府的社会成本。当然，由于政府决策和政府行为所增大的社会成本具有潜伏性，即使有人意识到其对未来社会有影响，也可能因为没有形成迫切而尖锐的现实矛盾而缓和与政府决策的抗争。作为一个考虑长远发展的政府，一方面在各项决策中要尽量避免或削减社会成本的扩大；另一方面要教育公务员严格规范行政行为。政府有责任为削减不必要的公众负担和影响社会发展的各种矛盾做出努力。

四 中国研究政府成本的基本现状

（一）主要解决的问题

一是政府预算成本膨胀是公共政策失误的渊源。对政府成本问题首次从理论与实践的角度进行分析研究，使各级政府由传统的软约束变为硬性约束，解决了中国实际工作中的重大问题。二是政府扩张或政府成长是预算成本膨胀的必然。政府部门谋求内部私利而非公共利益产生"内部效应"，这被认为是政府高成本的一个重要原因。政府扩张导致社会资源浪费，经济效益降低，资源配置低效，社会福利减少。三是政府预算成本的膨胀造成官僚机构的低效率。官员们为自身利益的需要，扩大或盲目增加多于社会需要的公共物品，扩大采购范围，造成资源的浪费。另外，政府官员追求规模最大化。与公司老板不同，政府官员的目标并不是利润的最大化，而是规模的最大化，以此增加自己的升迁机会和扩大自己的势力范围，这势必导致机构臃肿，成本膨胀。对政府官员的监督乏力，作为监督者的公民和被监督者的官员地位不对等，使被监督者完全可以利用自己的优势地位强制规定某些政策措施，使之更有利于自身利益，而不利于公共利益。四是寻租。政府及其官员在寻租过程中未必都是被动的角色，还可以充当主动者，这就是所谓"政治创租"和"抽租"问题。寻租活动也是政府预算

---

① 政府管理活动中的社会成本既有无形的，又有有形的。例如，20 世纪 80 年代中后期提出的在资源开发中要"有水快流"的口号，就是一个无形的社会成本；而湛江市水利部门 2003 年集体贪污挪用水利工程款 100 多万元，应该界定为政府对社会的有形成本。

成本膨胀的重要原因之一，因为它导致经济资源配置的扭曲。因此，中国政府成本研究开拓了新的领域，带来了新的启迪。

第一，要转变政府管理理念。从传统的行政管理理念向公众服务理念转变，撒切尔政府提出把公众作为顾客，政府应为顾客服务的原则，梅杰政府进一步提出政府应以公众为中心的观点，要求抛弃墨守成规的观念，规范政府行为和管理范围，提高政府服务质量和服务水平，而提高政府的服务质量与服务水平，就是控制或降低政府管理的风险成本。

第二，要转变政府公务员的权威基础。引入私人部门与市场管理方式，是现代政府管理的改革方向，要求政府管理不能像传统的行政人员那样，依靠权力、资历管理社会，而是依靠专业知识管理社会。

第三，要转变政府的管理方式。控制政府管理活动中的风险成本，要求摒弃传统的行政管理方式，重塑政府管理职能，建立新的政府管理方式。从过去的强调投入预算转为关注公众福利，从官僚化的程序管理转为激励主动性管理，从控制转向授权，从垄断转入竞争，从标准化服务转为个性化、以公众为导向的服务，从以政府为中心的服务转到以公众为中心的服务。

第四，要转变对公务员的考核办法。考核要强调市场与公众的回应，把绩效管理指标细化，效率与效能有机结合，通过风险成本的控制测评政府的投入产出。

就企业家政府而言，既然政府成本研究是公共管理理论的创造，那么，如何通过硬约束管理制度来避免政府管理活动掉进成本膨胀的陷阱，就决定了现代公共管理在一定程度上发展的取向。把企业管理的基本方法嫁接到政府组织，使传统的政府管理软约束变为硬约束，符合现代公共管理发展的基本趋势，同时，政府的工作任务也可以归纳为对社会需要的产品的生产（包括有形公共产品与无形公共产品），这是国际公共管理发展的基本特征。

就政府问责制度——建立科学决策理念来讲，温家宝总理在2003年提出，要建立政府问责制度，实际上政府问责制度的目的就是要促使各级政府建立科学的决策理念，而无论是绩效管理也好，还是问责制度也好，以及科学决策思想，基本内涵都是与政府管理活动中的成本是风雨同舟的。如果不讲究政府成本，就缺乏可供操作的杠杆。因此，在建立政府问责制度或科学决策理念的背景下，控制政府成本对此起着前提性作用。

从公务员制度改革角度分析，归根结底，政府成本膨胀与否取决于公务员的综合素质，因此，必须从公务员制度改革入手控制政府成本，平等机会、比较价值、生产力与质量管理、依据业绩付报酬、利润分成等为此提供了理论依据。这与西方理论有着继承与发展的关系，英格拉姆（Patricia Ingraham）在她的《功绩制基础》一书中也对人事改革及其对公共服务的影响作了较好的总结，她认为公共管理的绩效与社会影响如何，在某种程度上完全取决于公务员素质，因此，公务员制度改革是控制政府成本的必然，而控制政府成本是公共管理发展的必然趋势。

重新发现公共管理的合法基础与道德，公共管理对于政府与公务员如何界定，似乎必须把其与其他社会公众等同起来分析。因为，政府组织也是社会组织中的一个，如果把公共行政看成独立于其他社会组织的特殊人员，就会产生政府及其公务员始终在为社会做好事的看法。这实际上是不符合客观实际的。在分析了政府成本膨胀的根源后，人们发现公共行政的合法基础是公众的监督与信任，基本道德是公务员自身的约束，这种约束是建立在法律制度基础上的。重新发现公务员是经济人或社会人，政府组织是社会组织，那么，控制政府成本的客观基础以及公共行政的合法基础与道德也就符合客观实际了。

（二）产生了一批有影响的研究成果

从国内情况看，研究政府成本的成果很适用，不仅解决了政府急迫要解决的现实问题，而且研究成果的理论性、学术性不亚于当代中国管理学中的任何学科，也培养了一批学富力强的学者，这些学者大都热爱本研究领域，有代表性的如何翔舟、姜晓萍、臧乃康、郭正平、叶战备、戴扬、杨龙、吴晓文，等等，与国内政府绩效的研究相辅相成、相得益彰，为各级政府提供了很好的咨询决策依据。主要研究成果有：何翔舟的《政府成本论》、《政府管理活动中的风险成本问题实证研究》、《政府管理半径与成本的研究》以及在《政治学研究》等杂志发表的《行政成本及其治理》、《中国预算支出成本实证研究》等，有数十万字的研究成果被国务院《经济要参》、中纪委的《研究参考》、国家发改委的《体改内参》等中央决策咨询刊物转载，对政府决策起到了直接作用。黄剑宇的《新制度经济学视角下的政府成本控制》，程祖瑞的《西方新制度经济学的引进与思考》，王永成、李守波的《试论降低政府成本的措施和途径》，李春雷的《市场经济与政府成本》，戴扬、杨龙、吴晓文的《政府成本问题研究述论》，郭正平的《地方政府行政运行成本控制与核算实务全书》，王金秀的《政府预算机制研究》，樊刚的《政府成本决定区域竞争力》，等等，近 2000 篇论文、研究报告，约 60 部学术专著。

五 展望：与政府成本密切相关的几个问题

为什么会有政府成本，必须首先认识社会经济发展中与政府成本密切相关的问题，如政府行政效用、政府行为功过和政府对于社会公众的有益性程度，都可归属于"政府成本"的范畴。只有正确认识与政府成本密切相关的连带性问题，才能找到控制或降低政府成本的途径。与政府成本密切相关的问题非常多，但主要的应体现在下列方面。

（一）政府行政管理效用

所谓效用，是指物质或劳务本身所具有的使用价值或有用性；是物质或劳务的客观属性。它是西方经济学的常用名词，是指人们在消费物质或劳务时感受到的满足。因此，政府行政管理的效用，就是政府在行政过程中所产生的对社会的价值或有用性。根据这一定义，可以提出对政府行政效用的判断标准。

一是社会福利的增加程度。（1）就业是否充分，按照有关经济理论，就业是指适龄劳动者在四个星期内找到了自己愿意从事的工作且能获得流行的工资或报酬。一个失业率很高的国家或地区，其连基本的就业问题都解决不了，就谈不上让所有能创造社会劳动产品或劳务的人都能最大限度地为社会创造福利。同时，在就业压力很大的情况下，就业人员的全部劳动或劳务的价值量也不可能很大。一方面是创造社会福利的总劳动力相对减小，另一方面就业人员所创造的社会福利质量与数量有限，本期社会福利的增长就很有限。传统农业领域有大量潜伏的或隐蔽的失业人员，因而传统农业领域的社会福利相对就差一些。所以，政府应该在弄清周期性失业、结构性失业、摩擦性失业等原因后，有针对性地解决就业问题。（2）社会保障体系是否完善，社会经济发展或人们生活福利改善的重要标志是社会保障体系的健全完善。如果某届政府在任期内，其行政效用给社会公众的感觉是生活的危机感增加了，那么就不可能得出其行政效用高或改善了人们生活福利的结论。20世纪70年代以来，一些发展中国家如墨西哥，曾出现过经济增长速度很快的情况，但终因失业率膨胀、社会保障及其他社会福利问题成堆，造成"有增长无发展"现象，公众对政府行政效用的评价相当差。当然，由于社会经济问题的产生与发展具有潜伏性和周期性，许多社会经济问题其实是前届甚至前几届政府共同作用的结果，这和人体疾病的发生、发作过程是一个道理。所以，判断政府行政效用必须用动态的眼光看问题。（3）通货指数是否适宜，通货指数是衡量一个国家或地区经济发展状况的重要指标，是政府始终要重点考虑的。按照凯恩斯理论和菲利普斯曲线，一定的通货膨胀率可以推动社会经济的发展，同时在经济发展过程中，又可以实现充分就业。对于社会公众来说，一味地要求政府紧缩通货或把降低物价指数作为衡量政府行政效用的依据，那是有失偏颇的。虽说较低的物价指数对于人们的货币储蓄不会引起贬值，可以提高人们消费的预期效用，对社会产生一种稳定感，但过低的物价指数或过紧的通货率政策不利于经济发展，也不利于充分就业。因此，评价政府行政的效用，还必须考虑通货指数的适宜性。此外，对当期社会福利的增加程度的判断，还应当包括公共福利设施的增加程度，财政收支、国际收支平衡等方面的内容。

二是经济资源的宏观配置程度。现代经济理论研究成果表明，自由放任的市场经济可能对资源优化配置有负面影响，政府必须通过宏观调控干预经济，宏观经济管理是政府的重要职责。以当前我国国有企业改革为例，不论是兼并、破产，还是股份制改造，都属资本的战略决策。资本决策有扩张型决策战略、收缩型决策战略和中性决策战略之分，政府应当予以正确政策引导。当企业处于兴盛产业，产品有较大发展前途时，即便现有的效益很差，也应当通过内部整改，理顺生产经营工作程序，使之处于最佳状态后，采取扩张型资本决策战略。当企业处于衰落产业，产品结构已不合理，或者不适应市场要求而须淘汰时，政府应当引导企业采取资本收缩决策战略。企业的生命周期已经到了衰退或死亡阶段而政府还要企业做出扩张型资本决策，政府的行政效用肯定是负面的。当企业处于一般状态时，政府应鼓励企业进行中性资本决策，即既不扩大规模，也不缩小规模，等待客观环境变化后再行决策。而政府对经济资源的宏观配置程度是判断政府行政效用的重要依据。

三是对循环经济的贡献。无数事实说明，社会生态环境问题已成为全球性的重大课题，成为全人类共同的忧患。政府在考虑当期人民福利的同时还必须考虑未来的可持续发展问题。假如某一届政府在任期间不顾及未来的福利，进行掠夺式经营，如大肆砍伐林木，无原则地开荒，造成沙漠化或生态失衡等。该届政府的行政行为就是高成本的，其对未来的影响将是长期的。随着现代文明的不断发展，公众对社会生态环境保护的要求也日趋强烈，因此，政府仅仅从其本身要赢得公众支持的角度出发，也必须在行政效用上体现对社会生态环境的保护与发展。现代循环经济理论和实践，对政府行为是一个重要的评价标准。

(二) 对政府公共管理要有一个客观评价

概略地说，政府行为就是指政府运作的全过程，包括政府的决策、政府部门的日常工作以及政府公务员执行公务的各种活动。可以归纳为政府的公共管理与公共服务。政府行为有功有过，这是主客观环境所决定的。既不能把全部功绩都记给某一届或某一层次的政府，同样也不能把全部过失归于某一届或某一层次的政府。为推动政治文明的发展，建立长久的和谐社会，提高政府的执政能力，控制政府成本，需要对政府行为功过进行科学的分析。

首先，政府行为本身是一个系统工程。涉及范围越广，体现公众福利的工作就越复杂。根据系统理论，要使一件事取得成果或相对理想，必须力求该系统中每一因子都达到相对优化状态。如果这一系统牵涉到100个因子，其中99个因子是优化的，1个因子却很糟，其结果是，该系统的效应都以很糟的这一因子为标准体现出来。这与经济学上的"木桶原理"大体相似，就植树造林而言，即使各方面的工作非常到位，但在降雨量非常小且地下水也很短缺的地方，其他一切努力也很难奏效，就容易成为"劳民伤财"之举。一个讲究决策与管理科学化的政府，可以经过系统的论证，尽量避开不许可的客观条件，尽可能抓准关键问题来创造条件。

其次，客观环境具有不可测定性。政府行为过程是一个周期较长的过程，短则几个月，长则几年，面对的主、客观因素非常复杂。客观环境往往具有不可测定性。在现实生活中，满有把握的事，实践的结果未必成功。设想的政府决策是在理论上进行的，而影响政府管理活动的因素是人们无法预料或控制的。20世纪80年代以来大力发展乡镇企业的举措，从根本上改变了我国社会经济特别是农村经济状况，可能很多人没有想到由此而带来的循环经济问题，以及人与自然和谐共处问题。如果忽视客观环境的千差万变特征，就不能正确认识与控制政府成本。政府的决策与行为多为大举措，不可测定因素非常多，所产生的反差可能也大得多。因此，在评价政府行为的功过时，必须考虑客观环境的不可测定性。当然，一个按科学规律办事的政府或公务人员，面对客观环境的种种不可测定性可以而且应当做出灵活机动的判断和应变。能否做到这一点，也是不同政府、不同行政人员对同一事物采取不同行政行为带来不同效果的根本原因。

再次，公众对政府行为的偏激认识。人们对过于复杂的社会现象往往认识不足，实践中也往往遇到这样的情况：甲某做的一件事情，在乙某看来非常简单，因而不论甲某做得如何，乙某都认为甲某干得不如自己。当甲某遇到挫折或失败时，乙某更是觉得不可思议。而如果让乙某去做这件事，往往情况更糟。这就是"说起来容易做起来难"。在政府行为过程中，同样有此现象，许多人对政府行为有偏激的认识，表现为对政府工作或决策的期望值过高。几乎是所有的公众都希望政府能够满足公共产品的供给，使公共福利提高更加快速，但是政府必须考虑城市管理的规划、公共设施的布局、如何确定最优的税收率以及各种自然因素等。20世纪70年代，西方一些国家提出了"死亡政府"之说。现在，许多人期望一举把所有的国有企业搞活，充分实现社会就业，而且用农村经济体制改革的效用来衡量城市经济体制改革，这实际上是忽略了客观事物或社会现象的复杂性。由于人们对政府行为产生偏激的认识或过高的期望，当心目中的期望没有到位时，就会产生"播下的是龙种，产出的是跳蚤"的评价。

（三）研究政府成本的载体

如何判断政府行政效用？如何评估政府行为功过？如何衡量政府对于社会及公众的有益性程度？这都离不开对政府成本的定性和定量的分析。而对政府成本定位分析的前提是找到政府成本的载体。政府成本不仅是个现实问题，而且是个理论问题。但这方面的理论似乎长期"短位"。在经济学和管理学的理论浩海中，从未有过"政府成本"的概念。政府成本问题是迄今为止的经济学、管理学和公共财政理论所未正面研究的。既往的一些理论虽然涉及政府效率，但未能进入政府成本分析。不分析成本的效率不是本质性的效率，不分析成本管理不可能节省社会经济资源。任何意义上的管理，包括组织、计划、指挥、协调与监督，都要研究管理成本。政府的本质职能是对社会的管理，政府管理中存在着许许多多各种各样的成本问题。政府管理不顾及政府成本，势必出现政府管理的"荒漠"。理论是为实践服务并指导实践的，在没有相应理论的情况下，实践难以达到科学而有效的境界。政府成本研究的缺位，使得经济学和管理学理论在指导政府决策和政府行为方面，在指导公务人员的活动方面，在指导政府和社会公众警惕、约束、控制政府成本方面，都显得苍白无力。学者们为何长期以来不去建立政府成本理论呢？原因可能有三：

其一，管理学家、经济学家们有疏忽的可能性。他们侧重于职能的研究，偏轻于资源配置或资源利用的研究。而政府成本问题的分布过于广泛和分散，它的反映不像企业成本那么强烈和集中，经济学家和管理学家往往对此不太关注。

其二，历代政府不鼓励学者研究而有意回避。成本转嫁原理告诉人们，政府仅仅是政府成本的制造者，政府成本的最终承担者是社会及公众而不是政府本身；政府成本高低对政府权力的行使一般并不造成太大的影响，即使有影响往往也只是边际上的。这使得政府不像企业那样重视对成本的控制及管理。对政府自身而言，鼓励政府成本研究，无异于自己与自己过不去。而对学者来说研究此领域吃力不讨好，难以进入主流学派。

其三，难以取得民间的有力支持。由于政府成本承担者的分散化特征，社会团体或公众不太可能因为自己承担了一部分政府成本而去投资支持对政府成本的研究，政府成本也表现为"公地悲剧"。没有政府的鼓励，没有民间的实质性支持，学者的研究难以有大的作为。

我们宁愿坚信学者们大多都是追求真理的勇士，尽管他们对某一领域也有疏忽或回避的可能。但政府成本研究"缺位"和政府成本理论"短缺"的状况不应当继续存在。政府作为一个特殊的"社会人"，无时不在向其他"社会人""分配"成本。经济学家和管理学家不能对此视而不见，而更重要的是政府所处的地位和所发挥的职能，政府的决策和行为，政府及其领导和公务员的素质对当前和未来社会的影响非常之大。一个微观经济实体的社会贡献再大，经济效应再突出，也难以与政府决策、行政效应对整个社会经济的影响相提并论；当期的宏观经济效益再好，经济社会运行再顺利，也必须用动态眼光去分析它的长远性和可持续性。因此，政府成本研究和政府成本理论的建立，既有现实必要性，又有深远意义。

（四）引进或借鉴研究方法

政府成本本身是一个理论与应用紧密相关的问题，既要做好规范分析，更要有实证分析，应用经济学、数学、逻辑学、管理学等学科理论与工具，进行深入细致的分析。一些经典的经济学概念是研究政府成本的基础，仔细分析，下列理论是今后研究政府成本必须注意的。

1. 边际成本理论

理论上来讲：边际成本表示当产量增加1个单位时，总成本增加多少。一般而言，随着产量的增加，总成本递减，从而边际成本下降，也就是所说的规模效应。

边际成本是指在一定产量水平下，增加或减少一个单位产量所引起成本总额的变动数。通常只按变动成本计算。边际成本用以判断增减产量在经济上是否合算。它是在管理会计和经营决策中常用的名词。例如，生产某种产品100个单位时，总成本为5000元，单位产品成本为50元。若生产101个时，其总成本为5040元，则所增加一个产品的成本为40元，即边际成本为40元。当实际产量未达到一定限度时，边际成本随产量的扩大而递减；当产量超过一定限度时，边际成本随产量的扩大而递增。因为，当产量超过一定限度时，总固定成本就会递增。由此可见影响边际成本的重要因素就是产量超过一定限度（生产能力）后的不断扩大所导致的总固定费用的阶段性增加。

当增加一个单位产量所增加的收入（单位产量售价）高于边际成本时，是合算的；反之，就是不合算的。所以，增加一个单位产量的收入不能低于边际成本，否则必然会出现亏损；只要增加一个产量的收入能高于边际成本，即使低于总的平均单位成本，也会增加利润或减少亏损。因此计算边际成本对制定产品决策具有重要的作用。微观经济学理论认为，当产量增至边际成本等于边际收入时，为企业获得其最大利润的产量。

边际成本作用就是研究成本变化规律，配合边际收入，计算边际利润。

当边际收入－边际成本＝边际利润＞0时，方案可行。

当边际收入－边际成本＝边际利润＜0时，方案不可行。

如果能够正确应用该理论，可以解决许多政府成本及其相关的问题。

2. 基尼系数与洛伦兹曲线

基尼系数是国际上通用的衡量收入分配公平程度或说贫富差距的国际公用指标，这是1922年意大利统计学家基尼根据洛伦兹曲线提出来的计算方法。

联合国依据基尼系数做出规定：按基尼系数大小衡量，一个国家内贫富差距的基尼系数低于0.2表示收入绝对平均；基尼系数0.2—0.3表示比较平均；基尼系数0.3—0.4表示相对合理；基尼系数0.4—0.5表示收入差距较大；基尼系数0.6以上表示收入差距悬殊。图1表示了基尼系数的数学原理：

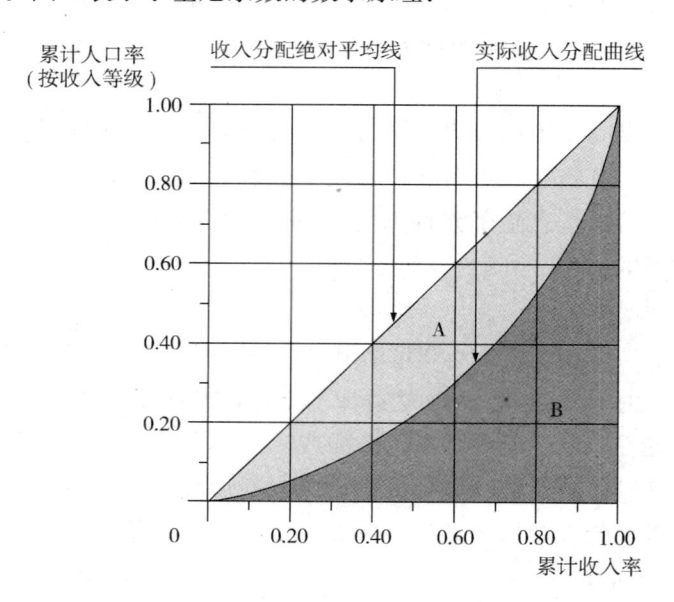

图1　基尼系数的数学原理

把洛伦兹曲线图中的实际收入分配曲线与收入分配绝对平均线之间的面积用A表

示,将实际收入分配曲线与绝对不平等曲线之间(即下横轴与右纵轴组成的直角线)的面积用 B 来表示,基尼系数就表示为:G＝A/(A＋B)。简单分析就可看出:累计人口率越小、累计收入率越大,则实际收入分配曲线弯曲程度越大,收入分配就越不平等。实际的基尼系数介于 0 和 1 之间。基尼系数越大,则收入分配越不平均;基尼系数越小,则收入分配越接近平均。基尼系数最小等于 0(即实际收入分配曲线与收入分配绝对平均线吻合),表示收入分配绝对平均;最大等于 1,表示收入分配绝对不平均。

世界各国对基尼系数的运用并不完全一致,在不少国家,基尼系数都有不同的标准和界线,基尼系数只可参考,不能绝对化。在现阶段,根据我国实际情况,一般事先算出两个基尼系数:一个是城市的基尼系数,另一个是农村的基尼系数,然后再用加权平均方法算出一个基尼基数。

3. 拉弗曲线理论

在经济学界,美国供给学派经济学家拉弗(Arthur B. Laffer)知名度颇高。拉弗先生以其"拉弗曲线"而著称于世,并当上了里根总统的经济顾问,为里根政府推行减税政策出谋划策。

20 世纪 30 年代的世界经济大危机使凯恩斯主义得以流行,其需求管理政策被西方不少国家长期奉为"国策"。但是,到 20 世纪 70 年代,"玫瑰色的繁荣期"过去后,服用凯恩斯主义药方的国家却纷纷得了相同的后遗症:"滞胀",即经济停滞与通货膨胀并存。如何医治"滞胀"这个恶疾,便成为现代西方经济学家研究的重点。这时,南加利福尼亚商学院教授阿瑟·拉弗提出了"拉弗曲线"理论。拉弗曲线并不是严肃的经济学家精心研究的结果,而是拉弗 1974 年为了说服当时福特总统的白宫助理切尼,使其明白只有通过减税才能让美国摆脱"滞胀"的困境,即兴在华盛顿一家餐馆的餐巾纸上画的一条抛物线,这就是著名的"拉弗曲线",所以被戏称为"餐桌曲线"。这个理论得到同来赴宴的《华尔街日报》副主编、综合经济分析公司总经理贾德·万尼斯基极大的赞赏,他利用记者身份在报纸上大肆宣传,很快"减税主张"便博得社会各界的认同,最终被里根政府所采纳,从此其影响遍及欧美大陆。

拉弗曲线的一般形状如图 2 所示,可以理解为:在原点 O 处税率为零时,将没有税收收入;随着税率增加,税收收入达到最高额 ON;当税率为 100% 时,没有人愚蠢到还要去工作,所以也没有税收收入,因此曲线是两头向下的倒 U 形。拉弗曲线说明,当税率超过图中 E 点时,挫伤积极性的影响将大于收入影响。所以尽管税率被提高了,但税收收入却开始下降。图中的阴影部分被称为税率禁区,当税率进入禁区后,税率与税收收入呈反比关系,要恢复经济增长势头,扩大税基,就必须降低税率。只有通过降低税率才可以鱼与熊掌兼而得之——收入和国民产量都将增加。

4. 恩格尔系数

1857 年,世界著名的德国统计学家恩思特(恩格尔)阐明了一个定律:随着家庭

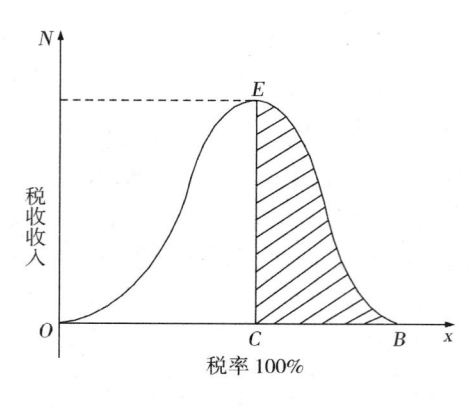

图2 拉弗曲线

和个人收入增加，收入中用于食品方面的支出比例将逐渐减小，这一定律被称为恩格尔定律，反映这一定律的系数被称为恩格尔系数。其公式表示为：

恩格尔系数（%）＝ 食品支出总额/家庭或个人消费支出总额×100%

恩格尔定律主要表述的是食品支出占总消费支出的比例随收入变化而变化的一定趋势，揭示了居民收入和食品支出之间的相关关系，用食品支出占消费总支出的比例来说明经济发展、收入增加对生活消费的影响程度。众所周知，吃是人类生存的第一需要，在收入水平较低时，其在消费支出中必然占有重要地位。随着收入的增加，在食物需求基本满足的情况下，消费的重心才会开始向穿、用等其他方面转移。因此，一个国家或家庭生活越贫困，恩格尔系数就越大；反之，生活越富裕，恩格尔系数就越小。

恩格尔定律和恩格尔系数一经提出，就得到西方经济学界的广泛接受和确认，认为它具有普遍的适用性。在我国也较早就被应用在统计工作中。计算恩格尔系数一般是采用各地的城乡住户调查资料。如根据1998年北京市城镇住户调查资料，居民人均消费支出为6970.8元，其中人均食品支出为2865.7元，则恩格尔系数为41.1%。

国际上常常用恩格尔系数来衡量一个国家和地区人民生活水平的状况。根据联合国粮农组织提出的标准，恩格尔系数在59%以上为贫困，50%—59%为温饱，40%—50%为小康，30%—40%为富裕，低于30%为最富裕。在我国运用这一标准进行国际和城乡对比时，要考虑到那些不可比因素，如消费品价格比价不同、居民生活习惯的差异以及由社会经济制度不同所产生的特殊因素。对于这些横截面比较中的不可比问题，在分析和比较时应做相应的剔除。另外，在观察历史情况的变化时要注意，恩格尔系数反映的是一种长期的趋势，而不是逐年下降的绝对倾向。它是在熨平短期的波动中求得长期的趋势。

5. 公地悲剧

我们假定，乱挖滥采，对煤炭资源是最严重的糟蹋。如果不尽快制止，统一开采，统一加工，中国能源的可持续发展问题就越发严重了。司马懿特别指出，目前的这种混乱局面主要是"公地悲剧"所造成的,公共资源的使用问题对于中国比公海捕鱼要严重得多。如果不尽快制止,能源问题所带来的危害将是不可挽救的。司马懿所言的公地悲剧来自下面的一个寓言。

在北方的一个草原上,住着许多牧民,牧民都有自己的羊群。开始的时候,牧民都在草原上放牧,羊在草场上吃草。那是一种"天苍苍,野茫茫,风吹草低见牛羊"的田园牧歌式生活。牧民们在公共的草原上放牧养羊,肥美的牧草养肥了羊群,也使牧民们过着相当幸福的生活。但是,时光在流逝,这里的人口在增加,草场上的羊也在增加。由于羊的数量不断增加,而土地是固定的,草场开始失去自我养护的能力。最后的结果大家都知道了,这里的草场上,土地变得寸草不生。由于在共有土地上过度放牧导致草场的荒漠化,羊饿死了,人失去了生活的经济来源。这就是所谓"公地悲剧"。

目前的资源乱挖滥采行为就相当于人民公社时期的社员们,家家户户养猪养羊,故意放到生产队的麦田里去吃麦苗的做法。结果是,"吃在外,省在家,卖的钱,自己花"。这是人民公社时期的公地悲剧。其实在世界各国几乎各个历史时期都出现过一定的"公地悲剧"。

是什么原因造成了这种公地悲剧呢?当然是过度放牧。草吃干净了,连草根也没有了,最后的结果就是荒漠化。避免草场的破坏需要所有牧羊人的集体行动,但是没有一个家庭愿意为了共有草场的繁茂而主动减少自己羊群的数量。正像没有一个小煤窑的主人会为了保护煤炭资源自己主动减少煤炭开采是一样的。实际上,公地悲剧产生的原因在于它自身使用的负外部性。当家庭的羊群在共有土地上吃草的时候,降低了其他家庭可以得到的土地质量。由于人们在决定自己养多少只羊时,并不考虑这种过度放牧的负外部性。煤炭资源开发和环境污染同公共草地放牧具有相同的性质:当一个人享用公共资源时,他减少了其他人对这种资源的享用。由于这种负外部性,公共资源往往被过度使用。解决这样的问题有两种途径:一是可以通过政府管制,二是把共有资源变成私人物品。

总之,应用一些经典的经济学及其他科学的概念研究政府成本应该是未来政府成本研究进一步深入的重要方法与手段,应用这些经典的科学理念,可以把政府成本的研究推向更高层次。

(作者 何翔舟:宁波大学公共管理系教授,MPA中心主任)

中国公共项目绩效评估研究综述

卓 越 王 萍 洪 伟

随着经济建设的发展，近年来，我国各级政府加大固定资产投资拉动经济发展，公共项目的数量、投资规模急剧增长，公共项目资金的来源以及管理的复杂程度发生了很多变化。而公共管理学的发展也告诉我们，我国公共管理的发展方向必将从关注过程转到关注结果，从注重投入转到注重产出，政府活动的经济性、效率性、效益性和公平性自然而然就成为社会关注的焦点问题。近年来，越来越多的学者开始关注公共项目绩效评估的研究，本文也将对我国近年来的公共项目绩效评估研究做一简单的梳理，概括出我国公共项目绩效评估研究的现状。

一 公共项目绩效评估研究总述

（一）研究方法

本文主要采用文献研究、比较分析和统计分析的方法来对我国公共项目绩效评估研究进行综述。

首先，文献研究主要是从相关的书籍、期刊和报刊以及相关的统计资料来搜集研究信息，并进行整理、归纳和分析，从而导出研究问题。我国关于公共项目评估的书籍屈指可数，以齐中英、朱彬的《公共项目管理与评估》为代表，而书籍中占绝大多数的是工程项目评估的书籍，如戚安邦的《项目评估学》、周鹏的《项目验收与后评价》。

其次，以中国期刊网、中国博士学位论文数据库、中国优秀硕士学位论文数据库（1998—2008）作为文献检索范围。如果按照"公共项目绩效评估"来进行模糊检索，1998年以来，仅有71篇文献。鉴于我国公共项目评估研究起步比较晚，并且通过对专著的阅读，基本了解我国目前对公共项目绩效评估概念和称谓上并没有一个清晰明确的界定，可谓众说纷纭。因此，笔者尝试采取放松限制，扩大搜索范围的方法以囊括更多的相关文献，以工程评估（评价）、项目评估（项目评价）、工程绩效评估（项目绩效评估）、项目绩效评估（评价）这几个检索词作为主题，分别进行模糊检索和精确检索，得出以下搜索结果（见表1）：

表 1　　　　　　　检索结果（1998年1月1日—2008年10月19日）

检索词	项目（工程）评估		项目（工程）评价		项目（工程）绩效评估		项目（工程）绩效评价	
	模糊检索	精确检索	模糊检索	精确检索	模糊检索	精确检索	模糊检索	精确检索
中国期刊网	11456	7708	29874	20403	227	187	531	427
博士论文	1101	345	2999	922	53	9	143	31
硕士论文	5933	2565	14685	6468	389	124	673	233
总　　计	18490	10618	47711	27793	669	320	1347	691

由表1可以看出，有关工程评估和评价的文献非常多，其中，将"项目（工程）绩效评价"、"项目（工程）绩效评估"模糊检索结果加总得到2016篇。从1998年至2008年的文献数量的曲线变化，可以看出1998年以来，我国在项目绩效评估方面的研究呈现出非常明显的增长趋势，特别是2003年之后，可谓硕果累累，收获颇丰（见图1）。

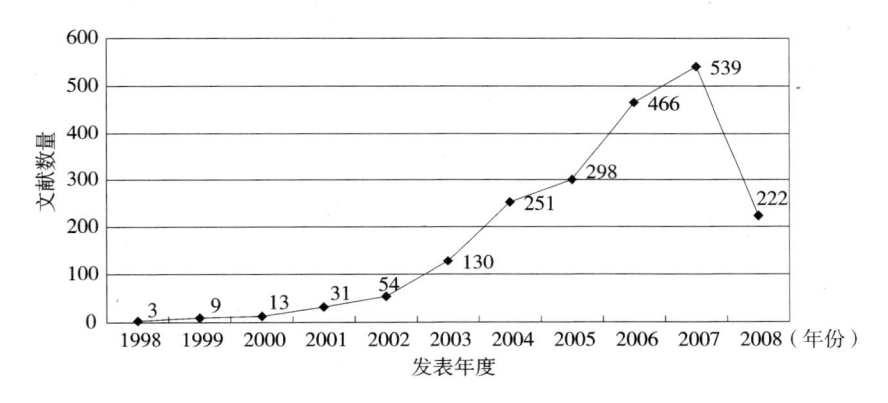

图1　研究状况（1998—2008）

（二）我国公共项目绩效评估研究状况

笔者对选取的2016篇文献进行了整理，将它们大概分为以下几个研究层次：基础理论研究：这里主要是指对公共项目绩效评估概念、原则、分类、功能以及公共项目绩效评估与其他评估的关系等类似基本问题进行探讨的文献，在最广泛意义上对公共项目绩效评估进行研究，在2016篇文献中共有855篇，占42.4%；专业实践领域研究：这里主要是指针对具体的某一行业或某一类的项目的研究，比如：科研类、教育类、农村建设类、建设性项目等，纷繁复杂，笔者将它们都归入这一类，也就是专业实践领域研究，在2016篇文献中，共有945篇，共占46.9%。政策研究类：在2016篇文献中共有216篇，占10.7%。研究层次的总体情况如图2所示。

从图2中，我们可以看出，在目前的研究中，针对专业实践和应用领域研究的占大多数，46.9%，这也与公共项目绩效评估本身的特性有关，针对不同领域，使用的指标或评估方法等也不同。学者正是希望通过研究具体实践领域的绩效评估，以对实践或具体行业进行指导，这也是大势所趋。与专业领域研究不相上下的是基础研究，

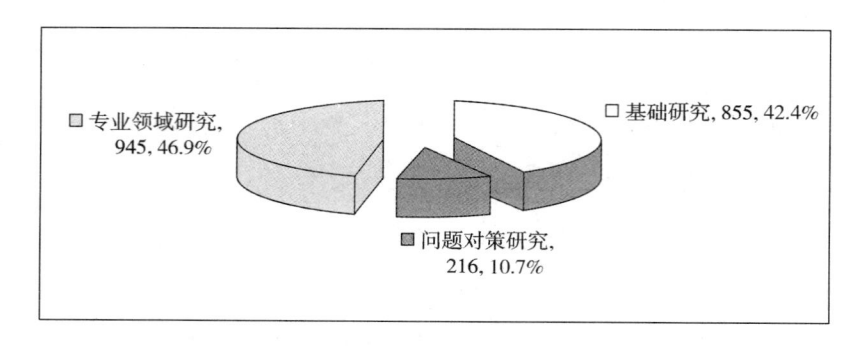

图 2　研究层次

正如笔者在开篇提到的，有关公共项目绩效评估的诸多基础问题还没有厘清，如什么是绩效评估、什么是公共项目等（具体内容笔者将在接下来的综述中做详细的阐述）。因此，也有许多学者致力于基础理论的研究，以不断夯实公共项目绩效评估研究的理论基础。问题对策类研究主要是指对目前公共项目绩效评估现状总体或者某个方面做宏观上的分析，进而提出宏观层面的解决思路的文章，这类文章占少数，仅占 10.7%。

（三）目前我国公共项目绩效评估研究总体态势

1. 对项目评估总体的研究多，但是对公共项目绩效评估相关内容的系统研究还不是很多

笔者将以项目（工程）评估和项目（工程）评价作为主题搜索到的文献进行加总，共得到 66201 篇文献，而这其中，1998 年以来的有关项目绩效评估、工程绩效评估的文献仅占总数的 3.05%，公共项目绩效评估的研究状况由此可窥见一斑。

此外，在通过百度或者 Google 搜索相关的专著时，如果输入"公共项目绩效评估"，除了《公共项目管理与评估》，几乎没有其他的专项著作，而名字相近的《公共项目评估导论》却是从社会学的角度来阐述的，更多公共项目绩效评估的内容主要散见于项目管理或工程项目评估的书籍中，将其抽离出来单独研究的相当少。可见，国内公共项目评估领域对公共项目绩效评估的系统研究还不够。

2. 公共项目绩效评估理论与实践研究起步晚，但是发展势头强劲

这里，笔者将图 1 的数据再次进行整理，将 1998—2008 年划分为四个时间段来看相关研究的发展（见表 2）。

表 2　相关研究的发展

年　份	1998—2000	2001—2003	2004—2006	2007—2008	总　计
文献数量	25	215	1015	761	2016
百分比	1.24%	10.6%	50.3%	37.75%	100%

从表 2 我们可以看出，我国公共项目绩效评估研究起步较晚，2004 年可以说是一个分水岭，2004 年以后相关研究才有了较为明显的增长，并且发展势头强劲。

目前项目绩效评估在稳步地向前发展，虽然在项目评估总体研究中所占比例还不是很大，但是就公共项目绩效评估研究本身来讲，基础理论研究和应用研究齐头并进，达到了"务虚"和"务实"的结合，探讨投资项目、电子政务、非营利组织等项目评估的文章频频出现的同时，学者们仍然坚持关注基础理论的完善，出现了《我国公共项目后绩效评估研究》、《我国公共项目绩效评估研究》等著作。

3. 稍有侧重对微观具体技术领域的研究，强调对实践的指导意义

这里笔者说的侧重对微观具体技术领域的研究是指对项目绩效评估或工程绩效评估的评估指标、评估方法、评估体系以及评估模型的研究，这也是评估的核心环节。

4. 问题对策类研究才刚刚萌芽

在前文提到我国公共项目绩效评估研究是从2004年后才慢慢发展起来的，必然带有它的原创性和不足之处。理论研究的发展需要不断地总结理论和实践的漏洞，在反思中前进。但是，从图2我们可以看出我国目前问题对策类的研究还属于小众研究，其中，以尚虎平的《我国公共项目绩效评估与工程评估的割裂和独行侠式的无助》[①]为代表，作者通过详尽的分析得出我国公共项目绩效评估与工程评估的"割裂与无助"。

二 公共项目绩效评估研究环节综述

笔者将2016篇文献按照相关度排列，根据题名最具代表性和相关度最高的80篇文献来作公共项目绩效评估具体研究内容的综述。

（一）对公共项目评估理论的研究

1. 公共项目评估相关概念研究

毋庸置疑，专著中都会首先探讨公共项目评估的概念，但是，在文献检索中，将公共项目评估概念直接拿出来作研究的并不多，也就是说与公共项目评估概念直接相关的研究并不多。在这80篇文章中对公共项目评估概念的研究大致可以分为两大类：直接对评估概念进行研究的以及与公共项目评估研究间接相关的，这里的间接相关指一般性地顺带提到或者针对具体的投资项目或科技项目等来定义该项目绩效评估的概念，基本情况如表3所示：

表3　　　　　　　　　公共项目评估概念研究情况

分类依据	具体说明	文献数量	百分比	合计
直接相关		3	3.75%	3.75%
间接相关	一般类	14	17.5%	38.75%
	具体项目类	17	21.25%	
总计		34	42.5%	42.5%

---

① 尚虎平：《我国公共项目绩效评估与工程评估的割裂和独行侠式的无助》，"构建和谐社会与深化行政管理体制改革"研讨会暨中国行政管理学会2007年年会论文集2007年。

可以看出，对公共项目绩效评估做概念研究的占 42.5%，共 34 篇，但是直接相关研究文章目前仅有 3 篇，仅占总数的 3.75%；鲍良和杨玉林的《公共投资项目绩效评价研究与发展》[1] 对此作了专门研究；《美国联邦政府项目绩效评估及其效用分析》是国内学者对美国项目绩效评估的一个借鉴研究[2]；《企业绩效评价与工程项目绩效评价研究》[3] 是将企业项目评估与工程评估做了对比研究。

然而，大多数文献对公共项目评估概念研究都是间接研究，共 31 篇，主要是以作者所要具体研究的某个项目如财政科技项目、高校工程项目、投资项目等为基础来规定该种项目评估概念和内涵的，以硕士学位论文居多，这也与我国硕士学位论文首先要求对文献进行综述有关，涉及公共项目评估的相关概念就自然要讨论什么是绩效、什么是绩效评估、什么是具体项目的绩效评估。以下分别对文献研究进行梳理。

有关公共项目概念的研究。上面提到的 34 篇涉及公共项目评估的文献中对公共项目进行探讨的并不多，仅有 10 篇，而笔者通过对比发现，对公共项目的概念界定还很不清晰，对公共项目的定义一直没有统一的概念界定。

明确提出公共项目这个概念是什么的仅有 4 篇文献，如有的学者[4]提出"公共工程项目是为满足社会公众的公共利益而投入一定公共资源建设的固定资产项目"。类似的，另有学者[5]认为"公共项目是政府投资形成的非经营性固定资产投资项目"。有的学者[6]则认为"公共项目是指各种提供公共物品或公共服务的一次性和独特性的任务，是提供公共物品和公共服务的途径和载体，公共项目成果就是公共服务或公共物品"。可见，仅这 4 篇文献就有两种不同观点，前两者对公共项目做最狭义的理解，认为公共项目近似于公共投资项目，后者对公共项目的界定则是站在公共项目产出——公共物品的性质来界定的，所以更为广泛。

在剩下的 7 篇对公共项目界定的文献中，都是从政府投资项目的角度来定义的，有的直接提出[7]：公共投资项目也称为公共工程或政府投资项目……主要投向关系公共利益、公共安全的基础设施项目和公共事业项目。还有的学者则认为[8]："公共工程应为政府兴建的基础性建设项目和社会公益性建设项目，以满足国家或地区的社会发展需要，增进福利为目的。"这几篇文献中都对公共项目做比较狭义的界定，将政府作为投资主体来看公共项目。少数学者对公共项目做广义的理解，如：侯祥朝（2003）等[9]

---

[1] 鲍良、杨玉林：《公共投资项目绩效评价研究与发展》，《资源与产业》2008 年第 4 期。
[2] 张强、张定安：《美国联邦政府项目绩效评估及其效用分析》，《中国行政管理》2006 年第 9 期。
[3] 李海双、唐乐：《企业绩效评价与工程项目绩效评价研究》，《网络财富》2008 年第 6 期。
[4] 高喜珍、韩洁：《公共工程项目后评价内容及指标体系构建》，《财会通讯》2008 年第 1 期。
[5] 童宇鹏：《标杆管理对公共项目管理绩效的改善研究》，天津理工大学 2006 年硕士论文。
[6] 余瑶：《我国公共项目后绩效评估》，厦门大学 2007 年硕士论文。
[7] 鲍良：《公共投资项目绩效评价与管理体系研究——以京津风沙源治理工程项目为例》，中国地质大学 2008 年博士论文。
[8] 颜艳梅：《公共工程项目绩效评价研究》，湖南大学 2006 年硕士论文。
[9] 侯祥朝、林知炎：《论公共工程项目融资代建制模式》，《重庆建筑大学学报》2003 年第 6 期。

指出公共项目的"公"是指追求社会公益性，私人项目的"私"是指追求经济利益，公共项目与私人项目的根本区别不是政府部门与私营部门的区别，而是追求公共利益与个人利益的区别。

总结以上观点我们可以看出，10篇中过半数的文献认为公共项目应为政府作为投资主体的项目或工程，那么，究竟公共项目和公共投资项目或政府投资项目是否能够等同，还几乎没有学者对二者做出明确的区分；对公共项目做广义定义的要么基于公共物品的性质，要么基于项目的具体内容来定义，对公共项目和公共工程之间的异同也没有做出明确的界定。

可见，对公共项目的界定还不是很一致，存在公共项目是否可以等于公共投资项目，又是否可以等于公共工程这样的疑问。因而，公共项目的确切范围各不相同，外延因角度不同而可大可小，有的单纯指固定资产投资项目，有的则单纯指非经营性项目，有的则很笼统，包含所有追求公共利益的项目，这不利于理顺我国公共项目管理体制、进行项目评估和提高项目绩效。

2. 公共项目评估内涵研究

综合专著和34篇文献中的相关定义，可将学者有关评估内涵划分为以下几大类：

第一类：根据公共项目生命周期定义的评估。有的学者则是从广义和狭义的角度来解释项目评估，指出"狭义的项目评估是对于一个项目经济特性的评估和审定，即按照给定的项目目标去衡量项目的经济得失并给出相应结论的一种工作"[1]，在此基础上指出项目评估应该不只包括这种评估，还应该根据项目生命周期，包括项目前评估、跟踪评估和项目后评价；稍有不同的是有的学者[2]认为工程项目绩效评价应该只包括过程绩效和结果绩效。

第二类：有的学者从项目绩效评价的方法来定义，认为所谓项目绩效评价[3]，是指运用数理统计和运筹学原理，采用特定的指标体系，对照统一的标准，按照一定程序，通过定量定性对比分析，对项目的效果和效益以及项目业主的业绩作出客观、公正和准确的综合评判。

这两类观点并不是完全互斥的，比如，有的学者就提出，理论上应该是全过程的评估，但是实际操作上还是项目中评估和结果评估，可见这两类学者在对评估的范围界定上还是有重叠之处的。

第三类：围绕"绩效"的含义和内容展开分析。有的学者[4]认为："项目评估是指评估者根据预定的项目目标对项目的适应性、效益、效果、社会影响和持续性进行的

---

[1] 戚安邦：《项目评估学》，南开大学出版社2006年版。
[2] 冯丽霞、陈义：《完善工程项目绩效评价指标体系的思考》，《长沙理工大学学报（社会科学版）》2005年第3期。
[3] 李海双、唐乐：《企业绩效评价与工程项目绩效评价研究》2008年第6期。
[4] 邓国胜：《非营利组织评估》，社会科学文献出版社2001年版。

判定和评价。"有的学者则将公共项目评估称为公共项目评价,认为公共项目评价是"在技术可行性的基础上,对拟实施的项目的经济效益的可行性与社会效益的合理性进行分析论证,做出综合性评价,为项目的科学决策提供可靠的依据"[①]。

那么,其余 17 篇虽然定义都是针对具体类的项目诸如高校工程、科技项目、电子政务等,但是深究其定义本质也可以发现大部分定义都是围绕绩效的几点如适应性、效率、效益,或经济、社会等影响来分析的。

3. 相似评估的横向对比分析

笔者认为,也正是由于我国公共项目评估理论的根基不够稳的原因,如今开始有学者关注对基本概念的清晰界定,以期对理论研究和实践起到指导作用,他们反思和区分公共项目评估与其他绩效评估的研究虽然凤毛麟角,但也初见端倪。

在 80 篇文献中,作这种相似概念对比研究的仅有 4 篇,占 5%。这其中就有一部分学者对相近的概念进行对比分析。

比较有代表性的是卓越的《以公共部门绩效评估为基点的评估类型比较》,在该论文中,作者分别阐述了公共项目评估与公共部门绩效评估的异同点,他在认可这两者之间"不存在一个泾渭分明的楚河汉界"的基础上,从评估的连续程度、评估主体、评估方法的使用特征、评估范围和背景程度、评估指标的确定方式等多个方面分析了公共项目评估与公共部门绩效评估的区别。

此外还有的学者则将公共项目绩效评估与公共项目管理绩效评估进行深入研究,指出这两者之间的区别,他们认为,公共项目绩效相对于公共项目管理绩效更宏观更长期;"项目绩效研究的是目的成功,而项目管理绩效研究的是项目管理成功,也就是说项目绩效是比项目管理绩效更高层次的,更长远的评价依据"[②];也有的学者[③]除了分析了公共项目评估和公共部门绩效评估的差别,还比较了公共政策评估和公共项目绩效评估,认为前者"以更高层次的理想为基础",后者则"与定义更清楚、更具体的目的有关,并指出二者是目的与手段的关系,应处理好二者之间的因果关系链"。此外,该学者还解释了公共项目绩效评估与公共支出绩效评估、公共部门审计的区别。

与此同时,还有学者对可行性研究、项目评价以及项目绩效评价做了简单的对比。[④] 他认为可行性研究的范围相对来讲比项目评价要广,项目评价只是可行性研究的一个组成部分,而项目绩效评价则是更具体、更明确地针对某些因素来进行评价。

4. 对公共项目绩效评估的意义研究

公共项目绩效评估的学术关注度日益提高,必然有个中缘由,这也从一个侧面反映了公共项目绩效评估的重要性和意义。在笔者所挑选出的 80 篇代表性文献中,对公

---

① 齐中英、朱彬:《公共项目管理与评估》,武汉大学出版社 2004 年版,第 12 页。
② 马辉、杜亚灵、王雪青:《公共项目管理绩效过程评价指标体系的构建》,《软科学》2008 年第 7 期。
③ 余瑶:《我国公共项目后绩效评估研究》,厦门大学 2007 年硕士论文。
④ 刘礼军:《水利工程项目绩效评价研究》,西安理工大学 2005 年硕士论文。

共项目绩效评估的意义进行研究的文献共7篇，占总数的8.75%。

图3为现在对公共项目绩效评估意义进行研究的一个总体情况，从图中我们可以看出这7篇文献在谈及意义所在时，大同小异。学者们都意识到公共项目绩效评估可以提高公共决策的科学化、程序化，并依据绩效评估来反映项目的效果，发现问题，总结经验，合理有效地利用资源，控制政府预算，有效地控制投资，提高公共项目经济效益等。

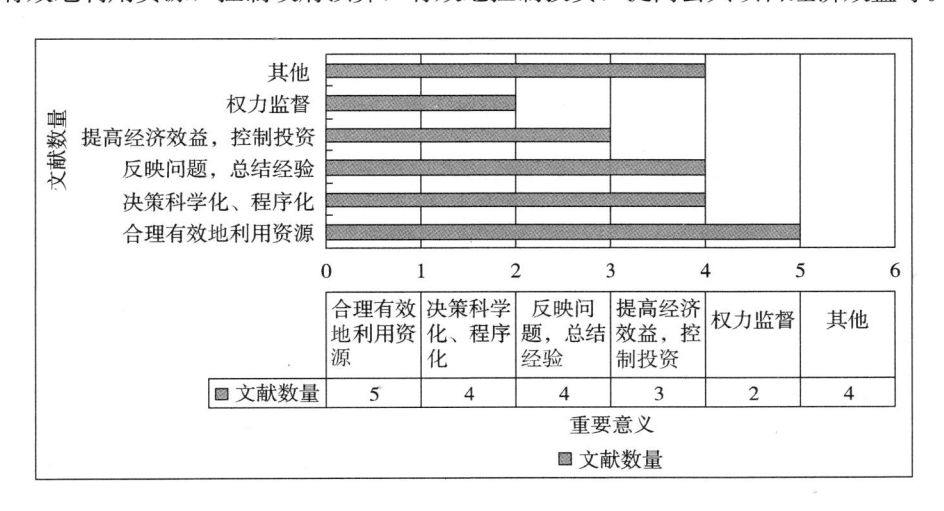

重要意义	合理有效地利用资源	决策科学化、程序化	反映问题，总结经验	提高经济效益，控制投资	权力监督	其他
文献数量	5	4	4	3	2	4

图3 公共项目绩效评估意义研究

只是不同的学者在表述方式上有细微的差别。例如，在《我国公共项目后绩效评估》中，作者就从公共项目后绩效评估的一般意义、必要性和可行性两大方面来分析，除了以上提到的共性，该学者还认为，公共项目后绩效评估可以促进项目的可持续发展，有利于促进科学发展观、科学政绩观的发展等。[①]

另外，还有些其他学者谈及了绩效评估的另外一些重要性，例如：有的学者[②]单单从公共项目绩效评估实施的必要性上来谈工程绩效评估的意义，重点分析了目前我国工程评估存在的一些问题；还有的学者则是从大局着眼，认为公共项目绩效评估可以提高我国项目的竞争实力、与国际接轨、提高项目实施的整体水平[③]等。

（二）对公共项目评估指标体系的研究

学者王玉明指出："绩效评估模型是一种用来理解和设计评估指标的逻辑框架，它体现测评内容之间的逻辑关系。根据模型可以系统地确定与工作绩效测评最为相关的指标。"[④]

不同的学者对公共项目绩效评估指标体系模型设计的理解不同，不同的出发点会

---

① 余瑶：《我国公共项目后绩效评估研究》厦门大学2007年硕士论文。
② 陈升敏：《开展政府投资项目绩效审计的必要性及着眼点》，《林业科技情报》2006年第1期。
③ 李峰：《财政R&D项目投入产出绩效评估体系研究》，同济大学2007年硕士论文。
④ 海聆：《掠影国外政府绩效评估》，《中国人才》2008年第2期。

得出不一样的模型。那么，目前，我国相关的研究状况又如何呢？表4是一个评估指标体系的总体状况。

表4　　公共项目评估指标体系研究状况表

是否有研究指标	具体说明	文献数量	百分比	
有研究	直接相关	17	21.25%	62.5%
	间接相关	33	41.25%	
没有研究	不相关	30	37.5%	37.5%

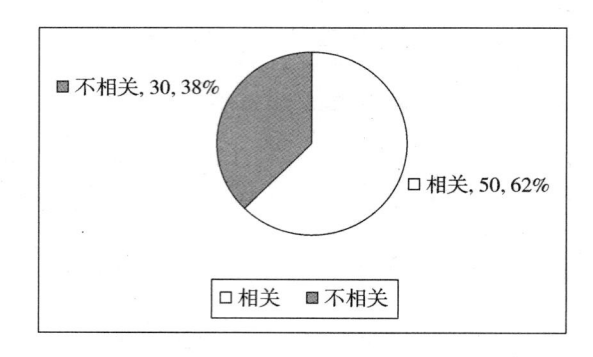

图4　公共项目绩效评估指标体系研究状况

从图4我们可以明显看出，在80篇文献中62.5%的文献关注指标体系的研究，这62.75%中有33篇是间接相关的，也就是文章题目并没有直接提及，而是在某一部分提到指标体系的某一方面，占50篇的66%，直接作为文章题名研究的占50篇的34%。可见，在公共项目绩效评估问题上，指标体系作为一个核心的环节，受到了学者们的关注，成为学者们研究的焦点。

此外，笔者总结文献发现目前对公共项目评估指标体系的研究大方向上主要分为两类：

第一类：评估指标设计的本源性研究，思考公共项目绩效评估指标体系构建的逻辑框架，从而为公共项目指标体系研究提供理论支持和技术指南，也就是我们常说的评估指标体系如何构建的研究；第二类：有的学者关注具体的评估指标是什么，研究针对不同的基础设施建设项目、公益性项目、政府投资项目等的指标体系。但相对而言，前一类更具有实践指导意义，更可以广泛应用，后者具有特殊性和特定的适用性，这两类归根结底还是怎么构建指标和构建什么样的指标来评估的问题，具体见图5。

1. 对公共项目绩效评估指标体系如何构建的研究

如何构建评估指标体系的问题是评估工作展开的基础，是具有方法论的指导意义的，那么，通过对50篇对指标体系进行研究的文献的梳理，笔者发现过半数的学者同样是把重点放在如何构建公共项目绩效评估指标体系的研究上。基本情况见图6。

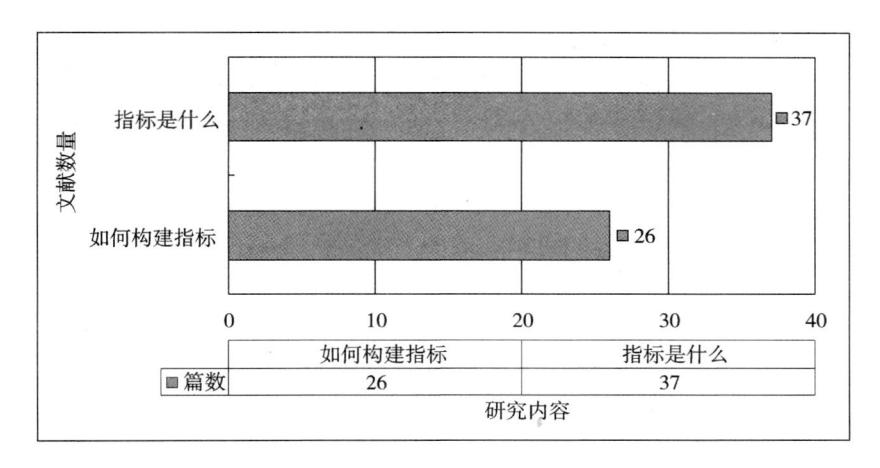

图 5 评估指标体系研究内容概况

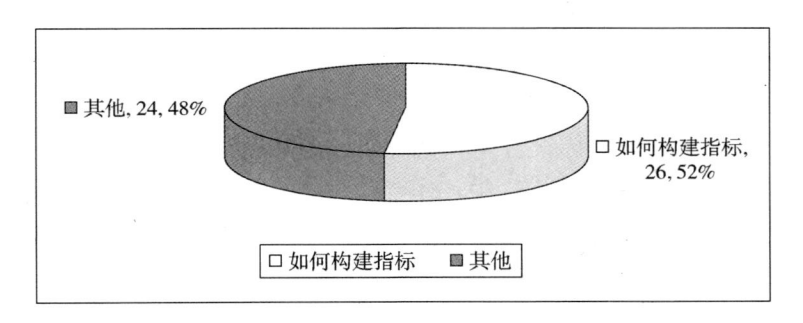

图 6 如何构建指标体系的研究情况

(1) 对公共项目指标体系设计原则的研究。这 26 篇专著中有 23 篇都谈到构建项目评估指标体系时的原则。

表 5　　　　　　　公共项目绩效评估指标设计原则研究状况

原则名称	篇数	原则名称	篇数	原则名称	篇数
可操作性	13	可比性	6	效率性	2
科学性	11	客观性	5	依法监管	2
系统性	10	公平与公正	4	层次性	2
定量与定性	7	独立性	4	合理性	2
全面性	7	适用性	2	动态与静态结合	2

从表 5 中我们可以清晰地看到，比较多的学者都赞同指标设计应遵循可操作性原则，占 56.5%。指标体系中的各项指标应简单明了，含义确切，指标要有理有据，实用可行，易获得，测算方便，要通俗易懂，可操作，能检查。[①] 47.8% 的学者认为科学

---

① 蔡发群：《"绿色南京"工程绩效评估》，南京林业大学 2008 年硕士论文。

性原则是必不可少的。学者指出[1]：这是个总体的指导性原则，任何一项科学活动都不能够违背科学自身的发展规律，不能够脱离实际。具体指标的选取应建立在充分研究的基础上，要反映系统的本质特征和发展规律。系统性原则要求绩效指标体系必须是完全完备的，能够全面系统地反映评估客体的方方面面。定量与定性相结合原则，[2]"评估体系指标的选择，须充分体现定量分析为主，定性分析为辅的原则，增强绩效评估的客观性、科学性"。其他原则如客观、公平、公正、效率、可比性等也都是平常我们作其他类似的绩效评估时会想到的。

比较新颖的观点：有的学者提出"可拓展性原则"，认为各类项目都具有各自的特性和特殊要求，不同时期对管理也各有侧重点，因此，指标体系必须具备可拓展的空间，可根据不同项目进行补充[3]；也有的学者提出应包括时效性原则，即评估指标体系要随着社会价值观念的变化而不断调整，避免因不合时宜导致决策失误，[4] 与此类似的还有前瞻性原则、与时俱进原则；还有的学者提出指标体系的均衡性原则，也就是财务类与非财务类、定量与定性指标、绝对指标与相对指标相结合使之优势互补。[5]

（2）有关指标如何设计的其他研究。对指标如何设计的其他研究包括指标设计的程序、指标设计时应该注意的问题等。

如有的学者撰文指出指标设计应该遵循的步骤和程序，这类文献共有 5 篇，在《科技计划项目绩效评估体系研究》中，作者就指出[6]，评估指标体系的构建是一个循环反复的过程，它一般要包括信息搜集、目标分析、指标体系结构的确定、指标的分析与筛选、指标的内涵与标度设计、指标的权重分析、指标体系的简化与修正、指标体系的确定等步骤。与此观点类似的还有同济大学学者的论文《项目后评价视角下的财政科技项目绩效评估体系研究》。

而与此观点不同的是有的学者[7]指出，"在资料收集完毕后，要根据情况来设计评价体系模型，诸如层次型评价体系，网络型或者是多目标型评价体系，再进行调研，问卷信度效度分析，通过数据分析与模型构建，再设计指标的权重"等。另外，有的学者从不同角度提出公共项目后绩效评估指标构建的模式包括类指标、维度、指标、指标要素、指标的权重。[8]

除了对指标设计程序的研究，还有学者指出了在指标设计过程中应该注意的问题：在《基于路径分析与模糊数学相结合的项目管理绩效评估方法研究》中，作者提出[9]，

---

[1] 葛国耀：《国家战略性基础研究的绩效评估研究》，华中科技大学 2004 年硕士论文。
[2] 李峰：《财政 R&D 项目投入产出绩效评估体系研究》，同济大学 2007 年硕士论文。
[3] 袁浪、曾敏军：《关于构建代建制项目绩效评价指标体系的探讨》，《浙江建筑》2007 年第 10 期。
[4] 张渊：《科技计划项目绩效评估体系研究》，江苏大学 2005 年硕士论文。
[5] 马辉、杜亚灵、王雪青：《公共项目管理绩效过程评价指标体系的构建》，《软科学》2008 年第 7 期。
[6] 袁浪、曾敏军：《关于构建代建制项目绩效评价指标体系的探讨》，《浙江建筑》2007 年第 10 期。
[7] 李峰：《财政 R&D 项目投入产出绩效评估体系研究》，同济大学 2007 年硕士论文。
[8] 余瑶：《我国公共项目后绩效评估》，厦门大学 2007 年硕士论文。
[9] 赵艳秋：《基于路径分析与模糊数学相结合的项目管理绩效评估方法研究》，天津大学 2004 年硕士论文。

结构指标、过程指标与结果指标相互补充；综合指标与单项指标相互补充；实际水平指标与动态指标相互补充；在《985工程财政支出绩效评估研究》中，作者指出，各指标权重的确定必须能够反映绩效评估的核心价值取向，对985工程财政支出绩效评估本身就是一种结果为本的控制，所以结果性指标所占的权重比较大。评估应采取多级障碍式评估，为每个指标规定一个必须达到的"槛值"（最低值），只有每个指标都达到其"槛值"，绩效评估的结果才成立。[①]

学位论文《科技计划项目评估理论与方法研究》指出[②]：在指标体系设置方面，为保证评估指标体系的全面性和满足决策主体的决策需要，应由评估主体从项目客体属性角度和决策主体从决策需求角度分别提出指标，而后由评估主体将指标进行综合，从而形成项目评估候选指标集。

2. 对公共项目绩效评估指标体系是什么的研究

从图5我们可以看出，相对于指标体系如何构建的研究来说，对指标体系是什么的研究占多数，50篇中有37篇都有探讨指标体系是什么的问题，占74%。

（1）对公共项目绩效评估体系内容的总体研究。笔者对37篇文献进行了整理，发现不同的学者在设定指标时的角度不同，大致可以划分为四类：

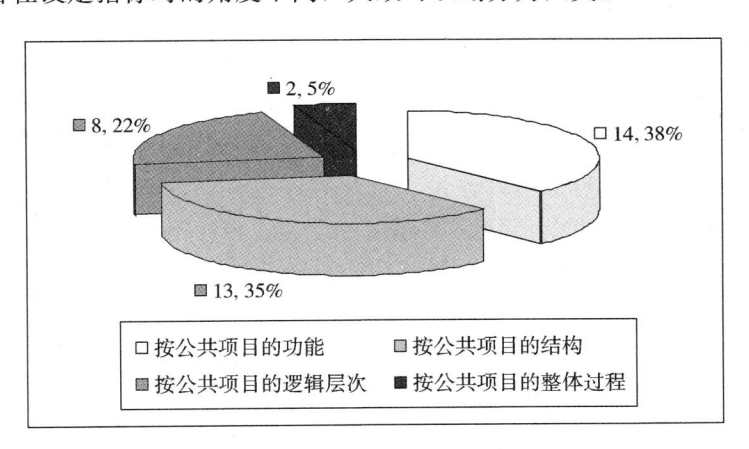

图7 指标体系内容研究

A. 按公共项目的功能分类：这类占总数的38%，公共项目一般都具有经济、社会、环境、分配等功能，如在《公共投资项目后评价理论与方法研究》中，作者[③]就提出，可持续性发展经济系统是"生态—经济—社会"三维复合系统，她将指标体系设计为以经济影响、社会影响、自然环境影响、分配影响为一级指标的评价体系。

B. 按公共项目的结构分类：这一类是指公共项目的实施涉及多个方面的协调，绩

---

① 杨红明：《985工程财政支出绩效评估研究》，华中科技大学2004年硕士论文。
② 曲久龙：《科技计划项目评估理论与方法研究》，吉林大学2006年博士论文。
③ 高春梅：《公共投资项目后评价理论与方法研究》，天津大学2004年硕士论文。

效评估根据这些方面来进行评估，比较有代表性的如：在《公共投资建设项目管理模式评价指标体系的构建》中，将指标分三级，其中一级指标包括制度规则、组织结构、人力资源、运行效率等。[①] 在《基于层次分析法的区级政府网站绩效评估模糊综合评估》中，将关键指标分为信息公开程度、业务完善程度、公众满意度、互动沟通度、项目成本。[②] 还有的学者按照项目的投入、产出来设计指标。

C. 按公共项目的逻辑层次分类：这一类主要是根据逻辑框架法来找出公共项目的目标层次，然后根据逻辑层次，将指标分为：目标层、准则层和指标层。如在《高速公路建设项目管理绩效评价》中，准则层分为质量评价、费用评价、管理评价、进度评价。[③]

D. 按公共项目的流程来分类：这一类主要是根据公共项目的实施过程，要么按照项目实施前、实施中、实施后评价来划分，如在《政府投入科技项目绩效评价研究——基于管理决策角度》，作者将指标为分预评价（必要性、合理性、运行条件评价）、过程评价（计划、运行条件、假设条件变更情况、项目管理情况）、验收评价（目标完成情况、总体运行情况、成果价值）、跟踪评价（技术、经济、社会），每一种又再分为三级指标。[④]

当然，并不是每一篇文献都是严格按照这四个层次来分类，因为许多公共项目很复杂，因此也就有人基于多重角度的交叉来设计绩效评估指标，如在《公共工程项目绩效评价研究》中，作者从成功关键因素、项目管理流程、顾客满意度三个维度来构建指标[⑤]，这也正如有的学者所说的："通过二维或者三维甚至更多维的交叉，派生出一系列的统计指标，最终形成指标体系。"[⑥] 另外，也有学者通过对公共投资项目的目的维度和项目管理阶段维度的结合来构建指标体系，得出经济性指标、效率指标、有效性、公平性指标和投资项目的投入指标、项目的管理指标、产出指标、效益和影响指标等。

比较新颖的是：有的学者借鉴平衡记分卡来构建指标，将指标体系划分为财务层面、顾客层面、内部流程层面以及学习与成长层面。[⑦]

（2）具体研究综述。37篇文献中有23篇都认同一个完整的指标体系应该分为三级指标，占62.2%；其中一级指标中26篇文献中都包含经济、社会、环境指标，占

[①] 杨宇、谢琳琳、张远林：《公共投资建设项目管理模式评价指标体系的构建》，《重庆建筑大学学报》2006年第6期。
[②] 张永艳：《基于层次分析法的区级政府网站绩效评估模糊综合评估》，华中师范大学2007年硕士论文。
[③] 高占峰：《高速公路建设项目管理绩效评价》，吉林大学2006年硕士论文。
[④] 郑海鳌、周文泳：《政府投入科技项目绩效评价研究——基于管理决策角度》，《郑州航空工业管理学院学报》2008年第6期。
[⑤] 颜艳梅：《公共工程项目绩效评价研究》，湖南大学2006年硕士论文。
[⑥] 鲍良：《公共投资项目绩效评价与管理体系研究——以京津风沙源治理工程项目为例》，中国地质大学2008年博士论文。
[⑦] 颜艳梅：《公共工程项目绩效评价研究》，湖南大学2006年硕士论文。

70.3%；比较与众不同的是，有的学者提出在一级指标中应包含公众心理效益指标。[1]

谈及经济指标，比较普遍性的分指标就是财务净现值、投资回收期、财务内部收益率、资金利用率、资产负债率、利润率等；社会影响指标主要有对居民教育的影响指标、对居民平均寿命的影响、对居民健康的影响指标、资源优化配置程度、就业机会等；谈及环境指标则大多涉及自然生态环境、人文生态环境以及社区关系，分指标如人均公共绿地面积、××覆盖率等；涉及公共项目产出水平分指标一般都会以人均作为出发点（固定资产利用率），如人均道路面积、城市每万人拥有公共厕所数量、自来水覆盖率[2]等；更为具体的指标计算很多都有国际通用标准，如可持续发展指标中的绿色 GNP（持续经济福利指数）、人文发展指数（采用按购买力评价并计算的人均 GDP 的对数、识字率、预期寿命）。[3]

（三）对公共项目评估组织实施的研究

众所周知，公共项目绩效评估指标体系设计完毕，接下来便是公共项目绩效评估的实际操作，也就是评估的组织实施阶段。公共项目评估组织实施的研究学者们主要是从以下几方面来研究的：公共项目绩效评估的原则、评估的前期准备和实施过程、评估方法的运用等。

1. 对公共项目绩效评估原则的研究

相对于公共项目绩效评估指标设计的原则来讲，对公共项目绩效评估原则的研究基本没有很普遍性的观点。在 80 篇文献中有 12 篇文献探讨了公共项目绩效评估原则，仅占 15%。而这 12 篇都是针对具体实践领域如水利工程、科研项目、电子政务建设等来谈的，原则的相异性比较强，然而，也可以从中看出一些比较有倾向性的原则，也就是我们常说的一般性原则，如定量与定性评估相结合原则，这不但是指标设计的原则，也是评估方法的一个基本原则，学者指出公共项目既包括有形的经济效果，也包括无形的非经济效果，这就决定了评估必然需要定性与定量相结合的原则，另有学者[4]则具体阐述了定性与定量相结合原则的运用方式。

另一类倾向性的原则就是目前国际通用且学者基本认可的几个原则：经济性、效率性原则，公正、合理、效用原则，这基本是从国际惯例的"3E"原则衍生过来的。

比较新颖的观点有：在《基于层次分析法的区级政府网站绩效评估模糊综合评估》中，作者指出，要坚持"客户中心原则"，该学者主要是站在服务型政府建设以及政府网站的开放性角度，认为客户满意度是一个很重要的原则。还有的学者提出宏观性原则，认为"公共投资项目的绩效评价必须超越项目经济评价，即不再局限于投资项目本身的微观效益，而要着重于从国民经济的全局出发，分析项目与所在区域国民经济

---

[1] 常伟、范宏：《关于建立公共工程项目支出绩效评估的几点思考》，《西安石油大学学报》2004 年第 2 期。
[2] 袁浪、曾敏军：《关于构建代建制项目绩效评价指标体系的探讨》，《浙江建筑》2007 年第 10 期。
[3] 王萍：《浙江省水利项目后评价指标体系和方法研究》，浙江大学 2006 年硕士论文。
[4] 赵艳秋：《基于路径分析与模糊数学相结合的项目管理绩效评估方法研究》，天津大学 2004 年硕士论文。

社会发展战略、长远规划目标是否具有协调性"。

另外，还有的学者提出项目评估"时间宜早不宜迟"[①]，但是该学者提出的另外几个原则如工作宜实不宜虚、评估宜粗不宜细等略显空泛。

除此之外，其他的学者出发角度不同，研究的具体项目不同，原则上也因项目的差异性而带来细微的差别。诸如：有的学者[②]从项目的评价结构、评价内容、评价指标、数据搜集多方面来简单阐述项目评价的原则，指出项目评价应坚持完整性与综合性，内容可信与权威性相结合等。还有的如果是针对政府投资项目的，可能在评估过程中更注重财务指标，更看重效用、效果。见表6。

表6　　　　　　　　　　　　公共项目绩效评估原则涵盖

目标一致性	整体性	真实性	独立性	实用性	客户中心
可测性	综合性	合理性	时效性	依法	通用性
可操作性	系统性	效用	效果	效率	公正客观
可比性	宏观性	简便原则	定量与定性	经济、社会、生态	科学性
可行性	可靠性	可信与权威	主观与客观相结合	灵活性	

2. 对评估方法运用的研究

评估方法的运用主要用于指标权重的确定以及评估数据的分析。笔者梳理了80篇文献，共有26篇文献对评估方法进行了研究，其中，直接相关的15篇，间接相关的11篇，涉及大概30种方法，表7中只是简单罗列几种比较有代表性的方法。

表7　　　　　　　　　　　　评估方法研究概况

主观评估方法	篇数	客观评估方法	篇数	客观评估方法	篇数
层次分析法	8	灰色关联度评价法	3	实物期权法	2
逻辑框架法	5	功效系数法	3	分绩效贡献率法	1
专家评分法	4	成本效益分析	3	网络计量分析法	1
模糊综合评价法	4	数据包络分析法	3	物元分析法	1
公众评判法	3	平衡记分卡	2	离差最大化法	1
成对比较法	2	熵值法	2	路径分析法	1
德尔菲法	2	人工神经网络法	2	敏感性分析	1
加权评估法	1	综合指数法	2	主成分分析法	3

从表7中我们可以看到，相对客观评估方法来讲，主观评估方法所占比例较大，并且主观评估方法的通用性程度比较高，而客观评估方法则比较分散，客观评估方法的针对性比较强些，也因此不同种类项目的方法就有所不同。

评估方法的运用重点就在于指标权重的确立以及评估结果的分析方法。26篇文献中21篇都是将重点放在指标权重的确立方法上，只有15.3%的文献在研究了指标权重

---

① 唐炎钊、孙敏霞：《地方软科学项目绩效评估研究》，《科技进步与对策》2007年第5期。
② 徐革：《我国大学图书馆电子资源绩效评价方法及其应用研究》，西南交通大学2006年博士论文。

的确立方法之外，还研究了评估方法的优劣比较、评估结果的分析方法、评估数据的收集方法等，从另外一个角度来讲，目前我国公共项目绩效评估方法介绍性研究居多，而研究方法适配性的居少。

表7还告诉我们，层次分析法、逻辑框架法、专家评分法以及模糊综合评价法是使用频率最高的几种评估方法之一，层次分析法使用比例高达30.7%，可见层次分析法还是操作性比较强、使用范围比较广的方法，既适用于投资项目也使用于非经营性项目；而逻辑框架法也比较适用于目标逻辑层次比较清晰的项目。

此外，我们还可以看到，公众评判法在学者的研究中也有一席之地，这说明我国公共项目绩效评估越来越注重公平公正性，越来越体现服务性。

这近三十个评估方法中大部分源自对国外学者的研究成果的借鉴，而物元分析法不同，"物元分析研究的对象是现实世界中的矛盾问题。物元是物元分析理论中描述矛盾问题最基本的概念，是物元分析的逻辑细胞。物元分析理论在很多领域的综合评判当中已经得到了成功的运用，如对大气环境质量的评价、对地下水质量的评价以及对生态环境的综合评价中应用较广"①。

比较不同的观点有：在《高校工程项目绩效评价研究》中，作者称指标的转化为"无量纲化"，提出了指标值的转换方法，诸如逆向指标正向化、定性指标量化处理以及定量指标的定制处理的一系列方法。②还有的学者系统阐述了定性指标的评估方法、定量指标的评估方法以及评估结果的分析方法，涵盖了功效系数法、层次分析法、分绩效贡献率法、主成分分析法等方法③，其中，分绩效贡献率法是指对一个整体的结构进行分析，它可以更直接、清晰地展示整体的组成部分及其比例，对于研究整体结构的合理性和组成部分在整体中的重要性等方面提供了途径。

另外，论述比较具体详尽的是《科研计划项目评估理论与方法研究》，论文指出科技计划项目评估方法体系包括：评估指标及其性质、权重的方法、评估信息获取的方法、评估意见形成与表达的方法、综合意见的形成方法。④

3. 对公共项目绩效评估组织操作的研究

80篇文献中对公共项目绩效评估组织实施过程做出研究的有10篇，占12.5%。

14篇中有两篇是从项目生命周期的角度出发，认为项目绩效评估应包括项目立项决策评价、项目管理的审计与评价、项目效益的审计与评价，追根究底也就是公共项目绩效全过程评估包括事前、事中和事后的评估，作者还指出，需要对公共项目绩效评估的组织操作辅之以相关配套措施——"组织保障和基金评价制度保障"见图8。⑤

---

① 颜艳梅：《公共项目绩效评价研究》，湖南大学2006年硕士论文。
② 陈媛媛：《高校工程项目绩效评价研究》，武汉理工大学2006年硕士论文。
③ 游亚宏：《政府投资项目采购及其绩效评价研究》，天津大学2006年硕士论文。
④ 曲久龙：《科技计划项目评估理论与方法研究》，吉林大学2006年博士论文。
⑤ 乐虹雯：《建立和完善政府资助项目绩效评估体系——浦东新区案例分析》，《市场周刊·理论研究》2006年第6期。

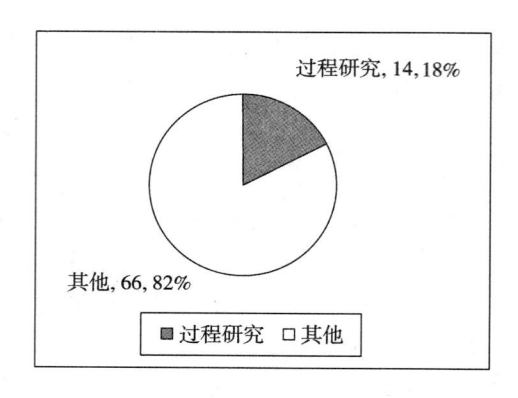

图 8　过程研究状况

　　14篇文章中还有4篇比较详尽地阐述了公共项目评估的组织操作过程，观点基本类似，认为公共项目绩效评估的组织操作大致分为三个阶段：前期准备阶段（确定评估对象）、评价实施阶段（确定评价指标、评价方法、评估组织模式、制定评价目标等）、结果运用阶段（发现评估项目的问题并将之反馈给相关部门），只是强调的侧重点不同，有的学者认为具体分四个阶段，将数据收集以及整理单独列出作为一个阶段，认为"对于任何一种类型的评估，数据的收集和整理都是项目绩效评估的一个核心内容，对大型灌区节水改造项目进行后评估，需要收集的数据主要确定定量评估指标所需要的数据、量化非定量评估指标所需要的数据、数据的分析……"[①]

　　比较与众不同的观点有：有的学者[②]从问题导向出发，提出在项目绩效评估的组织实施过程中应该注意的问题：搜集材料应该注意些什么（如何把握核心价值）、确定评价范围以及评价所要使用的资源、避免各项评估结果的简单罗列代之以综合评估几个问题；有的学者则强调了绩效改进和下一步循环，认为不能以改进一项绩效而损害另一项绩效，以及对项目分期或分阶段绩效评价和项目完成后绩效评价都应予以重视[③]，这点在戚安邦的《项目论证与评估》一书中也有所提及："评估报告的撰写完成并不代表着评估过程的终结，而还需要对公共项目后绩效评估的信息及时反馈和运用……项目后评估信息的反馈是项目后评估成果能真正起作用的关键环节之一，是个全面沟通和适用项目后评估成果信息的过程"。[④]

　　此外，这14篇中对公共项目绩效评估组织实施论述得最为详尽和系统的当属鲍良的《公共投资项目绩效评价与管理体系研究》，鲍良具体地阐述了绩效评估的机构设置（机构设置原则、构想、组织经费来源）、绩效管理机制设计、绩效成果使用和反馈机

[①] 刘从柱：《大型灌区节水改造项目后评估指标体系与评估方法研究》，西安理工大学2007年硕士论文。
[②] 刘礼军：《水利工程项目绩效评价的研究》，西安理工大学2005年硕士论文。
[③] 孟宪海：《关键绩效指标KPI——国际最新的工程项目绩效评价体系》，《建筑经济》2007年第2期。
[④] 戚安邦：《项目论证与评估》，机械工业出版社2004年版，第354页。

制（绩效环节与决策环节的联动、项目管理数据库以及信息的科学使用、建立有效的社会监督制度等），从组织机构、工作程序、规制建设、反馈机制等几个方面考虑。他对评估过程的设想也别具一格，认为："未来开展绩效评价的管理工作思路，可以按照三步式开展：第一步先由建设单位进行自我评价，写出自评报告报主管评价管理部门；第二步在自评报告的基础上，由主管评价管理部门组织力量（或委托中介机构）对项目开展正式绩效评价，编写初评意见报国家公共投资项目评价管理局；第三步国家公共投资项目评价管理局对自评报告和初评意见进行复审，最后编写该项目的复评意见报国家公共投资管委会。"[①] 但是，笔者认为，虽然这种评估工作的过程很新颖，但是无形之中拉长了评估的周期，并且会带来评估的高成本。

余瑶在《我国公共项目后绩效评估研究》中也对公共项目绩效评估组织实施进行了探讨，文中强调了"过程控制"，设立评估管理机构、选择评估主体、确定评估对象、安排评估实施程序和落实评估结果运用是整个过程的组织和程序保障，并比较具体地说明了评估主体的识别，这是区别于其他学者的关键点所在。14篇文献中仅此一篇比较详尽地论述了评估主体的选择，而99.9%的文献都是在谈及组织过程时顺带提及评估主体。余瑶指出评估应该由外部机构或者第三方来主持进行，这种方式可以避免实践者与研究者之间出现研究者致力于解决长期问题而实践者则只关心即时问题的情形，并且指出在进行项目后评估时，外部评估机构与内部评估机构应妥善处理好矛盾，内部评估机构负责评估工作的组织，外部评估机构负责评估工作的具体实施。[②]

三 公共项目绩效评估研究视角综述

（一）基于经营性分类的视角

根据《投资项目评估方法与实务》[③]，我国公共项目按照行业可划分为23类，根据公共项目内涵概念的界定，判断其产出品的竞争性和排他性、投资主体和资金主要来源的定位，以及项目是否具有营利性目标，将之划分为两种类型，一为建设性公共项目，二为社会性公共项目。建设性项目主要是指由政府部门主导提供的，具有自然垄断性的公共交通、公共工程、公共基础设施等具有公共性的建设项目，这些项目投资收益水平比较高、市场调节比较灵敏、具有较强的市场竞争能力。社会性公共项目则可以理解为由政府部门主导提供的，用以满足社会公共需要的公共卫生、公共教育、科学文化、公共体育及健身等具有公共性的社会项目，具有非营利性和社会公益性见表8、表9。[④]

[①] 鲍良：《公共投资项目绩效评价与管理体系研究——以京津风沙源治理工程项目为例》，中国地质大学2008年博士论文。
[②] 余瑶：《我国公共项目后绩效评估研究》，厦门大学2007年硕士论文。
[③] 周惠珍：《投资项目评估方法与实务》，中国计划出版社2003年版。
[④] 简德三：《投资项目评估》，上海财经大学出版社1999年版。

表8 公共项目类型划分

类别	属性	实例	投资主体	权益归属
建设性公共项目	纯经营性公共项目	收费公路、桥梁等项目	社会资金	谁投资，谁受益
	准经营性公共项目	煤气、地铁、电力等项目	政府适当补贴，吸纳各方投资	谁投资，谁受益。政府通常较少考虑回报
社会性公共项目	非经营性公共项目	免费的城市道路、公园、教育、医疗、政府采购等项目	政府	主要是民众、社会（政府采购除外）

表9 项目行业分类检索（1998—2008年） 单位：篇

检索词	建设性项目		社会性项目	
数据库	模糊检索	精确检索	模糊检索	精确检索
中国期刊网	2578	956	892	213
博士学位论文	131	16	38	3
硕士学位论文	1113	218	250	13
总计	3822	1190	1401	229

1. 建设性公共项目

建设性公共项目评估一直是项目评估的难点和热点之一，对建设性公共项目进行全面准确的评估关系到一个组织能否有效地形成自己的创新能力和竞争能力。笔者通过统计梳理上述文献，得出大概的研究领域分布情况。[①] 65%的文献为概念建构类的文章，主要研究含义、本质、界定方式、方法介绍等；17%左右的文献在于指出目前建设性项目存在的问题与困境，并提出相应的解决办法；13%左右的文献是关于评估指标的改进、量化；5%左右的文献是构建评估全过程的规范化管理体制及结构完整的评估体系见图9。

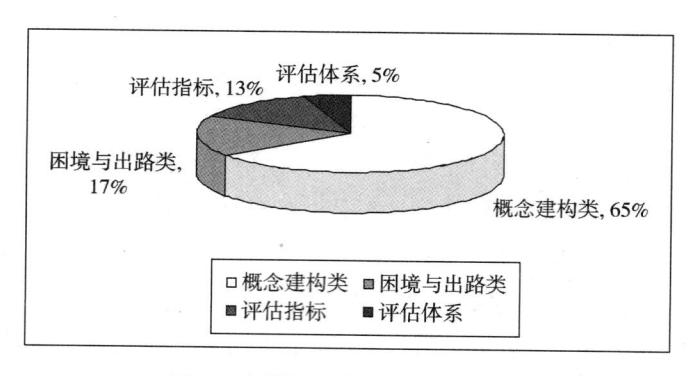

图9 建设性公共项目评估分类图

从图9中可以看出，目前，国内对建设性公共项目评估研究的重点仍大多集中于

---

① 以CNKI和维普数据库为统计源，检索年限为1998—2008年。

概念建构类文章，特别是对现有评估方法的介绍和论述，张三力[①]、姜伟新[②]、童文胜[③]、曾祥云[④]等分别就项目评价方法论及现有方法进行了总结，通常比较常用的方法主要包括同行评议法、层次分析法、加权优序法、效用函数法、综合评价法及模糊综合评价法等，这些使得我国建设性公共项目评估逐渐走向科学化和规范化。但笔者发现涉及项目方案选择的方法较多，而对工程执行过程中的绩效评价方法却很少，对方法的改进和创新方面的研究就更少。针对具体环境与因素的评估方法应用于复杂的项目环境与因素时显得角度过于单一，不能很好地解决复杂的评估问题，因此需要许多新的评估方法不断涌现，取代原来的单一评估方法。

关于建设性公共项目评估指标体系的构建，我国已有许多学者做了大量相关的研究工作，在指标体系的设置原则、指标模型的构建等方面作了大量有益的探讨，但是由于存在体制、观念、资金等障碍，人们对建设性公共项目评估工作认识不足、重视不够，使得这项工作进展缓慢，特别是在建设性公共项目评价度量所依据的标准和采用的指标体系方面，大多数指标的设计主要围绕着工程的工期、成本、质量三大成功因素，而对项目的业主满意度和执行过程中的社会影响等因素考虑较少，仍然没有提出一套公认的、科学合理的度量标准和评价指标体系。各地区、各部门所采用的指标体系各不相同，颇有争议，从而影响了建设性公共项目评估结论的客观和公正。对建设性公共项目评估指标体系的研究也成为目前建设性公共项目研究的重点课题。

此外，国内大部分学者往往仅从某个角度或某个侧面进行研究，没有从建设性公共项目评估的整体进行研究，对于构建评估全过程的规范化管理体制及结构完整的评估体系等方面的系统研究较少。这反映了我国目前建设性公共项目评估研究尚未建立一个较系统的、较完整的理论分析框架，理论体系的缺陷影响了该理论的协调系统发展。

2. 社会性公共项目

虽然国内外理论界一直以来都比较重视对项目管理和评估的研究，但是研究成果主要集中在公共工程建设项目或固定资产投资项目领域，社会性项目的研究相对较少。社会性项目是指为社会大众或社会中某些人口群体的利益而实施的项目，既包括政府部门发起实施的农业、环保、水利、交通等项目，也包括民间组织发起实施的扶贫、妇女儿童发展、教育等项目。[⑤]

从图10中可以看出，近年来，国内发表的有关社会性公共项目论文的数目从2004

[①] 张三力：《项目后评价》，清华大学出版社1998年版，第26—43页。
[②] 姜伟新、张三力：《投资项目后评价》，中国石化出版社2001年版，第63—84页。
[③] 童文胜、杨钦：《对项目评估方法和标准的若干思考》，《数量经济技术经济研究》1998年第7期。
[④] 曾祥云等：《相对有效性评价的随机性研究》，《系统工程》1999年第9期。
[⑤] 邓国胜：《公益项目评估——以"幸福工程"为案例》，社会科学文献出版社2003年版。

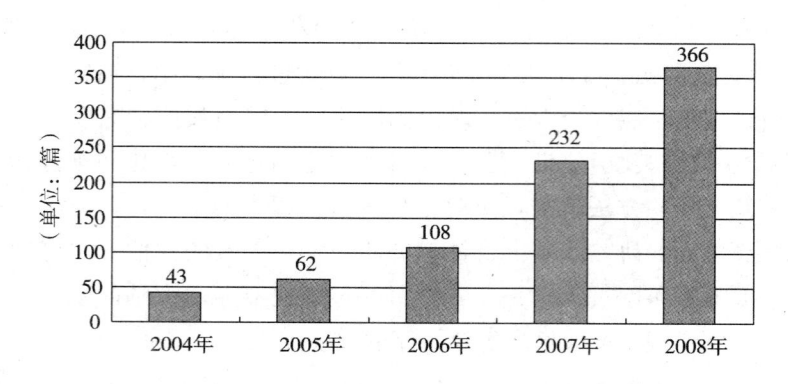

图 10　2004—2008 年社会性公共项目评估文献数量图

年的 43 篇到 2008 年的 366 篇，逐年快速增加，这说明中国关于社会性公共项目的研究在近几年越来越得到重视，它们在现实社会中的重要性也不断显现出来。

学者们在对项目评估理论和方法进行广泛的研究后，从各个领域对国家或政府实施的大型社会性项目评估进行了一定的研究，包括科技军事项目、扶贫生态项目、文化体育项目、教育医疗项目等各个方面，并且研究不仅仅停留在对困境与展望的探索上，各个领域都结合自身行业的特点与规律进行创新，逐渐形成了具有自身行业特色的评估方法与技术。在医疗卫生方面，评估内容几乎涉及了整个领域，如有对临床干预方法的评估，有对某一类卫生服务的评估，也有对卫生保健措施服务体系的评估。[①] 从研究质量的角度看，也已经取得较大的提升，主要表现在项目的绩效研究、必要性研究、项目的运行及管理过程研究、项目的制度建设、公共项目的社会影响等方面，已经出现了不少讨论深层次问题的文章。顾基发[②]、赵丽艳[③]探讨了如何对大型社会项目进行有效管理评价及有效地处理评价工作中人的主观性影响。

虽然我国的评估工作已经取得了可喜的进步，但也应该清楚看到，社会项目评估工作本身是一项跨学科、多层次的综合性工作。既要求决策层、执行层与研究层的共同参与，又要求自然科学、社会科学的有机结合。这无疑对评估工作的组织管理与运行机制都提出了特殊要求。此外，社会性公共项目评估本身也存在固有的困难，单项评估易，综合评估难；定性评估易，定量定性结合评估难；硬指标评估易，软指标评估难。而评估指标体系与决策的内在关联及环境的制约，也给评估增加了不小的困难。因此，需要我们对社会性公共项目评估的理论作进一步的深入研究，并结合社会经济

---

① 阎正民：《卫生项目评价中的定性方法》，《预防医学情报杂志》2003 年第 3 期。

② J. F. Gu and Z. C. Zhu, 1995. The Wu-Li Shi-Li Ren-Li Approach (WSR). AnOriental Methodology, in Systems Methodology: Possibilities forCross-Cultural Learning and Integration 9 (G. Midgley and J. Wilby eds), The University of Hull Press, United Kingdorn.

③ Zhao L Y, Gu J F, Chen Z Y, 1998. The application of Wu-Li Shi-Li Ren-Li (WSR) system methodology to R&D Project evaluation andselection, Proceedings of the Third International Conference on Management, Shanghai.

发展的实际作更为广泛的应用。

3. 小结

从资料数据及其分析结果来看，国内基于公共项目经营性分类角度研究的理论、方法及应用方面取得了很大成就，概念建构类的文章较多，但已经具体涉及项目评估的指标体系、组织实施、方法运用等。建设性项目研究为热点问题，几乎占研究数量的三分之二，其中有个别领域已形成较为完善的评估程序及评估方法，并用法规形式确定了评估在决策过程中的地位和作用。具体社会性领域，如环境、扶贫体育、文化等领域研究正逐渐深入，并已取得一定成果。

笔者也发现了一些不足，如与建设性公共项目相比，社会性公共项目的研究人员80％以上分布在各大研究院所和高等院校，实践工作者对其研究不足，这说明社会性公共项目评估目前实践者与搞理论研究的学者之间缺乏互动交流，理论与实践兼顾的很少，还属于开始阶段的摸索，缺少与其他领域，特别是已经在绩效评估领域取得很多经验与成就的建设性公共项目评估领域的沟通与交流，因此，亟须积极与建设性公共项目评估领域取得沟通与交流，互通有无，借鉴已有成就，共同促进公共项目绩效评估的发展与进步。

（二）基于项目周期理论的视角

项目生命周期理论是现代项目管理中一项很重要的理论和方法，它为现代项目管理与项目评估的开展提供了很好的方法和工具。由于项目生命周期的不同阶段，其项目管理的内容和侧重点不同，因而项目评估的内容也随之而异，可以根据项目生命周期的不同阶段，按照评估时期的不同，把项目评估划分成三部分内容：项目前评估、项目跟踪评估和项目后评估。[1] 其中，项目前评估是指在项目前期决策阶段从整个项目全局出发，根据国民经济和项目相关利益主体自身发展的需要对项目及其备选方案所进行的一种全面评估。项目跟踪评估也叫过程评估，是指在相对比较确定的情况下使用预测和实际数据针对项目实施情况对整个项目所作的评估；项目后评估则是在项目投入使用以后使用项目实际数据和一定的预测数据对项目和项目前期决策所作的评估。[2]

表 10　　　　　　　　项目周期理论检索（1998—2008 年）　　　　　　　单位：篇

检索词	项目前评估		项目跟踪评估		项目后评估		项目周期	
数据库	模糊检索	精确检索	模糊检索	精确检索	模糊检索	精确检索	模糊检索	精确检索
中国期刊网	677	59	458	40	153	14	761	279
博士学位论文	116	14	51	8	21	3	49	6
硕士学位论文	524	32	341	23	114	5	304	70
总　　计	1370	105	850	71	288	22	1114	355

---

[1] 臧南南：《项目评估在远程教育中的运用》，北京化工大学 2004 年硕士论文。
[2] 戚安邦：《项目论证与评估》，机械工业出版社 2004 年版，第 354 页。

从表10这些数据可以看出,我国公共项目绩效评估中有关项目评估周期研究的总体情况并不乐观,项目前评估较为成熟,项目跟踪评估有所实践,后评估则相对较少,这种现状说明虽然项目前评估和跟踪评估的研究逐渐从"务虚"走向"务实",除传统领域外,教育、卫生、文化等领域的文章开始出现,项目后评估也逐渐受到重视,但公共项目周期理念在我国尚未牢固建立,对前评估和跟踪评估的重视程度远远多于后评估,项目后评估的作用还未得到应有的发挥。

1. 项目前评估

传统的项目管理绩效评价模式多认为公共项目的上马都是关系到国计民生的重大决策,整个国家民族是投资项目的受益者,必须计算出项目对整个宏观经济产生的影响效果才能更加准确的决策。[①] 因此,用"项目前评估"进行检索,文献数据十分丰富,三个数据库的模糊检索,共获得1370篇文献,精确检索也有105篇。这说明我国项目前评估的实践非常丰富,理论研究也很充足。经过逐步梳理,笔者发现尽管对于立项论证等前期评估的研究十分成熟,在学习和吸收欧美等发达国家或地区研究成果的基础上,我国学者结合我国的实际情况,对国外现有的理论成果进行补充和修正,对我国项目前评估作出了可贵的探索,得出一般性评价决策指标,构建了一些评估体系,具有积极的影响作用。[②] 但也存在着反馈论证多,事前论证少;一般论证多,专家论证少;宏观论证不够,公正性差等问题,有待进一步完善。

2. 项目跟踪评估

项目跟踪评估对应于项目的实施阶段。项目事前评估是项目控制的前向延伸,项目事后评估是项目控制的后向延伸,而项目跟踪评估则直接蕴涵于项目控制过程中,是项目控制的一个重要组成部分。[③]

从大量的文献调研可以看出,国内项目跟踪评估的实践与理论资料非常丰富,且对国外先进的理念与技术也进行了大量及时有益的研究与尝试,只是尚未形成规范化、制度化的体系。主要呈现出以下趋势:1) 由单一向多样化发展。经历了由传统单一的、定性的对比法到现在的图解法、随机实验法、模拟法以及智能算法等各种方法综合使用的演变过程。2) 模型的建立。逐步追求评价项目的客观性、公正性、独立性、可比性、实用性,以及动态指标与静态指标相结合、定量分析与定性分析相结合。3) 评价方法的功能体系与指标日益完善。随着后评价组织的扩大和评价机构功能的提高,资金预算、监测、审计和评价结合在一起,形成一个有效、完整的管理循环和评价体系对模型的求解方法进行研究。

当然,传统的项目跟踪评估重点放在项目投资的效益评价方面,评价的内容仅限

---

① 姚友胜:《公共项目经济评价中引入宏观指标研究》,《商业研究》2004年第15期。
② 简德三:《项目评估与可行性研究》,上海财经大学出版社2004年版,第357页。
③ 臧南南:《项目评估在远程教育中的运用》,北京化工大学2004年硕士论文。

于经济和财务评价,对生态环境影响和社会效益评价内容涉及很少,且程序与方法也存在评估流程脱节、评估方法僵化、没有通用的方法库等缺点,必须设计全过程、系统性的项目跟踪评估链和综合集成评估方法,为评估活动全过程的顺利进行提供技术平台。

3. 项目后评估

用"项目后评估"精确检索得到22篇文献,表面上看相关研究文献资料不丰富,特别是以书面文献方式在正式刊物上总结、探索得不够,但进一步深入研究发现,尽管我国严格意义上专门对"项目后评估"实践与研究相对较少,但有相当部分的公共项目评估实践与研究已经包含了对"项目后评估"的实践和研究,涉及的方面也比较多。从目前的项目后评估研究上看,大多数学者的重点在以下几个方面:

(1) 加强对后评估重要性的认识,制定规范的后评估程序。大部分学者都从国内外项目后评价的现状以及研究方法入手,指出项目后评估在项目评估中的必要性与重要性。认为要建立合理有效的机构、加强政府投资项目后评价立法和人员培训,以及通过建设项目管理信息系统等手段来开展政府投资后评价工作,使其成为政府投资项目管理的一个重要工具。[1]

(2) 对评估方法进行总结归纳,针对特定的评估对象,选择适用的评估模型和数据处理方法。胡芳、唐仲平、黄文杰等就曾从多个方面对项目后评估方法进行综述,并简述了在我国项目后评价工作中各类方法运用的不足以及改进意见。[2] 也有学者认为项目后评估的作用并不单单是对项目前评估和跟踪评估做出一种检验和评价,同时还必须对项目未来的发展变化做出相应的预测,并进一步提出、分析和评价能够保障项目可持续发展的备选方案,以便项目决策者能够依据这种评价为项目的可持续发展做出正确的决策。[3]

(3) 对经典的后评估方法加以改造,以适应特定的评估对象等。如余瑶在借鉴工商管理项目评估理论和方法的基础上,认真研究国内外项目后评估的理论与实践发展历程,将绩效管理理论运用到公共项目后评估中,尝试构建起适合我国国情的科学完善的公共项目后绩效评估体系,具有一定的理论前瞻性和实践可行性意义。[4]

(4) 构建完善的项目后评估的反馈机制。张雷宝教授认为从实践来看,发展中国家后评价成果的反馈情况并不令人满意,主要问题是缺乏完善的后评价反馈机制。[5] 戚安邦则认为它是项目后评估成果能真正起作用的关键环节之一,是一个全面沟通和使用项目后评估成果信息的过程,使项目后评估的结果和经验教训能够很好地用来改善

---

[1] 陈积卫:《海南省政府公共建设项目的前期策划研究》,重庆大学2007年硕士论文。
[2] 胡芳、唐仲平、黄文杰:《项目后评价方法综述》,《中国电力教育》2005年第3期。
[3] 李允杰、丘昌泰:《政策执行与评估》,日照出版社2003年版,第397页。
[4] 余瑶:《我国公共项目后绩效评估研究》,厦门大学2007年硕士论文。
[5] 张雷宝:《地方政府公共投资效率研究》,中国财政经济出版社2006年版,第326页。

项目的可持续发展，在未来新项目中得以改进和提高。①

4. 小结

公共项目的前评估、跟踪评估与后评估共同构成了一个各有侧重、无法替代、彼此补充的评估体系。实践证明，正确利用这三种评价制度和结果，是公共项目管理的重要方面。以目前受到高度关注的项目环境影响评估为例，国家环境保护总局在这方面取得了突出的成就，很大程度上来自对该项评估三个阶段的工作做出的较好的协调。国家环保总局在《关于加强建设项目环境影响评价分级审批的通知》中明文规定建设对环境有影响的项目，不论投资主体、资金来源、项目性质和投资规模，应当依照相关规定，进行环境影响评价。② 在项目实施前就分析和确定项目的环境可行性；同时在项目实施过程中，加强对项目环境影响的监察；在项目竣工时进行环境保护验收；在项目完成运行一段时间之后，通过信息公示、公众参与等多种途径和方法达到信息反馈、提高决策科学化水平的目的。

一方面，公共项目的公共性、独特性决定了一个项目通过前评估和跟踪评估得出的论证和经验对于其他项目而言其借鉴价值不会很大；另一方面公共项目通常具有投资额度大、建设周期长的特点，单纯的后评价使得公共项目管理绩效的评价与改善脱节，造成绩效改善的盲目性和低效率。③ 综上所述，科学而有效的绩效评价与改善并不是一次性的，而应该是贯穿于项目管理全过程之中，形成"评价—反馈—改善—再评价"这样一个循环往复的过程。公共项目的成功来自项目管理绩效的持续改善，而项目管理绩效的持续改善必须以绩效的过程评价为基础才能有的放矢、事半功倍。

四 公共项目绩效评估改善路径

绩效改善方法主要有两种类型，即管理学范式和经济学范式（如图 11 所示）。管理学范式即通过对项目的管理技术或方法论的改善来提高项目管理绩效；经济学范式则是试图寻找一种制度安排，以达到利益相关者之间责、权、利的均衡，以此来激励和约束各方为达到项目管理的成功而共同努力。

（一）管理学范式

1. 加大宣传教育力度，加强绩效管理立法工作

全面提高公共部门领导者及工作人员的素质，建立一套完备的信息系统，这些普遍性措施几乎每篇有关项目评估绩效改善的文章都有提到，这里就不详细论述。

---

① 戚安邦：《项目论证与评估》，机械工业出版社 2004 年版，第 328 页。
② 国家环保总局：《关于加强建设项目环境影响评价分级审批的通知》，http://www.zhb.gov.cn/info/gw/huangfa/200412/t20041202_63061.htm。
③ 孟宪海：《关键绩效指标 KPI——国际最新的工程项目绩效评价体系》，《建筑经济》2007 年第 2 期。

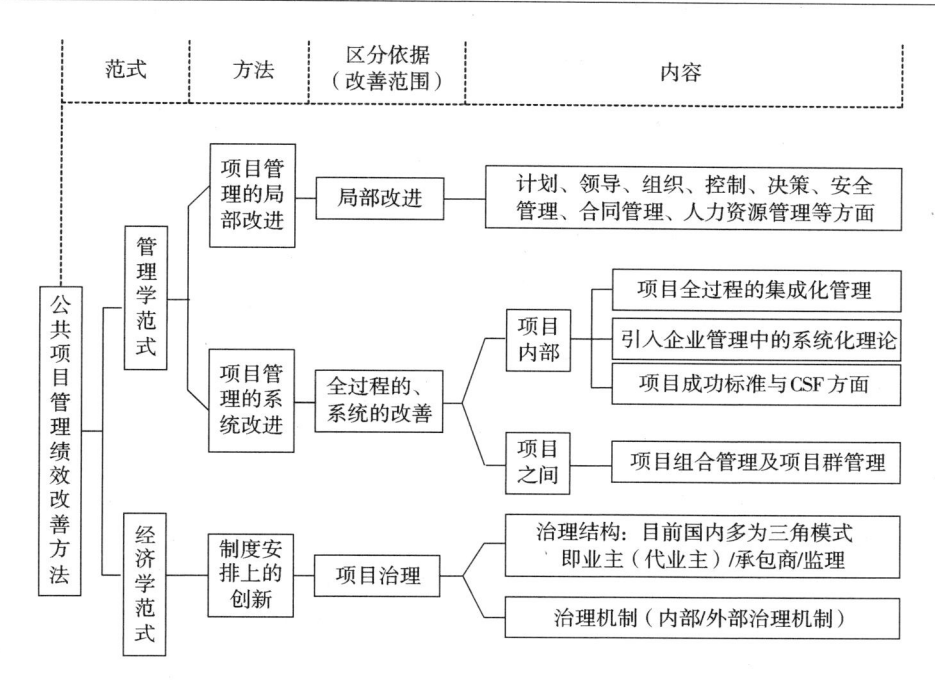

```
范式        方法         区分依据         内容
                       (改善范围)

           ┌─项目管理的─局部改进──计划、领导、组织、控制、决策、安全
           │ 局部改进              管理、合同管理、人力资源管理等方面
      管理学│                      ┌─项目──┬─项目全过程的集成化管理
      范式 │                      │ 内部 ├─引入企业管理中的系统化理论
公共项目     │─项目管理的─全过程的、──┤      └─项目成功标准与CSF方面
管理绩效     │ 系统改进   系统的改善  │
改善方法     │                      └─项目──项目组合管理及项目群管理
           │                        之间
           │                      ┌─治理结构：目前国内多为三角模式
      经济学 └─制度安排上─项目治理──┤  即业主(代业主)/承包商/监理
      范式   的创新                └─治理机制(内部/外部治理机制)
```

图 11 公共项目绩效改善的路径①

2. 加强组织建设，特别是加快建立项目评估中介服务机构

国内学者已越来越认识到中介服务机构的重要性，认为要努力健全中介服务体系，调动全社会的力量来创办各类中介服务机构，包括投资策划、项目论证、信息咨询、人才培训、管理诊断、财务代理、资产评估、法律咨询等。同时要按照社会主义市场经济体制的要求，完善中介机构的运行机制，建立"客观、独立、公正"的职业标准和监督机制，促使其规范运作，独立承担中介服务中的法律责任。②

3. 引进各种先进的管理方法，如标杆管理、平衡记分卡等

游亚宏等学者就通过分析标杆管理的概念及在项目管理中的应用，探讨标杆管理在公共项目管理绩效改善中的应用，并建立基于标杆管理的公共项目管理绩效改善模型，介绍了模型实现的方法和工具。③ 如何将成熟的数学方法应用于项目绩效评价领域，使评价结果更具科学性和合理性；如何将不同的数学方法结合使用，使各影响因子的相对重要程度分析以及评价计算更加合理；如何构建绩效评价的综合模型，保障评价结论的科学性与完整性，都将是今后研究的重点。

4. 完善反馈机制，实现绩效评价与决策环节的联动

为了实行决策民主化，必须建立公众反馈决策控制体系，拓展群众参与民主决策

---

① 严玲、尹贻林、范道津：《公共项目治理理论概念模型的建立》，《中国软科学》2004年第6期。
② 潘久政、李敬：《我国投资项目评估中存在的问题及对策研究》，《西南农业大学学报（社会科学版）》2004年第2期。
③ 游亚宏：《标杆管理在公共项目管理绩效改善中的应用》，《铁路工程造价管理》2007年第6期。

的渠道,增加政府投资决策工作的透明度。① 将项目决策(项目审批程序)、资金拨付、竣工验收等关键环节与公共投资项目的绩效评价结果结合起来,建立其内部的有机联系,正是项目监管的一个极有现实意义的行政处决手段。②

(二)经济学范式

1. 建立全生命周期的政府公共项目评估机制

笔者发现,目前关于项目后评估的研究相当多地将评估机构、项目承担者、用户等分隔开来,强调了项目评估的特殊性,而忽视了项目评估的普遍性,这样就造成整个项目评估流程不能有机连接,无法构成一个完整的项目评估生命周期。笔者认为,项目后评估对项目评估涉及的相关方面及人员的影响是显而易见的,应当采用闭环结构从项目评估周期的开始直至结束形成一个有效的循环工作流程,在评估的不同阶段,根据实际情况采用不同的评估方法以达到良好的评估效果。

2. 定量指标与定性指标相结合的原则

定量分析原则上采用参数评估与多目标分析相结合的方法。参数评估用于单项定量指标,不能制定参数的指标根据国家政策或同类项目历史与国内外先进经验等作为评估标准。定量与定性指标均纳入多目标分析综合评估。③ 这些指标所要评价的不仅包括了项目初期投资所发生的成本,也包括了项目建成以后每年要发生的那些经营成本。④

3. 经济、社会、生态各种指标相结合

目前常用的指标模式是用具体的标准构建的,即将其概括为"4E"标准:经济(economic)/成本标准、效率(efficiency)/生产力标准、效益(effectiveness)/质量标准和公平(equity)标准。近年来随着经济评价理论的发展以及我国经济发展目标的调整,有必要根据公共项目的经济特征,在现有投资项目经济评价体系的基础上,探索多层次、多指标的综合评价指标结构,构建和完善我国公共项目绩效评估的指标体系。⑤

4. 实现"经济评价"向"绩效评价"的转变

倡导对公共投资项目全过程进行以绩效为导向的动态评价,即扩展项目评价的时间范围,从前评估到设计实施,再到项目的验收、达产、运营等全过程进行实时评价和动态调整,逐步形成对项目全过程进行科学的预测、分析、监督、管理、总结等全方位的绩效评价完整体系。⑥

(作者 卓越:厦门大学公共事务学院副院长、教授、博士生导师,全国政府绩效研究会副会长;王萍:厦门大学公共管理系07级研究生;洪伟:厦门大学公共管理系07级研究生)

---

① 汤伟:《政府公共项目投资的决策控制研究》,《科技经济市场》2007年第10期。
② 鲍良:《公共投资项目绩效评价与管理体系研究》,中国地质大学2008年博士论文。
③ 张旭霞:《公共部门绩效评估》,中国商务出版社2006年版。
④ 张启振、张阿芬、吴振奋、林平:《投资项目评估》,厦门大学出版社2001年版。
⑤ 曾维涛:《我国公共部门绩效管理存在的问题及对策》,《四川行政学院学报》2006年第5期。
⑥ 鲍良:《公共投资项目绩效评价与管理体系研究》,中国地质大学2008年博士论文。

第四篇

实践聚焦

Ⅰ 政府绩效评价

一 我国地方政府绩效评价实践的四大模式

20世纪80年代以来,我国政府部门以推行目标管理、政府机关效能建设为突破口,不断创新管理理念和管理机制。近年来,借鉴西方的改革经验,我国一些政府部门和地方政府开始了绩效评价实践的探索,形成了中国地方政府绩效评价的四大模式,即甘肃模式、青岛模式、思明模式和珠海模式。

(一) 甘肃模式

兰州大学中国地方政府绩效评价中心主任包国宪教授和副主任沙勇忠博士在《甘肃省非公有制企业评议政府绩效结果报告》新闻发布会上

民评官兰州试验

(《瞭望东方周刊》2005年3月10日)

2004年10月,甘肃省政府为改善甘肃省非公有制经济落后的状况,将评价工作委托兰州大学中国地方政府绩效评价中心组织实施，开我国第三方评价政府绩效的先河。

被外界称作"兰州试验"的第三方政府绩效评价在全国尚属首次，"外部评价"作为一项制度创新实践而备受瞩目。

3月9日，甘肃省政府将召开今年的第一次新闻发布会，一份引人注目而又与众不同的报告将在兰州公之于众。这份报告就是《甘肃省非公有制企业评议政府绩效结果报告》。

甘肃省政府秘书长程正明告诉《瞭望东方周刊》，为了这份报告的公布，他将从北京专程飞回兰州——3月初他刚好在北京参加全国"两会"。

这份通过上万份问卷和多次调研座谈形成的对甘肃省14个市、州政府和39家省属职能部门评价的《报告》，不是出自政府之手，而是出自独立的第三方——兰州大学中国地方政府绩效评价中心（下称中心），该中心是一个学术性的非政府中介机构。

这项被外界称作"兰州试验"的第三方政府绩效评价在全国尚属首次，"外部评价"作为一项制度创新实践而备受瞩目。同时，如此规模的非公有制企业评议政府活动，在全国也是史无前例的。

评议活动缘于危机感

"'民评官'这事放在三年以前是不可想象的。"兼任评议领导小组组长的省政府秘书长程正明坦言，"没有领导的魄力和决心，我们根本不敢做这个事，因为牵扯到对各市、州和部门的工作认定。"

非公企业评议地方政府和省属职能部门，原是省长陆浩2004年年初在甘肃省"两会"上承诺的改善和营造甘肃经济发展环境的五件大事之一。

"往届政府做工作报告时，对甘肃存在的问题往往是轻描淡写，老是重复几句话，甚至经常把很多方面落后的原因归结为自然和地理环境的恶劣，实际上，再过50年，甘肃的自然环境可能还是这样恶劣。"在政府中供职20余年的程正明坦言。

一组对比数据可以看出甘肃省的经济发展现状：

改革开放初期，1978年浙江省人均GDP为242.2元，甘肃省人均GDP高于浙江，为275.2元。经过20多年的改革开放，到2002年浙江省GDP总量为7670亿元，民营经济占全省GDP总量的87%，甘肃省GDP总量为1161亿元，还不到浙江省的六分之一，国有经济、集体经济占全省GDP总量的75%左右，而民营经济只占25%左右。

省委书记苏荣在一次省委全委会上讲话，称甘肃与全国的差距在全面拉大。"我们要敢于正视矛盾，特别是在形势好的时候敢于揭露矛盾，以增强加快发展的紧迫感和责任感。"

"甘肃省的非公经济总量少，规模小，还非常落后。"程正明告诉《瞭望东方周刊》，与东部地区的巨大差距是刺激省政府下决心做此次评议的重要原因。

首次"民评官"的话语权被交给民企

"兰州试验"将首次"民评官"的话语权交给民企。

"民营企业家已经在这些年成长起来了,自身素质比较高,参政议政意识比较强,相对于普通老百姓和知识分子,这一群体对政府的官僚作风最有切肤之痛,对政府部门转变观念增强服务意识的呼声也最迫切。"兰大管理学院院长、中心主任包国宪分析道。

酒泉市一些企业家就向此次评议的调研人员直言:"最难的是办证,最烦的是检查,最怕的是报复,最喜欢的是服务。"不唯酒泉,据参与评议的甘肃各地非公有制企业代表反映,近几年来,尽管地方政府在改善和营造发展环境方面做了大量工作,但由于缺乏监督、约束机制,一些政府部门还不同程度地存在着敷衍塞责、推诿扯皮、不负责任的问题。

"关键是要转变观念。"甘肃省政府的官员和中心的学者在接受采访时,都将转变观念作为此次评议作用的第一要义。

包国宪说,在去年第一次由副省长参加的座谈会上,一位在甘肃投资的浙商痛陈东西部政府在对企业服务意识方面的差距,让在座的省级高官感触很深。

"长久以来,对待民企和公众,政府的审批意识要远强于服务意识。"省经委副主任朱宏说。一个鲜活的例子是,去年行政许可法出台,在尚未组织学习之前,"我们想既然说行政许可,许可应该就是个审批的东西——当时观念还没有往服务转变。"

兰州金安新包装有限公司总经理汪明生谈到他为公司改名时的切身体会:"办这个手续牵扯26个部门,跑了97天,118次。"汪认为,这个例子反映了机关的工作作风,这样的工作作风不适应当今市场经济的环境。

这次评议活动受到了民营企业的欢迎。甘肃奇正实业有限责任公司董事长雷菊芳认为,"通过评议,可以使公务员明白为谁服务,明白自己在哪些方面做得好,哪些方面做得不好,以便改进作风"。

委托第三方

这次评议会不会动真格,甚而在有些部门和地方那里评议会不会蜕化成为"阳谋",评议主体成为受打击报复的对象?为了打消民企的这些疑虑,政府做了大量的说服工作。

民企的担心不是没有来由。兰州天庆集团副总经理陈兰生对此感触很深:"政府具体工作中,检查评比、摊派较多。去年11月,省上一部门打了几十次电话,借着支持企业工作的名义,要企业拿5万元在大连开会。"陈说这番话的当天,又有省上某部门打电话要求赞助,"我们答应给予1万元赞助,实属无奈"。

事实上,2004年8月省经委接到组织评议工作的任务时,也对这个"烫手山芋"感到棘手。"让经委具体操作,就像拿镜子自己照自己,照到脸照不到后脑勺,好心可能办了坏事。"省经委非公办主任刘满宇觉得落实任务过程很不顺畅,机制和公信度方面都有问题。斟酌再三,经委考虑能否按照国际惯例委托给一个中介机构负责。

正在此时，兰州大学中国地方政府绩效评价中心酝酿成立。省经委主任李平抱着试试看的心态找到正在筹办该中心的兰大管理学院院长包国宪，"一拍即合"。

"我们意识到，把非公企业评议政府活动委托给中介结构，是个科学的选择。"程正明说。

接受委托后，中心协助省政府起草了《甘肃省非公有制企业评议政府部门活动实施意见》，组织专家学者进行论证，对市、州工作人员进行专业培训，同时选择6个市、州进行模拟测评吸收意见，并在此基础上修改形成了最终的问卷。

据《瞭望东方周刊》获得的长达14页的问卷看，评议内容的90个问题几乎囊括了所有政府部门，条理清晰，操作性强，问题具体直接。

"如第34题，问所在地政府部门处理问题是否有相互推诿、扯皮现象。我勾了非常严重。接着问你其中最不满意的部门和最不满意的问题，问卷没有丝毫的回避和模糊。"一位民营企业家说。

中心副主任沙勇忠说，这份问卷能够较全面评价地方政府及其省政府职能部门的职能发挥、依法行政、勤政廉政、服务质量等方面的效能，客观地反映了企业的愿望和要求，同时严格为民企填写人身份信息保密，得到了民企较好的配合。

中心的王浩泉老师在调研了多个市、州的民企后认为，由学术机构做裁判，采取匿名问卷形式，企业没有思想顾虑，能够说出心里话，客观、公正地反映制约非公企业发展的根本问题，避免了过去面对面评议的不客观和尴尬局面的发生。

政府绩效的外部评价

政府绩效评价在中国尚属一个新兴概念，指的是对政府活动进行评价的一种有组织的社会活动。

"转变观念、转变职能、依法行政……"包国宪扳着指头历数近年政府各项要务和承诺，"各级政府过去不断地提出口号，这些在很大程度上都成了空话，我曾问他们，你们的观念靠什么转变，是说转变就能转变的吗？"

在包国宪看来，政府绩效外部评价就是回答这个问题的一次有益尝试。"就是要建立一套不断完善的标准体系，使政府部门以此来衡量自己的工作。要符合标准就不能不转变他们自己的观念。"

省经委副主任朱宏认为此举意义非同一般，"长期以来，我们一直是内部评价，是上级政府评价下级政府，或政府部门间相互评价，往往存在报喜不报忧，遮丑护短的现象"。

"'民评官'这三个字抓住了这件事情的要害和本质。"程正明说，"这跟原来我们内部考核'官评官'所涉及的面和考核方法都截然不同。"

包国宪认为，绩效评价由内部走向外部，从操作层面体现了纳税人的意识，为公民参政议政找到了切入点。在他看来，"兰州试验"不同于之前全国掀起的审计风暴和环保风暴等政府内部监督机制，"民评官"更侧重社会监督和制衡，两者对政府权力的限制互为补充。

据了解，考虑到非公企业主要是对政府部门工作态度、工作作风、工作效率等方面的评议，而对政府政绩考虑较少，为确保结果的客观、公正，本次评议活动将在制度设计上予以充分保证，增加了上级政府和专家的评议内容，这两者占评议的权重为40%。

政府的参与和支持

从省长的决策到省政府秘书长挂帅的领导小组，再到政府相关部门对管辖地内民企的组织协调，整个调查过程显示了政府对此的全力支持。

兰州大学一位部门负责人向《瞭望东方周刊》透露：兰州大学中国地方政府绩效评价中心正是因为这个政府项目才得以成立，在成立伊始就靠政府提供的经费运作。

"我们是学院学科建设和甘肃社会经济需求下应运而生的一个机构。满足决策的需求和社会经济发展的需求。"包国宪解释道。

"但是，作为不同于政府和企业的第三方评价，学术中介机构的使命和生存之道就是客观、公正、科学，从最后的评议结果来看，我们也没有给政府脸上贴金。"

朱宏也强调："我们只是搭台，为的是让他们能够唱好戏。"

"如果没有政府的帮助，这么大规模的评议能够完成是不可想象的。"沙勇忠透露，这次评议结果对政府的满意度为60%多，与有些省份"万人评议"活动99.3%的满意度大相径庭，"应该说，这个数字还是比较客观准确的。"

中国行政学会的有关专家向《瞭望东方周刊》表示，"兰州试验"的巨大影响力和优点或许就在于省级政府的高姿态和与民间需求的良性互动。

中心将自身定位于政府的智囊，"我们要做各级政府的绩效顾问，当然不是和政府一个鼻孔出气，但是若要求中介机构和政府对立，游离于政府之外，能帮助政府有效决策加强执政能力吗？"

据了解，中心是一个非营利性组织，在此次评议活动的经费上，中心自身也负担一部分。

"这次所有花费不超过20万，省政府负担15万，如果是由政府实施的话，花费将多出数倍。"沙勇忠指出，控制政府成本也是外部评价的一大优势。

"我们和兰大的这次尝试，甜酸苦辣都尝到了。过去是企业感到门难进、脸难看、话难听、事难办，这次我们去求企业给我们提意见，同样的感受促使我们开始换位思考。"具体操作此项评议活动的刘满宇，这样形容当时的五味杂陈。

有保留地公布

"最后的结果能不能公开，这是民企最担心的问题。"包国宪说。

此前，程正明很有信心地宣布，《报告》在报请省政府主要领导阅处后，将不加任何修饰地向社会公布。

然而，2月26日，程正明在接受《瞭望东方周刊》采访时称，将做"选择性公布"。"单项评价肯定会全部公布，但这次评议做得不成熟的方面如排名等可能不会公布。"

程正明解释说："由于评议工作的一些局限，某个地方可能只有几百份问卷，就要据此给这个地方排名，会造成不公平。"

另外，"我们发现凡是和群众接触多的部门被提意见也多，接触不多的就没意见，这可能也不客观。"

据了解，由于"不知道、不清楚"的答复过多，有13个部门的评价总数没有达到30%的最低统计要求而以"不做评价"处理。

社会各界都曾希望，这次评议结果能被完整地公布。而现在，被修饰过的"不加修饰"，无疑会使发布会略显尴尬。李平认为："这次评议不是一种激烈的矛盾碰撞，而是用一种理性、柔和、委婉的方式去协调平衡，让各方都比较能够接受。"

"兰州试验"一出笼便承受了各方过多的期待。对此，程正明表示，不论是陆浩省长还是他本人都认为对这次试验"不能评价过高"。

根据此次"试验"中暴露出的问题和不足，省政府已经考虑进一步完善和改进工作。

一份经委和中心共署的文件显示，下一步的工作重点将从评议政府部门的行业系统（如工商系统、税务系统等）绩效为主，延伸到对县、区政府一级绩效的评价，使评议活动更加广泛深入地开展。

此外，要进一步优化评价体系，精简调查问卷内容，突出企业最为关心的社会问题和制约非公企业发展的制度问题。调查问卷涉及公共服务方面的问题较多，而涉及服务效果方面的问题较少，需做进一步的完善。

同时，选择部分与企业生产经营关系密切或经常打交道的政府部门作为评议对象，以提高评议的客观性和公正性。而对企业很少或不接触的部门（如农牧厅、林业厅、国防办、外事办、体育局等）尽量不要纳入评议范围，如果对其评议，企业只能凭感觉打分，缺乏依据，影响评价结果的正确性。

能否落实到制度安排

"通过追踪企业法人和公众提出的问题和意见，来解决和改善我们政府工作中的问题。"程正明表示，对反映比较集中的问题，要研究制定整改措施，指定专人督察落实。否则，评议活动就会流于形式。

更重要的是，要建立起一套完整的评议地方政府及其职能部门绩效的组织实施制度，使评议活动成为一项制度性、长期性的工作。

长期研究政府绩效评价的中国行政学会副秘书长鲍静告诉《瞭望东方周刊》，这是各地多次试验都面临的一个困惑。"政府想找你顾问就顾问，不想找，试验就戛然而止了，随意性太强。"

"这些年我们做了很多事,半途而废的或者好事办成坏事的也很多。"包国宪表示,"兰州试验"尽管取得了引领风气的初步效果,但仍要警惕夭折的可能。

"要办好'民评官',形成长效机制,不是一次、两次就能建立起来的。目前仍取决于省领导的决心和支持。"作为评议领导小组组长的程正明充分估计了由"试验"到制度性安排会遇到的难题。程正明透露,"下一步的重点是如何让评议结果成为省委组织部以及纪委和监察部门考核选拔任用干部的一个重要参考。这恐怕还要有个过程,但这是我们认定的一个方向。"

此外,包国宪等中心的学者正在筹划一项更为大胆的试验——对中国31个省份的政府绩效评价。中心的目标是学习美国民间机构锡拉丘兹大学坎贝尔研究所,该所自1998年以来就与美国《政府管理》杂志合作,每年对各州或市的政府绩效进行评估,并发布评估报告,引起了政府和民众的广泛关注。对于外界质疑该中心能力的声音,包国宪认为目标并非不可企及。"作为先行者,我们会将这次的软硬件基础和成熟的经验带入以后更有意义的工作中。"

民企眼中的弊端

甘肃各市、州非公企业代表在评议活动中反映了大量甘肃非公经济环境存在的问题。一些陋习痼疾和原有体制之弊让人深思:

——乱摊派问题时有发生。中心在调研中了解到,嘉峪关、金昌市税务局给非公企业下达征订税务杂志数量,要求企业如数征订,对不征订的企业百般刁难。同时,对企业征订的杂志不按时送达企业,或干脆不送。

——乱收费现象依然存在。据了解,省建委在对从业人员资格审查中,强行要求培训,并收取较高的培训费和年检费,每本办证费高达260元。酒泉市质检部门在质检过程中,以每只高于市场价20元的价格向企业销售检验仪表。

——融资渠道不畅和融资成本过高。非公企业一致反映融资难、担保难、贷款难,尤其国家实施宏观调控政策以来,被银行评定资信等级为AAA级的非公企业也难在银行获得贷款。

——推诿扯皮不断出现。据了解,金昌市一家生产乙炔的企业,在办理生产经营许可证和营业执照时,质检部门与工商部门相互推诿,都不愿承担责任。质检局认为,要办理经营许可证必须先有营业执照,而工商局认为,要办理营业执照必须先有经营许可证,致使该企业花了一年多时间才办到了营业执照。

——部分公务员素质偏低。个别执法人员在执法过程中,态度恶劣,出口伤人。

——政府协调职能有所弱化。部分省直属单位制定的行业管理条例与地方政府出台的一些扶持非公经济发展的政策不一致时,地方政府部门协调存在困难。

兰州大学中国地方政府绩效评价中心举办甘肃省非公有制企业评议政府部门活动培训班

学术机构牵头　非公企业打分
——甘肃试验"民评官"
（《解放日报》2005年3月9日）

今天下午，在甘肃省政府召开的新闻发布会上，一份名为《甘肃省非公有制企业评议政府工作报告》将正式公之于众。

这份17000多字的报告很特殊，用甘肃省政府官员自己的话说："它是第一次由第三方非政府中介机构对政府绩效做出的评价，在全国范围内尚属首次。"也就是说，与传统"官评官"的模式相异，甘肃正尝试创出一种"民评官"的新模式。

"选手"不当"评委"

昨天下午，记者好不容易才把电话打进了甘肃省经委非公有制经济办公室。电话那头，副主任刘满宇正忙得不可开交："明天就要召开新闻发布会，正式公布报告，到时候政府各部门负责同志都将参加。"

一说起这份报告的渊源，刘满宇就特别兴奋。据介绍，这份报告的诞生，直接来自省长陆浩在去年甘肃省"两会"上的一个承诺：开展非公企业评价政府活动。出发点很简单，由于甘肃非公有制经济比较薄弱，决策层很想知道企业家们的想法。

按照惯例，这项任务自然落到了甘肃省经委的头上。然而，从去年上半年开始，经委很长时间在这个问题上一筹莫展：经委也是政府部门，也要接受非公企业的评价，怎么能又当"选手"，又做"评委"呢？同时，如何建立一个系统而科学的评价体系，提高调查的可信度与针对性，也是一个摆在面前的难题。

巧的是，兰州大学此时为了推动学科建设、提高科研能力，正酝酿成立"中国地方政府绩效评价中心"。兰大管理学院院长、中心负责人包国宪说："当时，也是从学术前沿和国家需要出发，成立了绩效评价中心，没想到一成立就接到大项目。"

于是，在有关部门"撮合"下，省经委和兰大评价中心很快走到了一起。起初，经委委托评价中心做一个具体的调研方案，再由经委组织力量去实施。但几次接触下来，经委领导意识到，与其让评价中心部分介入，不如让它"一手包办"。

2004年11月，借着兰大"中国地方政府绩效评价中心"成立之机，甘肃省经委正式把评价政府的工作交给了中心。包国宪在接受记者采访时，一再说"很意外"，说他当时并没意识到，自己领导的一个学术性机构，竟然承担起"给政府打分"的重担来。

来不及举杯庆祝中心的成立，包国宪和他的中心迅速忙碌起来。2004年11月开始，他们先在甘肃省内5个城市展开调研，进行"试评价"，并通过走访非公企业的方式，发现了一些带有普遍性的问题。在此基础上，中心列出了90个问题，把39个省属职能部门和14个省内市、州分成两类，给非公企业开出了两份问卷。

两份卷子加起来长达14页，几乎囊括了政府部门依法行政、履行职能、廉政建设、制度创新等工作各方面。为增强可操作性，问卷被详细分解为三个层次，最下面的就是最具体的问题，譬如所在地政府部门"处理问题是否有互相推诿、扯皮现象"、"是否经常遇到吃拿卡要的情况"、"是否遇到强制摊派、乱收费等问题"……

评价中心挑大梁，政府部门也不闲着。2004年12月22日，调查工作全面展开后，评价中心和省经委派出5个监督小组100余人，下到多家非公企业，确保企业安排人员完成问卷、参加座谈。自始至终，省经委都给予评价中心有力帮助，要钱给钱，要人给人，但只要涉及具体的调查数据，省经委就决不干涉。

短短6天，用科学方法抽样出的4000多家企业，总共交回1.8万多份问卷。评价中心立即组织相关专业的教师和研究生，把一份份原始数据输入计算机。包国宪说，这是学术机构的特长，他们为完成调查，专门做了相关的数据库软件，建立了一个"综合绩效指标模型"。和其他地方开展"市民评议政府"不同，他们的数据是客观的，比较准确的。今年1月16日，《甘肃省非公有制企业评议政府工作报告》初稿完成。

如果企业对某部门工作不满意，你们会对数据作"技术处理"吗？记者问。包国宪的回答很实在："确实有一些部门的指标不尽如人意，譬如一个部门的'接受投诉满意率'就低于60%，但我们的任务就是把数据报上去，省经委没有给我们提任何要求。"包国宪还特别强调说："报告最终将毫无保留地全部公布，省长能看到的，普通市民也能看到。"

边实践边完善

报告送上去后，包国宪一直在等待回音。今年1月甘肃"两会"期间，省长陆浩在接受中新社采访时提到"前两天，省政府收到一份《甘肃省非公有制企业评议政府工作报告》，这份报告出自完全独立的第三方——兰州大学中国地方政府绩效评价中心"。包国宪很快注意到这条消息，"省长对我们的工作给予了肯定"。

第三方政府绩效评价，在学术界也引起了广泛关注。中国人民大学行政管理学教授毛寿龙在接受记者采访时说，长期以来，政府的绩效评价一直是内部评价，虽然政府评价自己是必要的，但并不充分。上级政府评价下级政府，或者政府部门之间互评，容易产生报喜不报忧、遮丑护短的问题，缺乏公允性。现在，评价从内部走向外部，体现了政府从"行政为本"到"服务为本"的观念转变，值得肯定。

但是，也有不少专家指出，第三方评价工作的调查，在配合政府工作的同时，必须具备一定的自主性，而且，这样的调查一定要坚持下去才有意义，正如美国锡拉丘兹大学的坎贝尔研究所，自1998年以来一直与美国《政府管理》杂志合作，每年对各州或市的政府进行绩效评估，他们的联合报告在美国引起了政府和公众的广泛注意。有专家不禁问道："如此看来，在很大程度上要依靠地方政府的兰州大学，其评价中心独立性到底有多少呢？"

面对社会各界的种种评价，甘肃省政府坚定了走下去的决心。据了解，甘肃省经委打算在今年年中和年末再进行两次这样的评价活动，同样将会毫无保留地公布调查结果，在实践中不断完善，并且从2006年开始将这一"民评官"的模式作为一个长效机制加以实施。

请第三方评政府绩效　甘肃"民评官"制度实效调查
（《法制日报》2007年6月10日）

率先引入"民评官"

"上个月我们已经把《甘肃省市州政府和省直部门2005年至2006年度绩效评价报告》交给甘肃省政府了，结果可能会在6月底公布。"2007年6月6日，兰州大学管理学院院长包国宪在接受《法制日报》记者采访时表示。

据包国宪透露，相对2004—2005年度非公有制企业评议政府绩效62.41%的平均满意率，2005—2006年度企业对政府绩效平均满意率要高一些。"虽然整体满意度提升不多，但是涉及调查的各项指标都有明显提高。"

从2004年的"门难进、脸难看"，到2006年的"门好进、脸好看"，这些细微转变使"甘肃省企业评议政府绩效"的实践终于迈出了"有效"的一步。

"但'事难办'的状况还是没有解决。"包国宪坦言。

这种把对政府的评判权交给百姓的做法，在甘肃省已是第二年了。"企业评议政府绩效的做法还是取得了一定的效果。"甘肃省政府办公厅一位负责人这样评价被称为甘肃模式的"民评官"。

因此，无论是作为牵头方的甘肃省政府，还是作为评议主体的企业，以及评议的第三方兰州大学中国地方政府绩效评价中心（以下简称中心），均对这项评议活动表示出乐观积极的态度。

毫无疑问，甘肃的地方政府绩效评价，为"政府转变职能"以及"建立公共服务型政府"，作了有益的探索。

第三方评价：政府知道该怎么干，干得怎么样

2004年底，甘肃省政府委托兰州大学中国地方政府绩效评价中心，对政府绩效进行评价。

被外界誉为创新的举措是，这次对政府绩效评价的权力，民营企业首次掌握在手中。

由于甘肃省这项"专门非政府组织发起对政府绩效的评价"在全国尚属首例，因此，这种第三方评价政府工作的活动被外界称为"兰州实验"或"甘肃模式"。

中国政法大学行政法研究所刘莘教授表示："不可否认，第三方来评价政府绩效，会提高政府服务管理水平和品质。"

"这对政府各个职能部门的触动非常大。通过这种形式，将社会公众的压力，压到每个部门的一把手身上，再通过一把手传递给整个部门。"兰州大学管理学院院长、中心主任包国宪表示，通过评议活动，让政府部门增强了服务意识：要为百姓负责、为百姓服务。

"以前，我们的政府还不清楚究竟该干什么、怎样干。而且习惯是向上负责，向下为百姓负责的意识不强。通过评价，政府就知道怎么干、干得怎么样。明确了责任意识。"包国宪说。

甘肃天庆集团有限公司董事长韩庆表示，绩效评议后，一些职能部门的工作"比以前要好一些。虽然这需要一个循序渐进的过程，但无论从哪方面讲，企业都欢迎这样的活动"。

"通过我们的实践感受，像工商、税务等部门的服务现在的确好多了。"兰州高压阀门有限公司总经理梁新伟说。

包国宪认为，绩效评价的结果对政府的影响还在于"计较排名"。如果第二次结果出来后，这些落后的部门就会想如何改进。

第一年评议，甘肃省公安厅和交通厅排名都很落后，两个部门的领导都主动找到中心，询问哪些指标低、怎么改进。"今年结果还没出来，两个部门又主动询问结果如何。"

"你看，结果出来就有社会压力了。通过评价、进行比较，无形中在影响着政府部门。"包国宪说。

据甘肃省政府办公厅负责人介绍，这两年交通厅的确在努力改善工作，包括进行科学规划，完善有关制度。

兰州高压阀门有限公司连续两年参与了绩效评价活动。"评议的名次和满意度出来后，我们对比后觉得还是比较符合实际。"该公司总经理梁新伟说。由于经常接触政府职能部门，梁新伟深有体会：以前"工商、税务部门不送礼、不托人办不成事。

现在这些部门基本都按规定办事，内部服务水平也在提高。情况好多了，这个我们最有体会。"

"当然，这种改善与近几年行政审批制度改革、政务公开等措施的实施也有关系。"包国宪并不否认大环境对政府职能部门工作的影响。

事实上，绩效评价也在无形中影响着企业。"在一定程度上提高了企业的发言权，同时也提高了企业的社会地位，帮助企业发展。"梁新伟说。

评价宗旨从经济发展转向社会和谐

据了解，2005年绩效评价的主体是民营企业。目的是为了发展甘肃的非公经济。

2006年的主体在去年的基础上扩大成全部企业，包括民营企业、国有企业、国有控股企业，将近3000家企业。目的是如何进一步改善甘肃经济发展环境，推动经济发展。

客体仍是全省所辖14个市州政府，省直部门由去年的39个减至26个。

评价主体还增加了人大、政协等各界人士，还有专家评价组。"这样做是为了使评议结果更客观。"甘肃省政府办公厅负责人说。

此外，今年综合绩效指数增加了科学发展观与和谐社会这两个内容。在八项承诺满意度的调查中，又增添了经济环境、社会问题、就业、环保等内容。

"随着社会的发展，绩效评价的内容也应该有所变化。以前注重经济发展，现在是打造和谐社会。"包国宪说。

此外，今年还有一个明显的转变，那就是企业和个体都积极希望参与，帮助政府改进工作态度、提高政府服务能力。

"这也正说明政府与企业、社团开始转向共同治理社会。同时也说明企业尤其是民营企业，需要一个良好的公共治理环境。"包国宪说。

包国宪还表示，提交报告也不像以前只要交了就行。今年中心咨询了专家与相关人员，对企业提出的政府部门所存在的问题，根据实际情况提出了整改意见。另外包国宪还透露，今年的报告中一些指标满意度偏低，"这个结果让兰州市的领导出乎意料"。

兰州市近几年在各方面的工作有目共睹，市政建设、国企改制等都比较成功。但企业家的满意度并不高。包国宪认为这只是一个相对的数字。"这是由于一些政府领导的坐标没有找对，总是盯着甘肃省内的城市，而没有把兰州与一些发达城市放在一起对比。如果标杆选好了，那么工作标准会相应提高，满意度也会提高。"

第三方评价政府的必要性

国外的先进经验验证了这样一个事实：政府绩效管理对于提高政府公信力、改进政府工作、建立公正透明的政府起着关键性的作用。

在甘肃，非公企业评议地方政府和省属职能部门，是时任省长的陆浩2004年年初在甘肃省"两会"上承诺的改善和营造甘肃经济发展环境的五件大事之一。陆浩还表示，这个活动要持续搞下去，并且要每年纳入预算。之后，2004年8月，甘肃省经委接到组织评议工作的任务；2004年11月，兰州大学中国地方政府绩效评价中心成立。该中心是国内第一家专业化学术性政府绩效评估机构。

时机成熟，促成了第三方评议政府绩效的活动。即甘肃省政府将评价权交给政策直接受益者——非公有制企业。

第三方评价分为独立评价和委托第三方评价。

"过去没有定义什么叫第三方评议。"包国宪说，我们的定义是由民间组织主导组织的政府绩效评价叫第三方。包括由第三方制订方案、进行组织、进行数据处理、公布评价结果。这就保证了评议结果的公正、客观。对于江苏的"万人评议"政府，包国宪认为，那是政府自己组织的评议，严格来说并不算是真正的第三方评价政府。

"把非公企业评议政府活动委托给中介结构，是个科学的选择。"当时的甘肃省政府秘书长程正明对媒体公开表示。

一个更为重要的原因是，由于甘肃民营经济始终比较落后，只占甘肃省GDP总值的28%。因此"2005年评议活动的目的主要是发展非公有制经济"。甘肃省民营经济落后，跟以前非公企业处于"没有人管"的状态不无关系。当企业评价政府部门工作的活动出现后，一些非公企业表示，"现在想说话有地方了"。

"要让利益的受益者和相关者参与。"包国宪表示。而非公企业正是利益的受益者，"这样才能更有效地发展甘肃的非公经济"。

此外，甘肃省政府的重视，也为评议活动的顺利开展以及打消企业顾虑作了铺垫。

2006年11月7日，省政府秘书长姜信治在"全省企业评议政府部门活动企业座谈会"上衷恳地表示，"今天请大家来，主要是请各位企业家对全省政府部门的工作进行评议，换句话说，就是请大家对政府部门的工作提意见"。

如何保持独立、公平

对于第三方评价政府，各方人士最为关心的是，如何做到结果的独立、公正、客观。

"这涉及一些技术问题。比如问卷问到什么程度，怎样才能客观、才有代表性、才能反映客观情况。"中国政法大学行政法研究所刘莘教授认为，"评价方的地位决定了它的客观性。如果第三方是政府自己的组织，那么就失去客观性。所以关键是找什么样的人来评价，即评价方要有独立性，要自己有能力，而不是附属。"另外，刘莘还认为，如果评价主体多元化，可以全面反映方方面面的问题。同时会减少企业的顾虑，而不是小心翼翼，以达到实现责任政府、阳光政府和依法行政的态势。刘莘认为，这种态势就是敢于说话。这实际上也是政府与评价主体的一种博弈。"评价结果对政府的影响需要条件。政府是不是出自真心地想听外面的声音，这是最关键的。"

对于评价结果的客观性，包国宪表示，中心会通过技术处理，尽量做到准确、客观、公平。

那么一份报告是怎样出炉的？

"首先将调查问卷下发给企业，其次对企业调查问卷进行量化处理，再由专家对指标体系进行评价打分。最后，社会各界人士包括人大代表、政协委员等以打分表加座谈会的形式，进行定性、定量。"包国宪介绍。

也有人提出，当评价结果与地方政府利益冲突时，该如何规避。对此，包国宪表示，这项工作必须由省政府协助才能顺利完成，否则难度很大。

"但在整个调查过程中，没有遇到过大的阻力。"包国宪并不否认，现在的评议活动缺少规范，各地都是在探索。"什么时候主体规范了，评议活动也将走向规范化。"

现在各地评议的方案五花八门，但包国宪强调有一点基本指导思想必须一致，即：科学发展观、执政为民、和谐社会。"政府绩效评价最核心的功能就是导向功能。这样可以让政府知道如何做，得到持续改善。"包国宪说，"下一步，我们将与政府加强合作，以便提高第三方评议的科学性、公正性、准确性。"包国宪还透露，他们打算做一次真正独立的评议活动。中心将在评价机制上有所创新，从委托走向独立评价社会服务、政府公共服务等内容。

甘肃省政府办公厅负责人也表示，今后要不断提高绩效评价的实际效果以及公正性、准确性。另外，这位负责人还指出："我们在评议的过程中发现，有的企业还不知道政府的一些职能部门具体做什么工作，这会影响到具体的打分。所以我们提出将政府各部门职责进行公示，通过公示、座谈、述职等形式，加强企业与政府部门的沟通。"

（二）青岛模式

自 1999 年起，青岛市委、市政府从战略管理的高度开展督察考核工作，创造性地把督察工作与目标绩效管理相结合、考绩与评人结合。

走近青岛政务考核官：官考官变为民考官
（《小康》2005 年 2 月 16 日）

从 2005 年 1 月 6 日开始，80 多名经过专门培训的"政务考核官"走进青岛的各个市区、机关，对这些单位上一年的政绩"评头论足"、逐个打分。考核结果直接关系到这些单位的业绩评定和主要干部的升迁任用。

推出政务"考官"，这是青岛市实行目标绩效管理考核 6 年来的最新一个举措。对此，首批拿到政务考核官"上岗证"的亓发成这样形容：政府自己捆住自己的手脚。他的这句话揭示了一种深刻的变化——政府职能的转变。

毋庸讳言，中国的政治决策过程向来比较封闭。即便是与老百姓切身利益相关的

2004年8月，青岛市召开目标管理绩效考核工作会议，会议强调要从提高执政能力的高度充分认识发展完善目标管理绩效考核的重要意义

决策，也难以吸纳民意的介入。而青岛的这套目标绩效考核体系，则开始引入社会评估力量，并将过去的"上考下"、"内考外"和"官考官"不同程度地变为"下考上"、"外考内"和"民考官"。

党政机关企业化管理

"政务考核官的推出有一定的背景，它并不是一个哗众取宠的东西。"市委督察室主任李明如是说道，"其背景在于青岛的目标绩效考核正从表面向纵深，由单一考核向系统化的评估迈进，对政府的绩效考核更加法制化、规范化、流程化。"

李领导下的市委督察室，其主要职能是落实市委决定的重大事项以及办理各级领导的批示文件等。作为青岛市考核办公室的执行机构，也要具体负责全市的考核组织工作。因为是全市最早引入企业化管理模式的部门，所以这里与国内大多数党政机关显得有所不同。

走进李的办公室，有两样东西十分引人注目：一个是墙上悬挂着的一幅巨大的"动控制板"。督察室当期的重点工作、该事务的负责处室和个人以及工作进度均一目了然，据说这是李从丰田公司学到的看板式管理；另一个则是2004年5月中国质量认证中心颁发给督察室的ISO9000质量管理体系认证证书。通常情况下，这种证书都是授予企业的。

传统观念中，企业管理与党务政务管理之间一向有着天然的鸿沟，二者在价值取向和管理模式方面均存在着巨大的差异。

在一个基本量化的考核体系内，一个机关的工作成绩反映到体系里，就是分数和名次，某个环节出了问题，就会在年终考核中被扣减分值。这样就迫使每个部门都要将各项决策、各项任务转化为可操作、可控制的目标化体系,明确责任主体以及实施标准,加大监督考核的力度,细化本部门的工作流程。用李明的话说,就是要"构建起科学民主的目标化决策机制、责任制衡的刚性化执行机制、督察考核的制度化监督机制、奖惩兑现的导向化激励机制"。

在探索二者的有机结合方面,青岛市无疑走到了全国的前列。并且,制度的作用是明显的。据介绍,考核前,青岛各市区各项经济指标都处在全省中游,实行目标管理绩效考核短短几年内,现已全部进入全省前列、全国百强。青岛市的综合实力也稳步提升。

"青岛模式"引得国内众多地方政府前来取经,以致李明心生"应接不暇"之感,"我们还成立了一个全国目标绩效管理研究会,青岛是理事长单位。目前已有68个城市加盟,还不断有城市要求加入到我们这个组织里来"。

"革命还是不够彻底"

作为一种企业化的管理模式,目标绩效考核对党政机关的作用最直观的体现就是行政效率的提高,考核更不可避免地对传统的政治文化产生了冲击。

以往机关留给人们的印象通常是安逸保守,一杯茶一张报纸就可以混一天。现在,一项工作经过层层目标分解,落实到个人头上,流水线一般的工作流程使每个人都不敢懈怠。不少政府官员表示,现在当官压力很大。

而且,那些与老百姓生活密切相关的部门,外部的建议和意见已占了相当的考评权重,如果市民反对的意见达到一定数量,那么这个部门的决策就会被否决。

有学者指出,21世纪的竞争,不仅仅是企业与企业之间的竞争,更是政府之间的竞争。对此,李明也有深刻认识:"实际上,地方政府的效率已经成为一个城市的核心竞争力的一部分,是每一个地方政府必须重视的问题。"这几年青岛主要抓"学习型、竞争型、服务型、创新型"四型机关建设,就是要解决政府职能与时代要求不相吻合之处。

面对全球化的竞争和市场经济的日益完善,我国形成于计划经济时代的传统政务管理理念和模式日益显示出其与时代脱节的一面。显然,中央在十六届四中全会上提出加强执政能力建设便是因应这一挑战的努力。从这一角度看,青岛的目标绩效管理考核体系无疑是一次有益的尝试。

"最早出台这套体系的目的是抓落实领导决策,现在青岛市已将目标绩效管理考核体系作为提高执政能力的一个有效手段。"李明这样告诉记者。但"革命还是不够彻底",另一位官员告诉记者,"目前已经进入第三年了,老百姓办事还是很不容易"。

"天地之间有杆秤,那秤砣是老百姓。"老百姓办事是否容易的确是衡量政府职能转变的一把尺子。如果用这个标准来衡量,中国的政府职能转变还是个艰巨的任务,而我们党和政府亦越发表现出更大的勇气,付出更多的努力。

"青岛模式"日益成形

其实所谓"青岛模式",其实质就是将现代企业管理中先进的、可取的、行之有效的管理理念、方法和模式引入到党政机关中来。

1998年11月，青岛市委、市政府开始对整个政绩考评过程进行规范，明确了考核结果的使用范围以及激励与约束举措。随后的几年内，这套体系不断得到完善。

2001年底，青岛市委、市政府制定《青岛市目标管理责任制管理实施细则》。

2003年6月24日，青岛市委和青岛市人民政府联合下发《关于加强目标管理绩效考核的意见》，将这项考核制度化。文件详细规定了目标的设定、量化、分解和考核评估手段。

2004年5月，中国质量认证中心给青岛市目标绩效考核办公室的执行机构——青岛市委督察室颁发ISO9000质量管理体系认证证书。

2004年底，青岛市委领导在《求是》发表文章，从加强执政能力建设的角度阐述几年来青岛市实施目标绩效管理的实践与思考。

2005年1月，经过专门培训的"政务考核官"走进青岛的各个市区、机关，开始对这些单位上一年的政绩进行考核。

走近"政务考核官"，"考官"的工作很厉害

2005年1月6日的上午，民进青岛市委副主委亓发成没有像往常一样前往他位于韶关路54号的办公室，而是径直来到了市政府大楼的三楼。时间还不到九点，此刻，三楼西侧的一间会议室内已经坐满了青岛市口岸办公室的工作人员，主席台和第一排的座位仍虚位以待。会议室外，几个人正在等待亓发成的到来。

按照既定计划，青岛市口岸办公室要在上午参加一年一度的目标绩效考核。亓发成此行便是以青岛市目标绩效考核小组第五组副组长的身份来参与这次考核过程的。

上午九点钟，对口岸办的考核工作正式开始，也由此拉开了青岛市2004年度目标管理绩效考核的序幕。"这个考核很严肃，很厉害，排名落在后三位的单位领导要到全市大会上'亮相'。"口岸办的一位工作人员悄悄告诉记者。

按照程序，先由被考核单位的领导班子成员进行述职述廉。口岸办的主任、两位副主任和纪检组长依次上台对自己这一年来的工作情况进行了总结。四位报告人在陈述时均一脸凝重，结束汇报后的表情便显得轻松了许多。

接下来是民主评议阶段。每位口岸办的工作人员都领到了四张表格，分别是领导班子政绩测评表、领导班子述廉民主测评表、领导班子和领导干部素质测评表和四型机关（即学习型、竞争型、服务型、创新型机关）考核评议表，每张表格又细化为若干项内容，填表结束之后便投入票箱。

大约一小时后，考核进入第三阶段。考核组成员到另一间办公室翻阅有关资料，报告人提到的成绩必须有相应的材料佐证方可视为有效，并且需要随时接受考核组的询问。在此过程中，口岸办还被随机选中10人参加一个小考试，考查他们这一年来学习文件和材料的情况。

政务"考官"怎么来的？

口岸办并不是第一次接受这样的年终考核，但对亓个人而言却是第一次参与这样

的活动。事情还得从去年的 11 月说起。其时，作为民进青岛市委的驻会副主委，亓与另一民主党派——民建青岛市委——的负责人被遴选参加了青岛市目标绩效考核工作培训班的学习。

同时参加培训的共有 88 人，不仅有各个市区、市直单位负责绩效考核工作的具体承担者和组织者，也有市级考核委的成员单位负责人和业务骨干。部分人大代表和政协委员作为民意代表也被吸收进来。

此次培训采用集中封闭形式进行，培训的内容既有理论，也有具体业务讲解和操作实务及案例。无论是课程设置，还是培训过程，都借鉴了企业内部培训和认证机构审核培训的做法，专家讲座、业务部门授课、主管部门答疑，都具体、实在。

尽管培训内容已经非常完善和细致，但仍有少数学员未能通过考试。考试并不像通常想象的那样只是政府内部走过场。在市委督察室考核处的动态控制板上，可以发现这少数人的补考工作列在考核处近期的工作日程当中。

亓发成顺利通过了青岛市目标绩效考核上岗资格考试，成为该市首批拿到上岗证的政务考核官之一。所有的政务考核官被分为 12 个小组，将依次对全市的 80 多个市直单位及 12 个市区机关进行考核。亓是他所在的第五考核小组，也即经济建设与发展战略小组的副组长，组长则由市统计局的一位副局长担任。除他们之外，还有另外 7 名来自不同单位的组员。

政绩评定与考核直接挂钩

按照第五考核小组的工作安排，继青岛市口岸办公室之后，青岛市粮食局将是亓发成所在经济组的第二个考核对象，时间定在 1 月 6 日的下午。1 月 11 日上午将对市发改委进行考核。亓介绍，考核小组要在 20 天左右的时间内完成对本组内各单位的考核工作，然后将分数上报市考核办公室。经考核办评估后，3 月考核结果将公布在《青岛日报》上。

据介绍，考核结果出来并不是看看就算了，而是与个人利益切身相关。据了解，在 2003 年度目标管理绩效考核中，"由于规划局原主要领导涉嫌经济犯罪，在年度目标考核中被一票否决"。市规划局位居 84 个市直单位的最末一位。青岛市盐务局和青岛市仲裁办则分别排名倒数第二和第三。因此在 2004 年 4 月 23 日上午举行的青岛市目标管理绩效考核工作会议上，这三家单位的主要领导均登台公开自曝家"丑"。

根据规定，单位主要领导政绩评定与本单位考核结果直接挂钩，对考核不合格或末三位单位的主要领导实行诫勉，连续两年考核不合格或末三位的，给予待岗或降职处分。

事实上，目标绩效考核在青岛并不是新鲜事儿。只不过像亓发成这样通过考试上岗的"政务考核官"是首次出现。市委督察室考核处处长周学文与亓同属一个考核小组，他认为实行有证上岗更加规范，"我以后就在这个考核小组，不能随随便便换人了"。

青岛市目标管理绩效考核工作保持全国领先水平

（青岛新闻网 2004 年 2 月 12 日）

2003 年，按照党的十六大关于"进一步转变政府职能，改进管理方式，提高行政效率，降低行政成本"的精神和市委"创新目标机制、创新督察机制、创新考核机制和创新激励机制"的要求，借鉴发达国家目标管理绩效考核管理先进理念和经验，市委、市政府督察室会同有关部门对党的十五大以来全市实行的目标管理体系进行了进一步的完善和整体创新，努力探索建立具有时代特征、青岛特色符合全球化竞争和市场经济发展需要的党务政务管理新模式，以市委文件正式下发了《关于加强目标管理绩效考核的意见》，并在全市组织实施，构建起以"科学民主的目标化决策机制、责任制衡的刚性化执行机制、督察考核的制度化监督机制、奖惩兑现的导向化激励机制"为核心的目标绩效管理体系，这个体系融合三大文明建设于一体，形成了推动干部群众抢抓机遇、干事创业、争创一流的长效机制，对全市的经济、社会等各方面的全面协调发展起到了"推进器"的作用。

青岛的做法被中办领导誉为"青岛模式"，具有前瞻性，对其他城市有典型指导意义。省委书记张高丽对青岛市的做法同样予以肯定，在青岛上报的专报上两次做出重要批示，请省委组织部在考核指标制定中参考，并要求全省学习借鉴。2003 年 8 月，青岛市目标管理绩效考核的做法作为地方政府行政管理创新的典型提交中国青岛政府管理高层论坛，获得了来自北京大学、人民大学、吉林大学、厦门大学、哈尔滨工业大学等国内知名高校的政府管理专家的一致肯定。2003 年 9 月，在人事部举办的"全国公共部门绩效评估及人员考核研讨班"上，青岛市目标管理绩效考核又作为全国仅有的两个重点经验之一得到推介。人事部研究院也已经将青岛作为全国绩效评估的两个正面典型案例之一进行了专题研究。

青岛的经验做法也引起了全国各大媒体和兄弟省市的关注。《人民日报》、《中国经济时报》、《中国改革报》、《大众日报》等中央、省市媒体也分别报道了青岛市目标管理绩效考核的探索与做法。北京、吉林、河北、广西、黑龙江、天津、武汉、济南、西安、哈尔滨、大连、兰州等十几个兄弟省市的相关部门先后到青岛市学习考察青岛目标管理绩效考核的做法和经验，并普遍认为青岛市的做法体现了我国地方政府行政管理体制改革的方向，已经走在全国城市目标管理绩效评估领域的前列。青岛市已被推选为中国城市目标管理研究会理事长城市。

（三）思明模式

2001 年开始，厦门市思明区确立了打造一个"事要办好、钱要花少、人民还要满意"的绩效型政府的目标，进行了公共管理体制和运作模式的多方面创新，并建立了一个适应地方政府实际情况的公共部门绩效评估体系。

思明区公共部门绩效评估管理系统

21世纪行政发展的新亮点
——福建省厦门市思明区开展公共部门绩效评估的探索
(《中国行政管理》2003年第2期　作者：郑云峰　卓　越)

为进一步加强机关效能建设，深化行政管理体制改革，改进机关作风，提高办事效率，提高为人民服务的质量，适应加入WTO后对政府部门提出的挑战，福建省厦门市思明区政府和厦门大学法学院卓越教授率领的课题组合作，共同推出公共部门绩效评估研究项目，项目研究的最终成果是建构一套公共部门绩效评估的指标体系，开发一套公共部门绩效评估的系统软件。目前，经中国行政管理学会、国家人事部行政管理研究所、省效能办、市效能办等有关专家、领导评审、鉴定通过，项目顺利结题。评审专家、领导对项目成果给予高度评价，认为项目研究在国内具有创新意义，为解决公共部门管理的瓶颈问题探索了新的路径，项目成果对推进政府职能转变，促进管理机制更新，提升政府服务质量有实质性的应用价值。

一　公共部门绩效评估动力机制

绩效评估对于提高公共部门的管理绩效有直接的促进功能，在整个绩效管理体系中，起承上启下的作用。我们认为，在新时期，开展这个项目的研究是一个迫切的任务。

首先，绩效评估是绩效管理的基础工程。公共部门绩效管理不仅要了解管理内部机构比例、人员匹配、领导职数等静态结构，更要了解管理的动态过程，了解管理制度执行状况，了解管理目标实现程度，了解公民对政府行为的真实感受，等等。如果没有这样一个了解机制，我们既不知道相关的管理部门、管理人员有没有工作，也不知道工作的好坏，自然也就不可能有什么绩效。评估就是这样一个了解机制，通过真实有效的评估，可以帮助我们比较全面客观地把握一段时间以来管理过程的相关信息，为落实其他绩效环节，总体提高绩效水平提供依据。

其次，在公共部门进行绩效评估顺应了国际公共行政改革的发展潮流。风起云涌的新公共管理历时不衰，一般认为，进入20世纪90年代，绩效评估已成为各国行政发展的最新主题。美国在1973年出台的"联邦政府生产力测定方案"可以看成公共部门绩效评估的早期试验。20世纪90年代初，重塑政府成为美国公共绩效管理发展的最新里程，与改革纵深阶段相适应，1993年，美国政府专门成立了由副总统戈尔领导的国家绩效审查委员会（NPR），同年通过的GPRA要求所有的联邦机构使用和发展绩效评估技术并向公民报告绩效状况。1997年2月，NPR召开首次政府间基准比较研讨会，成立了跨国绩效评估研究小组，成员包括美国14个联邦机构和两个地方政府、加拿大6个政府机构以及英国相关的政府机构，会议颁布了"顾客需求战略规划最佳实践的基准比较研究报告"，希望借此引发一场绩效评估的新高潮。

再次，公共部门绩效评估是机关效能建设发展深度的标志。1997年，福建省漳州市率先启动机关效能建设试点工程，在社会上引起强烈反响。2000年，福建全省全面铺开机关效能建设。机关效能建设从建构行政投诉中心发端，历经政务公开、政府审批制度改革、全面清理法规文件，政务超市等发展阶段。机关效能建设从理顺政府与社会、与公民的关系中寻求行政发展，以提高服务质量为核心，以公民满意为标准，以建构服务性政府作为基本导向。机关效能建设实际上就是公共绩效管理，或者说，就是富有中国特色的新公共管理运动。机关效能建设是一个系统工程，改革本身要向纵深发展。经过五年的改革实践，成效究竟如何，需要有一个客观的反映机制，需要有一个承上启下的推动机制。为此，我们认为，选择这个时机进行公共部门绩效评估是非常必要的。2002年，厦门特区实施新的城市发展战略。从海岛型城市转变为海湾型城市，不仅仅是地理空间范围的拓展，更是管理理念的更新。构建海湾型城市，凸显服务性政府的需求，也为公共部门进行绩效评估提供了新的契机。

最后，进行公共部门绩效评估富有挑战性的刺激。公共部门具有管理目标复杂、产品形态特殊、产品标准多维、价格机制缺乏和生产要素独特等特点，绩效评估既是绩效管理十分重要的环节，也是难度较大的项目。传统的考核、测评费时费力，效果不尽如人意。开展公共部门绩效评估的探索，肯定困难重重，但这是一种开创性的工作，创新的刺激会形成一种激励机制。

二 公共部门绩效评估组织保证

正因为公共部门绩效评估是一项开创性的工作，探索过程中，排除阻力、克服困难，有赖于一套完整的组织保障机制。以下几个环节，是我们在实践中总结出来的经验体会。

第一，区政府领导高度重视，具有超前意识和开创精神。为了启动、推行这个项目，思明区政府于2001年11月成立《公共部门绩效评估》项目领导小组，由区长黄强担任项目顾问，区委副书记、常务副区长郑云峰任组长，纪委书记、组织部长、监察局长、人事劳动局长为成员。领导小组组长实质性介入项目全过程，多次主持召开项目协调会、项目鉴定会和项目推进会。黄强区长亲自参加了项目可行性论证会、绩效评估动员等会议,在国家人事部行政科学研究所和中国行政管理学会等部门有关专家领导主持的项目鉴定会上,黄强区长均直接到场,介绍情况。

第二,项目开发组搭建一个融合多学科人才的平台,体现公共管理综合性的发展趋势。受项目领导小组委托,厦门大学法学院卓越教授组建"公共部门绩效评估"课题开发组,课题组汇集了管理学、经济学、数学、统计学和计算机等多学科人才。课题组负责"公共部门绩效评估"项目的可行性论证,实地开展项目调研,绘制项目所需图表,撰写项目研究报告,建构评估指标体系,制作项目课件。最终,课题组负责设计开发项目系统软件。在可行性论证阶段,课题组与项目领导小组进行多次的意向洽谈,认真分析已有的文献资料,对项目进行较为充分的可行性论证,拟定了调研提纲。在撰写项目研究报告阶段,课题组发挥自身的科研优势,借鉴国外先进的评估技术,运用数学方法、统计方法,对调研材料进行认真的分析提炼,按照三个维度、四种主体的研究思路,绘制了公共部门绩效评估执行表格和转成表格。项目研究报告阐述了公共部门绩效评估的意义作用,重点揭示公共部门绩效评估与其他部门的不同特征,以五个试点单位作为研究对象,构建了公共部门绩效评估的模式,并对影响公共部门绩效评估的环境因素进行了分析。在课件制作阶段,课题组对前阶段累积的调研材料和研究材料进行梳理整合,在整体评估模式下形成了具体评估维度特别是顾客满意评估和业绩评估的具体评估方法和计分方法,完成了绩效评估体系个案,在此基础上,以课件演示的形式,对项目研究的阶段性成果进行总结汇报。在系统软件开发阶段,课题组对绩效评估理论模式转化为评估系统软件进行了探索性研究,通过对评估模式的分析,完成软件开发需求分析报告、数据库设计和源程序写作,并通过反复调试与验证最终完成评估系统软件的研制开发。同时把绩效评估体系和绩效评估系统软件的相关内容制成演示动画,制作演示光盘和宣传材料。

第三,职能部门积极配合,开展实地调研工作。经项目领导小组研究确定,课题组第一轮选择思明区的计生局、民政局、建设局、司法局和厦港街道办作为试点评估对象。课题组在为期两个月的实地调研过程中,通过召开座谈会、调查问卷、个别访谈等多种形式,掌握了大量的第一手材料,初步对五个单位的主要业绩指标、影响要素进行分类分析。此后,课题组与试点单位有关领导、有关人员进行了多次沟通反馈、深入采样,顺利完成实地调研任务。在整个调研过程中,各个试点单位的部门首长积极配合,亲自介绍情况,尽可能提供详细的资料,一些试点单位在课题组实地调研之前,主动做好准备,预先进行资料分类。绩效评估指标出台之后,一些单位为尽快进入实施阶段,在很短时间内制定出较为完整的相对人构成和产生办法。区政府人事劳动局是项目的具体协调单位,也是项目领导小组下设的考评办的承接运作单位,负责项目各方的沟通协调、资源匹配和实施运作。可以说,这个部门在整个项目开展过程中,起一种中枢融通的作用。

第四，建立一套较为完善的工作规程。对于项目研究来说，工作规程起着促进和督导的作用，可以落实在项目研究的具体环节中。在会议制度方面，思明区政府召开了全机关的绩效评估动员大会、领导小组和开发小组联席会、课题组和试点单位协调会、阶段性成果演示会、项目成果鉴定会和项目成果推进座谈会等；在文件规范方面，撰写编制了《公共部门绩效评估研究大纲》、《公共部门绩效评估项目研究报告》、《公共部门绩效评估试行办法》、《公共部门绩效评估项目实施细则（试行）》、《试点单位绩效评估相对人构成及产生办法》等。

三 公共部门绩效评估模式建构

建构评估的模式是评估工作的核心问题，评估工作的顺畅程度、有效程度关键取决于评估模式。评估建模要体现公平平等、系统全面、连续稳定、可靠客观、制度规范、操作简便、适用宽广等原则。评估模式主要包括主题、维度和指标三方面内容。确立评估的主题和对绩效内涵的理解是一致的，既然绩效是一个比效率更宽广、更复杂的概念，评估也就不只效率这样一个单纯的主题要素。国内外许多学者专家对评估的主题要素作了种种归纳，结论不尽一致，但有一点却是共识，即主题要素是一个结构。"3E"即经济、效率和效果曾被西方学者认为是绩效评估的"新正统学说"，随着新公共管理运动的深入，质量也日渐成为评估的主流范畴，围绕质量形成的指标数量不断增加。尽管说，经济、效率特别是效果的提法都蕴涵有质量的内容，但明确把质量的概念单列出来、凸显出来，这是改革的成果，是新时期绩效的重要标志。从评估模式的结构来看，评估主题是评估模式的理论前提和指导思想，评估主题要渗透在每一个评估维度、每一项评估指标里面，每一个评估维度、每一项评估指标都要体现相应的主题精神。维度位居评估模式的中间层次，是对评估范围的类型划分，通过维度区分，可以使评估层面更加条理，评估视角更加集中，可以使评估标准更具有可比性。维度划分与评估主体的多元结构是密切联系的，满意度是两者统一的基础，从某种意义上说，划分维度是服务于评估主体的结构需要，便于各个评估主体从不同的评估视角对同一个组织行为进行评估。维度划分还可以适应不同评估主体的特点，使特定的评估主体有针对性地采用某个维度，尽可能减少交叉而带来的主观因素影响。划分维度主要从大的结构方面考虑，使之具有普遍和典型意义。我国干部考核中的德能勤绩标准实际上就是一种个人行为评估的维度划分。当然，在一个评估模式中，究竟要分成几个维度，应依据何种标准区分维度，并没有一定之规。思明区公共部门绩效评估的模式建构，在评估维度序列方面，参照评估主题，设有基本建设、运作机制和主要业绩三个方面。在评估主体序列方面，突破传统思维方式，突出多元主体特征，设有综合评估组织、公民、直管领导、投诉中心和被评估对象等评估主体。

维度与指标相比，维度是评估对象、评估行为的类型区分，规定了评估的基本向面，指标则是评估的具体手段，指标可以看成维度的直接载体和外在表现。公共部门可以参照同样一个评估维度，但不同的部门，评估指标却可以有很大的不同。客观地说，评估指标的选择确立是整个评估过程最为重要也是最为困难的工作，在前所述的评估的难点主要讲的也就是评估指标问题。总体而言，有效选择评估指标，必须把握好以下对子的结合关系：①内部指标与外部指标相结合；②数量指标与质量指标相结合；③肯定性指标与否定性指标相结合；④技术性指标与民主性指标相结合；⑤支出指标与回报指标相结合；⑥客观指标与主观指标相结合；⑦工作指标与业绩指标相结合；⑧行政成本指标与业务成本指标相结合；⑨个体指标与团体指标相结合。

四 公共部门绩效评估系统软件开发特点

《公共部门绩效评估》软件设计属国内首创。在程序设计方面，本软件在开发需求分析报告、数据库设计和源程序写作、调试与验评、界面整理与维护以及演示动画等环节上全面创新，特别是在源程序的写作内容方面更具有最新的创意。具体来说，有以下几方面特征：

分级管理。本软件分为演示盘和操作盘。演示盘设有公共部门绩效评估、公共部门绩效评估系统、总结和联系我们等四个栏目，配以动画画面，直观显示系统设计的基本界面，形象推出系统的主体功能，生动鲜明，充满创意。操作盘分为用户管理、部门管理、指标管理、录入统计、输出结果、统计查询和在线帮助七个功能模块。

自动管理。本系统界面显示直观鲜明，执行人员操作过程简便易行，各种相关数据自动生成，评估录入和评估结果栏目集中显现这种管理功能。录入人员只要按照规定程序，将评估表中的原始评估等级录入，软件会按照各种分值制度，帮助自动转化成相应分值。录入人员将评估表中的所有数据录入完毕，软件会帮助自动生成统一的分值结果，并提供在线打印服务。

工具管理。本系统不仅为各个公共部门全面、客观地了解工作状况提供一个平台，而且，也为各个部门在具体的横向比较中，审视差距，寻求原因，提供一个分析管理工具，以求进一步提高工作绩效。本系统在统计查询栏目设有部门列表和指标列表两种分析方式：可以通过部门列表，将若干个公共部门在同一时期的工作绩效，用长方形的图形依次排列显示，帮助进行横向比较。也可以通过指标列表，对几十个评估指标任选一个，通过图形显示，在若干个公共部门进行横向比较。几十种指标可以演变成几十种图形，变换不同的视角，可以更为全面地把握工作绩效。

动态管理。本系统对特定的公共部门的绩效评估设计了完整的程序格式，一次基本程序的完整履行，标志着一个评估过程的结束。同时，这个评估过程的节点，也可看成一个新的评估过程的起点。本系统的一个重要创意就是适应评估部门不断增加的需要，为评估模式的进一步完善、修正预留了广大的空间。本系统的动态管理特征主要通过部门管理和指标管理两个栏目表现出来。特定的公共部门要成为评估对象，可以在部门管理栏目，按照一定的格式要求，登记入户。无论是新加入评估队伍的公共部门，还是原先的评估对象，都可以随着时间、条件的变化，对评估维度、评估指标、评估要素进行增删修改。当然，只有超级用户凭密码才能拥有这种权力。

在线管理。本系统的在线管理栏目介绍了系统的模块功能，架构清楚，提示了执行过程的基本界面，条理清晰。初次接触本系统者只要按照格式程序要求，亦步亦趋，即可顺利完成在线培训，掌握系统操作的基本技巧。

五　公共部门绩效评估实施步骤

公共部门绩效评估实施步骤在绩效评估指标体系和系统软件建构开发之后，是绩效评估得以真正展开的一项工作。我们认为，公共部门实施绩效评估，必须要把握好以下几个步骤。

1. 建构实施评估组织。为确保客观、公正地开展绩效评估工作，树立评估的权威性和严肃性，区政府决定在区机关效能建设领导小组下设绩效评估工作小组，由区人劳局局长任组长，区统计局局长、区监察局局长、区组织部副部长任副组长，计生、建设、民政、司法、厦港街道等有关试点评估部门领导担任成员，在区效能领导小组统一领导下开展工作。工作小组成立办事机构，由人事、监察、统计等部门人员组成工作班子，具体负责绩效评估的日常工作。

2. 确定评估对象和主体。根据分类分级的管理原则，思明区将各个评估对象大体上分为五种类型，确定民政局、计划生育局、建设局、司法局和厦港街道为试点评估部门。为保证绩效评估的客观、平等、公正，根据评估内容的性质和特点，对评估对象的不同评估指标实行多元评估主体原则。评估主体分为六类。A类评估主体：对"基本建设"有关内容进行评估。B类评估主体：对"评优否决"有关内容进行评估。C类评估主体：对"群众满意"有关内容进行评估。D类评估主体：对"分管领导"有关内容进行评估。E类评估主体：对"行政投诉"有关内容进行评估。F类评估主体：对"业务实绩"有关内容进行评估。

3. 划分评估开展阶段。公共部门绩效评估是一项系统性、复杂性的工作，涉及面广，要稳步推进，分步实施，先行试点，逐步铺开。区机关部门绩效评估工作分为宣传发动、制订方案实施、绩效评估、评估整改、总结评比等几个阶段进行。在具体实施评估阶段，依据《暂行办法》规定的统一指标体系、工作方法、工作标准和工作程序，认真做好各项准备。已经确定的评价对象，要认真制订评估工作方案，准备评估基础资料和基础数据，发放和回收群众满意度指标调查表，进行评价计分，形成评估结论，撰写评估报告。

4. 确立评估计分标准。分值匹配：考评内容各项正数指标合计100分，其中，综合评估组织主体的基本指标24分，相对人评估主体的基本指标20分，直管领导评估主体的基本指标16分，业务实绩评估主体的基本指标40分。评优否决和行政投诉两项评估主体的基本指标作为负数分值，以倒扣方式体现。不占百分制指标权数，如否决指标成立，则直接在其单位评估总分中扣除。评优否决的每项基本指标－20分，行政投诉的每项基本指标－5分。

考评等级：考评内容的每项正数指标均分成优、良、中、合格、不合格五个等级，由计算机自动转换生成相应分值。评优否决和行政投诉两项指标分为有和无两个等级，亦由计算机自动转换生成相应分值。绩效考评结果以百分制表示。

考评标准：考评标准的客观准确性和可操作性是考评工作顺利进行的一个关键环节，与通常的倒扣分值方法相区别，除却事先确定的两项负数指标，评估体系各项指标较为严格、较为规范地按照定性和定量相结合的方法，按照评估等级进行。基本建设和运作机制维度主要依据定性的评估标准，针对不同的评估主体的特点，通过特定的评估方法设计，来保证评分的客观准确性和可操作性。

5. 促进评估结果运用。建立有效的奖惩机制是顺利开展公共部门绩效评估工作的重要措施。绩效评估工作小组将根据评估得分值，对评估对象进行排序，分别对居前和居后的若干单位进行奖惩。

（作者单位：郑云峰，厦门市思明区委副书记、常务副区长，《公共部门绩效评估》项目领导小组组长；卓越，厦门大学法学院教授，《公共部门绩效评估》项目开发小组组长）

请群众当"裁判"
——厦门市思明区把群众评议引入政府绩效考评纪实
（《中国纪检监察报》2008年8月19日）

如何考评政府绩效？考评是否公正透明？考评能否促进政府绩效持续改进？

公众这一连串的疑问，正是福建省厦门市思明区政府在绩效考评工作中一直思考和努力探索的课题。2007年，思明区提出以"事要办好、钱要花少、人民还要满意"为核心的绩效型政府建设理念，并把群众评议引入政府绩效考评，变"上考下"、"官考官"为"外考内"、"民考官"。经过一年多的探索实践，该区政务环境有了明显改善，一个具有鲜明特色的公共管理新体制和以高绩效为导向运作模式的绩效型政府初现端倪。

评议内容真实反映民意

对政府部门落实工作任务主要通过检查、考核等方式督促，而惯常的考核方式、评议指标缺乏量化标准，且评估主体不统一，评估"柔性有余、刚性不足"，有时受人情因素影响，存在迁就照顾、轮流坐庄的现象，难以达到行政组织科学化、行政行为合法化、公共产品和服务效益最优化的考核目的。上述这些，既是公共部门管理共性的瓶颈问题，也与思明区实现跨越式发展、打造绩效型政府的目标不相适应。

鼎新必须革旧。2007年初，区人事劳动和社会保障局、监察局、效能办经过深入调查和反复研讨，在政府职能明晰、内部管理规范、与群众和企业联系密切的21个区直部门和10个街道办事处全面引入群众评议。对区直职能部门设定"依法行政、服务态度、政务公开、办公环境规范和办事实效"五个一级指标。根据新形势新任务的需要，今年又把自主创新、节能减排、行政成本等指标纳入评议范围；街道业务实绩指标设6个一级指标和31个二级指标。为防止群众评议的随意性、盲目性和"趋中现象",该区采用了10级评分制的方式,并增设了一个"说不清/无法回答"的选项,在数据处理时,把该选项作缺失值处理,以避免强制评价而导致评价"失真"的情况出现。

区政府一方面让被评议部门报送每月服务对象名单作为评议主体候选人,第三方调查机构在进行调查时,直接从候选人名单中进行随机抽样;另一方面到政府部门办公场所,直接向前来办事的群众了解相关部门的情况。为确保区政府各部门的评议主体具有广泛的代表性,要求评议主体都要涵盖该部门各种职能的行政相对人;同时,各种评议主体的比例设置也不相等,如在对区城管行政执法局的评议中,将其评议主体比例设置为:流动摊贩35%、违章搭盖相对人20%、油烟扰民相对人15%,噪声扰民相对人15%,举报投诉人15%。

该区采用内部指标与外部指标、数量指标与质量指标、肯定性指标与否定性指标、个体指标与团体指标相结合的方式,多角度、全方位地考察被评议单位。一方面对指标进行细化,如对依法行政的评议,没有简单采用"您对××部门在依法行政方面的工作情况满意吗"之类的指标,而是将其分为"是否杜绝乱罚款"、"是否主动出示工作证件"、"是否公平公正执行公务"等多方面内容;另一方面对指标进行量化,如"您在办理××审批事项时,办理部门花了多长时间给您办结",答案选项分别设置为"A. 办结时限的1%—30%内、B. 办结时限的31%—70%内、C. 办结时限的71%—100%内、D. 没有按时办结"。

看似简单的数字指标,却蕴涵着区政府抓工作落实和提高民生质量方方面面的重要举措。每一项评估都围绕区委、区政府年度重大工作、重大改革、重大投入和政府管理服务且与群众利益密切相关的内容展开,凸显了政府的公共服务和社会管理职能。

评议过程公正客观透明

思明区充分发挥辖区厦门大学科研力量的优势,加强高等院校与地方政府的协作互动,聘请厦门大学公共事务学院的专家,联合设计开发了一套网络化的绩效评估管理系统软件,并引入平衡记分卡,建立调查对象和评估结果储备库,实现政府绩效、群众满意度信息的实时分析、评价到绩效评估结果的瞬时完成与动态更新,群众可通过政民互动网络平台对相关评估指标进行"背靠背"的实时评估,不仅提高了绩效评估的工作效率,而且在最大限度上排除了人为因素在绩效评估中的干扰。

在自主创新的同时,思明区还积极借鉴国内外先进绩效管理理论和成果,积极参与中欧公共管理合作项目的研究和试验,试用和吸收欧盟通用评估框架(CAF)的成功模式和优秀成果,不断充实和完善该区现有绩效管理体系。如引入"第三方评估"开展群众满意度测评。该区选定了与区政府职能部门(街道)无行政上的隶属和直接财政支付关系的第三方机构——博智调查公司,对群众满意度每季度进行一次调查测评,并对区政府各部门的办事实效、政务公开、服务态度和办公环境等提出实质性的意见和建议。通过政府合同外包的方式规范具体操作程序和要求,明确双方职责和义务，既减轻了评估人员的工作任务，提高了评估效率，又有效避免了评估程序不透明、调查分析不科学、评估结果不客观的现象。

坚持"一把钥匙开一把锁"。评议对象包括了区、街31个单位和部门，不同的评议对象有着不同的职责职能、服务对象和工作重点。对此，该区根据各种评议对象的共性和职责职能及服务对象特点，建立健全了分组评比机制，将评估对象分成经济管理类、社会服务类、综合管理类、执法监察类和街道办事处五大类，并针对普通居民、企业负责人、办事群众及上网人群等不同对象，分别采取了入户调查、电话访问、随机访问、网上调查和明察暗访等方法，评议结果只在本组内进行比较，有效提高了评议结果的公信度和准确性。

评议结果促进工作改进

为促进群众对政府工作的认知、支持和参评的积极性，促进政府整改措施的落实，该区在广泛动员群众参与评议活动的同时，非常注重与参评群众的沟通互动，在每次评议结束之后都要求各部门积极向群众反馈评议结果和整改计划，努力将"让人民评判"的外压力转化为"让人民满意"的内动力。区人事劳动和社会保障局发现群众对于劳动维权的成本高、效率低的评价影响了评议成绩，立即召开多方座谈会征求意见，并根据群众意见研究制定了一套涉及劳动争议调解、劳动监察和劳动争议仲裁三位一体的劳动维权系统整改方案，得到了群众的好评。

在项目实施过程中，区效能办对博智公司的执行过程进行了严格的评议质量过程管控，项目督导员通过明察暗访、现场检查、网上互动等形式，及时发现调查员在调查时存在的问题并予以纠正。在调查结束后，对每个调查员所完成的问卷均进行抽样复核，如果发现某一个调查员所完成的问卷有一份为不真实问卷，则废除该调查员所做的所有问卷，并对该调查员进行内部通报。通过严格的质控流程和项目管控，较好地保证了测评数据的真实性。

以沟通促整改是思明区做好群众评议的重要一环。该区每月组织23名评议代表分组、分片到各参评单位、部门进行1—2次随机抽查，并将抽查情况在区政府网站、电子触摸（滚动）屏上通报。绩效评估小组建立了月、季、年报告反馈制度，实行绩效评估成果与效能监察相结合，将评估对象工作目标的执行情况、完成进度和工作绩效向区委常委会汇报，向相关部门反馈，并提出整改的意见建议。各参评部门根据绩效"复诊"，制订出针对性和操作性强的整改计划，报区效能办审核通过后，作为一种约束性的责任目标在下一工作年度中予以执行。在第二年的绩效考评中，如发现参评部门没有较好地执行整改计划，重复出现上一个评议周期出现的绩效问题，将采取上级问责、公众问责等责任追究措施。

正是由于有了创新的理念和一套客观合理、科学透明、操作便捷的指标体系，思明区政府绩效管理工作取得了可喜的成绩。2007年，群众对政府工作的满意率达96.25%，比2005年提高了8.7个百分点，在2007年厦门市对各区的绩效考评中，思明区位列第一。

（四）珠海模式

1999年10月，珠海市启动"万人评政府"活动。2000年珠海市"万人评政府"的活动内容有所增加。2002年，珠海市向社会发放了万余份测评问卷，考核各被测评单位的工作情况。另外，南京、沈阳等地也开展了类似的政府绩效评估活动。

敢叫"万人评政府"
——珠海市加强和改进机关作风纪实
（《中国纪检监察报》2001年11月26日）

在电视屏幕上，三位被评为2000年"最差单位"的一把手先后"亮相"，向观众解释被评为最差的原因以及今后的整改措施。面对镜头，面对众多关注的目光，领导们无不汗颜……这是广东省珠海市开展"万人评政府"活动中的一个典型场景。

一项调查显示，在开展"万人评政府"活动前的1998年，老百姓对珠海市公务员的满意率仅为14%，开展活动后的2000年达到86%。"万人评政府"活动让珠海机关作风发生了显著改变，"办事拖拉、脸难看、门难进"的衙门作风不见了。

"一号议案"使测评活动应运而生

在珠海经济发展中，机关作风给投资软环境带来的问题非常突出。曾有一位外商送给珠海市政府这样一副对联："硬环境令人留恋，软环境望而却步"。全市引进外资从1993年的16亿美元骤降至1999年的4.2亿美元。

1999年珠海市五届人大一次会议上，人大代表提出了"切实整饬政府机关作风，优化我市改革和发展'软环境'"一号议案。新一届市委、市政府非常重视，作出了《关于集中开展以"两高一满意"为主要内容的机关作风建设的决定》。"两高一满意"就是指在依法行政、规范运作的前提下，高效率办事，高质量服务，让人民群众满意。

怎样做才能把"两高一满意"落到实处，防止机关作风建设走过场，真正促进投资软环境的改善？

珠海认真分析了历次机关作风整顿收效甚微的教训，得出结论：必须采取多种形式组织广大群众和服务对象检查机关工作效率和服务质量，调动广大人民群众监督政府的积极性，才能促进机关作风的根本好转，建设优良的投资软环境。于是，在"一号议案"催生下，珠海"万人评政府"活动应运而生。

建章立制　硬措施改软环境

为了使这项活动真正收到实效，珠海市上下努力，从各方面做了充分准备：市委、市政府成立了机关作风建设领导小组及办公室，建立了机关作风建设特别报道组，以新闻舆论监督为切入点，迅速形成促进机关作风建设、监督政府工作的舆论氛围。

从1999年8月起，珠海在四个多月的时间里，对全市原有的1264项审批、核准、备案事项进行了全面的清理，减少397项，减幅为31％，其中审批事项由原来的815项减少至274项，减幅达66％。在审批制度改革的基础上，全面推行政务公开。市直30多个面向基层、面向群众、面向投资者的部门建立公开办事窗口45个，编印政务公开手册10万多册，将各类审批、核准、备案事项及监督措施等一律公开。同时倡导"急事急办、特事特办"，"手续齐马上办，资料缺积极办，要求急加班办，难度大领导办"，实现办事效率的全面提速和服务质量的全面提高。

2000年7月，珠海成立市行政效率投诉中心。今年4月又把市行政效率投诉中心和市长专线电话合并，成立了市政府投诉中心，并公布了简单易记的"12345"投诉电话。要求在规定的期限内处理好群众投诉，并作出全面答复，不允许拖延或顶着不办。同时聘请了八位民主党派人士担任机关作风督导员，形成督导报告，公开见报，并参与群众投诉的调查处理。

观念的转变，制度的创新和监督的不断强化，不仅推进了机关作风建设的深化，而且也使政府工作更加透明，人民群众的知情权得到了充分的保障。硬措施，改善了软环境。

实事求是"较真"带来好作风

"万人评政府"强调自上而下测评验收。主办部门在面向社会发放一万份测评问卷时，保证70％的问卷发放到企业和项目现场，其余的则通过区、镇、街道发放到广大居民、村民手中，让企业和人民群众自主地对机关部门工作作出"满意"或"不满意"的评测，使民主测评活动真正起到监督改正的作用，不只是走过场。

测评动了真格的。1999年、2000年各有3家单位被评为"差"。这些部门的领导都在电视上公开检讨，如果该部门连续两年没有改观，这些领导就会被"炒鱿鱼"。同时，各科室领导被解除领导职务，而且被取消再次竞争上岗的资格，原有岗位由新人重新竞争上岗。国土规划局就至少有18名中层干部被免职或离职。

测评结果还涉及机关部门所有人的利益。只有达到测评平均分以上的单位，其年终奖金才能按一定比例增长；反之，平均分以下的测评单位，其年终奖金则按一定比例减少。最后三名单位的一把手奖金取消，副职领导奖金减少50％。

对测评结果的"较真"给珠海政府机关部门带来了强烈的震动，促使他们重新审视自己的角色和地位，明确自己的职责。珠海市外经贸局为方便群众，把业务部门全部集中在经贸大楼的一层大厅办公，加快了办理速度，使前来办理进出口业务的人员省心省力。珠海斗门区的岛民养殖了40万亩罗氏虾，市场主要在北方，必须通过广州白云机场空运。由于前往机场的高速公路货车没有通行证不能通行，影响罗氏虾的销售，珠海交警支队主动和白云机场联系，办理了60个准运证，解决了罗氏虾的销售难题。

党政机关服务意识的增强，办事效率的全面提高，给广大投资者耳目一新的感觉，增强了珠海招商引资的吸引力。近两年，北京大学、中山大学、哈尔滨工业大学、暨南大学等名牌高校纷纷在珠海兴办校区和产学研基地,使珠海在短期内由一个没有大学的城市变成了名副其实的大学城。全球排名500强的企业中已有28个在珠海投资。目前,珠海引进的在建项目400余个,这批企业的建成投产,将使珠海的经济总量、经济实力跃上一个新的台阶。

"自下而上"评价政府绩效探索:"公民评议政府"的得失分析
(《理论与改革》2004年第5期　作者:吴建南　庄秋爽)

一　引言

自20世纪60年代以来,以政府财政危机和信用危机为背景,北美和欧洲发达国家出现了建设绩效导向政府的实践,并引导着世界各国政府的公共管理实践,使人类社会信息化、全球化浪潮中还伴随着一个"再造政府"的潮流。无论是政治家、政治学家,还是高层管理者、公共管理学家,都极为关注政府绩效及其评价问题。1973年美国尼克松政府颁布了《联邦政府生产率测定方案》,力图使公共组织绩效评估系统化、规范化、经常化。1979年,英国撒切尔政府开始"雷纳效率评审",并先后颁布"财务管理新方案"和"行动计划"(周志忍,2000)。同时,新西兰、法国、荷兰、澳大利亚、丹麦、芬兰、挪威、日本等国都着手大力研究公共组织绩效评估,并与公共组织绩效评估的实施相互促进,以至于西方学者惊呼传统的"行政国家"正在被"评估国家"所取代(张国庆,2000)。根据1993年《政府绩效和结果法》的规定,整个联邦各部门和机构必须提供战略规划和绩效报告。50个州中的47个已在使用基于结果的预算并要求报告其相关绩效(Poister, Streib;1999)。

对我国而言,世界贸易组织的加入要求我们必须建立高效务实的现代化政府,各级政府必须努力提高其服务水平和管理能力;同时,我国政府管理仍存在成本高昂、效率低下和服务质量亟待提高等问题,而政府绩效评价将直接影响政府管理的行为模式和方法。然而,从我国传统绩效评价模式来看,主要是上级部门通过听取下级部门的报告及其提供的相关资料等进行"自上而下"的评价,缺乏代表机关或权力、立法机关和社会对政府部门的评估与控制(周志忍,1995),存在单向性和不平衡性(吴建南,2000)。

在我国地方政府绩效评价的实践中,很多地区如沈阳、珠海、南京等地已纷纷举办了"公民评议政府"活动,即以公众为主体对政府绩效进行评价,并将结果用于组织绩效的持续改善。这些"公民评议政府"活动,开创了我国地方政府"自下而上"绩效评价的先河,是对我国传统"自上而下"评议模式的有益补充,具有重要的现实与研究价值。但尚未见学界给予深入分析。

二　"公民评议政府"的现状分析

1998年至今,全国已有14个人民政府举办了"公民评议政府"活动,即以公众为主体对政府绩效进行评价,并将结果作为考核各部门及其领导干部政绩的重要依据。如1998年沈阳市的"市民评议政府";1999年珠海市的"万人评政府";2000年邯郸市的"市民评议政府及政府部门问卷调查活动"、广州市的"市民评政府形象"活动;2001年南京市的"万人评价机关"、辽源市的"万名市民评议政府活动";2002年温州市市民对"48个市级机关部门满意度测评调查"、邵阳市的"优化经济环境综合测评";2003年北京市的"市民评议政府"活动等。尽管各地活动的名称不尽相同,但本质上都可归结为"公民评议政府"。以下将分别从评价主体、评价空间与时间、评价对象与指标、评价方式与结果几个方面对这些"公民评议政府"活动进行归纳和分析。

1. 评价主体

评价主体即评价者,是指对特定对象绩效进行价值判断的个体或组织。我国"公民评议政府"的评价主体主要可以分为以下三类:①自发参与评价的任何公民,即通过信件、电话或网络等途径主动承担评价主体的角色。这种方式表面上公众的自主权比较大,但实际上会受到很多客观条件的限制,要求公众必须具有非常强烈的评价意愿;②随机抽取的普通群众,即由评价的组织者向所抽取的样本发放调查问卷。这种选择评价主体的方式对抽样的技术要求较高,如果抽样的方法和过程不够规范,则会直接影响到评价结果的代表性和客观性;③由社会各界代表组成的综合评价主体,一般包括人大代表、政协委员、企业代表、服务对象和普通群众等,有些甚至还包括外地甚至外籍的投资商。这种方式能够使评价结果较为全面地反映各种利益相关主体的意见,但关键在于如何协调不同主体的利益,如果普通群众所占比例过低会使得评价结果难以真正体现广大老百姓的需求和利益。一般来说,实行"网上评议"的主体基本都属于第一种,而其他绝大部分地方政府同时采取第二种和第三种评价主体,即一方面由社会各界代表组成综合评价主体,另一方面任何公民又均可自愿参与评价。此外,从规模来看,市级政府的评价主体几乎都在一万人以上,而区级的则在几百至几千人不等。

2. 评价空间与时间

(1) 评价空间

评价空间是指实施绩效评价所处的地理区域。目前我国举办"公民评议政府"活动的地区由北向南分别包括:吉林省辽源市、辽宁省沈阳市、北京市及北京市朝阳区、河北省邯郸市、江苏省的南京市和泗阳县、上海市、浙江省温州市、四川省成都市青羊区、湖南省的邵阳市和长沙市芙蓉区以及广东省的广东市和珠海市。这些地区大多集中在东部沿海地带,只有四川地处西部。而北方和南方的数量基本均等。并且,大部分地区是规模较大、经济发展水平较高的城市,只有少数是经济发展水平较低的地区。据《中国城市竞争力报告NO.2》中对中国200个城市综合竞争力的排名,上海、北京、广州、南京、温州分别名列第1、2、4、9、10名。而珠海、成都、沈阳也分别为第19、23、29名。三个区级政府分别地处北京市、四川省和湖南省的省会城市,也都是具备一定经济实力的地区。这些地区先进的经济及技术水平为"公民评议政府"活动的开展提供了较为便利的条件,而"公民评议政府"活动的开展又为这些地区软环境的改善与提升起到不容忽视的作用,进一步促进了该地的经济发展。另外也有少数经济发展水平较低的地区举办了"公民评议政府"活动(如湖南省邵阳市),其GDP总量仅占全省6.9%,但旨在以优秀的软环境来弥补硬件的不足。

(2) 评价时间

沈阳市和珠海市分别于1998年末和1999年率先举办了"市民评议政府"和"万人评政府"活动,此后,从2000—2004年都有几个地区举办此类活动。评价时间的选择是与特定的政治及理论背景紧密相关的。追溯这些活动产生的时间背景,可以发现其与我国政党执政理念以及政府绩效理论的发展是一脉相承的。从政治角度来看,1997年十五大召开;2000年江泽民提出"三个代表"重要思想,其本质即为"立党为公、执政为民";2002年十六大召开,建设服务型政府的战略目标被推向前台。从政府绩效理论的发展来看,20世纪末绩效理论研究开始在我国兴起,近几年来发展也十分迅速。

3. 评价对象与指标

(1) 评价对象

所有绩效评价活动都是围绕特定的对象来进行的,它是整个绩效评价的核心要素。我国"公民评议政府"绝大部分地区都是将本级人民政府所辖的所有职能部门作为评价对象,但也有少数地区的评价对象较为特殊,例如:①从评价对象的性质来看:上海市的评价对象不是组织,而是其所辖49个政府部门或单位的网站;江苏省泗阳县的评价对象不仅包括全县执法和经济、价格管理的19个部门和下属的118个科队所,还包括这些部门的1103名执法人员。②从评价对象的数目来看:沈阳市和珠海市的评价对象除了包括所有职能部门之外,还包括其他一些单位,其评议对象的数目几乎是北京市、上海市等地的两倍;而邵阳市第一年公民评议(2002)仅将"窗口行业"作为评议对象,以后则将凡具有执法执纪或执收执罚职能的部门和单位都要纳入测评范围;邯郸市最为特别:每季评议3—5个热点部门。

(2) 评价指标

评价指标是绩效评价的载体,即通过什么来显示绩效好坏的程度。评价指标若设计不合理,将会使评价难以客观、真实地反映绩效的好坏,进而无法实现组织目标。目前我国"公民评议政府"最常用的指标是"政务公开"和"服务质量",其次包括"党风廉政"、"执法形象"、"服务态度"、"办事效率"和"工作作风"等。大部分地区所采用的指标是以上这些指标的综合。还有一些地区所采用的指标较具特色,例如:珠海市将"开拓创新"、"计划生育"也作为两个指标,各占8%;上海市由于评价对象是政府部门的网站,所以其评价指标主要集中在电子政务方面;辽源市的主要指标为"教师工资"、"学生负担"、"城市管理"等；3个区的评价指标非常相似："政务公开"、"廉政程度"和"服务质量"等；江苏省泗阳县作为唯一一个由公众来评议的县级政府，其指标也较为特殊，主要体现在重视"经济发展"和"顾客抱怨"。

4. 评价方式与结果

(1) 评价方式

评价方式是指评价主体对特定评价对象进行评价所采取的途径或方式，选择评价方式时除了要考虑不同方式所能达成的效果之外还必须考虑成本的因素。在14个公民评议的政府中，最常见的评议方式是"网上评议"和调查问卷。完全实行"网上评议"的有：北京市、上海市和北京市朝阳区。显然，这些地区的经济发展水平较高，技术条件相对成熟，电子政务相对全国其他地区而言处于领先地位，因此这些地区充分利用网络资源和技术，完全利用网络来进行公民评议。"网上评议"方便、快捷、成本较低并且利于统计，对于评价主体而言，原则上没有任何限制，完全自愿。但如前所述，这种方式会对评价主体造成很大程度的限制，另外，虚拟空间的存在也给恶意投票提供了可能性。此外，调查问卷也是应用非常普遍的一种方式，使用调查问卷有利于避免主观偏见，减少人为误差，但发放大规模的问卷往往要花费较高的成本，并对评价主体造成限制，即要求其具备一定的阅读能力。问卷的发放方式不同也会对评价结果造成很大的影响：有些地区是将问卷直接发放给评价主体，这种情形下问卷回收率会比较高，尤其当评价主体是由特定群体代表所组成时；有些地区则是将调查问卷登在当地报纸上，请广大市民自愿参与评价，如湖南省邵阳市，这种方式就要求公众有很高的积极性，否则回收率会非常低；除了"网上评议"和调查问卷以外，电话、信件、投票、访谈及座谈也是一些地区采用的评价方式。以上各种评价方式并不是绝对独立的，通常是几种方式综合在一起使用。

(2) 评价结果

关于评价结果的公开程度，除了泗阳县以外，其他地区"公民评议政府"的结果一般会主动向媒体公布。至于公民评议结果的运用，我国与国外相比有很大一个特色，即将评价结果作为考核各部门和单位领导政绩的重要依据，如很多地区均采取了"末位淘汰"制，即将在公民评议中排在末位的部门领导予以免职处分。有些地区对此非常严厉，只要在当年公民评议中排在末位的部门领导便给予免职（如南京市），有些则是对连续两年排在末位的部门领导才给予免职（如邵阳市）。其他常见的惩罚措施还包括：诫勉谈话、通报批评和限期整改等。在所有举办"公民评议政府"活动的地区中，珠海市对评价结果的运用最具特色，主要表现在两个方面：一是用经济手段来对各部门和单位进行奖惩，即"考核单位得分等于所有被考核单位平均分的，可以获得标准奖金；高于或低于平均分的，按比例增加或减少奖金。被考核为差的单位，扣除其一把手全年岗位责任奖金，其他领导成员扣除50%。被评为一般的单位，扣除其一把手全年岗位责任奖金的25%";二是将组织绩效与组织中所有成员的绩效联系起来,而不仅仅是针对个别领导。此外也有些地区并没有制定任何具体的奖惩措施,如部分实行网上评议的地区。

三 "公民评议政府"的"得"与"失"

"公民评议政府"是开启我国地方政府自下而上评价政府绩效的先河,是对传统自上而下评价模式的有益补充。但同时,由于受到经济发展水平、民主政治建设等方面的限制,在评价机制等方面尚存在很多不完善之处,使得"公民评议政府"活动的信度和效度受到一定影响。以下即分别从"得"与"失"两个方面来对"公民评议政府"作出进一步的分析和探索。

1. "公民评议政府"的意义及成效

(1) 改善政府与公众的关系,树立良好的政府形象。"公民评议政府"不但会拉近政府与公众的距离,而且会使公众增进对政府的理解和信任,从而树立起良好的政府形象。而良好的政府形象不仅有利于营造和谐的施政环境,实现行政目标,还会对投资环境的改善起到不容忽视的作用,从而促进该地区的政务建设和经济建设。"在市场经济条件下,哪里的软环境好,资本技术、人力资源就会向哪里聚集,哪里就会获得更快发展。能否抓住机遇,战胜挑战,取得跨越式发展,从某种意义上说,取决于能否创造一个良好的发展软环境。"(梅诗曙,2003)而"公民评议政府"正是为创建这样一种和谐、民主的发展环境起到了推波助澜的作用。

(2) 强化绩效与责任意识,改善服务水平。由于各地所举办的"公民评议政府"活动一般都把评议结果与部门领导以及工作人员的个人利益挂钩,因此评议结果的好坏将直接影响到其最根本的利益——被评为最差的单位轻则减少奖金或通报批评,重则丢掉官职。因此,这种活动的开展无疑会对政府部门的领导及工作人员起到巨大的激励作用,使其增强绩效与责任意识,尽最大努力来满足公众的需求,从而提高公共服务的水平和质量。

(3) 增加政府行为的透明度,加强监督。温家宝总理曾指出:"政府要自觉接受人民监督。政府的一切权力都是人民赋予的,必须对人民负责,为人民谋利益,接受人民监督。只有人民监督政府,政府才不会懈怠。"而传统体制下政府的许多行为都处于"黑箱"之中,无论是政府的机构设置、职责权限,还是权力的运行规则、工作程序等都很难为普通公众所知。这些都严重阻碍了公众对政府的了解和监督。"公民评议政府"即要求政府打开运作的"黑箱",使公众全面、准确地掌握与其利益息息相关的信息,从而在增加政府的透明度的同时为公众对政府的监督提供便利的渠道。

2. "公民评议政府"的弊端及不足

(1) 评价对象和指标与评价主体的性质、能力不符。"信息的匮乏和认知的便好"(吴建南、阎波,2004)决定了"公众"这种评价主体不是万能的。如果由公众对政府所有职能部门工作的各方面内容进行全面评价将难以保证评价结果的准确性和客观性。在我国民主政治建设尚不成熟、公民参政意识尚有待提高的条件下,"公民评议政府"最好选择一些与公众接触较为密切的一些服务性质的部门(如民政、税务和市容管理等部门)作为评价对象,并选取"服务态度"、"办事效率"及"满意度"等评价指标。同时,还要保证作为评价主体的公众是特定评价对象的"顾客",即是其所评价部门和单位的"服务对象"。这样,公众才能依据自己的直观感受作出较为客观、真实的评价。另外,评价指标"不要使用专业术语或简称。要关注于政府和公众共同的价值、愿景和绩效结果,并用简单易懂的语言表达"(Wray,Hauer;1997)。

(2)评价组织与实施的独立性和专业性不足。各地方政府在举办"公民评议政府"活动的过程中,无论是资料的收集、处理还是分析等都是由政府内部的相关部门负责,这样会导致两种弊端:首先,由于评价结果与其自身利益紧密相关,很难避免一些"暗箱操作",从而影响到结果的客观性和准确性;其次,整个过程会由于牵涉过多的人力、物力而影响到政府内部的正常运转,从而得不偿失。因此,由独立于政府外部、并具有一定专业技能的中立机构来负责操作整个评价的过程是十分必要并且有利的。如 ACSI 就是由美国质量协会(ASQC)、密歇根大学工商管理学院和国家质量研究中心(NQRC)组织实施的(Fornell,1996)。

(3)评价结果重在考核本身而非绩效的改善

评价结果的运用直接关系到评价的意义、价值以及目标的实现。"如果不能将公众的参与结果运用于公共服务明确、持续地改善,就不要奢望公众能够积极参与"(Wray,Hauer;1997);相反,"公众如果确信改革会使公共服务得到改善,他们就会对公共服务更加满意"(Kelly,Swindell;2002)。如前所述,大部分地区均制定了非常详细的依据评价结果而实行的各种奖惩措施,虽然这种行为本身无可厚非,但关键在于忽略了"公民评议"最根本目的和意义——了解公众的需求和期望与公众所实际感受到的政府所提供服务质量的差距,并努力缩小甚至消除这种差距,使公众真正满意。而对干部实施各种奖惩只是一种手段,并非目的。过于注重对个别领导、干部的奖惩这种做法也说明这些地区的"公民评议政府"还没有从传统的人事考评转移到组织绩效的评价与管理。因此,对"公民评议政府"的结果应该进行认真、审慎的分析,明确公众的需求和意见,并尽一切努力去改善现有的不足,真正改善和提高服务质量。

任何事物的发展和成熟都需要一个不断摸索和历练的过程,"公民评议政府"亦是如此。虽然目前还存在一些问题,如评价对象和指标与评价主体的性质、能力不符,评价的组织和实施过程缺乏独立性和专业性,以及评价结果重在考核本身而非绩效的持续改善等,但作为我国"自下而上"评价地方政府绩效的一种重要尝试,其现实意义毋庸置疑。随着我国绩效评价理论和实践的进一步发展,其评价体系会逐渐成熟,如果能与"自上而下"的评价模式有机结合,定会对我国地方政府公共形象的改善、服务质量的提高以及民主监督等方面发挥更加重要的作用。

二 其他地方政府绩效评价实践

公民导向、注重绩效的杭州综合考评
（杭州市综合考评委员会办公室党组书记、主任 伍彬 http：//jgjs. qingdao. gov. cn/E_ReadNews. asp？NewsID=4273 2009 年 8 月 5 日）

20 世纪 90 年代以来，中国受全球化和信息技术革命的影响，在政府改革的过程中引入了绩效评估理念，以期提升政府服务水平，为推进服务型政府建设注入新的动力。在这样的大背景下，杭州从 1992 年开始政府绩效考评的探索和实践。进入 21 世纪以后，随着中国经济社会的飞速发展，政府治理模式出现了转型的契机，杭州综合考评由此进入创新阶段，形成了以"公民导向、注重绩效"为主要特征的绩效评估模式。本文试图就杭州综合考评的形成发展、特色成效及深化拓展作一个初步的总结和探讨。

一、杭州综合考评的发展历程及基本概况

杭州综合考评是指杭州市委、市政府按照"创一流业绩、让人民满意"的宗旨，对市直单位通过社会评价、目标考核和领导考评进行的综合性考核评价。其发展主要经过以下三个阶段：

一是前综合考评时期（1992—2000 年），为单一目标考核阶段。1992 年，杭州市在市直单位推行了目标管理责任制，一方面确保市委、市政府提出的各项目标任务的全面完成；另一方面，通过实施考核奖励，激发广大机关干部的工作积极性。

二是初步发展时期（2000—2005 年），为目标考核、社会评价双轨并行阶段。2000 年，市委、市政府为根治机关"四难"综合症（门难进、脸难看、话难听、事难办），转变机关作风，在全国率先推出了"满意单位、不满意单位"评选活动。这一时期，对市级单位分别实行目标责任制考核和满意单位评选，这两种考评形式尽管有一定的联系，但相对独立运行。

三是深化发展时期（2005— ），为综合考评模式正式确立、发展、深化阶段。为了整合各类考评资源，全面、准确地反映和评价市直各单位工作实际，探索建立符合科学发展观要求的考核评价体系，2005 年下半年，市委、市政府成立专门课题组，经过反复调研论证，决定将目标考核、"满意不满意单位"评选（社会评价）进一步结合，同时增设领导考评，对市直单位实行综合考核评价，并正式采用了"综合考评"这一名称。2006 年 8 月，市委、市政府决定，将原来分设的三个非常设机构——市目标办、市满意办、市效能办职能进行整合，成立正局级的杭州市综合考评委员会办公室，作为市考评委的常设办事机构。

目前，杭州综合考评的基本做法是：以市直各部、委、办、局及市直有关单位为考评对象，由社会评价、目标考核和领导考评三部分有机组成"三位一体"的考评整体架构。综合考评基本分值设定为100分，其中社会评价50分，按比例随机抽取市民、企业、市党代表、市人大代表、市政协委员、专家学者等9个层面的1.5万投票人员，对市直单位进行满意度评价；目标考核45分，主要是考核市直单位职能目标和共性目标的完成情况；领导考评5分，由市四套班子领导对市直单位的总体工作实绩进行评价；另设置创新创优目标，为综合考评加分项目，实行绩效评估。

二、杭州综合考评的特点与成效

杭州综合考评的一个鲜明特色，就是公民导向，注重绩效。通过多年的实践，在多方面作了卓有成效的探索和创新。

1. 初步形成了一套与民主执政要求相适应的考评理念和方式。杭州综合考评坚持公民导向，采用比较科学的方法和规则，广泛收集各界群众对政府施政的意见和建议，对市直单位的工作进行统一的全方位的考核评价。本年度考评中收集到的意见和建议，经认真梳理后，成为市委、市政府确立下一年度施政方针和内容，以及制定市直部门工作目标的重要依据；市直部门完成这些目标的情况被纳入年度目标考核，并接受人民群众的评判。人民在评判的同时，又向政府表达出新的利益诉求，政府不断接受人民新的利益诉求，不断接受人民重新评判。政府与人民之间这种经常的、制度化的、平等的互动，已成为市委、市政府及政府各部门开展工作和权力运行的基本方式。

2. 在打造政府主导的公民参与网络方面迈出了重要的一步。通过多年的实践，杭州在综合考评中逐步形成了一个稳定的、开放的、覆盖全市的公民参与网络。一是拓宽参评代表的广度。在每年的社会评价中，安排市民、企业、专家学者等9个层面的1万多名群众代表进行满意度测评。各层面的代表均从社会评价人员信息库中随机抽样而来，具有广泛的代表性。从2007年起，把外来务工人员纳入评价层面。二是增加公众参与渠道。利用市民邮箱实名制的特点，试行网上评选；设立社会评价公开电话，接受社会公众的投诉与咨询。三是强化信息公开。通过在网站、报纸等公众媒体上，发布社会评价年度报告、设立绩效评估专版等方式，让社会公众更多地了解考评对象的基本情况和工作业绩，努力缩小社会评价中的信息不对称。

3. 在政府部门绩效考评方法上提出了一系列创造性的举措。（1）对市直各单位依据工作性质加以分类并设定不同的评选系数；（2）依据信息对称原则，界定三类考核的不同主体和考核的具体内容并规定不同权重；（3）在社会评价中，按照适宜度原则确定考评主体，并对不同考评主体规定不同的评价权重；（4）用科学抽样方式确定市民和企业的参评人员和单位，对除市民和企业之外的参评主体实行人员选择和投票结果统计的两次80%抽样；（5）动态设置达标线；（6）在综合考评中，专门设置了创新创优目标，各部门自愿申报，由专家组独立进行绩效评估，进行加分或倒扣分。

这些方法较好地解决了不同部门之间工作绩效的可比性问题，缓解了考评主体在知识和信息上的不对称，限制了可能的策略行为，把领导评价和群众评价、定性评价和定量评价、科学评价和民众感官度评价以及考核与评比有机地统一起来；同时，较好地解决了政府部门创新和绩效之间平衡的问题，引导政府部门在注重绩效的前提下进行创新。通过几年的实践，杭州形成了一套比较客观、公正、科学和可操作的公共部门综合绩效考核方法。

4. 创新综合考评体制，基本实现了考评工作的制度化、规范化、专业化。杭州市专门设立了高规格的综合考评常设机构，整合了目标管理、满意单位评选、效能建设"三办"职能，对机关效能、绩效考评从体制、机制上进行了创新。同时，成立了隶属市考评办管理的杭州市绩效评估中心，专门从事政府绩效评估工作，并进一步依托政府资源，打造高层次的中国地方政府绩效评估实证研究的交流平台。

实施综合考评以来，杭州机关作风越来越好，干部服务意识和能力越来越强，政府效能越来越高，党群政群干群关系越来越密切，人民群众对政府工作的满意度越来越高。实践证明，综合考评已成为转变机关作风的"撒手锏"、破解民生问题的"指挥棒"、促进科学发展的"助推器"、引领创新创优的"方向标"，为杭州经济社会发展和构建和谐社会注入了强劲动力。

1. 注重"眼睛向下"，较好地解决了对上负责与对下负责的统一，形成符合科学发展观的责任机制。在杭州综合考评的实践中，突出了公民导向，市民能够有序参与城市公共管理和对政府工作的监督，并拥有最大的评判权，从而引导机关各部门"眼睛向下"，有效地克服"官本位"，树立"以人为本"的理念，不断增强服务意识，改进工作作风，提升整体效能，做到"对上负责"与"对下负责"相统一。

2. 注重"内外结合"，较好地解决了以往以内部考核为主、缺乏外部评价和监督的不足，形成强大的压力机制。通过对组织考核（目标考核、领导考评）与社会评价两种考评方法的整合，既保证了内部组织考核的有效性，同时又通过民情民意表达渠道的制度化建设，进一步提升了综合绩效考评的公信度，较好地解决了"自上而下"考评的信度缺失和"自下而上"评价的效度缺失问题。综合考评采用"淘汰制＋达标制"，通过多年来的调整和优化，把激励机制和约束机制有机地统一起来，使压力和动力相辅相成，促进市直单位不断创新创优，改善服务水平，提升综合绩效，从而优化了杭州市的发展环境。

3. 注重"评价反馈"，有效地促进了民生问题的解决，形成绩效持续改进的工作机制。综合考评为发现并解决民生问题提供了一种有效的工作机制。2002年，在梳理分析社会评价意见的基础上，杭州市在全国率先系统地提出了破解事关人民群众最关心、最直接、最现实的"七难问题"（困难群众生产就业难、看病难、上学难、住房难、行路停车难、清洁保洁难、办事难）的工作目标。2007年，通过对上一年度社会评价意见的梳理，发现群众对"食品药品安全"和"生态环境保护"两大问题关注度较高，引起市委、市政府高度重视，最终形成了"7＋2"的"破七难"框架。2008年上半年，市委、市政府又将社会评价中反映强烈的物价上涨、垄断行业服务等问题纳入"破七难",形成"7+X"新框架,进一步丰富"破七难"的内涵,实现"破七难"的与时俱进。今年市考评办还首次向社会公开发布了《社会评价意见报告》,并列出每个单位的整改重点,在《杭州日报》、政府门户网站上公布。杭州市通过综合考评的"评价—整改—反馈—再评价—再整改—再反馈"这一工作机制,推动政府绩效持续改进,取得了明显的成效。据统计,2000—2007年,共有104560人次参加了社会评价活动,共征集到49872条(经梳理后数据)意见和建议,这些意见得到政府的积极回应和有效解决,广大群众和企业成为最大的受益者。在2005年至2007年《瞭望东方周刊》的全国性调查中,杭州市连续三年被评为人民幸福感最高的城市;在《福布斯》杂志"中国大陆最佳商业城市"的评选中,杭州市连续五次名列榜首;连续四年被世界银行评为"中国城市总体投资环境最佳城市"第一名。

三、深化杭州综合考评的对策建议

杭州综合考评通过多年的实践和探索,基本形成了全方位的绩效考评体系,并成为我国当前政府绩效评估模式之一。但与国外政府绩效评估模式相比,无论在理论层面还是实践操作层面,都还面临一系列问题和挑战。例如:综合考评体系还没有实现全覆盖,绩效评估应用的范围比较有限,公民参与的广度和深度需要进一步拓展,社会评价的方法还有待完善,考评信息化程度还不够高,等等。这些问题,有的需要通过长期深入的研究和实践探索不断加以改进和解决。这里就近期深化完善杭州综合考评,提出几点对策建议:

1. 深入学习实践科学发展观,建立健全条块结合、覆盖全市的综合考评体系。目前,杭州综合考评只限于市直单位,要按照深入贯彻落实科学发展观,促进区域经济社会全面协调可持续发展,推进生活品质之城建设,同时有效整合各项考评资源,提高政府工作绩效的指导思想,结合中组部对地方党委、政府班子考评和杭州市"生活品质之城"评价指标的设计,抓紧实施对区、县(市)的综合考评。通过对区、县(市)实行综合考评,对各地的发展状况、发展水平、发展潜力作出总体评估,引领各地进一步全面把握科学发展观的科学内涵、精神实质和根本要求,顺应人民群众的新期待,正确认识和妥善处理城乡发展、区域发展、经济社会发展、人与自然和谐发展的关系,促进各地既讲物质财富又讲精神财富,既讲改善民生又讲发扬民主,既讲GDP又讲绿色GDP,争当践行科学发展观的排头兵。同时,要加强对各区、县(市)的指导,进一步完善各区、县(市)对乡镇、街道和直属单位的综合考评。

2. 构筑更具"广度"和"深度"的社会公众参与平台。一是进一步拓展民情民意表达渠道。要进一步扩大公民有序政治参与,积极创造条件,让知情人群和有参与意愿的人员都有机会参加社会评价,从深层次上落实广大人民群众的知情权、参与权和表达权;要建立综合考评信息员队伍和社情民意信息库,将12345市长公开电话、96666效能投诉、"民情热线"、网络、新闻媒体等日常民意渠道反映的有关情况纳入社会评价范畴。二是要营造公民与政府之间的良性互动平台。通过强化"评价—整改—反馈"工作机制，激发公民参与热情，推动政府服务绩效的持续改进。要建立健全社会评价信息发布制度，对社会评价意见进行全面分析研究，形成年度报告并公开公布；要向社会公众定期公布社会评价意见重点整改目标及整改结果，使市民对市直单位重点整改目标完成情况的监督成为推进民生问题解决的"利器"。要开展治理诊断调查，努力破解社会评价中反映的一些热点、难点问题。三是努力提高社会评价的效度。学习借鉴国外行之有效的民意调查方法，不断改进和完善社会评价办法，尝试将入户调查、听证调查等方法引入社会评价，力求社会评价更具代表性、针对性、有效性，评价结果更加客观、真实、准确。

3. 强化绩效理念，实现传统的目标责任制考核向绩效管理转变。一是目标管理要从重数量轻质量向数质并重转变。按照落实科学发展观和牢固树立正确政绩观的要求，今后在政府绩效管理上不仅要看目标任务是否完成、服务态度和工作作风如何，还要看完成目标的质量如何、公众是否满意，更要看投入产出、成本效益。二是要逐步扩大绩效评估的范围。在创新创优目标、市政府为民办实事项目统一实行绩效评估的基础上，将绩效评估逐步扩大到专项目标、职能目标及共性目标的考核，对涉及民生的重大项目实行专项社会评价。三是要探索第三方评估。建立健全绩效评估专家库，与学术研究机构建立紧密合作关系，充分发挥各类专家在绩效评估中的咨议作用。通过市场化运作机制，选择公信力较高的专业中介机构，对部分专项目标或工作部门，开展第三方社会评价，并出具年度绩效报告，提升政府绩效评估的公正性和科学性。

4. 建立"数字考评"系统，实现绩效考核的动态化、定量化、现代化管理。综合考评要充分运用网络和信息技术，以及各部门电子政务应用成果，建立资源共享、实时监控、定量考核、全程管理的数字考评系统。一是依托统一的电子政务网络和数据交换平台，实现综合考评信息管理系统与市直各单位业务管理系统的互联互通、信息共享，实现各类工作目标涉及的业务流程、相关数据的日常跟踪、核验和动态管理，提升目标管理的精准度和有效性。二是通过完善"杭州考评网"功能，强化信息公开、公众参与、互动应用、网上处理能力建设，努力实现综合考评资源网络化、管理信息化、办公自动化，提升综合考评信息化水平。

哈尔滨审议国内首部政府绩效管理地方法规
（吴齐强《人民日报》2009 年 2 月 18 日）

2月6日，春寒料峭。数十位专家和学者相聚黑龙江哈尔滨，研讨一个热门话题——政府绩效管理立法问题。

2007年初，《哈尔滨市政府绩效评估体系》课题研究正式启动。受哈尔滨市政府委托，中国人事科学研究院组织该院及中国政法大学、北京师范大学等院校专家学者成立了课题组。课题组经过多次实地调研和交流，去年3月初步形成了《政府绩效管理条例（草案）》初稿。

去年8月，政府绩效评估试点工作启动后，哈尔滨市政府法制办根据试点情况，对《条例（草案）》修改调整。2009年1月，该草案提请哈尔滨市人大常委会一审。

中国人事科学研究院院长吴江积极评价哈尔滨绩效管理立法，认为"在发达国家政府绩效评估不断深化、国内实践急需创新的背景下，哈尔滨市政府绩效管理立法可以称为'适时顺势'"。

现行考评"走形变样"

据报道，最近，一些地方少数基层干部采取给群众发放标准答案、承诺给予奖励等方式，以获得一个较高的群众满意度，使本应十分严肃的调查变了味。

"上述报道如果属实，哈尔滨的政府绩效管理立法就更显得必要和紧迫，"黑龙江省委党校公共管理教研部副教授杜鹃说，现行的政绩考核体系下，有一个不争的事实是：由于领导干部将经济发展目标看得过重，因而GDP等成为一个地区干部政绩的主要反映指标。在这种情况下，虚报数字、数字中水分很大的情况很严重，"干部出数字、数字出干部"的现象屡见不鲜。

从20世纪80年代开始，我国地方政府开展了多种形式的政府绩效评估试点。自1998年开始一直从事政府目标管理责任制工作的哈尔滨市政府办公厅目标办科长丛浩，深有感触地说，现行的目标管理责任制在一些地方实施中走形变样了，比如，为了通过考核，多拿奖金，年初拼命压低考核指标，年底弄虚作假技术处理，导致目标任务层级衰减，考评结果层级放大，群众意见无人理。

哈尔滨市政府法制办副主任单国俊说，科学发展观要求我们有一个比较全面、科学、合理的政府绩效观念，谁来考核？考核谁？解决这些问题需要重新建立一套科学的考核体系。

首创"4+1"评估体系

哈尔滨绩效管理立法突破、创新之处何在？哈尔滨市政府法制办农林城建立法处副处长刘英戬说，在指标体系设计过程中坚持了"三个导向"：职能导向、结果导向、标杆导向。通俗点讲，该条例明确了各级政府和部门的职能定位、如何科学评价政府行为、诊断结果出来怎么用。

以公安局工作为例。很多人认为哈尔滨受地域、经济条件所限，干警再累群众也不会认可满意，新指标也好旧任务也好，都是走过场。

参与模拟测评后，发现哈尔滨的人均发案率较低。工作被认可就是价值体现，干警们渐渐接受了新的管理方式。

按新绩效评估指标体系，公安局不用平衡往年数量，为全年抓捕网上通缉犯600名还是800名的指标开会讨论，也不用年初故意压低经济和刑事案件数目取巧通过考评，代之以人均发案率和可防性案件发生数以及万人比率，更注重实效而非完成人为设定的任务。

新绩效评估指标体系从投入、产出、效果三个方面入手，综合评估各部门的效率、效能和效益，体现了建设服务型、效能型政府的要求。教育局、市经委、环保局、规划局、地方志、档案局、团市委都通过新绩效评估指标体系重新审视自身工作，发现越位、错位、缺位现象并不少，一一对照职能归位，大家都有收获。

刘英戤介绍，《条例（草案）》首创从政治建设、经济建设、社会建设、文化建设、自身建设五个方面设计区县政府的绩效评估指标体系。其中，反映民生改善、公共文化建设、生态环境保护的指标比重达55.8%，体现了以人为本、全面发展、协调发展、安全发展、可持续发展的要求。

哈尔滨市市长张效廉说：政府绩效管理对于提高政府公信力、改进政府工作、建立公正透明的政府起着关键性的作用。立法先行就是要把政府绩效管理持续搞下去，解决绩效管理的内在动力，不再依赖于"一把手"推动，所需经费要每年纳入预算。

民间参与是重大突破

"草案规定，社会组织可以在未受政府委托的情况下独立开展对政府及其部门的绩效评估，是一个创新，"杜鹃认为，"长期以来，政府工作的绩效如何，通常都由政府内部的自我评价说了算。以法律的形式规定社会第三方民间机构参与政府绩效评价是重大突破，人民群众可以合法地参与到政府绩效评价过程中来。"

草案还规定，市和区、县（市）人民政府应当每年向同级人大或常委会报告对所属部门开展绩效评估的情况，并定期向社会公示。

"政府绩效评估本身就是一个公民导向的管理工具。政府提供公共服务的能力和成绩，公众心里当然有杆秤。"全国政府绩效研究会会长高小平认为对民意的吸纳是政府绩效评估的关键环节。

当然，在《条例（草案）》接受审议和试点过程中，也有担忧。

按照"下评一级"的原则，市政府对各区、县（市）政府和市直部门进行绩效评估。评估体系还是老套路：政府自己给自己出考题；政府绩效还是由政府自己来评，其中包括上级政府来评。虽然社会组织可以在未受政府委托的情况下独立开展对政府及其部门的绩效评估，但是约束机制和强力执行机制并不具备，因而绩效评估结果能否完全让公众知情，能否按绩效评估结果改进都有疑问。

接受采访的人大代表和群众纷纷反映，哈尔滨首推政府绩效管理立法，不要仅仅是停在纸上、挂在嘴上、贴在墙上，要真正落实。

哈尔滨市常务副市长姜明态度明确："政府绩效评估体系建设，不是为了搞花架子，而是实心实意地想以此加快推动政府管理机制和方式创新，以此建设服务型政府。"

2009年2月6日,中国人事科学研究院和哈尔滨市人民政府共同主办的"哈尔滨市政府绩效管理立法研讨会"在哈尔滨市友谊宫举行

湖南开展政府绩效评估,评估结果将成干部管理重要依据
(《中国人事报》2009年7月17日)

为推进政府管理创新,提高行政效能,转变政府职能;湖南省委、省政府日前出台了《关于开展政府绩效评估工作的意见》,决定从2009年开始,在全省各级政府及其工作部门逐步开展绩效评估工作,并明确提出,要将评估结果与公务员特别是领导干部的考核奖惩、选拔任用、职务升降、辞职辞退等有机结合起来。关于政府绩效评估的方法和程序,《意见》规定,要建立党委领导、政府主导、社会参与的多元化绩效评估主体体系,把政府考核与公众评议有机结合起来,尤其要把人民群众的满意度作为评估的重要标准。要坚持考、评、议相结合,定性评估与定量评估相结合,平时评估与定期评估相结合,确保评估结果的客观性和公正性。评估方法主要有三种:一是指标考核,二是公众评议,三是考察核实。评估程序一般包括四个环节:一是制订计划,二是日常评估,三是年终评估,四是反馈结果。

《意见》指出,确定政府绩效评估的内容,要统筹兼顾,突出重点。既要把贯彻党的路线方针政策和落实省委、省政府重大决策部署情况,特别是解决民生问题的情况作为评估的重要内容,又要全面评估经济社会协调可持续发展状况、社会管理与公共服务水平、行政效能与政府自身建设等方面的情况。要根据各地各部门单位的实际情况,分类设计不同的指标体系,明确不同的目标要求,做到科学合理、简便易行。

对各级政府绩效评估的主要指标包括:重点工作指标,主要评估完成上级党委、政府下达的重点工作任务和重大建设项目情况；民生建设指标，主要评估居民收入增长、物价水平、就业和再就业、社会保障和社会福利、食品药品安全、为民办实事等方面的情况；经济发展指标，主要评估经济增长、财政收入、科技创新、新型工业化、农业产业化、新型城市化、社会固定资产投资、招商引资等方面的情况；社会发展指标，主要评估环境保护与资源节约、人口与计划生育、教育文化、公共卫生、和谐平安建设、安全生产、社会信用体系建设等方面的情况；政府自身建设指标，主要评估政务公开、电子政务、法制建设、勤政廉政、经济发展环境、机关效能、管理创新等方面的情况。

对政府工作部门绩效评估的主要指标包括：行政业绩指标，主要评估完成本级党委、政府下达的重点工作任务，重大建设项目情况和履行工作职责的情况；行政效率指标，主要评估机关工作效率，包括工作计划落实、行政审批、办文时效、对建议提案的信访投诉事件的处理等；行政能力指标，主要评估工作推动力，包括电子政务、政务公开、法制建设、勤政廉政、管理创新等；行政成本指标，主要评估履行职责所占用和消耗的资源情况，包括机构编制与人员控制、部门预算支出、财政财务收支的合法性和效益等；部门特色指标，主要评估各部门根据自身职能围绕服务经济社会发展所确定的、具有部门特色的、创造性的工作情况。

《意见》要求，要本着奖优、治庸、罚劣的原则，建立绩效评估奖惩机制，把评估结果作为改进政府工作、管理领导干部和公务员的重要依据。对违规决策、执行不力、疏于管理和行政不作为、乱作为等问题，特别是对年度绩效评估结果不合格单位，要责令限期整改，并视情节轻重，依法依规追究责任。

绩效评估掀起行政管理革命
——深圳市政府绩效评估系统试运行一年综述
（深圳明镜网　2008年7月15日）

如何考核政府？除了GDP之外，还有哪些指标？

政府绩效评估，该怎样作出一份实实在在的"考卷"？

公众心中的疑问，正是广东省深圳市政府绩效评估工作亟待解决的问题。去年3月，深圳政府绩效评估系统"首次试水"，一套独创、科学的政府部门绩效评估指标浮出水面。经过一年多时间的试运行，可以说该市的政府绩效评估系统在打造责任政府和提高政府执行力等方面正发挥着重要作用。

由"定性"考核转变为"定性"和"定量"相结合的科学评价

为了提高政府执行力，健全责任体系，打造责任政府，深圳市委、市政府把2007年确定为"行政绩效年"。但是如何提高政府绩效？如何评价和考核政府绩效？

在深圳，对政府部门工作进行检查、考核的做法并不新鲜，但惯常的考核方式缺乏量化的标准，随意性较大，考核的结果真实性不足，且不少考核缺乏科学性、规范性，考核靠拍脑袋，打印象分，看表面上的忙碌，搞"形式工程"。不少部门常常用"力争"、"努力"、"促进"等词汇描绘工作目标，但究竟他们何时能达到目标，是个未知数。而一年一次的检查考核，也很难从管理的效率、效能、服务质量和群众满意度等方面作综合评估。

这一切，与目前深圳正在健全责任体系、打造责任政府的目标是不相适应的。市监察局等部门按照市委、市政府的指示精神，经过深入调研和反复研讨，选择了政府职能清晰、内部流程规范、与企业和居民工作生活联系密切的 16 家政府职能部门和 6 个区政府进行政府绩效评估试点。对政府职能部门的评估分为行政业绩、行政效率、行政执行力和行政成本 4 个方面，设置 24 项评估指标；对区政府的评估则分为经济调节、市场监管、社会管理和公共服务 4 个方面，设置 42 项评估指标，形成了一个比较成熟、有较强操作性的绩效评估系统方案。

去年 3 月，经深圳市政府批准，政府绩效评估系统宣布试运行。该市政府绩效管理开始由以前的"定性"考核转变为"定性"和"定量"相结合的科学评价。

有力地促进政府绩效大幅度提升

深圳政府绩效评估，该走一条怎样的路呢？市政府绩效评估办负责人对记者说："这需要有创新的理念。"

首先，绩效评估要体现科学发展观和正确政绩观，要通过评估，防止政府部门一边高谈落实科学发展观，一边仍然在铺摊子、上项目，片面追求 GDP 增长的怪现象。

其次，绩效评估指标不能"胡子、眉毛一把抓"，评估指标体系必须精挑细选，要科学、合理、刚性、便于操作，体现综合评估的要求。

再次，绩效评估不能成了"花架子"，不能评得无关痛痒。评，就要评出权威。另外，绩效评估绝不能办成政府部门的"荣誉现丑"排行榜。绩效评估系统必须成为效能监察的创新抓手，从一年一评的"结果评估"向每分每秒监控的"过程评估"转变，通过纠偏改正，不断"校正"政府部门各项工作的"航向"。

"评估 16 个政府部门，重点要抓住什么样的'牛鼻子'？"

"重点从行政业绩、行政效率、行政执行力、行政成本 4 个方面共 24 项指标进行综合评估！"

"评估 6 个区政府，该侧重哪些内容？"

"侧重从经济调节、市场监管、社会管理、公共服务 4 个方面共 42 项指标进行综合评估！"

看似简单的指标，却包含着每一项重要的评估内容。每一项评估都围绕市委、市政府年度重大工作、重大政策、重大改革、重大投入和政府管理等内容展开，凸显政府的公共服务和社会管理职能。

作为提高民生福利水平的重要措施，深圳市政府去年提出办"十件民生实事"的工作目标。为了让一道道"必答题"如期交出"圆满答卷",政府绩效评估系统——将其纳入评估。

采访中,记者听到了"十件民生实事"任务如期圆满完成背后的一个故事:"十件民生实事"实施过程中,征地拆迁样样都是棘手问题,刚开始进度并不十分理想,大家心里都非常着急。市政府决定将"十件民生实事"全部纳入政府绩效评估系统。"新建120家社康中心"、"提高公共交通设施建设"和"改造升级农贸市场"等专项工作,牵头单位制定任务分解表,在市、区及单位之间签订责任书,把工作任务落实到责任单位和责任人。去年,市评估办对"打击恶意欠薪,建立良好劳资关系"作了中期绩效专项评估,有关单位有针对性地进行了整改,有力地促进了民生实事工作的落实。

"可以说,没有绩效评估系统的介入,'十件民生实事'不会如此顺利地完成,绩效评估有力地促进了政府绩效大幅度提升。"一个牵头单位的负责人如是说。

深圳公布政府《部门目标责任白皮书》,许多政府部门的工作都进行了量化,但落实完成情况如何,群众并不清楚。开展政府绩效评估工作后,效能监察又迈进了一大步。去年,市贸易工业局、教育局、公安局、国土资源和房产管理局、建设局、规划局、交通局等16个部门公布的《部门目标责任白皮书》结果得到真正的应用,第一次进行了评估"打分"。

值得一提的是,绩效评估工作还让深圳市行政审批、重大投资项目审批工作站在了新的起点上。去年,市行政审批电子监察系统共监察行政审批业务近146万笔,月平均逾12万笔,市重大投资项目共414项,重大投资项目审批的时限由原来的380多个工作日压缩到86—98个工作日。在行政效率评价方面,除了行政审批外,人大建议政协提案处理、信访投诉处理等均是评价指标。涉及市委、市政府的中心工作,比如违法建筑查处率、无照经营查处率等等也都收纳在指标体系中。在行政成本方面,"考卷"包含项目支出评估和基本支出评估等多项内容。

深圳政府绩效评估,并非"评出第一、第二、第三",也不是简单的"张三"和"李四"比。

在这套综合评估项目里,分为共性、个性和专项三类。其中共性评估类在被评估部门之间进行横向比较,个性评估类对被评估部门自身的历史情况进行纵向比较,专项评估类对某专项工作进行独立评估。

深圳政府绩效评估采用的是"点、线、面"评价模式。点,是以实际工作进度的点与计划工作进度的阶段目标点进行"差距比较";"线"是以被评估部门当前的工作情况与历史工作情况进行"趋势比较",或者是多家被评估部门互相进行"高低比较";"面"是对有关区政府和多个部门共同完成重大任务的"合力评估",注重评估共同任务的完成效果。

该系统将各项评估指标按工作成绩优劣分为"绿、蓝、黄、红"四级。绿色表示绩效优秀,蓝色表示绩效良好但存在少量问题,黄色表示绩效中还存在较多问题,红色表示绩效差存在严重问题，属于危险区域。

绩效评估中还有一个"定盘星"，就是外部评估。绩效评估系统的量化指标占总分的75%，外部评估占25%。外部评估中政府部门和相关专家、专业机构评估计算的分值占15%，社会公众评估意见计算的分值占10%，市民在政府绩效评估中也有了"话语权"。

正是由于有了创新的理念和一套客观合理、科学系统、操作性强的指标体系，深圳市政府绩效评估工作迈开了坚实、可喜的步伐。

要在改善政府管理、提高政府效能等方面发挥更大的作用

摆在记者面前的，是一份涉及6个区和16个试点职能局的百分制"效能成绩单"。

16个试点职能局绩效评估平均得分82.55分，得分超过平均值的职能局有9个。16个试点职能局的行政业绩，公众满意率平均达到60%，处于合理水平。但在治安、就医、住房、就业、物价、交通、环保和特区内外一体化等方面，评估的结果显示公众满意率偏低，各职能局"仍需加把劲"。

评估报告对6个区政府的绩效是这样评价的：51%的受访者认为区政府绩效有明显的改进，各区政府的绩效状况均处于"良好"区域，还有较大提升空间。

"评估标准和评估体系是政府工作的'指挥棒'，是各级领导干部树立正确政绩观的'标杆'，是政府新一轮创新的'驱动器'，关系到政府职能履行，直接触及领导干部政绩评估，影响公共资源配置，牵动城市经济社会发展全局。"广东省委副书记、深圳市委书记刘玉浦，深圳市长许宗衡多次过问政府绩效评估工作情况，并对此项工作作出指示，为该市绩效评估工作把关定向。

深圳市政府绩效评估办负责人表示，下一步，市评估办要紧紧围绕政府绩效评估工作的标杆管理导向、过程监督导向、公众满意导向和结果运用导向，进一步完善指标体系，使绩效评估系统在改善政府管理、提高政府效能等方面发挥更大的作用。

广东民间报告给政府绩效打分
（《中国商报》2007年11月27日）

今年11月中旬，华南理工大学公共管理学院课题组向社会公布了《2007广东省市、县两级政府整体绩效评价指数研究红皮书》。"作为非政府的研究机构，我们评价政府绩效，能够对地方行政起到监测和督促的效果。"该课题组负责人郑方辉博士接受本报记者采访时说道，"这可以看做来自基层和民间的一种民主的表达。"

深圳在"促进经济发展、维护社会公正、节约政府成本"三个方面都排在全省第一，但其"保护生态环境"指数排名第十六；广州整体绩效排名第二，但"节约政府成本"指数排名第十九；东莞整体绩效排名第三，但"保护生态环境"指数排名最后（第二十一）。

事实上，由第三方对广东各市、县政府的整体绩效进行客观评价具有特殊的意义。据了解，这一由高校学术团队自主选题（第三方）、独立完成，针对2006年政府年度绩效，覆盖全省市、县两级政府的评价活动，其评价范围之广在国内尚属首次。课题组近日表示，相关评价活动今后每年都将进行，并以"红皮书"形式向社会公布结果。

从《2007广东省市、县两级政府整体绩效评价指数研究红皮书》（下称"红皮书"）中可以看到，广东全省21个地级以上市的政府整体绩效指数差异明显：深圳居首，广州第二，东莞、佛山紧随其后，汕尾市排名全省最末。

"红皮书"中的评价将地方政府职能定位于"促进经济发展、维护社会公正、保护生态环境、节约运作成本、实现公众满意"这5个领域层进行对比分析。"本次评价所采用的是改良型层次分析法。评价指数体系包含了从这5个领域层共166个备选指标中选出来的50个具体指标。"郑方辉介绍。

总体而言，位于中心城市的行政区域均为全省社会经济发展程度较高的地区，排名趋后者多为边远的农业县，主要分布于韶关、清远、湛江等市。

同一城市在政府职能5个方面的表现可能差异巨大。如，深圳在"促进经济发展、维护社会公正、节约政府成本"3个方面都排在全省第一，但其"保护生态环境"指数排名第十六；广州整体绩效排名第二，但"节约政府成本"指数排名第十九；东莞整体绩效排名第三，但"保护生态环境"指数排名最后（第二十一）；而阳江整体绩效排名第十八，但"保护生态环境"却排名第一，表现另类。"本次评价对比研究显示，一些地区经济的发展是建立在牺牲环境的基础上的。"

"红皮书"中对民众关心的当地社会治安问题也做了专门的调查，当地社会治安的满意程度平均得分为4.94分。最高值为5.65分，最低值为3.57分，差值2.08分，接近42%，最高分与最低分对比相当悬殊。课题组对此有这么一番解释："统计结果表明，21个市此项得分中，中山最高，为5.65分，汕头最低，为3.57分，分差较大。高于平均分的城市有7个，低于平均分的则达14个。"

"红皮书"在当地的面市引发了媒体以及民众的热议。广州市某单位公务员林先生在采访中说道："节约政府成本居后也情有可原，广州作为改革前沿的省会，人口多，尤其外来人口比其他任何城市都要多，所以政府花在这方面的资金肯定要多于别的城市；同时广州城历史悠久，老城区的维护和改造成本也比较大，这方面深圳就不需要支出旧城维护费用，之前广州获得的'迪拜奖'就是表彰广州市政府在改善人居环境上作出的突出贡献。"但林先生也认为，广州某些超前建设也许并不明智，比如2002年建设1公里的地铁需要2亿元，但现在建设1公里的地铁可能仅需要1亿元，这无形拉高了政府成本。

作为全国最早的一批经济特区，汕头市政府在促进经济发展方面取得第17位的排名。在汕头某银行工作的胡小姐称："汕头是全国最早的一批经济特区，却在推动经济发展上不见有所作为，让人遗憾。汕头的贫富差距比较大，好多大老板富得流油，但平头小百姓的收入却不见涨，公共服务做得也不好，比如金砂公园等好多老公园，N多年都未见维护翻新，但政府的办公大楼都很豪华。"

"红皮书"是不是第三方评估？

"红皮书"的出现不仅在坊间引起了大讨论，在学术界以及政府部门间也引起了广泛的讨论。

"由郑方辉博士主持的课题组完成的'2007年广东省市、县两级政府整体绩效评价指数年度报告'作出了有益的探索。"广东省社会科学院院长梁桂全说，"该研究覆盖广东省全省21个地级以上市和121个县（市、区），范围之广，抽样调查样本量之大，并由学术机构独立完成，在国内尚属首次，具有典型的代表性和实证价值。西方国家的选举市场很大程度上将公共政策置于选票的平台和导向上。在我国，将公共满意度指标导入地方政府绩效评价，是建立社会主义民主政治的客观要求。"

广东省人民政府发展研究中心副主任李惠武在看到"红皮书"之后，对此评价为"相信会引起各界及省政府的高度关注"。他介绍："近年来，广东省政府十分重视政府绩效评估工作，早在四年前财政厅就专门设立了绩效评估处，对公共财政项目进行绩效评价，当然，尚未涉及作为一级政府的整体绩效评价。我以为，地方政府的整体绩效评估不是该不该的问题，而是如何去做以及如何做好的问题。从这个角度来说，华南理工大学相关课题组做了开拓性的工作，非常有意义。"

广东省政协常委、省政府参事王则楚有不同的观点，他认为，"参照国际上的做法，按照科学发展观的要求，对政府的绩效开展评估是一件有意义的事。但如果是官办的学校、科研所，拿着政府的钱来做评估，那不能算是第三方评估。事实上，只有用民主的办法去监督政府，政府才不敢懈怠。对政府的绩效，其实老百姓心里十分清楚。另一方面，只有在政务信息完全公开的情况下，模型的评估才会有意义。在统计数据都是不真实的条件下，而且还是极少样本下的抽样，结果令人感到意义不大。"

声音

别将《红皮书》作用扩大化

历时一年的"2007年广东省市、县两级政府整体绩效评价指数年度报告"，一出台就将该课题组的负责人郑方辉博士推到了前台。记者电话联络上郑方辉时，他一再强调，"我们是做学术研究的，不希望把'红皮书'的作用扩大化。"

针对各界争议最多的"华南理工大学课题组算不算第三方研究"的问题，郑方辉坚决地说："我们的研究具有独立性！"接着他十分肯定地说道："我们的课题组没有和被评估的任何政府部门打过交道。我也知道社会上对'第三方研究'存在争议，认为高校拿着政府的钱，不能算是实际意义上的'第三方'。我想问题的关键应该是'研究双方存不存在利益关联'。我的课题组没有和全省任何部门打过交道，不能因为我们是高校的课题研究组就质疑我们的独立性。"

"红皮书"中的大排名引发了广东省的全民大讨论，许多社会人士对各城市的排名都有自己的一番见解。郑方辉认为:"任何一项评价结果均是相对的,不可能把被评价对象的所有特征全部点评一遍,政府整体绩效评价更是如此,因为与企业比较,政府目标多元化,并且大都基于非经济性目标,具有极强的价值判断,因而评价结果更是'仁者见仁、智者见智'。"

"在技术层面上,由于政策(政府行为)具有滞后性、连续性和复杂性等特点,因此,通过社会经济各个层面的具体指标变化所反映出来的'事实'并非'真正的事实',或是评价时期的'事实'。如GDP增长率是投资、技术等生产要素共同作用的结果,它有明显的滞后过程,以年度为单位的绩效评价未必能反映即时真实状态,同时,政府内部运作相当复杂,关联密切,政策结果往往是许多因素共同作用的结果,成绩如此,缺失亦如此。"

在强调不要将"红皮书"的政府排名等同于各官员的政绩时,郑方辉还指出了研究中存在的不足之处,"首先是资源投入的问题,历时一年的研究需投入大量的人力、物力、财力,学术机构明显力不从心;其次是指标体系,理论和技术层面存在一系列有待解决的问题,而这些问题并不是研究者可以解决的;再次是数据来源的问题,具体到市、县级政府,数据缺失、失真的现象普遍存在,一些基础数据相互矛盾;最后是评价的推进问题,涉及方方面面的利益,有些甚至被视为敏感内容,要有制度性保证。事实上,西方国家均以立法来保证政府绩效评价的推进,上升至法律层面,我们显然还不行。"

2008广东省地方政府整体绩效评价
红皮书

张建合首创"新效率工作法"擂响全国
(《山西日报》2006年10月10日)

运城市委常委、常务副市长张建合于12年前在全国首先提出并且开始在政府部门推行的"新效率工作法",为政府实行政绩考核和提高行政效率作出了独特的建树。国庆节前夕,他从全国300多名专家学者中脱颖而出,当选为全国政府绩效管理研究会副会长。

张建合同志已从事党政工作30多年。多年来,他不仅认真踏实工作,而且不断总结探索新形势下政府部门工作管理的新思路、新方法。1994年,他在全国最早提出了行政效率研究的新命题,率先在原运城行署办公室实施"新效率工作法"。1996年至1998年,他先后主持建立了运城政府办公系统八大指标量化考核体系、政府部门转变作风提高效率五大考核指标体系。2000年,他又主持建立了运城市公共部门绩效量化管理"科学决策、发展项目、综合实力、社会环境、民意测验"五大指标体系,在行政效率和政府绩效考核研究方面积累了丰富经验并且有了较深的理论造诣。其间,他被北京航空航天大学聘为客座教授。

国庆节前夕,全国政府绩效管理研究会成立暨政府绩效评估与行政体制改革研讨会在兰州召开。与会的全国300多名专家学者高度评价了张建合首创并致力实践的"新效率工作法"。曾主持完成"中国政府绩效评估体系研究"课题的中国行政管理学会副会长、管理学博士高小平当选全国政府绩效管理研究会会长,张建合当选为副会长。

相关链接:探索机关工作运行规律的有益尝试
——"新效率工作法"的实践与思考
(张建合《中国行政管理》1994年第11期)

为了适应建立社会主义市场经济新体制的要求,探索办公室工作的运行规律,我们运城地区行署办公室认真总结了1990年以来就开始的规范化和制度化建设,并使之系统化、科学化,于年初在办公室内部提出并试行了"新效率工作法",短短半年时间,已经开始取得成效。

能量化的量化,不能量化的等级化,是"新效率工作法"的要义

所谓"新效率工作法",主要是对办公室工作过程实行全方位、连续性动态管理、考核、优化,把办公室工作分解为若干岗位和若干项目,能量化的量化,不能量化的等级化,通过连续量化考核,使各项指标不断创新,工作效率不断提高。

"新效率工作法"主要由九大考核指标体系构成。一是达标指标体系。在这个体系内,我们既对办公室全体工作人员在坚守岗位、遵守纪律、行为文明、良好形象四方面

提出了5项共性要求,又对办公室内7个科室的18个主要工作岗位分别提出了达标具体要求。比如,综合科的文字工作,除按时、按质完成领导讲话、汇报材料的起草外,还必须在每月20号前为行署提供上一季度经济工作综合分析情况。秘书科的文件制作传阅按特急、急、一般划分为当天办完、三日办完、一周办完等。凡达到各个岗位工作标准要求的,可记分,凡达不到规定时限和质量标准要求的,每次考核扣减一分。二是创优指标体系。凡工作成绩突出,获国家级奖励的加20分,获省、部级奖励的加10分,获地级奖励的加5分;凡在国家级刊物报纸发表文章加10分,省级加5分,地级加3分,合作完成者记平均分;凡全省评比的工作项目,第一名加10分,二、三名加5分;凡化考核的工作岗位,量化指标全年平均比上年提高一个百分点加1分。三是配合指标体系。能主动围绕中心工作,同兄弟科室相互支持配合,工作不扯皮、不推诿,年终由各科无记名投票,按很好、好、一般,分别加记10分、5分、3分。四是革新指标体系。在办公室内部开展常年性的合理化建议活动,凡提出的建议被采用,取得效果的,或暂不采用但被领导认可的,根据其分量轻重分别加记10分或5分。五是失误指标体系。按对工作造成影响的程度,分为大失误、中失误、小失误,分别扣减10分、5分、3分。我们对工作失误共细化了若干种情况,出现失误后对号入座扣分。六是学习指标体系。我们对办公室工作人员学习搞两年规划,分别要求必须学习掌握党的基本知识、社会主义市场经济基本知识、政府法专题报道制基本知识、微机操作基本知识、公务员制度基本知识五方面内容。七是精简指标体系。以各科室现有人员为基础,凡减少人员的,按全科人均承担的工作量,多承担一个百分点工作量加记1分。如5人科室减少1人后,人均工作量增加25%,即加记25分。八是文体活动指标体系。通过有组织地开展文体活动,增进相互间的了解和友谊,不断提高办公室人员身体素质。九是思想政治工作体系。凡科室人员出现工作失误和家庭发生的重要事情,各科长必须同其谈心,了解情况,帮助解决问题;凡科级干部出现同类问题,办公室领导必须同其谈心,交流思想。以上九大体系,每月进行考核,全年综合计分,年终由人事科入档,100分以上为优秀科室和优秀个人。年终评模,由最高分往低分依次确定。

"新效率工作法"明显优于以往一般化的规章制度

我们创试"新效率工作法"以来,进行了三次比较全面的考核。尽管还处于初运行阶段,但对工作已经产生明显的推动作用。

规范化程度进一步提高。过去在办公室工作上,我们先后搞了8项制度和办法,对规范办公室工作运行程序起到了良好作用。但原来的制度和办法,一般很少有量化指标要求,因此对提高工作效率的作用不够明显。"新效率工作法"对各项主要工作都有量化和等级化指标要求,并且进行动态考核管理,从而使工作规范程度进一步提高。比如4月我们在考核综合科为领导提供数字情况时,当时已22日,综合数字还没提供,我们便扣减了他们1分。到5月,统计、财政部门的数字16日计算机刚处理完毕,他们便当即进行整理，当天送到了专员手上。秘书科 4 月因微机故障出现一个重要校对差错扣了 0.5 分。5、6 月再没有出现校对差错超标情况。内务科工作比较细碎杂乱，但他们没有因此而放松量化考核，而是千方百计细化、量化、科学化，对如何组织各类会议活动，如何接待好各级领导和外地客人，都制定了具体量化标准，使工作紧张有序，周密细致，今年上半年几次大的接待活动组织均受到领导好评。即使对平常电话通知会议，他们也明确了必须记录的五要素，有效地堵塞了工作漏洞。行署领导评价我们"服务工作比以前更及时、更准确、更有效了"。

工作主动性、创造性明显增强。我们强调"新效率工作法"关键是一个"新"字，如果工作总在老框框内转圈圈，几十年一贯制，"跑腿叫人打电话"，"抄书抄报写汇报"，那就会整天忙忙碌碌而无所作为。"新效率工作法"中的创优和革新指标体系，都是激励大家打破框框、不断创新的。仅第二季度，我们就收到各种有价值的建议 8 份，特别是关于组建运城地区果业协会，力争三年内把运城苹果打入全国市场的建议受到了地委行署领导和省有关部门的高度重视，当即决定实施，于 5 月成立了全区果业协会，在运城检查指导工作的王文学副省长亲自到会讲话，对这一工作给予了高度评价，说这项工作是为全区人员办了一件大好事、大实事。办公室内"想大事、提建议，当参谋、做助手"的风气日益浓厚。

自我约束机制逐步确立。办公室工作头绪杂、任务重，比其他工作更苦更累，有没有必要卡得那么紧，一开始个别同志也有不同看法，认为大家已经够辛苦了，不必那么认真。但实际工作中许多情况告诉我们，没有纪律，没有约束，就很难有高效率。过去，总有个别同志过不了按时上班这一关，往往一个人误了大家事。我们实行统一签到后，按时上班率达到 98%。4、5 两个月，我们先后 5 次临时动议召开各科室负责人会议，从没发生一次缺席情况。请假人数、天数也明显减少，不少同志把私事尽量安排到假日和星期天，办公室 38 名同志上半年有 25 名未请一天假。

团结进一步增加。"新效率工作法"把大家的心思都引到了工作上，引到了学习上，引到了创新上，因而进一步净化和纯洁了科室之间和同志之间的关系。大家工作目标很明确，专题报道工作好坏关键看自身。所以扯皮的事少了，失误的事少了。配合指标体系尽管分不多，但大家都非常注意，不愿在这上面丢了分。不少同志说，我们并不是非要在乎那么几分，而是要用自己的努力工作，证明我们是一个合格的干部、合格的公仆。

"新效率工作法"给我们的启示是多方面的

（1）必须不断认识和探索办公室工作的运行规律。从表象看，办公室工作繁忙杂乱，被动性、随意性很强。这些特点使不少同志认为，办公室工作没什么规律可言，只要勤勤恳恳，服从照办就行，以至于惰于研究探索，工作效率低下。其实，办公室工作也有自身运行规律，比如，近年来办公室工作出现了一系列新的发展趋势，文字工作智囊化，工作程序规范化，办公手段现代化，后勤管理企业化，等等。实施"新效率工作法"中,我们有时提醒大家注意研究新趋势,主动适应新形势,从而使大家的工作有了一定的主动性和超前性,在不少方面摸索出了一些有行业特点的新办法。

(2)必须树立强烈的市场经济意识。办公室工作的从属性最强,它时时刻刻都离不开中心工作。当前,我们党和政府最大的中心工作,就是要逐步建立具有中国特色的社会主义市场经济体制框架。如果我们的办公室工作忽视和偏离了这个中心,那还会有什么高效率,弄不好会形成负效率。因此,我们强调,办公室工作不管那个岗位,都必须有强烈的社会主义市场经济意识。认识问题,处理问题,解决问题都必须按这个大原则办事,不能动不动还是按计划经济那一套办法来工作。因此,我们的办公室工作,在转变职能搞好服务的过程中,适应得比较快。

(3)必须塑造良好的整体形象。办公室工作尽管很具体、很细小,但它事关大局,事关整体。正像不少同志总结的那样,办公室工作干了都是小事,误了都是大事。因此,在实施"新效率工作法"中,我们强调,不管是秘书长、主任,还是打字员、通讯员,都必须把自己的一言一行,同全区的工作联系起来,同整个政府的形象联系起来。一些情况下,一个普通办公室人员的形象,就代表着政府形象,一些大事情,有时就同一个工作人员的具体工作相关。所以,我们要求办公室不管分工如何,出现紧急任务情况时,只要有一个人在,工作就不能误事,能自己代办的事,就马上代办,不能代办的事,要立即联系有关人员来办,从而使办公室工作在整体上保持高效率的运转。

(4)必须坚持科学办法和思想工作两手抓。任何管理办法,即使是非常科学的管理办法,都不可能是万能的,都不可能包罗万象、天衣无缝。所以,我们在"新效率工作法"中设立了思想工作体系和学习体系。要求大家在提高自身思想素质和业务素质上下工夫,努力建设一支高素质的工作队伍。在处理一些时效性较强的问题上,我们坚持必须强化组织观念和纪律观念,个人服从组织,有任务马上就干。在一些时效性不太强而又比较复杂的问题上,我们及时地反复和有关同志谈心,在理解的基础,教育大家自觉主动地干好工作,做到既坚持和发扬我们党的优良传统,又探索完善新的现代管理办法。

(5)必须在"认真"二字上狠下工夫。任何科学的管理办法,如果没有认真过细的工作作风,都会成为一纸空文。为了确保"新效率工作法"的实施并取得预期效果,我们一开始就选抽了4名思想正、作风硬、工作认真的同志作为考核小组,并轮流从各科室抽人参加考核工作。考核中,一开始也有个别同志不习惯,扣了分觉得面子上下不来。我们及时召开了座谈会,要求大家理解配合,看到失误就是差距,就是潜力,通过总结,进一步搞好工作。我们引导大家在考核中,既督促检查自身的工作,又加强各科室之间的学习与交流,从而创造出新的更高的工作效率。

贵州省：不断完善机关目标绩效管理

（《贵州日报》2007年8月30日）

从1995年起，省委坚持把在省直机关推行目标管理作为加强党的执政能力建设的重要举措之一，结合实际，解放思想，实事求是，开拓创新，不断实践和总结，建立了一系列的目标管理制度，取得了明显成效。2006年，省委决定把机关目标管理深化为目标绩效管理，这是对省直机关加强执政能力建设在新时期提出的更高标准和要求，是省直机关目标绩效管理工作创新发展最强大的动力，也是目标绩效管理向更高水平发展的有利时期。

目标绩效管理是把决策民主、管理落实、服务监督转化为目标责任体系，以目标管理为载体，以履行职能职责为核心，以追求目标绩效（经济绩效、政治绩效、文化绩效、社会绩效）为目的适应机关管理发展需要的创新管理模式。省委通过目标绩效管理这个载体和抓手，把省直机关执政能力建设融入"发展"这个党执政兴国的第一要务中。把机关党建工作与中心工作同部署、同检查、同考核、同奖惩，使执政能力建设的具体内容和中心工作任务紧密结合，相互促进，各项要求落到实处，促进全省经济社会的全面协调持续发展。

省直机关实施目标绩效管理，紧紧抓住"发展"这个主题，围绕省委、省政府的"西部大开发"战略和"富民兴黔"目标，把以交通为重点的基础设施建设，以"西电东送"为重点的能源建设，以扶贫开发为重点的"三农"工作，以退耕还林为重点的生态建设，以"两基"教育为重点的科教事业的各项目标，按照职能职责分解落实到各部门，建立目标责任制，加强督促检查和考评，使各项决策落实有了制度保障。

省直机关实施目标绩效管理，按照党的先进性建设和省委年度工作要求，确定机关党的思想建设、组织建设、作风建设和制度建设的具体内容，以目标的形式固定下来，明确责任，变"软任务"为"硬指标"。各部门把解决行业系统影响改革、发展、稳定等方面的突出问题，影响和关系人民群众切身利益的热点难点问题，作为"突出问题目标"制定出来，提出解决的措施和办法、要达到的效果，并作为考评的重点。为克服部门间的拖拉、推诿扯皮现象，专门设立了协办目标。这些措施，较好地体现了立党为公、执政为民的要求。

省直机关实施目标绩效管理，促进了决策的科学化、民主化。每年年初，各部门把省委工作要点、政府工作报告和上级部门的要求，结合本行业、本系统的热点难点问题以及基层人民群众的意见建议，自上而下，自下而上充分酝酿反复讨论，党组（党委）集体研究，提出年度目标任务，并经有关综合职能部门领导及专家严格评审把关、省分管领导同志审定等程序制定年度目标任务，有效地实现决策的科学化、民主化，较好地避免和克服了决策的盲目性和随意性。

省直机关实施目标绩效管理，通过对过程的监督和目标实施绩效的考评，从制度上加强对权力的制约，从过程上加强对权力的监督，从结果上加强对权力的评判。通过建立健全逐级抓落实的目标管理责任体系，自上而下一级抓一级、一级监督一级，对目标任务逐级逐项督查，每月、每季度、半年和年度的督察考评，促使目标任务按计划进度实施，发现问题及时协调和解决，促进了目标任务优质高效完成。

省直机关实施目标绩效管理，扩大了民主监督和社会参与评价，特别是"下评上"的实施，提供了反映人民群众的心声和愿望的渠道，受到了基层和群众的欢迎。对省直机关接受公众监督、转变机关作风、提高执政能力和水平，更好地代表人民群众，实现"权为民所用、情为民所系、利为民所谋"的宗旨起到了制度性的保障作用。

不断完善机关目标绩效管理，必须坚持分类管理、分类指导的原则。按照"经济调节、市场监管、社会管理和公共服务"的政府职能转变要求，对履行不同职能、承担不同任务的省直部门实行分类管理，提出不同的目标绩效要求，管理和引导部门科学执政、民主执政、依法执政，减少部门履行职能的越位、错位、缺位情况，从管理机制上克服和杜绝部门推诿、扯皮现象。同时尽可能实现目标绩效管理的公平、公正、公开，保证这项工作的良性发展和和谐发展。

提升目标绩效管理的科学内涵，坚持和完善全员目标管理责任制。目标绩效管理责任制使机关干部职工不能仅仅局限于"完成任务"，更要着眼于"提高自己"，把对人的要求从"责任落实"变为"素质开发"，从传统的"管理"人变为"开发"人，促进个人从"组织人"向"学习人"的转变。全员目标管理责任制为各类优秀人才提供了脱颖而出的机会，使真正想干事的人有机会，能干事的人有平台，干成事的人有地位。

以做好八件实事考核工作为契机
努力探索建立政府绩效评估新机制

湖南省人事厅

（《中国人事报》2007年5月28日）

从2004年起，湖南省委、省政府每年都公开承诺为老百姓办好8件实事。省委、省政府确定由人事厅牵头组成省考核办负责8件实事的考核工作。省人事厅把8件实事考核作为人事工作服从和服务于经济社会发展大局，探索和建立政府绩效评估新机制的重要措施来抓。具体做法如下：

一、以为民办实事为考核的主要内容，把考核工作与政府中心工作结合起来

在考核内容上，根据人民群众的要求和愿望，围绕政府中心工作，突出解决好就业、就医、环保等事关人民群众切身利益的民生问题，实现了考核指导思想上的重要转变。特别是2007年的8件实事，主要集中在公共服务领域，既有农村公路、通广播电视、电话等基础设施建设方面的项目，也有农村医疗、教育等社会事业发展的内容。

为了将任务落到实处，每年年初，我们将8件实事的内容细化分解，2004年为45个考核指标，2005年为25个考核指标，2006年、2007年为23个考核指标。在明确每个考核指标的实施标准，提出数量和质量的要求后，将任务横向分解落实到省直各责任单位，再由省直各责任单位将任务纵向分解落实到14个市州政府，市州政府再向县市区政府分解落实，做到"横向到边，纵向到底，逐级分解，责任到人"。

二、以各级领导干部为考核重点对象，把对一般干部的考核与对领导干部的考核结合起来

考核的重点放在领导干部身上，各级政府和各级责任单位的主要领导作为8件实事的第一责任人，承担工作责任。考核时，把对责任单位效能考核、责任人绩效考核与各自承担的考核指标对接。所有考核指标任务全部完成的，考核结果为达标；有一项不达标的，考核结果为不达标。考核结果与公务员年度考核挂钩。凡考核结果为达标的，其主要负责人在公务员年度考核中可评为优秀，事迹突出的还可记功；单位和市州政府的班子成员年度考核优秀指标比例可适当提高，并给予一次性物质奖励。凡考核结果为不达标的，其主要负责人和分管责任人在公务员年度考核中评定为不称职，并不得参与其他奖励项目的评选；单位和市州政府班子成员年度考核优秀指标比例不得超过10%，并给予通报批评。

三、以促进工作落实为考核的主要目的，把平时考核与年终考核结合起来

在8件实事考核中，采取逐月报告、按季自评、半年检查、年终考核验收的办法，把考核与督察督办、平时考核与年终考核结合起来。平时考核中，经常深入重点、难点项目建设现场进行专项检查。对工作进度滞后的，直接向省直责任单位的厅（局）长和地方政府市州长、县区长书面下达督办通知。

四、以人民群众满意为考核最终目标，把组织考核与社会参与结合起来

全省各级政府都成立了8件实事考核办，由人事部门牵头，党委督察室、政府督察室、发改委、财政、监察、统计等部门组成。在发挥好考核牵头作用的同时，注意充分发挥考核办各成员单位的作用，例如：由发改委加强对8件实事建设项目计划和资金的专项稽查；财政部门统筹各项财力，切实加大对8件实事的投入；监察部门加强对8件实事进度、质量和资金使用的执法监察；8件实事的所有统计数据，都必须由统计部门依法独立评估和认定，并向社会进行公示。更为重要的是，在搞好内部考核的同时，切实加大考核工作的透明度，经常邀请群众代表对8件实事进行视察评议，通过统计部门满意度调查等方式对8件实事进行民意测评，在《湖南日报》、湖南电视台等开辟专栏进行跟踪报道。在年底考核验收时，邀请人大代表、政协委员、新闻记者参加考核验收，除听取省直责任单位和市州县政府工作汇报、查阅相关资料外，还采取实地走访考察、召开座谈会、发调查表等方式，直接听取人民群众的意见，并由新闻媒体全程跟踪报道，确保了人民群众对8件实事的知情权和参与权，人民群众对8件实事工作的满意度逐年提高。省统计局民意调查显示，2006年有89.9%的被访者对

省委、省政府为民办的8件实事表示满意，比2005年提高了7个百分点。

以开展政府绩效评估为抓手
促进老工业基地振兴与"和谐辽宁"建设
辽宁省人事厅
(《中国人事报》2007年5月28日)

辽宁省从2002年开始，由省人事厅牵头抓总，开展了对各市政府的绩效评估工作。基本做法是：

一、建立组织机构

省政府成立了绩效评估工作领导小组，由省长任组长，常务副省长任副组长，省政府相关部门为成员单位。领导小组办公室设在人事厅，主任由人事厅厅长兼任，成员由省政府办公厅、发改委、统计局等有关部门负责人组成。办公室具体负责绩效评估内容的制定、组织评估和总结表彰等工作。办公室成员定期会商，研究解决绩效评估工作中出现的新问题与新情况。在年度绩效评估工作阶段，各成员部门按照事前分工，各司其职，分工协作。

二、制定评估指标体系

按照当年省《政府工作报告》确定的重点工作任务，结合年度全省经济社会发展的总体目标，组织拟定政府绩效评估指标及评价规则，以召开协调会的形式征求省直部门和各市政府意见，修改后形成评价规则，最后报经各位副省长修改完善后，由省政府常务会议审议通过。每年确定的指标一般为30项左右。主要有：就业和再就业、地区生产总值、地区税收收入、全社会固定资产投资额、外贸出口额、非公有经济税收收入、社会消费品零售总额、农民人均纯收入、高技术产业增加值、社会保障、植树造林、环境保护、资源节约利用、城镇居民人均可支配收入、旅游总收入、软环境建设、精神文明建设、最低生活保障、为全省作出的特殊贡献、公共卫生体系建设、教育重点工作、安全生产等。

三、根据工作重点的变化调整指标

如在2006年的绩效评估中，为落实科学发展观，倡导人与自然和谐发展，增加了"资源节约利用"指标；为提高保障公共安全、处置突发事件能力，增加了"突发公共事件应急工作"指标；为加大外部评议政府的力度，在"软环境建设"指标中增设了"公民评政府"的绩效评估内容。首次改变由上级政府考核下级政府的单一方式，实现了绩效评估方式的突破。

四、建立科学合理的绩效评估评分办法

对列入绩效评估体系的指标，将指标划分为四档，并分别确定不同的基础分权重。按照绩效评估指标的数量特征，确定四类指标评分办法：第一类用报告期实际完成数与上年同期实际完成数相比较计算得分；第二类用报告期实际完成数与报告期计划数相比较计算得分；第三类依据报告期实际情况单独计算得分，即实行加分和减分的评分办法；第四类既有用报告期实际完成数与报告期计划数相比较计算得分，又有依据报告期实际情况单独计算得分。

五、明确绩效评估工作的程序和步骤

日常绩效评估工作由省人事厅组织绩效评估领导小组成员单位，不定期地通过暗访、听取汇报、查看资料、现场调查等形式，对各市完成绩效评估指标情况进行抽查。年度绩效评估工作首先由各市进行自我评估，然后由省政府负责绩效评估的成员单位，成立单项指标绩效评估小组，按职能对各市政府的单项工作进行打分，排列顺序，并把结果上报省绩效评估办。在此基础上，由省绩效评估办进行综合评价，形成初步结果，报省绩效评估工作领导小组审定，最后由省政府常务会确定各市的绩效评估结果和名次。

六、确保信息指标的准确和真实

规定省直绩效评估部门不得因推动本部门、本系统工作需要，自行增加绩效评估指标、改变计分办法；对绩效评估工作中编造虚假数字、篡改统计资料的单位和个人给予严肃处理；另外，省绩效评估办成员单位也根据业务工作掌握的情况，对数据的真实性进行再次把关，保证绩效评估指标的真实性和准确性。

七、充分利用绩效评估结果

对每年绩效评估总分列前三位和单项工作突出的市政府，由省政府分别授予年度政府工作综合奖和单项工作优胜奖；同时，政府绩效评估还与公务员奖励工作相结合。

发挥目标管理绩效评估体系的推动效应
上海市杨浦区人事局
（《中国人事报》2007年5月28日）

2003年6月，上海市杨浦区机关部门工作目标管理绩效评估系统开始运行。经过近四年实践，逐步形成了一个以目标责任为载体、以绩效评估为核心、以激励约束为保障的比较系统的运行机制。主要做法可以概括为"一套系统、两块内容、三个环节、四种渠道"。

一、一套系统

运用计算机信息化管理系统，对绩效评估工作进行辅助管理。各部门通过杨浦区机关工作目标管理绩效评估信息化系统完成资料报送、群众测评、部门互评、职能部门评估程序。系统进行自动分类计算各项评估项目权重，形成评估总分。

二、两块内容

工作目标管理绩效评估包括两方面内容，一是机关共性工作，即综合管理工作，包括领导班子建设、党风廉政建设、精神文明建设等。二是职能工作。包括部门业务工作，区委、区政府的重点工作和政府实事项目。这些工作项目由相关职能部门设定工作标准，并进行评估打分，如党风廉政建设由区纪委提出工作标准，并对各部门的党风廉政建设工作进行测评。在项目指标的设置上，各职能部门尽可能将工作标准细化，既突出工作的共性，又兼顾各部门的个性。考核办汇总各项工作标准，设定相应权重，作为各部门年度工作的绩效评估标准。

三、三个环节

目标责任的制定。各部门（单位）根据区委、区政府的工作要求，结合本部门（单位）的工作职能，制定年度工作目标计划书。考核办组织相关职能部门对目标计划书进行审核和确定，然后各部门党政负责人就年度工作目标与区分管领导实行责任签约，作为年度工作的绩效评估依据。

目标监控评估。采取季度评估与年度评估相结合的办法，季度评估主要评估季度工作目标完成情况，主要目的是督察工作的进展程度。年度评估则要求各部门对全年工作进行总结。考核办组织各部门通过评估系统进行互相测评、职能部门测评和分管领导测评等程序，对各部门的工作进行综合评价。同时委托第三方调查机构进行群众评议和测评。最后，目标评估系统自动将各项评价结果按不同权重进行累计，从高分到低分，确定部门绩效评估的等次。

评估结果运用。绩效评估结果与奖惩挂钩，与干部任用、物质激励相联系。一是体现在目标考核奖的发放上。全区目标考核奖金总数占公务员津补贴的42.8%；并设定了三个等次，拉开差距。评估为"优"的部门数控制在部门总数的30%以内，评估为"优"的部门的奖金比评估为"良"的部门平均高出30%，并重奖该部门的党政主要领导；评估为"一般"的部门比"良"的部门低30%。二是体现在领导干部年度考核等次上，同时作为干部晋升、提拔的重要依据，通过强化评估结果的运用，真正发挥评估的激励作用。

四、四种渠道

部门互评。通过杨浦区机关工作目标管理绩效评估信息化系统，各部门按照评估的等次在网上进行无记名互评。全区各部门互相测评分在年度工作评估总分中占10%。

群众评议。群众评议主要是"三个满意度"的测评，一是服务对象对职能部门服务质量、工作成效、工作效率、工作作风的满意度；二是人民群众对区政府实事项目和重点工作的满意度；三是网上建议办结反馈情况和处理质量的满意度。群众评议分在年度工作评估总分中占30%。在实际操作中，建立了"杨浦人民群众评议政府工作"网站、"区长在线"、"书记百姓网上通"、一线工作法等一系列全方位、多层面、广覆盖的联系群众和服务群众的网络体系。在方法上，分别采取定向邮寄问卷、入户调查、服务窗口拦截、实地查看等多种方式。

职能部门评估。区考核办组织有关职能部门对各部门年度工作目标完成情况进行评估。由组织部、区府办等 25 个部门提出相应的评估指标和标准，并对完成情况进行评估。职能部门评估分在年度工作评估总分中占 30%。

分管领导评估。区分管领导根据部门年度工作情况对分管的部门进行测评，提出等次意见。分管领导评估分在年度工作评估总分中占 30%。

为了使绩效考核体系更加完善，突出对一些重点工作和特殊贡献的奖励，目标管理绩效评估方案还设置了加、扣分项目和一票为优/否决项目。

依托目标管理　开展绩效评估
努力推进政府管理创新
（陕西省泾阳县人民政府《中国人事报》2007 年 5 月 28 日）

近年来，陕西省泾阳县大力开展依托目标管理责任制的绩效评估，改革考核方法，加强政府执政能力建设。主要做法是：

一、合理构建绩效评估目标体系

构建目标体系坚持统筹协调、科学规划。根据市委、市政府下达的各项指令性任务，结合实际确定全县总体目标。乡镇目标任务由国民经济和社会发展目标、重点实事目标、党建及精神文明建设目标三大块构成。目标设置程序坚持发扬民主、上下结合。乡镇国民经济和社会发展目标、党建及精神文明建设目标，由县考委会会同有关部门编制并指令性下达；重点实事目标由乡镇提出，县考委办深入目标实施现场考察认定，提交县考委会审定后下达。各部门的职能目标由各部门提出，经县考委会审核，送县级分管领导审定后下达；共性目标由考委会会同有关职能部门制定下达。

二、以平时考核检查为重点，加强目标运行监控

健全目标管理绩效评估组织网络。泾阳县成立了由县委副书记任主任，常务副县长、纪委书记、组织部部长担任副主任，县级 12 个部门主要负责人为成员的考核委员会。考委会下设办公室，办公室主任由县人劳局局长兼任。各乡镇、部门都建立了由 3 名以上人员组成考核领导小组，主要领导任组长，并确定 1 名考核员。全县 16 个乡镇、83 个县级部门都有完备的考核组织，有专兼职考核员 99 人。完善日常监控考核办法。一是实行月工作小结制度。各单位每月 1 日前报送上月工作小结和本月工作要点，考委办及时将领导批示意见反馈给有关单位，实施跟踪督察。二是建立县乡机关考绩档案。主要记载考核单位目标管理责任制相关制度建设、阶段性工作完成情况、考核期内奖惩等有关情况，与年终考核结果挂钩。三是推行"三卡"制度。由被考核单位根据目标任务书规定的各项重点实事目标、职能目标完成时限和目标任务完成情况，填写目标完成报告卡，县考委办考核认定后，填写目标考核登记卡、日常检查登记卡。综合采取各种手段强化检查。一是实行月考核、季讲评、半年观摩制度。制定出台了重点工作考核实施办法，对重点工作考核连续处于末位的，分别实施警示诫勉谈话。

二是建立了"三委"巡视巡查制度，定期对全县重点工作进行督促检查，并将检查结果作为年终考评的重要依据。三是建立了县级领导抓重点项目工作责任制，一名县级领导、一个县级部门牵头抓一个项目，促进重点项目落实。

三、改进绩效评估方法，确保评估结果客观公正

确定目标基分体现科学性。将乡镇和县级机关的目标基分统一确定为200分，经济社会发展目标的分值占基分的70%，党建和精神文明建设目标的分值占30%。对招商引资、奶畜、蔬菜、果业产业化等重点目标，加大目标分值，一般每项都占到目标基分的3%—5%左右。在确定乡镇重点实事目标和县级机关职能目标时，被考核单位上报项目不够或目标过低的，适量扣减目标基分。

年终考核评价体现广泛性。年终考评时，将县乡机关划分为乡镇、党群、政府综合、政府经济和市县双管部门5个口，由考评组成员对被考核单位进行综合评估和横向评估打分，并当场公布。同时，组织全体县级领导对被考核单位进行评估，尤其是对乡镇的考评还将所辖村干部的评价计入考评得分。

确定考核结果体现严肃性。对党风廉政建设、人口与计划生育、社会治安综合治理、安全生产四项工作出现问题的实行"一票否决"。一票否决的依据主要由四项工作的县级主管部门提供。近两年，共对3个乡镇、8个县级部门实施"一票否决"，取消了当年目标管理责任制考核的评优获奖资格。

四、建立奖惩激励机制

把评估结果与公务员年度考核挂钩。对年度目标管理绩效评估一等奖的单位，考核优秀比例可达到单位总人数的18%；二、三等奖单位，考核优秀比例为13%；未获奖的单位，考核优秀比例不得超过10%。把评估结果与单位和个人奖惩挂钩。对年终考核获奖单位，全县统一表彰并按编制人数计发奖金；对考核落后单位全县通报批评，责成其主要领导向县委、县政府写出书面检查，直至给予组织处理和纪律处分。把评估结果与干部选拔任用挂钩。去年以来，依据考核结果，对目标任务完成较差的3个部门和2个乡镇的党政正职予以调整和免职，对6名作风不实、工作不力的领导干部进行了组织处理。

建立绩效管理新机制　推进行政管理创新
（江苏省南通市人事局《中国人事报》2007年5月28日）

从2000年起，江苏省南通市开始逐步推行以绩效评估为抓手，以改进机关作风、保障工作落实为目标的绩效管理工作。以下是南通市推行政府绩效评估工作的主要做法：

一、健全指标体系

在指标的构成上，做到职能目标和共性目标相结合。部门职能目标由重点工作目标、业务工作目标及市委、市政府交办的其他重要工作三部分构成。共性目标主要包

括领导班子建设、党风廉政建设、机关作风建设、精神文明建设等内容。对社会治安综合治理、信访工作，计划生育工作等共性指标实行一票否决。在指标的权重上，突出职能工作和重点工作目标。指标分值权重，职能目标占70％，共性目标占30％。职能目标突出重点工作，一般要达到职能目标总分的60％左右。

二、强化督促检查

强化绩效目标运行的计划跟踪管理。年初对职能目标和重点工作目标进行层层分解，按月明确工作计划、工作进度、工作标准。严格执行月度报告、季度抽查、半年小结、年终考核的监督检查制度。强化重点目标推进的四级联动管理。工作布置时，由总牵头部门明确责任部门的具体目标要求，由责任部门明确协同部门的具体目标要求。工作完成后，由协同部门按时向责任部门反馈目标实施结果，责任部门按时向牵头部门反馈，牵头部门综合汇总后向市绩效办反馈。强化绩效目标实施的日常监督管理。制定《市级机关作风建设及目标责任制管理日常考核实施办法》，健全日常考核和查处机制，促进机关作风建设和目标责任制的长效管理。

三、科学确定绩效评估标准

设定评估标准。对于部门年度目标、工作措施及成果与往年比较有新突破、产生重大社会效益和经济效益，在国内、省内处于领先水平，在单项指标标准分值的90％—100％的范围内无记名投票计分。对于虽完成年度目标，但完成实绩没有体现争先创优、开拓创新、跨越发展的部门，在该项目标准分值的80％—89％的范围内无记名投票计分。未完成年度目标的，按完成值与目标值的对应比例折算计分，最高不超过该项目标准分值80％。对绩效评估对象进行适当分类。评估对象按职能相近原则进行分类，市级机关大致分为综合服务、经济管理、执法监察、垂直管理四大类。市级层面考评对象为市委、市政府所属工作部门，法院、检察院，市各人民团体，条管部门以及部分与经济社会发展和群众生活关联度较高的市直企事业单位。严格评估程序及方法。部门考评实行日常考核、集中考评和综合评议相结合的办法进行。日常考核、集中考评和综合评议分别占整个考核得分的15％、55％和30％。日常考核主要通过明察暗访、举报投诉查处、重大项目跟踪督察等途径组织实施。年终集中考评分别组建审核组、考核组和监督组，对部门职能目标和共性目标进行审核、评估和考核打分。

综合评议由市领导评鉴和社会评议构成。市领导对所有部门绩效管理情况进行评鉴，分为先进、良好、达标三个等次，评鉴结果换算分值纳入部门评估总分。社会评议由2000名左右的社会各界代表，分为满意、基本满意、不满意等档次，评议结果换算分值纳入部门考核总分。

对突出问题实行一票否决。部门考核有以下情况的，不得评为先进和最佳。因组织和个人工作原因，有一项重点工作目标未完成，或两项一般目标未完成；班子存在突出问题或主要负责人出现严重违纪违法问题；社会治安综合治理、计划生育、处理突发事件等工作上出现严重失职的；因工作失误被上级通报批评，被媒体曝光造成恶劣影响的；安全生产发生重大事故；政风行风评议为差的；市委常委（扩大）会议研究否决的。

四、严格奖惩，形成奖罚分明、动真碰硬的激励约束机制

建立责任追究制度。对敷衍塞责、推诿扯皮造成重点工作未能有效推进的，对责任目标落实不力造成工作滞后影响大局的，坚决追究领导班子和当事人的责任。建立公务员行为规范投诉查处机制，对服务对象投诉并查实的公务员，视情节轻重，进行相应处罚。严格兑现奖惩。考评结果分为最佳、先进、良好、达标和诫勉单位五个等次及优质服务奖和争先进位奖两个单项奖。考评为最佳、先进、良好单位增发奖金，考评为诫勉单位扣发奖金。把绩效评估情况作为干部评价的重要依据。考评为最佳单位和先进单位的，部门负责人年度考核可以评定为优秀等次，个人评优比例相应提高。被评为诫勉单位，进行诫勉谈话。

烟台社会服务承诺制
（中国文明网 2008 年 10 月 27 日）

1994 年 6 月，烟台市建委从本系统行业特点出发，学习借鉴国外经验，在全国率先实行了社会服务承诺制。主要内容是，公开办事内容和标准，确定办事时限，设立监督机构和投诉电话，明确投诉标准，如果违背承诺，按规定进行赔偿。到 1996 年底，烟台市已经有 24 个部门和系统实行了承诺制，各县市区也在一些重点部门实行了这项制度。烟台市社会服务承诺制度的经验，得到了各级领导的重视和社会各界的普遍关注。1996 年 7 月 12 日，中宣部、国务院纠风办在北京召开了国务院 8 部委"学习推广烟台市实行社会服务承诺制度经验"座谈会。9 月 25 日，经国务院和中纪委领导同意，国务院纠风办在大连组织召开了 12 个大、中城市推广社会服务承诺制试点座谈会。12 月 26 日，中宣部、国务院纠风办在北京联合召开了"全国窗口行业职业道德建设座谈会"，国务院 11 部委和全国 12 个试点城市的领导参加了会议。截至 1996 年底，国家建设部、电力部、铁道部、卫生部和北京、上海、天津、大连、广州、唐山、绍兴等城市，根据中宣部、国务院纠风办的统一部署，推行了社会服务承诺制度。中央、省新闻界从 1996 年始，先后多次集中宣传报道烟台市服务承诺制度的经验。中央电视台、《半月谈》杂志社等新闻单位将烟台市推行承诺制评为 1996 年中国国内十大新闻之一。

相关链接：1996 年烟台社会服务承诺制经验全国推广
（《烟台日报》2008 年 10 月 20 日）

1994 年 6 月，为适应社会主义市场经济发展的新形势，进一步加强行风建设，转

变政府职能，提高服务质量和水平，烟台市建设系统结合部门职能和工作实际，积极探索行风建设和精神文明建设的新路子，取得了明显成效。1995年，社会服务承诺制在全市推行。1996年5月，建设部、国务院纠风办在烟台召开了"社会服务承诺制经验现场会"，将我市经验在全国推广，引起了强烈反响。

从1994年6月烟台在建委系统开始首推，到1997年底推广到全国3000多个单位，社会服务承诺制，这一具有全国独创意义的举措，成为转变行业作风、提高工作效率、改善服务态度的有效途径。烟台因此备受全国瞩目，城市发展更是注入了崭新的活力。

承诺烟台　服务承诺制全国瞩目

时光回到20世纪90年代初。处于计划经济向市场经济转变的烟台，公共事业行业作风较差、办事效率低等问题日益暴露，市民投诉居高不下。这一在全国具有普遍性的问题，急需寻找解决之道。

1994年6月，烟台建委系统决定借鉴国外经验，率先进行社会服务承诺制尝试的供水、供煤气、供热、房屋拆迁、公共交通等10个部门，均通过新闻媒体向社会公布了各自的社会服务承诺工作目标、服务内容、服务标准、投诉程序和投诉电话，并做出保证，达不到承诺将实行自罚并赔偿。

一种以契约方式对社会服务做出规范的做法，自此在烟台萌芽并迅速普及。管道煤气公司承诺灶具故障若4小时内修不好，为用户免费提供备用灶具；公交公司承诺车次正点率达到90%以上，首、末班车正点率达到100%……"当时各单位都给市民印发了社会服务承诺制的小册子，工作目标、服务内容、投诉程序等一目了然。"当时担任建委系统负责人的一位老领导回忆说，几个月下来，效果十分明显，市长公开电话中针对建委的投诉少了一半。

1995年5月，市政府专门下发关于推行服务承诺制度的通知，把政府部门对社会的服务以一种契约合同的方式固定下来，接受社会各界监督。同时，在邮电、电业、工商等12个部门推行承诺制，1996年又增加了11个部门。"承诺服务，一诺千金"，成为烟台市24个实行承诺服务部门的共识。

一石激起千层浪。社会服务承诺制的普遍推广将公共服务部门的工作纳入"阳光监督"中。曾经习惯于挨呲儿、看白眼的老百姓，终于开始找回当"主人翁"的感觉。

这一具有很好的操作性和便民性的窗口行业先进管理经验，不久便引起了广泛关注。

1996年5月，国务院纠风办和建设部在烟台召开推广承诺制现场会。7月，中宣部和国务院纠风办在北京召开烟台市推行社会服务承诺制经验报告会。《人民日报》更是在头版刊登承诺制通讯《一"诺"千金》，并同时配发了短评《实行"承诺制"好》。经过粗略统计，单是1996年4月上旬到5月中旬短短50天时间，全国便有140多家新闻媒体刊播报道关于烟台社会服务承诺制的稿件300多件，在全国形成轰动效应。

到 1997 年年底，实行承诺制的部门和单位已经涵盖全国 31 个省、自治区、直辖市。"承诺"成为当时社会最流行的词汇之一，"承诺热"遍及各地，1996 年更被人们亲切地称为"承诺年"。

诚信烟台　政府因服务而立信

承诺，是规章向契约的转变，是政府服务由"管"走向"信"的开端。进入 21 世纪以来，社会承诺制更多地与烟台政策环境的优化联系起来，成为缔结"阳光政府"、"诚信政府"的精神溯源之一。

"承诺制把监督权交到了群众手里，奖优惩劣，不可再敷衍了事。因为任何事项一旦承诺，就有了特殊的自我约束力。"谈起服务承诺制的深层内涵，当年参与相关制度起草的一位老干部一语中的。

21 世纪初，在中国入世的大背景下，对于正处于全面建设小康社会、实现经济跨越发展历史关口的烟台来说，迅速形成符合 WTO 规则和发展社会主义市场经济要求的信用环境迫在眉睫。"诚信烟台"的建设因此应运而生。

2003 年 7 月，"诚信烟台"工作动员大会召开，建设诚信政府、打造诚信企业、培育诚信市民、构建诚信网络成为全市上下共同努力的目标。先是市工商局等窗口单位在深入完善推行社会服务承诺制、政务确认制等基础上深入推进诚信体系建设，随后作为经济活动主体的企业也积极参与，倡导坚持依法经营。"明礼诚信"日渐成为烟台人人自觉遵守的道德规范。

2004 年 12 月 15 日，"中国城市竞争力研究会"公布诚信政府排行榜，在 281 个参评城市中，烟台名列第 15 位。这无疑是对烟台诚信建设的最大褒奖。

进入 2007 年，优化发展环境在全市范围内如火如荼地展开。简政增效、变权力清单为服务清单，成为政府各部门以高度责任感和极大热情践诺的工作准则。

有践诺，必然有监督。在全市范围内开展的"万人评机关活动"，对市直部门和中央、省属驻烟有关单位进行多个层面的公开评议，加大了市民监督力度。政务公开制、首接责任制、AB 角制、行政过错和错案责任追究制等则为政府机关廉洁、高效、规范运行提供了坚实的体制和机制保障。"面对面话环境，心连心促发展"现场系列对话等活动在有效提升政府部门工作效能的同时，更树立了"诚信政府"、"阳光政府"的政府形象，深得百姓好评。

高效烟台　服务因效率而精彩

社会承诺制带给烟台的不仅是政府部门"有诺必践"诚信政务，其对于服务时效、工作程序等的细化与量化，更是对建立高效、务实的服务型政府模式有效路径的探索。时至今日，这种不懈的探索已经构成了烟台在新起点上实现新跨越的强大"软实力"。

2000 年以后，社会承诺制的形式逐渐随着市场竞争的更加充分和政府部门的内在作为而淡化，但烟台对提高行政办事效率与服务质量、建立一个高效务实的服务环境的努力，却从未停止。

早在2001年，我市围绕"减量、提速、接轨、增效"的目标，对市直63个具有行政审批权部门的901个事项，逐一进行审核、清理、下放。之后，市行政审批中心正式成立，其236个项目中，权力完全下放到窗口的达117个。其后，"授权责任制"、"首接责任制"、"超时默认制"、"一门受理制"、"一次告知制"等细化制度的推出，有效避免了多头审批，更使得办事时限明显缩短。一种心贴心的服务模式迅速建立，一个全新的政务环境扎根烟台。

2007年5月，烟台国税局宣布下放42项审批权，并将原来的11个工作环节减少到受理、调查、核批、送达4个环节。

而这，仅仅是烟台优化发展环境、开展高效优质创新服务的一个缩影。走进烟台的各个服务窗口，提速增效的服务热潮扑面而来：市质监局在原有承诺时限基础上，把特种设备操作人员资格证办理由原来的3天缩短为1天；烟台海关创新服务模式，使得鸿富泰烟台公司产品通关由8小时缩短为1个半小时……优质高效、快捷周到、温情主动，优化服务环境俨然成为各部门竞争、赛跑的一项重要内容，共同弘扬起一种"俯身为仆"的服务姿态。

环境发力，由此成为烟台经济崛起的战略引擎。"十五"期间，烟台开发区引进外资项目520多个，很大程度上是靠优质的服务环境和优惠的政策环境。投资环境的品牌意识也由此深深植根于这座充满发展活力的城市。

2007年底，烟台入选世界银行评出的中国投资环境"金牌城市"，一流的政务、商务环境成为烟台一个闪亮的城市名片而被世界所认同和赞誉。

如果说当年社会服务承诺制的普遍实行更多的是从行风建设上对于公共服务的突破与创新，那么由此而带来的政府服务姿态和理念的转变，则已转化为一种能够直接助推烟台经济社会发展的竞争力、生产力，而被写入构成烟台经济崛起的强劲一环。

亲历者说：一年开了400多场讲座

社会承诺服务制的全国推广，曾让20世纪末的烟台吸引了大半个中国的目光。作为亲历者，当年在市建委工作的姚建林依然记忆犹新。

"当时改革开放刚刚十几年，人民的物质生活一天比一天好起来，对于政府部门和垄断服务行业的牢骚却也多了起来。脸色难看、办事难成为普通百姓抱怨的焦点。烟台在这样的环境中首推承诺服务制，给老百姓带来了实实在在的好处。"姚建林告诉记者，"有零找零、无零让零"的承诺，让出租车司机再无借口少找市民几元或几角的零钱；接到事故电话，热力公司的抢修队一定会在30分钟内赶到现场，否则就要面临处罚。"我印象最深的是，当时几乎每个银行服务窗口前都有一个计时器，顾客可以看表计算服务时间。一旦超时，银行若无法作出合理解释，就必须赔偿。"对于习惯了白眼和推诿的普通居民来说，这种冲击无疑是前所未有的。

随着承诺服务制在烟台的推广，这一操作性强、效果好的制度引起了全国的关注。

1996年5月在烟台召开推广承诺制现场会后，全国掀起了学习热潮，"承诺制"几乎成了烟台的代名词。"当时每天都能接到各地来的参观考察团。我记得有一天接待了5个考察团，推广讲座从早上一直讲到晚上。大家的学习热情很高，关于烟台服务承诺制的探讨也逐渐深入。"姚建林粗略算了一下，那一年大概开了400多场相关讲座。全国学烟台的热潮可见一斑。

"现在服务承诺制已经在形式上有所淡化，但它所倡导的服务理念却保留了下来，融入到烟台经济社会发展的各个角落。目前的行风评议、高效政务、优化环境包括市民对个人权利的认知和认可，都可以追溯到社会承诺服务制带来的冲击和影响。这种推动力，在烟台发展史上是不可磨灭的。"姚建林感慨地说。

访者感言

站在改革开放30周年的新起点上回望，20世纪末从烟台发轫并迅速席卷全国的社会服务承诺制既是一个成功的样本，更是一个前进的号角。

成功样本的意义，在于顺应时代呼唤，找到了将垄断行业和窗口服务部门的行业权力和部门权力转换为责任和义务的方式，创造性地建立起一种具有规范性和约束力的社会服务保障新机制。烟台当初实施社会服务承诺制的动因，主要是为了解决群众反映强烈的热点问题，寻找一条有效遏制部门和行业不正之风，推动行风建设的新路子。这一既借鉴国外窗口行业的先进管理经验，又植根于我国"守信重诺"的行业传统精神，很快便在市场经济并不发达的市场环境下引起强烈共鸣，被加以广泛普及。在一片"全国学烟台"的热潮中，难能可贵的是烟台保持了客观冷静，并从理论和实践上将承诺服务制加以规范化和体系化，使其在全国各地显示出勃勃生机和活力。

作为14个沿海开放城市之一，目前烟台的政府效率和投资环境有口皆碑。温情、高效、优质的政务环境，某种意义上已经成为这座城市经济发展的第一要素和吸引投资的核心竞争力。而对于这种城市"软实力"的探寻和求索，可以追溯到20世纪90年代"社会承诺服务制"的创建和推广。

眼下，新一轮城市区域竞争的号角业已吹响。重大的历史机遇面前，如何先发制人，使烟台的经济竞争力和城市综合实力继续走在竞争对手的前列，是我们不得不考虑的问题。社会承诺服务制的热潮尽管已经远去，但蓄势待发的烟台塑造城市发展环境的步履，却愈加坚实。

报"眼"回眸

1995年2月8日，《烟台日报》在第一版刊发《社会服务承诺制在市建委全面推开》的消息，称市建委1994年6月在所属10个单位试行的社会服务承诺制取得成功，"半年来各承诺单位受理各种投诉40余起，处结率达95%以上"。1995年，该制度在全系统28个单位全面推开。

1996年5月16日，《烟台日报》在头版头条刊发了《建设部国务院纠风办在我市召开现场会，推广市建委社会服务承诺制度经验》的消息。消息称，烟台通过实施社会服务承诺制,从机制上堵塞了滥用权力的漏洞,提高了服务质量,密切了党群关系,受到了社会各界的好评和关注。此次现场会后,山东省乃至全国掀起了学习烟台服务承诺制的热潮,烟台经验在全国各地得以推广。

重庆出台首部"官员问责制"
(《新快报》2004 年 7 月 6 日)

重庆市出台的《政府部门行政首长问责暂行办法》日前开始正式实施,这是中国内地第一部以法定化的政府规章形式出台的"高官问责制",标志着中国开始为官员问责建立法制保障。《办法》的问责对象包括重庆市政府各部门的行政首长,以及参照执行的部门副职、派出和直属机构的"一把手"。它根据效能低下、执行不力、瞒报或虚报重大突发事件、盲目决策和在商务活动中不讲诚信等18种问责情形,对政府行政部门"一把手"分别追究其不履行或不正确履行法定职责的7种责任,小至诫勉、批评,大至停职反省、劝其辞职。

西南政法大学行政法学院副教授、重庆市政府法律顾问杨明成认为,从卫生部部长张文康、北京市市长孟学农被免职,到中石油老总马富才、吉林市市长刚占标的引咎辞职,都表明了责任政府的理念已付诸实践。但"官员问责"当前面临的主要问题是:有问责之事,无问责之法。重庆市出台的官员问责制度实际上第一次将问责制上升为制度层面上的强制规定,是在问责制度方面一次突破性的探索,因此有着广泛的借鉴意义,对促进政府依法行政也有着深远意义。

相关链接:重庆市政府部门行政首长问责暂行办法
(2004 年 5 月 11 日重庆市人民政府第 29 次常务会议审议通过)

第一条 为了全面推进依法行政,防止和减少行政过错,提高行政效能和工作效率,根据《中华人民共和国地方各级人民代表大会和地方各级人民政府组织法》、《中华人民共和国行政监察法》和《国家公务员暂行条例》等法律、法规,结合本市实际,制定本办法。

第二条 本办法所称政府部门行政首长问责,是指市人民政府对所属各部门行政首长不履行或不正确履行法定职责,致使其领导的机关(系统)政令不畅、秩序混乱、效能低下,损害公共利益或行政管理相对人合法权益的行为,或行政首长举止不端,在社会上造成不良影响的行为,依照本办法予以过问并追究责任的制度。

第三条 本办法适用于市人民政府对市政府部门行政首长(含主持工作的副职,下同)的问责。

本办法所指市政府部门包括市政府办公厅、市政府组成部门、直属机构、特设机构、市政府部门管理的机构、议事协调机构的办事机构、具有行政管理职能的市政府直属事业单位、市政府派出机构。

第四条 市政府各部门行政首长应当严格履行法律、法规规定的职责和市人民政府依法赋予的各项职责，认真完成市人民政府交办的各项工作，严格依法行政，自觉接受监督，全心全意为人民服务。

第五条 市政府部门行政首长有下列情形之一的，应当依照本办法问责：

（一）效能低下，执行不力，致使政令不畅或影响市人民政府整体工作部署的：

1. 无正当理由，未完成《政府工作报告》中明确规定应由其承担的工作任务或未认真执行市人民政府的指示、决策和交办事项的；

2. 不履行或未认真履行职责，致使市人民政府一个时期的某项重要工作未能按时完成，影响全局工作安排的。

（二）责任意识淡薄，致使公共利益或管理相对人合法权益遭受损失或造成不良社会影响的：

1. 在重大自然灾害、重特大事故和重大突发事件等事关国家利益、人民群众生命财产安危的紧急时刻，拖延懈怠、推诿塞责，未及时采取必要和可能的措施进行有效处理的；

2. 组织大型群众性活动，未采取有效防范措施而发生重大责任事故的；

3. 瞒报、虚报、迟报重大突发事件或重要情况、重要数据的。

（三）违反法定程序，盲目决策，造成严重不良政治影响或重大经济损失的：

1. 重大建设项目发生重大失误或存在严重质量问题的；

2. 随意安排使用财政资金、国有资产，造成资金浪费或国有资产流失的；

3. 违法决定采取重大行政措施，导致群众大规模集访或重复上访，或引发其他社会不稳定情况的。

（四）不严格依法行政或治政不严、监督不力，造成严重不良政治影响或其他严重后果的：

1. 制定的规范性文件或政策性文件与上位法或上级政策相抵触，严重损害公共利益或行政管理相对人合法权益的；

2. 机关行政效率低下，工作态度生硬，服务质量差，群众反映强烈的；

3. 监督管理不力，致使机关工作人员多次发生滥用职权、徇私舞弊和失职、渎职等严重违法、违纪行为的；

4. 指使、授意机关工作人员弄虚作假，骗取荣誉或进行违法、违纪活动的；

5. 对机关工作人员违法、违纪行为进行包庇、袒护或纵容的。

（五）在商务活动中损害政府形象或造成重大经济损失的：

1. 在招商引资活动中，违反法律、法规或国家政策规定承诺优惠政策或给予信用、经济担保的，或不守诚信，致使合同不能履行，或严重损害管理相对人的合法权益的；

2. 在政府采购活动中，不进行招标、投标或违反市人民政府有关规定的；

3. 在资金融通活动中违反国家金融法规和有关政策规定的。

（六）市政府部门行政首长本人在公开场合发表有损政府形象的言论，或行为失于检点，举止不端，有损公务员形象，在社会上造成不良影响的。

（七）市人民政府认为应当问责的其他情形。

第六条　市长发现市政府部门行政首长有本办法第五条规定情形之一，或根据下列情况，可以决定启动问责程序：

（一）公民、法人和其他组织向市人民政府提出的附有相关证据材料的举报、控告；

（二）新闻媒体曝光的材料；

（三）人大代表、政协委员提出的问责建议；

（四）司法机关或仲裁机构提出的问责建议；

（五）政府法制工作机构、政府政务督察机构、行政监察机关、审计机关提出的问责建议；

（六）工作考核结果；

（七）副市长、秘书长向市长提出的问责建议。

第七条　问责程序启动后，市长或市长委托的副市长可以责成市政府有关部门的行政首长当面汇报情况。

市长或市长委托的副市长听取情况汇报后，认为市政府部门行政首长有本办法第五条规定情形之一且事实清楚的，市长可以直接决定提交市政府常务会议讨论，研究追究责任的方式；认为需要进一步调查核实的，可责成市监察局调查核实。

第八条　市监察局根据市长的指示，依照《中华人民共和国行政监察法》规定的权限和程序开展调查工作。

被调查的市政府部门行政首长在接受调查的同时，应当采取积极措施，纠正错误或者改变工作不力的局面，尽量挽回损失，减少不良影响。

第九条　市监察局调查结束，应将调查结果书面告知被调查的市政府部门行政首长，并询问其对调查事实有无异议。

第十条　市监察局应在市长规定期限内完成调查工作，报告调查结果，并按下列规定提出处理建议：

（一）市政府部门行政首长不存在本办法第五条规定情形或情节轻微的，应向市长提出终止问责的建议；

（二）市政府部门行政首长有本办法第五条规定情形之一的，应提请市长对该部门行政首长追究责任，并提出追究责任方式的建议。

第十一条　市长根据调查报告决定不予追究责任的，市监察局应将调查结论和市长决定书面告知被调查的市政府部门行政首长。

第十二条　市长根据调查报告决定按本办法第十四条规定方式追究责任的,应责成市监察局将调查结果和处理建议提交市政府常务会议讨论。

被调查的市政府部门行政首长可在常务会议上进行陈述和申辩。

第十三条　市长根据市政府常务会议讨论的情况决定追究责任的方式,由市政府办公厅书面通知被追究责任的市政府部门行政首长,并告知复核、复查申请权。

第十四条　追究责任的方式为:

(一)取消当年评优、评先资格;

(二)诫勉;

(三)通报批评;

(四)责令在市政府常务会议上作出书面检查;

(五)通过市级主要新闻媒体向社会公开道歉;

(六)停职反省;

(七)劝其引咎辞职。

前款规定的方式,可以单处或者并处。其中,作出停职反省或劝其引咎辞职决定的,应当根据干部管理权限和任免程序将决定书面报市人大常委会或有关机关备案。

第十五条　被问责的市政府部门行政首长对问责决定不服的,可以自收到决定之日起10个工作日内向市人民政府申请复核。特殊情况,可申请延长5个工作日。

第十六条　市长决定复核的,可根据复核申请的内容责成市监察局在7个工作日提交复核报告,也可另行组成调查组进行复查,并在20个工作日内提交复查报告。

复核、复查期间,原追究责任的决定可以中止执行。

第十七条　市长根据复核或复查报告,分别作出以下决定:

(一)原调查报告事实清楚,证据确凿的,原问责决定继续执行;

(二)原调查报告基本事实清楚,基本证据确凿,但情节轻重有偏差的,改变追究责任的方式;

(三)原调查报告有重大错误的,终止原追究责任的决定。

第十八条　调查人员滥用职权、徇私舞弊、玩忽职守,导致调查报告出现重大错误的,应当依照《中华人民共和国行政监察法》和干部管理权限的规定给以行政处分。

第十九条　市政府部门行政首长有本办法第五条规定情形之一且该行为涉嫌违纪的,由市监察局依法处理;如该行为涉嫌犯罪的,市监察局应将案件移送司法机关依法处理。

前款的调查情况和案件处理情况,均应向市长提出书面报告。

第二十条　受到纪检机关警告、严重警告或监察机关警告、严重警告、记过、记大过、降级处分的市政府部门行政首长,市长仍可决定按本办法第十四条规定的方式追究其责任。

第二十一条　依照本办法对市政府部门行政首长问责后,如问责情形是由处(室)

负责人或工作人员的行为所导致的，市政府部门行政首长可参照本办法对其问责；如问责情形是由分管副职的行为所导致的，应对其进行批评并提请市监察局对其问责。

分管副职、处（室）负责人或工作人员的行为涉嫌违纪的，按干部管理权限依法处理；涉嫌犯罪的，移送司法机关依法处理。

第二十二条　市人民政府对区县（自治县、市）人民政府行政首长的问责，参照本办法执行。

各区县（自治县、市）人民政府可以参照本办法，对本级政府部门的行政首长和乡（民族乡）、镇人民政府或街道办事处的乡长、镇长或主任进行问责。

实行市以下垂直领导体制的市政府部门可以参照本办法，对本系统的区县（自治县、市）政府部门的行政首长进行问责。

第二十三条　本办法第十四条第一款第二项所称诫勉，指市长或受市长委托的副市长根据市政府常务会议精神对被问责的市政府部门行政首长进行批评、教育，提出限期整改要求。

第二十四条　对市政府部门副职问责的具体办法，由市监察局根据本办法另行制定。

第二十五条　本办法自 2004 年 7 月 1 日起施行。

Ⅱ 电子政务建设

20世纪90年代,随着计算机和信息网络技术的突破性发展,世界各国纷纷加快了信息化进程。1993年,美国率先开始实施"以信息技术再造政府"的计划。1994年12月,美国"政府信息技术服务小组"提出"政府信息技术服务远景"的报告。报告提出以信息化服务为契机,改造传统政府体制,积极发展电子政务管理模式。在这之后,世界各国政府纷纷出台相关政策以推动社会信息化建设。1994年,英国进行了"政府信息服务"的实验。1996年11月,公布了"Government Direct"计划,提出新形态的公共服务理念。日本政府也提出以政府部门的信息化建设来推动社会信息化的整体发展。我国政府也将1999年确定为"政府上网年",正式把政府网络化、信息化建设列为政府现代化的主要建设目标之一。

一 电子政务及其在中国的发展

中国电子政务发展的回顾与展望
(《中国信息界》2009年5月20日 汪玉凯)

2008年中国电子政务发展的回顾

2008年无论对中国还是世界,都是非常不平凡的一年。对中国来说,我们不仅成功地举办了奥运会,也遇到了年初的冰雪灾害、西藏暴乱、奥运火炬传递受阻,以及后来的汶川大地震、毒奶粉事件等。特别是9月又出现了全世界性的金融风暴。所有这些,不仅对我们国家产生了很大的影响,也对电子政务、政府信息化不可避免地产生影响。尽管我们的政务信息化、电子政务建设应用中还存在很多不尽如人意的方面,但经过这些年来的不懈努力所形成的综合应用能力和水平,在关键时候发挥了重要作用,派上了大用场。

首先,在应对各种突发性公共事件中,包括政府在内的各种信息网络系统都发挥了重要的作用。比如年初应对罕见的冰雪灾害,以及后来的汶川大地震,如果没有快捷的信息传递，没有网络、门户网站，政府的组织、调度过程很难达到那样高的水平。同样在灾难面前，网民在网上发起的捐助活动等，极大地凝聚了人心，动员了全国的百姓，其影响力不仅震撼了世界，也震撼了高层。与此相联系，在另外的一些公共事件中，如2008年3月的西藏暴乱、2008年5月的奥运火炬传递在少数国家受阻，也是中国数以亿计的网民所表现出的巨大力量，在维护国家的尊严、调动全球的华人等方面，产生了广泛影响。

其次，奥运会期间，大量的信息网络技术的应用，把中国政府承诺的"科技奥运"展示得淋漓尽致。有资料显示，北京奥运会第一次实现了奥运史上全球高清电视实况转播，全世界大约有数百万人用3G手机观看了奥运会的比赛。特别是被认为美轮美奂的奥运会开幕式，所以能达到如此的效果，靠的也主要是信息网络技术。比如奥运会开幕式上对中国文化和历史的展示，是在145米的"长卷"上展开的，而这个"长卷"靠的是数以万计的LED，即三级发光管演播出来的。在人们神奇般地感受李宁升空后围绕500米长、14米高的鸟巢碗口转一圈的点火过程中，同时将奥运火炬在全世界传递的情景一幕幕再现出来，靠的也是信息网络技术。可以设想，北京奥运会上的成功，如果离开北京市政府这些年来的数字北京建设、北京市电子政务的发展，都是不可想象的。

第三，官员利用网络与民众对话、交流成了新时尚。特别是最高领导人在网上与网友聊天，开辟了党政领导干部应用网络的新时代。这既说明了高层对网络这一新兴媒体的重视，也说明了公众通过网络参与所产生的巨大力量。从这个意义上说，2008年社会信息化的快速发展，应用水平的提高，与政府信息化水平不断推进有直接关系。这再一次说明，用政府信息化带动企业、社会以及家庭个人信息化，不仅是一种重要的战略选择，也在2008年的实践中进一步得到了证实。

第四，各级政府大力推进的服务型电子政务建设，也有了新的进展。比如各地政府在大体完成了电子政务基础设施建设的基础上，利用政府门户网站开发网上办事系统，给企业、社会公众提供了很多方便。以北京为例，北京市短短一年多仅城市交通一卡通就发放了一千多万张，几乎是人手一卡，拿着一卡通坐公交车只有4毛钱（10站以内），不仅有效地分散了客流，缓减了交通压力，也给市民提供了方便和实惠。特别是在出租车上安装的GPS，实行全球定位，既保护了司乘人员的人身安全，也为有关部门实施救援、打击犯罪提供了技术保障。总之，当人们越来越感受到接受政府的服务更加便捷的时候，服务型电子政务离百姓也就越来越近了。

2009年中国电子政务发展展望

2009年我国电子政务发展趋势，是人们普遍关心的一个问题。笔者认为，总体上看，2009年电子政务的发展大体会呈现出下面一些特点或者趋势：

第一，政府信息化、电子政务的推进，首先要服从和服务于国家工作的大局，同时也必然要受到整个国家发展大形势的制约和影响。具体来说，美国金融危机的冲击，已经对中国的实体经济产生了深刻影响。对此，中央已经采取了一系列重大举措，保增长，保就业，调整经济结构，更加关注民生，尽最大努力要保持中国经济能够健康、稳定地发展。如果我们的电子政务建设离开了国家工作的大局，或者不能在这方面发挥重要作用，那么就会偏离目标。从这个意义上说，2009年的电子建设和发展，无论是政府的资金投入，还是发展的速度、规模，都会受到国家大势的影响和制约。在这样的条件下，如何利用已经构建起来的电子政务应用系统，为促进国家工作大局服务，渡过难关，也许是所有从事电子政务建设者应该认真思考和探索的重要课题。

第二，要利用电子政务系统，提高领导机关的决策水平，最大限度地防止决策失误。可以肯定地说，2009年围绕保经济增长，各级政府都会采取一系列重要举措。那么这重大决策能不能科学、合理，我们的刺激经济的政策会不会走老路——回到资金高投入、资源高消耗、环境高污染的发展方式上去，就很关键。在这方面，我们要充分利用已经构建起的电子政务决策支持系统，以及大量数据库和其他信息化系统，为领导机关和领导人的科学决策提供服务，最大限度地保证决策的科学性，避免决策失误，提高决策水平。

第三，在应对危机的背景下，我们要从整体上反思电子政务这几年走过的道路，认真总结经验。比如，过去这些年我们在推进电子政务建设的过程中，哪些是成功的，哪些是教训，哪些需要认真改进。据有关资料显示，2007年中国电子政务在世界上的排名倒退，原来是57位，现在倒退到60多位，下降了好几位。这肯定不是中国电子政务发展本身在倒退，而是说其他国家电子政务发展更快了。因为电子政务发展的速度、应用的广度、深度以及老百姓对电子政务的满意度等，都是衡量电子政务发展水平的重要标志和尺度，如果我们整体推进电子政务的水平不能提高，就可能出现逆水行舟，不进则退的现象。在新的一年里，如何保证电子政务发展的质量和整体水平的提高，值得我们认真总结和思考。

第四，就目前我国电子政务的发展看，2009年将面临整体性的结构调整，也可以说电子政务将进入整合时代。一方面，中国电子政务大规模基础设施建设在全国基本完成，目前我国的网络规模全球第一，宽带规模全球第二，上网人数达到2亿5千多万人，总数也是全球第一，我国的域名达到一千多万，网站总数达到191万，其中政府门户网站达到5万多个。再加上这些年的各级政府都构建了很多应用系统，应该说成绩可观。但是我们也面临着一些新问题。其中一个突出问题是，"条条专政"，"系统林立"，"纵强横弱"等，信息资源开发利用水平低的问题，资源难以共享的问题，也一直在困扰我们。在这样的背景下，如何加大各类电子政务应用系统的整合，将是2009年我们面临的一个大问题，也是电子政务有可能有大作为的领域，值得高度重视。

这就要求我们要围绕地方政府大部制改革，推进系统整合。要看到，2009年，虽然国家工作的大局是应对金融危机，保证经济平稳、健康地发展，但对电子政务建设而言，还有一个重要契机，那就是地方政府机构调整和大部制改革。按照中央的部署，地方政府在这次改革中，有比较大的自主决定权。可以设想，地方机构调整的力度整体上会比较大，而且各地的差别也会更加明显。这在一定程度上，既给电子政务系统整合带来机遇，也会形成比较大的挑战。与此相联系，如果2009年中央能在整个国家的信息化建设方面有比较大的投入的话，这将给电子政务的系统整合和发展带来新的机遇。因此，围绕政府机构调整、大部制改革加快电子政务系统调整，将是许多政府，特别是经济社会比较发达的地方政府要认真关注的一个重要领域。

第五，2009年电子政务要更加注重实效，把服务于企业、就业等放在更重要的位置。可以肯定地讲，2009年将是中国企业十分困难的一年，也是我国就业形势十分严峻的一年。这都与经济大背景有关。世界经济衰退，我们的企业订单大量减少，这将使得许多企业，特别是中小型企业生存面临困境。同时，随着企业的倒闭，将有大量的失业人员找不到工作，再加上新毕业的大学生也需要就业，这方面的压力将会非常大。在这样的背景下，防止社会问题、经济问题、政治问题同时暴发，就成为一个十分关键的问题。在这方面，电子政务不仅要发挥重要作用，而且要更加注重实效。特别是在为企业提供服务、为就业提供服务方面，大有可为。这就是说，我们要用电子政务的服务系统，为企业提供良好的服务，帮助企业脱困，提高企业的竞争能力和就业能力。当然，就国家来说，2009年将有大量拉动经济增长的资金投入，也能带动地方政府的大量资金投入，如何用好、花好这些钱，电子政务应用系统发挥作用的空间是很大的。可见，2009年的电子政务应用如何更好地发挥作用，注重实效，不流于形式，是我们必须认真思考的大问题。

第六，适应服务型政府的建设，电子政务的应用重点向对外服务转变，将是一个基本趋势。本轮行政体制改革的目标，就是要建设服务型政府。按照这一目标，未来电子政务发展的重点，就是要围绕服务型政府的建设，突出服务型电子政务。从我国各级政府承担的职责看，不同层级政府都有不同的侧重点：中央政府一般不直接为公众提供服务，但是要利用电子政务系统提高政策制定的水平和质量，加强对全局的指导；而地方政府，特别是基层政府，更多是要利用电子政务系统为公众、社会提供更方便的服务。

第七，2009年信息技术在电子政务建设中的应用也将会呈现出某些新的趋势和动向。

首先，Web 2.0时代的到来，不仅会影响电子政务的系统构建，也会影响到社会的广泛应用。我们知道，Web 2.0时代是一个公众互动的时代，老百姓通过Web 2.0提供的技术，网民和网民之间可以互动，网民和政府可以互动，部门之间可以交互，这为电子政务应用的深化，提供了巨大的空间。尽管这一技术还在快速的发展当中，但它的优势已经得到了显现。未来电子政务在这方面的应用无疑还会有更大的发展。

其次，适应大部制改革，有关部门之间的信息资源整合的软件，提高信息资源共享度方面的软件技术，可能在2009年会更加得到大家的高度认可。

再次，地级市和县的电子政务总体平台建设可能会受到关注。因为明年行政体制改革的重点内容之一，就是进一步推动省直管县。这就意味着强县战略将加快推进。我们要把2000多个县做强，推进县域经济的发展，并作为推进城乡一体化的重要载体，有很大的改革空间。现在很多地方都在实行县财政直接对省财政。如果我们在省直管县，特别是省直管财政方面，能开发出新的应用系统，新的平台和新的产品，就会有很大的需求，也会有广阔的应用前景。

第八，电子政务发展将更加关注农村信息化。应当看到，2009年国家刺激经济的计划中，有相当一部分是投入农村基础设施和解决农村的公共服务的，包括加大城乡公共服务等民生项目，如村村通公路，解决老百姓的医疗、教育、就业、养老等。加大这方面的投入，不仅可以解决老百姓的后顾之忧，也可以进一步扩大消费、拉动经济。可以设想，在推进上述战略中，农村信息化无疑是十分重要的方面。这就意味着，新农村改革的推进，"三农"政策的实施，也为农村信息化发展提供了新的机遇。在这样的背景下，电子政务发展如何与新农村信息化建设对接，如何用电子政务更好地为农村、农业、农民服务，将是一篇大文章。

第九，信息公开和信息安全都将被高度重视。《政府信息公开条例》的实施，保证公众的知情权、表达权、参与权，将对政府部门提出新的挑战。这就是说，一方面，《政府信息公开条例》的进一步贯彻和实施，为社会公众、老百姓提供了新的获取政务信息的渠道和空间，另一方面，也对政府部门提出了新的课题。如何体现公开是原则、不公开是例外的原则，保障公民的知情权，特别是保障公民依法申请获取政府信息的权利，是所有政府部门都必须面对的问题。

重视信息安全对国家来说，是永恒的主题，2009年电子政务发展中同样不可忽视。这中间的一个重要问题，就是如何协调政务信息公开和保密之间的关系。国家安全、信息安全问题无疑是非常重要的，不能因为泄密造成国家的重大损失，这是电子政务建设中必须要防范的问题。但是我们必须看到，信息安全问题的关键，主要是安全管理问题，而不一定是系统问题。就这几年发生的信息安全问题来看，多数都是由于公务人员缺乏这方面的理念，没有严格遵守信息安全的基本操作规程造成的，真正由于系统、网络方面的问题还是比较少的。这就告诉我们，如何提高信息安全意识，加强信息安全管理，仍然是第一位的。

第十，电子政务绩效评估将要更加受到重视。从国外来讲，系统构建是一方面，如何构建它的绩效评价是另一方面。电子政务绩效评价的导向作用是非常重要的。比如这些年来国信办和相关机构合作，加强对政府门户网站的评价，在全国就产生了较大的影响，对推动我国政府门户网站建设发挥了重要作用。随着电子政务应用系统的增加，应用的进一步深入，强化对电子政务系统的评价，形成良好的导向，十分重要。2009年，在电子政务评价的指标体系建设和评价机制方面，如何进一步完善，使其更加符合我国电子政务发展的实际，更加科学合理，体现公平、公正，将会引起越来多人的关注。

二 我国电子政务建设的实践案例

（一）国家电子政务试点示范工程——浙江省电子政务建设

2005年4月16日，国家电子政务试点示范工程之一的浙江省电子政务建设工作，顺利通过了由国务院办公厅秘书局和国家科技部高科技研究中心组织的验收。其中，浙江省电子政务的网络平台覆盖了全省，并支持语音、视频和数据的"三网合一"，在功能和业务上都处于国内领先的地位。

好网络——电子政务发展的呼唤

浙江省的电子网络建设起步较早。从1995年开始，用两年的时间建成了一个2兆拨号的"省政府政务资源专网"。随着电子政务建设工作的推进，有限的网络资源满足不了业务的需求，一张在融合、智能、安全、可控方面能切实有效地支持政务应用顺利开展的电子政务好网络呼之欲出。2002年，根据中办17号文件精神，浙江省人民政府办公厅下发了《关于建设省电子政务网络平台的通知》，成为浙江省建设电子政务统一网络平台的指导性文件。

至此，浙江省在电子政务建设道路上的摸索有了一个明晰的方向：建成一个连接省、市、县（区）三级政府，覆盖党委、人大、政府、政协、检察、法院等职能部门的统一网络平台，实现对数据、语音和视频业务的支持。

规划蓝图浮出水面

在"融合、智能、安全、可控"这几大原则的指导下，浙江省开始对电子政务网络进行改造。

根据规划，政务网络将连接省、市、县（区）三级的党委、人大、政府、政协、检察、法院职能部门的系统，以及因工作需要介入的企事业单位，涉秘与非涉秘的网络平台需要进行分隔，整体网络要能够支持数据、语音和视频业务，并具备密码、容灾等管理功能。

整个电子政务网络平台由国家广域政务内网的接入网、省政务内网和省政务外网构成。在规划中三个网之间同样需要进行物理隔离，省外网和外网之间则实现逻辑隔离。政务内网是党政机关的办公专网，政务外网是业务部门的政务专网，凡不需要在内网上运行的业务系统可接入外网。政务外网设立国际互联网统一出口，介入外网的各单位通过统一出口访问国际互联网。各市的政务外网也应分离设立国际互联网统一入口，方便日后的安全管理。各级同时接入内网、外网的单位，内部必须建立物理隔离的两套网络，并且在网络建好后，除特殊需求外，原则上不再批准建设纵向网络。

除了建设内容外，规划中还对各级部门的连接、网络维护和使用规范做了相应规定。到2005年，省委机要局、省人大、省政协将全部业务完全放到省电子政务网络平台上；省高法和高检网络与省电子政务网络平台实现高速互联。

在整个的网络管理上，规划中采取"统一建设、逐步接入、分级管理"的模式。IT 层的网络由省政府和市政府的网络维护人员进行维护，其他内容由电信运营商代理。而整网中的 IP 地址分配和域名规范，设备命名规矩，乃至最重要的安全规范都由省政府统一发文指导。

"好网络"做支撑

"在当初进行设备选型时，我们就确定要用品质领先的国产设备。"浙江省行政首脑机关信息中心主任陈新忠说，"电子政务网最重要的是安全性，华为 3 Com 的产品性能与国外厂商没有区别，但是他的安全代码对信息产业部开放，安全性能够得到保障。"

深入了解了浙江省建设这张网络的严格要求后，华为 3 Com 为整个政务系统设计了两个物理隔离的网络：内网及外网，外网与 Internet 互联。

电子政务数据主干网络采用 IP Over SDH 技术，同时整网配备了华为 3 Com 的高端设备如 Quidway NE 80 核心骨干路由器、NE 40 通用交换路由器、S 6500 核心多业务交换机等，不仅具有电信级的可靠性，也为网络真正成为承载数据、语音和视频业务的综合网络打下良好基础。在对于政务网络至关重要的安全性保障上，网络采用 MPLS VPN 技术构建，做到了不同网络之间的区隔使用，保证了内部互访安全。另外，NE 80 和 NE 40 路由器以及 S 6500 交换机等设备能够防止非法侵入和恶意报文攻击，对重要的路由协议也提供多种验证方法，支持两种用户鉴权模式，防止对设备的非法配置。

随着业务内容的增多和用户数量的增加，电子政务网必然需要进行扩容或升级，在浙江电子政务网络建设规划时也特别注意了这一点，最大限度地保证了用户投资。

效益实现

目前，运转在浙江省政务网上的有内部公文流转、信息共享等业务，也有财务、审计、工商、税务等对公操作。如"中国浙江"门户网站，自开通以来一直致力于为社会公众提供多种形式的信息服务。特别是市长信箱和在线咨询等互动栏目更为引人注目，它们在网络上建立起互通平台，以实现政府与公众的广泛交流，了解公众对于政务的意见和想法，接受各方面的监督，不断改善政府工作职能，提高了执政水平。

可以说，浙江的电子政务网络建设日趋完善，为利用信息化手段提高政务办公效率，增加政府透明度，并促使构建服务型政府打下了坚实的基础。

此外，由于这张网在建设早期就确立了统一网络平台的思路，不允许各级各部门单独立项行动，不仅保证了网络制式的统一和安全，在管理和资金上更是节约了很大一笔开支。同时，在建设资金的筹措渠道上也采用了新的建设模式，即由省电信公司出资建设这个平台，投入使用一年后省政府再以年租费形式返还，以五年的时间返还，这使得省政府在建设中无须投入。

（华蔚《从浙江电子政务建设看好网络的魅力》，《信息化建设》2005 年第 7 期）

（二）珠海市电子政务建设——珠海：电子政务带来的不仅是效率

在珠海市外商服务中心办公室，办事员小陈正将审批下来的六个登记证一并交给企业。珠海外商服务中心副主任罗广中说，现在从申报到领证只需五天，如果是急件一天即可审批完成。"一站式"联网登记系统，为外商投资提供了方便、快捷的服务，到目前已受理了新项目、变更项目、分支机构、办事处等2200多个外商投资项目的注册登记，占全市登记项目的90%以上。

从繁到简体现节约

一间不足40平方米的办公室，三名工作人员，一台电脑，珠海的外商投资项目"一站式"联网登记系统就形成了。登记部门可以在本单位上网办理登记手续，不必外派专职工作人员就可以随时掌握各部门项目登记的办理进度。联网登记系统中明确标识了受理和办结时间，既方便办事人员了解情况，也起到互相监督的效果。罗广中说，以前，外商投资项目经过外经贸部门审批后，还需要到相关政府部门办理一系列的登记手续，一个个部门走下来，一般需要两个多月。2001年9月，珠海在全国率先开发应用了外商投资项目联网登记系统，参与联网登记的有市技术监督局、市工商局、市公安局、市国税局、市地税局、市外汇管理局、市财政局、市统计局八个政府部门，在审批登记制度改革上变"串联审批"为"并联审批"，变"串联登记"为"并联登记"，将原来需要填写的29张登记表简化为1张登记表。2004年4月又开发应用了外商投资"一站式"窗口服务系统，将所有服务职能全部整合进去，包括项目跟踪、联网登记、投诉受理、外企服务、统计报表等。该系统不仅明确了工作责任，提高了工作效率，还便于工作人员随时了解和掌握相关情况，给予他们必要的指导和督促。

记者在珠海市环保局系统移动平台上看到，有关环保的信息、公文的交换、政务公开、污染源在线检测管理等，在网上一目了然。比如，工业区某企业违规排污，24小时监测的探头立即发出信息，同时管理者的手机也接到报警；得到信息后打开电脑，很快联系处理，不用人去就能解决问题。"省时、省力、省成本，每年几万元的纸笔不用买了。"尝到电子政务甜头的市环保局毛东信局长如是说。目前，市环保局干部职工计算机操作应用及格率达100%。

政务信息化体现公开

2003年，珠海开始进行各种政务信息化公共平台的建设，先后建设了政府门户网站平台、党政办公专网平台等。依托党政办公专网和电子公文交换系统，已发出公文7500份，并实现了人大代表议案的网上办理。从2004年开始，又着力进行政府信息资源管理及网络交换中心的建设，市民可以在珠海信息网网上"政务大厅"中办理已开通的14个"一站式"服务业务，以及房地产信用等19个查询服务，并可以查询到涉及120多个单位、23个行业领域的1300多条办事程序、办事指南，获取关联资料。政府门户网站还在首页上设立了纪检举报信箱、政府投诉中心12345、网上调查等，搭建了政府与市民之间的电子桥梁。2005年年初，开始运行两大主要数据库——国研数据和中宏数据。珠海市信息中心副主任刘嘉说，为进一步解决网上办事的安全问题，珠海正在积极建设珠海市电子政务认证中心项目。

珠海市副市长何宁卡说，通过电子政务建设，把政府的决策、服务内容、工作程序和办事方式向社会公布，为公众提供公开透明、高效便捷的公共服务，并自觉接受监督，从而实现由"一楼式"服务向"一站式"电子政务服务转变。电子是手段，政务是关键，为避免出现"重建设、轻应用"、"重建设、轻管理"的现象，珠海市正积极推动网上公用审批系统的应用，审批业务尽量采用网上办理，减少市民、企业"跑腿"的次数，降低办事成本。

珠海市委副书记、市纪委书记罗春柏说，电子政务建设推进了政务公开，1999年以来，全市所有行政、机关事业单位都按要求设立了办事窗口，窗口办事程序要求和实效均对外公开，"窗口服务"已成为珠海推行政务公开的重要载体。

目前，珠海市各部门已先后建成一批电子政务应用系统，其中，由市信息中心、工商、税务、海关、质监、外贸、银行等单位共同主办了珠海市企业信用信息网；珠海政府采购网在全国率先实现了采购中心与采购单位、供应网、国库支付中心、结算银行及财政、监察、审计等相关部门的全面联网，建立了政府采购电子办事窗口；社会公用信息查询系统以电子地图的形式，提供涉及旅游、交通、教育、公安、医疗、房地产等方面的社会公用信息；"财政国库集中支付系统"覆盖市级52个部门共计145个预算单位，大大提高了财政资金的使用效率；社保信息系统可为公众提供的社会保障服务，涵盖劳动、社会保险、民政三大业务，逐步把社会保障的服务窗口延伸到用人单位和市民家庭。

（李茹萍《珠海：电子政务带来的不仅是效率》，《经济日报》2005年10月27日）

（三）考核出动力——合肥市人民政府门户网站建设经验

在全国的政府门户网站建设中，会有"中部崛起"的城市吗？合肥市人民政府门户网站（www.hefei.gov.cn）便是"中部崛起"的好榜样。

从评估结果来看，合肥市人民政府门户网站在高级指标得分最好，在省会城市和计划单列市中名列第三，而其初级指标和中级指标得分却只在中等水平。这说明，合肥市在深度服务、公众互动、三农服务、普遍服务等方面有成功的实践。这便是要寻找和深入了解、深入分析、深入研究的。合肥也因此而成为此次案例研究的最佳选择。

如果要用一句话来概括合肥的成功经验，最恰当的是，"实施电子政务建设和社会应用能力考核"。

"效能考核"清除一切障碍

在今年以前，和很多其他地区的政府门户网站建设一样，合肥市人民政府门户网站，尤其是各职能部门和区县的政府门户网站的建设也不尽如人意。虽然合肥市领导非常重视电子政务的建设，但大家对此的认识和积极性仍然要提高。作为此项工作的推动者，合肥市信息化工作办公室和合肥市信息资源管理中心的领导们也非常着急。

有什么办法可以调动大家建设政府门户网站和电子政务的积极性呢？这给合肥市信息办的领导们出了一道难题。他们开始到北京、上海、广州等全国电子政务建设做得好的地方进行深入考察与学习，并向合肥市信息化专家咨询委员会的专家不断请教，最终形成了一个非常大胆的思路：将政府门户网站和电子政务建设纳入到政府部门的目标考核之中。从北京等地的经验来看，一旦纳入目标考核，电子政务的建设便会焕然一新，各职能部门的积极性会得到全面的提高。这个建议最终被合肥市领导所接受。从2006年开始，政府部门的目标考核指标中多了一项"合肥市电子政务建设和社会应用能力考核"。据介绍，该指标在目标考核中所占比例高达10%。这在全国范围内是非常少见的。

从今年1月开始，合肥市信息资源管理中心开始进行每月一次的"合肥市电子政务建设和社会应用能力考核"。正是这一个举措，开创了合肥市政府门户网站和电子政务建设的新局面。

"考核"不是件容易的事，我们课题组最为关注的是，合肥市如何进行考核，在这方面有哪些成功的经验可供大家参考。

信息化领导小组拍板"考核体系"

"考核"面临的第一个难题便是评估体系，即采用什么样的考核标准，也是考核过程关注的第一个问题。其实，有很多地区也想通过"考核"的手段来促进电子政务的建设，但没有实施的重要原因就在于没有一套科学客观的"评估体系"，没有成形的考核标准。

合肥的做法值得借鉴。据介绍，合肥市电子政务建设和社会应用能力考核指标的形成主要经历了四个阶段。第一，由合肥信息资源管理中心负责拿出初稿。第二，将初稿在网上公示，并向各职能部门征求意见。第三，根据各方意见进行修改。修改过程是最痛苦的，因为各部门的意见往往很不一致，很难同时满足所有的要求。依靠信息资源管理中心本身的力量，很难拿出一个让各方都同意的方案。第四，在意见很难统一的情况下，信息资源管理中心将考核体系修改稿递交给了合肥市信息化领导小组，最终由信息化领导小组讨论、大家都认同后拍板而定。

由于信息化领导小组的成员都是各个职能部门的领导，所以他们讨论定了之后，各部门对执行该标准便没有太大阻力了。制定了一个大家都接受的考核体系，渡过了进行考核的第一大难关。

联合相关职能部门进行评估

由谁来进行、怎样进行评估与考核是第二大难关，也是课题组关注的第二个问题。这涉及客观性、公正性、可操作性的问题。考核过程处理稍有不当，便会引来众多意见。毕竟，这涉及每个部门的最终考核得分，其重要性与严肃性来不得半点含糊。

合肥对此采用了三个关键措施。首先，他们制定了非常详细的、非常客观的评分细则。这是考核得以正常进行的基础。其次，合肥为此成立了专门的、独立于各个职能部门的考核团队。考核团队设立在信息资源管理中心，由三至四个人负责。他们通过检查各个职能部门的网页，以及利用相关的技术手段，能将大部分的考核指标都完成评估。最后，他们对一些特殊的指标，如政风行风热线、市长信箱办理等，采取和相关职能部门联合进行考核的方法。例如，对于政风行风热线指标的考核，他们便和监察局进行联合考核；而对市长信箱办理指标，则和信访局进行联合考核。信息资源管理中心通过技术手段，提供给他们相关的信息，这两个职能部门再利用他们的行政职能，考核各个职能部门办理的实际情况。

考核体系与时俱进

有了考核标准，也有了考核机制和组织，合肥市便对各个职能部门开始了电子政务建设和社会应用能力考核。从 2006 年 1 月开始，目前已连续进行了 11 个月。这对合肥政府门户网站、电子政务建设水平的提高非常大。李主任认为，考核以来的每个月各个部门的水平都在提升，尤其是在政务公开、社会监督方面，更是提升显著。

更难能可贵的是，合肥市的"考核"还在深化。根据合肥市当前电子政务建设的实际水平，现有考核体系更注重政务公开方面的内容，但对网上服务则相对考核较少。据李主任介绍，目前合肥正在对现有的考核体系进行修改，对网上服务的相关内容要加入到考核指标中，以便适应新的形势。

（2006 年中国政府门户网站发展研究报告发布会 http://www.ccwresearch.com.cn/pinggu/）

三 电子政务未来的发展趋势

电子政务建设的发展趋势分析

（《中国科技信息》2008 年第 7 期 黄立明、宋金玲、孙庆宏）

第一，"以民为本"的理念将深入人心。

普恩斯（J. E. J. Prins）认为，电子政务就是要使公众在任何时间、任何地点都能方便地获得政府信息与服务。"以民为本"的服务理念既代表着我国政府职能转变的方向，也是电子政务建设应遵循的基本指导思想，必将越来越深入人心。今后的发展趋势，一是关注门户网站的建设，不仅能在网上为公众提供各种信息服务，还要能提供网上办事；二是关注外网建设，因为一个功能强大的外网平台对为公众提供网上服务来说至关重要；三是发展多终端接入，为老百姓提供方便、快捷的服务。

第二，政府信息资源共享将受到高度重视。

在我国，政府各部门掌握着全社会 80% 的信息资源。政府信息资源的开发、利用、共享，必将成为电子政务建设过程中最重要的指标之一。从管理角度看，想要真正达到信息资源共享，就必须解决信息资源的部门垄断问题，进行专门的规划，把信息资源的开发和利用提到真正的高度。从技术角度看，应建设统一的政府信息网络平台，整合资源，消除"信息孤岛"。

第三，电子政务的安全问题将得到改善。

我国各级政府网站网页经常被篡改。2005年网页篡改在大陆发生13000多次，其中六分之一攻击对象为政府网站。电子政务的安全问题涉及国家主权、国家安全，已经得到各级政府的高度重视。我国将以法律为保障、以技术为援助、以标准为指导，改善电子政务的运行安全。

第四，协同政务将成为电子政务发展方向。

协同政务，就是以政府工作人员的协作为核心，强化政府信息资源的共享、政府工作流程的优化及政府信息化系统应用的集成。协同政务代表着一个地区、部门电子政务发展的水平；同样，它也是电子政务建设中难度最大、要求最高的一种服务实现形式。从追求个体效率（部门信息化）到追求整体效率（协同政务），是电子政务发展的必由之路。

第五，电子政务将与政府改革相互促进。

1. 电子政务发展将推动政府管理创新

随着政府职能从以政治统治为主转变到以社会管理为主，服务型管理将成为主要的政府管理形式。电子政务的发展必将有力地推动政府职能的转变，强化对政府的监督，增加政府的透明度。电子政务的发展使得信息迅速、有效、开放，使"暗箱操作"难度增大，促使公务员队伍趋向公正廉洁，达到依法行政。

2. 政府改革有利于电子政务的发展

在发展电子政务的过程中，各地遇到的最大困难不是资金和技术，而是传统的行政弊端。每一个电子政务应用项目的推进，都需要有法律、法规、行政等多方面的综合支持。因此，深化行政体制改革，建立和完善与市场经济体制相匹配的现代政府行政体制，将使电子政务建设拥有一个坚实的制度基础，有利于其进一步发展。

第六，电子政务的绩效评估体系趋于完善。

电子政务绩效评估，就是运用科学的方法，对电子政务建设的投入和产效（产出和效益）所做出的客观、公正和准确的评判。能否尽快建立完善的电子政务绩效评估体系，直接关系到我国电子政务发展的成效。我国将逐步完善电子政务的评估体系，以提高政府网站的建设效益。

第七，城乡协调发展将成为建设重点。

我国城市网民大约有9168.6万人，占城市人口的16.9%。我国乡村网民数量只是城市网民数量的1/5，而乡村网民普及率仅是城市网民普及率的1/6。新出台的《2006—2020年国家信息化发展战略》提出，要"逐步在行政村和城镇社区设立免费或低价接入互联网的公共服务场所，提供电子政务、教育培训、医疗保健、养老救治等方面的信息服务"。由此可见，相对城市而言，乡村的电子政务有着更为广阔的发展空间，使每一个人都具有获得政府电子服务的权利，城乡协调发展将成为电子政务建设的重点。

第八，建立政府 CIO 制度势在必行。

我国电子政务正在进行大规模的数据整合、流程梳理以及区域合作，政府部门迫切需要一个既能制订信息化发展规划又能指导项目实施的专才——政府 CIO。国外经验表明，电子政务必须实行法人负责制，没有法律责任人的电子政务建设项目无法减少或防止投资风险。电子政务的法律责任人就需要政府 CIO 来担任。相信未来一定会将 CIO 制度在政府部门加以普遍推广，以便有效地促进我国的信息化建设，全面推动电子政务的发展。

我国电子政务建设的现状及发展趋势
——国家发改委高技术产业司顾大伟副司长在"2008 中国电子政务论坛"上的主题发言
（2008 年 4 月 17 日）

结合去年发改委、财政部、中编办四部门开展的国家电子政务检查，我就国家电子政务建设的现状及发展趋势谈一些个人观点，与大家探讨。

关于电子政务建设的现状，我谈三个方面的内容。

第一，对我国电子政务建设成就的总体判断。

2002 年中办 17 号文发布以后，我国的电子政务建设已从部门办公自动化，开始走上了支撑部门职能业务的发展道路。《国家电子政务总体框架》和中办 18 号文发布以后，进一步推动了各部门的电子政务建设的应用深化和整体发展。经过近几年的建设，中央级传输骨干网已经开通，国家电子政务外网也投入运行，可承载中央和地方部门的部分政务业务，为进一步整合内、外网及专项网资源，实现国家电子政务网络的互联互通和政务业务系统的协同互动奠定了基础；中央政府门户网站已开通运行，各级政府网站基本建立，为党和政府有效联系群众服务人民建立了新的桥梁和纽带。政务信息系统建设已经覆盖了税务、海关、农业、银行、公安和社会保障等关系国计民生的重要领域，为政务部门履行经济调节、市场监管、社会管理和公共服务职能提供了重要的技术支撑，电子政务治国理政和服务于民的架构已具雏形。

第二，电子政务建设管理的重要创新。

我国电子政务的建设管理，取得了许多创新成果，其中以下三个方面值得特别肯定。首先，各建设单位把电子政务作为"一把手"工程，这对加大业务部门和建设部门的协调力度，强化业务应用的先导性，确保资源的优化配置等发挥了巨大作用。同时，各项目建设单位也初步形成了高层次、组织化和规范化的工程建设管理制度，形成了一系列工程管理规范和技术标准，保障了工程建设的质量和顺利实施。其次，各部门在建设电子政务工程时，注重发展模式的创新，包括运行与维护模式的探索、国产设备的应用和工程建设的管理等方面。例如，中联部建设的政党外交信息系统，所有软硬件设备都具备我国自主知识产权，其表现的安全与稳定性不逊于国外同类产品。中储棉总公司建设的国家棉花市场监测系统，在管理上采取商业化的服务外包模式，既有效解决了自身技术力量的不足，又降低了运行维护的成本。文化部和扶贫办在运行与维护模式上进行了大胆探索，利用电子政务外网平台的资源托管数据，从而既避免了数据管理设备场地的重复建设，又得到了专业化的运维保障服务。最后，电子政务建设的制度规范逐步建立，加强了项目的申报审批、工程建设、资金管理、监督检查以及验收评价等环节的管理，对保证电子政务工程质量、有效控制建设规模、提高投资效益发挥了积极作用。

第三，电子政务发展中的主要问题。

电子政务建设一方面取得了令人瞩目的成就和有益经验，另一方面还存在着许多亟待解决的问题，特别是以下三个问题值得高度重视。

首先是重建设、轻应用的问题。在电子政务工程建设中，普遍偏重硬件资源的投入，软件投入在整体投入中的比例普遍低于30%，硬件投入中，片面追求高性能配置，形成的资源能力远远超过实际应用的需要。一些网络资源的当前利用率不足5%，个别项目的存储资源可支撑10年的业务增长需求。电子政务应用方面，主要侧重于内部事务处理和自我服务，支撑政府决策和面向公众服务的信息化能力亟待提高。已建电子政务工程中，面向公众服务的业务应用功能不到3%；面向决策支持的业务应用功能不到8%。电子政务提高政府行政能力和普惠公众的效能尚未充分显现出来。

其次是信息共享和业务协同能力不强的问题。各部门丰富的专业信息资源还没有形成共享机制。跨部门业务协同亟待从国家层面予以梳理和完善，支撑业务协同的技术条件尚需在各部门的工程中予以落实。电子政务系统对已建公共资源的使用还不充分。中央部委90多个专网的业务，目前仅有3个部门的6项应用迁移到电子政务外网平台，规范和指导电子政务建设的国家标准，还没有得到广泛采用，很大程度上影响了电子政务的互联互通和整体发展。

最后是电子政务带动自主产业发展的问题。电子政务工程采购的软硬件产品中，自主品牌产品的装备严重不足，采购金额还不到采购总额的四成。国产软硬件产品主要集中在中低端，高附加值的高端产品基本为国外产品。国产软硬件产品中，合资、外资产品占绝大部分，自主品牌所占比例仍然很低。核心的软硬件产品基本为国外垄断，我国自主生产的数据库、操作系统、高端服务器和存储设备几乎没有得到应用。国家电子政务工程建设对自主产业的拉动作用明显不足。

未来五年我国电子政务将进入深化应用、全面推进的发展新阶段。关于我国电子政务建设发展的趋势，我重点谈三个方面。

第一，未来五年的建设重点。

未来五年电子政务建设的着眼点是进一步提高党和政府的信息化水平，增强快速准确地掌握和处理信息的能力，加强适应体制和机制变革的灵活性，丰富政府的公共服务方式，强化透明监督和公众参与的手段。着力点是大力推动业务信息系统由独立运行向按需协同方向发展，积极促进政务信息资源由部门应用向依法公开共享方向发展，加快推进电子政务网络由部门专网向统一的国家电子政务网络方向发展。总之，加强以政府信息能力为基础的国家信息能力建设，是未来电子政务建设的重点。

第二，未来五年的管理重点。

电子政务建设的管理，涉及审批部门和建设单位方方面面的工作，针对前面提到的电子政务存在的突出问题，未来五年将重点在以下三方面加强管理。

一是抓好项目建设立项前的需求分析，一方面解决电子政务面向业务、面向应用的问题，真正提高电子政务建设的效能和效益。另一方面解决电子政务项目审批时间长的问题，切实缩短审批时间，提高审批效率。同时，通过积极培育需求分析、建模仿真等专业化的服务队伍，鼓励社会化的专业咨询服务，为国家电子政务项目的审批、建设和评价，提供科学的依据。

二是逐步建设和完善国家电子政务工程的绩效评价和公示制度。围绕项目的需求符合度、公众满意度和投入产出效益等方面开展电子政务的绩效评价工作，从根本上改变电子政务工程建设后期矫正和约束机制严重不足的状况。

三是加强对建设资金和运维资金的管理。国家发改委与财政部将建立电子政务项目和部门信息化建设项目审批信息通报机制，有效避免项目建设资金的重复投入。财政部、国家发改委将会同有关部门抓紧制定电子政务项目运行维护资金的测算依据、定额标准和使用程序，以确保运行维护资金有效和规范使用。

第三，未来五年的创新重点。

首先是政务活动方式的创新。电子政务建设，不是简单地将现有工作流程电子化，更不是将现有部门间的工作关系通过电子方式封闭化，而是不断促进政务本身的创新，如对影响效率的现有流程进行优化再造和部门间的共享协同，以及利用信息技术进行决策支持时进行深入的业务研究，包括社会问题和矛盾、基础理论和政策法律，以及专业业务的分析方法和模型等的研究。这些伴随着电子政务建设的创新活动，必将极大地提升政府的行政能力。

其次是建设模式的创新。鼓励更多的部门采用服务外包的方式，实现电子政务发展目标。这不仅是电子政务建设模式的机制创新，也将有力地推动我国现代服务业的创新发展。

再次是系统工程方法的创新。我国各部门电子政务建设的工程形态，将从纵向系统为主的离散形态，逐步转向平台化的集约形态，实现内部不同应用基于共性平台的统一支撑，包括信息资源从监测获取到存储处理的统一规划和充分共享、工程体系结构和功能模块的标准化和规范化、复杂流程的优化和接口的通用化等。通过建设高度集约化的系统工程，实现最大化的系统效率和投入产出效益，从根本上实现我国电子政务的可持续发展。

最后是产业创新。在今后的电子政务工程建设中，国家将把自主创新的软硬件产品纳入《政府采购自主创新产品目录》，并采取相应的配套措施，如将有关采购情况作为项目验收和绩效评价的重要内容等，以极大地促进建设项目优先采购自主软硬件产品，使电子政务建设有效带动自主创新产业的发展。

Ⅲ 地方政府创新

党的十六大提出了全面建设小康社会，开创中国特色社会主义现代化事业新局面的宏伟目标。实现这一宏伟目标，需要我们更加自觉地进行制度创新、理论创新、科技创新和文化创新。各级政府在社会的各种创新中，特别是在制度创新中，有着举足轻重的地位。政府应当成为创新的表率。

改革开放以来，特别是党的十五大以来，各级地方党政机关在公共服务、行政改革、政治透明、基层民主、科学决策、公民参与、法制建设和扶贫济困等诸多方面进行了许多大胆的改革与创新。这些改革与创新深受人民群众的欢迎，密切了党和政府与人民群众的关系，有力地推动了社会主义政治文明建设。

对政府部门的绩效进行科学的评估，依据评估的结果对政府部门及相关人员进行适当的奖励，是促使政府不断提供更好的公共服务，更好地为人民服务的重要激励机制。由相对独立的权威学术机构，而不是政府及其附属机构，依据一套科学的评估标准和严格的评估程序，对政府行为进行研究、评估和奖励，是世界上许多国家的普遍做法。这种做法不仅有利于评估活动的科学性、客观性和公正性，有助于消除评估过程中容易产生的腐败和不公正，更重要的是能够促进政府不断完善自身的制度和行为，增强公民对政府的认同和信任，推动学术界对政府行政改革进行学术研究和对策研究。

2000年，中共中央编译局比较政治与经济研究中心和中央党校世界政党比较研究中心联合发起了"中国地方政府改革与创新"研究与奖励计划。其联合组织国内几十名政治学、行政学、社会学等方面的专家学者，根据创新程度、自愿程度、效益程度、重要程度、节约程度和推广程度六项标准，开展了首届"中国地方政府创新奖"评选和奖励活动，在320多个地市（含）以下地方政府的创新项目中，评选出了10名优胜奖和10名提名奖。这是我国历史上第一个由学术机构按照科学的评估程序和评选标准产生的"政府创新奖"，在社会各界产生了良好的影响。2003年，开始进行第二届"中国地方政府创新奖"的评选活动，共有245个地方政府创新项目参与申请。经过严格的评估、筛选，最终选拔出优胜奖10名，提名奖5名，鼓励奖3名。2005年，第三届"中国地方政府创新奖"的评选活动，从283个申请项目中，最终选拔出10名优胜奖，14名入围奖，并且该届"中国地方政府创新奖"首次设立组委会奖1名。2007—2008

年度，第四届"中国地方政府创新奖"的评选活动经过现场陈述、答辩和选拔委员会投票协商后，10个项目最终成为"中国地方政府创新奖"得主，10个项目获得了"中国地方政府创新奖"入围奖，还有1个项目摘走本届组委会与中国新闻周刊联合设立的"最具责任感政府"奖。2009年4月9日，第五届"中国地方政府创新奖"新闻发布会在北京大学举行。

一 江苏省南京市下关区首创"政务超市"
（中国政府创新网 2007年7月16日）

南京市下关区2000年10月以来模仿商业超市开放、便民的新营业方式，改变原有封闭式的办公模式，在全区各街道办事处先后以窗口式和柜台式两种方式开放办公，将民政事务、优抚助残、城市建设、市容管理、就业服务、创业指导、工商注册、税务助征、户籍管理、社区党建、政务接待等40多个服务项目集中放在"政务超市"大厅内，分别设立不同的办公窗口或柜台，奉行"便民、为民、利民"的服务宗旨，坚持"公开、公平、公正"的服务原则，采取前厅后室的新型办公模式，实行便捷、开放和"一门式"服务。同时，他们把这种开放式办公方式与社区服务项目结合在一起，深受社区群众的欢迎。

"政务超市"遵循"立即办、限时办、联合办、转报办、解答办、劝慰办"的服务原则，努力为社区居民和单位提供便利服务，为弱势群体提供救助服务，大大方便了居民百姓的生活，改变了公务人员的精神面貌，提高了政府的办事效率，从根本上解决了"门难进，人难见，脸难看，事难办"的衙门式工作态度，是基层政府转变职能的一种很好的创新形式，具有重要的社会意义和推广价值；政务超市对办公条件要求不高，无须大的投入，相反，它的设立与目前越来越高的政府大楼形成鲜明的对照。

我们在现场看到，老百姓到"政务超市"办事咨询有笑脸相迎，有茶水可喝，有椅子可坐，有报刊可看，下雨天还有雨伞相助；公务人员统一着装，挂牌上岗，随时接受社区人大代表（政务超市内设有人大代表办公室）和前来办事的群众的监督；现场受益群众当着我们的面激动地夸他们的"政务超市"便民为民，现场公务人员也高兴地主动要求与我们照相，对这种办公方式的肯定态度溢于言表；南京市下关区"政务超市"为民办实事、办好事的做法得到了省市有关领导的认可，引起了新闻界的广泛关注，《人民日报》、《光明日报》、《中国日报》、《新华日报》、《南京日报》、《扬子晚报》等新闻媒体相继在头版头条报道了下关区的"政务超市"，有的还配发了评论。南京市委宣传部和市文明办还于2001年3月组织全市66个街道负责人前来观摩学习，广州、重庆等外地的政府团体也纷纷前来考察学习，到2001年7月底，全区已接待考察观摩团队67批次近千人。

正如《光明日报》2001年头版头条报道的编者按所说："南京市下关区开办'政务

超市'的做法很有新意。它新在政府机关干部真正放下了架子，决心当好群众的公仆，它新在扎实工作架起党和人民之间的桥梁。"

二 广东省深圳市行政审批制度改革
（中国政府创新网 2007 年 7 月 16 日）

1997 年初，深圳率先进行行政审批制度的专项改革，1999 年 2 月全面实施。在第一轮审批制度改革中，市级审批事项从 1091 项减少到 628 项。2001 年 3 月开始，酝酿实行第二轮改革，计划在 628 项基础上再减少 30％左右。对已取消审批的项目，或由企业自己决定，或下放到基层管理或交由中介机构运作，对其中经营性指标和配额，实行公开拍卖、招标。对确需保留的审批事项，实行联合审批、窗口式办文、专家决策、分类管理等办法。此外还明确了审批部门的后续监管责任。

深圳市在行政审批制度专项改革方面走在全国的前列，起到了开路先锋的作用。它在借鉴海口市"三制"的基础上，又有所创新和发展，如强调专家决策、分类管理、同类事项合并等，同时高度重视由前置审批向后续监管的政府职能转变问题，成为审批制度改革上的创新之作。深圳市体改办、法制局等有关部门对拟精简的审批事项逐项进行审查论证，并与政府有关职能部门进行协调沟通，它所精简掉的审批事项全国其他地方可以仿照实行，因此具有较高的可推广性。审批制度改革在优化深圳市投资环境，招商引资方面发挥了显著作用。2000 年以来，深圳市批准立项的外资企业、个私企业大幅度增长有力地说明了这一点。因此其效益十分可观。

三 浙江省金华市的领导干部经济责任审计
（中国政府创新网 2007 年 7 月 16 日）

浙江省金华市率先在全市范围内对各级领导干部（包括国有或国家控股企业在内的党政"一把手"）实行任离职经济责任审计。早在 1995 年，金华市纪委、市委组织部、市审计局和市监察局就联合下发了《金华市（本级）领导干部调、离任审计实施办法》，开始全面启动该项工作。经过两年的实践和探索，具体承办此项工作的金华市审计局于 1998 年出台《领导干部经济责任审计暂行操作规程》，使得该项工作走上规范化和程序化。2000 年 2 月，金华市进一步建立了由市纪委、组织部、人事局、监察局、审计局组成的经济责任审计工作联席会议制度。近两年来，金华市审计局在负责对领导干部进行离任审计的同时，进一步对市、县、乡（镇）各级领导干部（主要指"一把手"）轮流进行任职审计，每三年轮流一次，从而达到规范管理、防止腐败和保护干部、发展经济的目的。

金华市的这项制度创新对于在我国从根本上防止改革开放中出现的腐败现象，具有重要的社会意义和可推广价值，浙江省和中央以及中纪委的有关领导都对他们的做法给予了很高的评价。早在1996年，浙江省就在全省范围内推广这项制度，取得了显著的成效。1999年中办国办下发了关于对全国县以下领导干部进行经济责任审计的《暂行规定》，这项制度创新正式在全国范围内推行。该项工作是原有审计工作的延伸，基本上不需另增加人力物力和行政机构，因而也符合节约的原则。

领导干部经济责任审计加强了对领导干部尤其是党政"一把手"的监督，促进了党风廉政建设，规范了经济秩序，提高了领导干部的责任意识和执政水平，促进了经济和社会的发展，维护了国家和人民的利益。1997年以来，金华市通过对602名主要负责人的经济责任审计，审计对象晋升职务的有31人，调任转任262人，降职免职37人，撤职10人，被追究刑事责任8人，受党纪政纪处分13人，涉及金额数亿元人民币。

金华市几年来在反腐倡廉，促进地方经济发展方面做了大量的创新工作，领导干部经济责任审计只是其中的一项，具有很强的创新性、重要性和可推广性。

四 福建省厦门市思明区政府："公共部门绩效评估系统"

(http://www.chinainnovations.org/showNews.html?id=1314)

厦门市思明区政府于2001年开始探索公共部门绩效评估，在全国率先建构了一套完整的公共部门绩效评估指标体系，首次开发了一套公共部门绩效评估的系统软件，并于2002年运用该指标体系和系统软件对思明区计生局、民政局、建设局、司法局和厦港街道办事处五个单位进行了绩效评估。

思明区政府公共部门绩效评估的创新之处，首先在于其构建的评估指标体系具有完整性，既有各个职能部门的通用指标，又包括各个部门相应的业务指标；既有正数指标，又有负数指标。其次，利用系统软件对指标评估数据进行统计处理，既能代替人工完成大量的数据计算，简化评估程序，又能使各个职能部门的绩效通过最后得分表现出来，便于对各职能部门的绩效进行直观比较。最后，评估主体实行多元化，将政府服务的受益者纳入评估主体的行列中，在指标体系中设置"群众满意度"，受益者对职能部门的评价影响到职能部门的绩效得分。

思明区政府用绩效评估取代了传统的年终考评，简化和规范了评估程序，改变了传统考评过程周期过长的现象，运用系统软件进行数据转换和计算，节省了大量人力、物力资源；将评估指标细化，尽可能以数据的方式表现出来，运用系统软件对数据进行处理，有效地克服了主观随意性，使得评估结果趋于客观公正；绩效评估业务指标发挥了对职能部门的导向作用，促进了职能部门依法办事，提高了办事效率；绩效评估开发的软件系统促进了电子政务的发展，为政府利用电子技术改善行政管理提供了良好范例。

思明区政府绩效评估的经验得到厦门市政府的肯定和一定范围的推广。2002年厦门市政府运用思明区政府构建的指标体系和开发的系统软件对厦门市开元区、地税局等单位进行评估试点，受到各方的好评。

改革传统的耗时费力、缺乏公正的考评方式是地方政府普遍面临的问题，思明区政府组织开发的绩效评估系统在这一方面进行了成功的、有益的尝试。在公共部门绩效评估成为当今世界各国行政发展的最新主题的背景下，思明区政府公共部门绩效评估的经验值得其他地方政府学习和借鉴。

五 广东省深圳市"公用事业市场化改革"

(http://www.chinainnovations.org/showNews.html?id=93)

2001年9月，深圳市颁布《深圳市深化投融资体制改革指导意见》，开始进行公用事业市场化改革。改革进程分为两个阶段：第一阶段以港口、收费公路、机场等基础公用事业投资主体多元化和融资渠道社会化为主要内容，通过各种方式引进民间资本；第二阶段始于2001年，着重在水务、燃气、公交、电力等市政公用事业中引入战略投资者，同时制定法规，完善公用事业监管手段。通过两年多的努力，公用事业市场化改革初步拉开了深圳市投融资体制改革和公用事业市场化改革的序幕，为国有大中型企业探索新的产权制度改革模式奠定了很好的基础。深圳市公用事业市场化改革的创新之处在于：（1）改变了传统的公用事业投资、运营模式，向民间资本开放垄断性基础设施领域，促进了公用事业投资主体多元化、融资渠道社会化，切实减轻了政府负担，增强了企业活力和发展后劲。（2）开始运用立法手段规范公用事业的运作和监管。（3）探索出一种新的产权制度改革模式，改变了自然垄断企业股权"一股独大"的局面。（4）突破传统的招商引资方式，聘请具有国际背景的财务顾问机构为服务中介，按照国际通行的原则在全球范围内挑选战略合作伙伴。

通过实施公用事业市场化改革，深圳市加快了大型国有公用事业企业的改革步伐。深圳能源集团、水务集团、燃气集团、公交集团、食品总公司先后通过国际招标出让战略股权的方式，引入了华能国际、中华煤气等国际控股公司的战略投资与合作。深圳市政府回收了部分公用事业投资，实现了国有资本的大幅度增值，同时完善了公用事业监管手段和方式。到2003年12月底，五家试点国有企业产权转让引入资金合计70多亿元。国内民营企业公平进入深圳市公用事业投资与运营，通过与国际战略企业的竞争与合作，提高了自身的企业经营水平和竞争信心。国际财务顾问、律师、会计师、评估师等中介机构通过公平竞争的方式参与国内企业改制工作，有助于国内中介机构提高服务水平。

公用事业市场化改革是一项复杂的工程，它涉及政府提供公共服务方式的改变、国有大中型企业改革的深入发展，更直接的是产权多元化的改革等。深圳市目前的改革还处在初期阶段，政府对公用事业多元化投资经营的监管等工作还需要进一步完善。

深圳市公用事业市场化改革直接使地方政府、大中型国有企业、投资者和群众多方受益。这一种较为成功的探索，对于进一步深化市场经济体制改革，推动公有事业的市场化运行，具有很大的推广价值。

六　浙江省湖州市"户籍制度改革"
(http://www.chinainnovations.org/showNews.html?id=1317)

1958年《中华人民共和国户口登记条例》颁布以来，户籍制度严格限制了人口的自由迁徙，在城乡居民之间筑起了身份和待遇的鸿沟，影响了经济和社会的进一步发展。从2001年3月16日开始，湖州市政府出台了湖州市区户口迁移管理规定，打破了原来的户口限制，基本上实现了人口的自由迁徙。

湖州市户籍制度改革的创新之处在于实现了户口迁移零门槛。依湖州市户口迁移管理规定，只要在湖州城里有合法固定住所、稳定职业或生活来源或是亲属投靠，不管是农民还是外来打工者，不论以前户口在哪里，只要愿意，基本上都可以登记为湖州城市户口，享受市民待遇，并把户口迁移审批改为登记。这种完全拆除城乡壁垒的城乡一体化做法从根本上消除了农村和城市人口的身份差别，在全国地级市中开创了公民迁徙和居住自由的先河。

湖州市户籍制度改革一是实现了居民、农民的地位与待遇平等，解决了户籍制度附属的就业、生活保障、子女上学等方面权利不公的问题。例如，户口迁到湖州市区的学生则和其他市区学生一样享受教育权利，不用交借读费。二是解决了湖州市农村剩余劳动力合理流动问题，促进了经济发展和城市化进程。据不完全统计，到2003年年底，湖州全市已办理城镇户口准迁手续86600多人，城市化水平达到42.5%，比2000年提高了4.3%。三是构筑了良好的人才环境，便于吸纳人才，为更多的人创造就业机会。户籍制度改革吸引了3600多各类外地人才落户湖州。四是公安机关在民众心中树立了良好形象，降低了管理成本，也解决了一些具体管理问题。

湖州市户籍制度改革实施近三年来，基本解决了群众最关心、矛盾最突出的户口迁移问题，但改革本身也带来了一些新的需要探索的问题：一是需要从城乡统筹的新角度来考虑城市规划问题；二是要考虑改革与外来人口管理之间的关系；三是应不断赋予户籍制度改革新内容，建立人口信息中心数据库，逐步实行城乡户口管理一体化。

湖州市户籍制度改革实现了公民各种权利的基本平等，为社会和经济发展提供了新的动力，在推进城市化进程中逐渐形成一种政府部门、市场和公民共赢的格局，既为逐步全面打破户口限制，实现公民资格平等提供了可行的实践经验，也为我国城市化进程提供了新的路径选择。湖州市的户籍制度改革经验对中等城市具有较强的示范效应和推广意义。

七 山东省青岛市"阳光救助"

(http://www.chinainnovations.org/showNews.html?id=89)

青岛市的城市居民最低生活保障制度建立于1994年6月,是全国较早建立该制度的城市。1999年国务院发布了《城市居民最低生活保障条例》。但在实行的过程中,各地都出现了不同程度资金发放不透明、不公平的现象,成为信访热点和难点。青岛市依据该条例,在具体制度、程序、环节以及做法上进行了一系列创新,构建了由五项低保工作机制组成的,强调透明、公开、公正的城市最低生活保障制度,即"阳光救助"工程。

五项机制包括:(1)由市、区(市)、街道(乡镇)、居民委员会(村)组成的"四级管理机制"。(2)核查核实低保家庭的收入、生活状况的"家庭资格评估机制"。该机制包括:社区居委会的低保评估小组;街道办事处的低保评估委员会;区的评审工作委员会。(3)规定低保从申请到批准各个程序环节的"标准化运作机制"。整个程序包括:申请;调查评估;评估审核审批;公示;复核等。(4)低保对象的"分类管理、分类救助机制"。针对低保人员及其家庭的情况,提供不同的救助服务。(5)由市民、低保工作监督员以及媒体等组成的"监督机制"。设立了监督电话,聘请辖区内的人大代表、政协委员为工作监督员,在居委会和居民楼设公示栏等。

除了这五项机制外,青岛市还在临时救助,住房、医疗、子女教育救助,社会互助等方面进行了有益探索,提高了救助的配套性,并且已经在城乡救助一体化上进行了初步探索。

经过几年的试验,青岛市的城市最低生活保障制度在2002年全面建立起来,并有效运行起来。到2003年年底,共有15348户,36000多人享受了最低生活保障,占全市城市人口的近1.5%。在2003年上半年帮助868户2173人走出低保,实现了再就业。

"阳光救助"工程有三个突出特点:(1)设计出一套包括具体程序、方法和手段的比较完整的工作机制,从而提高了国家城市居民低保条例的可操作性。其中的一些程序、方法和手段虽然属于技术创新,但具有非常好的推广价值。(2)依照"出口"多样化贯彻了"积极救助"的理念,通过提供技能培训、就业岗位,从事公益劳动等,使低保人员及其家庭能够融入社区和社会,有利于其保持健康的精神状态。(3)充分利用现有制度资源,为城市救助工作提供制度支持。比如利用居委会的"民主议事会"来解决低保评估过程中的"暗箱操作"问题,发挥了居委会的自治功能。

今后,青岛市的"阳光救助"工程应该把重点放在法制化和城乡一体化两个方面,以保障已经建立的一系列制度稳定运行,并覆盖更多农村人口。

八 天津市南开区政府行政许可服务中心:"超时默许"新机制
(http://www.chinainnovations.org/showNews.html?id=1271)

如何规范行政许可是政府有效管理的关键因素。2002年8月,天津市南开区开始试行"超时默认"行政审批机制,2003年1月正式实行(2004年2月改称"超时默许"机制)。"超时默许"的主要内容是:行政审批部门对受理的事项,如果在规定时间内未作出准予或不予许可决定,又未经法定程序延长审批时限,逾期未办结的,将自动视为默认同意。"超时默许"机制的运行主要借助OA系统软件来完成,其流程为:行政受理、抄告相关、并联审批、限时办结、超时默许。在受理事项到期前一天,系统自动将该事项标成红色,同时每三十秒有两声提示音作为警示,警示24小时后行政许可部门仍未作出准予或不准予的决定,则由该部门事先授权的计算机系统将自动生成并打印出盖有该部门公章的许可证件,送达相应人后,按规定追究相关部门和人员的责任,补办相关手续。

目前,在南开区行政许可服务中心设有办公窗口的职能部门有24家,涉及工商、税务、卫生、文化、旅游、环保、质量监督、公安、消防、国土管理、市容管理、市政等几乎所有行政部门。行政许可中心对各职能部门的窗口没有管辖权和约束力,各职能部门授权微机系统对其行政审批窗口进行自动监管。

"超时默许"新机制的创新性体现在以下几个方面:(1)有效地限制了行政审批部门审批权力的滥用,简化了审批环节,提高了审批效率;(2)有效地利用了计算机技术,具有"电子政府"的基本特征。通过计算机系统落实了《行政许可法》的基本精神,实现了行政管理的电子化、自动化。(3)"超时默许"机制通过各职能部门对微机系统的授权,在一定程度上保证了在行政审批过程中行政人员未能作出相应措施情况下,维持审批程序的不间断运作,实质上发挥了"影子审批"的作用。

"超时默许"机制明确了行政审批责任,避免了传统行政审批中的人为因素,提高了行政审批的效率,提高了行政审批的透明化,有效地优化了经济发展软环境。2005年天津南开区共注册企业4220家,注册资本13亿3516万元,同比分别增长70%和61%,2004年引进外资达88亿元,是前五年的总和。"超时默许"机制得到了有关地方政府和新闻媒体的高度关注,参观访问和宣传报道不断。

九 浙江省温州市"效能革命"
(http://www.chinainnovations.org/showNews.html?id=1274)

为了改善软环境,促进经济发展和社会进步,从2003年开始,温州决定在全市组织开展"效能革命"活动。温州"效能革命"的开展迄今为止共经历了三个阶段:从2003年8月到2004年2月为第一阶段,主题是以严格实施"四条禁令"为重点,规范机关行政行为。2004年2月至2005年3月为第二阶段，以优化行政流程，提高服务质量为主题，深化"效能革命"。2005年3月至今处于第三阶段，主题是创建机关服务品牌，建设人民满意单位。

温州"效能革命"的创新之处主要体现在：（1）成立温州市机关效能监察投诉中心，专门负责机关效能的监察工作，受理投诉和查处违规行为。机关效能监察中心的主要工作内容是：第一，受理投诉，拓宽投诉渠道。对于投诉，坚持做到"有诉必理，有理必果"，以转办、督办和自办的形式处理投诉，办理结果及时报结或回复。同时通过设立意见箱、市长专线、联合执纪执法部门开展现场活动等形式，拓宽投诉渠道。第二，严肃查处，追究违反效能规定的人和事。严格贯彻"四条禁令"，对违规行为作了具体详细的规定，视违规情节对相关人员给予相应的处理直至辞退。第三，把效能监察与民主监督有机结合起来，发挥社会各界和新闻媒体的监督作用，定期不定期组织人员对各层次机关部门的效能建设进行明察暗访。（2）深化行政审批中心改革。行政审批中心的绩效被当做评判"效能革命"成败的主要标准之一。为了减少审批环节，提高审批效率，温州市在有关单位推行政务公开制、首问负责制、限时结办制等十大管理制度；创设联审会议制度，就某些比较突出的在各个部门之间关联度比较大的事务进行各部门相关人员的联合审查；按照行政许可法的精神要求，规范整理办事流程，比如在招商引资、拆迁安置和企业技术改造等方面进行一条龙服务；实行网上申报、网上预申报等方式，实行便利审批、远程审批等创新措施。（3）打造政府服务品牌，建设服务满意单位。目前，市本级机关已经有15家单位引入ISO 9000质量认证体系，5家已经获得国家认证证书。多数单位建设了自己的服务品牌，如市行政审批中心的"真诚服务　高效便民"、市政府办的"12345有事找政府"、市公安局车管所的"方便给群众　满意在车管"等，初步形成了政府服务品牌群。为了监督这些单位，举行社会各界评议满意和不满意单位活动。由党、人大、政协、效能建设特邀督察员、企业代表和市民代表联合评议各机关部门实施"效能革命"情况的活动，根据评价的结果进行相应的较有力度的奖惩。

温州"效能革命"的效果显著：（1）机关效能建设的一些突出问题得到治理，各级机关的服务质量和办事效率有了明显提高。2003年至今，市县两级机关效能监察投诉中心共受理群众投诉14164件。其中属于效能投诉范围的有4252件，目前办结3999件，办结率94.0%。行政审批中心窗口承诺件平均提前办结率，从原来（2003年8月前）的56%，提高到现在（2005年10月底）的95%；窗口受理件平均结办时间，由原来的6—8天，缩短为1—3天。（2）经济社会效益显著。据2004年的统计显示，温州全市每天增加个体工商户121户，平均每天增加个体私营企业27个，平均每天增加有限责任公司18个。一批外迁企业开始返迁，一批新企业，特别是外地企业纷纷落户温州。（3）群众对机关工作的满意度有了新的提高。2004年2月市政协组织的一次民意调查结果显示，有86.66%的人认为机关工作人员服务态度好，87.52%的人认为首问负责制和一次性告知制执行得好，96.34%的人表示没有遇到机关工作人员推诿刁难、吃拿卡要。2005年11月《温州都市报》组织的一次民意调查结果显示，参与调查的98.45%的机关干部和91.58%的办事群众表示，深化机关效能建设产生了实效。

温州市通过"效能革命"在一定程度上实现了政府管理的高效化、政府服务的规范化和政府服务品质的标准化，从而提高了政府工作的有效性。这是一种在现行政府体制下改进政府服务水平的有益尝试。

十　北京市石景山区委区政府"鲁谷社区街道管理体制创新"
(http://www.chinainnovations.org/showNews.html?id=1268)

2003年7月，石景山区委、区政府利用区划调整，增设鲁谷街道办事处的契机，在街道层面上正式成立了鲁谷社区。目前整个社区各类人口近10万人，19个居委会。通过把社区不应承担的各项带有行政审批和执法的职能归还给政府职能部门，把原来由政府直接管理的一些社会事务归还给社会自治组织和中介机构，在社区内构建了党的领导、行政管理和社区自治相结合的三套组织体系。社区党工委作为区委的派出机构，对辖区内地区性、社会性、群众性工作负全责；社区行政事务管理中心作为区政府的派出机构，对辖区城市管理、社区建设及社会事务实施管理、协调、指导、监督和服务；根据《鲁谷社区代表大会章程》选举产生的鲁谷社区代表会议及其委员会是代表社区居民和社会单位利益的群众性自治组织。

鲁谷社区街道管理体制改革的创新之处体现在以下三个方面：（1）强调大社区理念，将过去的"街道"改称为"社区"，动员各种资源共同建设社区，提高了社区管理的"规模经济"效应。（2）整合机构、理顺关系，划分政府与社区以及民间社团组织承担的职能。鲁谷社区党工委、行政事务管理中心内设4个机构：党群工作，履行原街道党工委职能；社区事务部9人，履行原街道民政、计生职能及劳动、文教体卫的行政协调职能；城市管理部，承担原街道城建科和综治办公室的职能；综合办公室，包括了原街道工委办、行政办、财政科、监察科。职能调整以后，交给区职能部门的工作为9项，包括辖区居民私房翻建审批职能、辖区殡葬管理的行政执法工作、社会人员高考报名、咨询、体检等专业事务。转入社区自治组织的工作为6项，包括辖区内的文、教、体、卫等部分社会事务。（3）建立大社区民主自治组织，培育各种民间社团组织。鲁谷第一个成立了"街道"层面上的社区代表会议，代表由社区居民选举产生。从社区代表中选举产生由社区各居委会代表、驻社区单位代表和社区居民组成的社区委员会，作为社区代表会议的常设理事机构。此外，还成立了"义工协会"、社区艺术团等各类社团组织。

该项目的具体成效是：（1）精减人员，减少行政成本。行政机构由传统街道的17个科室改为"三部一室"；公务员编制减少为39人，而北京市同等规模街道的平均水平为90人左右。工作人员承担起多项职责，避免了人员的浪费。(2)在一定程度上改变了行政作风，培养和提高了社区公民的民主、参与精神。社区代表会议每年对社区内的政府职能部门、社区管理机构进行评议。社区代表以及居民可以通过各种方式表达意见，为社区发展提供建议。社区代表会议在一定程度上起到了监督社区行政事务的作用。政府部门和人员的工作考核压力不仅来自上级，还需要民众的认可。这有利于提升政府工作人员的服务意识。2004年石景山区网上评议政府，鲁谷社区获第一名。同时，社区公民也通过社区代表会议选举、民意征询会等形式熟悉了民主程序，培养了公民意识。(3)社团组织的发展有利于社区的和谐、稳定以及培养对社区的认同感。"义工协会"、社区艺术团等社团组织的建立和"护花使者"、"市民大课堂"、"爱心超市"等志愿者活动、慈善活动的积极发展不但活跃了一些中、老年人的晚年生活，让他们找到了归属感，还对社会弱势群体的保护起到了积极作用。(4)有效整合了社区资源。社区代表会议和社区党员代表会议中有来自辖区内重要机关、企事业单位的代表，为协调社区与辖区内各单位的关系，充分调动社会资源支持社区发展提供了正式的平台。

鲁谷社区管理体制改革模式已经在石景山区其他八个街道得到了推广，并且被国内部分省市街道管理体制改革所借鉴。

十一 河北省迁安市"新型农村合作医疗制度"
(http://www.chinainnovations.org/showNews.html?id=101)

河北省迁安市（县级市）下辖19个乡镇，1个城区街道办事处，534个行政村，总人口为667744人，其中，农业户157397户，农业人口570852人，在全国经济百强县中排名第52位。2004年，迁安市财政收入达21.2亿元。2003年3月，河北省迁安市成为全国新型农村合作医疗制度首批试点之一。2004年，迁安市共有542625农民参加新型农村合作医疗（部分外出打工的农民除外），占农业总人口的95.05%，农民自筹及各级财政配套资金共1898万元。

迁安市新型农村合作医疗制度的建立坚持了"以市（县）为单位统筹"、"个人缴费和政府资助相结合"、"实行大病统筹"三项原则。其收费和实施方案主要包括五项内容：(1)以家庭为单位，农民每人交费15元（特殊困难人群由民政部门通过医疗救助资金代缴），财政补贴20元（其中，中央政府补贴10元，省市县三级按照3∶3∶4比例一共补贴10元）；(2)起付线为500元；(3)返还医疗费用最高为10000元到12000元；(4)补偿比例为40%；(5)农民报销医疗返还费用的期限为15天。

在建立农村合作医疗过程中，迁安市不断完善制度和程序，提高管理的严格性和服务的质量。其创新做法包括：(1)"出院即报"制度。为了让农民及时得到补偿金，消除农民害怕"报销难"的心理，迁安市采取了"出院即报"制度。农民看病住院先由定点医疗机构替农民垫付报销费用，市外住院报销只需到当地合作医疗办事处一次申报，中途的所有传递手续由办事处完成，15个工作日内住院农民便可在当地农行营业所领到补偿金，做到门诊报销随诊随报；而在本市内住院的农民出院结账后，凭合作医疗证、身份证和报销单据，在就医医院的另一个窗口就可即时进行报销。（2）全程电脑管理。迁安市投资54万元设计开发了合作医疗管理系统软件，以市新型农村合作医疗管理中心为中枢实现全程电脑管理，14家定点医院、19个乡镇管理中心联网运行，实现了无缝连接，所有"参合"（简称，即参加合作医疗）农民的资料一目了然。这不仅节省了人力财力，提高了办事效率，而且确保了公平和公正。（3）赋予农民"三权"，堵住"大处方"。一是选择权。市内14家定点医院，农民可以自主选择。需要到外地诊断治疗的，只规定级别，不指定具体医院。二是知情权。定点医院必须公示合作医疗用药目录和价格标准，让农民知晓哪些能报销，哪些不能报销。三是决定权。医院使用目录外药品和做大型检查，必须征得农民的同意。（4）公示制度。每季度在市、乡（镇）政府、村、医院政务公开栏及村务公开栏中，分别公示全市、乡镇、村的合作医疗基金收缴和"参合"农民门诊、住院医药费用报销等情况，接受社会监督。此外，迁安市还建立了合作医疗监督委员会，对基金的收支情况、定点医院机构的服务情况等各环节运转随时进行监督检查，并在年末委托上级审计机构对全市基金收支情况进行全面审计。（5）资金封闭运行机制。迁安市将合作医疗基金纳入财政专户管理，全部封闭式运行，中间各环节不能提取现金，全部通过账户划转，形成了基金收（直接或者间接从属于迁安市合作医疗管理中心的办事员）、管（财政）、存（银行）、用（医院和农民）分离的封闭式管理体系。同时，迁安市建立了两级审核一级复核的工作程序，初审由镇乡合作医疗办事处负责，再审由市管理中心负责，复核由财政部门负责。（6）根据合作医疗基金沉淀多、农民受益面窄的实际，迁安市2005年适时调整补偿方案，实行了"两提高一降低，扩大补偿范围"，即提高基层住院补偿比例，将乡镇中心卫生院住院补偿比由原来的30%上调至40%；提高报销封顶线，县级住院封顶线由原来的5000元上调到8000元，中心卫生院由原来的3000元上调到5000元；降低各级医院的起付点，中心卫生院住院报销起付点由原来的500元降至200元，县级医院由1000元降至600元，市级医院由2000元降至1500元，省级医院由3000元降至2500元。

试点两年多来，迁安市农民、政府、医疗部门等均获得了很大收益。这主要体现在四个方面：（1）农民的健康保障水平及互助意识得到增强。农民对新型农村合作医疗的认识程度越来越高，农民参加合作医疗率占农业总人口的95.05%，去医院治疗的人数也大幅度增加。（2）有效减轻了农民医药费用负担，缓解了农民因病致贫、因病返贫的状况。截止到2004年底，迁安市共有37.4万人得到1589.6万元的医药费补偿。2003年至2004年，农民人均单次看病费用下降了300多元。（3）规范了医疗服务行为，村级卫生服务机构建设加强，为农民提供基本医疗保健服务的能力进一步提高。

2004年，全市标准化村卫生室达到了80%，比上年提高15个百分点，进一步增强了为农民提供医疗保健服务的能力。（4）为农村的弱势群体提供帮助，提高了政府威信。除农户自愿筹缴合作医疗基金外，迁安市民政局通过医疗救助资金对贫困户、五保户、孤寡老人、烈属、二等乙级以下伤残军人和带病复员军人共10026人进行全额资助。

目前，迁安市新型农村合作医疗试点工作进入了良性循环。除了较为雄厚的财政支持外，当地政府在试点中从管理上进行了积极的探索，从而保证了该制度的有效运行，取得了良好的经济社会效益。

十二 沈阳市沈河区"诚信体系建设"

（http://www.chinainnovations.org/showNews.html?id=104）

2001年，沈阳市沈河区提出建设"中央商务区"的构想和目标，同时结合贯彻落实《公民道德建设实施纲要》，提出建设"诚信商务区"。经过2001年至2005年的不断探索和努力，沈河区诚信体系建设在诚信商务、诚信政务和诚信民务三个方面都取得了进展。（1）诚信商务。在大力倡导商家和行业自律的同时，由区工商分局牵头制定了《沈河区诚信经营制度体系》，坚决打击假冒伪劣商品，最大限度地抑制毁约逃债、偷税漏税和商业欺诈等现象。开展"诚信企业"评比活动，建立企业信用分类分级制度。沈阳市的企业征信体系建设试点在沈河区率先启动。中国人民银行沈阳分行主动与沈河区合作开展"金融生态商务示范区"的建设工作。（2）诚信政务。开通政务网站和中国诚信商务区网（www.c-cbd.com），坚持行政执法公示制，诚信执法；坚持社会服务承诺制。建立"人民信访接待大厅"，成立信访稳定基金，2004年花费1亿元用于处理信访反映的问题和解决市民疾苦，建立"'三为'联民直通车"市民信息反映机制。在区、街道、社区三个层级分别建立"扶贫超市"，根据贫困人员需求实行捐助和救济。（3）诚信民务。沈河区以诚信型社区创建为重点，开展诚信民务建设。启动"重点户帮扶"工程；制定并实施了社区诚信管理服务系列标准；以社区学校和志愿者活动等为载体宣传和弘扬社区诚信文化。

沈河区"诚信体系建设实践创新"项目的创新主要体现在以下几个方面：首先是实践性或行动性，区委区政府在辖区内动员各种力量在力所能及的范围内实实在在推动诚信建设，探索构建诚信社会的有效载体，通过各种措施和制度构建诚信社会，诚信建设不是停留在口号上，而是付诸行动；其次是全面性，不仅构建诚信商务，而且建设诚信政务和诚信民务，推动包括企业、市民和政府各个社会主体都讲诚信，诚信建设渗透到政府和社会的各个领域，包括辖区各市场主体、各行政部门、社区服务，甚至纳入中小学教育。再次是发挥政府在构建诚信社会中的积极作用，在诚信商务方面，建立政府诚信监管机制，包括企业信用分类分级监管、信用信息征集、信用等级评定制度。在诚信政务方面，主要是将政府诚信与政府责任结合起来，以诚信为落实政府各项责任的要求和标准,尤其是在信访方面,成立信访接待大厅和信访稳定基金,加强信访部门的权威,落实政府职能部门的责任。在诚信民务方面,政府通过加强社区参与诚信建设活动,有力地构建诚信社会的基础。

沈河区"诚信体系建设"取得了良好的社会效益。诚信建设为沈河区经济发展营造了良好的信用环境,投资者和消费者都受益匪浅。沈河区的财政收入由2001年的2个亿增加到2004年的7个亿,尽管难以确定财政收入的增长与诚信建设到底有多大的直接关联,但是与诚信建设的努力也不无关系。2003年,沈河区成为首批"中国50家投资环境诚信安全区"之一,以及成为"金融生态商务示范区"。在政府责任强化的前提下,市民的许多问题和困难得以解决,信访工作扎实有效,沈河区信访接待大厅成立以来,受理办结率大大提高,越级上访率降低到最低限度。

沈河区的诚信建设受到沈阳市、辽宁省以及国家信访总局、中宣部、中央文明办的肯定,并推动了沈河区诚信建设经验在一定范围内的推广。

十三 浙江省宁波市海曙区人民政府：政府购买居家养老服务
（http://www.chinainnovations.org/showNews.html?id=7319e831ca5911dc807c2356be36404e）

1. 项目概况

宁波市海曙区人民政府于2004年3月出台政策,试行为高龄、独居的困难老人购买居家养老服务。2004年9月开始,这一政策在全区65个社区中全面推行。主要内容是,由海曙区政府出资,向非营利组织——星光敬老协会购买居家养老服务,社区落实居家养老服务员,每天上门为辖区内600余名老人服务。服务员的主要来源是社区中的就业困难人员,服务内容包括生活照料、医疗康复、精神慰藉等。与此同时,招募义工为老人服务。服务方式包括"走进去、走出来"。"走进去"指服务人员走进老人住所提供服务。"走出来"指让老年人走进具有各种服务功能的街道社区"日托中心"和各种老年民间组织。为了满足24小时托老护理需求,2006年还成立了居家养老照护院。

本项目实行"政府扶持—非营利组织运作—社会参与"的运作机制。区政府将购买服务的开支列入年度财政预算;星光敬老协会负责项目运作,承担审定服务对象,确定服务内容,培训服务人员,检查和监督服务质量等工作。"社会参与"指整合和利用社会资源,积极推行个人购买服务、企业认购服务以及社会认养服务等;同时积极开展社会动员,2007年还成立了居家养老义工招募服务中心,扩大和完善义工队伍。

通过这项制度创新,海曙区政府每年只需支出一两百万元,就能履行传统机构养老需要支出三四千万元才能履行的职能,同时丰富了养老服务的形式,改善了养老服务的质量。

2. 项目发起动因

海曙区是宁波的中心城区，2006年户籍人口31.36万人，其中老年人53657人，占总人口的17.1%。老人对社会养老设施和服务的需求迅速上升，机构养老方式已远不能满足需求。同时，随着家庭结构分化和工作结构变化，空巢家庭日益增多，家庭养老功能日益弱化，2006年海曙区的空巢老人达25755人，占老人总数的47.9%。探索一种新的养老方式成为了紧迫课题。

政府必须在社会发展中扮演关键角色，特别是地方政府必须重点履行社会管理和公共服务职能。对于"未富先老"的中国社会，探索一种成本低廉、不脱离家庭亲情、以社区为依托的居家养老方式，是政府职能转变的迫切需要。

在具体运行机制上，如何吸引更多的社会资源参与养老工作，也是改革政府职能履行方式的迫切需要。从职能上讲，政府应该提供养老服务，但政府提供养老服务是需要成本的，存在着一个质量和效率问题。正是提供高效率、高质量养老服务的目标，推动政府不是大包大揽，直接提供服务，而是寻求与非营利组织和社区进行合作。而且，仅靠政府购买服务仍然不能满足多数老人的养老需求，这就推动政府以敬老协会为中介，开展社会动员，发动更多的社会力量参与提供居家养老服务。

3. 项目解决的主要问题

首先，满足了老人多方面的养老需求。政府购买服务满足了高龄、独居的困难老人的需求；义工上门服务满足了大量独居、困难老人的需求；企业和个人认购服务解决了上述老人1小时服务时间不够的问题；个人购买服务满足了有购买能力的老人的需求；日托中心和老年民间组织满足了大部分行动方便老人的需求；"81890"求助热线和"一键通"电话机解决了独居老人的紧急救助问题；居家养老照护院解决了少数老人临时全天候护理的问题。

其次，减轻了政府的财政负担。据统计，建设一个具有基本养老保障功能的养老机构，每张床位的初期固定投入最少为5万元，以后每张床位每年还需补贴3000元。购买居家养老服务，政府只需支付每人每年2000元（2007年起增至每人每年2400元）。

第三，为社区中的就业困难人员提供了岗位。通过一个弱势群体为另一个弱势群体提供服务，解决了两个群体的福利问题。

第四，总结提出了"走进去、走出来"的新型服务模式。通过"走进去、走出来"，使"居家养老"中的"家"由传统的小家扩展到社区大家庭，形成了一个政府、中介组织、社区和家庭联动的新型社会化养老服务体系。

第五，通过义工招募，扩大了这一政策的社会参与度，把蕴藏在社会中巨大的养老人力资源挖掘出来，更好地满足了老人的个性化需求。同时，一支基数较大、相对稳定的义工队伍的存在，大大增加了这一政策的受惠人群。

4. 项目受益情况

第一，老人的多样化需求得到满足，生活质量得到提高。通过居家养老服务员和义工"走进去"上门服务，提高了老人的基本生活质量；通过各年龄段老人"走出来"，走进街道社区日托所和各类老年组织，丰富了他们的精神生活。广大低龄老人担任义工提供居家养老服务，通过"服务今天，享受明天"的义工银行制度，既丰富了今天的精神生活，又提高了明天的养老保障。第二，政府养老成本显著下降。从较长时期来看，居家养老的投入成本仅为传统机构养老的1/4。同时，这一政策的实行又提高了政府的公信力，强化了政府的社会管理和公共服务能力。第三，政府低成本、亲情化的服务激发了养老的社会需求。通过个人购买服务、企业认购服务、社会认养服务的积极推行，大大拓展了养老市场。第四，非营利组织得到了扶持和发展。通过这一政策，星光敬老协会得到了长足发展，社会公信度也日益提升。社区内各种老年民间组织显著地发挥了作用。第五，社区服务功能得到改善，困难群体就业得到改善。社区有了一个强化服务能力的平台，服务的空间更大，能力更强了。社区中的就业困难群体通过进入门槛较低的劳动提高了自身的福利。第六，公民的参与热情得到了激发，社会敬老、爱老的传统美德得到了弘扬，互助互爱、关心他人、乐于奉献的社会风尚得到了传播。

5. 项目的创新体现

第一，政府职能与履行方式的创新。海曙区政府重点履行社会管理与公共服务职能，但并没有大包大揽，而是寻求与公民社会的合作，政府主要扮演居家养老服务的规划者和购买者角色，从而实现了如《南方周末》主题报道所说的那样——"用最少的钱做最多的事"。

第二，运作机制的创新。目前我国已有多个城市推行政府购买居家养老服务，海曙区政府2004年较早地提出依托非营利组织实施管理和服务，并且大胆尝试，取得了成功经验，这既是有别于其他城市的独特之处，也是项目得以健康、持续实施的保证。非营利组织自身也得到了长足发展。

第三，社会动员、社会参与方式的创新。该项目在运作机制中将扩大社会参与作为重要内容。从中，社区的服务能力得到了很大提高，而通过实施"义工银行"的激励机制，创办居家养老义工服务招募中心，既吸引了广大公民特别是低龄老人的参与，又不断扩大老人的受益面，提高服务的质量。

最后也是最重要的，探索出了一种低成本、广参与和可持续的养老方式。这种"走进去、走出来"模式目前已比较成熟，有望成为破解中国"未富先老"难题的选择之一。国家民政部和全国老龄办认为，宁波市海曙区的做法符合我国实际，体现了我国养老模式的发展趋势，值得推广。目前已经得到多个城市的推广、借鉴。

6. 需要说明的其他问题

该项目得到了国务院副总理回良玉、浙江省委书记赵洪祝、副省长陈加元、宁波市长毛光烈等领导批示，得到了民政部、全国老龄办、中国社会工作协会、中国老龄事业发展基金会、英国大使馆文化教育处、英国文化协会等国内外机构的关注和推介。

本项目在社会创新国际会议、地方政府创新与公民社会发展国际研讨会等多个国内外学术会议上进行交流，获得了学术界的关注和好评。《人民日报》、中央人民广播电台、中国国际广播电台、《经济日报》、《南方周末》、《中国社会报》、《中国财经报》、《中国老年报》、《中国老龄导刊》、《齐鲁晚报》、《浙江日报》、《浙江老年报》、《宁波日报》等新闻媒体对本项目给予较大关注，多次进行专题报道，其中《人民日报》在两年内报道了四次。

海曙区政府购买居家养老服务的模式对地方财政和社会条件的要求都不高，容易在全国范围内复制和推广。在2005年11月3日于北京召开的"两岸四地"社区服务交流大会上，海曙荣获唯一的"全国社区养老服务示范区"称号。海曙区多次在全国居家养老服务经验交流会上发言。目前，海曙区的社会化居家养老模式正在宁波全市推广，已有香港、青岛、无锡、克拉玛依等十多个城市前来考察学习。

十四 黑龙江伊春市政府：林业产权制度改革

(http://www.chinainnovations.org/showNews.html?id=72331551ca 5a11dc807c2356be36404e)

1. 项目的主要内容

我国国有林在森林资源中占据主导地位。国有林的林地面积占全国森林面积的41.6%，国有森林资源的蓄积约占全国森林蓄积的70.6%。实现国有森林资源的可持续发展对于国家的经济发展、社会进步和生态建设，具有重大意义。然而长期以来，我国国有林业存在着资源性、结构性、体制性和社会性矛盾，严重制约了我国林业的发展水平。在四大矛盾中，主要矛盾是体制性矛盾，而体制性矛盾主要表现为国有林业产权制度改革的滞后。本申请项目通过对国有林权制度改革的研究和实践，对国有林业的现存矛盾和严重问题的顺利解决具有重要的现实意义：通过林权制度改革推动林业产权的明晰化，从而增强了经营者对森林资源的自觉保护意识和责任意识，从根本上杜绝盗伐破坏森林资源现象发生，实现了对森林资源的有效保护；把林业转变成了一个可以实现效益的投资载体，打破了国有国营的单一机制，积极引入民营机制，通过建立多元投入机制，解决林区投入不足的问题；把林业工人转变成投资者，使广大林业职工"家家有其山，户户有其林"，既扩大就业渠道，缓解社会就业和职工下岗再就业的压力，又大幅度增加了林业职工收入，从而解决了林业职工脱贫致富奔小康的问题。

本申请项目首先综合运用国有资产管理理论、现代产权理论、生态经济学与可持续发展理论的最新研究成果，结合当前国有林区经济与社会发展的现状，重点研究和实践了市场调节为主、多元产权主体并存的国有林业新型产权制度。在此基础上，建立了一个新型的林业价值理论体系——林业价值分类经营理论，将林业的经济价值、生态价值和社会价值作为经营对象，确定价值经营主体，把握价值经营规律，以价值的增值为经营目标，实施分类经营，分类管理。提出和实践了国有林业必须实行价值主体分置，把生态价值交给政府，把经济价值交给个人，国家最终放弃对经济价值的追求，而始终致力于生态经营，把生态价值的发展与扩大视为自己的最高目标。之后，又战略性提出、确立和实践了"远封近分、三林流转、大力发展民有林"的国有林权制度改革模式，在不改变林地用途和所有权，不削弱森林、林地现有生态功能，总体上保持国有主体不变的基础上，适度引入民营机制和民间资本，激发了群众育林护林的积极性，促进林业建设投入的多元化、社会化，推动森林资源、生态环境的恢复和林区经济的发展。并进一步分析和研究了林区政府、国有林业企业、民营经济、林业职工以及外资等要素如何进行角色转换和行为调整，适应林业产权制度改革的要求，为林业产权制度改革的有效进行提供了保障和支持。接着，建立了一个成本—效益经济分析模型及改革绩效评价模型，以此为基础，全面深入分析和实践了国有林权制度改革过程中的各种成本，以及经济效益、社会效益和生态效益。结果显示：改革不仅能够带来经济利润也能带来较大的社会效益与生态效益。

2. 项目发起的主要动因

（1）国有林业长期奉行的单一国有国营体制，导致林业发展责权利严重不统一，森林资源难以得到真正有效保护，超采、盗伐、毁林现象屡禁不止。

（2）改革前，林区造林单一依靠国家有限的资金投入，投资体制封闭、僵化，造成林区投入严重不足，而且造林也只是政府提出的任务和要求，造林质量好坏和职工没有多少关系。

（3）改革前，护林防火主要靠林政、公安等部门的单方面管理，林业职工对此缺乏积极性和责任感，有的甚至还把盗伐林木作为谋生的一种手段，导致护林难、防火难一直是林区的两个老大难问题。

（4）长期的国有国营和统收统支，造成森工企业自身积累少，经济效益差，历史债务沉重。据统计，仅纳入试点范围的五个林业局就拖欠职工各项历史欠账高达4.86亿元。

（5）长期以来，林业职工作为大山的主人，没有土地，更没有森林，生活无着落和门路，增收致富的渠道十分狭窄。林区在岗职工工资虽然近几年实现了人均月上涨144元，但目前也只有414元。按照这样的发展条件，伊春国有林区到2020年实现全面小康的希望十分渺茫。

3. 项目解决的主要问题

（1）国有林权改革真正触及了林业产权，责权利不统一的问题得到了有效解决。

（2）职工投资造林的积极性显著提高，投入难、造林难的问题得到了有效解决。

（3）职工保护森林的自觉性极大提高，护林难、防火难的问题得到了有效解决。

（4）林权改革抵顶、化解了长期拖欠的承包职工工资及费用，林业企业久拖未决的一部分历史欠账得到了有效解决。

(5) 林业职工增收致富渠道拓宽，奔小康希望渺茫的问题得到了有效解决。

伊春国有林权制度改革试点，得到了国家林业局与黑龙江省委、省政府的大力支持，国务院副总理回良玉同志一直对改革试点工作高度关注、重视和支持，并对伊春国有林权改革试点的推进情况和在短时期内引领国有林区发生的深刻变化、取得的重要阶段性成果给予了充分肯定。2006年9月20日，回副总理在中南海专门听取许兆君市长关于伊春国有林权改革试点推进情况汇报时强调："我们要支持改革地区，支持改革人员，要给予伊春改革成本。国有林区是中央的一块'心病'，伊春改革试点是一缕'曙光'，改革成功了，国有林区就将成为财源之地、财富之地。你们责任重大、使命光荣啊！"今年2月16日，回副总理又在《关于伊春国有林权制度改革试点情况的报告》上做出重要批示，高度评价"伊春国有林权制度改革试点取得了阶段性的成效"，希望伊春"继续坚持改革试点的基本原则，强化政策指导和服务引导，严格按照现代产权制度改革的要求，积极探索国有森林资源经营的新模式，既要使森林资源得到有效保护和发展，又要拓宽林业职工就业渠道和培育发展森林资源的积极性，以使林地产出率提高、林区繁荣、林业职工富裕"。

4. 项目受益情况

作为全国国有林权改革的唯一试点，在获得最大经济效益的同时，为国家贡献了生态效益，进而实现了国家得生态、企业卸包袱、职工得收益、社会得稳定的多重受益目标。

(1) 国有林权制度改革切实明晰了林业产权主体，明确了承包职工责权利，使林业职工成为真正意义上的"大山主人"，实现了产权主体的有权有责、连利连心，做到了"山定主、林定权、树定根、人定心"。

(2) 通过林权改革，打开了各种生产要素投向林业的渠道，职工自我造林的积极性空前高涨，真正实现了从"要我造林"到"我要造林"的历史性转变，同时职工群众是用自己的钱造自己的林，造林质量也实现了大幅度提高。在2006年当年，承包经营职工就自主完成更新造林5000公顷，其中主动退耕还林约500公顷；2007年又完成造林3313公顷，其中退耕还林345公顷，造林成活率均在98％以上。按现行的常规造林成本每公顷2500元计算，共节约国家投入2078万元。

(3) 改革后，林业职工成为实实在在的山林归属者，"看好自家山，管好自家林"成为了职工的自觉行动，特别是部分职工还自发组建了联防互助组织，扩充了森林防护网络，从而使护林难、防火难这两大难题迎刃而解。截至目前，五个试点林业局所有承包经营林地均未发生一起林政案件或森林火情火警。

(4) 这次林权改革中，参与承包经营的林业职工都通过抵顶工资的方式，基本解除了与企业的债务关系，不仅减轻了职工直接筹款的压力，也使企业卸掉了一部分历史包袱。

(5) 通过林权改革，广大承包职工真正拥有了赖以生存和发展的生产资料，不仅可以通过对森林的培育、经营,实现林木资产的持续增值,获得长久、稳定收益,同时通过发展林下经济,还可以大幅度增加近期收入。据对首批参加承包的500户职工调查显示,承包经营职工通过发展林下经济,去年平均每户就实现增收3500元以上,切实加快了奔小康的步伐。

5. 项目的创新体现

本项目综合运用国有资产管理理论、现代产权理论、生态经济学与可持续发展理论的最新研究成果,结合当前国有林区经济与社会发展的现状,重点研究并实践了市场调节为主、多元产权主体并存的国有林业新型产权制度,提出并实践了国有林业产权制度改革的新理论,设计了国有林业产权制度的新模式,测算了国有林权制度改革的成本与效益,分析了改革所涉及的诸如林区政府、国有森工企业、民营经济、外资经济、社会保障体系建设等外部环境,并依据伊春改革的实践对国有林业产权制度改革的绩效作了评估。本项目得出如下结论和研究、实践成果:

(1) 建立了林业价值分类经营理论。本项目超越了实物经营的传统,确定了价值本位的林业价值分类经营理论,就是将林业的经济价值、生态价值和社会价值作为经营对象,根据林业资源内在的经济价值、生态价值以及社会价值的内涵,明晰价值之间的差异性,把握价值的特殊性,有针对性地确定不同的价值经营主体,遵循不同的价值经营规律,实施分类经营,分类管理。

(2) 建立了林业价值主体分置理论。本项目在理论分析和实践论证的基础上,提出了国有林存在产权主体缺位的问题,即事实上属于无人负责的无主林业,而为国有林业找到真正的主人才是实现国有林业可持续发展的根本出路。通过对林业生态价值和经济价值进行清晰界定,明确指出生态价值的基本主体只能是国家,经济价值的基本主体只能是企业和个人。国有林业必须实行价值主体分置,把生态价值交给政府,把经济价值交给企业和个人,国家应最终放弃对经济价值的追求而始终致力于生态经营,把生态价值的发展与扩大视为自己的最高目标。唯有如此,才能实现林业的生态价值和经济价值的相得益彰,实现林业的快发展,大发展。

(3) 提出并实践了"远封近分、三林流转、大力发展民有林"的国有林业产权改革模式。在不改变林地用途和所有权,不削弱森林、林地现有生态功能,总体上保持森工企业国有主体不变的基础上,适度引入民营机制和民间资本,对国有森工企业无力造林和不好管、管不好的林地的使用权及森林、林木所有权、经营权实行有偿流转,大力发展民有林和国有民营林,通过林地、林木资源经营的民有化,有效激活民间资本,激发了群众育林护林的积极性,促进林业建设投入的多元化、社会化,推动了森林资源与生态环境的加快恢复和林区经济走上资源节约型、环境友好型发展的快车道。

(4) 从政府、法律以及社会保障体系三个方面提出并实践了国有林权制度改革保障体系,提出并实践了加快推进政府治理模式由管制型向服务型转变,进一步转变了政府职能。重点理顺政府与企业、市场和社会的关系,加快政企分开、政事分开、政社分开步伐,逐步实行执法下移,赋予县区政府更多的职责。建立由国有林区最低生活保障系统、国有林区养老保险与特殊风险防范系统、国有林区医疗保险系统三个部分组成的国有林区社会保障体系。完善现有的森林资源产权法规;建立森林生态补偿制度;确定明晰的森林资源产权关系;明确和保证森林资源产权人的权利;填补改革引起的法律空白。

(5)建立了国有林权制度改革的绩效评价模型。将多目标决策分析方法运用到国有林业产权制度改革绩效评价中,建立合适的评价指标体系和评价模型,通过伊春国有林业产权制度改革试点的实证分析应用,对国有林权制度改革的绩效进行了初步的定量研究,实证表明无论从政府、个人来看,还是从综合效益来看,国有林权制度改革都是利大于弊的。

本项目对国有林权制度改革的研究和实践,立足于伊春国有林业产权制度改革试点,放眼于我国整个国有林业实现改革的需要;立足于国有林业的产权问题、体制问题,放眼于国有林业的体制性矛盾、资源性矛盾、结构性矛盾和社会性矛盾的一揽子解决。其研究和实践对于国有林业实现可持续发展,对于林业职工的脱贫致富奔小康,对于林区和谐社会的建立,对于人类生态建设都具有十分显著的理论意义和现实意义。

理论来源于实践,并指导实践。国有林权制度改革的实践将是一个长期的不断求索、不断求证、不断走向成功的过程,国有林权制度改革的理论同样是一个不断积累、不断总结、不断创新、不断走向成熟的过程。在今后本领域的研究和实践中,结合改革实践的困惑与破冰之需,伊春市政府将试图在以下三个方面作进一步的理论探讨和实践探索:(1)国有林业产权流转问题。这是林业承包者实现其经济利益的重要保障,也是保证林业生态价值与经济价值同步增值的重要前提。(2)国有林业的资金投入问题。这是确保国有林权制度改革成功、国有林业实现大发展的重要物质条件。(3)国有林权制度改革的相关法律问题。这是国有林业承包者利益得以保障、国有林权改革成果得以维护的重要条件。

6. 需要说明的其他问题

作为全国国有林权改革试点的率先倡导者、具体承担者和唯一组织者,我们将继续坚持以五个基本原则为统领,稳步、有序、系统地抓好改革试点的后续推进工作。

(1)完善、夯实基础性工作,确保林权界定清楚,无争端或隐患。

(2)突出生态优先的原则,切实加强改革后森林资源的管理、保护和发展工作。

(3)强化政策支持与服务,加快林下经济发展,提高承包职工的后续经营能力。

(4)加快改革配套体系建设,放大改革的综合效应。

(5)搞好改革试点经验总结,逐步扩大试点面积。

通过全面回顾改革试点工作,重点抓好示范性试点林业局、林场(所)和职工家庭的选树以及改革成果的展示等工作,总结经验,查找不足,以点带面,使改革试点得以不断深化和提升。特别是在已取得的成果与经验的基础上,紧紧围绕"远封近分"

的长远规划目标，积极向国家争取逐年扩大改革试点，在获得最大经济效益的同时，为国家贡献生态效益，进而使国家得生态、企业卸包袱、职工得收益、社会得稳定的目标逐步扩大。

十五 深圳南山区：和谐社区建设"双向互动"制度创新

(http://www.chinainnovations.org/showNews.html?id=b910e8d6ca5b11dc807c2356be36404e)

1. 项目概况

发达的市场经济，既促进了公民社会的出现，也带来了大量新的社会矛盾，需要进行系统的社会建设。如何依据新的历史条件，发挥我国的政治优势，将社会建设与政治建设有机结合起来，通过完善执政党的领导方式和工作机制，改进人大代表工作方式，促进社会建设并落实于城市和谐社区建设过程中，是我国社会面临的一个重大挑战。深圳市南山区和谐社区建设的经验，较为系统地回答了这一重大的历史性课题。

南山区自2001年起确定有计划、分阶段地实施和谐社区建设的战略目标。七年来，在全面推进和谐社区建设过程中，区委、区政府致力于全方位的制度创新，尤其是在两方面开展了有益的探索：一是在社区内实现党对社会的领导方式的创新，"将体制内传统政治资源嵌入到体制外去代表民意，整合利益，引领社会"；二是在社区内实现人大代表履职机制的创新，"将体制外民间政治参与的诉求纳入到体制内来有序释放"。这种以和谐社区建设为平台，创新执政党的领导方式和人大代表工作方式的做法，为现行体制下的政治和谐、制度和谐、社会和谐探索出了一条"双向互动"的有效途径。

在党对社会的领导方式创新方面，具体采取了如下制度措施：实行党员属地化管理；党员和公职人员挂点社区；实行社区党建"三个全覆盖"，即社区党组织的全覆盖、社区党员管理和服务的全覆盖、党员在社区建设中作用发挥的全覆盖；构建党员"四个负责"机制，即在社区实行"党员责任区"制度，做到党员负责家庭，党小组长负责楼栋，党委（总支）委员负责小区，社区党委（总支）书记负责社区，以增强社区党组织及党员的凝聚力和渗透力；实行携手共建和谐社区"十百千万行动"，即培植、树立和推广十类社区组织典型，动员上百名党员和国家公职人员竞选业委会委员，动员上千名党员和国家公职人员担任楼栋长，发挥上万名义工在社区中的作用，其中，最重要的是让党员站出来代表社区人的利益。

在社区内人大代表履职机制创新方面，创建了招商街道人大代表工作室（并在全区街道推广）和南山街道月亮湾片区人大代表工作站。前一个试点由区人大和街道党工委安排区人大代表深入社区，定期接待群众来访，及时将群众反映的问题转办，及时反馈处理结果。后一个试点采取聘用人大代表联络员的机制，由人大代表联络员负责联系人大代表和居民,定期到社区与居民交流,搜集民情民意;受人大代表委托对社区内一些公共问题进行研究分析,通过人大代表形成提案,提交政府职能部门解决,并跟踪办理进度;对片区内的环保、治安等公共事务进行监督和协调,针对热点问题、重大问题,协助人大代表以及有关组织、政府有关职能部门、公共舆论部门与居民进行讨论协商,促使问题妥善解决。两个制度创新试点均在居民与人大代表之间建立起较为畅通的联系交流渠道,为市民与政府之间搭建起一座"连心桥"。

2. 项目发起的主要动因

(1) 妥善解决社会多元利益冲突的需要。南山区处于改革开放的前沿,城区最初定位为深圳市的工业区和危险化学品储存区,自20世纪90年代中期以来,南山区开始向高新科技和居住型城区转型。由于经济转轨早,经济发展速度较快,人均GDP已近2万美元,南山区较早进入了"矛盾凸显期",因环境质量、物业管理、劳动关系等矛盾纠纷引起的上访事件增多,如2003年劳资纠纷172宗,物业纠纷71宗,2005年分别为275宗和170宗,成为影响发展的重大问题。尤其是市政管理纠纷和物业管理纠纷常常引起基层社会秩序失范,近年来相继发生的悠然居事件、月亮湾事件、鼎太风华事件、深港西部通道侧接线事件等社区居民维权事件都影响甚大。面对社会矛盾日益多元化、利益关系日益繁杂的状况,南山区认识到,开展和谐社区建设、协调各方利益,就是解决矛盾纠纷的最好平台。

(2) 提高党的执政能力的需要。南山区市场经济发育较早,经济结构、价值观念的多元化,也促使南山区社会体制中发育出新的结构、新的组织。截至目前,共有业主委员会244个,物业公司104家,各类民间组织327个(其中社团组织65个,民办非企业机构245个,社区民间组织17个)。群众的法律意识、维权意识以及社会政治生活的参与意识都较强。这些新的社会结构如何适应区委的领导,区委又如何实现对这些新型社会组织的领导,如何规范和引导这些新型社会组织的发展,是区委面临的新课题。对此新课题,南山区理性应对,着力探索和建立多层面的利益表达机制,并将各阶层的利益很好地融入到政策议程中来,反映和兼顾不同方面群众的利益,把不稳定因素化解在萌芽状态,努力提高党的执政能力。

(3) 夯实党的执政基础、巩固党的执政地位的需要。南山区目前人口达138万,其中户籍人口38万,户籍与非户籍人口之比为1:2.6。在南山工作、生活的党员34504名,其中组织关系纳入南山区管理的15346名,人口结构倒挂、流动党员多、管理难的问题比较突出。如何整合、盘活党员资源,发挥他们的先进性作用,对于夯实党的执政基础、构建和谐社会具有重大现实意义。而南山区建区后,区委、区政府主要以单位为执政依托和重心,凭借单位体制实现对全区的政治社会整合。但是,随着经济结构转型,单位的社会整合功能日益式微,与此同时,新型社区不断建成,社会成员的生活空间和利益关系的重心逐渐从单位转移到社区,社区在政治管理和公共行政管理中的重要性日益凸显。这一客观现实要求区委、区政府必须适应这种变化,将执政依托和管理重心转移到社区，创新党的基层组织建设和党员管理体制，提高基层民众利益表达的制度化程度。

因此，南山区从夯实执政之基、强化基层基础、汇聚力量之源的角度出发，从2001年开始逐渐把和谐社区建设作为新的工作重心。

3. 项目解决的问题

南山区在和谐社区建设中的两大制度创新亮点，对于解决如下重要问题作出了贡献。

（1）夯实了党的基层政权。通过党员属地化管理和实现"三个全覆盖"，把各种类型的党员纳入党组织管理体系中，解决了移民党员的管理问题和社区党组织的建设问题。2003年，全区只有1个社区党总支，165个党支部，党员3400名；现在社区党员达8383名，共设5个社区党委，66个党总支，931个党支部。南山区还将社区各类党组织纳入管理，过双重组织生活，党小组更是建到街巷、门栋，超过2万名党员在家门口"站出来"，亮出了身份，从而增强了社区党组织对社区居民的凝聚力和对社区公共事务的领导力、渗透力，解决了党员如何在和谐社区建设中发挥先进性、代表性的问题。目前，党员担任业主委员会委员的占其总数的30%；党员担任的楼栋长占其总数的54.13%。这些新机制对于理顺社区组织结构、规范和引导新型社区组织健康发展具有非常积极的意义，也为执政党妥善解决因住房私有化而产生的物权、物业纠纷提供了一种新经验。

（2）完善了基层人民代表大会制度。通过人大代表工作室（站）的制度设计，充分利用现有的政治资源，激发现行人大制度的政治生产力，为代表履行职责提供良好的平台，在居民、政府、人大代表等利益相关主体之间搭建了一座信息沟通、对话协商的桥梁，使各种民意诉求得到有序释放，解决了社区居民利益的有序表达问题，提高了居民公共参与的制度化水平，从而在操作层面发挥了人民代表大会制度这一根本性政治制度的优点。自人大代表工作室（站）设立和运行以来，大大减少了南山区以群体性冲突为典型特征的社区居民维权（尤其是住宅区业主因城市规划、公共服务供给等问题而维权）事件，从而把非理性参与导入为理性参与。2004年以来，区人大代表提交建议案379件，协调解决重大矛盾纠纷300多宗。招商街道人大代表工作室的人大代表自2004年3月以来深入社区接受了468人次的居民访谈，协助处理社区重大纠纷事件89宗；月亮湾片区人大代表联络员积极协助人大代表已为片区居民解决了近100宗有代表性的问题。

（3）较好地发挥了社会力量参与社区共治、共建和谐社区的积极作用。南山区制度创新对于理顺社区组织结构、规范和引导新型社区组织健康发展具有非常积极的意义，体现在：人民内部不同利益诉求得到较好整合，集聚各种资源优势来推动社会发展成为一种共识，和谐共建共享的理念得到较好实现。如光华街社区的创建和谐社区协同共建机制，华侨城等企事业单位积极参与社区共建，形成了"多元合作、利益共

"融"的良好格局。

4. 项目受益人与受益内容

南山区和谐社区建设过程中的制度创新，带来了多方共赢的政治格局，基层群众、基层人大、基层政府、基层党委都能够从这一制度创新中直接获益。

（1）社区居民受益。在这一制度规范下，南山区社区居民认识到沟通协商、合作博弈对于解决社区冲突的必要性，需要建立与其他社会组织及公共权力部门等各个层面的沟通平台，学会采取理性、协商和合作的方式解决社区内的日常邻里纠纷、物业纠纷或公共行政纠纷，提升了政治理性和自主治理能力。受到中央政治局委员、广东省省委书记张德江同志高度肯定的"桃源模式"通过一套完善的"发现情况—迅速反馈—协调处理"的反应机制，使大部分矛盾纠纷在社区得以妥善解决。通过双向互动，国计民生问题在和谐社区建设中得到较好解决，2005年以来消除了505户"零就业"家庭，实现了"一户一就业"；2007年6月，全区有336户843人得到了城市最低生活保障；346名残疾人实现了就业，就业率达93%；兴建了一批公共设施，共建社区公园23个，全区98个社区"星光老人之家"、图书馆、健身路径、残疾人工疗站、社康中心等便民设施得到完善。

（2）人大代表受益。各街道人大代表工作室（站）历年来反映的公共问题，都得到党委、政府的重视。如反映的月亮湾片区违章乱搭建问题，促使深圳打响了"梳理行动"的第一枪；反映南山半岛的环境污染问题，促使市委市政府做出"鹏城减废在南山"的环保大整治行动。近年来，南山的城区面貌、环境质量和公共服务设施均得到了极大改善。人大代表工作室（站）这一新的机制，弥补了现在人大代表业余、义务、兼职化的薄弱环节，人大代表可以通过该机制深入了解民生，从制度上加强了人大代表与选民的委托代理关系，提升了人大代表在选民中的信誉，完善了人民代表大会制度。

（3）基层政府受益。由于这些制度创新旨在通过民主的方式解决基层社会矛盾，因此政府在进行或实施重大公共决策时，会及时准确地将相关决策信息传递给社区居民。社区内的党员和公职人员成为本社区内的政策解说员和政策执行的推动者，同时他们也将居民的利益诉求反馈到决策系统，从而推动了政府决策的科学化和民主化，提高了政府的决策执行力。如深港西部通道侧接线事件的妥善解决，不但加快了深港一体化进程，并且使沿途20多万居民免受噪声、尾气的危害，也是政府决策和执行水平通过上述制度创新而大大提高的经典例证。南山区的公共行政纠纷、重大劳资纠纷自2005年至今逐年下降，2007年1—6月，全区劳资纠纷1274起，仅占全市的2.93%。社会治安明显好转，维稳及社会治安综合治理目标考核连续三年全市第一。

（4）基层党委受益。上述制度创新提升了基层党委和党员在基层社会中的威望，激活了执政党在社区内的政治资源，巩固了执政党在基层群众中的威望和地位。2007年5—6月，南山区委、区政府委托深圳大学对区内八个社区进行居民满意度调查。调查结果表明，居民对社区党组织建设、党员作用发挥及其他和谐社区建设指标的满意度平均达87.07%。

5. 项目的创新体现

南山区在和谐社区建设过程中的两大制度创新亮点，其重要的特征是：一方面，将体制内的组织资源"嵌入"到社会，实现社会服务与治理的网络化；另一方面，将体制外的资源"吸纳"到体制内释放，实现各种自主参与的有序化。具体体现在：它是执政党开发基层执政资源、实现社会再整合的新机制，它为基层人民代表大会制度的有效运行、推动人民民主的发展提供了操作层面的新经验。

（1）基层党建方式创新。南山区结合移民城市的特点，成功实现了党员的单位化管理转向属地化管理，把各种类型的党员、尤其是把非户籍人口中的党员、离退休党员等原先中断了组织关系的党员纳入到社区党组织管理体系中，以实现党的固本强基目标。

（2）基层党委政治资源整合方式创新。一方面，南山区通过实行党员、公职人员社区挂点，过双重组织生活和竞选业主委员会委员，积极运作存量资源，将体制内政治组织资源嵌入到体制外的社区，代表民意、整合利益、引领社会，极大地发挥了党员在基层社会中的先进性作用；另一方面，南山区通过人大代表工作室（站）的制度设计，积极拓展增量资源，将体制外的民众利益诉求和政治参与冲动纳入体制内理性有序释放。

（3）人民代表大会制度操作方式创新。各街道人大代表工作室（站）把辖区内的市、区两级人大代表全部动员起来，建立起人大代表与居民联络的新机制，这在操作层面上保证了人大代表履职的定时化、定点化、规律化、规则化，从而推动了人民代表大会制度的进步。

（4）居民利益表达和公共参与方式创新。居民利益表达已由过去的非理性无序方式（如冲击政府、堵塞交通、打砸公共设施等）转变为通过党员、人大代表、社区居民理事会、社区法律工作站、各种社区协会等制度化有序的方式，街头政治行动正在转变为会议政治方式。

南山区在经济社会发展以后所凸显的问题具有一定的先兆性，它们很可能就是中国未来经济社会发展到一定程度要出现的问题。南山区委、区政府站在历史发展的高度，对如何治理这些问题进行前沿探索，上述制度设计无疑具有前瞻性。

6. 需要说明的其他问题

近年来，南山和谐社区建设工作产生了很大的社会反响。2003年以来，上海、天津、四川等20多个省、市、区考察团曾前来学习交流，民政部等中央有关部门领导也前来调研指导。2006年有4个街道办事处被中国社会工作协会评为"全国和谐社区建设示范街道"；2005年、2006年有40个社区被深圳市评为"平安和谐社区"，2006年有20个社区被广东省评为"平安和谐社区"。

南山区委、区政府在和谐社区建设过程中的制度创新，也引起国内新闻媒体的关注。自2003年以来，根据不完全统计，中央、省、市、区内媒体的报道多达122篇，其中《人民日报》4篇，《南方日报》5篇，《深圳特区报》33篇。

自2005年至今，国内理论界举办了三次全国（国际）性的学术研讨会，均对南山区和谐社区建设中的制度创新进行了深度探讨。2005年8月，深圳大学和华中师范大学联合举办了——"城市社区公共治理国际学术研讨会"。来自国内高校和韩国、新加坡、澳大利亚、美国等地的学者把南山区月亮湾人大代表工作站作为社区治理中居民参与的重要案例进行了讨论。

2006年3月，深圳大学和北京大学联合举办了"构建和谐社会与城市基层民主建设学术研讨会"，来自全国政治学、行政学界的学者专门对南山区月亮湾片区人大代表工作站的制度创新实践进行了深度探索，会议把人大代表工作站称赞为"推进社区基层民主和公共治理的有益尝试"。

2007年7月，深圳大学和南山区和谐社区建设领导小组共同举办了"深圳市南山区城市社区和谐治理制度创新学术研讨会"，来自中国社会科学院、中共中央党校、北京大学、中国行政管理学会等单位的学者在对南山区五个社区进行了实地调研后，总结了南山区和谐社区建设过程中的制度创新经验，认为："南山区建设和谐社区的过程是一个双向的运作过程，一方面是把体制外的政治参与冲动纳入到体制内来有序释放，另一方面把体制内的政治组织资源穿透到体制外，整合利益与引领社会，从而实现新的历史条件下党的领导方式与执政方式的改进、完善和提升。"

专家评估：

南山区自2001年起启动了和谐社区建设"双向互动"制度创新项目，在社区内实行党对社会的领导方式的创新和人大代表履职机制的创新，实现居民自治组织、居民代表与党员公职人员、人大代表的双向进入良性互动。在党对社会的领导方式创新方面：实行党员属地化管理；党员和公职人员挂点社区；实行社区党组织的全覆盖、社区党员管理和服务的全覆盖、党员在社区建设中作用发挥的全覆盖；在社区实行"党员责任区"制度，以增强社区党组织及党员的凝聚力和渗透力；动员党员和国家公职人员竞选业委会委员、担任楼栋长，发挥义工在社区中的作用。在社区内人大代表履职机制创新方面：创建了招商街道人大代表工作室（并在全区街道推广）和南山街道月亮湾片区人大代表工作站。前一个试点由区人大和街道党工委安排区人大代表深入社区，定期接待群众来访，及时将群众反映的问题转办，及时反馈处理结果。后一个试点采取聘用人大代表联络员的机制，由人大代表联络员负责联系人大代表和居民，搜集民情民意，协助人大代表以及有关部门与居民进行讨论协商，促使问题妥善解决。

南山区和谐社区建设双向互动制度创新项目，通过实行党员属地化管理和实现"三个全覆盖"，把各种类型的党员纳入党组织管理体系中，解决了移民党员的管理问题和社区党组织的建设问题。通过人大代表工作室（站）的制度设计，为代表履行职责提供了良好的平台，使各种民意诉求得到有序释放，解决了社区居民利益的有序表达问题。通过党员公职人员和人大代表进社区和社区民间舆论领袖进入人大代表联络工作站的良性双向互动，居民、人大代表、党委政府等有关各方都从中受益。民生问题在和谐社区建设中得到较好解决，2005年以来消除了505户"零就业"家庭，实现了"一户一就业"；2007年6月，全区有336户843人得到了城市最低生活保障；346名残疾人实现了就业，就业率达93%；兴建了一批公共设施，各种便民设施得到完善。南山区的公共行政纠纷、重大劳资纠纷自2005年至今逐年下降，2007年1—6月，全区劳资纠纷1274起，仅占全市的2.93%。社会治安明显好转，维稳及社会治安综合治理目标考核连续三年全市第一。2007年5—6月，南山区委、区政府委托深圳大学对区内八个社区进行居民满意度调查。调查结果表明，居民对社区党组织建设、党员作用发挥及其他和谐社区建设指标的满意度平均达87.07%。

南山区项目的创新性主要表现在如下几个方面。首先，它是基层党建方式的创新，成功实现了党员的单位化管理转向属地化管理。其次，它是基层党委政治资源整合方式创新。通过实行党员、公职人员社区挂点，过双重组织生活和竞选业主委员会委员，将体制内政治组织资源嵌入到体制外的社区，代表民意、整合利益、引领社会。通过人大代表工作室（站）的制度设计，将体制外的民众利益诉求和政治参与冲动纳入体制内理性有序释放。再次，它是人大代表履职机制的创新。人大代表工作室（站）在操作层面上保证了人大代表履职的定时化、定点化、规律化、规则化。最后，它是居民利益表达和公共参与方式创新。为居民维护权益提供了人大代表、社区居民理事会、社区法律工作站、各种社区协会、人大代表联络员等有序的方式。

近年来，南山和谐社区建设工作产生了很大的社会反响。2006年有4个街道办事处被中国社会工作协会评为"全国和谐社区建设示范街道"；2005年、2006年有40个社区被深圳市评为"平安和谐社区"，2006年有20个社区被广东省评为"平安和谐社区"。南山区委、区政府在和谐社区建设过程中的制度创新，也引起国内新闻媒体和学术界的关注。

南山区和谐社区建设双向互动制度创新项目有些问题需要在实践中进一步探索解决。街道人大代表工作室的运作绩效与人大代表个人的能力、素质及履职意愿具有重要关系。因此，如何改进人大代表的选举机制以保证其素质及履职积极性是一个需要很好加以解决的问题。社区人大代表联络工作站如何处理好与社区居民委员会、社区工作站的关系，如何保证社区人大代表联络员补位不越位，真正按照代表的授权和要求开展工作并做好代表的助手，是一个需要在实践中不断加以探索的问题。南山区目前让党员、公职人员进社区任职代表居民利益，主要是依靠组织动员、精神鼓励、职位晋升等手段，这些党员、公职人员代表社区居民利益内在动力不足，同时在面临双重角色利益冲突时难以做出合理的选择。

十六 北京西城区政府：改进基层政府公共服务

(http://www.chinainnovations.org/showNews.html?id=20976428ca5711dc807c2356be36404e)

1. 项目概况

此项目是北京市西城区在完成街道行政体制改革后，依据服务型政府理论，以方便居民事务受理、办理为关注焦点，按照依法行政、严格管理、简便程序、提高效能、文明服务、方便群众的原则，在街道设立公共服务大厅，通过综合受理、全程代办、一站式服务、区内异地受理等方式，致力于提高街道公共服务管理水平和服务效能。

项目启动于2005年，经过在两个试点街道近两年的实践和探索，全区统一的街道公共服务大厅模式已经确立。其定位为面向地区单位和居民的综合服务窗口，主要承担地区政务事项办理、居民事务受理、公益性法律服务等职责，服务项目共计79项。统一服务模式的实现方式主要有综合受理、联网受理、在线受理、前后台有效对接、个性化服务。各项公共服务在"区—街—居综合管理信息系统"网络环境下运行，服务大厅窗口受理、全程代办、内部即时流转、统计分析、资料存档、绩效考核等工作过程全面实现电子化，并在网上提供办事指南、远程受理、视频服务、网上投诉、政策法规查询等服务。

2. 项目发起的主要动因

（1）顺应改革要求。北京市第五次城市管理工作会议对政府派出机构街道办事处的职能进行了重新定位，明确了街道办事处工作职责为"统筹辖区发展，监督专业管理，指导社区建设，组织公共服务"。西城区根据街道体制改革精神，对街道组织机构进行调整，由原来的20个科室调整为"七部两室一厅"，即街道办公室、党群工作部、组织人事部、纪检监察工作办公室、统筹发展部、城市管理工作部、公共安全工作部、社区事务工作部、社会保障工作部和公共服务大厅。同时提出"干部围绕部室转、部室围绕大厅转、大厅围绕群众和驻区单位转"的工作理念。因此，街道公共服务大厅成为街道落实为民服务职责的主要工作平台，重构再造公共服务大厅工作流程势在必行。

（2）顺应服务型政府要求。服务型政府建设要求政府公共服务以公众为导向，服务提供从政府本位、官本位向社会本位、民本位转变。按照居民和辖区单位需求设置的公共服务大厅，体现的正是这样一种选择。

（3）提升效率效能的需要。政府改革所追求目标的基本价值在于"3E"：经济（economy）、效率（efficiency）与效能（effeteness）。公共服务大厅新的管理服务机制，不仅贴近民众需求，而且更加节约行政成本，工作效率与效能也得到有效提高。

3. 项目解决的主要问题

（1）妥善解决了组织结构问题。过去政府机构实施的"一站式"、"一门式"政务服务中心，在机构设置问题上定位模糊。西城模式对公共服务大厅定位于独立考核单位，实施管理相对独立，要求各街道办事处由主要负责人或指定一名副主任主管公共服务大厅，由一名助理调研员或正科级干部负责日常事务组织管理。工作人员分别从街道相关业务科室调剂，原则上为机关行政编制。公共服务大厅为独立考核单位，年终评优与其他科室类同。妥善解决了公共服务大厅在组织结构中的合理不合法问题。

（2）解决了同一地区公共服务质量和效率不一致问题。过去，不同街道所承担的公共服务职能大体相似，但办理方式、标准等各不相同，严重影响了政府诚信。统一的公共服务大厅实施统一服务模式和服务承诺，即统一承办事项、统一业务流程、统一办理时限、统一服务标准，使地区居民和单位在任意街道均可得到效率和质量一致的公共服务。

（3）确保了政务服务的公开性、公正性和及时性。各街道公共服务大厅对所承担的服务事项、程序、时限、标准等进行公示，工作岗位实施挂牌服务，从根本上杜绝和避免了各种暗箱操作和推诿扯皮。

4. 项目受益情况

（1）为驻区单位和区内居民办事提供了方便。街道公共服务大厅在时间和空间上，均为服务对象提供了极大便利。通过简化工作流程缩减了服务对象的办事时间；通过综合受理为服务对象申办多种事项提供了便利。此外，街道公共服务大厅和利用设置在公共服务大厅的墙体式大显示屏、可上网电脑及打印机、触摸屏、缴费一站通、自由索取页、自取文件资料柜等，配合社区居委会宣传橱窗和网上服务大厅的服务事项介绍，充分提高政务公开的深度和广度，使居民无论在家、在社区或是在办事处都能获得相关信息。街道职能部门"责任清、数据明、协调快、决策准、服务好"，使群众能够"反映情况方便、请求援助快捷、获取服务及时"。因此，驻区单位和区内居民是这一项目的直接的受益者。

（2）强化了内部沟通协调，推动政府服务升级。街道致力于建设部门间高效流畅的沟通协调机制，组织部分相关部室参加大厅全程办事代理专题培训会，并定期到社区居委会进行业务指导，共同研讨政策文件精神理解、办事流程梳理和工作环节衔接中出现的问题，形成联动态势，保持有机衔接。以街道网络服务管理软件为支撑，在科室和社区居委会指定专人接办大厅转交的办理事项，在规定时限内办理完毕并转回大厅，确保了向群众承诺"即办事项立即办结，代办事项全程代理"的实现。另一方面，公共服务大厅坚持工作流量统计分析，按季度统计窗口的工作量，以翔实的数据为基础，分析群众办事需求，指导为民服务工作，使政府服务的效率效能得到持续改进。因此，基层政府是这一项目的间接受益者。

5. 项目的创新体现

（1）政务服务方式发生根本性改变。公共服务大厅居民事务受理和政务服务实现综合受理，能够满足各类服务对象的不同服务需求。过去需要多个部门办理的事项，变为一个窗口即可办理；在七个街道实施联网受理，使过去只能到户口所在地街道办理的事项，在就近街道即可办理；街道公共服务大厅服务实施在线受理，通过互联网向社会公开，并在网上提供办事指南、远程受理、视频服务、网上投诉、政策法规查询等服务，使群众不出家门即可申办政务事项成为可能。

（2）打破了部门壁垒，冲破了业务层级界限。在街道公共服务大厅运行中，业务流程实施前后台对接，对街道原各科室的业务进行了全面细致的梳理，简化了办事程序，规范了办理流程。窗口无法即办即结的事项，接待后上报、提交相关科室或专业部门核准批办。这一工作机制的设定，促使各类行政资源得到有效整合，为服务对象提供了更多的便利。

（3）区—街—居三级联动，延展了政务服务空间，凸显了区街居的"协同效率"。区—街—居信息系统全面支持街道公共服务大厅全程办事代理服务，过去需要到居委会、街道各部门、区政府各政府职能部门申请、办理、证明、查询的事项，现在街道公共服务大厅即可办理，各部门在统一的政府网络环境下，协同为服务对象提供效率、质量均有保障的服务。依托区政府网站（www.bjxch.gov.cn）开设了"街道办事网上服务大厅"栏目，实现了全天候在线政府服务。

6. 需要说明的其他问题

（1）此项目2005年在德胜街道和月坛街道进行试点，目前已取得初步成果，计划在2007年10月在全区全面推广。北京市政府也密切关注这一项目的进展情况，计划在全市推广西城模式经验。

（2）此项目信息系统由北京北科光大信息技术有限公司协助开发。

十七 湖北咸宁咸安区委：乡镇行政管理体制改革

(http://www.chinainnovations.org/showNews.html?id=bbb57f21ca 5f11dc807 c2356be36404e)

1. 项目概况

该项目的主要内容是：（1）改革乡镇行政管理体制，规范编制管理。主要是实行合村并乡，降低农村管理成本；实行党政班子成员交叉任职，精简乡镇领导班子职数；精简机构，规范设置乡镇机关"三办"；严格控编，实行编制实名制管理。（2）改革乡镇站所设置，重组农村社会事务管理。主要是规范延伸派出机构设置，严格编制管理；撤销"七站八所"，置换职工身份；建立社会养老保险，解除后顾之忧。（3）改革政府公益服务体制，建立"以钱养事"新机制。按照"政府承担、财政保障、竞争择优、购买服务、合同管理、考核兑现"的原则，将农村公益性服务实行"以钱养事"。（4）改革乡镇财政管理体制，探索理财新思路。实行乡镇财政所和经管站职能整合，组建新的乡镇财政所，人员竞争上岗，落岗人员退出编制管理；实行"预算统编、账户统设、收入统管、支出统拨、财务统算"的"五统"乡镇财政体制，提高了财政资金使用效率；实行了财政与编制政务公开，将乡镇机构编制、农村公共事务管理、农村公益性服务项目、专项资金管理等政务信息在网上公开，接受社会监督。

2. 项目发起的主要动因

该项目发起的主要动因有：（1）农村税费改革后，乡镇财政紧张、运转困难，迫切要求我们"减人、减支"。实行农村税费改革后，农民负担大大减轻，但也直接导致乡镇政府来自农业税费的收入大幅减少。尽管有上级转移支付，但仍难解乡镇财政困难、经费紧张的局面，乡村组织机构运转步履维艰，乡镇干部工资发放困难。大刀阔斧地推进体制机制改革，构建一种根本性、全局性、稳定性、长期性制度，是从根本上杜绝农民负担反弹，促进农村经济和社会事业的发展，巩固农村税费改革的成果的现实途径。（2）农村税费改革后，原乡镇管理体制深层次矛盾的集中暴露和不断尖锐化，迫切要求我们全面深入地推进乡镇机构改革。税费改革后，原乡镇管理体制已严重不适应新形势下农村经济政治和社会发展的要求，机构重叠、臃肿、因人设事、政事不分、企事不分、办事推诿、行政成本高、工作效率低等问题，更集中更尖锐地暴露出来，迫切要求对乡镇管理体制进行改革，建立与农村生产力发展要求相适应的生产关系。（3）新时期农村发展的新趋势，迫切要求我们根据建立服务型政府的目标要求，创新乡镇公共服务体制。在计划经济时代建立的乡镇"七站八所"，由于体制和机制上的原因，多年来已经呈现出"线断、网破、人散"的状况，理应由政府承担的服务"三农"的基本责任已经名存实亡。随着中央支农力度的逐年加大，农民对政府提供公共服务的要求更高，旧的公共服务模式已不能满足农民的需求，群众意见大。因此，必须破旧立新，彻底改革原有乡镇管理体制，在职能、机构、人员和效率上做文章，建立新的农村公共服务体系。

3. 项目解决的主要问题

重点解决了五个问题：（1）解决了管理体制不顺问题，创新了发展机制。一方面，通过改革，乡镇直属站（所），全部改制为"服务中心"，转为自主经营、自负盈亏的企业或中介服务机构，走企业化、市场化、社会化的路子，其所承担的原有行政职能分别并入"三办一所"，条块关系得到了理顺；另一方面，对确需政府支持和发展的农村公益性服务领域实行"以钱养事"，引入竞争机制，强化了利益驱动。（2）解决了工作效率不高问题，提高了行政效能。乡镇机关内设机构撤并，几大班子合为一套班子，职责得到有效统一，指挥更加得力，决策的效率得到了提高；乡镇干部从向农民征收税费的大量工作中解脱出来，把工作重点转移到为"三农"服务、为投资者服务上来，大大提高了行政效能。（3）解决了民主意识不强问题，推进了民主进程。在乡镇改革过程中，我区大力探索民主选举、民主管理的新形式，把干部任用的选择权交给群众，让群众亲自参与"父母官"的选举，同时，把乡镇政务财务实行"双公开"，接受群众民主监督，群众民主意识得到提高，推进了农村民主化进程。（4）解决了收入分配不公问题,调整了利益关系。改革后,我区乡镇财政全额供养人数由 2246 人减少到了 889 人,供养系数由 0.483% 减少到 0.191%,从体制上切断了伸向农民的手。农民种田不仅不用交税,而且还可以享受各项补贴,种田积极性空前高涨。同时,通过"以钱养事",农村公益性服务人员由原来依赖收费求生存变为发挥特长求发展,不仅个人经济收入比原来有较大增加,而且有效地解决了多年来科技入户"最后一公里"的问题。(5)解决了经济发展不够问题,提升了公共保障水平。通过改革,调整了不适应农村经济基础的上层建筑,建立了适应农村生产力发展要求的生产关系,极大地解放和促进了社会生产力的发展。连续几年,我区主要经济指标均保持了"两位数"增长,县域经济呈现出了加速发展、提速发展的良好态势,公共财政保障水平逐年提高。

4. 项目受益情况

项目受益人主要有:(1)农民。一方面,农民在我市率先享受到了取消农业税的优惠政策,直接导致农民政策性增收大幅度提高;另一方面,通过建立农村公益性服务新机制,从事公益服务的专业技术人员,按合同约定,专心从事专业技术工作,农技服务、畜牧防疫服务等公益服务进村入户,农民群众喜得实惠。(2)改革对象。通过"以钱养事"新机制,原站所干部不仅充分展示了个人专业技能,而且获得了更高的经济收入。比如农技服务人员年人均收入都在 16000 元以上,扣除社保和必要的费用后,仍有 13000 元左右,与全区公务员平均工资水平相当,比全区社均工资高出 20%以上,体现了其劳动的价值,工作积极性大大提高。(3)广大干群。改革后,全区经济社会发展形势喜人,公共财政的保障能力逐年提高,干群逐步开始分享改革、发展带来的实惠。2006 年,我区实现地区生产总值 44.8 亿元,财政收入 3.02 亿元,农民人均纯收入 3283 元,分别比改革前的 2001 年增长 1.2 倍、1.62 倍和 1128 元,全区经济综合实力在全省县域经济排名由 2004 年的第 38 位上升到第 20 位,进入全省第一方阵。

5. 项目的创新体现

项目的创新性主要体现在:(1)创新了农村综合改革思路,为全国、全省提供了成熟的范式。我区的乡镇综合改革,在全省、乃至全国没有先例,开创了全国改革的先河,被有关专家和学者称为"咸安风暴"和"政改地震"。推出的一系列改革举措,引起了中央有关部门和省委、省政府主要领导的高度关注,并得到了他们的肯定和支持。湖北省委、省政府在总结咸安等地改革经验的基础上,形成了鄂发〔2003〕17 号文件,在全省推行乡镇综合配套改革。同时,为全国农村综合改革积累了经验,先后有 260 多个省、市、县前来学习考察,为其推进改革提供了示范蓝本。(2)创新了乡村治理体系。与其他一些地区的乡镇机构改革相比,我区的农村综合改革从一开始就将乡镇直属事业单位的改革及理顺条块关系作为乡镇机构改革的重要内容,并通过乡镇政府及"七站八所"的改革来重建乡村治理体系,从而将乡镇机构改革扩大到区直单位,实行区乡联动改革,大大推进了乡镇机构改革的广度和深度,也为乡镇自身改革和新的治理体系的建立提供了保障。(3)创新了乡村公共服务体系。在"七站八所"改革中,我区通过对不同的站所进行功能分析和分类,对于专业性强、具有行政和社会管理功能的站所给予保留,对于不必要的或业务相近的站所坚决予以撤并、转制。同时,按照"精简、统一、效能"的原则,着力构建新的乡村公共服务体系,将农机、农技、水利、畜牧防疫、医疗卫生、计划生育以及广播电视等方面的公共服务,打破乡镇地域界限,由转制后的站(所)组建的企业或服务组织承担,形成了以县域为单位的纵横交错的新型服务网络和服务体系。(4)创新了政府提供公共服务产品的方式。在改革中,我区对农村公益性服务实行"养事不养人",强调坚持市场取向,引入竞争机制,将社会公益性事务面向社会公开招标,优先委托给由原站(所)组建的新的经营性服务实体实施,并由政府通过合同形式明确责、权、利,按实施情况给予相应的经济报酬,使政府提供公共服务产品的方式从单纯依赖政府直接提供服务向通过市场"购买"部分服务的方式转变。这一做法,与国际社会兴起的"新公共管理"的改革浪潮具有明显的一致性,无疑是我国乡村治理理念和方式的历史性变革。

专家评估:

咸安乡镇改革开始于2003年,根本目的是解决农村税费改革后乡镇政府的运行缺乏资金保证和职能如何落实的问题,因此其推行的乡镇行政管理体制改革具有综合性和不断完善的特点。这套改革主要包括三项基本内容:

一是精简合并乡镇机构,实行乡镇党政领导交叉任职。每个乡镇党委职数控制在7～9人,乡镇党委书记兼任乡镇长,副书记和委员分别兼任乡镇人大主席、副乡镇长等职。乡镇政府内设机构统一设置为"三办一所",即党政综合办公室(加挂综合治理办公室牌子)、经济发展办公室、社会事务办公室(加挂计划生育办公室牌子)和财政所。按照乡镇大小核定行政编制39、37、32人。

二是通过合理稳妥的方式为精简下的人员寻找出路。在乡镇领导层实行"公推直选";一般干部采取公开竞聘上岗;对撤销的"七站八所"人员实行身份置换,建立社会养老保险制度,解除分流人员的后顾之忧。实行整体分流,择优聘任。

三是建立"以钱养事"解决农村公共服务问题。撤销原来站所后,建立服务中心,政府把原来它们承担的公共服务工作实行项目管理。先确定当地农村需要的服务项目,根据当地情况确定费用标准,给予财政拨款,然后实行公开招标,签订合同,全面考核,根据服务质量,兑现服务费用。从而实行了农村公共服务"政府承担、财政保障、竞争择优、购买服务、合同管理、考核兑现"的模式。

咸安区乡镇改革的创新之处在于,当地党委政府以极大的勇气、比较稳妥的方法彻底解决了乡镇机构臃肿的问题,并且通过建立比较完善的制度,有效地保证了农村公共品的提供,逐步提高着服务范围和质量,探索出一条在农村通过政府支持和监管、市场运行的公共品提供机制。

咸安改革产生的效果主要表现在以下四个方面:

首先，乡镇财政供养人员大幅度减少。通过交叉任职，全区乡镇领导职数由234名减为132名，精简率为43.6%；通过乡镇内设机构的重置和定编定岗，全区乡镇机关工作人员由774人减为433人，精简率为44.1%；通过站所转制，人员身份置换，全区"七站八所"712名干部职工除退休、退养以外全部转换为社会人。

其次，乡镇的职能进一步清晰化，公共服务的专业化水平不断提高。改革后，原来经常被卷入乡镇工作的"七站八所"与政府脱离了行政管理，专门从事政府财政保证的服务，并要接受严格的考核，既确保了服务的时间和质量，也保证了服务人员的队伍。

再次，通过几年实践，当地政府探索出一套有效的公共服务管理制度。其中包括规范的合同、严格的考核标准、完整的考核方式等，实现了农村公共服务的标准化管理，既提高了管理的水平，也降低了政府监督的成本。

最后，当地农民得到了切实有效的服务。这一方面表现为服务人员的投入和热情不断提高，另一方面体现为他们享受的服务项目也在不断增加并根据实际情况调整。现在服务项目已经从最初的5项（农技、兽医、文化广播、城镇建设、计划生育）增加到13项，增加的项目包括水利、农机、社区服务、农村财务、森林防火、水产、送戏下乡、送电影下乡。农村公益性服务经费逐年递增，2005年为253万元，2006年增加到304万元，2007年提高到468万元。

湖北省委、省政府在总结咸安等地改革经验的基础上，2003年形成了鄂发〔2003〕17号文件，在全省推行乡镇综合配套改革。目前"以钱养事"机制已经在全省范围推行。

经过几年运行，咸安的乡镇改革成果得到了巩固，农村公共服务机制也在不断完善。目前，有两个问题值得重视。一是对乡镇站所的改革，由于涉及上级职能部门的利益，面临着巨大的部门压力；二是在农村公共服务中，群众的参与程度需要进一步提高，政府在确定本地的公共服务项目以及在委托、招标、考核、兑现中，需要进一步完善民主参与机制。

十八 成都市人民政府：深化行政审批制度改革

（http://www.chinainnovations.org/showNews.html?id=d81279e3ca6111dc807c2356be36404e）

1. 项目概况

本项目是在现行行政管理体制框架下，依照《行政许可法》等法律法规再造审批流程，探索建立的"依法行政、提高效率、规范服务、方便群众"的行政审批工作机制和工作模式。项目的主要内容是：

（1）以选定工作突破口为关键，按照"较强代表性、较强社会关注度、可推广性"三项标准，选定企业市场准入审批作为工作突破口。

（2）以拟定工作思路为核心，将审批流程中各审批环节作为一个系统研究，制定了"许可预告、服务前移、一窗受理、内部运转、并行审批、限时办结、监控测评"的工作思路，具体为：①许可预告。变事中告知为事前告知，将流程中各审批环节的法定条件、申请材料等详细信息统一、完整、一次性地向社会公众进行预告。②服务前移。变重审批轻服务为审批与服务并重，在审批之前由审批部门主动为申请人提供现场勘察、定点指导等服务，帮助申请人做好相关准备工作。③一窗受理。变申请人逐一跑窗口为一窗对外服务，设立综合窗口统一受理申请，统一发放证照，实施"一窗式"审批。④内部运转。变申请人跑路为政府跑路，审批材料的流转在综合窗口及各审批部门内部办理。⑤并行审批。变"接力棒式"的审批为并行进行，各审批工作同步开展。⑥限时办结。公布各审批环节的承诺办理时限，各审批部门在承诺时限内应当完成审批。⑦监控测评。申请人可在线查询审批进度，并由综合管理部门对各审批部门工作进行实时监控，予以测评考核。

（3）以流程再造为重点，按照"对各审批环节之间存在法定因果关系的，实行串联；对各审批环节之间无法定因果关系的，实行并联"的原则对审批流程进行再造。

（4）以网络系统为实现并联审批的保障，搭建了具有与申请人双向互动、与审批部门数据传递、申请人在线查询、综合管理部门实时监控四大功能的并联审批网络。

（5）提出了"一窗式"审批需具有的三项特征：一是告知在先，服务在前；二是逻辑法定，关联清晰；三是网络保障，信息同步。

2. 项目发起的主要动因

2001年以来，成都市结合"规范化服务型政府"建设，大力推进行政审批改革工作，在精简审批项目、完善审批网络等方面取得了明显成效。2004年成都建成了全国首家省、市同址办公的政务服务中心，实现了行政审批事项"一站式"办理。但由于审批部门多、审批事项交错，在行政审批工作中仍然存在流程复杂、手续烦琐、审批时限长、重审批轻服务等问题，影响了行政工作的效能和成都投资软环境的改善。今年6月，国务院批准设立成都市全国统筹城乡综合配套改革试验区，要求成都要全面推进各个领域的体制改革，并在重点领域和关键环节率先突破，大胆创新，为推动全国深化改革，发挥示范和带动作用。行政管理体制改革是试验区改革工作的重要内容，行政审批改革又是行政管理体制改革的突破口。试验区改革工作先行先试，既对加快行政审批改革提出了要求也提供了条件，按照省市主要领导的指示，成都市通过本项目探索建立更加高效、便民的行政审批工作模式。

3. 项目解决的主要问题

一是解决了不严格依法行政的问题。本项目制定工作思路、再造审批流程都严格遵循《行政许可法》等相关法律法规的规定，在项目研究过程中共查对法律、法规、规章及规范性文件131件，审查申请材料314项，核对申请表格69份，通过对审批事项及流程依法梳理，取消了3项法律依据不充分的前置审批事项，解决了行政审批中存在的不严格依法行政的问题。

二是解决了行政审批效率低的问题。经对20个审批项目统计，实施"一窗式"审批后，各审批事项承诺办理时间比法定办理时间平均缩短了89个工作日，缩减率94%；比原承诺办理时间平均缩短了20个工作日，缩减率77%。以无前置审批企业市场准入为例，法定办理时限58个工作日（合464小时），原承诺办理时限9个工作日（合72小时），实施"一窗式"审批后承诺办理时限2个工作日（合16小时），试运行期间实际平均办理时间3小时22分，最短办理时间1小时08分。由于行政效率的提高，行政审批办事成本大大降低，无前置审批的企业市场准入每户新办企业办事成本可降低75%。

三是解决了行政服务不规范的问题。"一窗式"审批通过"许可预告"、"限时办结"等措施，将行政审批的各项要素均向社会公示，使各部门的工作接受社会监督，实现阳光操作。解决了过去在行政审批中存在的工作不透明、群众不知情、服务不规范的问题。

四是解决了群众办事不便的问题。通过变"一站式"审批为"一窗式"审批，变申请人跑路为审批部门内部运转，变审批部门坐等审批为主动服务，申请人只需在一个窗口、一次递交申请就可坐等拿证。通过对申请材料和申请表格的整合，过去重复提交的申请材料只需提交一次，有效简化了申请手续，方便了群众办事。如办理无前置审批的企业市场准入，申请人过去需填写各项表格14页、提交申请材料35项，实施"一窗式"审批后，填写的表格减少到了4页，提交的申请材料减少到了14项，切实方便了群众办事。

4. 项目受益情况

本项目的受益者：一是行政审批相对人，二是审批部门，三是地方政府。

行政审批相对人受益主要表现在：一是通过行政审批效率的提高，行政审批相对人办理行政审批的时间大大缩短，比如新设一个无前置审批的企业平均3小时22分、最快1小时08分就可办理完毕，极大减少了行政审批相对人办理审批的时间成本。二是通过再造流程、简化审批手续，行政审批相对人不需再逐一往返于各个审批部门和准备烦琐的申请资料，办理行政审批的人力耗费、交通成本、资料准备费用都明显降低，如办理一个无前置审批的企业市场准入，原平均办事成本约为1800元，在"一窗式"审批模式下，平均办事成本只约为450元。

审批部门受益主要表现在：一是通过审批流程的再造和审批手续的简化，使审批部门在办理行政审批中的行政成本大大降低。二是审批效率提高后，审批工作对人力、物力的占用减少，审批部门可以调动更多的资源到行政服务、市场监管等项工作之中，解决这些工作存在的缺位和不到位的问题。三是"一窗式"审批使大量的审批工作退到后台，审批部门不直接与相对人发生联系，切断了权力寻租的途径。

地方政府受益主要表现在：一是通过本项目深化行政审批改革，推动了政府职能的转变，加快了法治政府、服务型政府、高效率政府的建设。二是快捷、简易、低成本的行政审批将有效改善本地投资环境，吸引更多的企业来本地投资、发展，有利于地方税收的增长和劳动力就业，促进地方经济的发展。

5. 项目的创新体现

本项目得到了专业研究机构、专家学者、新闻媒体的关注和充分肯定，认为"一窗式"审批模式在全国领先，创新之处主要有以下几点。

（1）系统研究。"一窗式"审批不是对一个法律法规在一个部门单独执行的研究，而是对多个法律法规在同一地区同一平台多部门交叉执法的全过程的系统研究。

（2）紧扣民生。"一窗式"审批以提高效率、降低成本、方便群众为出发点和落脚点，宗旨明确。

（3）化繁为简。"一窗式"审批针对审批环节交错、审批流程复杂的问题，用"法定因果关系"确定审批流程各环节之间的作用关系，制定了"对各审批环节之间存在法定因果关系的，实行串联；对各审批环节之间无法定因果关系的，实行并联"的原则，将复杂问题简单化。

（4）刚柔结合。行政审批属刚性行政行为，"一窗式"审批运用许可预告、服务前移等措施，将柔性的行政指导与刚性的行政审批结合起来，体现了"以人为本"的服务理念。

（5）阳光透明。"一窗式"审批公开审批条件，再造审批流程，制定工作标准，增强了行政审批透明度，促进了行政审批规范有序操作。

（6）科学实用。"一窗式"审批将企业科学管理的理念和思维方式运用于政府行政管理，研究路径科学、实用性强。

（7）三位一体。"一窗式"审批模式符合地方实际，符合建设法治政府、服务型政府、高效率政府的政府改革方向，符合由管制型政府向服务型政府转变的国际发展潮流。

科学技术部西南信息中心查新中心经查新检索于7月19日出具《科技查新报告》（J20071184）指出："国内虽已见加快行政审批制度改革以及并联审批研究的文献报道，但基于本项目所述技术特点的行政审批制度改革研究及并联审批网络系统，国内未见文献报道。"

6. 需要说明的其他问题

（1）项目应用及推广情况。本项目被成都市政务服务中心采用，于7月2日启动试运行，9月3日转入正式运行。两个月试运行期间，通过"一窗式"审批共办理审批事项360件，办结事项的平均办理时间约为3小时22分，最短办理时间为1小时08分。"一窗式"审批的经验得到了省市领导的肯定，目前正逐步在四川各市、州、县推广。

（2）专家学者对项目的评价。8月31日，本项目通过四川省科技厅组织的软科学评审，专家们一致认为项目研究探索出了行政审批改革的成都模式——"一窗式"审批，为全国各省市推行行政审批制度改革提供了新的理念，达到了国内先进水平。来自中国人民大学和北京大学的教授特别指出本项目"将企业科学管理的理念运用到行政工作之中，通过系统研究的方法，把复杂问题简单化，将刚性的行政审批与柔性的行政指导相结合，切实做到了提高效率、规范操作、方便群众，符合地方实际、符合政府改革方向、符合国际潮流"。世界银行有关官员也认为成都的"一窗式"审批"在现有法律框架下，达到了最大限度的行政资源整合，体现了新的政府服务理念"。

（3）项目获奖情况。由北京国际城市发展研究院、首都科学决策研究会、领导决策信息杂志社承办的中国城市论坛，在全国35个项目中通过网络投票、专家评审等程序，评选本项目为八个"2007中国城市管理进步奖"之一，于9月11日在北京颁发了该奖项。9月21日，本项目获得成都市科学技术研究成果登记，目前正在参评成都市科技进步奖。

专家评估：2004年2月，成都建成了全国首家省、市同址办公的政务服务中心，实现了行政审批事项"一站式"办理。但依然存在手续烦琐、审批时限长和重审批轻服务等问题。2007年4月，市政府成立了"加快行政审批制度改革暨推进并联审批工作小组"，选定企业市场准入这个代表性广、可推广性强、社会关注度高的点作为突破口，设计出基本涵盖成都市市场准入的20个事项并联审批流程图，即基本做法包括：许可预告，将各审批环节的法定条件、申请材料等详细信息一次性向社会预告；服务在前，在审批前由审批部门主动为申请人提供现场勘察、指导等服务；网络搭建"一窗式"并联审批受理平台，各职能部门在这个平台上内部运转、并行审批、限时办结、综合管理部门实时监控，测评；申请人可与审批部门双向互动，在线查询。"一窗式"并联审批于2007年7月2日启动试运行，9月3日转入正式运行。

从"一站式"到"一窗式"并联审批的主要创新点：①并联审批是行政审批制度改革中质的变革。变审批部门坐等审批为主动服务，变申请人跑路为审批部门内部运转，实现了由政府本位体制向社会本位体制的转变。②依法优化并联审批流程。"一窗式"并联审批依照《行政许可法》等相关法律法规，对多个法律法规在同一平台、多部门交叉执法的全过程进行系统研究，共查对法律、法规、规章及规范性文件131件，核对申请材料314项，梳理申请表格69份，"对各审批环节之间存在法定因果关系的，实行串联；对各审批环节之间无法定因果关系的，实行并联"，保证了并联审批工作依法合规。③以网络系统平台保证信息同步，实现了政府"以民为本"的服务理念。申请人只需在一个窗口、一次递交申请就可坐等拿证。在流程再造中，通过对申请材料和申请表格进行整合，简化了申请手续。以办理无前置审批企业市场准入为例，申请人过去需填写各项表格14页、提交申请材料35项，现在填写的表格减少到4页，提交的申请材料减少到14项。

该项目的特点：①刚柔相济，审批与服务并重。并联审批改革将柔性的行政服务指导与刚性的行政审批相结合，展示出现代政府服务与管理的合法性基础。②化繁为简，科学实用。本项改革针对审批环节交错、流程复杂问题，以法定因果关系界定各审批环节之间的关系，实行有机的"并联、串联"，化繁为简，设计出科学的并联审批路径，实用性强。③阳光透明。通过各种渠道公开审批条件，网上运行并联审批流程，增强了行政审批透明度。

该项目的绩效：①提高了行政效率。截至2007年11月20日，"一窗式"并联审批系统共办理审批事项624件，平均办理时间3小时20分，并创造了5部门办理无前置审批企业市场准入最短用时1小时08分的纪录。据统计，实施"一窗式"并联审批后，审批事项承诺办理时间比法定办理时间平均缩短了91个工作日，缩减率94%；比"一站式"审批的承诺办理时间平均缩短了20个工作日，缩减率77%。以无前置审批企业市场准入为例，法定办理时限58个工作日（合464小时），"一站式"审批承诺办理时限9个工作日（合72小时），"一窗式"并联审批承诺办理时限2个工作日（合16小时）。②降低了行政审批的社会成本。以无前置审批的企业市场准入为例，实施"一窗式"并联审批后，每个新办企业的办事成本可降低75%，如按2006年成都市新办企业数和全省新办企业数计算，实施"一窗式"并联审批后全市可降低审批成本约3400万元，全省可降低审批成本约3.3亿元。企业也因提早拿到相关经营证件而提前产生经济效益。③实现了规范服务的目标。通过实施"许可预告"、"限时办结"等措施，行政审批的各项要素均向社会公示，接受社会监督；审批流程在行政部门内部流转为主，减少了政府官员的权力寻租行为。另外，政府审批部门内部的企业相关信息共享也杜绝了一些企业只注册、不报税等不规范市场行为的发生，间接规范了经济市场。④促进了行政管理理念的转变。"一窗式"并联审批改革中将企业科学管理的理念运用于行政工作，以"效率＋效益"作为衡量行政工作的标准，通过审批改革争取政府工作效率和社会效益的最大化，促进传统的行政工作观念向现代行政管理理念转变。

"一窗式"并联审批改革自实施以来受到了社会各界的广泛关注。2007年9月，"一窗式"并联审批荣获"2007中国城市管理进步奖"，"一窗式"并联审批改革项目通过了成都市科技成果进步奖一等奖的评审。目前此项改革已在成都市各区推广，四川省领导建议总结成都此项改革经验，以在全省推广。这项改革的制度保障工作正在完善中。

第五篇

学术团体、学术机构与学术会议

Ⅰ 学术团体

全国政府绩效管理研究会

1. 英文译名

Chinese Society for Government Performance Management，缩写：CSGPM

2. 成立时间

2006年9月23日

3. 所属机关

中国行政管理学会

4. 机构设置

学会设会员代表大会、理事会及常务理事会

5. 人员

名誉会长2人、顾问3人、会长1人、副会长15人、秘书长1人、副秘书长8人、常务理事69人、理事150人

6. 现任主要领导（按姓氏笔画排序）

顾问：

周绪红　兰州大学校长、教授

唐铁汉　国家行政学院副院长、教授

龚禄根　中国行政管理学会常务副会长

名誉会长：

李玉赋　监察部副部长

刘家义　国家审计署副审计长

会长：

高小平　中国行政管理学会副会长兼秘书长、博士、研究员

副会长：

吴　江　人事部人事科学研究院院长、教授

周志忍	北京大学政府绩效评估研究中心主任、教授
傅　奎	中央纪委监察部纪检监察研究所所长、中国监察学会秘书长
刘英来	国家审计署审计研究所所长、中国审计学会秘书长
张泽忠	山东青岛市委常委、秘书长
张建合	山西运城市委常委、常务副市长
廖廷辉	福建省机关效能办公室副主任
鲍静（常务）	中国行政管理学会副秘书长，《中国行政管理》杂志社社长、主编、编审
彭国甫	湘潭大学党委书记、教授
包国宪	兰州大学中国地方政府绩效评价中心主任、教授
卓　越	厦门大学公共管理学院教授
吴建南	西安交通大学公共政策与管理学院副院长、教授
贾　康	财政部财政科学研究所所长、教授
侯永平	中共青岛市委副秘书长、市直机关工委书记
吴立生	中共连云港市委常委、灌南县委书记

秘书长：
张定安　中国行政管理学会公共管理研究中心副主任、《中国行政管理》杂志社副社长

7. 联系方式

会　　址：北京市西安门大街22号
邮政编码：100017
电　　话：010-83083294
传　　真：010-83083294
电子邮件：zda21@263.net
　　　　　zhangdingan@mail.gov.cn

8. 学会简介

全国政府绩效管理研究会是从事政府与公共部门绩效评估和管理研究的全国性学术团体。

研究会以邓小平理论和"三个代表"重要思想为指导，全面贯彻落实科学发展观，解放思想、实事求是、与时俱进、开拓创新，为建立体现科学发展观和正确政绩观要求的、人民群众有效参与的政府绩效评估和管理制度服务，为不断提高政府绩效、降低行政成本、改进政府工作，建立决策科学、权责对等、分工合理、执行顺畅、监督有力的行政管理体制，为促进经济社会全面协调可持续发展服务。

研究会在中国行政管理学会领导下，遵循《中国行政管理学会章程》和本会章程，根据自身特点依法开展活动，自主开展学术研究、学术交流活动。

研究会广泛团结和组织全国各级党政机关的绩效评估和管理工作者,团结党校、行政学院、高等院校以及有关学术团体、企事业单位中从事绩效管理研究的人员,协调配合,共同努力,以推进我国政府绩效管理研究和实践工作的发展。

9. 主要任务

①组织政府绩效评估和管理工作者及研究人员学习党和国家各项方针政策和有关法律法规,坚持正确的政治方向。对政府及其部门履行职能、完成工作任务、实现政府目标的过程、实绩和效果进行整体性、综合性评价和研究,促进服务政府、责任政府和法治政府建设。

②组织政府绩效评估和管理工作者及研究人员深入实际进行调查研究,反映新情况,研究新问题,加强信息交流。编辑出版政府绩效管理丛书、资料,协助中国行政管理学会开展政府绩效管理的国际学术交流与合作。

③开展政府绩效评估和管理的理论研究,参与高校本领域的教学改革,与相关部门合作,积极开展本领域的专业培训,培养本学术领域的理论工作者、教学人员及从事实际工作的专业人才。

④完成国务院办公厅、中国行政管理学会及有关部门委托或交办事项。

⑤接受政府、社会各界的委托,组织专题研究;根据社会需要,提供相关咨询服务。

⑥反映本会会员的意见,维护其合法权益。

2006年9月23日,全国政府绩效管理研究会成立大会在兰州大学召开

Ⅱ 学术机构

（按机构名称拼音首字母排序）

北京大学政府绩效评估中心

全称北京大学政府管理学院政府绩效评估中心，成立于2001年。该中心主任为北京大学政府管理学院周志忍教授，中心挂靠北京大学政府管理学院，主要研究方向为政府改革与创新、公共部门绩效管理等。中心目前承担多项国家社会科学基金项目、部级项目以及北京市相关项目。

通信地址：北京大学廖凯原楼政府绩效评估中心
邮政编码：100871
电　　话：010-62751641
电子邮箱：sgpku@pku.edu.cn

北京师范大学公共部门绩效评价研究中心

北京师范大学公共部门绩效评价研究中心挂靠北京师范大学管理学院，主要从事政府行政管理效率等方面的研究，拥有唐任伍、王建民等众多知名教授学者，是一支具有较强学术实力的团结创新的队伍，在国内学术界具有相当的影响。该中心承担了教育部哲学社会科学重大课题攻关项目"中国地方政府绩效评价体系与管理机制研究"等多项国家、部级以及北京市相关项目。

通信地址：北京市新街口外大街19号，北京师范大学管理学院公共部门绩效评价研究中心
邮政编码：100875
电　　话：010-58808176
电子邮箱：webmaster@manage.bnu.edu.cn
网　　址：http://202.112.84.85/index.jsp

复旦大学公共绩效与信息化研究中心

复旦大学公共绩效与信息化研究中心（Public Performance and Information Research Center，PPIRC）是复旦大学设立的校级跨学科研究机构，专注于中国公共绩效管理理论、方法及相关信息技术的研究开发。中心主要研究方向包括：地方党政整体绩效管理体系建设、领导班子领导干部绩效考核管理理论与方法、党政机关目标管理绩效考核理论与方法、公务员绩效考核管理方法与技术、机关效能监察和评估方法、政府绩效评估指标体系、项目绩效管理评估体系、百姓满意度体系建设和民意调查方法技术等。

中心始终坚持理论与实践相结合，充分发挥高校科研优势，积极服务于党委政府绩效管理实践，在研究分析国内外政府绩效管理理论和实践的基础上，经过多年与党政机构的大量合作实践，提出并构建了促进科学发展、符合中国国情、具有地方特色的党政全面绩效管理体系。

中心的工作在我国党政绩效管理理论与实践结合上处于领先水平。多年以来，中心已帮助国内16个省、市、自治区超过100个地方党委、政府和部门建立了科学、创新的地方党委政府"四位一体"全面绩效管理体系、领导班子和领导干部绩效管理体系、机关（部门）绩效考核体系、重点工作与重大项目督察体系、公务员绩效管理体系及配套的信息系统，得到了国家主管部委领导的高度评价，被中央和地方媒体广泛报道。

在领导班子和领导干部绩效管理方面，9个省、市、自治区的试点单位与中心长期切实合作，取得了显著成效。在地方政府绩效管理建设方面，国家人事部设立的5个全国政府绩效评估联系点中，有3个与中心开展了实际合作；中心实施的《广西鹿寨县人民政府公共管理系统》2009年被评为中国电子政务效能管理优秀应用案例（区县级）。在人员绩效管理考核体系建设方面，中心与江苏省委组织部、江苏省人事厅合作开发的《江苏省公务员考核管理系统》获得第五次全国人事人才科研优秀成果（应用技术类）第1名，中心实施的《江苏省经贸委公务员考核管理系统》成为2008年中组部、人事部组编的公务员法实施工作指导丛书《公务员考核》中唯一实例。另外还有数量众多的中心合作单位获得了地方荣誉。

近年来，中心紧紧围绕促进科学发展的时代要求，将高校科研成果与各地党委政府具体实践结合起来，并真诚期望同具有战略眼光的党政领导一起，共同建设具有鲜明特色和示范效应的绩效管理考评体系，为各地建设科学高效、人民满意的服务型政府作出贡献。

通信地址：上海市浦东新区张衡路825号（复旦大学张江校区）
邮政编码：201204

电　　话：021-55666620，51355539
电子邮箱：ppirc@fudan.edu.cn
网　　址：http://www.ppirc.fudan.edu.cn

湖北经济学院地方政府绩效评价研究中心

全称湖北经济学院财政与公共管理学院地方政府绩效评价研究中心。中心集合了财政理论界知名专家、青年学者和政府机关的相关研究人员，主要从事地方政府职能部门工作业绩、地方公共支出规模、结构及地方政府综合绩效等评价指标体系方面的研究。该研究所成员具有较高的理论水平和实践技能，承担过多项省部级课题，并多次参与湖北省财政厅组织的政府职能部门的绩效评价活动。

中心主任由财政与公共管理学院副院长、校学科带头人蔡红英副教授担任，财政与公共管理学院副院长、校学科带头人邓毅副教授任中心副主任。

通信地址：武汉江夏藏龙岛科技园区洋湖大道1号
邮政编码：430205
电　　话：027-81973974
电子邮箱：cgxy2006@hbue.edu.cn
网　　址：http://czggxy.hbue.edu.cn/structure/dszx/pj

华南理工大学政府决策与绩效评价研究所

华南理工大学政府决策与绩效评价研究所为广东省普通高校人文社会科学重点研究基地。主要从事地方政府决策与政府整体、部门、项目、政策绩效评价的理论方法及实证研究。基地立足于华南理工大学的理工学科的整合优势，设有三个中心，即政府决策与发展战略中心、干部选拔任用与考核中心、地方政府绩效评价中心。依托管理科学与工程、法学、马克思主义中国化三个博士点，以及公共管理一级学科等硕士点。目前共有18位专职研究人员（1人为"全国杰出青年"，3人为教育部新世纪优秀人才），其中教授8人。同时，广东省审计厅作为共建单位为研究提供了战略性平台。

决策理论方法研究与地方政府绩效评价为研究所目前的特色研究方向，在全国处于领先地位，有着广泛的影响。其中，自2007年开始每年公布的《广东省地方政府整体绩效评价报告》，被中央主流媒体称为"破冰之举"、"开全国先河"，被学界誉为"广东试验"，成果获教育部及广东省人民政府科研奖励，并成为地方政府绩效改善的"第三方标准"。

目前研究所所长为张国祚教授（国家社会科学规划办原主任，特聘教授），其中地方政府绩效评价中心主任为郑方辉教授。

通信地址：广州市五山路381号华南理工大学5号楼

邮政编码：510640
电　　话：020-87111105，87112840
电子邮箱：fhzheng@scut.edu.cn
网　　址：http://www2.scut.edu.cn/sppa

2008年11月，华南理工大学政治与公共管理学院与零点研究咨询集团联合举办第四届中国公共服务评价国际研讨会

兰州大学中国地方政府绩效评价中心

兰州大学中国地方政府绩效评价中心于2004年12月成立，挂靠兰州大学管理学院，是一个集政府绩效评价、咨询服务、学术研究、人才培养于一体的多功能的中介性学术机构。

兰州大学管理学院院长、博士生导师包国宪教授为中心主任，博士生导师沙勇忠教授为中心副主任。学术委员会委员四人：北京大学政府管理学院周志忍教授，厦门大学公共事务学院卓越教授，国家行政学院行政管理教研部竹立家教授，中国行政管理学会鲍静研究员。此外还有中心研究人员17人，兼职研究人员11人。

该中心致力于对中国地方政府绩效管理进行高层次的学术研究和咨询服务，以促进政府职能转变，推动行政体制改革和制度创新，中心任务主要包括五个方面：1. 接受地方政府机构的委托业务，为地方政府提供绩效评价、决策支持和信息咨询等服务；2. 开展公共管理和政府绩效评价理论研究，探讨政府绩效评价与绩效管理的理论问题、指标体系、技术方法、绩效考评机制等，进行政府绩效评价的国内外比较研究；3. 建立科学独立的政府绩效评价体系，对中国地方政府绩效进行评价；4. 举办各类高级研讨班、进修班和学术研讨会，为地方政府、政府部门及政府管理人员和公务员提供培训服务和交流服务；5. 根据客户的项目、课题需要，进行政府投资、政府采购、政府发展等领域的项目可行性分析与论证。

中心完成的甘肃省政府委托项目——"甘肃省非公有制企业评议政府绩效"，向社会公布了《甘肃省非公有制企业评议政府绩效评估结果报告》，受到媒体和社会的广泛关注，被视为中国地方政府绩效评价四大模式之一"甘肃模式"。中心还与全国政府绩效管理研究会合作编辑出版《中国政府绩效管理年鉴》，每两年出版一卷。

通信地址：甘肃省兰州市天水南路222号，兰州大学中国地方政府绩效评价中心

邮政编码：730000

电　　话：0931-8914309

电子邮箱：gpe@lzu.edu.cn

网　　址：http：//ms.lzu.edu.cn/cclgpe

2006年9月，中国行政管理学会与兰州大学共建"兰州大学中国地方政府绩效评价中心"签字仪式

GPE系统封面

南京审计学院公共管理与绩效评估研究院

南京审计学院公共管理与绩效评估研究院成立于2002年初，是集教学、科研、咨询于一身的立体机构。教学师资队伍主要由北京大学、南京大学等国内著名专家、学者和南京审计学院学科带头人组成，流动式进出研究院，项目研究采取专家库管理方式，现由胡宁生教授任院长。

该院是一个蓬勃发展的学术机构。在各方面支持和关怀下，现已成为北京大学与审计署联合培养公共管理硕士（MPA）的基地以及江苏省公务员培训基地之一，在探索中国MPA学位教育模式中走出了"强特"合作新路。

该院主要从事公共管理、公共政策、绩效评估、电子政务与制度创新、公共部门人力资源开发与管理等领域的教学、研究与咨询。在经济全球化、市场化和管理民主化的发展潮流中，研究院利用自身的优势，并结合有利的外部环境，全面致力于推动多学科之间的相互融合、相互渗透，将政府的绩效预算与绩效审计纳入研究范围，力争经过艰苦努力，在更大的背景下，发展成为中国公共管理领域富有特色的重要教育研究基地，建立起理论研究与实践导向并重的共同研究发展平台，并为各级政府的行政决策与行政改革提供最佳咨询服务。

通信地址：江苏省南京市鼓楼区北圩路77号，公共管理与绩效评估研究院

邮政编码：210029

电　　话：025 - 86585377

网　　址：http://mpa.nau.edu.cn/

电子邮箱：mpa@nau.edu.cn

上海财经大学公共政策评估中心

上海财经大学公共政策评估中心（Public Policy Evaluation Center）成立于2006年7月，中心以"经济学创新平台"提供的人才与体制基石为依托，整合包括上海财经大学公共经济与管理学院、统计与管理学院等的校内资源。中心的目标是：推出大量的和重量级评估报告，成为我国政策评估领域的重要机构，从而成为中国的智库，为政策的制定提供理论和方法上的支持。得州大学奥斯汀分校博士谭继军为中心主任。

本中心主要对公共政策所包含的以下三方面主要内容进行精确定量研究：1. 公共政策的理论依据是否符合现实；2. 如何排除外部因素发现真实的政策效果；3. 如何把政策本身的效果和政策实施的效果分开。

通信地址：上海市武川路111号经济学院

邮政编码：200434

电　　话：021-65902211
电子邮箱：tanjijun@mail.shufe.edu.cn
网　　址：http：//iar.shufe.edu.cn/structure/gdyjy/yjzx/ggzcpgzx.htm

上海财经大学中国教育支出绩效评价中心

上海财经大学中国教育支出绩效评价中心（China Center for Performance Evaluation of Education Finance，SUFE）成立于2006年11月，是一个集教育支出绩效评价、咨询服务、学术研究、人才培养于一体的多功能学术机构，以上海财经大学公共经济与管理学院30多位研究人员，以及上海财经大学相关学科为基本研究力量组建，挂靠上海财经大学财公共经济与管理学院。

作为上海财经大学校级重点研究机构，中心致力于我国教育绩效评价理论研究和教育财政政策研究，并承担国家和地方政府教育绩效评价、政府再造和政府公共管理方面的课题。中国财政学会理事、上海财经大学博士生导师马国贤教授为中心主任。

中心就教育绩效评价连续申请国家社科基金和自然科学基金课题研究，争取了国际相关组织的支持，并积极申请国际合作项目及资金支持。中心的研究成果包括：教育绩效评价报告、中国义务教育绩效评价报告、中国高等教育绩效评价报告、中国职业教育绩效评价报告、教育绩效评价国际比较研究成果系列、教育绩效评价专题研究报告等。

2007年4月21日，上海财经大学公共支出绩效管理研讨会暨中国教育支出绩效评价（研究）中心揭牌仪式

通信地址：上海市国定路777号，上海财经大学中国教育支出绩效评价中心
邮政编码：200433
电　　话：021-65360604
电子邮箱：yjshi@mail.shufe.edu.cn
网　　址：http://jixiao.shufe.edu.cn/index.htm

上海社会科学院政府绩效评估中心

上海社会科学院政府绩效评估中心（以下简称"中心"）成立于2008年12月（前身为上海社会科学院部门经济研究所企业发展研究中心绩效评价部）。中心以上海社会科学院跨学科的专业团队为基础，以评估项目为依托，致力于政府公共投入绩效评估的理论研究和实践探索。

中心自2006年开始探索政府公共政策、政府规划和公共投入项目的绩效评估体系研究，两年多来先后承接完成了21项科技项目绩效评估课题，并完成了"上海社区文化活动中心评估研究"、"杨浦区社会发展'十一五'规划中期评估"等项目，建立了评估技术规范和质量控制体系。在公共政策、政府规划和公共投入项目绩效评估理论与实务方面进行了研究和积累。目前，中心主任由王玉梅研究员和蒯大申研究员共同担任。

通信地址：上海市淮海中路622弄7号403室（上海社会科学院）
邮政编码：200020
电　　话：021-53060606-2484
电子邮箱：jxpg@sass.org.cn
网　　址：http://www.sass.org.cn/jxpg/index.jsp

西安交通大学绩效管理研究中心

西安交通大学绩效管理研究中心于2007年4月12日成立，由西安交通大学公共政策与管理学院副院长吴建南教授受聘兼任研究中心主任，中心归属于公共政策与管理学院，主要研究方向为公共部门绩效管理。

中心目前承担的国家自然科学基金、国家社会科学基金、省级等多项重大课题都以组织和地方政府的绩效管理、绩效考评等为主。

通信地址：陕西省西安市咸宁西路28号，西安交通大学绩效管理研究中心
邮政编码：710049
电　　话：029-82665657
电子邮箱：jnw@mail.xjtu.edu.cn

网　　　址：http://sppa.xjtu.edu.cn/

2009年6月，西安交通大学公共政策与管理学院绩效管理研究中心举办"中国地方政府绩效评估的现状与未来"学术研讨会

西南交通大学地方政府绩效评价中心

西南交通大学地方政府绩效评价中心成立于2006年4月，挂靠西南交通大学公共管理学院。主要从事地方政府管理、政府行为与政策分析等方面的研究。陈党为中心主任，郭金云为中心副主任。

该中心承担了多项国家社科基金项目、教育部人文社会科学规划项目以及四川省级相关项目。

由公共管理学院主办的《公共管理求索》是一份以书代刊形式的研究论丛，主要发表社会保障、公共工程、政府管理、教育等公共管理各领域的研究成果。

通信地址：四川省成都市二环路北一段111号，西南交通大学公共管理学院地方政府绩效评价中心

邮政编码：610031

电　　　话：028-87600175

电子邮箱：gggl_swjtu@126.com

网　　　址：http://gg.swjtu.edu.cn/Default.aspx

厦门大学政府绩效管理研究中心

厦门大学政府绩效管理研究中心成立于2009年9月,中心主任现为厦门大学公共事务学院副院长卓越教授,中心的专家委员会包括厦门大学副校长李建发,厦门大学研究生院副院长、财政系教授陈工及卓越教授。中心主要成员有孟华副教授、潘颖秋副教授、唐美玲博士及博士生尚虎平。

中心的研究方向为:(1)政府绩效管理:具体包括政府绩效战略、绩效预算、绩效合同、绩效程序、绩效规制、绩效审计等子方向;(2)政府绩效评估与电子政务:建构政府绩效评估的指标体系,开发政府绩效评估管理系统;(3)公共服务标准化:设计开发公共服务工作标准、管理标准和业务标准;(4)政府职能优化与流程再造:流程选择、流程诊断、流程优化。

通信地址:厦门大学公共事务学院(成智楼)
邮政编码:361005
电　　话:0592-2184906,13860487176
电子邮箱:zfjxgl@163.com
网　　址:http://jxgl.xmu.edu.cn

湘潭大学湖南政府绩效评估研究中心

湘潭大学湖南政府绩效评估研究中心(HCGPE)是经湖南省编制委员会办公室批准成立的一个集政府绩效评估学术研究、咨询服务、人才培养于一体的多功能中介性学术机构。中心以湘潭大学公共管理学院的科研队伍为基础,联合校内外、国内外相关学术力量,进行政府绩效评估与管理创新的学术研究,培养高层次的绩效评估专门人才,以推进中国政府绩效评估实践和理论研究的发展。中心挂靠湘潭大学公共管理学院。中心主任为彭国甫教授,副主任为梁丽芝教授、盛明科副教授。

中心主任及学术带头人从20世纪80年代中期开始研究行政效率问题,目前在政府绩效评估研究领域取得了颇有影响的研究成果,对于推进中国政府绩效评估的理论研究与实践发挥了重要作用。

中心以"公正科学、创新研究、服务社会"为宗旨,充分利用校外智力资源和社会力量,为湖南地方政府绩效管理和政府改革提供咨询服务和智力支持。中心致力于对湖南省政府绩效管理进行高层次的学术研究和咨询服务,以促进政府职能转变,推动行政体制改革和制度创新。中心的具体职能有:接受地方政府机构的委托业务,为地方政府提供绩效评估、决策支持和信息咨询等服务;开展公共管理和政府绩效评估理论研究,探讨政府绩效评估与绩效管理的理论问题、指标体系、技术方法、绩效考评机制等；建立科学独立的政府绩效评估体系，对湖南政府绩效进行评价；举办各类高级研讨班、进修班和学术探讨会，为地方政府、政府部门及政府管理人员和公务员提供培训服务和交流服务；根据客户的项目、课题需要，进行政府投资、政府采购、政府发展等领域的项目可行性分析与论证。

通信地址：湘潭大学公共管理学院办公楼四楼湖南政府绩效评估研究中心
邮政编码：411105
电　　话：0731-58298532
电子邮箱：jxpgzx@163.com；jxpgzx@xtu.edu.cn
网　　址：http：//glxy.xtu.edu.cn/myphp/glxy/showart.php? id=90

中国城市绩效管理研究会

中国城市绩效管理研究会成立于1988年，会员城市已经由成立时的13个增加到现在的近70个，分别来自全国的24个省、自治区或直辖市，其中省会城市19个。中国城市绩效管理研究会采取会员制的形式，由各会员城市推派一名理事组成研究会理事会。由全体会员城市选举产生15—20名理事组成常务理事会，并在其中选举产生理事长城市一名。常务理事每届任期四年，每届选举一次。常务理事长城市连任不得超过两届。研究会的活动主要采取年会、常务理事会议、分类或分区域研讨交流会、培训咨询等形式。自成立以来，研究会每年举行一次常务理事会议，两年举行一次年会。到目前为止，已经选举了五届常务理事会，第五届理事长城市是山东省青岛市。

中国城市绩效管理研究会是在党政工作中采用绩效管理基本理论、方法和手段的城市自愿结合，总结交流城市绩效管理实践工作经验，研究探讨城市绩效管理理论和实践问题的社会团体。宗旨是积极开展城市绩效管理目的、作用、地位、效果、模式、方法方面的理论研究，以及城市绩效管理的体系、目标值、监控、协调、服务、考评、奖惩及结果的运用的实践探索。主要任务是总结交流各城市绩效管理工作中的经验和做法，研究探讨城市绩效管理中出现的新问题、新情况和新途径，摸索和揭示城市绩效管理的规律，加强城市绩效管理实践经验和理论研究的宣传，为已实行和愿意实行城市绩效管理的城市提供培训、咨询服务。中心开展的主要工作有：（1）积极开展工作交流与经验汇编，构筑兄弟城市沟通的平台。（2）着力深化实践总结与理论研究，丰富中国城市绩效管理的理论成果。（3）多方筹划各类培训，努力推进更广泛深入的国际交流。（4）主动争取国家有关部门对城市绩效管理工作的指导和支持。

通信地址：青岛市香港中路11号
邮政编码：266071
电　　话：0532-85911090，85911169
联 系 人：赵春生　秦云鹏　王百峰　吕红娟

电子邮箱：csjxgl@163.com
传　　真：0532-85911728
网　　址：http://gwjx.qingdao.gov.cn/

2009年10月28—30日，全国城市绩效管理研究会第十四次年会

中国人事科学研究院电子政务与绩效管理研究室

电子政务与绩效管理研究室是中国人事科学研究院的十六个处室之一，主要研究电子政务和政府绩效管理的理论及政策法规；研究政府信息化建设与评估、电子政务管理体制和电子政务专业人才队伍建设；研究人力资源和社会保障信息化建设；研究政府绩效管理方法与技术；开展电子政务与政府绩效管理国际比较研究。

通信地址：北京市朝阳区育慧里5号，中国人事科学研究院
邮政编码：100101
电　　话：010-84635686
网　　址：http://www.rky.org.cn/cn/index.html

中国行政管理学会政府绩效管理研究中心

该中心在中国行政管理学会和全国政府绩效管理研究会的领导下，以《中国行政管理》为依托，组织相关社会资源，服务于政府和机关的高绩效管理研究及推广。通过研究、出版、会议、培训、评价、咨询、软件服务等，推动中国行政改革、政府管

理创新和机关高效管理的发展。中心合作共建单位是人事部中国人事科学研究院、清华大学、中国人民大学、国家行政学院。以促进绩效管理研究，创新政府管理模式作为工作理念。中心工作目标是：推动高绩效管理理论发展和应用，加快党政机关高绩效管理建设，实现由重视绩效指标罗列向重视流程优化的转变；由追求难以衡量的结果要求向重视流程优化的转变；由强调绩效考核向强调绩效改善转变；由关注公务员个体行为和态度向关注党政机关总体执政能力和工作效果转变；由只关注传统的管理方式向 IT 系统进行集成，并且利用 IT 系统转变。工作任务是建设服务型政府；研究政府绩效管理的理念，在实践经验的基础上总结理论和方法；出版高质量的政府和机关绩效管理图书；撰写高绩效管理的专题文章；举办"国际政府高绩效管理大会"；面向全国推广《中国公共人力资源管理专业资格认证》和《高绩效管理》、行政管理能力、创新能力、领导力、CIO 及 IT 服务管理等系列培训；开展构建高绩效政府的咨询和软件服务；组织国内政府机构出国考察国外政府高绩效管理；组织中国城市政府高绩效管理评比；电子政务构建和绩效评估；政府管理创新设计。

地　　　址：中国北京西安门大街22号国务院机关事务管理局2号楼2层

通信地址：北京中南海1745信箱

邮政编码：100017

联系电话：010-63093411，13911088861

电子邮箱：zhangdingan@mail.gov.cn，mbosvip@126.com

网　　　址：http://www.gpm.gov.cn/

中山大学行政管理研究中心

中山大学行政管理研究中心于 2000 年 12 月 25 日成立，是全国行政管理学科唯一的国家级重点研究基地。

中心设名誉主任、主任、副主任、主任助理，下设公共管理与领导力、地方政府与区域公共管理、公共预算与财政等研究所。中心实行主任负责制，主任全面负责，副主任协助主任做好中心的工作。名誉主任由全国著名行政管理学家、中国行政管理学会第一副会长、全国公共管理硕士（MPA）专业学位教育指导委员会唯一顾问、博士生导师夏书章教授及教育部社会科学委员会委员、教育部高等学校公共管理类学科教学指导委员会主任委员、中山大学校务委员会副主任、博士生导师王乐夫教授担任。主任由中山大学政治与公共事务管理学院副院长马骏教授担任。副主任分别由中国行政管理学会教学研究会常务理事、博士生导师陈瑞莲教授，中山大学政治与公共事务管理学院 MPA 中心主任、博士生导师蔡立辉教授担任。学术委员会主任由全国著名行政学家、中国行政管理学会副会长、中山大学政治与公共事务管理学院名誉院长夏书章教授担任。

该中心已同美国新泽西州大学、佛罗里达大学、田纳西州大学等二十多所国外著名大学及相关学术机构建立了良好的交流与合作关系。在中国港台地区，该中心已与香港中文大学、浸会大学，台湾中山大学、中兴大学等近十所大学及相关研究机构建立了学术交流关系。中心还与中国政治学会、中国行政管理学会、北京大学、中国人民大学、复旦大学、吉林大学、南京大学、武汉大学、厦门大学、上海交通大学等高校及中国社会科学院政治学研究所等相关研究机构建立了稳定的学术联系。

由行政管理研究中心编撰出版的《公共管理研究》是一份公共管理的专业性学术出版物。从 2006 年起，该出版物由中山大学行政管理研究中心与留美公共管理学会共同编辑，每年出版两本。《公共管理研究》倡导学术规范和严谨的研究方法，鼓励理论和经验研究相结合的本土化理论建构，提倡建设性的学术批评与对话，致力于提升中国公共管理研究的质量。

通信地址：广州市新港西路 135 号，中山大学行政管理研究中心
邮政编码：510275
电　　话：020 - 84038745
电子邮箱：lpxzgl@mail. sysu. edu. cn
网　　址：www. cpasonline. org. cn/gblabout/about - mishuzhang. asp

2009 年 6 月，中山大学行政管理研究中心举办"政府绩效管理：美国、中国、韩国"项目研讨会

Ⅲ 学术会议

首届政府绩效管理与绩效领导国际学术研讨会

首届政府绩效管理与绩效领导国际学术研讨会

1. 会议时间
2009 年 9 月 14—16 日
2. 会议地点
兰州大学
3. 主办单位
由兰州大学管理学院、美国波特兰州立大学马克·汉尔德政府学院和日本早稻田大学公共服务研究所三家学术机构联合举办。

4. 参会人员

会议邀请了美国、日本、德国、中国内地和香港地区的近百位政府绩效管理领域的知名学者和部分政府管理实践者代表参加，研讨会也吸引了国内外 20 余所高校、研究机构的参与。

5. 会议主题

研讨会上，与会学者围绕"绩效领导、绩效评估与公共治理创新"的主题，探讨了绩效管理与绩效领导领域内新的热点研究问题，交流了该领域内取得的最新研究成果，形成了广泛的学术共识。研讨会同时促进了理论研究与政府治理实践的有机结合，为强化公共机构的领导能力、提升中外政府组织的能力及公务员的绩效发挥了积极作用。

电子政务规划与绩效评估研讨会

1. 会议时间

2009 年 9 月

2. 会议地点

北京

3. 主办单位

国脉互联信息化研究中心

4. 参会人员

中央各部委、各级各地区政府信息化决策者、管理者和网站运营负责人、电子政务知名专家、金融机构、央企等信息化负责人，电子政务服务供应商、专业媒体等

5. 会议主题

会议从促进政府提高社会管理和公共服务能力出发，针对不同政务部门业务特点，设计有针对性、科学、实用的绩效评估机制和指标体系，为我国电子政务规划与绩效评估提供向导。

建设服务型政府的理论与实践研讨会

1. 会议时间

2008 年 10 月 27 日

2. 会议地点

北京

3. 主办单位

中国行政管理学会

4. 参会人员

全国各地政府部门、高校、党校、行政学院的专家学者。

5. 会议主题

围绕建设服务型政府的理论与实践这个主题，分别从现阶段我国服务型政府建设的主要任务和推进战略；服务型政府的社会管理、公共服务体系建设；服务型政府的职能体系与组织结构；服务型政府运行机制和工作方式改革；服务型政府的绩效管理体系建设；服务型政府问责体系建设；服务型政府建设与公共部门改革；推进电子政务和提高行政效率；健全服务型政府的监督机制；政府应急管理机制建设与完善；国外、境外相关理论与实践最新成果借鉴等方面进行研讨。

第三届"21世纪的公共管理：机遇与挑战"国际学术研讨会

1. 会议时间

2008年10月14—15日

2. 会议地点

澳门大学文化中心

3. 主办单位

澳门特别行政区行政暨公职局、中山大学行政管理研究中心、澳门大学和澳门基金会共同主办。

4. 参会人员

来自美国、澳大利亚、英国、德国、芬兰、挪威、新加坡、韩国、葡萄牙、菲律宾、中国11个国家和中国香港、澳门、台湾等地区的140多位专家学者，包括国家公务员局信长星副局长、南京大学副校长张永桃教授、中国政法大学张桂林副校长以及来自北京大学、中山大学、中国人民大学、吉林大学、复旦大学、东北大学、武汉大学、厦门大学、澳门大学、香港大学、香港城市大学、台湾政治大学等32所著名大学的公共行政专业的院长和系主任等参加了会议。

5. 会议主题

会议代表围绕社会变迁与公共治理、区域合作与政府间关系、社会公正与社会政策、政府创新与绩效管理、公共预算与财政管理、公共人力资源开发与管理、信息技术与电子政务、政府管制与国家能力、澳门社会转型期的发展战略、NGO与公民社会、全球化与公共行政、问责制与腐败治理这12个主题发表了真知灼见，展开了建设性对话。

第三届"21世纪的公共管理：机遇与挑战"国际学术研讨会

首届"中国地方政府绩效评估的回顾与前瞻"研讨会

1. 会议时间
2008年10月8日
2. 会议地点
香港城市大学公共及社会行政学系，香港九龙塘达之路83号
3. 主办单位
香港城市大学公共及社会行政学系、中山大学行政管理研究中心暨政治与公共事务管理学院、兰州大学中国地方政府绩效评价中心。
4. 参会人员
我国内地和香港地区研究政府绩效评价的著名专家学者50余人参加本次研讨会。
5. 会议主题
本次研讨会旨在分享中国各地政府开展绩效评估的经验，分享此领域内最新的学术研究成果，通过探讨具体的评估案例，促进中国地方政府绩效评估的实践交流和学术沟通。

《政府绩效社会评价指标体系》实施运作研讨会

1. 会议时间
2008年9月9日
2. 会议地点
北京市委党校

3. 主办单位

中国社会调查所、北京社会价值研究所

4. 参会人员

中共中央政策研究室、全国人大、全国政协、中国社会科学院、国家行政学院、清华大学、北京大学、中国人事科学院、中国人才研究会等有关部门的专家领导。

5. 会议主题

会议主要探讨了《政府绩效社会评价指标体系》实施以及运作方案。《政府绩效社会评价指标体系》（框架）设置了生态环境、经济社会民生、公共服务与管理、民主法治建设、领导干部五个方面的指标体系。

《政府绩效社会评价指标体系》实施运作研讨会

公共地方预算改革——预算编制和绩效评估研讨会

1. 会议时间

2008年6月21日

2. 会议地点

上海市闵行区

3. 主办单位

中国政法大学宪政研究所、财政部财政科学研究所和闵行区人民政府共同主办，美国耶鲁大学法学院中国法律中心作为项目支持方予以支持。

4. 参会人员

财政部财政科学研究所所长贾康、区委及区人大相关领导、财政部预算司地方处、市人大预算工委、市政府法制办、市财政局预算处、广东省、辽宁省、浙江省、云南省财政科研所以及部分地方人大的专家和领导。

5. 会议主题

研讨会围绕闵行区公共预算审查监督制度如何改革进行，以区级财政公共预算编制和绩效评估为突破口。会议就地方公共财政预算改革、预算编制和绩效评估这一主题分四个单元进行研讨，并分别由中、美专家和相关地方人大、财政部门对这一主题从不同角度提出看法和介绍自己的做法。会议还对闵行区进一步实行高效的公开、透明预算形式和绩效评估初步方案进行了讨论，并提出了意见和建议。

第四届中美公共管理国际学术研讨会

1. 会议时间

2008年6月7—8日

2. 会议地点

美国纽约新泽西州 Rutgers 大学

3. 主办单位

中国行政管理学会、中国人民大学公共管理学院、美国罗格斯大学公共管理学院、美国公共行政学会联合举办。

4. 参会人员

包括中国、美国及其他国家在内的近200位中外学者参加了会议。

5. 会议主题

会议主题是提高政府绩效（Improving Government Performance）。学者们就政府绩效管理的理论与方法、政府绩效评估的指标设计与方法论、财政管理、人力资源管理、组织间关系管理、组织结构、制度安排等与政府绩效的关系进行了深入和广泛的研讨和交流，展现了政府绩效管理的研究视阈广阔、研究方法多样的特点。

政府网站绩效评估研讨会

1. 会议时间

2008年5月23日

2. 会议地点

山东省烟台市颐中大酒店

3. 主办单位

烟台市信息化领导小组

4. 参会人员

李刚，山东省计算中心高级工程师

Dr. Xiudian Dai，欧盟"中欧信息社会项目"的电子政务专家

Dr. Stefan Friedrichs，欧盟"中欧信息社会项目"的电子政务专家

各市、县、区信息化领导小组办公室

市直各有关部门、有关单位的相关人员

5. 会议主题

　　介绍了省政府网站的绩效评估及指标体系，欧洲电子政务绩效评估的成功经验，有利于全面提高政府网站建设水平，提升信息化队伍的业务水平。

行政监察与政府绩效评估理论研讨会

1. 会议时间

2008年1月

2. 会议地点

深圳市

3. 主办单位

深圳市监察局、深圳市监察学会、深圳市政府绩效评估办。

4. 参与人员

深圳市监察系统、政府有关职能部门领导，中国人民大学、中山大学、深圳大学、深圳市委党校、国家行政学院、清华大学、北京大学、广州大学八所全国著名院校的专家学者。

5. 会议主题

　　与会者肯定了深圳开展政府绩效评估工作的情况及取得的初步成效，并从不同角度对政府绩效评估工作的成效及存在的不足及可能出现的问题进行了探讨。

中欧公共管理项目研讨会

1. 会议时间

2007年10月16日

2. 会议地点

陕西省西安市

3. 主办单位

国家行政学院、欧洲行政学院

4. 参会人员

　　中央政府有关部门、国有大型企业、地方行政学院、西安市政府和专业测评机构以及欧洲行政学院相关代表。

5. 会议主题

中欧公共管理项目由国家行政学院和欧洲行政学院 2003 年联合实施，为期四年，重点围绕促进政府管理改革和公共管理科学的发展进行交流合作。此次研讨会旨在通过对项目子课题之一——领导人员能力素质测评的研讨，宣传推介近年来该项目所取得的科研成果，进一步完善我国领导干部公开选拔和竞争上岗方面的工作机制。

行政效能建设·海西论坛

1. 会议时间
2007 年 9 月 2 日
2. 会议地点
福建省厦门市
3. 主办单位
中国行政管理学会、中国监察学会、福建省效能办、厦门市政府

2007 年 9 月 2 日至 4 日，由中国行政管理学会、中国监察学会和福建省机关效能建设领导小组联合主办的"行政效能建设·海西论坛"在厦门举行

4. 参会人员
来自中央有关部门、中国人事科学研究院、北京大学、中国人民大学、西安交通大学、兰州大学、厦门大学等院校、科研机构的专家学者以及来自全国 20 多个省市监察部门和效能建设系统的代表 200 余人出席大会，福建省各级效能办负责同志共计 100 多人参加大会。

5. 会议主题
论坛主题是"行政效能建设与政府管理创新"。分题：①行政效能建设的理论与实

践；②行政效能建设与党的执政能力建设；③行政效能建设与惩治和预防腐败体系建设；④行政效能建设与政府职能转变；⑤行政效能建设与行政效能监察；⑥绩效评估与政府管理创新；⑦行政成本与行政效益研究；⑧行政效率与行政运作机制研究；⑨民主科学决策与行政效能研究；⑩政务公开与行政效能研究。

政府绩效评估研讨会

1. 会议时间
2007年8月21日
2. 会议地点
辽宁省大连市
3. 主办单位
国家人事部公务员管理司
4. 参会人员
全国政府绩效评估方面的专家、各省、市人事部门的有关领导
5. 会议主题
围绕科学设定政府绩效评估的内容和指标体系，探索有效的绩效评估方法和程序，研究建立合理的评估结果运用机制，以及推行政府绩效评估工作的总体部署等诸多方面问题，展开深入的研究和讨论。旨在通过研讨，建立一套完善的工作体系，科学地评价和不断地提高各级政府的工作绩效。

政府绩效评估指标体系研讨会

1. 会议时间
2007年8月19日
2. 会议地点
黑龙江省哈尔滨市
3. 主办单位
中国人事科学研究院、全国政府绩效评估研究会、哈尔滨市政府
4. 参会人员
国家人事部和湖南省等有关省、市政府绩效考核机构负责人及国家行政学院、北京大学等有关院校和科研院所的专家学者。
5. 会议主题
与会人员围绕中央政府综合指标体系、地方政府综合指标体系、专项政策与项目绩效评估指标体系、公民评议政府的指标体系、国内外政府绩效评估指标体系实践与

案例等方面进行了交流。

绩效评估与政府创新国际研讨会

1. 会议时间
2007 年 7 月 10 日
2. 会议地点
浙江省杭州市
3. 主办单位
经合组织（OECD）亚洲公共治理中心、浙江大学、杭州市人民政府主办，杭州市综合考评委员会办公室、杭州市发展会展业协调办公室、浙江大学公共管理学院、浙江大学行政管理研究所承办。
4. 参会人员
来自 14 个国家和地区的 22 名国外专家、30 名国内专家以及 20 名政府官员参加了此次会议。
5. 会议主题
会议就绩效评估、政府创新的理论与实践展开深入讨论，主要包括绩效评估对政府创新的影响、如何改善公共部门的绩效评估、亚洲国家公共部门绩效评估的经验、绩效评估作为创新工具的前景等四个方面。

电子政务绩效评估研讨会

1. 会议时间
2007 年 6 月 25 日
2. 会议地点
河北省邯郸市
3. 主办单位
邯郸市政府
4. 参会人员
高新民，国家信息化专家咨询委员会专家
石宇良，中国行政管理学会电子政务首席研究员
单志广，国家信息化中心信息化部首席工程师
Felix. Richter，欧盟高级电子政务专家
王波勇，中欧信息社会项目办官员
李冠军，邯郸市信息化办副主任

刘海芹，邯郸市信息化办副主任

邯郸市组织部、人事局、教育局等市直相关部门代表

5. 会议主题

会议主要探讨了电子政务绩效评估的基本概念、意义以及各国各地的现状和具体做法，进一步明确了邯郸电子政务绩效评估的目标和工作范围。

中欧电子商务绩效评估研讨会

1. 会议时间

2007年6月5日

2. 会议地点

北京

3. 主办单位

国家信息化专家咨询委员会、中国信息协会和中欧信息社会项目

4. 参会人员

中国信息协会、国家信息中心、统计局信息中心、西安财经大学等机构的专家学者。

5. 会议主题

会议介绍了中欧电子商务绩效评估的比较研究、欧盟在电子商务绩效评估方面的经验和最佳实践，并就电子商务定义、电子商务的健康发展对国民经济的贡献、开展电子商务绩效评估的重要性、知识网络与学习的重要性以及欧盟与中国电子商务发展等问题进行了讨论。

中加领导干部环境绩效评估研讨会

1. 会议时间

2007年5月15日

2. 会议地点

广东省广州市

3. 主办单位

广东省委党校

4. 参会人员

中央党校，加拿大公务员学校，中国社会科学院，四川、青海、江西、广东省委党校和广东省委组织部，广东省环保局有关领导、专家。

5. 会议主题

加方专家就"加拿大环境管理问责制框架"作了介绍,广东省委组织部代表介绍了广东党政领导干部环境保护政绩考核的主要做法,广东省环保局代表介绍了广东领导干部环境管理绩效评估情况。中央党校和与会省级党校的专家分别就我国环境绩效评估研究与实施情况、中国政府绿色绩效评估体系建立、绿色GDP考核之下地方政府转变经济发展模式选择、生态环境绩效评估体系、可持续发展视角下的地方政府业绩评价与重新构建地方政府的政绩考核体系等问题作了研讨发言,并就本单位两年来执行中加环境可持续发展管理合作项目的情况进行了交流。

公共支出绩效管理研讨会

1. 会议时间
2007年4月20日
2. 会议地点
上海财经大学
3. 主办单位
上海财经大学
4. 参会人员
财政部科研所、中国社科院财贸所、中央教科所、武汉大学、北京师范大学、中南财经政法大学等科研机构、高校和江苏省、浙江省、湖北省、河南省、黑龙江省、青海省等财政厅及地市财政局等专家学者。
5. 会议主题
与会者就公共支出绩效管理与财政改革、公共支出绩效管理理论创新与实践、公共支出绩效评价理论与方法论的国际比较、国际教育支出绩效评价体系、范式的比较研究、我国教育绩效评价理论与实践等方面进行了深入的探讨。

政府绩效评估与管理国际研讨会

1. 会议时间
2007年4月3—4日
2. 会议地点
深圳
3. 主办单位
国家行政学院、深圳市人民政府和欧洲行政学院
4. 参会人员
国内外专家、国务院有关部委和地方政府有关部门领导。

5. 会议主题

会议就政府绩效评估与管理的前沿问题进行了研讨，交流了政府绩效评估的实践经验，对加强绩效评估、提高政府效能提出了建议。

第二届"21世纪的公共管理：机遇与挑战"国际学术研讨会

1. 会议时间

2006年10月31日—11月1日

2. 会议地点

澳门大学

3. 主办单位

澳门特别行政区行政暨公职局、中山大学行政管理研究中心、澳门大学、澳门基金会

4. 参会人员

来自美国、加拿大、澳大利亚、法国、荷兰、瑞典、希腊、新加坡、日本、韩国、越南、印尼、印度、菲律宾、巴西、中国16个国家和中国香港、澳门、台湾等地区的100多位专家学者参加了会议。

5. 会议主题

主要围绕"公共行政学反思"、"区域合作与区域公共治理"、"公务员制度与人力资源管理"、"公共服务供给模式的创新"、"公共预算与财政管理"、"社会转型期公共行政的发展战略"以及"公共危机管理"七大主题发表了真知灼见，展开了建设性对话。

第二届"21世纪的公共管理：机遇与挑战"国际学术研讨会

全国政府绩效管理研究会成立大会暨政府绩效评估与行政体制改革理论研讨会

1. 会议时间
2006 年 9 月 23 日
2. 会议地点
甘肃省兰州市
3. 主办单位
中国行政管理学会、兰州大学中国地方政府绩效评价中心
4. 参会人员
全国各高等院校、政府机关和有关学术组织的相关代表。
5. 会议主题
会议的一个重要成果是在兰州大学成立了"中国政府绩效管理研究会"。研讨会汇集了国内公共管理学术界、教育界和有关方面的许多著名专家学者,围绕政府绩效评估与行政体制改革主题,进行了广泛的研讨和交流。当天下午,中国行政管理学会与兰州大学管理学院还签订了共建研究基地的合作协议。

第三届中美公共管理国际学术研讨会

1. 会议时间
2006 年 6 月 8 日
2. 会议地点
中国人民大学
3. 主办单位
中国行政管理学会、美国公共行政学会、中国人民大学、美国罗格斯大学
4. 参会人员
与会外方代表近 100 人次,主要来自美国、澳大利亚、韩国、日本等国家,其中包括美国公共行政学会前任会长 Mark Holzer 先生、美利坚大学 David H. Rosenbloom 教授、乔治亚理工大学 Barry Bozeman 教授、密执安大学福特公共政策学院院长 Rebecca M. Blank 教授等著名专家学者。
5. 会议主题
与会者围绕着"构建公共服务型政府"的主题,针对目前国际、国内的形势以及热点问题,对服务型政府的理论基础、服务型政府的政策选择、服务型政府的绩效评价及公共服务型政府与公民参与四项分论题展开讨论。

第三届中美公共管理国际学术研讨会

行政效能监察与政务公开研讨会

1. 会议时间

2006年4月17—18日

2. 会议地点

江苏省苏州市

3. 主办单位

中国行政管理学会和中共苏州市委、苏州市人民政府联合主办

4. 参会人员

来自地方政府有关部门、高等院校以及部分省（区、市）行政管理学会的专家学者。

5. 会议主题

与会人员以开展行政效能监察、推进政务公开、提高政府绩效、深化行政管理体制改革为主线，交流了经验，分析了我国开展行政效能监察和政务公开的现状，研究探讨了进一步加强行政效能监察的建设，提高政府行政能力和行政效率问题，并就效能监察和政务公开互相结合、推动政府绩效评估等展开了讨论，提出了一些有价值的对策和建议。

地方永续发展——公共管理与绩效评估学术研讨会

1. 会议时间

2005 年 11 月 26 日

2. 会议地点

江苏省南京市

3. 主办单位

南京审计学院

4. 参会人员

来自我国港、澳、台和内地北京大学、中国人民大学、浙江大学、上海财经大学等高校专家，国家行政学院、中国行政管理学会等研究机构的学者，江苏省国税局、苏州市审计局等税务审计机关的领导

5. 会议主题

会议对我国地方政府管理与绩效评估、公共财政与政府治理等问题，开展了广泛而深入的学术探讨和交流。

中国—欧盟公共部门绩效评估国际研讨会

1. 会议时间

2005 年 10 月 24 日

2. 会议地点

厦门市会计学院

3. 主办单位

国家行政学院、欧盟行政学院、厦门市思明区政府和厦门市行政学院共同主办。

4. 参会人员

中欧公共管理项目欧方代表、欧盟专家，中央国家机关、地方政府部门的有关领导和国内专家学者。

5. 会议主题

会议期间，欧盟专家分别介绍了欧盟公共部门通用评估框架（CAF）的起源、背景、基本框架和 CAF 在欧洲国家的应用情况，思明区政府和哈尔滨铁路检察院领导分别介绍了各自如何构建科学的政府绩效评估体系，推进政府管理创新的经验。与会领导和专家还就 CAF 在中国的适用性和应用前景等进行了深入的研讨。

中国政府绩效评估体系高层论坛

1. 会议时间

2005 年 8 月 8—11 日

2. 会议地点

山东省青岛市

3. 主办单位

中国行政管理学会

4. 参会人员

本次会议主要与会代表包括 4 个直辖市和 15 个计划单列市、副省级城市以及部分大中城市的党委分管负责同志和督察室主任，中央政策研究室、中央党校、国家行政学院、中国行政管理学会和《求是》、《中国行政管理》杂志社等单位的有关领导和专家，部分著名科研机构和院校的专家学者，部分地方政府和部门负责同志。

5. 会议主题

中国行政管理学会借中央办公厅督察室在青岛市召开"全国部分大中城市督察工作研讨会"之机，邀请部分全国知名的政府绩效评估专家在青岛召开"中国政府绩效评估体系专题讨论会"，对中国政府绩效评估进行理论梳理和经验总结，探讨在新的历史时期构建我国政府绩效评估体系的一些重要的理论和实践问题。

中美政府绩效与财政管理国际论坛

1. 会议时间

2005 年 6 月 20—22 日

2. 会议地点

西安交通大学

3. 主办单位

西安通交大学、陕西省财政厅、留美中国公共管理学会等共同举办。

4. 参会人员

来自美国希拉求兹大学、佐治亚大学、乔治·华盛顿大学、IBM 政府研究中心，以及北京大学、西安交通大学、中山大学、厦门大学等中美著名高校的公共管理专家与陕西省政府和各地市财政官员。

5. 会议主题

在为期三天的论坛中，专家学者分别介绍了发达国家在政府绩效管理、政府绩效评估以及政府财政预算等方面的情况和经验，剖析了我国在绩效管理和财政管理中存在的问题，探讨了提高政府绩效和财政管理水平的思路和模式。陕西省政府和各地市的财政官员在论坛中就实际工作中存在的问题和困惑与中外专家一起进行了互动交流。

政府创新国际研讨会

1. 会议时间

2005 年 6 月 3 日

2. 会议地点

广东省广州市

3. 主办单位

中国行政管理学会、广东省行政管理学会、中山大学行政管理研究中心、《中国行政管理》杂志社、广东省工商行政管理局、广东省食品药品监督管理局、广东省质量技术监督局、广东省东莞市人民政府、广东省海洋与渔业局。

4. 参会人员

国务院政策研究部门专家、部分省市有关部门专家、泛珠三角地区政策研究部门专家、部分省、市行政管理学会专家、有关高等院校学者、国外访问学者等。

5. 会议主题

围绕"政府管理创新"这一主题，从管理观念创新、管理体制创新、管理方法与技术创新及政府职能转变方面进行研讨。具体专题是：公共政策与政府执行力研究、地方政府与区域公共管理研究、全球化与政府管理创新研究、政府战略与社会经济发展研究、非政府部门与公共服务改革研究、政府应急管理对策研究、政府管理模式选择研究、电子政务与政府管理创新研究、行政效率与政府绩效管理研究。

首届两岸四地公共管理学术研讨会

1. 会议时间

2005 年 4 月 7—8 日

2. 会议地点

中国人民大学逸夫会议中心

3. 主办单位

中国人民大学公共管理学院

4. 参会人员

我国台湾地区、香港特区、澳门特区和内地高校的约 120 名公共管理学界的专家学者

5. 会议主题

本次研讨会的主题是"公共管理：变革与制度创新"，在为期两天的时间里，会议代表们围绕"知识经济时代的公共管理：公共人力资源、教育与培训"，"城市公共管理：公共政策与公共服务"，"政府公共管理：组织绩效与政府改革"，"信息时代的政府治理：电子政府与政府革新"，"非营利组织（第三部门）的发展：动力、作用与机制"五个专题展开了研讨和交流。

首届两岸四地公共管理学术研讨会

公共部门绩效管理学术研讨会

1. 会议时间
2004年6月13—15日
2. 会议地点
福建省厦门市
3. 主办单位
中国行政管理学会、《中国行政管理》杂志社及厦门市思明区政府
4. 参会人员
中国行政管理学会会长郭济，中央政法委原秘书长、第九届全国人大常委、内务司法委员会副主任委员束怀德，厦门市委副书记于伟国等出席会议。全国人大常委会、国务院办公厅、中编办、人事部等国家部委和来自山东、山西、四川、江苏等八个省、市地方政府的各级官员以及中国行政管理学会、北京大学、复旦大学、北京师范大学、西安交通大学、厦门大学、国家行政学院、福建行政学院、重庆行政学院等有关部门的专家学者参加了会议
5. 会议主题
会议就公共部门绩效管理的理论、方法以及在我国的实践和应用，如何提升政府绩效管理等方面展开了热烈讨论。研讨会期间，还召开了《中国行政管理》杂志社第二届理事会成立大会；会议还对论文进行了评奖。

首届"21世纪的公共管理：机遇与挑战"国际学术研讨会

1. 会议时间
2004年1月10日
2. 会议地点
澳门大学
3. 主办单位
澳门特别行政区政府行政暨公职局、中山大学行政管理研究中心、澳门大学、澳门基金会
4. 参会人员
来自中国、美国、日本等16个国家和中国香港、澳门、台湾等地区的众多专家学者
5. 会议主题
主要围绕21世纪的公共管理面临的机遇和挑战，共分三场研讨会、11个专题，研讨公共管理理论与改革、地方政府与区域公共管理、公共部门的绩效管理与绩效评估、电子政府与政府现代化、港澳经济发展与制度改革等议题。

首届中美公共管理国际学术研讨会——公共管理与治道变革

1. 会议时间
2002年6月16日
2. 会议地点
中国人民大学逸夫会议中心
3. 主办单位
中国行政管理学会、美国公共行政学会、中国人民大学公共管理学院
4. 参会人员
出席研讨会的境外学者共计60余人，分别来自美国、澳大利亚、韩国、日本、墨西哥、新加坡、菲律宾等国，以及中国香港和台湾地区。出席研讨会的内地学者总计100多人，分别来自中国行政管理学会、中国人民大学、北京大学、清华大学、中央党校、国家行政学院、中山大学、南京大学、吉林大学、哈尔滨工业大学、东北大学、山东大学、暨南大学、深圳大学、安徽大学、汕头大学等著名高校和研究机构。
5. 会议议题
会议围绕各国政府治理模式变革和所面临的挑战、政府绩效评估、公共组织与人力资源开发、危机状态下的政府管理、电子政务管理理论和实践问题，并着重就政府

职能的转变、政府行为的法制化、政府决策的民主化和科学化、政府信息公开等方面的问题,展开了深入的研究探讨。

办公室"新效率工作法"研讨会

1. 会议时间

1995年10月18日

2. 会议地点

福建省厦门市

3. 主办单位

中国行政管理学会、《中国行政管理》杂志社和山西运城地区行政公署联合举办。

4. 参会人员

全国人大常委会副委员长程思远、学会常务副会长张文寿、国务院研究室的有关负责同志以及中央国家机关有关部门的办公室负责同志、专家学者60多人参加了会议。

5. 会议主题

会议主要是对山西运城的"新效率工作法"进行研究和推广。张文寿同志讲道:"评估行政效率,应更加注重普遍的社会效益,评价其对社会主义现代化建设和人民群众物质文化生活不断增长的需要所产生的影响程度。必须充分重视政府工作的质量和效能。""新效率工作法"在我国政府界产生很大影响,包括国务院办公厅的有关处室在内的各级政府办公厅、办公室都有到运城考察学习的,运城地区的新效率工作法一时成为政府枢纽机关提高工作效率的典型示范做法。

第六篇

大事记

1949 年

1949 年 11 月，中央组织部制定了《关于干部鉴定工作的规定》，这是我国对政府绩效评估干部人事制度的最早的带有法规性质的文件。《规定》说明了干部鉴定的性质和目的，同时对鉴定内容、方法和时间等作了规定。

1964 年

1964 年 3 月 22 日，中共中央发出《对中央组织部〈关于科学技术干部管理工作条例试行草案的报告〉和〈条例试行草案〉的批示》。其中指出：对科学技术干部的管理，应当同整个干部管理工作一样，实行在中央和各级党委统一领导下，在中央和各级党委组织部的统一管理下的分部分级管理干部的制度。

1979 年

1979 年 11 月，中央组织部印发了《关于实行干部考核制度的意见》的通知。通知指出："干部考核的标准和内容，要坚持德才兼备的原则，按照各类干部胜任现职所应具备的条件，从德、能、勤、绩四个方面进行考核。"在考核方法上，提出"要实行领导和群众相结合的方法，把平时考察和定期考核结合起来"。通知对考核内容和考核方法的规定，表明我们对干部考核的认识达到了一个新的水平。从此，干部考核逐步向正规化、科学化方向发展。

1984 年

1984 年 6 月 30 日，中央组织部、劳动人事部《关于逐步推行机关工作岗位责任制的通知》明确了推行岗位责任制的目的、具体要求和实施步骤等。

1986 年

1986 年 11 月 9 日，邓小平在会见日本首相中曾根康弘时，指出要"克服官僚主义，提高工作效率"，认为"效率不高同机构臃肿、人浮于事、作风拖拉有关，但更主要的是涉及党政不分，在很多事情上党代替了政府工作，党和政府很多机构重复"。"所以必须解决效率问题。当然，提高工作效率不仅是党政分开问题，还有其他方面的问题也需要解决。"

1988 年

1988 年 6 月，经中央批准，中央组织部发出《关于试行地方党政领导干部年度工作考核制度的通知》，同时印发了《县（市、区）党政领导干部年度工作考核方案（试行）》和《地方政府工作部门领导干部年度工作考核方案（试行）》两个文件。对部分领导干部年度考核的目的、对象、形式、内容、时间、程序和考核机构的设置及职责、考核结果的使用等问题都作了具体详细的规定。

1988 年 10 月，中国行政管理学会成立。中国行政管理学会是研究行政管理的理论和实践，发展行政管理科学，为政府改进行政管理服务的全国性学术团体。

1988 年，中国城市绩效管理研究会成立。它是在党政工作中采用绩效管理基本理论、方法和手段的城市自愿结合，总结交流城市绩效管理实践工作经验，研究探讨城市绩效管理理论和实践问题的社会团体。

1989 年

1989 年 2 月，中央组织部、人事部又联合发出《关于试行中央、国家机关司处级领导干部年度工作考核制度的通知》，同时印发了《中央、国家机关司处级领导干部年度工作考核方案（试行）》。《通知》和《方案》对中央、国家机关的部分领导干部的考核作了具体详细的规定。

1989 年 12 月，时任监察部长的尉建行在全国监察工作会议上首先提出"效能监察"任务。效能监察主要是针对国家行政机关和公务员行政管理工作的效率、效果、工作规范情况进行监察，实际上是国家纪检监察部门依照法律、法规和有关规章对政府部门绩效进行的评价活动。

1993 年

1993 年 4 月 24 日，国务院第二次常务会议通过《国家公务员暂行条例》，并自 1993 年 10 月 1 日起施行。《条例》规定了公务员考核的内容、原则、时间、领导机构、考核结果使用等问题。它标志着我国公务员制度正式建立。

1994 年

1994 年 3 月，国务院发布并实施了《国家公务员考核暂行规定》，为公务员考核工作提供了又一个重要的法规依据，并且把公务员考核工作进一步纳入规范化、科学化、法制化的轨道。

1994年第3期《中国行政管理》刊发左然编译的《如何评估中央政府的工作绩效》，介绍并研究了英国《公共服务管理手册》中的有关内容。

1994年，原运城行署办公室率先实施"新效率工作法"，这是全国最早进行行政效率测量的实践。

1994年6月，烟台市针对广大市民反映强烈的城市社会服务质量差的问题，借鉴英国和香港地区社会管理部门的做法，率先在烟台市建委试行"社会服务承诺制"。烟台市建委所属的28个企事业单位全面推行社会服务承诺制度，到1996年，市建委实行承诺的内容达81项，服务标准达117条，基本上覆盖了从城市建设、管理维护到居民服务的方方面面，收到了明显的效果。

1994年第11期《中国行政管理》刊发了山西省运城地区行署副秘书长兼办公室主任张建合同志的文章《探索机关工作运行规律的有益尝试——"新效率工作法"的实践与思考》，文章介绍了该地区1990年以来借鉴外国企业管理做法，实行办公室规范化、制度化管理的情况，并进行理论思考，将这一探索上升到基本工作方法的高度。

1995年

1995年2月，河北省委正式制发了《关于市地党政领导班子和领导成员实绩考核的试行办法》和《关于省直单位领导班子和领导成员实绩考核的试行办法》，河北省干部实绩考核制度在全国率先全面启动。

1995年第2期《中国行政管理》上发表了周志忍教授的文章《当代西方行政改革总趋势》，在介绍到公共服务改革时，提到"大力引进私营企业的管理方法和技术，如绩效评估"。

1995年10月，由中国行政管理学会、《中国行政管理》杂志社和山西运城地区行政公署联合举办的"办公室'新效率工作法'研讨会"在北京人民大会堂召开。

1996年

1996年，夏书章著的《行政效率研究》一书由中山大学出版社出版。书中详细研究了行政效率的概念、构成、影响因素及其测评等问题。

1996年，中国行政管理学会和《中国行政管理》杂志社联合山东省行政管理学会、山东省社科院和烟台市人民政府在烟台召开了"服务承诺制规范化研讨会"，对烟台市政府通过借鉴国外做法，实行公共服务承诺制，进行了研究和宣传。

1996年7月，在总结烟台市社会服务承诺制度经验的基础上，中宣部和国务院纠风办决定"把宣传和推广社会服务承诺制度,作为今年下半年加强行业作风和职业道德建设,推进社会主义精神文明建设的一项重点工作,建设部、电力部等八个部委将先行一步,推广社会服务承诺制度"。随后,社会服务承诺制度在全国范围和多种行业普遍推广。

1997 年

1997 年,福建省漳州市为解决吃拿卡要等"老大难"问题,率先启动机关效能建设试点工程,在社会上引起强烈反响。

1997 年出版的一套丛书,比较全面地介绍了外国行政管理新动态,彭和平、竹立家主编的《国外公共行政理论精选》(中央党校出版社)是最有代表性的文献,其中不乏关于绩效评估的内容。

1998 年

1998 年,中国行政管理学会"政府绩效评估"课题组成立,常务副会长龚禄根同志亲自挂帅。同年,中国行政管理学会组团考察英国政府改革及开展绩效评估的情况,形成考察报告。

1998 年,沈阳市率先实施"市民评议政府"活动,即以公众为主体对政府绩效进行满意度评估,并将结果用于组织绩效的持续改善。

1998 年 5 月 2 日,厦门市人民政府办公厅颁布《厦门市民主评议行业作风暂行办法》,其中明确了民主评议的范围、内容;评议对象的确定;评议组织;评议程序和方法;罚则等。其根本目的是促进被评议部门把纠正部门和行业不正之风工作纳入部门和行业管理,推动行业作风建设和各项事业的发展。

1998 年 5 月,河北省委根据中组部有关规定,并结合本省几年来的成功经验,制定并颁发了《党政领导干部考核工作实施细则》,形成了以目标责任为载体,以考核评价为核心,以激励约束为根本的实绩考核的制度模式和运行机制。

1999 年

从 1999 年 5 月开始,珠海市计划三年内对珠海市的机关作风进行全面整顿,其中一项重要内容"万人评政府"由机关作风建设民主测评团测评、1 万份问卷测评以及市政府投诉中心测评三部分组成。随后,各地纷纷跟进,遂有哈密万人评、江门万人评、湛江万人评、乌鲁木齐万人评等,此项活动成了民主监督政府的有效形式。

2000年

2000年，邯郸市开展"市民评议政府及政府部门问卷调查活动"，广州市开展"市民评政府形象活动"，吉林辽源市开展"万名市民评议政府活动"。

2000年，中共中央编译局比较研究政治与经济研究中心和中央党校世界政党比较研究中心联合发起了"中国地方政府公共服务改革与创新"研究及奖励计划，并设立"中国地方政府创新奖"，是学术性中介机构对政府进行评价的典型。

2000年8月20日，中共中央办公厅颁发了《深化干部人事制度改革纲要》，对我国2001—2010年深化干部人事制度改革提出了原则性指导。纲要指出：要建立健全党政领导干部定期考核制度，普遍实行届中和届末考核，在建立党政领导班子任期目标责任制和党政领导干部岗位职责规范的基础上，研究制定以工作实绩为主要内容的考核指标体系；建立考核举报、考核申诉、考核结果反馈等制度；改进实绩考核方法，加大考核结果运用的力度。

2001年

2001年，南京市级机关开展"万人评议机关"活动，对市级机关及直属单位的工作作风进行广泛评议。考核内容分为机关作风建设与"三个文明"建设情况、机关党风廉政建设情况、机关作风建设基础性工作三大类，实际参与评议活动的人数超过1万人。根据公众评议的结果，90个部门被放在一起排序，相应实施绩效奖惩：位居前列的8个部门受到表彰和奖励，位居末位的几个局领导分别受到降职交流、免去行政职务、诫勉谈话等处罚。

2001年，江苏扬州市、广东江门市、河北魏县纷纷开展"万人评政府"活动。

2001年起，南通市开始探索推进决策和工作落实的新体制、新机制、新方法，逐步推行了以考核评比为抓手，以改进机关作风、保障工作落实为目的的目标责任制绩效管理工作，确立了督查工作与目标绩效管理相结合、与考核评比相结合的工作模式，被国家人事部誉为"南通模式"。

2001年，"北京大学政府管理学院政府绩效评估中心"成立，属于北京大学批准设立的非实体研究机构，挂靠北京大学政府管理学院。中心主任为北京大学政府管理学院周志忍教授。主要研究方向为政府改革与创新、公共部门绩效管理等。

2001年，厦门市思明区政府在全国率先建构了一套完整的公共部门绩效评估指标体系，首次开发了一套公共部门绩效评估的系统软件，并于2002年运用该指标体系和系统软件对思明区计生局、民政局、建设局、司法局和厦港街道办事处五个单位进行了绩效评估。

2002 年

2002 年，江苏的盐城市、涟水县、淮安市、常州市武进区、江都市、高邮市、通州市、东海县；广东的茂名市、惠州市、汕头市、湛江市、中山市、东莞市、深圳市、云浮市、清远市、吴川市；浙江的宁波市、温州市；山东的烟台市及其牟平区；广西的梧州市；河南济源市；湖北襄樊市襄阳区；天津南开区；宁夏银川市；新疆哈密市等地纷纷开展"万人评机关"活动。

2002 年 6 月 16 日，由中国行政管理学会、美国公共行政学会、中国人民大学公共管理学院共同举办的"首届中美公共管理国际学术研讨会——公共管理与治道变革研讨会"在中国人民大学召开。会议对政府绩效评估等公共管理理论和实践问题展开了深入的研究探讨。

2003 年

2003 年，江苏徐州市、姜堰市、泗阳县、滨海县、江阴市、泰州市、东台市；广东的东莞市石龙镇；上海宝山区；浙江天台县；云南昆明市；福建福州市；广西钦州市、梧州市、贺州市、平南县；内蒙古满洲里市；山东临沂市；山西吕梁市；河北河间市；河南开封市；宁夏银川市兴庆区；北京市；辽宁锦州市等地纷纷开始开展"市民评议政府机关"和"万人评机关"等活动。

2003 年，北京市政府从经济运行、社会发展、可持续发展和综合评价 4 个方面 13 项指标对北京 8 个城区和 10 个郊县进行绩效评价，其中涉及公众对政府工作的满意度评价。

2003 年，中国行政管理学会"政府绩效评估"课题组在经过大量调查研究后形成《政府机关效率标准研究报告》，国务院领导同志批示给予肯定。报告主要内容在 2003 年第 3 期《中国行政管理》上发表，2003 年第 6 期《新华文摘》全文转载，在学术界和实务界产生积极影响。

2003 年 8 月 23 日，北京大学中国政府创新研究中心（CCGI）成立，是北京大学政治发展与政府管理研究所下属的中国首家对政府改革与创新进行独立评估与咨询的大型非营利性学术机构。

2003 年，青岛市委、市政府督查室会同有关部门对党的十五大以来全市实行的目标管理体系进行了进一步的完善和整体创新，以市委文件正式下发了《关于加强目标管理绩效考核的意见》，并在全市组织实施，构建起以"科学民主的目标化决策机制、责任制衡的刚性化执行机制、督查考核的制度化监督机制、奖惩兑现的导向化激励机制"为核心的目标绩效管理体系，这个体系融合三大文明建设于一体，形成了推动干部群众抢抓机遇、干事创业、争创一流的长效机制，连续多年开展，被誉为"青岛模式"。

2003年11月11日至12月5日，由北京市督查考核办公室组织的"群众评价政府部门"活动在"首都之窗"进行。据《新京报》不完全统计，其间，13万人次参加了这次活动。

2003年下半年，天津、重庆、海南、长沙、大连、湘潭、广州等地方政府也相继出台了针对不同问责对象的行政问责规章制度。这些规章制度既对部门行政首长进行问责，也对行政机关及其工作人员，法律、法规授权行使行政权力和受行政机关依法委托履行行政管理职能的组织及其工作人员的行政过错进行责任追究。

2003年，"两会"前夕，《中国共产党党内监督条例（试行）》和《中国共产党纪律处分条例》正式实施，这是党内监督工作实现根本制度化的一个飞跃，标志着制度问责的开始。

2004年

2004年1月10日，由澳门特别行政区政府行政暨公职局、中山大学行政管理研究中心、澳门大学、澳门基金会共同举办的首届"21世纪的公共管理：机遇与挑战"国际学术研讨会在澳门大学召开。会议探讨了公共部门的绩效管理与绩效评估等议题。

2004年，浙江云和县、福建三明市、河南新野县、湖南长沙市芙蓉区、辽宁台安县、广西钦州市、宁明县、平南县、四川内江市、威远县、隆昌县、新疆乌鲁木齐、于田县、巩留县、哈巴河县等地纷纷开始了"万人评政府"活动。

2004年，湖南省政府绩效考核办成立，由人事部门牵头，由人事、发改委、财政、监察、统计等部门组成。全省各级政府相应成立绩效考核办。

2004年2月21日，国务院总理温家宝在省部级主要领导干部"树立和落实科学发展观"专题研究班结业式上讲话指出："科学发展观与正确的政绩观紧密相关，要树立和落实科学发展观，必须树立和坚持正确的政绩观；不坚持科学发展观，就不可能有正确的政绩观。""各级党委、政府和各级领导干部，要真正树立与科学发展观相适应的政绩观。要推进和深化改革，抓紧建立和完善政绩评价标准、考核制度和奖惩制度，以形成正确的政绩导向。"

2004年4月3日，由台湾世新大学行政管理学系、浙江大学法学院共同举办的"海峡两岸公共管理研讨会"在浙江大学召开。研讨内容涉及两岸行政改革、政府内部监察等制度安排、政府与发展高等教育评估中介组织、公务员制度等方面。

2004年6月13—15日，"公共部门绩效管理学术研讨会"在厦门隆重召开。会议就公共部门绩效管理的理论、方法以及在我国的实践和应用，如何提升公共部门绩效等方面展开了热烈讨论，取得了良好的效果。

2004年10月26日，修订《国务院工作规则》时，把"建立健全公共产品和服务的监管和绩效评估制度"写进了《国务院工作规则》。

2004年12月18日，高校首家地方政府绩效评价机构——兰州大学中国地方政府绩效评价中心成立。该中心是一个集政府绩效评价、咨询服务、学术研究、人才培养为一体的多功能中介性学术机构，采取虚拟运行和实体管理相结合的运行机制，以国际性的学术视野和立足中国现代化建设实践的理念，为中国地方政府绩效管理、公务员培训和政府再造提供咨询服务和智力支持。

2004年底，兰州大学中国地方政府绩效评价中心受甘肃省政府委托，开始组织实施"甘肃省非公有制企业评议政府绩效评价"活动，形成了中国地方政府绩效评估的"甘肃模式"。

2005 年

2005年2月，国务院总理温家宝在国务院第三次廉政工作会议上强调推进行政执法责任制，指出"要实行行政执法依据公开制度、执法过错追究制度和执法行为评议考核制度"。

2005年3月5日，温家宝总理在政府工作报告中首次提出要"抓紧研究建立科学的政府绩效评价体系"。

2005年3月9日，甘肃省人民政府新闻办公室举行了关于甘肃省非公有制企业评议政府绩效活动的新闻发布会，发布了《甘肃省非公有制企业评议政府绩效评价报告》。标志着国内第一次由第三方学术机构进行的政府绩效评议工作画上了圆满的句号。

2005年3月30日，国务院总理温家宝主持召开国务院常务会议，讨论并通过《国务院2005年工作要点》，其中指出，要"探索建立科学的政府绩效评估体系和经济社会发展综合评价体系"。

2005年4月7—8日，由中国人民大学公共管理学院举办的"首届两岸四地公共管理学术研讨会"在中国人民大学召开。本次研讨会的主题是"公共管理：变革与制度创新"。会议对政府绩效问题作了探讨和研究。

2005年4月27日，第十届全国人民代表大会常务委员会第十五次会议通过了《中华人民共和国公务员法》，并从2006年1月1日开始实施，整部法律分为十八章一百零七条，对公务员的职务与级别、录用、考核、职务任免、职务升降、奖励、培训、职位聘任、工资福利保险等与绩效考核有关的方面作了更为详细的规定。

2005年，江苏启东市、常熟市；广东肇庆市；山东莱州市；湖北恩施市；河南信阳市；湖南株洲市；浙江庆元县；重庆开县、长寿区；甘肃兰州市；新疆伊犁市等地也纷纷开始了"万人评政府"活动。尽管各地活动的名称不尽相同，但本质上都可归结为"公民评议政府"。这些"公民评议政府"活动是对我国传统"自上而下"评估模式的有益补充,具有重要的实践与研究价值。

2005年,人事部《中国政府绩效评估研究》课题组发布了地方政府绩效评价体系等研究成果,提出了"由职能指标、影响指标和潜力指标3个一级指标,11个二级指标和33个三级指标"构成的评价指标体系。

2005年,福建省在省政府组成部门和各设区市政府全面推行政府绩效评估,成为第一个在全省范围内推行政府绩效评估的省份。

2005年6月3日,由中国行政管理学会、广东省行政管理学会、中山大学行政管理研究中心、中国行政管理杂志社等九家单位联合举办的"政府创新国际研讨会"在广州市召开。会议对行政效率及政府绩效管理进行了探讨。

2005年6月20—22日,由西安交通大学、陕西省财政厅、留美中国公共管理学会等共同举办的"中美政府绩效与财政管理国际论坛"在西安交通大学召开。专家学者分别介绍了发达国家在政府绩效管理、政府绩效评估以及政府财政预算等方面的情况和经验,剖析了我国在绩效管理和财政管理中存在的问题,探讨了提高政府绩效和财政管理水平的思路和模式。

2005年6月30日,国务院总理温家宝在全国建设节约型社会电视电话会议上指出:"地方各级政府特别是省级政府要对本地区建设节约型社会负总责,主要领导同志要亲自抓,层层抓落实,建立健全工作责任制。要把资源节约纳入政绩考核指标,建立节约型政府绩效评估体系,更好地推动建设节约型社会的工作。"

2005年8月8—11日,中国行政管理学会邀请部分全国知名的政府绩效评估专家在青岛召开"中国政府绩效评估体系专题讨论会",对中国政府绩效评估进行理论梳理和经验总结,探讨在新的历史时期构建我国政府绩效评估体系的一些重要的理论和实践问题。

2005年,郭济主编的《绩效政府:理论、实践与创新》出版。该书是国内第一本探讨绩效型政府建设的论文集,汇集了我国公共部门绩效评估相关领域的著名专家和学者多年来取得的研究成果。

2005年10月24日,由国家行政学院、欧盟行政学院、思明区政府和厦门市行政学院共同主办的"中国—欧盟公共部门绩效评估国际研讨会"在厦门市召开。与会专家和学者就欧盟公共部门通用评估框架(CAF)的起源、背景、基本框架和CAF在欧洲国家应用情况以及CAF在中国的适用性和应用前景等进行了深入研讨。

2005年11月13日,"中国行政管理学会行政管理教学研究分会2005年年会"在江苏无锡召开。会议研讨的"公共部门绩效管理与评估",是我国当前深化行政管理体制改革,转变政府职能,建设服务政府、责任政府、效率政府所面临的重大理论和实践课题。

2005年11月26日,由南京审计学院举办的两岸四地"地方永续发展——公共管理与绩效评估"学术研讨会在南京市召开。会议对我国地方政府管理与绩效评估、公共财政与政府治理等问题，开展了广泛而深入的学术探讨和交流。

2005年11月29日至12月1日中央经济工作会议上，温家宝总理指出，要抓紧制定社会经济发展的综合评估体系，抓紧制定政府绩效评估体制。

2005年，中国行政管理学会课题组根据国务院领导同志关于"绩效评估可报更加详细的材料"的指示进行深入研究，分赴福建、江苏、山东、甘肃、广东、黑龙江、四川、山西等地调研，最终形成了《政府部门绩效评估研究报告》及福建省和青岛市绩效评估做法两个附件。

2005年12月20日，胡锦涛在中共中央政治局第二十七次集体学习时指出"要完善对行政管理权力的监督机制，强化对决策和执行等环节的监督，建立体现科学发展观和正确政绩观要求的干部实绩考核评价制度，认真推行政务公开制度，完善人大、政协、司法机关、人民群众、舆论依法进行监督的机制"。

2006年

从2006年开始，山东省青岛市应用计算机辅助电话调查技术，由社情民意调查中心对所辖12个区市党委、政府履行职责的绩效情况进行民意调查，并将调查结果运用于目标绩效考核。

2006年1月19日，由中国发展研究基金会主办的"政府绩效管理国际研讨会"在北京港澳中心召开。会议邀请了来自加拿大、美国的专家作专题演讲，来自中央部委、地方政府、高校以及民间组织和媒体等各界人士大约100人出席了本次会议。

2006年3月5日，温家宝总理在《政府工作报告》中强调要建立健全行政问责制，提高政府执行力和公信力。

2006年4月17—18日，中国行政管理学会在江苏省苏州市召开了"行政效能监察与政务公开研讨会"，探讨了行政效能监察及绩效评估等问题。

2006年6月8日，由中国行政管理学会、美国公共行政学会、中国人民大学、美国罗格斯大学联合举办的"第三届中美公共管理国际学术研讨会"在北京中国人民大学召开。会议对服务型政府的绩效评价进行了探讨。

2006年6月30日，胡锦涛在祝贺中国共产党成立85周年暨总结保持共产党员先进性教育活动大会上的讲话中指出"要建立健全保障科学发展观贯彻落实的体制机制，完善经济社会发展评价体系，建立体现科学发展观和正确政绩观的干部考核、评价、激励机制"。

2006年7月6日，中央组织部印发了《体现科学发展观要求的地方党政领导班子和领导干部综合考核评价试行办法》。《综合考核评价试行办法》以科学发展观作为考核、评价和使用干部的重要指导思想和检验标准，坚持德才兼备、注重实绩、群众公认原则，明确了综合考核评价的指导思想、遵循原则和方法构成，要求综合运用民主推荐、民主测评、民意调查、实绩分析、个别谈话和综合评价等具体方法进行干部综合考核评价。

2006年8月，杭州市委在整合市级机关目标管理、市直单位满意单位不满意单位评选和机关效能建设等职能的基础上，组建了杭州市综合考评委员会办公室，作为杭州市综合考评委员会的常设办事机构。

2006年9月4日，温家宝总理在加强政府自身建设推进政府管理创新电视电话会议上强调，"要建立问责制度，开展绩效评估"，认为"绩效评估是引导政府及其工作人员树立正确导向，尽职尽责做好各项工作的一项重要制度，也是实行行政问责制的前提和基础。有了绩效评估的结果，行政问责制才有可靠的依据，要科学确定政府绩效评估的内容和指标体系，实行政府内部考核与公众评议、专家评议相结合的评估办法，促进树立与科学发展观相适应的政绩"。"要抓紧开展政府绩效评估的试点工作，并在总结经验的基础上逐步加以推广"。

2006年9月12日，山东省潍坊市在开展目标绩效管理过程中，积极探索建立科学有效的领导体制和工作机制，提出以科学发展观为指导，依靠目标绩效管理提高政府行政能力，实行全员目标、全员责任、全员考核。把目标的提报、形成、下达、分解，执行过程的督查、监控、分析，目标实施结果的考核、评估，目标绩效结果的评价、反馈，实行全过程、系统化管理。

2006年9月22日，全国政府绩效管理研究会筹备工作会议在兰州召开。龚禄根任筹备工作领导小组组长，高小平、包国宪任筹备工作领导小组副组长，中国行政管理学会及北京大学、厦门大学等高校的有关领导和专家参加了会议。

2006年9月23日，由中国行政管理学会与兰州大学中国地方政府绩效评价中心共同主办的"全国政府绩效管理研究会成立大会暨政府绩效评估与行政体制改革理论研讨会"在兰州大学隆重召开。全国政府绩效管理研究的专业学术团体——全国政府绩效管理研究会在本次会议上成立。研讨会围绕政府绩效评估与行政体制改革主题进行了广泛的研讨和交流。中国行政管理学会与兰州大学管理学院还签订了共建研究基地——兰州大学中国地方政府绩效评价中心的合作协议。

2006年10月25—28日，由国家行政学院、欧盟行政学院、厦门市思明区人民政府和厦门行政学院联合主办的"中国—欧盟公共部门绩效评估（厦门·思明）国际研讨会"在厦门市思明区隆重召开。研讨会的主要议题是结合国内现有政府绩效评估研究与实践成果，借鉴欧美等发达国家在这一领域最新的发展经验，开发出一套完整的机构组织以及个人绩效测评的实用工具，最终建立起一个适用于我国政府机构以及其他公共组织机构的绩效评估体系。

2006年11月，上海财经大学中国教育支出绩效评价中心成立，这是一个集教育支出绩效评价、咨询服务、学术研究、人才培养为一体的多功能的学术机构。

2006年，在"全面落实科学发展观"的背景之下，中共中央组织部下发了《体现科学发展观要求的地方党政领导班子和领导干部综合考核评价试行办法》，强调以科学发展观作为考核、评价和使用干部的重要指导思想和检验标准，坚持德才兼备、注重实绩、群众公认原则，明确了综合考核评价的指导思想、遵循原则和方法构成，要求综合运用民主推荐、民主测评、民意调查、实绩分析、个别谈话和综合评价等具体方法进行干部综合考核评价。

2007年

2007年1月4日，中共中央组织部和人事部共同印发了《公务员考核规定（试行）》。《规定》以公务员法为依据，吸收近年来实践证明行之有效的公务员考核政策措施，对公务员考核的基本原则、内容和标准、程序、结果的使用以及相关事宜作出了全面的规定，共六章三十一条。同时废止了1994年3月8日人事部印发的《国家公务员考核暂行规定》。

2007年印发了《国务院办公厅关于加强基层应急管理工作的意见》，明确提出"要制定客观、科学的评价指标和评估体系，将基层应急管理工作开展情况作为县、乡级人民政府和基层单位领导班子综合考核评价的内容"。

2007年2月，人事部确定湖南、辽宁、上海杨浦区、江苏南通市、陕西泾阳县作为全国政府绩效评估工作的联系点。

2007年2月9日，国务院总理温家宝在国务院第五次廉政工作会议上讲话指出"今年要在全国推行以行政首长为重点对象的行政问责制度，抓紧建立政府绩效评估制度，科学评估政府工作人员履行职责的情况"。

2007年2月27日，中国共产党第十七届中央委员会第二次全体会议通过《关于深化行政管理体制改革的意见》，提出要"推行政府绩效评估和行政问责制度，建立科学合理的政府绩效评估指标体系和评估机制，健全以行政首长为重点的行政问责制度，明确问责范围，规范问责程序，加大责任追究力度，提高政府执行力和公信力"。

2007年4月3—4日，由国家行政学院、深圳市人民政府和欧洲行政学院举办的"政府绩效评估与管理国际研讨会"在深圳召开。会议就政府绩效评估与管理的前沿问题进行了研讨，交流了政府绩效评估的实践经验，对加强绩效评估、提高政府效能提出了建议。

2007年4月12日，西安交通大学绩效管理研究中心成立，中心目前承担的国家自然科学基金、国家社会科学基金、省级等多项重大课题都以组织和地方政府的绩效管理、绩效考评等为主。

2007年4月16—17日，全国政府绩效评估工作座谈会在湖南长沙举行。会上，湖南省、辽宁省、上海市杨浦区、江苏省南通市、陕西省泾阳县等五个人事部确定的政府绩效评估联系点人事部门负责人就各自开展政府绩效评估工作的情况作了典型发言。

2007年4月20日，由上海财经大学举办的"公共支出绩效管理研讨会"在上海财经大学召开，与会者就公共支出绩效管理与财政改革、公共支出绩效管理理论创新与实践、公共支出绩效评价理论与方法论的国际比较、国际教育支出绩效评价体系、范式的比较研究、我国教育绩效评价理论与实践等方面进行了深入的探讨。

2007年5月15日，由广东省委党校举办的"中加领导干部环境绩效评估研讨会"在广州市召开。与会者就中加两国环境绩效评估的情况展开了讨论。

2007年6月5日，国家信息化专家咨询委员会、中国信息协会和中欧信息社会项目联合举办的"中欧电子商务绩效评估研讨会"在北京召开。会议介绍了中欧电子商务绩效评估的比较研究、欧盟在电子商务绩效评估方面的经验和最佳实践，并就开展电子商务绩效评估的重要性等问题进行了讨论。

2007年6月25日，由邯郸市政府举办的"电子政务绩效评估研讨会"在河北省邯郸市召开。会议主要探讨了电子政务绩效评估的基本概念、意义以及各国各地的现状和具体做法，进一步明确了邯郸电子政务绩效评估的目标和工作范围。

2007年7月9日，陕西泾阳县委、县政府下发了《泾阳县乡镇和县级部门年度目标责任考核试行办法》，对目标责任考核的组织领导、指标体系、目标运行监控、终结考核、结果运用等方面都作出了明确规定。

2007年7月10日，由经合组织（OECD）亚洲公共治理中心、浙江大学、杭州市人民政府主办，杭州市综合考评委员会办公室、杭州市发展会展业协调办公室、浙江大学公共管理学院、浙江大学行政管理研究所承办的"绩效评估与政府创新国际研讨会"在浙江杭州召开。会议就绩效评估、政府创新的理论与实践展开深入讨论。

2007年8月19日，由中国人事科学研究院、全国政府绩效评估研究会、哈尔滨市政府共同举办的"政府绩效评估指标体系研讨会"在黑龙江哈尔滨市召开。与会人员围绕中央政府综合指标体系、地方政府综合指标体系、专项政策与项目绩效评估指标体系、公民评议政府的指标体系、国内外政府绩效评估指标体系实践与案例等方面进行了交流。

2007年8月21日，国家人事部公务员管理司举办的"政府绩效评估研讨会"在辽宁省大连市召开。会议围绕科学设定政府绩效评估的内容和指标体系，探索有效的绩效评估方法和程序，研究建立合理的评估结果运用机制，以及推行政府绩效评估工作的总体部署等诸多方面的问题，展开深入的研究和讨论。

2007年9月3日，由中国行政管理学会、中国监察学会、福建省效能办、厦门市政府共同举办的"行政效能建设·海西论坛"在厦门召开，会议围绕"行政效能建设与政府管理创新"这一主题展开了讨论。

2007年10月16日，由国家行政学院、欧洲行政学院联合举办的"中欧公共管理项目研讨会"在西安市召开。此次研讨会旨在通过对项目子课题之一——领导人员能力素质测评的研讨，宣传推介近年来该项目所取得的科研成果，进一步完善我国领导干部公开选拔和竞争上岗方面的工作机制。

2007年10月25日，十七大报告指出，要提高政府效能，完善政府绩效管理体系；建立以公共服务为取向的政府业绩评价体系，建立政府绩效评估机制。

2007年10月21日，中共中央纪律检查委员会向中共十七大所做的工作报告指出，要加快行政管理体制改革，进一步减少和规范行政审批，实行重大项目审批会审制度，全面推行以行政首长为重点对象的行政问责制。

2007年11月，由郑方辉博士主持、华南理工大学课题组完成的《2007年广东省市、县两级政府整体绩效评价指数年度报告》，并附有数名学院专家、政协委员对这一报告的评论。相关评价活动今后每年都将进行，并以"红皮书"形式向社会公布结果。

2008年

2008年1月，由深圳市监察局、深圳市监察学会、深圳市政府绩效评估办联合举办的"行政监察与政府绩效评估理论研讨会"在深圳召开。与会者肯定了深圳开展政府绩效评估工作情况及取得的初步成效，并从不同角度对政府绩效评估工作的成效及存在的不足及可能出现的问题进行了探讨。

2008年1月15日，胡锦涛主席在第十七届中央纪律检查委员会第二次全体会议上讲话指出"要加快实行政府绩效管理制度和行政问责制度，加大对失职渎职行为的追究力度"。

2008年2月23日，胡锦涛主席在中共中央政治局第四次集体学习时指出"要坚持社会主义市场经济的改革方向，推进各方面体制机制创新，完善政府绩效考核体系，形成充满活力、富有效率、更加开放的有利于科学发展的体制机制，促进经济发展方式加快转变"。

2008年3月，在国务院召开的新一届政府第一次廉政工作会议上，温家宝指出：加快实行以行政首长为重点的行政问责和绩效管理制度。要把行政不作为、乱作为和严重损害群众利益等行为作为问责重点。对给国家利益、公共利益和公民合法权益造成严重损害的，要依法严肃追究责任。

2008年3月召开的十一届全国人民代表大会第一次会议产生了新一届中央人民政府，随后，国务院第一次全体会议通过了《国务院工作规则》。新规则明确提出，国务院及各部门要推行行政问责制度和绩效管理制度，并明确问责范围，规范问责程序，严格责任追究，提高政府执行力和公信力。这是行政问责制第一次写进《国务院工作规则》。

2008年5月23日，由烟台市信息化领导小组举办的"政府网站绩效评估研讨会"在山东省烟台市召开。会议介绍了省政府网站的绩效评估及指标体系，欧洲电子政务绩效评估的成功经验，有利于全面提高政府网站建设水平，提升信息化队伍的业务水平。

2008年6月7—8日，由中国行政管理学会、中国人民大学公共管理学院、美国罗格斯大学公共管理学院、美国公共行政学会两会两校联合举办的"第四届中美公共管理国际学术研讨会"在美国纽约新泽西州Rutgers大学召开。会议主题是提高政府绩效（Improving Government Performance）。学者们就政府绩效管理的理论与方法、政府绩效评估的指标设计与方法论、财政管理、人力资源管理、组织间关系管理、组织结构、制度安排等与政府绩效的关系进行了深入和广泛的研讨和交流。

2008年6月21日，由中国政法大学宪政研究所、财政部财政科学研究所和闵行区人民政府共同主办，美国耶鲁大学法学院中国法律中心作为项目支持方予以支持的"公共地方预算改革—预算编制和绩效评估研讨会"在上海召开。会议探讨了绩效评估等主题。

2008年9月9日，中国社会调查所政府绩效评价中心与北京社会价值研究所制定了《政府绩效社会评价指标体系》。该体系旨在突破传统的绩效评价模式，借鉴国际经验，开展基于公民满意度的政府绩效社会公众评价模式。其设置沿用了中国社会调查所社会价值尺度，包括生态环境、经济社会民生、公共服务与管理、民主法制建设和领导干部五个测评部分，含29个一级指标和143个二级指标。

2008年10月8—9日，由香港城市大学公共及社会行政学系、中山大学行政管理研究中心暨政治与公共事务管理学院和兰州大学中国地方政府绩效评价中心共同举办的首届"中国地方政府绩效评估的回顾与前瞻"研讨会在香港城市大学召开。研讨会旨在分享中国各地政府开展绩效评估的经验和最新学术成果，通过探讨具体的评估案例，促进中国地方政府绩效评估的实践交流和学术沟通。

2008年10月，由澳门特别行政区行政暨公职局、中山大学行政管理研究中心、澳门大学和澳门基金会共同主办的第三届"21世纪的公共管理：机遇与挑战"国际学术研讨会在澳门大学召开。会议围绕社会变迁与公共治理、区域合作与政府间关系、社会公正与社会政策、政府创新与绩效管理、公共预算与财政管理、公共人力资源开发与管理等12个问题展开了讨论。

2008年11月4日，全国政府绩效管理研究会、财政部、中央财经大学等单位的有关专家对《江财模式：江宁区财政局绩效管理模式构建的实践与探索》项目进行了结项鉴定，一致通过"江宁财政绩效管理模式"鉴定。专家认为江宁区财政局形成的"绩效文化、绩效标准、绩效评价、绩效信息"四体联动的"江财模式"特点鲜明，具有开创性，项目研究丰富了政府绩效管理系的整体内容，对推动中国政府改革和创新具有积极意义。

2008年11月22日，第四届中国公共服务评价国际研讨会在华南理工大学举行。研讨会以十七大"加快行政管理体制改革，建设服务型政府"的精神为指导，以改善民生为重点的社会建设为背景,展示国际、国内公共服务评价领域的新进展。

2008年12月,哈尔滨市制定的《哈尔滨市政府绩效评估管理条例(草案)》,提交市十三届人大常委会第十四次会议进行了分组审议。2009年3月26日,哈尔滨市第十三届人民代表大会常务委员会第十五次会议通过,并于2009年10月1日正式施行。这是地方政府制定的全国首部政府绩效评估法规。

2008年12月,上海社会科学院政府绩效评估中心成立(前身为上海社会科学院部门经济研究所企业发展研究中心绩效评价部)。中心以评估项目为依托,致力于政府公共投入绩效评估的理论研究和实践探索。

2008年12月,国家公务员局连发《公务员培训规定》、《公务员奖励规定》、《公务员考核规定》三个试行规定。公务员年度考核将分成优秀、称职、基本称职和不称职四个等级,其结果作为调整公务员职务、级别、工资以及公务员奖励、培训、辞退的依据。规定连续两年年度考核被评为"不称职"等级的公务员将被辞退。

2009年

2009年1月13日,青岛市正式下发《2009年度青岛市政府部门绩效考核办法》,将新闻发布纳入政府绩效考核体系,规定对隐瞒不报或不及时通报的相关部门和责任人将予以追究。

2009年3月24日,国务院总理温家宝在国务院第二次廉政工作会议上指出"要继续推进行政问责的制度化、规范化,进一步明确问责范围、问责程序,加大问责力度,增强行政问责的针对性、操作性和时效性,坚决纠正行政不作为和乱作为。要建立政府绩效管理制度,引导各级干部特别是领导干部形成符合科学发展观要求的正确政绩观"。

2009年4月22日,为进一步引导和促进政府网站健康发展,深化电子政务应用,工业和信息化部印发了《政府网站发展评估核心指标体系(试行)》的通知。该核心指标体系重心放在政府信息公开、网上办事、政民互动三个环节上。

2009年4月25日,《中国政府绩效评估报告》首发仪式暨政府绩效管理研讨会在北京召开。《报告》指出:对各级政府绩效的评估,将不再只照顾经济发展单一指标,而是以民生为重、以社会协调发展的综合指标为参照系。建立科学的政府绩效评估体系,旨在树立正确的政绩导向,提高政府效能。

2009年5月22日,中共中央政治局召开会议,审议并通过《关于实行党政领导干部问责的暂行规定》、《中国共产党巡视工作条例(试行)》、《国有企业领导人员廉洁从业若干规定》,中共中央总书记胡锦涛主持会议。会议认为,加强反腐倡廉法规制度建设,完善领导干部行为规范,健全党内监督和责任追究制度,真正形成用制度规范从政行为、按制度办事、靠制度管人的有效机制,是加强以完善惩治和预防腐败体系为重点的反腐倡廉建设的重要内容，是发展中国特色社会主义、推进党的建设新的伟大工程的必然要求。

2009年6月3日，由中国—欧盟信息社会项目办公室举办的"电子政务/电子商务绩效评估案例研讨会"在湖南长沙召开。与会人员交流了中欧电子政务/电子商务绩效评估研究的新进展、新成果，研讨了中国以政府信息化推动的电子政务/电子商务建设的地区案例，有力地促进中国—欧盟开展更多富有成效的合作。中欧信息社会项目代表、国家信息化咨询委员会专家、国务院法制办信息中心、部分省市电子政务/电子商务主管部门负责人及相关企业代表等120余人参加了此次会议。

2009年6月27日，"政府网站发展评估核心指标体系与实际操作研讨会"在成都召开，研讨会由中国信息协会信息主管（CIO）分会主办，成都市经济信息中心、《电子政务》杂志社支持，中国电子政务资讯网承办。来自各省市的专家及政府信息化相关部门近两百人参加了研讨会。

2009年8月1日，"十二五"政府网站发展趋势与绩效评估学术研讨会在北京召开。本次研讨会上各与会代表为未来电子政务的发展贡献了很多思想，探讨了我国"十二五"政府网站的发展趋势，对政府网站绩效评估和国际化测评与特色评选等问题展开了讨论。

2009年9月，由国脉互联信息化研究中心主办的"电子政务规划与绩效评估研讨会"在北京召开。会议从促进政府提高社会管理和公共服务能力出发，针对不同政务部门业务特点，设计有针对性、科学、实用的绩效评估机制和指标体系，为我国电子政务规划与绩效评估提供向导。

2009年9月5日，由中国行政管理学会主办的全国政府绩效管理与行政文化创新研讨会在南京市江宁区财政局召开。来自全国政府绩效管理的有关专家学者以及部分财政干部等四十多人参加了会议。与会人员对南京市江宁区财政局经过八年的探索而形成的"江财模式"展开了讨论。

2009年9月14—16日，由兰州大学管理学院、美国波特兰州立大学马克·汉尔德政府学院和日本早稻田大学公共服务研究所三家学术机构联合举办的"首届政府绩效管理与绩效领导国际学术研讨会"在兰州大学召开。研讨会围绕"绩效领导、绩效评估与公共治理创新"的主题，探讨了绩效管理与绩效领导领域内新的热点研究问题，交流了该领域内取得的最新研究成果，形成了广泛的学术共识。

2009年11月6—7日，由国家行政学院政府绩效评估中心、杭州市综合考评委员会办公室和中国行政管理学会教学研究会共同主办的"2009政府绩效管理创新研讨会"在杭州举行。一百多位来自全国各地行政学院、高等院校的专家学者以及地方政府从事政府绩效管理的有关负责人参会，探讨新形势下有效推进政府绩效管理的新方法和新途径。

2009年11月9日，为加强政府网站的社会监督，进一步提升政府网站的服务能力和水平，吉林省政府公众信息网服务中心在省政府网站上发出启事，决定在省内聘请13至15名政府网站绩效评估社会公众特约评估员，参与全省政府网站绩效评估工作，聘期两年，由省政府公众信息网服务中心颁发聘用证书，根据工作需要可续聘。

2009年12月6—7日，首届中国政府门户网站发展论坛在博鳌举行。本次论坛由中国信息协会、政务和公益机构域名注册管理中心主办；工业和信息化部信息化推进司、海南省工业和信息化厅支持；海南省信息协会承办，中国联合网络通信集团有限公司协办。来自地方的多位政府网站负责人就政府门户网站建设作了经验交流。

2009年12月17日，"2009中国政府网站绩效评估暨第四届中国特色政府网站评选发布会"在北京梅地亚中心隆重召开。本次会议由中国社会科学院信息化研究中心与国脉互联政府网站评测研究中心联合主办。会上，国脉互联政府网站评测研究中心主任、首席研究员杨冰之发布了《中国政府网站发展研究报告》，并指出，中国政府网站发展研究报告的定位是现代服务型政府网站战略之道，其特点是网站发展的新思维、政府CIO的决策参考。

第七篇

附 录

Ⅰ 中国政府绩效管理网站

一 中央政府及其部门网站

1. 中华人民共和国中央人民政府门户网站：http：//www. gov. cn/
2. 国务院部门网站：
 (1) 外交部 http：//www. fmprc. gov. cn/chn/
 (2) 发展改革委 http：//www. sdpc. gov. cn/
 (3) 教育部 http：//www. moe. edu. cn/
 (4) 科技部 http：//www. most. gov. cn/
 (5) 国家民委 http：//www. seac. gov. cn/gjmw/index. htm
 (6) 公安部 http：//www. mps. gov. cn/n16/index. html
 (7) 监察部 http：//www. mos. gov. cn/Template/home/index. html
 (8) 民政部 http：//www. mca. gov. cn/
 (9) 司法部 http：//www. legalinfo. gov. cn/
 (10) 财政部 http：//www. mof. gov. cn/index. htm
 (11) 人力资源社会保障部 http：//www. molss. gov. cn/index/
 (12) 国土资源部 http：//www. mlr. gov. cn/
 (13) 环境保护部 http：//www. zhb. gov. cn/
 (14) 住房城乡建设部 http：//www. mohurd. gov. cn/
 (15) 交通运输部 http：//www. moc. gov. cn/
 (16) 铁道部 http：//www. china - mor. gov. cn/
 (17) 水利部 http：//www. mwr. gov. cn/
 (18) 农业部 http：//www. agri. gov. cn/
 (19) 商务部 http：//www. mofcom. gov. cn/
 (20) 文化部 http：//www. ccnt. gov. cn/
 (21) 卫生部 http：//202. 96. 155. 170/publicfiles//business/htmlfiles/wsb/index. htm
 (22) 人口计生委 http：//www. chinapop. gov. cn/

(23) 人民银行 http：//www.pbc.gov.cn/
(24) 审计署 http：//www.audit.gov.cn/n1057/index.html
(25) 国资委 http：//www.sasac.gov.cn/n1180/index.html
(26) 海关总署 http：//www1.customs.gov.cn/default.aspx 税务总局
(27) 工商总局 http：//www.saic.gov.cn/
(28) 质检总局 http：//www.aqsiq.gov.cn/
(29) 广电总局 http：//www.sarft.gov.cn/
(30) 新闻出版总署 http：//www.gapp.gov.cn/
(31) 体育总局 http：//www.sport.gov.cn/n16/index.html
(32) 安全监管总局 http：//www.chinasafety.gov.cn/
(33) 统计局 http：//www.stats.gov.cn/
(34) 林业局 http：//www.forestry.gov.cn/FstHome.aspx
(35) 知识产权 http：//www.sipo.gov.cn/sipo2008/
(36) 旅游局 http：//www.cnta.com/
(37) 宗教局 http：//www.sara.gov.cn/GB/
(38) 参事局 http：//www.counsellor.gov.cn/counsellor/
(39) 国管局 http：//www.ggj.gov.cn/
(40) 预防腐败局 http：//yfj.mos.gov.cn/yfj/
(41) 侨办 http：//www.gqb.gov.cn/
(42) 港澳办 http：//218.247.147.237/
(43) 法制办 http：//www.chinalaw.gov.cn/
(44) 新华社 http：//203.192.6.89/xhs/
(45) 中科院 http：//www.cas.ac.cn/
(46) 社科院 http：//www.cass.net.cn/
(47) 工程院 http：//www.cae.cn/
(48) 发展研究中心 http：//www.drc.gov.cn/
(49) 行政学院 http：//www.nsa.gov.cn/
(50) 地震局 http：//www.cea.gov.cn/
(51) 气象局 http：//www.cma.gov.cn/2008/zgqxj/
(52) 银监局 http：//www.cbrc.gov.cn/chinese/home/jsp/
(53) 证监局 http：//www.csrc.gov.cn/n575458/index.html
(54) 保监会 http：//www.circ.gov.cn/Portal0/
(55) 电监会 http：//www.serc.gov.cn/
(56) 社保基金会 http：//www.ssf.gov.cn/web/index.asp
(57) 自然科学基金会 http：//www.nsfc.gov.cn/nsfc2008/index.htm

(58) 台办 http：//www.gwytb.gov.cn/
(59) 新闻办 http：//www.scio.gov.cn/
(60) 档案局 http：//www.saac.gov.cn/
(61) 信访局 http：//www.gjxfj.gov.cn/
(62) 粮食局 http：//www.chinagrain.gov.cn/n16/index.html
(63) 国防科工局 http：//www.costind.gov.cn/n435777/index.html
(64) 烟草局 http：//www.tobacco.gov.cn/
(65) 外专局 http：//www.safea.gov.cn/
(66) 海洋局 http：//www.soa.gov.cn/hyjww/index.htm
(67) 测绘局 http：//www.sbsm.gov.cn/
(68) 民政局 http：//www.mca.gov.cn/
(69) 邮政局 http：//www.chinapost.gov.cn/
(70) 文物局 http：//www.sach.gov.cn/
(71) 食品药品监管局 http：//www.sda.gov.cn/WS01/CL0001/
(72) 中医药局 http：//www.satcm.gov.cn/
(73) 外汇局 http：//www.safe.gov.cn/model_safe/index.html
(74) 密码局 http：//www.oscca.gov.cn/
(75) 煤矿安监局 http：//www.chinasafety.gov.cn/mjweb/mjindex07.htm
(76) 航天局 http：//www.cnsa.gov.cn/n615708/index.html
(77) 原子能机构 http：//www.caea.gov.cn/n602669/index.html
(78) 国家语委 http：//www.china-language.gov.cn/
(79) 国务院扶贫办 http：//www.cpad.gov.cn/
(80) 国务院三峡办 http：//www.3g.gov.cn/
(81) 中央政府驻港澳联络办 http：//www.locpg.gov.cn/

二 省级地方政府网站

(1) 北京 http：//www.beijing.gov.cn/
(2) 天津 http：//www.tj.gov.cn/
(3) 河北 http：//www.hebei.gov.cn/
(4) 山西 http：//www.shanxigov.cn/
(5) 内蒙古 http：//www.nmg.gov.cn/
(6) 辽宁 http：//www.ln.gov.cn/
(7) 吉林 http：//www.jl.gov.cn/
(8) 黑龙江 http：//www.hlj.gov.cn/

(9) 上海 http：//www.shanghai.gov.cn/

(10) 江苏 http：//www.jiangsu.gov.cn/

(11) 浙江 http：//www.zj.gov.cn/gb/zjnew/index.html

(12) 安徽 http：//www.ah.gov.cn/

(13) 福建 http：//www.fujian.gov.cn/

(14) 江西 http：//www.jiangxi.gov.cn/gb/jxzwgw/

(15) 山东 http：//www.sd.gov.cn/

(16) 河南 http：//www.henan.gov.cn/

(17) 湖南 http：//www.hunan.gov.cn/

(18) 湖北 http：//www.hubei.gov.cn/

(19) 广东 http：//www.gd.gov.cn/

(20) 广西 http：//www.gxzf.gov.cn/

(21) 海南 http：//www.hainan.gov.cn/code/V3/

(22) 重庆 http：//www.cq.gov.cn/

(23) 四川 http：//www.sc.gov.cn/

(24) 贵州 http：//www.gzgov.gov.cn/

(25) 云南 http：//www.yn.gov.cn/

(26) 西藏 http：//www.xizang.gov.cn/index.do

(27) 陕西 http：//www.shanxi.gov.cn/

(28) 甘肃 http：//www.gansu.gov.cn/

(29) 宁夏 http：//www.nx.gov.cn/

(30) 青海 http：//www.qh.gov.cn/

(31) 新疆 http：//www.xinjiang.gov.cn/（新疆生产建设兵团 http：//www.bingtuan.gov.cn/）

(32) 香港 http：//www.gov.hk/

(33) 澳门 http：//www.gov.mo/egi/Portal/index.htm

(34) 台湾 http：//www.chinataiwan.org/

三 中国政府绩效管理专门网站

1. 政府绩效管理及评估综合网站

(1) 中国行政管理研究网

该网站是中国行政管理学会的专门网站。中国行政管理学会是研究行政管理的理论和实践，发展行政管理科学，为政府改进行政管理服务的全国性学术团体。行政管理学会的任务是：研究政府管理，发挥咨询作用；开展行政科学研究，推动行政科学的发展；促进行政科学教学质量的提高，普及现代行政管理学知识；开展学术活动，编译行政科学刊物和专著；开展国际学术交流等。该网站即反映了其新闻动态及相关活动。

网站专栏设置：学会概况、学会领导、新闻快讯、学术动态、国际交流、研究成果、《中国行政管理》学会内刊、数据库、专业分会、地方学会、会员之家

地　　　址：北京西安门大街 22 号

电　　　话：010 - 63094945

邮政编码：100017

电子邮箱：webmaster@cpasonline.org.cn

网　　　址：http://www.cpasonline.org.cn/gb/

（2）绩效管理网

绩效管理网为青岛市考核办主办，于 2008 年 1 月 1 日正式开通。通过实施绩效管理加强机关建设，提高执政能力和管理能力，引导和激励各级领导干部和广大干部群众解放思想，实事求是，与时俱进，开拓创新，已经成为我国推进行政管理体制创新的重要课题。该网站旨在搭建学习交流国内外绩效管理理论和实践经验的平台，进一步提高党政机关工作绩效，全面推进社会主义经济建设、政治建设、文化建设和党的建设。

网站专栏设置：青岛考核、新闻速递、区市天地、部门交流、外地传真、国外动态、理论研究

网　　　址：http://jxgl.qingdao.cn/n2761388/index.html

（3）全国政府绩效管理网

该网站主办单位是全国政府绩效管理研究会，承办单位是江苏省灌南县绩效管理学会。网站主要介绍了全国绩效管理的动态、理论及实践等。

网站专栏设置：绩效要闻、绩效研究、绩效时评、绩效实践、绩效专题、网上交流、在线投稿

电　　　话：0518 - 85823855

网　　　址：http://www.jxgl.com/index.aspx

（4）政府绩效管理研究网

该网站为复旦大学公共绩效与信息化研究中心创办。中心是复旦大学设立的校级跨学科研究机构，专注于中国公共绩效管理理论、方法及相关信息技术的研究开发。中心主要研究方向包括：地方政府整体绩效管理体系建设、领导班子领导干部绩效考核管理理论与方法、党政机关目标管理绩效考核理论与方法、公务员绩效考核管理方法与技术、机关效能评估理论与方法、政府绩效评估指标体系、项目绩效管理评估体系、百姓满意度体系建设和民意调查方法技术等。

网站专栏设置：国内动态、参考资料、经验分享、分析评论、方案办法、研究论

文、国外经验

地　　址：（研究中心地址）上海市杨浦区邯郸路 220 号复旦大学计算机科学技术学院 3 楼；（展示中心地址）上海市浦东新区张江高科技园区张衡路 825 号

邮政编码：200433

电　　话：021-55666855，55666877

电子邮箱：xuyf@rofine.com

网　　址：http://www.ppirc.org/html/news.html

（5）中国政府创新网

该网站由中共中央编译局比较政治与经济研究中心主办，是"中国地方政府创新奖"的专门网站。"中国地方政府创新奖"是一项民间奖，评奖活动由中共中央编译局比较政治与经济研究中心、中共中央党校世界政党比较研究中心、北京大学中国政府创新研究中心联合组织，由全国专家委员会依据科学的评审程序和评估标准对申请项目进行严格的评选，最后由全国选拔委员会选举产生 10 名优胜奖。从第五届开始，由北京大学中国政府创新研究中心单独主办。2001 年启动了第一届中国地方政府创新奖的评奖，两年评选一次，至今已经举办了四届，共有 84 个项目获得了优胜奖和入围奖。

网站专栏设置：创新动态、创新研究、域外创新、研究团队、创新人物、社会热点、中心动态、中心文库、视点聚焦

电子邮箱：innovations@126.com

网　　址：http://www.chinainnovations.org/

2. 政府治理类网站

（1）中国地方政府治理网

该网站为武汉大学地方政府与公共事务研究中心创办。该中心负责人为李和中教授，中心依托于行政管理、社会医学与卫生事业管理、土地资源管理等公共管理二级学科。在地方政府与公共事务及公共政策研究方面，本中心起步较早，经过十多年的探索，已经形成了自己的学科特色：地方公共政策与公共事务管理研究；地方政府与公共人力资源管理研究；地方政府管理比较研究。该网站对中心的学术动态、科研项目及治理要闻等进行了介绍。

网站专栏设置：学术动态、项目平台、硕博教育、求索争鸣、治理要闻

地　　址：湖北·武汉·武昌·珞珈山

邮政编码：430072

电　　话：027-68756066

电子邮箱：localgovernance@163.com

网　　址：http://www.governance.org.cn/

（2）中国选举与治理网

"中国选举与治理网"是一个从选举和治理的角度探索和研究中国政治制度和政治体制改革的中英文网站，由中国人民大学比较国际政治经济研究所与卡特中心中国项目联合主办。网站的宗旨是集思广益，传播信息，促进研究，注重实践，立足创新。网站聘请国内外著名中国问题专家、学者和大陆的官员担任顾问、作者和编辑，本着开放和求实的态度，以最高的效率和最快的速度，通过互联网，为中国政府官员和海内外学者提供信息库、阅览室和交流站。

网站专栏设置：中国选举、中国治理、人大聚焦、党的建设、国外选举与治理、制度创新、法律法规、学术与争鸣、图书资料

电　　话：13401115326

电子邮箱：tougao@chinaelections.org

网　　址：http://www.chinaelections.org/index.html

（3）公共预算与政府治理网

公共预算与政府治理网站由中国发展研究基金会主办，于2009年1月正式开通。中国发展研究基金会是由国务院发展研究中心于1997年发起成立的全国性社团组织，其宗旨是支持政策研究，促进科学决策，服务中国发展。自1999年以来，基金会已成功承办了"中国发展高层论坛"和"公共管理高级培训班"、"企业管理高级培训班"，开展了"中国人类发展报告2005"、"中国发展报告2007"等多项交流、培训和研究项目，促进中外企业家、学者和政府高层官员之间的交流，推动政策咨询和学术研究，提高参加培训的中国官员的决策能力。网站面向中国基层政府与相关领域的从业人员，关注国内外公共预算、政府绩效等政府治理经验，为政府创新提供交流平台，促进政府决策的科学化、民主化。

网站专栏设置：预算知识、预算与财政制度、预算公开、公共支出管理、参与式预算、预算改革、政府绩效管理、政府创新、专题推荐、电子期刊

电　　话：13401115326

电子邮箱：pbgchina@gmail.com

网　　址：http://www.pbgchina.cn/

3. 电子政务类网站

（1）中国电子政务网

"中国电子政务网"是在信息产业部电子科学技术委员会及信息产业部基础产品发展研究中心指导下建立的全国最早的、系统全面的介绍电子政务建设、信息化建设的专业网站。"中国电子政务网"自开通以来，在普及电子政务知识、促进政府上网工程、组织专家论证电子政务方案、介绍优秀电子政务企业等方面，开展了卓有成效的工作，有力地推进了中国电子政务的发展，得到有关部委及专家的认可。近几年，随着电子政务建设的加快，"中国电子政务网"在信息产业部的领导下，参与了"2002信息安全产业展览会"、"全国电子政务安全研讨会"、"深圳高科技产品交易会电子政务

专场"、"2002 中国电子政务技术与应用大会"、"2003 首届中国电子政务投资运营与采购管理国际论坛"、"2003 中国电子政务与信息安全应用技术展览会",承办了"第一届、第二届、第三届中国城市电子政务高层论坛"、"第一届、第二届中国电子政务建设论坛"、"中国电子政务关键技术高级研修班"、"中国电子政务建设现状专题研讨会"及"《中华人民共和国电子签名法》应用技术培训班"等活动,同时还编辑出版了大量电子政务图书资料。网站的服务对象主要是国家和地方各级政府部门及电子政务相关的大、中型企业,科研院所和大专院校等单位。

网站专栏设置:新闻中心、电子政务、信息化、电子商务、网络安全、政府采购、优秀网站、案例方案、资料库、百强企业、产品信息、信息技术、会展信息、产品买场

地　　址:北京市海淀区万寿路 27 号(信息产业部万寿路机关)

邮政编码:100846

电　　话:010-68207267

电子邮箱:webmaster@e-gov.org.cn

网　　址:http://www.e-gov.org.cn/Index.html

(2) 国脉电子政务网

"国脉电子政务网"是专注电子政务、网络金融的信息化咨询机构,长期致力于中国信息化咨询和信息资源开发。下设国脉信息化发展研究中心、国脉政府网站评测研究中心、国脉互联金融网站咨询研究中心。拥有国脉电子政务网(www.echinagov.com)和国脉金融服务网(www.govmade.cn),以科学、规范和创新的方式提供优质服务。拥有最权威的专家团队和合作伙伴,并与中国社会科学院等机构建立长期的战略合作伙伴关系,专家来自国务院信息办公室、国务院发展研究中心、北京大学、中国社会科学院、人民大学、国家行政学院等;在信息化领域中联合开展一些公益性的课题研究和活动,出版相关研究报告,从而在信息化研究领域建立起品牌。拥有一支强大的专业顾问及评测师队伍,公司的评测师不仅具有深厚的专业知识和技能,并且在银行网站规划和运营管理方面积累了相当丰富的经验。他们中有著名高校、金融机构和科研机构等硕士、博士和资深学者,也有在管理第一线颇有成绩的高层管理人员。优秀的专业素养和实践背景为国脉的咨询服务和子网站评测的质量提供了可靠保障。

网站专栏设置:咨询中心、信息化视角、政府网站群、专家在线、厂商方案、国脉咨询、信息学院

地　　址:北京市海淀区苏州街 18 号长远天地大厦 A1—504 室

邮政编码:100080

电　　话:010-82617379,82619783

电子邮箱:hby@echinagov.com

网　　　址：http://www.echinagov.com/gov/index.shtml

（3）中国电子政务资讯网

中国电子政务资讯网是北京大学《中国电子政务工程推广应用指南》课题组（该课题组的委托单位是国务院信息化工作办公室）为征集和推广中国电子政务的优秀案例而开发的高层信息交流平台。中国电子政务资讯网主要访问者为中央各部委局办和地方政府信息办、信息中心（协会）的公务员、政府网站的工作人员，以及来自相关的电子政务解决方案的软、硬件供应商的专业人员。自 2005 年上半年以来，中国电子政务资讯网一直在电子政务的用户和供应商、建设者和行业专业人士、政府信息化主管部门和院校科研机构之间搭建交流与合作的平台，从每年举办的电子政务运营案例研讨会到"中国政府 CIO 百人访谈——对话电子政务 IT 外包"、推进部委信息化应用部门"互联互通"活动以及《电子政务前沿》电子月报等多种资讯和活动，为业内人士提供一个广泛地交流与合作的平台。中国电子政务资讯网与众多院校和科研机构有广泛的合作关系，特别是在项目管理与 IT 治理以及互联网的发展战略咨询与相应培训方面，具有较多的专家资源优势，能够为政府信息化主管部门提供系列的咨询、调研报告和专业高级综合型人才培训。

网站专栏设置：电子政务、案例方案、CIO 在线、资源中心

电　　　话：010 - 87729081/82 转 605

电子邮箱：webmaster@cegov.cn

网　　　址：http://www.cegov.cn/

（4）中国电子政务研究中心

中国电子政务研究中心隶属于中国科学院软件研究所，由国内著名计算机专家、电子政务专家李磊博士创建，是国内第一个面向电子政务的常设专业研究机构。在国家信息化工作小组等相关组织的指导下开展电子政务理论、技术、标准等的研究工作，研究并参与打造电子政务产业链，积极参与我国的电子政务建设，协助政府成功、快速地实施安全、可靠、高效的电子政务系统，由此推动我国的国家信息化建设，促进信息产业的发展。中心凭借丰富的专业理论知识、对中国电子政务的敏锐感觉及深刻分析提出了创新的三位一体的电子政务理论框架，引导着电子政务的舆论；并与国内外的相关单位建立起密切的合作伙伴关系，是国内目前有能力完成理论—核心技术—产业化—培训—服务整个产业链的电子政务专家组织。

网站专栏设置：中心介绍、行业动态、政策法规、人物观点、资料中心、在线服务

地　　　址：北京市中关村南四街 4 号

邮政编码：100080

电　　　话：010 - 62628696

网　　　址：http://www.cegov.org

（5）中国信息化网

中国信息化网是中国信息协会于2002年8月创办的，以"宣传信息化，推进信息化，实践信息化"为宗旨的信息化公益性网站。以中国信息协会的社会影响、政府背景和专家资源为依托，以权威、准确、及时、全面、系统的信息化内容为特色，发布政府信息、反映社会动态、传递业界诉求、服务企业用户、搭建推动国民经济和社会信息化的网络平台。立足信息界，服务全社会，为各级政府部门了解和推动信息化搭建网络平台；为在全社会宣传信息化、推动信息化、实践信息化发挥桥梁和纽带作用。

网站专栏设置：业界要闻、专家论坛、电子政务、电子生活、开发与服务、国外资讯、成功案例、信息安全

地　　址：北京市西城区三里河一区5—5（三里河东路国家工商总局对面）三层

邮政编码：100045

电　　话：010 - 68587273

电子邮箱：webadmin@ciia.org.cn

网　　址：http://www.ciia.org.cn/

（6）电子政务工程服务网

北京国脉互联信息顾问有限公司是一家专注于电子政务服务的咨询机构，长期致力于中国电子政务的咨询和信息资源开发。下设国脉信息化发展研究中心、国脉互联政府网站评测研究中心、电子政务工程服务网，以科学、规范和创新的方式提供优质服务。

该网站主要从事电子政务的规划、设计、绩效评估、项目管理和验收工作，接洽来自全国的政府首脑机关、信息中心、行政服务中心及政府网站的测评、规划、验收等项目；并通过电子政务工程服务网平台展示最先进的解决方案和产品，报道电子政务最新信息。

网站专栏设置：咨询中心、信息化视角、政府网站群、专家在线、厂商方案、国脉咨询、信息学院

地　　址：北京市海淀区苏州街18号长远天地大厦A1—504室

邮政编码：100080

电　　话：8610 - 82617379，82619783

电子邮箱：yuping@echinagov.com

网　　址：http://www.echinagov.com/echinagov/zx/2006 - 6 - 27/5551.shtml

（7）中国电子政务论坛网

中国电子政务论坛网是由国家行政学院电子政务研究中心专家委员会主办的电子政务领域高层次的交流平台，是国家行政学院电子政务研究中心专家委员会官方网站，是国内广大电子政务领域工作者进行经验交流、学习研讨、联系合作和参谋咨询的优秀桥梁。该网专注于中国电子政务领域的发展、管理、规划等方面的信息交流与服务，

为国内外电子政务领域相关的广大用户提供多层次、专业化的信息处理与整合,使用户能够迅速掌握行业动态,洞悉前沿技术,了解最新的项目信息,在信息化的时代中始终领先一步。中国电子政务论坛网在电子政务领域的新闻报道、信息交流、企事业及产品资料查询等方面为用户提供系统、及时、个性化的多项信息服务,构建一个电子政务管理部门与企业之间、企业与用户之间的信息平台。

网站专栏设置:咨询中心、CIO 培训、专家委员会、技术案例、下载中心、会议展览

地　　址:北京市海淀区长春桥路 6 号国家行政学院电子政务研究中心专家委员会秘书处

邮政编码:100080

电　　话:010-68928891

电子邮箱:webmaster@chinaegov.org

网　　址:http://www.chinaegov.org/

(8) 中国城市政府门户网站排行网

电子政务的概念已经热了好几年。以服务为指向和旨归的电子政府运动,伴随着各国的国家信息化进程,渐成风潮。而政府门户网站,作为电子政府公共服务的核心平台,开始成为政府和社会互动的第一界面,其发展水平也成为衡量国家及区域电子政务进程的核心标志。如今,我国的电子政务工作,效果如何呢?城市政府网站的现状怎样?它们对公众的服务又是怎样?该网站着重对中国城市政府门户网站的各方面情况进行综合评价并予以排行。

网站专栏设置:排行榜、评估报告、个案点评、背景信息、问题建议

地　　址:北京市海淀区中关村东路 1 号院搜狐网络大厦 10—15 层

电　　话:010-82028800,82026600

邮政编码:100084

电子邮箱:webmaster@contact.sohu.com

网　　址:http://it.sohu.com/s2004/chengshimenhu.shtml

4. 绩效审计类网站

(1) 中国审计网

中国审计网于 2003 年 3 月正式开通,上网人数截至目前已超过两千万,日浏览量已达到 20000 多人。该网站以服务审计和财会行业信息,审计/会计/CIA 考试信息、财审考试辅导,传播审计和财务、会计、金融、经济、税务(尤其是税务稽查)、证券、评估行业知识,宣传审计财会经济法规,提供专业人员后续教育,解决审计财会疑难为宗旨。

网站专栏设置:审计新闻、审计时评、审计风暴专题、理论研究、审计论文库、审计法规、财会法规、税务法规、财会论文库、CIA 考试、CIA 网上学习卡、CPA 考

试、审计职称考试、会计职称考试、注册税务师考试及其他审计与财会类考试、网上审计书店（专售审计财会类图书）、审计软件、财务软件

地　　　址：广州市天河花城大道 6 号名门大厦豪名阁 2301 室

邮政编码：510623

电　　　话：020 - 22235000（总机）22235080（专线）

电子邮箱：mail@iaudit.cn

网　　　址：http://www.iaudit.com.cn/Index.html

（2）中国国家审计网

该网站是由审计署所属的中国时代经济出版社国审视网传媒负责运营。创办中国国家审计网的目的是传播审计知识，宣传审计法规，解答审计与财税疑难问题，交流工作经验，公布审计结果等。一方面可以让广大关心审计工作的有关单位和个人及时了解审计信息，以便取得理解和支持；另一方面审计部门可以通过该网站，开辟审计信息、资料和法规的查询服务，开办在线专家访谈和在线专家答疑，从而更好地为社会经济发展服务。

网站专栏设置：审计与财税疑难解答、审计与财税分析咨询、审计与财税知识培训、财税筹划业务代理、广告宣传、在线查询

地　　　址：北京市海淀区北三环西路 48 号科技会展中心 A 座 6A

邮政编码：100080

电　　　话：010 - 62194905，62139423

电子邮箱：zgsjw@163.com

网　　　址：http://www.chinaaudit.com.cn/audit/

（3）金审工程服务网

金审工程服务网由审计署信息化建设办公室、审计署计算机技术中心主办，负责宣传报道全国各级审计机关审计信息化建设情况，为全国各级审计机关审计信息化建设及信息系统应用提供指导和技术支持服务。

服务内容包括：提供国家电子政务建设、金审工程的新闻公告、规章制度、标准规范、指导文件以供参考；对金审工程中的《审计管理系统》、《审计实施系统》、网络与安全系统等进行介绍，并公布各个系统的部署使用等情况；提供金审工程应用系统、网络与安全系统的安装、配置、使用和升级等方面的技术支持；提供金审工程部分软件及升级程序的下载；为全国各级审计机关审计人员、信息系统维护人员提供计算机审计、计算机技术交流环境。

网站专栏设置：工程建设、指导文件、咨询室、学习园地、金审论坛、下载专区

地　　　址：北京市西城区展览路北露园一号

邮政编码：100830

电　　　话：010 - 68301009

电子邮箱：xinxiban@audit.gov.cn

网　　址：http：//jsfw.audit.gov.cn：1009/servicesite1/servlet/NewListForNormalServlet

（4）中国内部审计协会网

该网站由中国内部审计协会创办。中国内部审计协会前身为中国内部审计学会，成立于1984年，2002年经民政部批准，学会更名为协会，成为对企业、事业行政机关和其他事业组织的内审机构进行行业自律管理的全国性社会团体组织。

网站专栏设置：新闻、组织、交流、CAT、培训、法规、论坛、书刊、会员、指南

地　　址：北京市海淀区中关村南大街4号

邮政编码：100086

电　　话：010-82199859/78/57（兼传真）

电子邮箱：xinxibu@263.net

网　　址：http：//www.ciia.com.cn/pyciia/htm/index.asp

5. 人力资源绩效考核网

（1）管理人网

管理人网是目前中国最大的管理资源中心，提供管理行业分类的企业管理研究文章、数十万企业管理资料、网上互动式管理知识交流和分享、管理类书籍连载及新书推荐、管理与时政相结合的专题、管理问题咨询，旨在为中国管理者提供全方位的管理内容服务。该网站为管理者提供了丰富实用的学习和工作资料，搭建了管理知识和经验沟通交流的桥梁、准备了方便快捷的各类查询工具，形成了一个全方位、多层次的管理者平台。

网站专栏设置：管理资讯、十二大管理频道（战略管理、人力资源、财务管理、营销管理、生产管理、项目管理、质量管理、知识管理、组织结构、企业信息化、公共关系、管理聚焦）、管理专栏、专题、管理书籍、管理人之家（博客、圈子、论坛、聚会、招聘）

地　　址：长沙芙蓉区解放西路198号A座507

邮政编码：410000

电　　话：086-0731-2692295

电子邮箱：service@manaren.com

网　　址：http：//www.manaren.com/

（2）中国人力资源开发网

中国人力资源开发网（简称中人网）是目前中国排名第一的人力资源类网站，也是目前国内最大、最专业的人力资源社区。该网站致力于推动全球华人圈优秀的人力资源管理思想和技术的总结、研究、沉淀与传播，促进优秀知识向生产力的转化，通过帮助企业提高管理水平和进行人才培养，推动并实现国民经济发展和国民

素质的提高。

网站专栏设置：资讯、商城、服务、社区

地　　址：北京市海淀区中关村东路 66 号甲一号楼长城大厦（世纪科贸 A 座）1102

邮政编码：100190

电　　话：400 810 0688

电子邮箱：serv@chinahrd.net

网　　址：http://www.chinahrd.net/

（3）中国人力资源网

中国人力资源网始建于 1998 年。经过近十年的发展，中国人力资源网逐步成为了人力资源咨询服务行业的第一个垂直型网站，确立了在业内的优势地位和品牌影响，在 ALEXA 的排名中，居同类网站首位。中国人力资源网目前已拥有超过 80 万的注册会员，每日浏览量达到 50 万次以上。网站的会员主要由各行业人力资源管理人员、企业中高层管理人员、专家学者等组成，他们分布在工业、金融、科技等十多个行业。中国人力资源网依托强大的资源优势，向国内外用户提供媒体宣传、管理咨询、高级人才搜寻、培训、人才测评、职业规划等全方位的人力资源咨询服务。该网始终以推动中国人力资源管理的发展为己任，为推进国民经济和国家建设贡献自己的力量。未来十年的发展目标是：为人力资源管理人士提供开放的网络交流平台，倡导一种全新的人力资源服务理念，为人力资源行业打造出兼顾一流的管理资源、最新的管理资讯和先进的管理服务的资讯平台。

网站专栏设置：咨询、社区、读书、知识库、访谈、博客、专栏、下载中心

地　　址：上海市北京西路 669 号 4 楼

邮政编码：200041

电　　话：021 - 62172727 - 128

网　　址：http://www.hr.com.cn/

6. 业务咨询及民意测评类网站

（1）零点研究咨询集团网站

零点研究咨询集团网站是中国专业研究咨询市场的早期开拓者与当前领导者之一。它运用现代社会调查手段、管理诊断和政策分析技术，融合多年研究所积累的对中国市场运作和社会文化的深刻理解，组合旗下的"零点调查"（专项市场研究）、"前进策略"（转型管理咨询）、"指标数据"（共享性社会群体消费文化研究）和"远景投资"（规范的投资项目选择与运作管理服务），侧重于为植根于大中华市场的杰出本土企业和国际化企业提供专业调查咨询服务。零点依照国际惯例，通过持续的研发投入、与国际服务机构的合作和有力度的人力资源组合，成为兼容国际视野和本土经验的调研咨询的知名服务品牌。在公共事务方面，该集团坚持做民意测验与政策分析，服务对

象包括各级政府、政府各级部门、各类区域经济服务机构、各类开发区、各类公益组织和基金会、国内外研究机构等。核心服务包括公共服务满意度评估、公众需求与城市规划研究、公共项目和公共政策选择研究、公共政策和项目效果评估、社区管理研究、社会群体发展研究等。

网站专栏设置：（零点调查）行业特长、公共事务、项目管理、方法与技术、分支机构；（前进策略）服务领域、服务行业、成功业绩、前进书院；（指标数据）；（远景投资）远景介绍、远景观点、远景优势、行业领域、远景团队、优秀案例

地　　址：北京市朝阳区东三环北路霞光里18号佳程广场A座7层ABF区

邮政编码：100027

电　　话：010-84400011

电子邮箱：Client@horizon-china.com

网　　址：http://www.horizon-china.com/

（2）原点研究咨询集团网站

该网站成立于1997年，包括市场研究、管理咨询（2000）、广告策划（2003）三家公司和一家公共政策评价中心。市场研究（OMR）定位于中国第二代专业研究机构，提供以市场研究为主导的商业服务，包括满意度研究、营销组合研究、可行性分析、流量研究、行业区域研究等；原点管理咨询（OMC）为OMR研究成果的延伸，提供企业诊断、战略规划、流程及制度建设、企业培训等服务；纵横天地人广告策划则为原点广告策划及营销执行的主要平台。而于2005年与著名高校合作成立的公共政策评价中心进一步将原点的方法论和操作平台应用于政府及公营机构的绩效与形象评价之中。其主导业务为：市场调查、专项研究、管理咨询、企业培训、广告策划、政策评价等。

地　　址：中国广州广园东路2191号时代新世界中心南塔3107—3108室

邮政编码：510500

电　　话：020-87741746，87730640

电子邮箱：hr@omr-omc.com

网　　址：http://www.omr-omc.com/index.asp

（3）中国民意调查网

中国民意调查网是中国首家独立的在线民意调查机构和民意发表的平台，以网站在线调查为基础，同时利用电话访问、街头访问、入户访问等调查方法，了解全球华人社群的真实意愿和观点；通过统计的手段，将个人意见转化为群体观点——民意。中国民意调查网是一个"民意沟通的平台"。一方面满足人们表达意愿、释放压抑、了解他人的需求；另一方面搭建一个沟通平台，为政府、社会组织、企事业机构提供一个了解民众意愿的平台。中国民意调查网的定位是民意沟通的平台。通过信息的高效整合和主动提供，直接指导社会组织和个人的决策及行为，使信息转化为高效的社会

价值。具体的价值表现就是网民、政府及其他社会组织，利用中国民意调查网这个平台的信息，作出更为准确、高效的决策。

网站专栏设置：热点调查、民意排行、调查报告、民意社区、心理测试

地　　址：深圳市罗湖区宝安北路桃园商业大厦5006室

邮政编码：518023

电　　话：0755-82429789

电子邮箱：webmaster@00100.cc

网　　址：http://www.00100.cc/

（4）中华民生公益网

中华民生公益网为全球华人范围内正义人士自觉发起的公益性网站，是中华儿女最贴心的网站，反映民声、探讨民生、上传民意、维护民权、无偿援助，建立百姓与政府沟通的直接桥梁，构建百姓心声发布最权威的公益平台。

网站专栏设置：民声通道、人民公仆、民生焦点、冷暖民心、纵横天下、百姓生活、民生公益、民生黄页、留言民声

电子邮箱：zhuzai_1@163.com

网　　址：http://www.minsheng.net/

Ⅱ 国外著名政府绩效管理研究机构

一 美国

1. 国家绩效审查委员会（National Performance Review，NPR）

1993年3月，克林顿总统宣布成立，由副总统戈尔主持该委员会的工作，负责统筹联邦政府绩效改革计划的实施。1993年9月，在戈尔领导下NPR颁布了著名的《政府绩效与结果法案》（GPRA），并发布了第一份报告《从繁文缛节到结果导向：创造一个工作更好、花钱更少的政府》，要求所有的联邦机构使用和发展绩效评估技术并向公民报告绩效状况。1997年2月，NPR召开首次政府间基准比较研讨会，成立了跨国绩效评估研究小组，成员包括美国14个联邦机构和两个地方政府、加拿大6个政府机构以及英国相关的政府机构，会议颁布了《顾客需求战略规划最佳实践的基准比较研究报告》，希望借此引发一场绩效评估的新高潮。在该委员会不断推进政府再造的过程中，许多基础性的改革措施与绩效管理密切相关。

网址：http://www.npr.gov

2. 美国国会审计总署（General Accounting Office，GAO）

1921年成立，直接隶属于美国国会，是对公共部门进行绩效评估的重要政府专门机构之一。代表国会对政府各部门进行年度绩效考评；对部门、计划、项目、专项工作的绩效进行专题考评；审计总署还可授权政府部门内设的评估机构对该部门的绩效或计划、项目进行考评。GAO于1972年发表了第一份美国政府绩效审计准则。它主要在公共部门中进行"3E"审计：即经济审计、效率审计、效益审计。

网址：http://www.gao.gov

3. 管理与预算局（Office of Management and Budget，OMB）

是美国总统府幕僚机构之一。原名预算局，1970年改为现名。该局是协助总统编制和审核国家预算的机构，主要负责监督各部门提交年度预算和年度绩效报告，并要求各部门将部门预算和绩效报告提交总统，由总统签署后提交国会，供国会审议、批准。管理与预算局审批各部的年度绩效计划，总审计署自主选择项目或活动，独立对政府机构进行绩效评估，并向国会和公众公布评估结果。

网址：http://www.whitehouse.gov/omb/

4. 美国人事管理局（Office of Personnel Management，OPM）

1883年成立，主要管理公务人员的任免和使用，为三百多个政府部门物色合格的工作人员。它在美国14个地区设有办事处，定期公布录取国家官员的条件和考试的办法。考试及格者列入合格名单，各部或直辖机关需要人员担任某种职务时，先向有关地方的考试录取委员会提出，后者即向这些机关提供候选人，以便这些机关从中选择合乎自己需要的人员。

网址：http://www.opm.gov

5. 美国会计标准协会（The mission of the Governmental Accounting Standards Board，GASB）

是1984年在美国财务会计基金会（FAF）支持下成立的，专门为州与地方政府组织建立会计与报告准则。它是一个非政府机构，但却是美国注册会计师协会承认拥有制定州与地方政府的一般可接受会计准则权力的唯一实体。它于20世纪80年代后期开始发布州与地方政府绩效报告的分析结果。近年来专门组织几个调查组对州和地方政府绩效标准的使用广度与深度、民众对绩效报告的意见以及绩效测量实践情况等进行了广泛的调查研究。

网址：http://www.gasb.org/

6. 美国经济顾问委员会（Council of Economic Advisers，CEA）

CEA是美国总统经济决策的智囊机构，于1946年在杜鲁门总统时期根据《就业法》设立。它的职责是分析国民经济及其各部门的情况，评估联邦政府的经济项目和政策，就经济开发向总统提出咨询意见，就经济增长和稳定向总统提出建议，协助总统草拟他每年送交国会的经济报告。此经济报告为了解和研究美国经济情况和经济政策的重要文献。

网址：http://www.whitehouse.gov/WH/EOP/CEA/html/CEA.htm

7. 纽约市政研究院（The New York Bureau of Municipal Research）

最初是1906年由布鲁尔（Bruere）等人发起成立的。最初研究纽约市政管理，之后其研究工作扩大到美国的其他城市。其研究的主要宗旨就是要促进政府效率的提高，同时促使政府接受和使用成本核算和政府绩效等科学手段，也提出了运用效率工具对政府部门进行绩效评估。1907年，纽约市政研究院首次把以效率为核心的绩效评估技术应用到纽约市政府，运用社会调查、市政统计和成本核算等方法和技术，建立了三种类型的绩效评估：其一，评估政府活动的成本/投入；其二，评估政府活动的产出；其三，评估社会条件，有时对社会需求进行评估，有时对政府活动的结果（Outcome）进行评估。纽约市政绩效评估的实践首开公共部门绩效评估的先河，在政府绩效评估的历史上具有里程碑式的意义。

8. 布鲁金斯学会（Brookings Institute）

其前身是1916年罗伯特·S.布鲁金斯等建立于华盛顿大学的美国历史上第一个从事公共政策研究的私人组织"政府研究所"，其宗旨是"运用科学方法研究联邦政府的管理"。1926年与"经济研究所"和"罗伯特·布鲁金斯研究生院"合并，正式命名为"布鲁金斯学会"，成为美国历史上第一个现代意义上的思想库。布鲁金斯学会研究范围非常广泛，从行政官厅、议会、司法厅等政府机构的功能到政府补助金的发放。研究政府领域的问题，目的是推动美国政府部门运用科学的方法和手段分析和解决现实问题，制定出更加符合社会现实需要的公共政策，使其获得最好的效益，促进政府朝着高效高能的方向发展。该学会有"民主党思想库"和"民主党的影子内阁"等美称，其每年提出的《确定国家的优先任务的报告》，是民主党政府施政纲要的主要依据。

网址：http://www.brookings.edu

9. 坎贝尔研究所（The Campbell Public Affairs Institute）

1996年设立于纽约州锡拉丘兹大学Maxwell学院的民间研究机构，因斯科蒂·坎贝尔1969—1970年担任Maxwell学院院长而命名为坎贝尔研究所。坎贝尔研究所主要是从时政管理、人事管理、信息管理、领导目标管理及基础设施管理五个方面对政府进行绩效评估。自1998年以来就与美国《政府管理》杂志合作，每年对各州或市的政府绩效进行评价，并发布评价报告。1999年又对全美35个收入最好的市政府进行了绩效测评。其对政府绩效进行评估并公布分数和排名的做法，被评为1999年美国十大新闻之一。2000年，该研究所第二次开展了对全美50个州的绩效测评。

网址：http://www.maxwell.syr.edu/campbell/

10. 哈佛大学肯尼迪政府学院（Harvard Kennedy School of Government，KSG）

前身是20世纪30年代中期建立的Littauer公共行政中心，60年代改用现名。它立足于公共管理，覆盖面宽于公共行政。"二战"后又在统计分析、政策评估、决策研究基础上建立起公共政策专业。自1984年开始由福特基金会支持创办"美国政府创新项目"，用于推动识别和培育创新性及绩效评价的工作。

网址：http://www.hks.harvard.edu/

11. 斯坦福大学胡佛中心（Hoover Institution）

1919年由美国总统胡佛创立于斯坦福大学。早期专门进行第一次世界大战的研究，现已成为一个研究国家政策的学术机构，研究领域涉及国内外的政治、经济以及政治经济事务。

网址：http://www-hoover.stanford.edu/

12. 公共绩效研究中心（The National Center for Public Performance，NCPP）

1972年设立于新泽西州鲁特格斯大学（Rutgers University）的研究公共服务的组织。在1997年发布的《地方政府绩效评估简要指南》中，重新界定了政府绩效评估的内涵，其对组织绩效的评估已扩展到除生产力之外的"效果、质量、及时"等标准，并提出了进行政府绩效评估的七大步骤。

网址：http://www.ncpp.us/

13. 胡佛委员会（The Hoover Commission）

由胡佛总统成立于1947年，为直属总统的独立组织，正式名称为"美国行政部门组织委员会（CECC）"。委员会的任务是寻求精简联邦政府部门和提高工作效率的途径。第一届胡佛委员会（1947—1949）成立后提出大幅度增加总统行政办公厅的管理能力，通过绩效预算的方式实现改革目标。1955年，第二届胡佛委员会提出了预算、成本和管理汇报的改革方案，在关注经济和效率的同时开始把管理的改进作为绩效评估的重要内容。

14. 俄勒冈进步委员会（Oregon Progress Board，OPB）

成立于20世纪80年代，由俄勒冈州州政府直接领导，全面负责对州政府各部门的绩效评价工作。该机构集中推进全面的标杆管理法，在此后二十多年的时间里该方法促进了政府绩效的明显好转。

15. 美国管理科学开发咨询公司（MSD）

创立于1979年，其主要业务是为政府机构、各类商业组织、科研机构提供信息咨询、技术评价、人力资源开发与项目指导等。

16. 世界技术评价中心（WTEC）

主要为美国政府的政策制定人员、科技管理人员以及各类科技项目开发人员提供有关国外技术项目情况的分析，也进行国内外科技项目的立项、比较与评价服务，其下设机构有：国际技术调查中心、技术开发与推广中心、WTEC项目中心。

网址：http://www.wtec.org

17. 兰德公司（Research and Development，RAND）

1948年由福特基金会提供资金正式成立，总部设在加利福尼亚州，是非营利性的研究和咨询服务机构。它先以研究军事尖端科学技术和重大军事战略而著称于世，继而又扩展到内外政策各方面，是当今美国乃至世界最负盛名的决策咨询机构。20世纪60年代初兰德公司的专家们提出的专家意见法又称为德尔菲法（Delphi），是为避免集体讨论存在的屈从于权威或盲目服从多数等缺陷提出的一种定性预测方法，主要用于考评指标权重的确定，是绩效考评的主要方法之一。

网址：http://www.rand.org

18. 美国公共行政学会（The American Society for Public Administration，ASPA）

于1939年12月在美国政治学会议上成立，致力于推进公共行政的发展。组织实施了一系列有关政府绩效评估与测量活动的调查。于1976年成立了"职业标准与伦理委员会"。

网址：http://www.aspanet.org/scriptcontent/index.cfm

二 英国

1. 雷纳评审委员会（Rayner Scrutiny Committee）

1979年英国首相撒切尔夫人在首相办公室设立了以雷纳爵士为效率顾问的效率小组，当时也称雷纳评审委员会，开展了著名的"雷纳评审"，负责对公共部门的绩效进行调查评估。雷纳评审的重点是经济和效率，目的是通过提高效率来降低公共部门的开支和运营成本。从1979年到1985年的6年间，雷纳评审小组共进行了266项调查，发现并确定了6亿英镑的年度节支领域和6700万英镑的一次性节支领域。

2. 地方自治绩效委员会（Audit Commossoon）

以公民宪章的精神和强制竞争投标制度的反省为背景，构建了包括居民应对、住宅供给、垃圾处理、地方环境、教育服务等17各领域280多个指标的地方自治绩效评价体系。

网址：http://www.audit-commission.gov.uk/Pages/default.aspx

3. 国家审计署（National Audit Office，NAO）

1983年正式成立的国家审计署，是独立于政府的审计机构，专司英国中央政府各组成部门财务审计和绩效审计，代表议会对政府公共开支进行审核，对各行业、各部门资金使用的经济性、效率性、效果性进行审查。

英国政府绩效审计组织体系主要由国家审计总署和审计委员会组成。审计长由英国女王任命的无党派人士担任，没有任期限制。为了维护审计工作人员的独立性，国家审计署制定了审计标准和职业道德准则，并严格禁止审计工作人员参与各级政党机构的政治活动，以规范工作人员的行为，防止将政党的观点和立场带入工作中。

网址：http://www.nao.org.uk/

4. 审计委员会（Audit Commission）

创建于1983年，由英国中央政府依据宪法设立，由18名委员组成，设主席一名，审计委员会委员由英国政府副首相任命，审计委员会对副首相负责并报告工作。英国审计委员会作为全国性的独立公共机构，是绩效评估体系的执行者，同时负有收集信息反馈、研究、设计、制定、修正和发布相关绩效评估体系的使命。审计委员会在各地设有审计代办处（派驻机构），但英国中央政府审计委员会与政府各部的审计办公室彼此独立，互不隶属，只具有业务合作关系。

网址：http://www.audit-commission.gov.uk/

5. 英国科研政策研究所（Science and Technology Policy Research，SPRU）

1966年成立于英国Sussex大学的科学政策研究中心，是世界知名的科技政策研究机构，除开展评价理论与方法论研究之外，还从事实际评价工作。

网址：http://www.sussex.ac.uk/spru/

6. 财政部（UK Treasury）

代表政府与公共部门签订服务协议并提供财政预算资源，为保证公共支出目标实现，每年对一些政府预算执行情况进行综合绩效考评。

网址：http：//www.hm‐treasury.gov.uk/

7. 内阁公共服务和公共支出委员会（Cabinet Office）

主要负责中央政府绩效考评的指导和监督，其成员由首相助理和财政大臣等内阁组成，代表内阁对各部门的公共服务协议进行检查和监督，并相应提出建议。

网址：http：//www.cabinetoffice.gov.uk/public_service_reform.aspx

三 澳大利亚

1. 澳大利亚政府皇家调查委员会（RCAGA）

1974年成立，H.C.Coombs担任主席。该委员会由政府直接管理，1974年第一次对联邦官僚机构进行了广泛的检查，并指出由于内阁成员政治背景的差异已使得政府各部门的官僚机构不再是中立机构，而且很多部长以及官僚机构所负责的管理领域都没有很好地向议会尽职。

2. 澳大利亚政府服务评估筹划指导委员会（Steering Committee for the Review of Government Service Provision，SCRGSP）

1994年成立，筹划指导委员会由来自澳大利亚联邦政府、州和地区政府中央机构的一些高级官员组成，由生产力委员会主席兼任书记，专门负责指导和监督政府服务绩效的评估工作。

网址：http：//www.pc.gov.au/gsp

3. 澳大利亚国家审计署（Australian National Audit Office，ANAO）

1901年成立，审计署既独立于政府，也独立于议会，但其负有向议会报告的责任。审计署依据审计法对澳大利亚政府部门的财务管理进行审计监督。国家审计署的工作包括两个主要方面：财务合规性、合法性审计和绩效审计。未来几年，ANAO组织发展的主要任务是：对公共部门的管理绩效和管理责任开展独立审计，并向议会提供如何促进公共部门提高管理效率和效果的保证。其组织发展的目标是：成为全球范围内开展公共部门独立审计和提供相关服务的领导者。

网址：http：//www.anao.gov.au

4. 澳大利亚内部审计协会（The Institute of Internal Auditors，IIA）

成立于1952年，有2000多名会员，分别来自澳大利亚的公有或私有机构。协会的董事会由七位从各州选举的主席构成，协会建立了与各内审机构负责人联系的网络，有自己的网站，方便与内审人员的沟通和交流。内审协会的主要工作是为内部审计执业者、执行管理者、董事会和内审委员会提供各种规范的标准、指导和信息服务，包括：内审政策的制定，及时更新审计实务标准，提供更新知识的服务，保证内审专业水准不断提高。协会的主要作用是制定、检查审计标准执行，组织开展交流，推广先进经验，培训审计人员，促进内审工作职能的发挥。内审协会不受政府审计部门的任何管理，协会开展工作的经费来源主要是会员交纳的会费。

网址：http://www.iia.org.au/

5. 澳大利亚内阁支出控制委员会（The Cabinet Expenditure Control Committee）

在编制年度预算时，由总理、财政部长、国库部长及其他五名负责支出的内阁部长组成的支出审核委员会，该委员会根据预算目标，对所有预算内的政府机构进行考评，考评结果供"预算内阁"决定预算最终方案参考。

网址：http://www.finance.gov.au/budget/budget-process/erc.html

6. 澳大利亚公共服务委员会（Public Service Commission）

该委员会由公共服务专员领导，直接向内阁总理负责。该委员会负责拟定政府公共部门准则、公务员行为手册，以作为部门绩效考评的基本依据。

7. 澳大利亚公共账目和审计联合委员会（Joint Committee of Public Accounts and Audit，JCPAA）

该委员会由议会两院共同设立，负责审查所有联邦机构使用国会拨款的绩效，并依据《公共服务法》批准各部门年度绩效报告。

网址：http://www.aph.gov.au/house/committee/jpaa/

四 其他国家

1. 法国审计法院（Cour des comptes）

法国审计法院原本承担合法性监督和公诉人两项传统职能，后来增加了公共政策评价和预算审计两项新职能。国家审计法院可与大区审计法庭联合对地方公共政策进行评价，专门设立大区评价委员会，由公务员、民选议员和评价专家组成。评价专家要在评价后拟出评价报告，送大区评价委员会对其审核，然后提交中央政府批准后公布。

网址：http://www.ccomptes.fr/fr/JF/Accueil.html

2. 法国全国评价委员会（Français Comité national d'évaluation）

该委员会于2002年成立，是负责领导跨部门评价工作的公共机构。

网址：http://www.cne-evaluation.fr/

3. 加拿大国家审计公署（National Audit Office）

它是议会领导下的独立机构。其使命是强化和完善公共经济责任，主要侧重于支出和决算的检查。

网址：http://www.anao.gov.au/

4. 韩国政府经营诊断委员会（Diagnostic Committee of Government Operation）

韩国金大中政府成立的民间政府绩效评估组织，成员由来自研究机构和大学的政治学、行政学、法学、经济学的专家构成，是政府推进改革的咨询和智囊机构。经营诊断委员会统一负责对各政府部门绩效测定指标的开发，包括对政府组织经营战略指标的设计和经营成果测定办法的示范性应用设计等。

5. 韩国监查院（The Board of Auditand Inspection）

负责审计与监察两项任务。监查院是根据韩国宪法规定设立的宪法机关，监查院名义上直属总统领导，但具有相对的独立性，不受政府的领导。韩国监查院对公共投资项目的绩效进行审计。

网址：http://www.acrc.go.kr/acrc/index.do

6. 韩国公共行政研究所（the Korea Institute of Public Administration, KIPA）

成立于1991年，隶属于总理府的总务部，是一个集科研与培训为一体的中央研究机构。由于它在政府决策和政府改革中所发挥的重要作用，被称为"韩国政府首脑的智囊团"。韩国公共行政研究所在成立之初就确定了自己的目标：指出政府工作中的弊端，提出合理的解决方案；为韩国政府管理的未来发展提出合理化建议；统一收集、分析和提供各种行政信息；开展国内外行政科研机构之间的交流与合作；开展高级公务员的培训等。

是政府资助的研究机构，它来设计用于调查客户对服务提供满意度的调查问卷，并在 KIPA 的研究者、政策评估者、政策协调。

网址：http://203.250.96.12:8090/eng/

7. 韩国总理办公室（the Office of the Prime Minister）

设立政府绩效评估咨询会议（Government Performance Evaluation Consultative Meeting），负责商议和协调以下事项：①协调评估相关机构和促进其合作的计划；②确保评估结果有效性的计划；③其他有利于绩效评估有效实施的事项。

网址：http://www.korea.net/

8. 韩国国务总理政策评价委员会（Policy Evaluation Committee）

主要职责包括：审查政府绩效评估基本方向和评估指南；审查对中央行政机关的绩效评估；审查对地方政府的绩效评估；审查对特别事务的评估；审查与绩效评估制度的管理、研究与开发有关的主要事项；审查政策评估委员会主席认为有必要监督和协调的其他事项。主管韩国政府绩效评估体系中最为核心的政府业务评价制度，参与的委员中有10人是民间委员，负责对各部处业务进行顾客满意度调查，其结果反映于政府业务评价中。

网址：http://www.psec.go.kr/

9. 日本行政评价局（Administrative Evaluation Bureau）

2001年日本政府进行行政机构改革，将总务厅与邮政省、自治省合并为总务省，将原总务厅行政监察局改为总务省行政评价局。行使可跨省、府界限的包含政策评估在内的行政评价职能。行政评价局的工作内容主要有4项：政策评价、行政评价和监视、独立行政法人评价、行政相谈。行使政策评价的职能。

网址：http://www.soumu.go.jp/english/

10. 日本政策评价和独立行政机构评价委员会（Commission an Policy Evaluation and Evaluation of Independent）

2001年设立，对行政评价局的评价进行必要的协商并将意见提交给总务省和邮政省等部门。该委员会从全国专家、学者和名望较高的人中选出5000名国民作为行政委员，由总务大臣任命，担当行政调查、行政监察方面的工作，听取国民意见，向行政评价局报告。

网址：http://www.soumu.go.jp/main_sosiki/hyouka/dokuritu_n/hyoukaiinkai.html

11. 瑞典国家工业和技术发展局（NUTEK）

是瑞典的政府性质的机构，每年的政府绩效评估工作由它来组织、实施。

网址：http://www.nutek.se/

12. 瑞士洛桑国际管理学院（IMD）

成立于1990年，位于瑞士西部城市洛桑，是世界著名的国际竞争力评价的专业机构，它确立了包括经济表现、政府绩效、企业效率和基础设施四个方面的国家竞争力评价体系。其中，政府绩效是由公共财政、财政政策组织机构、企业法规和教育等评价要素决定的，这些要素又细分为84个评价指标。

网址：http://www.imd.ch

13. 新西兰国家服务委员会（New Zealand State Services Commission）

该委员会作为新西兰公共管理系统的顾问，与其他国家机构一起合作，以确保新西兰政府有效地运作。该委员会是国家三个主要机构之一，其他两个分别是总理和内阁部、库务署，共同为整个公共部门提供领导、协调和监测工作。该部门作用广泛多样，同样负责政府的绩效评估工作，新西兰公共服务部门所有的36个机构，以及其他所有由国家财政预算拨款的"国家部门"，都是国家服务委员会进行绩效评估的对象。

网址：http://www.ssc.govt.nz/display/home.asp

Ⅲ 中国政府绩效管理著作

《精简·统一·效能——中国政府机构及行政管理体制改革》

作者：张文明

出版社：广西师范大学出版社

出版时间：1998年

内容简介：该书研究了中国政府机构的框架和历史沿革、邓小平理论指导下的四次政府机构改革、行政管理体制上的重大变革及我国行政管理体制和政府机构改革的历史经验等问题。本书在编写过程中，特别强调理论性、实践性和政策性的统一，力求既有一定的理论深度，又有坚实的实践基础，从理论与实践的结合上准确地宣传党和政府的有关方针政策，透彻地分析当前面临的问题，科学地展望未来的发展趋势。

《自律与他律——第三部门监督机制个案研究》

作者：周志忍、陈庆云

出版社：浙江人民出版社

出版时间：1999年

内容简介：作为研究"第三部门"系列丛书之一，本书主要从法律角度，论述了"第三部门监督机制"，以案例分析来阐述个人观点和研究方法。全书脉络和各章之间的逻辑关系是在掌握资料的基础上多次研讨而确定的，理论基础坚实、资料翔实、丰富，研究视野广阔，集大家之所成，可谓"百花齐放"。全书包括公益机构及其公共责任、公共责任与监督机制的国际实践、我国公益机构监督的外部环境、希望工程内部监督——财务和基金管理、希望工程内部监督——项目监督、希望工程内部监督——监察和巡视员制度、希望工程外部监督——体制资源的动员和利用、希望工程外部监督——社会资源的动员和利用、希望工程外部监督——捐助者的直接监督等章。

《政府行为与效能——政府改革的深层次透视》

作者：张今声

出版社：中国计划出版社

出版时间：2001 年

内容简介：本书比较系统地探讨了有关政府改革的一系列重大问题，研究了如何正确认识并恰如其分地发挥政府的作用；如何按照社会主义市场经济的要求，塑造政府的新角色、新功能等内容。

《知识管理与政府绩效学术研讨会论文集》

作者：行政院人事行政局公务人力发展中心，世新大学行政管理学系

出版社：世新大学行政管理学系

出版时间：2002 年

内容简介：该书为公共治理与制度创新：第一届中美公共管理学术研讨会论文集。本论文集的内容编排分成五个部分：第一部分讨论公共管理与治理的基本理论；第二部分主要涉及中国政府治理变革；第三部分是关于政府治理的国际比较；第四部分研究地方政府的治理变革；第五部分讨论电子政府与治理变革。出版本论文集的目的，在于帮助公共管理领域的学者和研究生了解国际社会公共管理发展与变革趋势，了解中国公共治理变革的走向，也是为了进一步推动中美两国在这一领域的学术交流。

《公益项目评估——以"幸福工程"为案例》

作者：邓国胜

出版社：社会科学文献出版社

出版时间：2003 年

内容简介：改革开放以来，中国的经济取得了飞速发展，人民的生活也得到了极大的改善。然而，20 世纪 90 年代以来，人们开始认识到没有相应的行政体制改革，经济的成长及其成果是难以持续的。而近年来，随着改革的不断深入和认识水平的进一步提高，人们又开始意识到，无论是市场经济体制的深化，还是行政体制改革的推进，都离不开政府与市场之外的第三"足"——民间组织的培育与发展。一个可持续的、繁荣富强的国家不仅需要行政资本、市场资本，更需要社会资本。《公益项目评估——以"幸福工程"为案例》首先对公益项目评估的目的、评估的主体、评估的内容进行了系统的介绍，并介绍了"APG 评估"和"综合绩效评估"等新的评估理论；随后该书以"幸福工程"为案例，剖析了这一公益项目的绩效评估；最后，介绍了当前国外非营利组织研究的理论动态、中国非营利组织发展的趋势、中国社会事业改革与民间非营利组织的发展和公益事业评估的框架与评估指标等。

《俄罗斯转轨绩效透视》

作者：张弛

出版社：经济日报出版社

出版时间：2003 年

内容简介：转轨是 20 世纪末以来一个崭新的现象和令人瞩目的问题，而在转轨国

家中俄罗斯又颇具典型性。20世纪80年代末，俄罗斯步入充满动荡和戏剧性冲突的时期，机会、希望与失败并存。其转轨过程中出现的很多现象，使人困惑、耐人寻味且需要理论上的解释。该书运用制度经济学的基本理论，从历史长镜头中透视俄罗斯十年的轨迹，在一个较为规范的框架内评价了它的转轨绩效，从对转轨内涵的认识入手，将制度环境引入分析视野，构建了一个制度环境内生的"制度环境—制度演进"研究框架，力图以经济绩效、制度安排、制度环境的互动为主线，运用动态与静态相结合的方法，将时点分析与时期考察相互补充，评价其过去，预测其未来，得出了很有新意的结论。这些成果对其他变革中的国家具有很强的启示和借鉴意义，也会给中国相关研究人员和实际工作者以很好的启迪。

《政府绩效管理：制度、战略与方法》

作者：刘旭涛

出版社：机械工业出版社

出版时间：2003年

内容简介：本书认为，政府绩效与政府管理模式所奠定的制度基础之间有着必然的联系，而这种联系是影响和阻碍政府绩效改进和测量的一个重要原因。因此，本书以政府管理模式的变革为主线，在批判传统行政效率困境的基础上，分析当代西方各国政府绩效管理的发展规律和成功经验，探索"绩效途径"取代"效率途径"的发展轨迹，从中梳理出实施政府绩效管理的内在制度基础、战略框架以及方法。本书有助于引发公共管理领域的专家、学者对政府绩效管理的深入研究，也有助于推动政府部门和广大公务员不断改进政府绩效、提高政府管理水平的实践探索。

《政府再造：西方"新公共管理运动"述评——公共管理与政治学系列》

作者：陈振明

出版社：中国人民大学出版社

出版时间：2003年

内容简介：20世纪最后的二十余年，为迎接全球化、信息化和知识经济时代的来临以及摆脱财政困境、提高国际竞争力和政府效率，西方各国相继掀起了政府改革或政府再造的热潮。本书评述了当代西方政府改革（新公共管理）运动，特别是美国、英国、新西兰和日本等国的政府改革。基本内容包括：公共部门改革的战略与战术；新公共管理改革的先驱；创造一个少花钱多办事的政府；新公共管理改革的典范；竞争、绩效、透明；分权、民主与善治；走向一种自主化管理模式；市场化、民营化和自由化。并结合中国实际进行了分析，对中国的行政改革实践具有较大的借鉴意义。

《公共部门绩效管理》

作者：卓越

出版社：中国人民大学出版社

出版时间：2004 年

内容简介：本书是理论和实践相结合的产物，是对国内外政府改革实践进行思考的产物。作者认为，西方国家盛行的新公共管理运动的核心内容就是追求绩效，因此，公共部门绩效管理与新公共管理有着密切的联系。该书共九章，主要内容有绪论、公共部门绩效管理进程、公共部门绩效目标、公共部门绩效信息、公共部门绩效激励、公共部门绩效合同、公共部门绩效成本、公共部门绩效申诉、公共部门绩效评估等。可以作为 MPA 必修课程使用教材，也可作为公共管理学科各专业本科生使用教材以及各级行政院校专业课程的参考用书。

《地方政府公共事业管理绩效评价研究》

作者：彭国甫

出版社：湖南人民出版社

出版时间：2004 年

内容简介：该书把地方政府公共事业的管理绩效评价与治理对策研究作为管理科学与工程研究和公共管理学研究相结合的一个重要切入点、着力点和闪光点，既凸显了贯彻、落实科学的发展观、正确的政绩观，使选题具有鲜明的理论前沿性、现实针对性和实践指导性，又凸显了多学科的交叉与融合，把规范研究与实证研究、定性研究与定量研究、宏观研究与微观研究、方法和技术研究与理念创新和制度安排研究结合起来，努力实现管理科学与工程和公共管理学研究方法的整合和互补，为管理科学与工程、公共管理学的研究开辟新的视野、拓展新的领域，提供了新的范式、方法和手段。本书主要包括绪论、地方政府公共事业管理绩效评价的基本理论、国外政府公共事业管理绩效评价的实践与启示、地方政府公共事业管理绩效评价的价值取向、地方政府公共事业管理绩效评价的指标体系、地方政府公共事业管理绩效评价模型及实证研究、地方政府公共事业管理绩效评价的制度安排、地方政府公共事业的治理对策等部分。

《税务组织绩效管理理论与实践》

作者：戚鲁

出版社：中国税务出版社

出版时间：2004 年

内容简介：《税务组织绩效管理理论与实践》一书，深刻反映了南京地税在绩效管理方面的探索、实践和认识的过程。该书紧紧围绕税务组织的绩效管理特点，集中讨论了现代绩效管理在税务组织中的应用。在展开上述讨论时，作者时刻把握着"理论—实践—效果"的主线。全书包括绩效管理的理论和方法、税务组织的发展与绩效管理、税务组织绩效管理体系的策划、税务组织绩效管理体系的建立与实施、税务组织绩效管理体系的评审与改进、绩效管理在南京市地方税务局的实践等部分。

《转型社会的乡村发展与政府效能研究》

作者：许文兴、许建明

出版社：中国农业出版社

出版时间：2004年

内容简介：本书提出了一个新的中国"三农"问题的认识框架：首先是全世界普遍存在的"三农"问题（农业的弱质性、农村的边缘性与农民的滞后性）；其次是中国作为发展中国家所显现的"三农"问题；最后是中国特殊意义的"三农"问题。主要包括导论、全球视野下的乡村发展、政府角色的效能、作为镜子的中国台湾的经验、多重交困的中国乡村社会、传统农村的现代命运、乡村剩余劳动力转化问题、乡村工业化及其问题、乡村发展中的技术进步问题、乡村现代化进程中的资本支持问题、国际分配中的政府职能、作为关键行动者的政府、地方政府干预以及结论：政府失灵的克服途径等部分。

《地方政府绩效评估研究》

作者：彭国甫

出版社：湖南人民出版社

出版时间：2005年

内容简介：该书对地方政府绩效评估的指标、公民参与及评估方法等作了系统的介绍。全书共分六章，主要内容有：绩效评估；地方政府管理创新的途径；地方政府绩效评估指标体系的构建及应用研究；公民参与地方政府绩效评估的影响因素与途径；基于标杆管理的地方政府绩效评估研究等。

《地方政府公务员的工作理念、职业态度和职业绩效》

作者：唐世明　著，王宇航，任顺元　译

出版社：浙江大学出版社

出版时间：2005年

内容简介：本书是菲律宾公务员100周年经典文献，是地方政府行政人事官员必读书籍，也是东南亚公共行政管理硕士参考书，填补了东方学者研究文官制度的空白。本书以菲律宾碧瑶市作为典型的个案，剖析研究了碧瑶市地方政府雇员的工作价值观、工作满意感和工作绩效之间的关系。

《政府绩效评估理论与实务》

作者：范柏乃

出版社：人民出版社

出版时间：2005年

内容简介：该专著以科学发展观与正确绩效观的内涵及两者之间关系的分析为基础，系统地介绍和讨论了美国、英国、加拿大、澳大利亚、日本、韩国和我国的政府绩效评估和实践活动，围绕政府绩效评估系统的四个核心要素，即评估指标、定量方法、评估主体和评估程度分别进行了深入的理论分析和实证研究，进而系统地探讨了我国政府绩效评估的法制化问题。全书包括科学发展与正确政绩观、政府绩效评估概述、美国的政府绩效评估、英国的政府绩效评估、其他国家的政府绩效评估、我国政府绩效评估的实践探索、政府绩效评估指标体系的构建、政府绩效评估的定量方法、政府绩效评估的主体研究、政府绩效评估的操作程序及政府绩效评估的法制化等部分。

《政府绩效管理》

作者：马国贤

出版社：复旦大学出版社

出版时间：2005年

内容简介：绩效管理是现代政府建设的核心问题。该书是从研究政府的一般理论和财政理论开始，其内容大体可以分为三篇。第一篇：政府与政府改革理论，其中第一章介绍了政府、公共利益与公共财政等；第二章介绍了财政效率问题，它们为本书提供了政府制度的分析框架和政府改革的理论前提。第二篇：绩效管理原理，其中第三章介绍了公共预算原理和公共理财观；第四章介绍了政府绩效管理的理论和制度框架；第五章对中国公共预算的三项制度改革进行了分析，指出了深化我国部门预算改革的必要性。第三篇：政府绩效管理案例，其中第七章分析了卫生、行政与文化绩效管理案例；第八章分析了教育、农业与林业绩效管理案例；第九章分析了城市维护资金（市政维护、绿化养护、环境卫生资金）绩效管理案例，同时还结合案例，探讨了绩效项目管理方法。第十章介绍了西方常用的绩效评价方法——逻辑分析法、平衡计分卡、典型分析法及其在中国的应用。本书还附录了美国联邦政府《1993年政府绩效与结果法案》。该书适合公共管理专业、财政专业本科及研究生教学使用。

《公共部门绩效管理——迎接效能革命的挑战》

作者：胡税根

出版社：浙江大学出版社

出版时间：2005年

内容简介：该书共分九章，绪论主要介绍绩效的内涵、方法及公共部门绩效的理论和实践；第二章介绍西方国家公共部门绩效管理的理论和实践；第三章介绍公共部门绩效管理的基础；第四章介绍公共部门绩效的指标；第五章介绍公共部门绩效管理的开发；第六章介绍公共部门绩效管理的实施与运作；第七章介绍公共部门绩效管理与激励机制；第八章介绍公共部门绩效评估；第九章介绍公共绩效管理的实践。本书具有历史与逻辑、理论与现实相结合的特点，也有理论性与应用性、前瞻性与操作性富于一体的特色。本书可作为管理、经济类专业的教材，亦可作为MBA选用教材，还可供政府部门有关人员学习参考。

《绩效政府：理论与实践创新》

作者：郭济、高小平、鲍静

出版社：清华大学出版社

出版时间：2005 年

内容简介：随着全球化、信息化以及后工业社会的来临，政府成本意识和公民监督意识的加强，绩效管理作为政府再造的重要内容和根本性措施在政府部门中得到了广泛研究和运用。建设绩效型政府以提升政府绩效为核心，以加强政府部门提高公共服务质量为评估目的，强调利用现代信息技术，促进政府部门与社会、公民之间的沟通与交流，以寻求一种新的政府责任实现机制。该书作为国内第一本探讨绩效型政府建设的论文集，汇集了我国公共部门绩效评估相关领域的著名专家和学者多年来取得的研究成果，对于从事行政管理、绩效政府建设的理论研究者和实践者，高等院校公共管理专业的师生，以及对公共部门绩效评估感兴趣的人士都有重要的参考价值。

《政府绩效评价与政府会计》

作者：财政部会计准则委员会

出版社：大连出版社

出版时间：2005 年

内容简介：为完善我国会计准则体系，加强会计准则的研究工作，财政部会计准则委员会于 2003 年 9 月组织了 42 项会计准则重点科研课题，由会计准则委员会委员和部分会计准则咨询专家承担。这些科研课题基本上是结合我国当前制定会计准则的需要而确定的，涉及财务会计概念框架、企业会计准则和政府会计等领域中的基本问题和热点、难点问题。对会计准则科研课题展开研究是我国会计准则建设的一项重要基础工程。经过一年多的研究，大部分课题如期提交了科研成果，该书即是其中的研究成果之一，是针对政府绩效与政府会计做出的评价政府绩效的评价体系。该书的主要内容有：政府绩效评价体系、政府会计准则体系、政府财务会计报告、政府会计的概念框架等部分。

《英国绩效审计》

作者：罗美富

出版社：中国时代经济出版社

出版时间：2005 年

内容简介：本书较全面、客观、准确地反映了英国绩效审计的发展过程、基本做法、最新成果和理论水平。主要体现在：一是较全面、系统地介绍了最新的英国公共审计体系、英国绩效审计的最新概念及发展过程；二是重点介绍了绩效审计实施程序、质量控制和计算机在绩效审计中的运用等技术方法；三是将绩效审计的一般要求与绩效审计案例相结合，突出了对英国绩效审计案例的分析。全书由英国绩效审计概况、程序、技术与方法、计算机技术在绩效审计中的应用、案例及附录等六个部分组成。

《中国公共预算改革：理性化与民主化》

作者：马骏

出版社：中央编译出版社

出版时间：2005年

内容简介：国家制度的理性化与民主化是中国制度转型的一个非常重要的内容。本书在公共预算领域研究了这两大问题。1978年的经济改革使得中国从一个"自产国家"逐渐转变成一个"税收国家"。这一转变对中国财政与预算构成了巨大的挑战。在1999年以前，中国的财政改革主要集中在收入方面应对这一挑战，没有相应地在支出管理方面进行实质性的改革。1999年，中国终于将财政改革的重点转到支出管理，重构中国的预算体制。如何理解中国目前的预算改革？中国预算改革的近期目标和远期目标是什么？预算改革后中国预算出现了哪些变化，取得了哪些成绩，还存在什么问题？为了推动中国的预算改革，我们应该如何研究预算？这些都是本书关心的问题。围绕着这些问题，本书将展开讨论。第一篇论文从财政史的角度分析宪政制度尤其是代议制的产生与维持。第二篇讨论中国的预算民主问题。第三篇和第四篇主要关注中国预算改革的近期目标和远期目标。第五篇、第六篇和第七篇进入中国预算的"真实世界"，这三篇论文是关于中国地方预算改革的经验研究。本书的最后一篇探讨如何在中国进行预算研究。

《绩效导向的城市目标管理》

作者：张泽忠

出版社：中国社会科学出版社

出版时间：2005年

内容简介：本书在现有城市目标管理的框架上，借鉴发达国家公共组织绩效评估的经验，将"绩效"的理念引入城市目标管理，借鉴制度分析、计量经济学分析等研究方法，以多个城市党委、政府的目标管理实践作为案例，对绩效导向的城市目标管理的概念定义和体系构建进行了前瞻性研究讨论。

《转型期地方政府效能建设》

作者：福建行政学院

出版社：海潮摄影艺术出版社

出版时间：2005年

内容简介：福建省在机关效能建设方面走在全国的前列。本书主要从政府效能建设的概述、行政审批制度改革、行政公开、政府超市、电子政务、绩效评估、政府效能建设的保障机制等方面讨论转型期政府效能建设的相关问题。

《政府绩效评估研究》

作者：桑助来

出版社：中国人事出版社

出版时间：2005年

内容简介：本书主要从政府绩效评估、政府绩效评估理论研究、我国政府绩效考核的历史和现状分析、我国政府绩效评估指标体系研究、发达国家政府绩效评估及其启示、青岛绩效管理的实践探索、美国城市绩效评估概述、日本的行政评价制度分析等方面研究绩效评估的相关问题。

《绩效政府：理论与实践创新》

作者：郭济

出版社：清华大学出版社

出版时间：2005年

内容简介：建设绩效政府以提升绩效为核心，以加强政府部门提高公共服务质量为评估目的，强调利用现代信息技术，促进政府部门与社会、公民之间的沟通与交流，以寻求一种新的政府责任实现机制。本书作为国内第一本探讨绩效型政府建设的论文集，汇集了我国公共部门绩效评估相关领域的专家和学者多年来取得的研究成果，包括公共部门绩效评估、公共行政体制创新、公共部门绩效管理、电子政府及降低行政成本的方法与手段等四部分内容，对于从事行政管理、绩效政府建设的理论研究者和实践者、高等院校公共管理专业的师生，以及对公共部门绩效评估感兴趣的人士都有重要的参考价值。

《发达国家规制改革与绩效——政府规制改革丛书》

作者：王林生、张汉林 等著

出版社：上海财经大学出版社

出版时间：2006年

内容简介：本书研究了主要经济合作发展组织成员规制改革的背景及其进程、规制改革的绩效、规制改革政策和核心原则及其实施、政策工具的选择、对规制影响的分析、政府规制改革的启示等。对规制改革及其启示进行了实例分析，公共管理改革以及各行业规制改革，典型的如英国燃气行业、意大利电力部门、加拿大电信业、日本金融业等。例如，对美国规制改革的研究重点分析了美国规制改革的基本框架、规制改革中国家机构和政策的地位与作用，以及典型部门规制改革及其绩效分析，包括电信行业、数字经济、信息技术产业、电子商务等领域。

《政府绩效管理导论》

作者：卓越

出版社：清华大学出版社

出版时间：2006年

内容简介：本书共分十章，主要包括绪论、政府绩效目标、政府绩效信息、政府绩效预算、政府绩效合同、政府绩效程序、政府绩效规制、政府绩效审计、政府绩效评估、政府绩效申诉等内容。本书可作为MPA课程的使用教材，也可作为公共管理学科各专业本科生的使用教材以及各级行政院校专业课程的参考用书。

《全球化世界中的城市：治理·绩效与可持续发展》

作者：傅兰妮 编著，胡光宇 译

出版社：清华大学出版社

出版时间：2006 年

内容简介：《全球化世界中的城市》一书对全球化、城市化和地方治理之间的互动和联系进行了新的阐释。本书论证了其相互关系的紧密性及其对于可持续发展与日俱增的重要性。本书明确了在城市化领域中，更好的政策设计取决于因果关系分析水平的提高，反过来又要求大幅度提高所收集的数据的质量。本书对城市管理的从业人员、在校学生以及关注全球化和发展中国家的人士大有裨益。

《群众评议政府绩效——理论、方法与实践》

作者：邓国胜、肖明超

出版社：北京大学出版社

出版时间：2006 年

内容简介：由群众来评议政府绩效是未来政府评估的发展趋势。本书是国内首部关于群众评议政府绩效的专著，无论对于政府部门、评估机构，还是公共管理的教学与科研单位，都具有很好的参考价值。本书基于中国的国情与实践，构建了群众评议政府绩效的"四环五要素"理论分析框架，并提出了群众评议的客观公正性、有用与可操作性、压力的适度性、回应的及时有效性和评估活动的动力与可持续性等问题的解决方案。最后，书中还结合不同类型的群众评议活动进行了案例分析，并提供了群众评议活动过程中非常实用的调查问卷与访谈提纲。

《政府绩效评估：美国的经验与中国的实践》

作者：孟华

出版社：上海人民出版社

出版时间：2006 年

内容简介：本书详尽地介绍了政府绩效评估的基本概念、政府绩效评估的基础理论以及绩效评估的操作方法。本书通过比较分析的方法、实证和规范分析相结合的方法和历史分析的方法，对美国政府绩效评估的历史演进、理论、价值观和制度基础、操作环节、动静态特征进行了系统评价，并在此基础上提出了我国借鉴美国经验的基本思路。

《公共部门绩效评估》

作者：张旭霞

出版社：中国对外经济贸易出版社

出版时间：2006 年

内容简介：绩效评估是西方发达国家在现存政治制度的基本框架内，在政府部分职能和公共服务输出市场化以后所采取的政府治理方式，也是公众利益和参与管理的重要途径与方法。对于发展中的中国政府来说，深入研究公共部门绩效评估，探讨其在我国的发展，具有重要的意义。本书是一部以公共部门绩效为研究对象的理论专著，内容涉及公共部门绩效评估概论、西方发达国家公共部门绩效评估的实践、公共部门绩效评估的体系建构、公共部门绩效评估的实施、公共项目评估等内容。

《美国政府绩效预算的理论与实践》

作者：张志超

出版社：中国财政经济出版社

出版时间：2006年

内容简介：该书的研究对象是美国联邦政府如何推行其绩效预算活动以及到目前为止所取得的一般成就，研究重点涉及美国政府推行绩效预算的宪法、法律、制度环境、政府治理改革、预算管理制度改革，以及绩效预算的原理、方式方法、主要的技术手段等。本书丰富了国内理论界在此领域的研究，为国内各级政府的预算管理制度改革活动提供了经验，有助于各级政府为考虑合理移植美国政府绩效预算的某些具体做法提供一些思路。

《政府绩效评估导论》

作者：周凯

出版社：中国人民大学出版社

出版时间：2006年

内容简介：该书全面系统地介绍了政府绩效评估的概念、相关理论溯源及相关体系、详细操作程序和步骤以及对结果的具体应用，阐述了我国政府绩效评估的历史和发展现状，总结了发达国家政府绩效评估的实施情况及对我国实施政府绩效评估的启示，并对第三方在政府绩效评估中的作用以及在国内相关领域的应用情况进行了深入探讨，对加强我国政府绩效评估工作有着推动作用。

《公共支出评价》

作者：上海财经大学课题组

出版社：经济科学出版社

出版时间：2006年

内容简介：该书以实证研究和方法论研究相结合，在构建中间评价和最终评价相结合的公共支出绩效评价思路的基础上，根据我国公共教育支出、公共科技支出、公共卫生支出和行政管理支出的客观规律，从绩效评价的要求出发，按照"讨论指标—建立指标体系—确立指标评价方法—寻找指标评价标准—实证评分—按权重汇总—得出分值—分析分值—讨论公共政策改进的空间"这样一个过程，对上述各项公共支出的内容进行了实证研究，建立了一个以实证方法论研究为主导的、涵盖上述范围的公共支出绩效评价指标体系和评价方法。

《公共政策绩效评价》

作者：孔志峰

出版社：经济科学出版社

出版时间：2006 年

内容简介：作为一项探索，该书选择了散装水泥专项资金这一案例，对我国公共政策绩效评价中的相关问题进行系统的探讨。散装水泥专项资金，是我国目前仍保留的 31 项政策性基金中的一项，它是我国专门用于推广和发展散装水泥的一项公共政策。按照该项政策出台时的规定，散装水泥专项资金应在 2005 年 12 月 31 日停止征收。但通过对这项公共政策的绩效评价，财政部决定对这一公共政策执行的时间顺延一年，并通过进一步的研究，决定其政策的走向。散装水泥专项资金这项政策，涉及范围小，但意义重大。并且，从公共政策绩效评价的角度讲，它涉及了公共政策前绩效评价（政策设计的绩效评价）、后绩效评价（政策执行、执行结束的绩效评价）等整个流程，具有较强的典型性。同时，以一项目前正在执行的政策为典型案例，可以使本书提出的绩效评价的一些观点、方法，更有现实意义，便于广大财政工作者在实践中予以借鉴。

《公共项目绩效管理》

作者：孔志峰

出版社：经济科学出版社

出版时间：2006 年

内容简介：该书是在公共项目综合管理理论的基础上，按照绩效预算的基本原理，对公共项目实施的一项全过程管理模式。它是公共部门以业主的身份，为提高公共项目实施公共目标的程度、提高公共资源使用的绩效而编写的。主要内容包括：公共项目绩效管理概论、公共项目绩效管理的核心技术、公共项目绩效管理中的科技创新与制度创新等。

《政府绩效审计研究》

作者：陈宋生

出版社：经济管理出版社

出版时间：2006 年

内容简介：该书的研究主线是以制度变迁理论与经验证据分析世界各国政府绩效审计的变迁，然后分析中国政府审计对绩效审计的探索；以革新理论为基石，探讨中国政府审计人员对中国是否应开展绩效审计的看法与其个人特征相关性；调查审计人员对中国为何未能及时开展、应开展原因何在及如何开展绩效审计的认识；在上述分析的基础上，提出中国政府应如何开展绩效审计的相应建议。全文包括引论、政府绩效审计研究文献综述、制度变迁理论与分析框架、世界各国政府绩效审计变迁分析、新中国政府绩效审计变迁：历史沿革与主要特点、新中国政府绩效审计变迁：来自政府审计的经验证据、新中国政府审计的发展：来自政府审计的经验证据、结论、建议及研究展望等部分。

《绩效审计论》

作者：蔡春、刘学华

出版社：中国时代经济出版社

出版时间：2006 年

内容简介：本书以受托经济责任观为理论依据，对绩效审计的理论和实务进行深入广泛的研究。着重研究了绩效审计的内涵与外延、绩效审计理论结构、绩效审计的国内外特点的比较、绩效计量的标准与方法、绩效审计程序与方法、绩效审计质量控制体系以及绩效审计的报告与公告等相关问题。

《发展绩效管理：行动原则与经验集萃》

作者：经济合作与发展组织—发展援助委员会绩效管理合作组，财政部财政科学研究所发展绩效管理翻译组

出版社：经济管理出版社

出版时间：2006 年

内容简介：本书是一本有关公共部门和援助项目绩效管理的实施原则和实践案例的书籍，汇集了一些发展中国家建立绩效管理制度、实施绩效管理方法的经验和教训。

《政府绩效管理概论》

作者：卓越

出版社：清华大学出版社

出版时间：2007 年

内容简介：全书共分十章，主要介绍了政府绩效目标、政府绩效预算、政府绩效合同、政府绩效流程、政府绩效规制、政府绩效审计、政府绩效评估、政府绩效控制和政府绩效申诉等相关内容。该书是普通高等教育"十一五"国家级规划教材，同时，也可以作为 MPA 必修课程、选修课程的使用教材以及各级行政院校专业课程的参考用书。

《政府绩效评估与管理》

作者：范柏乃

出版社：复旦大学出版社

出版时间：2007 年

内容简介：本书以政府绩效管理为主线，以政府绩效评估为核心，在深入讨论了绩效、政府绩效、政府绩效评估和政府绩效管理等概念的基础上，对美国、英国、加拿大、澳大利亚、韩国和中国等国家的政府绩效评估与管理的实践进行了深入细致的考察，围绕政府绩效评估与管理系统的若干核心问题，即绩效计划、绩效管理方法、

绩效评估主体、绩效评估指标、绩效评估的定量分析、绩效审计、绩效预算、绩效沟通与反馈等分别进行了深入的理论探索和实证分析，最后系统地探讨了绩效评估与管理的法制化问题。本书既可作为 MPA 课程的使用教材，也可作为高校公共（行政）管理专业本科生、研究生的专业教材，以及各级行政学院和公务员培训机构的教材和参考用书。

《困境与变革：政府绩效评估发展论纲》

作者：王义

出版社：湖南人民出版社

出版时间：2007 年

内容简介：政府绩效评估是一个政治互动过程，是一个约束与反约束的利益博弈过程。政府绩效评估的压力并不是来自政府本身，而是社会公众。在不同的社会制度下和同一社会不同的历史时期，政府绩效评估既有共性，也存在着巨大差异。一个国家能不能建立起有效的政府绩效评估体系、制度，通常不是技术层面的问题，而是与政治制度密切相关。该书以中国政府的绩效管理改革实践为范本，从主体、内容、流程、方法等多个角度对国内政府绩效评估改革取得的实际进展做了比较全面、客观的总结与分析，对构建省、市、县、乡政府绩效评估指标体系模型做了深入探讨。

《政府绩效评估 200 问》

作者：杨洪

出版社：中国人民出版社

出版时间：2007 年

内容简介：杨洪主编的这本《政府绩效评估 200 问》一书，较为系统、全面地介绍了政府绩效评估的基本理论、实务知识、国内外实践经验和深圳市在政府绩效评估工作方面所做的探索，内容活泼、形式新颖、通俗易懂，既可以作为了解政府绩效评估有关知识的入门之篇，又能为政府部门开展绩效评估提供有益的借鉴，具有很强的可读性、启发性和前瞻性。

《公共支出绩效审计研究》

作者："公共支出绩效审计研究"课题组

出版社：中国时代经济出版社

出版时间：2007 年

内容简介：对公共支出开展绩效审计符合国家和社会发展的需要，符合政府审计发展的趋势，符合政府、人大和社会各界的要求。开展公共支出绩效审计，有利于实现我国政府审计现代化，有利于提高公共支出有效性，有利于建设廉价、高效和负责任的政府，因此具有重要的意义。《公共支出绩效审计研究》是科技部立项资助的科研课题，本课题的研究始于 2004 年 8 月。在历时两年的研究过程中，正是我国政府审计积极开展效益审计实践探索的时期，各级审计机关效益审计的实践经验为本课题的研究提供了丰富的素材和坚实的基础，同时也证明了本课题的研究适应了我国政府审计实践的需要。

《政府公共支出行为的成本——效益研究》

作者：李银珠

出版社：经济管理出版社

出版时间：2007年

内容简介：长期以来，我国财政工作管理的重心一直放在收入管理方面，尤其是1994年实行税制改革以来，政府进一步加大了对公共收入的管理，并逐步建立了以税收为主体，以公债和规费为补充的公共收入体系，其收入行为也日渐规范和有效。相比之下，政府的公共支出改革与管理则严重滞后，尤其是政府公共支出行为欠规范和缺乏效率，因而成了现阶段我国整个财政管理工作的薄弱环节。随着我国现代公共财政框架的构建，随着我国改革开放的进一步深入和政府职能的转变，政府的公共支出管理与改革及其行为规范和效率的提高，对提升政府公共管理的效能和公共部门的综合竞争能力具有重要的战略意义。基于这一理念和思考，本书以我国转轨时期存在的相关制度缺陷、政府公共支出管理效率低下和欠规范为背景，依据社会契约理论、新制度经济学、公共选择理论的基本原理和相关理论，运用公开的统计数据，对我国政府公共支出行为的成本、效益进行实证研究，旨在建立一个基本分析框架，探索政府公共支出行为及其成本—效益的基本理论与方法以及高绩效政府的公共支出行为规范与路径选择。

《绩效预算：国外经验与借鉴》

作者：刘昆

出版社：中国财政经济出版社

出版时间：2007年

内容简介：绩效预算是一种以预算实施结果为导向来分配预算资源的预算方式。它通过强调资源分配最终产生的效果而不是依赖传统的投入控制来提高政府部门的预算分配。绩效预算在西方国家已经有半个多世纪历史。20世纪80年代以来，绩效预算的理论探讨和实践在全世界范围内呈现了迅猛发展势头，越来越多的国家在尝试这种新的预算模式。那么到底什么是绩效预算？其他国家怎么使用绩效预算？这种预算模式是否适用于中国的预算管理？如果可以，中国应该怎样来借鉴这种模式？这是本书着重探讨的几个主题。该书内容包括：美国州政府的绩效预算、变革背景下的行政改革、联结政府预算与绩效、政府绩效与结果法案等。

《政府绩效管理的理论与实践》

作者：姜异康

出版社：国家行政学院出版社

出版时间：2007 年

内容简介：本书对政府绩效管理的理论与实践进行了系统的介绍，全书内容包括：加强政府绩效管理，深化行政管理体制改革；政府绩效评估必须确立正确的价值导向；公共组织绩效评估：中国实践的回顾与反思等部分。

《国家治理与公共预算》

作者：马骏、侯一麟、林尚立

出版社：中国财政经济出版社

出版时间：2007 年

内容简介：本书是 2006 年中山大学行政管理研究中心/政务学院、复旦大学国际关系与公共事务学院、中国留美公共管理学会共同举办的"国家治理与公共预算"研讨会的论文集。本论文集的作者围绕国家治理，根据不同国家在不同历史时期的经验，从各个方面探讨了公共预算问题。

《公共部门绩效评估方法与应用》

作者：朱春奎等

出版社：中国财政经济出版社

出版时间：2007 年

内容简介：公共部门绩效评估是一个遍及全球公共管理学界的热门话题，关于公共部门绩效评估的研究是不可能一劳永逸的。作者为高校教师、学生以及实践操作者提供了一本具有教材性质的评估方法专著。同时，本书也为实践操作者探讨更为科学的评估技术与工具提供了有益的借鉴。

《公共绩效管理与方法》

作者：齐二石

出版社：天津大学出版社

出版时间：2007 年

内容简介：公共绩效管理是公共管理硕士（MPA）专业学位教育的核心课程之一。面向新形势下 MPA 人才培养的新要求，本书力求系统介绍提高公共组织绩效的基本概念、理论和方法，尽可能反映近年来绩效管理领域的新成果。主要内容包括：公共组织绩效管理的基本知识、公共组织设施规划、公共组织流程再造、公共组织质量管理、公共项目管理等。本书可作为公共管理硕士的教材，也可作为高等院校公共管理类专业研究生和高年级本科生的教材和参考书以及公务员、管理干部的培训教材和自学参考书。

《中国行政效能监察：理论、模式与方法》

作者：毛昭晖

出版社：中国人民大学出版社

出版时间：2007 年

内容简介：在反腐败与廉政建设中，廉政监察与效能监察是监察机关的基本职能，论述廉政监察的著作不胜枚举，而论述行政效能监察的著作却寥寥可数。《中国行政效能监察——理论、模式与方法》一书，是当前我国系统论述行政效能监察的第一部专著。本书就行政效能监察的多元组织模式、立项式效能监察和体系式效能监察的实施方法，以及行政效能监察的考评与奖惩进行了深入论述，为监察机关有效开展行政效能监察，提供了强大的理论指导和具体的实施指南。该书贯穿一个重要主题：随着国家惩治与预防腐败体系的逐步完善，监察机关将成为政府领衔效能管理的中枢性部门，这也是提升监察机关的核心竞争力和深化行政监察制度创新的关键所在。

《领导干部政绩评价的理论与实践》

作者：庄国波

出版社：中国经济出版社

出版时间：2007 年

内容简介：本书通过全面系统地研究我国领导干部政绩评价的历史、现状、方法和体系，提出对领导干部政绩评价的量化理论、效益理论、比较理论等基本理论问题和分析框架，对领导干部政绩评价和政府绩效评估作了明确的区分，并提出用"一条主线、两根辅线、四个维度"来建立全新的领导干部政绩评价指标体系和内容体系。本书供从事组织干部人事工作的同志阅读和参考，也可作为各级党校、行政学院的培训教材，以及普通高等院校行政管理、人力资源管理专业的教材和教学参考书。

《现代绩效考评技术及其应用》

作者：萧鸣政

出版社：北京大学出版社

出版时间：2007 年

内容简介：本书结合作者在管理咨询与教学实践中所具有的经验以及遇到的实际问题，系统地介绍了各种绩效考评方法的主要思想与核心技术，力图概括国内外的最新成果。主要内容包括：绩效考评对象分析技术、绩效考评指标体系设计技术、绩效考评信息获取技术、绩效考评信息综合技术、绩效考评评判技术、绩效考评质量检验技术、绩效考评结果转换技术与等值技术、绩效考评结果的反馈与解释技术、平衡计分卡、KPI 技术等。本书的特点是兼顾绩效考评的理论方法与实际应用两个方面，既注重各种考评技术理论体系的建构，又有较多事例描述，强调量化，可操作性强，是一部专门阐述绩效考评技术的专著性教材。本书可以作为工商管理、公共管理与人力资源管理专业的教材，也可作为企事业组织、政府部门管理工作者的参考书。

《基于卓越绩效管理的我国城市政府管理研究》

作者：申剑

出版社：云南大学出版社

出版时间：2008 年

内容简介：如何进行城市的政府管理，无疑是现代世界各国都十分关注的，甚至是亟待解决的重大问题。最理想的城市政府管理，就政府来说也许应该是体现民主、富有绩效、廉洁奉公与诚实信用等；就城市来说也许应该是规划科学、设施完备、教育发达和医疗良好等。然而，何以达成这些目标，无疑是政府城市管理中必须解决的重大问题。本书作者的这一著作正是回答这些重大问题的尝试。

《政府绩效评价与行政管理体制改革》

作者：包国宪、鲍静

出版社：中国社会科学出版社

出版时间：2008 年

内容简介：本书是"政府绩效评估与行政体制改革研讨会"论文集，大会共收到150 余篇论文，代表了政府绩效管理及评估方面的最新研究成果。

《政府财政教育支出绩效评价研究》

作者：王敏

出版社：经济科学出版社

出版时间：2008 年

内容简介：本书从政府财政教育支出的基础矛盾分析入手，通过对社会资源配置机制的新阐释，以其他相关理论为依据，设计出了政府财政教育支出的运作逻辑模型，并以财政教育支出运作逻辑模型为基石，以财政教育资金运行和监管机制为主线，将财政教育支出的绩效划分为配置绩效、耗用绩效、产出绩效、成果绩效和监管绩效，形成了一个较为系统的、由五大模块构成的绩效评价体系，进而设置了与五大模块绩效评价框架体系相适应的绩效评价指标体系，最后还寻求了破解这一问题的若干对策。

《转轨时期的政府管制：理论、模式与绩效》

作者：孟延春、吴伟

出版社：经济科学出版社

出版时间：2008 年

内容简介：本书对计划经济向市场经济转轨过程中我国政府管制兴起、变迁、改革的原因和管制机制设计等问题进行了解释和分析，并以社会性管制领域之一的特种设备安全监察为例，打开政府管制机构黑箱，分析了当前我国政府安全管制宜采取的模式和机制。该书是目前为数不多的以社会性管制为研究对象的理论和实证分析专著，可供产业组织学、公共管理学、法学与经济学专业的教学科研人员阅读。

《公共服务绩效考核理论探索与实践经验》

作者：于小千　主编

出版社：北京理工大学出版社

出版时间：2008年

内容简介：本书主体部分分上、中、下三篇，共九章。上篇是"从公共服务、服务型政府到绩效考核"，分为"政府转型——服务型政府与公共服务"、"体制破冰——公共委的诞生"、"巩固提高——公共委公共服务绩效考核的推出"三章，探讨在政府转型、职能转变的大背景下，公共委的诞生对现有事业单位体制和公共服务供给模式的突破，阐述其制度创新所在，并着眼于绩效考核，分析公共委推出绩效考核对于巩固改革成果的意义。中篇是"公共委公共服务绩效考核的理论框架与体系设计"，包括"公共委公共服务绩效考核的理念与方案"、"公共委公共服务绩效考核的体系设计"、"公共委公共服务绩效考核方法的选择和设计"三章，剖析公共委公共服务绩效考核的理念、愿景、考核体系、指标的设计及考核方法，展现公共委开展公共服务绩效考核的基础理论框架和体系设计全貌。下篇是"公共委公共服务绩效考核的探索与实践"，包括"公共委公共服务绩效考核的实施与操作"、"公共委公共服务绩效考核体系在事业单位内部的延伸"、"公共委公共服务绩效考核的未来发展"三章，在介绍公共委绩效考核具体做法的同时，对公共委所属事业单位内部绩效考核概况加以阐述，并由此对公共委公共服务绩效考核实践的未来发展进行展望。

《中国公共卫生支出的绩效管理研究》

作者：程晋烽

出版社：中国市场出版社

出版时间：2008年

内容简介：该书在对比分析我国改革开放前后公共卫生领域绩效变化的基础上，指出公共卫生领域里的问题不仅仅是财政问题，即投入问题，当前卫生支出管理中存在的制度性缺陷，即政绩观、体制和机制等是影响公共卫生绩效的关键问题，所以，现行的制度不适应当前的公共卫生发展，必须进行制度创新。绩效管理是公共支出管理领域的制度创新。作为一项制度，公共支出绩效管理是从一个局部问题——财政效率的研究开始的，公共支出绩效管理是一种以财政效率为核心的管理机制。全书分为导论、公共卫生产品的经济学分析、我国公共卫生现状及其原因分析、公共卫生支出绩效管理理论研究、公共卫生支出绩效评估指标及其权重研究、公共卫生支出绩效管理安全研究、改革我国公共卫生支出绩效管理的政策思考等部分。

《转型期政府绩效审计模式研究》

作者：周云平

出版社：山东人民出版社

出版时间：2008年

内容简介：本书以我国转型期政府绩效审计模式为研究对象，较为深入系统地探讨了政府绩效审计理论，期望能对建立和完善我国政府绩效审计制度和开展绩效审计工作提供一点理论支撑。内容包括：转型期政府绩效审计的理论基础、政府绩效审计概念分析、审计系统分析、组织模式、审计实施模式、审计方法模式、审计评价模式、审计结果运用模式、案例实证分析等。

《公共管理评估丛书——事业单位治理结构与绩效评估》

作者：邓国胜　等著

出版社：北京大学出版社

出版时间：2008年

内容简介：事业单位改革是中国下一步改革的重点与难点。作者提出，科教文卫等社会事业的改革方向之一应当是不断增强事业单位的自主性和公共性。而增强事业单位自主性的前提，同时也是形成组织公共性的核心手段，就是完善事业单位的法人治理结构，并建立以问责为导向的绩效评估体系。作者认为，发达国家虽然没有事业单位，但存在大量与中国事业单位类似的公立机构。本书详细介绍了发达国家和地区公立学校、公立医院等公共服务机构的治理结构与绩效评估状况，阐述了治理结构的原理与操作实务，构建了事业单位董事会的标准。同时，书中也介绍了事业单位绩效评估的理论与方法。本书为各类事业单位完善治理结构、建立绩效评估体系提供了指南。同时，也为各级政府部门深化事业单位的改革提供了借鉴与参考。

《呼吁公共预算——来自政治学、公共行政学的声音》

作者：马骏

出版社：中央编译出版社

出版时间：2008年

内容简介：本书为公共预算研究系列丛书之一。书中收录的论文是关于政治学、公共行政学领域对公共预算的研究。全书分成五个部分，包括：公共预算与政治学和公共行政学、反思中国公共预算研究、公共预算与预算民主、中国地方公共预算的经验研究、财政管理与绩效预算。

《电子政务价值评估》

作者：邓崧

出版社：人民出版社

出版时间：2008年

内容简介：国际和国内都越来越重视电子政务的建设与发展，而电子政务绩效评估体系的不健全，客观上制约了电子政务的进一步深入发展。电子政务价值是电子政务绩效中最核心的内容，完善电子政务价值评估的理论方法体系，已成为社会各界关注的一个热点问题，很多学者也从不同的角度作了探讨。《电子政务价值评估》结合公共管理部门绩效评估的一些基本理论，应用经济学方法，提出了一套基于用户的电子政务价值评估模型和方法，以期从一个新的角度来探索如何在我国构建科学的电子政务绩效体系，从而促进电子政务的进一步发展。全书包括电子政务基本概念、政府绩效与电子政务价值评估进展综述、电子政务评估的方法技术论以及信息化绩效框架模型分析等部分。

《政府采购绩效评价模式创新研究》

作者：潘彬　主编

出版社：湘潭大学出版社

出版时间：2008年

内容简介：本书围绕为什么要进行政府采购绩效评价、对哪些项目和内容进行评价、怎样评价、由谁评价、评价结论如何对待、政府采购绩效如何改善等核心问题展开了深入的探讨和研究，构建了比较完整和科学的政府采购绩效评价理论体系，全面阐述了政府采购绩效评价的意义和国内外研究现状，建立了比较系统的政府采购绩效评价指标体系和评价模型，确立了政府采购绩效的评价程序、评价主体和评价结论反馈机制，提出了改善政府采购绩效的治理对策。并对湖南省××市2005年《电子政务网络中心平台建设项目》进行了实证研究，检验了政府采购绩效评价理论的实用性问题。该书的问世，对于推进我国政府采购绩效评价研究、形成新型政府采购管理模式、深化政府采购制度改革、改善政府采购绩效等方面均具有重要的理论和实践参考价值。

《绩效评价》

作者：徐倩

出版社：中国标准出版社

出版时间：2008年

内容简介：本书从绩效管理的基本理论入手，在分析绩效管理工作流程的基础上，详细论述了绩效评价的全过程，围绕绩效评价的主体、客体、指标、标准、方法等五大环节进行了研究，同时，结合实证案例对政府绩效评价、事业单位绩效评价、企业绩效评价的体系运行和指标体系构建进行了讨论。

《政府绩效评估新论》

作者：何凤秋

出版社：中国社会科学出版社

出版时间：2008年

内容简介：本书作者从政府绩效评估本源价值分析入手，探讨在政府管理创新条件下政府绩效评估的背景与条件；对国外政府绩效评估理论与实践进行梳理与分析，并对我国绩效评估实践做了进一步分析和总结。在此基础上从实际操作的角度出发，对于绩效评估指标设置、评估方式和方法、评估具体实施及结果运用都进行论证与描述。本书最大特点是根据实践经验构建了一套应用于地方政府的绩效评估指标体系，同时对政府绩效评估流程进行了探讨。全书共分为八章，内容包括：政府绩效评估与政府管理创新、国外政府绩效评估的实践与探索、我国政府绩效评估的现状分析、政府绩效管理与绩效评估、政府绩效评估的方法选择等。

《政府绩效预算：美国经验与中国方略》

作者：朱春奎

出版社：中国财政经济出版社

出版时间：2008年

内容简介：本书在对美国联邦政府与州和地方政府推行绩效预算制度的成果、经验、教训进行跟踪研究，对我国中央财政与地方政府推行绩效预算改革的进展与成效进行实证研究的基础上，从推行政府绩效预算的关键因素与战略构想、完善和发展预算会计制度等方面对如何改善中国政府部门的财政资源使用进行了探讨。全书包括绪论、美国联邦政府的经验、美国州和地方政府的经验、中国中央财政的实践、中国地方政府的探索、政府绩效预算在中国：问题与对策等部分。

《转变政府职能与建设服务型政府》

作者：赵晖

出版社：广东人民出版社

出版时间：2008年

内容简介：本书通过研读和梳理国内外关于服务型政府的理论成果，结合我国一些地方政府建设公共服务型政府的实践，试图总结和提炼我国服务型政府建设的基本思路与对策，从理论上探讨并提出具体的、可操作的政府实行公共服务的新机制，如市场化、政府绩效管理等。全书包括导论、我国城市基础设施供给与政府职能转变、建设电子政府与提升我国政府的服务品质、服务型政府视角下的中国社会保障制度的构建、提升我国政府危机管理能力、制度创新与服务型政府建设、服务型政府视角下的政府绩效评价等部分。

《中国地方政府整体绩效评价——理论方法与"广东试验"》

作者：郑方辉、张文方、李文彬

出版社：中国经济出版社

出版时间：2008年

内容简介：政府绩效评价是公共管理的前沿课题。地方政府整体绩效评价作为全新的概念范畴具有典型的"中国特色"。2007年11月13日，《新快报》以红皮书的形式，独家公布了由作者主持完成的"广东省市、县两级政府整体绩效评价指数年度报告"，被中央电视台、法制日报、南方日报等主流媒体誉为"破冰之举"，称为"广东试验"。本书是在此基础上形成的专著。全书分上、中、下篇。上篇为理论基础，阐述我国地方政府整体绩效评价的核心概念、理论框架、组织模式、评价体系以及地方政府的特征与职能；中篇为实证方法，涉及评价技术体系中的方法论，包括概念模型、研究方法、指标体系、权重系数、评分标准和满意度调查；下篇为"广东试验"，系统展现了广东率先进行的市、县两级政府整体绩效评价的基本结果及改善政府绩效的对策。

《欧洲通用评估框架及其在中国的试点应用》

作者：国家行政学院政府绩效评估中心

出版社：国家行政学院出版社

出版时间：2008年

内容简介：本书详细介绍了欧洲通用评估框架及其在中国的试点应用，对于学习和借鉴国外的政府绩效评估方法，推进行政管理体制改革具有重要意义。

《行政管理体制改革与提高政府效能——第四届中欧政府管理高层论坛论文集》

作者：姜异康、袁曙宏

出版社：国家行政学院出版社

出版时间：2008年

内容简介：此次论坛以我国和欧盟国家如何适应经济社会变革的需要，结合各自国情，以行政管理体制改革与提高政府效能为主题，重点探讨政府职能转变与解决民生问题、政府机构设置和改革、推进依法行政和建设法治政府、政府绩效管理与政府效能、行政问责制与政府执行力、电子政务建设与政务公开等问题，以促进我国和欧盟国家行政管理创新。本文集由致辞、主报告、六个议题及考察报告组成。

《万人评议：中国地方政府党政机关绩效评价新方式初探》

作者：谢宝富

出版社：北京大学出版社

出版时间：2008年

内容简介：自从20世纪90年代后期以来，我国各地开展的各种万人评议活动甚多，诸如"万人评行风"、"万人评医院"、"万人评警"、"万人评计生"、"万人评工商"、"万人评公交"、"万人评学校"、"万人评环保"、"万人评窗口"等多种形式，本书对于这些相关的评议形式一律不予专门的考察。本书所指的万人评议机关活动仅指由万名（包括近万名以及个别主办单位号称万名但实际上只有数千名的情况）来自社会各界评议代表对一批而非某一个政府部门（或党政部门，抑或党政群部门）、单位（包括少数具有公共服务职能的国有企事业单位）或其干部的工作进行评议的活动。本书从万人评机关的开展及原因展开分析，系统论述了我国万人评政府的活动主体、评议客体、内容及方法、评议结果及应用、组织与监督方式等问题。

《绩效预算信息论：信息视角下的政府绩效预算管理与改革》

作者：马洪范

出版社：经济科学出版社

出版时间：2008年

内容简介：全书基于对政府预算行为人及政府行为特征的基本假设，循着"提出问题—分析问题—解决问题"的思维逻辑，提炼概括出政府绩效预算所需要的信息理论的基本框架，并从信息视角诠释了政府绩效预算管理的内容与特征，为我国绩效预算管理与改革提供必要的理论基础，而后通过对美国、英国及我国政府绩效预算管理的实证分析，验证本书所提出的理论体系，最终在理论联系实际的基础上提出我国政府绩效预算管理与改革的战略与对策。

《公共部门绩效评估》

作者：胡宁生

出版社：复旦大学出版社

出版时间：2008 年

内容简介：本书共分为十一章，主要内容有：公共部门绩效评估的演变；公共部门绩效评估活动；公共部门绩效评估的主体；公共部门绩效评估的客体；公共部门绩效评估的价值取向；公共部门绩效评估的途径；公共部门绩效评估预算；公共部门绩效审计；公共部门绩效反馈与申诉；公共部门绩效评估的激励与优化；公共部门绩效评估的模式与技术等。

《第三部门评估与责信》

作者：官有垣、陈锦棠、陆宛平

出版社：北京大学出版社

出版时间：2008 年

内容简介：本书以非营利组织的评估与责信为议题，探讨非营利组织提供政府委托公共服务的成效评估，以及第三部门受托方（非营利组织）对委托方（利益关系人）实践责信关系的彰显与目标达成，并通过评估确立非营利组织的责信关系。此书从NPO 评估的理论、方法与指标、NPO 评估案例，以及评估、绩效与责信等三方面提供了理论与案例的分析，并于每一章节后设置了导学内容，方便读者学习使用，为读者展现了一本理论学习和实务借鉴的参考用书。

《伟大的实践——广东省佛山市南海区财政专项支出项目绩效预算实践与案例》

作者：广东省财政科学研究所　编

出版社：经济科学出版社

出版时间：2008 年

内容简介：佛山市南海区从 2004 年开始的财政专项支出项目绩效预算实践，探索和发展到今天，从工作流程到技术层面的操作逐步趋于完善和规范，从实践效果看，南海区的政府资金使用效能和行政效能得到了全面提升。本书旨在全面总结南海区财政支出项目绩效预算实践，并对其四年来的发展历程进行一个全方位的总结。本书包括三部分内容：总结篇：从南海区开展财政支出绩效预算的原因、条件、发展历程、效果等方面进行总结和提升。实践与案例篇：2004 年以来南海区开展项目绩效预算的具体操作文件，列举了南海区项目绩效预算实践中的四个案例，包括项目申报材料和专家评价结果等。媒体报道篇：收录了近年来各大媒体对南海区项目绩效预算实践的报道。

《政府预算理论与绩效政策研究》

作者：马国贤

出版社：中国财政经济出版社

出版时间：2008 年

内容简介：本书是为纪念中国改革开放 30 年而编写的。本书的重点是从历史与逻辑的联系出发，在总结中国 30 年改革开放的基础上，回答中国的政府改革和预算改革往何处去的问题。经过 30 年的改革开放，中国的国力极大增强，社会的物质和精神文明有了较大提高，但与此同时，各种社会矛盾也显现出来。本书作为一本理论专著，主要试图通过政府预算的理论研究，来回答中国的预算改革和政府改革中的某些重大的、前瞻性的问题。

《转型中的地方政府：官员激励与治理》

作者：周黎安

出版社：格致出版社

出版时间：2008 年

内容简介：中国改革开放 30 年间，华夏大地上演了一场人类历史上的伟大变迁，世人称之为"中国奇迹"。中国发展的历史记录、经验不同于西方国家，鉴于此，现有的西方经济学理论就不能完整地解释中国发展。本书正是从政治经济学的角度出发，探究中国国情的特殊性与发展道路的独特性，并在此基础上分析中国在改革 30 年中所经历的变革和转型过程。

《政府网站与绩效评估》

作者：许跃军 等著

出版社：浙江大学出版社

出版时间：2008 年

内容简介：当前电子政务的发展越来越迅速，开展电子政务绩效评估已成为了解电子政务建设绩效、明晰电子政务实现效果的重要工作。在电子政务的发展建设中，政府网站建设一直是电子政务建设的重要组成部分，同时，政府网站也是电子政务与其受益者的直接接触对象。换言之，政府网站已成为电子政务的代言人，电子政务建设的好坏多数通过政府网站得以展现。在我国电子政务网站绩效评估的发展道路上，初期的电子政务绩效评估实际上是以政府网站为主要对象而进行的绩效评估。电子政务作为一个信息时代技术运用下的综合产物，人们对其了解与研究程度不足，造成电子政务和绩效评估概念的模糊。伴随着电子政务与政府网站的不断快速发展，政府网站绩效评估作为一个正式的概念被提出，但使用电子政务绩效评估来指代对政府网站的绩效评估工作的说法也仍然存在，毕竟电子政务绩效评估在其发展历程、相关概念、技术与方法等多方面都对后来政府网站的绩效评估起到了引导、支持和启发的作用，因此，深入了解电子政务绩效评估，对理解政府网站绩效评估是非常必要的。

《政府绩效管理江财模式》

作者：丁圣荣、卓越

出版社：中国财政经济出版社

出版时间：2008年

内容简介：20世纪70年代以来，英国、新西兰、美国等西方发达国家在"新公共管理运动"中出台了政府管理方法层面的许多创新举措，强化政府责任、回应性和管理技术改进，大范围推行了绩效管理。从某种角度看，这发展了对效能的认识，使政府效能提升又有了新的工具和载体。绩效管理作为一种导向性的管理方法，回应实践的要求，依此形成绩效战略、绩效评估、绩效激励等一整套管理方法体系。正因为如此，我国和世界上很多国家的政府改革都将绩效作为自身追求的目标，在政府行政管理体制改革过程中努力推进绩效管理。本书正是对实践中形成的绩效管理"江财模式"进行介绍，主要包括"江财模式"的构建和功能、绩效文化建设、绩效标准建设、绩效评价建设、绩效信息建设等部分。

《政府绩效审计》

作者：祁敦芳 等编著

出版社：中国时代经济出版社

出版时间：2009年

内容简介：本书是集体智慧的结晶，是团队协作的产物，也是作者三年来对绩效审计理论研究和实践工作的阶段性总结。早在2005年，以本书编写人员为团队的研究组就分别开展了政府部门职能审计研究、公共资源绩效审计研究、公共投资项目绩效审计研究，并在2006年获得河南省哲学与社会科学规划项目"政府资源利用绩效审计研究"（编号2006FJJ044），2008年获得河南省软科学项目"公共教育资源绩效审计研究"（编号082400451610）的资助。另外，在2006年分别从公共部门资金资源、信息资源、技术资源、人力资源、物资资源、土地资源、时间资源、应用平衡计分卡和综合评价九个方面获得河南省审计科研课题的立项资助（课题编号SKY06031—SKY06039）。通过三年多来的连续研究，本书编写者对全部成果进行了汇总和整合，以"政府绩效审计应用研究"的名称申报并通过河南省2007年科技成果鉴定，期间也获得了2007年审计署科研成果奖励。

《2008广东省地方政府整体绩效评价红皮书》

作者：郑方辉

出版社：中国经济出版社

出版时间：2009年

内容简介：本书公布了对广东142个地方政府的绩效评价。本书内容既反映了民意，也对民意的导向具有正面影响。它证实了在政府绩效整体提升的同时，公众对政府廉洁及政务公开的实况仍给予了最低的评价。政府运作的真实情形得以暴露，这些往往是正统评价无力或不愿揭示的，民间报告借此发现了政府变革的突破口。

《中国政府绩效评估报告》

作者：桑助来　编著

出版社：中共中央党校出版社

出版时间：2009年

内容简介：本书作为国家社科基金课题成果，坚持理论与实践相结合，围绕构建科学的政府绩效评估体系，对我国政府绩效评估的重点内容和重大问题进行了专题系统研究，提出了对策思路，同时总结了近年来我国地方政府开展政府绩效评估的典型经验，提炼出六个绩效管理模式，形成了我国政府绩效评估的框架报告，总体上反映了近年来我国政府绩效评估的理论和实践成果。

《市县绩效审计》

作者：刘晓莲　主编

出版社：中国时代经济出版社

出版时间：2009年

内容简介：《市县绩效审计》一书的出版发行，正值改革开放30周年和审计机关成立25周年之际，可以说，这是基层审计机关献上的一份厚礼。多年来，辽阳市审计机关坚持以科学发展观为指导，以改革创新为动力，以促进审计事业科学发展为目标，组织一线的审计人员，解放思想、大胆实践、勇于探索，紧紧围绕建设廉洁、高效、服务型政府的战略任务，立足服务地方经济社会又好又快发展的大局，从理论与实践的结合上破解绩效审计这一难题，为建立有中国特色的地方政府绩效审计模式进行了有益的尝试，取得了很好的效果。随着经济和社会的快速发展，我国审计形态赖以发展的基础也发生了深刻的变化，绩效审计已经成为政府审计发展的必然趋势。党的十七大报告指出，要加快行政管理体制改革，建设服务型政府。温家宝总理在纪念审计机关成立25周年时也作出了重要的批示："审计是依法实行行政监督，建设廉洁政府、法制政府、服务型政府的重要工作，必须加强，不能削弱。"《审计署2008—2012年审计工作发展规划》中也明确提出到2012年，所有的审计项目都开展绩效审计。所以，加强绩效审计的理论研究与实践探索工作，是促进政府审计事业不断发展的必由之路，是推动审计事业科学发展的必然选择。

《非营利组织绩效三维评价体系研究》

作者：张玉周

出版社：经济科学出版社

出版时间：2009年

内容简介：本书从非营利组织绩效结构出发，依据非营利组织绩效生成路径，提出了基于利益相关者需要的以组织和第三方为评价主体的绩效三维评价体系，设计了三个评价维度和九个评价类目。全书主要包括导论、非营利组织运行机制及绩效特性分析、非营利组织绩效评价的进展与演变、非营利组织绩效内涵及结构分析、非营利组织绩效评价体系架构、非营利组织绩效评价的价值理念与评价标准、非营利组织行为（过程）绩效评价、非营利组织结果绩效评价、环境改变的绩效评价、非营利组织绩效评价指标体系设计、非营利组织绩效三维评价体系实证研究、非营利组织绩效三维综合评价模型等部分。

《政府环境绩效审计标准及审计评价》

作者：王如燕

出版社：中国时代经济出版社

出版时间：2009年

内容简介：本文的创新之处在于：①创建了政府环境绩效审计标准理论框架，围绕政府环境绩效审计五大范围首次建立了基础层次的审计标准，并归纳出较高层次的审计标准。②依托"PsR"概念框架和绿色GDP指标体系，建立了政府环境绩效审计评价指标体系模式，搭建了此模式下的总评指标体系和政府投资于公共建设项目、政府投资于企业两大重点领域的评价指标体系。③建立了环境优值与协调系数法结合模型、BP人工神经网络模型两种总体评价模型，指出前者适用于审计机关第一次介入式审计，后者适用于以前年度曾经接受过审计，留有审计档案可供查询式审计，实现"面"上审计目的。利用模糊综合评价和层次分析法结合、模糊综合评价和效益费用分析法结合的方法，突破审计重点，构建了分领域分项目的政府投资于公共环境建设项目、政府投资于企业的政府环境项目绩效审计分项评价模型。④确立政府环境绩效审计报告的基本要素，对政府环境绩效审计组织模式提出创新构想：主张协同审计模式，并阐述了基于"三层设计理论构想"的我国政府环境绩效审计协同模式的主要思想。

《服务型政府绩效评估体系构建与制度安排研究》

作者：盛明科

出版社：湘潭大学出版社

出版时间：2009年

内容简介：本书以西方国家新公共管理运动和我国政府管理体制改革为宏观背景，借鉴西方国家政府绩效评估基本经验，反思我国政府绩效评估实践和理论研究，探索以服务型政府建设为导向的政府绩效评估体系的构建与制度安排问题。研究主要围绕以下几个问题展开：一是服务型政府作为一种新型的政府治理模式，与新公共管理运动中倡导的政府绩效评估工具之间存在着什么样的理论关联和功能关系？二是如何基于我国政府体制改革的宏观背景和政府绩效评估存在的主要问题，构建适合我国国情的政府绩效评估理论体系和现实操作指南？三是系统、科学的服务型政府绩效评估体系的结构具有什么样的本质属性，服务型政府绩效评估制度安排如何推进我国政府治理变革进程？本书阐述了服务型政府绩效评估与服务型政府建设的关系，分析了服务型政府绩效评估体系构建的理论基础和现实依据，构建了一个包括绩效评估主体、绩效评估指标、绩效评估方法等要素在内的服务型政府绩效评估体系。

《政府绩效预算管理改革研究》

作者：王进杰

出版社：中国财政经济出版社

出版时间：2009年

内容简介：《政府绩效预算管理改革研究》讲述了1994年分税制改革实施以来，财政部门经过15年不懈努力和探索，财政汲取资源能力、宏观调控能力、配置资源能力、调节收入分配能力大大增强，向建立稳固、强大和可持续的财政目标不断接近。15年间，财政部门先后实施了部门预算、国库集中收付、政府采购、收支两条线和现代会计制度等各项制度改革，至2004年十六届三中全会召开之际，基本搭建了适应社会主义市场经济条件的公共财政框架。为进一步深化财政体制改革，党中央、国务院在《中共中央关于完善社会主义市场经济体制若干问题的决定》中明确提出了深化预算管理制度改革，改革预算编制制度，完善预算编制、执行的制衡机制，加强审计监督，建立预算绩效评价体系等要求。党的十七大报告在财税体制改革中再次要求深化预算管理制度改革，强化预算管理和监督。

Ⅳ 国外政府绩效管理著作

一 国外译著

《改革政府：企业精神如何改革着公共部门》
Reinventing Government: How the Entrepreneurial Spirit Is Transforming the Public Sector
作者：[美]戴维·奥斯本（David Osborne）、特德·盖布勒（Ted Gabler），周敦仁等译
出版社：上海译文出版社
出版时间：1996年
内容简介：在美国，官僚主义现象十分严重，不仅公营部门有，私营公司也有。为克服官僚主义现象，本书作者为改革美国政府开出了十种"药方"，而最主要的办法就是用"企业家精神"来克服官僚主义。也就是政府要讲究效果，政府要进行全面质量管理，利用业绩数据来确定问题之所在，向雇员提供种种可用的手段来分析问题，找出其根源，制定解决办法，付诸实施。美国许多政府要员，尤其是克林顿总统及联邦参议员萨姆·纳恩都对本书作了很高的评价。

《没有政府的治理》
Governance without Government
作者：[美]詹姆斯·罗西瑙（James N. Rosenau）主编，张胜军、刘小林等译
出版社：江西人民出版社
出版时间：2001年
内容简介：本书是运用治理和善治理论分析政治问题特别是国际政治问题的开山力作。在本书中，十位政治学和国际政治学领域的顶尖专家围绕"没有政府的治理"这一核心主题，探讨了世界上不同地区所采取的不同治理模式、治理结构及其哲学基础、行为模式、制度安排和发展方向。

《政府未来的治理模式：政府治理与改革系列》
The Future of Governing: Governing and Reforming Series
作者：[美]彼得斯（B. Guy Peters），吴爱明等译
出版社：中国人民大学出版社

出版时间：2001年

内容简介：本书从分析传统行政模式出发，阐明了各国政府竭力建构新治理模式的原因，并从各国政府的革新主张和发达国家的政府改革实践中，梳理归纳出四种未来政府治理模式：市场式政府（强调政府管理市场化）、参与式政府（主张对政府管理有更多的参与）、弹性化政府（认为政府需要更多的灵活性）、解制型政府（提出减少政府内部规则）。这四种政府治理模式各有不同的理论基础，适用于不同的政府体制。对每一种政府治理模式，作者都从问题、结构、管理、政策制定和公共利益五个方面进行了深入分析。该书第一次系统评价了席卷全球的行政改革运动，并把各国政府的改革尝试和各种治理的观点有机地结合在一起，是一部行政改革的理论力作，被誉为对全球治理变革进行综合分析的杰出著作。

《摒弃官僚制：政府再造的五项战略》

Banishing Bureaucracy: The Five Strategies for Reinventing Government

作者：[美] 戴维·奥斯本（David Osborne）、彼德·普拉斯特里克（Peter Plastrik），谭功荣等译

出版社：中国人民大学出版社

出版时间：2002年

内容简介：本书从战略高度全面、系统地提出了政府再造的路线图，并在充分吸收美国和国际案例研究的基础上，详细地阐述了核心战略、后果战略、顾客战略、控制战略、文化战略及其在实践中的运用。

《综合计分卡：一种革命性的评估和管理工具》

The Balanced Scorecard: A revolutionary Tool for the Assessment and Management

作者：[美] 罗伯特·S. 卡普兰（Robert. S. Kaplan）、戴维·P. 诺顿（David. P. Norton）

出版社：新华出版社

出版时间：2002年

内容简介：本书通过叙述经理们如何使用综合计分卡这一革命性工具来完成公司的使命，说明了综合计分卡不仅是个评估系统，也是一套管理系统，它能把所有员工的精力、能力和具体知识综合应用于实现公司如何把计分卡既用来规范目前的工作，又用来实现长远目标的典型案例。书中提出的综合计分卡包括四大方面，财务指标这一传统的指标不再是决定性的衡量手段，企业通过对综合计分卡这一全新制度的使用，从而实现管理制度的真正革命。

《创建高绩效政府组织》

Creating High-Performance Government Organizations: A Practical Guide for Public Management

作者：[美] 马克·G. 波波维奇（Mark G. Popovich），孔宪遂、耿洪敏译

出版社：中国人民大学出版社

出版时间：2002 年

内容简介：本书对创建高绩效政府的途径进行了深刻、透彻的论述与分析，认为实现高绩效政府不仅仅要对政府工作方法和它的组织构造进行改革，也应当对政府的服务对象、文化以及它的管理系统进行全面的改造。

《突破官僚制：政府管理的新愿景》
Breaking the Bureaucracy: A New Vision for Government

作者：[美] 巴兹雷（Michael Barzelay），孔宪遂等译

出版社：中国人民大学出版社

出版时间：2002 年

内容简介：本书采用理论与实践相结合的方法，系统地提出了官僚制的历史发展及其所面临的挑战，结合具体案例，分析突破官僚制的必要性、可能性和紧迫性，从而对政府变革提供了有价值的观察和思考，并提出了政府改革所应采取的步骤、措施。其内容包括如何提高政府工作效率、协调行政责任、激发政府工作人员的创造性以及降低政府运行财务支出等事关官僚制改革的关键问题。本书从全局出发，以新颖、有说服力的观点，告诉我们如何建立新的、科学的、高效的政府体制。

《无缝隙政府：公共部门再造指南》
Seamless Government: A Practical Guide to Re-Engineering in the Public Sector

作者：[美] 拉塞尔·M. 林登（Russell M. Linden），汪大海等译

出版社：中国人民大学出版社

出版时间：2002 年

内容简介：无缝隙政府是我们正在经历着的这场静悄悄的公共管理革命的主要原因和特征，同时也是由生产者社会向顾客社会转变的一种反映。本书用来自各级政府的实例展示了如何把再造原理应用到各级政府的管理之中，详述了再造的步骤，说明了政府再造过程中怎样评估、设计，怎样克服阻力，怎样实施根本性的变革，揭示了无缝隙政府不是全盘推翻现有的行政运作程序，不是以部门、职能为导向或以数量、规模为导向，而是以顾客为导向，以结果为导向，以竞争为导向。

《政府业绩与质量测评（问题与经验）》
Performance & Quality Measurement in Government (Issues & Experiences)

作者：阿里·哈拉契米（Arie Halachmi）主编，张梦中、丁煌译

出版社：中山大学出版社

出版时间：2003 年

内容简介：本书由三部分组成，即荷兰概念与运用、美国视角和国际经验。这是一部关于业绩与质量测评的国际视角的著作。作者提供了美国、荷兰、英国、加拿大、西班牙、德国和澳大利亚等国不同政府层级；从中央、省（州）到地方（市镇）等不

同政府职能部门业绩与质量测评的理论思考、实践经验和解决问题的途径。本书可作为各级各类高校、省市行政学院、各类干部管理学院的参考教材。适合公共管理类高年级本科生、研究生、MPA学员、教师、研究人员以及广大的公共部门实践者（政府公务员、事业单位和非营利部门工作人员）参阅。

《迎接业绩导向型政府的挑战/公共部门业绩管理丛书》

Meeting the Challenges of Performance－Oriented Government：Public Sector Performance Management Series

作者：［美］凯瑟琳·纽科默（Kathryn Newcomer）等主编，张梦中、李文星等译

出版社：中山大学出版社

出版时间：2003年

内容简介：本书以1993年美国国会通过的《政府业绩与结果法案》为背景，对美国联邦政府、州政府与地方政府和其他公共部门实施业绩测评的理念、方法与实施结果进行了探索、分析和介绍。全书共九章：①迎接业绩导向型政府的挑战；②让结果在公共与非营利组织中起作用：平衡业绩与其他诸价值；③超越计划、承诺和善意：在联邦政府灌输结果导向型管理；④政府业绩：隐藏性议程与结构性的约束的问题；⑤在预算中引入业绩信息：辨析概念框架、调查近年来各州经验；⑥非营利部门的后果测评：新近发展、激励与挑战；⑦让公民参与实现重要的结果：针对21世纪政府治理的一个有效模式；⑧业绩导向型政府是民主的吗？⑨业绩导向型政府：对实践与研究的议程。

《美国政府绩效评价体系》

The American Performance Assessment System

作者：财政科学研究所《绩效预算》课题组（Institute for Fiscal Science Research Group Performance Budgeting）译

出版社：经济管理出版社

出版时间：2004年

内容简介：1992年，克林顿上台时提出"再造政府"，把"绩效预算"提到了首要位置，并通过了《政府绩效成果法案》，同时专门成立了以副总统戈尔为首的国家绩效评价委员会，负责绩效预算的监督和执行。为了落实该法案的实施，美国各级政府先后制定了各种各样的制度和办法，总统与所有的联邦机构签订了绩效协议书。本书编译的就是美国在实行政府绩效评价过程中出台的一系列重要文献，其中包括：参议院政府事务委员会关于《政府绩效与成果法案》的报告、以副总统戈尔为首的国家绩效评价委员会提出的第一份报告《从繁文缛节到注意成果》，以及白宫管理及预算办公室提出的《通用绩效指标》等。它涉及政府绩效评价的立法、指导原则、绩效指标的设置、政府绩效的评价方法等各个环节。

《新公共服务：服务而不是掌舵》
The New Public Service: Serving, Not Steering

作者：[美] 珍妮特·V. 登哈特（Janet V. Denhart）、罗伯特·B. 登哈特（Roberlt B. Denhart），丁煌译

出版社：中国人民大学出版社

出版时间：2004 年

内容简介：这是一部具有里程碑意义的公共行政学专著，它以其宽广的学术视野和鲜明的理论创新在学界和政界产生了广泛而深远的影响。作者在对传统公共行政，特别是新公共管理进行反思和批判的基础上，通过比较分析，从以下七个方面系统地阐述了新公共服务的基本理论内涵：①服务于公民，而不是服务于顾客；②追求公共利益；③重视公民权胜过重视企业家精神；④思考要具有战略性，行动要具有民主性；⑤承认责任并不简单；⑥服务，而不是掌舵；⑦重视人，而不只是重视生产率。无论是从理论价值还是从实践意义来看，它都不失为当代西方公共行政学研究领域的一部很有创新性的学术力作。

《政府改革手册：战略与工具》
The Reinventor's Fieldbook: Strategies and Tools

作者：[美] 奥斯本（David Osborne）、普拉斯特里克（Peter Plastrik），谭功荣等译

出版社：中国人民大学出版社

出版时间：2004 年

内容简介：本书是"政府再造大师"戴维·奥斯本继《再造政府》、《摒弃官僚制：政府再造的五项战略》之后的又一力作。本书为政府改革的工具箱，既提出了政府再造的理论框架、战略和途径，也提出了推进政府改革的步骤、前人所吸取的教训、应避免的失误以及有关政府再造资源。纵观全书，关于政府再造的资料非常丰富，既有公共部门、私人部门、非营利部门和咨询公司的，又有作者所进行的大量采访、面谈，甚至还有书信来往（包括电子邮件）与现场观察。另外，作者进行了精辟的案例分析，每章都提出了可操作的政府再造指南。因此，本书对所有公共部门的改革者都有所裨益。

《趋向地方自治的新理念？——地方政府与地方治理译丛》
Towards A New Concept of Local Self‐Government? ——Local government and local governance series

作者：[瑞典] 阿姆纳（Erik Amna）等主编，杨立华等译

出版社：北京大学出版社

出版时间：2005 年

内容简介：本书是各国学者集中就地方自治问题进行比较研究的学术文集。作者

来自政治体制各异的国家,他们选择的分析样本也极具多样性:匈牙利和波兰代表了政治转型中相对较新的民主制度,揭示了从高度中央集权向地方自治的转化过程;西班牙走上重建地方政府的道路,代表了西欧国家中的新型民主体制;日本既有本国的政治文化传统,又不断吸取西方的宪政理念,而地方自治在这个复合民主体系中也是一个复杂问题;英国的地方政府当然是最为古老的民主制度中的重要组成部分;挪威和瑞典的地方政府则在斯堪的纳维亚福利模式中扮演了重要角色。在这些个案分析中,既有实证研究,也有学者们的理论模型建构。正是这种全球视野中的多元政治文化图景,开阔了我们的眼界,启发了我们的思维,有助于我们建构有中国特色的、单一制结构形式下中央与地方权力的划分与配置、监督与制约等方面的理论与制度。

《公共与非营利组织绩效考评:方法与应用》

Performance Evaluation of Public and Non-Profit Organizations: Methods and Applications

作者:[美]波伊斯特(Theodore H. Poister),肖鸣政等译

出版社:中国人民大学出版社

出版时间:2005 年

内容简介:本书系统地介绍了如何设计和实施公共与非营利组织的绩效考评,告诉读者怎样把绩效指标与组织的管理目标联系起来,怎样分析、加工,报告和利用绩效考评数据,以及怎样让绩效考评系统适应并支持我们的战略和决策过程——包括战略计划与管理、预算、绩效管理、程序改进和标杆比较等管理活动。此外,本书还揭示了管理人员在实施绩效考评系统中可能遇到的各种问题,并为解决这些问题提出了 30 个对策。

《公共预算经典:面向绩效的新发展》

Handbook of government budgeting

作者:[美]罗伊·T. 梅耶斯(Roy T. Meyers)等,苟燕楠、董静译

出版社:上海财经大学出版社

出版时间:2005 年

内容简介:在《公共预算经典(第一卷)——面向绩效的新发展》一书中,政治科学、经济学、会计学以及管理学领域的一流的专家学者,介绍了政府预算过程如何运作、其在何处难以有效实施,以及如何改进等方面的内容。各个部分都提供了有关预算主题的不同领域内的各种精湛观点。具体包括:政府预算综述、信贷市场、经济、预算平衡、预算中的税收、预算的信息基础、部门预算、预算中的政治、管理与分析,以及预算规模的增长等。这本综合性的著作对于政府部门的专家,以及公共管理学科的教授和学生而言,是一部非常有价值的工具书。各个权威的真知灼见提供了与当代政府预算有关的最简明、最完整且发人深省的素材。

《社会工作评估——原理与方法/社会工作名著译丛》

Social Work Evaluation: Principles and Methods

作者:[美]金斯伯格(Ginsberg),黄晨熹译

出版社：华东理工大学出版社

出版时间：2005年

内容简介：本书是作者在项目评估方面的想法和成果的结晶。评估作为社会工作实务的重要组成部分，对以更系统、更科学可靠的方式提供公共问责起着决定性的作用。本书详细论述了社会工作评估的现存问题及其产生的因素、社会工作项目的古典评估过程、社会工作的内部评估、社会工作的研究方法与评估概念等。

《民主的模式：36个国家的政府形式和政府绩效》

Patterns of Democracy Government Forms and Performance in Thirty Six Countries

作者：阿伦·利普哈特（Arend LijPhart），陈崎译

出版社：北京大学出版社

出版时间：2006年

内容简介：本书是西方政党政治译丛之一，是一部关于民主研究的理论专著。本书考察了1945—1996年期间的36个民主国家，将它们置于一幅二维的民主"概念图"之中。凭借有力的证据和深层次的比较分析，作者得出一个重要结论：共识民主的效果比多数民主更好。作者认为，这一发现将为正处在民主化进程中的国家以及新兴民主国家提供参考。本书是美国著名学者阿伦·利普哈特最具代表性的著作，本书于1999年出版后，在政治学界产生了广泛的影响，进入了多所高等院校政治学专业的必读书目。本书以其新颖的学术视角、宽广的研究领域、科学的研究方法、丰富的实证材料、严密的论证过程，成为比较政治学领域内的一部当之无愧的杰作。

《公共部门的社会问责：理念探讨及模式分析》

Social Accountability in the Public Sector: A Conceptual Discussion and Learning Module

作者：世界银行专家组（The World Bank Group），宋涛译校

出版社：中国人民大学出版社

出版时间：2007年

内容简介：以公民社会为问责主体、公共部门为问责对象的社会问责是行政问责新的发展内容。本书的第一部分通过各国社会问责的实践，介绍社会问责的概念，并提出了设计社会问责机制的六个维度。本书的第二部分提供了一个培训政府官员、公民社会组织和市民个体的课程样式，通过培训让学员借鉴他国经验，为本国设计适合自己国情的社会问责机制，以推动公民有序参与、加强行政问责、改进公共部门绩效和实现良政治理。

《地方政府绩效预算》

Performance Budgeting for State and Local Government

作者：[美]凯丽（M. Kelly）、瑞文巴克（Rivenbark），苟燕楠译

出版社：上海财经大学出版社

出版时间：2007年

内容简介：本书在州和地方政府预算的框架内将绩效预算描述为绩效管理要素的综合——计划、绩效衡量、标杆以及评价。作者不单单将绩效预算视为一项单独的预算技术，而是视为对传统预算过程的扩展、协调财务和执行责任，其结果是一个建立在项目绩效基础上为预算分配决策提供信息的综合框架。珍妮特·M. 凯丽和威廉姆·C. 瑞文巴克以他们原创性的研究和绩效评价、市民满意度调查以及财务管理实践方面的个人经验激活了本书。为说明管理者如何为制定决策并在实践中使用绩效数据，一项对全国范围内公共管理者调查得出的结果在书中被广泛运用。《地方政府绩效预算》主要是为公共预算/财政专业或公共管理专业本科或 MPA 层次的课程撰写的。

《官僚机构与民主——责任与绩效》

Bureaucracy and Democracy—Responsibility and Performance

作者：[美] 小威廉·T. 格姆雷（William T. Gormley Jr.）、斯蒂芬·J. 巴拉（Steven J. Balla），俞沂暄译

出版社：复旦大学出版社

出版时间：2007 年

内容简介：本书是关于当今美国联邦与州官僚机构责任与运作绩效的研究著作。其一大特色在于理论综合：通过汲取包括政治科学和公共管理在内的不同学科的洞见，综合四种重要的社会科学理论，展现了官僚机构如何负责、在何种环境中负责、向谁负责以及负责的后果等一系列问题。本书的另一大特色是其出色的案例和资料指南：案例不仅涉及范围广泛，包括医疗保健、环境保护、教育、儿童看护、紧急状态处置、公用事业管理、运输等，而且包括了一些新近广受关注的领域和事件，如国土安全等，从中可以看到美国官僚机构的最新变化。而对包括曾任国务卿的詹姆斯·贝克等四位前内阁成员的访谈，则提供了美国官僚机构高层实践的鲜活记录。全书最后还附有美国官僚机构的网络资源，有助于相关研究的深入开展。

《政府绩效评估之路》

Paths to Performance in State & Local government

作者：[美] The Maxwell School of Citizenship and Public Affairs，邓淑莲等译

出版社：复旦大学出版社

出版时间：2007 年

内容简介：本书独创性地评估了美国联邦政府、州政府和地方政府的管理能力。本书包含政府绩效项目所积累的大量研究成果，涉及五个关键管理系统：财政管理、资本管理、人力资源管理、信息技术管理、结果管理。政府绩效项目模型和结论已经确立了优秀公共管理的基准，而且不断被用作变革的催化剂。

《绩效管理》

Performance Management

作者：阿吉斯（Herman Aguinis）

出版社：中国人民大学出版社

出版时间：2008 年

内容简介：本书是一本英文影印版教材，书中介绍了绩效管理的相关知识，指出，绩效管理就是识别、衡量以及开发个人和团队绩效，并且使这些绩效与组织的战略目标保持一致的持续性过程。本书具有如下特点：将绩效管理体系视为把人的聪明才智和动机转化为组织的战略优势的重要工具。将绩效管理作为与组织中的所有部门紧密相关的一个有机组成部分，而不是仅仅将其作为人力资源管理职能的一个领域来加以讨论。本书列举了大量在各种不同类型的组织中实施绩效管理的例子，包括上市公司、私营企业、政府机构、国内组织以及全球组织，提供了三十多个综合性的案例，以说明在各种不同组织和行业中设计和实施绩效管理体系时可能遇到的各个方面的问题。本书运用了审计学、认知心理学、沟通、教育学、工效学、人力资源管理、工业和组织心理学、信息系统、国际贸易、管理学、市场营销、组织行为学、公共管理学、社会心理学、社会学以及战略管理等多学科的信息来源。本书适合用作高校人力资源管理相关课程的双语教学教材。

《重塑澳大利亚地方政府：财政、治理与改革》

Reshaping Australian Local Government: Finance, Governance and Reform

作者：[澳大利亚] 多莱里（Dollery）等主编，刘杰等译

出版社：北京大学出版社

出版时间：2008 年

内容简介：本书通过汇集不同学科专家学者对澳大利亚当代地方政府问题的研究，为地方市政管理者和当选议员在制定和实施相关政策时提供理论依据。本书的作者们主要是从社会科学和经济管理学科的视角对澳大利亚地方政府进行分析，并将不同学科的最新理论发展融合到当代政策困境中。本书主要分为五个部分。第一部分概述了澳大利亚地方政府的突出特征；第二部分着眼于地方政府运行的财政环境；第三部分主要解决治理与管理问题；第四部分对澳大利亚地方政府进行政策分析；第五部分以提取主旨精华、考量未来方向作为全书总结。

《项目与政策评估——方法与应用》

Project and Policy Evaluation: Methods and Applications

作者：[美] 宾厄姆（Bingham）、菲尔宾格（Felbinger），朱春奎、杨国庆等译

出版社：复旦大学出版社

出版时间：2008 年

内容简介：项目与政策评估是公共管理与政策研究的一个重要领域，也是公共管理与政策实践中的一个难点。《项目与政策评估——方法与应用》一书由导论、实验设计、准实验设计、反身设计、成本—收益和成本—效益分析、其他设计、自我演练、评估困境等八个部分组成。书中的论文为读者提供了多学科背景的大量项目与政策评

估案例。书中部分章节运用了统计技术,但读者不必精通统计学。本书为高等学校教师提供了一本具有教材性质的评估方法专著,相关教师可以借助该书向那些需要参与评估实务的学生传授必须掌握的评估技术知识。同时,本书也是一本向初学者提供各种技术性参考资料的教材,可以直接为初学者学习与掌握评估实务的理论和方法提供指导与帮助。

《地方政府与地方治理译丛——英国地方政府(第三版)》

Local Government and Local Governance series—Local Government in the United Kingdom

作者:[英]戴维·威尔逊(David Wilson)、克里斯·盖姆(Chris Game),张勇等译

出版社:北京大学出版社

出版时间:2009年

内容简介:本书是一本全面、综合、通俗易懂地介绍英国地方政府的指南性读物。在近几十年中,英国地方政府经历了许多结构、职能、财政和管理方面的变革。本书分三部分展示了这种变化及其实质:其一是地方政府的主题和议题;其二是地方政府的政治与人民;其三是地方政府的现代化。其中涉及的治理与合作、地方选举、中央和地方政府的关系、地方压力集团的影响力以及民主的复兴等问题,值得任何地方政府思考。本书具有清晰的思路、非技术性的语言风格,适合学生、地方政府管理者及相关研究者阅读。

《公共服务提供(公共部门治理与责任系列)》

Pubic Services Delivery (Public Sector Governance and Accountability Series)

作者:[美]安瓦·沙(Shat,A.)主编,孟华译

出版社:清华大学出版社

出版时间:2009年

内容简介:本书总体上可划分为两大部分:第一部分即前三章讨论广泛的绩效测量,这部分从工业化国家的绩效测量体系中吸取经验教训,提供了一个评估政府质量的简单指标和评估地方政府绩效的框架;第二部分关注如何测量所挑选出的发展中国家公共部门的服务提供绩效,从而为政府服务的绩效提供了操作性指导,内容包括发展中国家通常会遇到的结果测量事项、地方与市政服务提供方式的选择与绩效、健康与基础设施服务绩效的测量等。本书以发展中国家政府服务提供绩效的测量问题为研究对象,它涉及政府服务绩效测量的多个研究视角:绩效测量的范围、发展中国家地方政府绩效测量以及结果导向的绩效测量以及专项公共服务(健康、基础设施)的绩效测量等,对于提高各国政府服务的能力,实行高效的公共管理和善治,具有重要意义。

二 国外原著

1. **Measuring local government performance: assessing management, decentralization, and participation**

   Author (s): Arthur R. Williams

   Publishinghouse: Ithaca, N. Y. (170 Uris Hall, Cornell University, Ithaca 14853): Rural Development Committee, Center for International Studies, Cornell University

   Publication Date: 1981

2. **Revised guidelines in measuring local government productivity and service performance**

   Author (s): Philippines. Bureau of Local Government Supervision

   Publishinghouse: Manila: Bureau of Local Government Supervision, Ministry of Local Government

   Publication Date: 1984

3. **Performance review in local government: a handbook for auditors and local authorities**

   Author (s): H. M. S. O

   Publishinghouse: London: Published by H. M. S. O. for the Audit Commission for Local Authorities in England and Wales

   Publication Date: 1986

4. **Performance review in local government: action guide**

   Author (s): London H. M. S. O

   Publishinghouse: London: Published by H. M. S. O. for the Audit Commission for Local Authorities in England and Wales

   Publication Date: 1988

5. **Improving government performance: evaluation strategies for strengthening public agencies and programs**

   Author (s): Joseph S. Wholey, Kathryn E. Newcomer

   Publishinghouse: Jossey-Bass

   Publication Date: 1989

6. **Public management systems: monitoring and managing government performa**

   Author (s): James E. Swiss

   Publishinghouse: Englewood Cliffs, N. J.: Prentice Hall

Publication Date: 1991

7. How organisations measure success: the use of performance indicators in government

Author (s): Neil Carter, Rudolf Klein, and Patricia Day

Publishinghouse: London, New York: Routledge

Publication Date: 1992

8. Proceedings of the Workshop on the Evaluation of Public Sector Performance

Author (s): Seppo Leppänen, Heikki A. Loikkanen

Publishinghouse: Helsinki: Government Institute for Economic Research

Publication Date: 1992

9. Becoming digital: Washington State's performance in the use of information technology... biennial information technology performance report

Author (s): Washington State Department of Information Services.

Publishinghouse: Olympia, Wash

Publication Date: 1993/1995

10. Assessing governmental performance: an analytical framework

Author (s): Eugene J. Meehan

Publishinghouse: Westport, Conn. ; Greenwood Press

Publication Date: 1993

11. Performance measurement in government: issues and illustrations

Author (s): Organisation for Economic Co-operation and Development

Publishinghouse: Paris: Organisation for Economic Co-operation and Development

Publication Date: 1994

12. Performance management in government: performance measurement and results-oriented management

Author (s): Organisation for Economic Co-operation and Development

Publishinghouse: Paris: Organisation for Economic Co-operation and Development

Publication Date: 1994

13. Accountability for performance: measurement and monitoring in local government

Author (s): James E. Swiss

Publishinghouse: Washington, D.C. ; International City/Council Management Association

Publication Date: 1995

14. **Performance management in government: contemporary illustrations**

Author (s): Organisation for Economic Co-operation and Development

Publishinghouse: Paris: Organization for Economic Co-operation and Development; Washington, D. C. : OECD Washington Center

Publication Date: 1996

15. **Implementing performance measurement in government: illustrations and resources**

Publishinghouse: Chicago, IL: Government Finance Officers Association

Author (s): Leithe, Joni L

Publication Date: 1997

16. **Performance report for the period ending**

Author (s): Public Works and Government Services Canada

Publishinghouse: Ottawa: Government Review and Quality Services, Treasury Board Secretariat

Publication Date: 1997

17. **Government Performance and Results Act: status and prospects of the Results Act: hearing before the Subcommittee on Government Management, Information, and Technology of the Committee on Government Reform and Oversight, House of Representatives, One Hundred Fifth Congress, first session, June 3, 1997**

Publishinghouse: Washington: U. S. G. P. O. : For sale by the U. S. G. P. O., Supt. of Docs., Congressional Sales Office

Publication Date: 1997

18. **In search of results: performance management practices**

Author (s): Paris: Organisation for Economic Co-operation and Development; Washington

Publishinghouse: D. C. : OECD Washington Center

Publication Date: 1997

19. **Recommendations for performance measurement, Department of Administrative Services**

Author (s): District of Columbia Financial Responsibility and Management Assistance Authority

Publishinghouse: [Washington, D. C.] (One Thomas Circle, N. W., Suite 900, Washington 20005)

Publication Date: 1997

20. **Measuring up: governing's guide to performance measurement for geniuses (and other public managers)**

Author (s): Jonathan Walters

Publishinghouse: Washington, D. C. : Governing Books

Publication Date: 1998

21. **H. R. 2883, the Government Performance and Results Act Technical Amendments of 1997: hearing before the Subcommittee on Government Management, Information, and Technology of the Committee on Government Reform and Oversight, House of Representatives, One Hundred Fifth Congress, second session, on H. R. 2883... February 12, 1998**

Publishinghouse: Washington: U. S. G. P. O. : For sale by the U. S. G. P. O. , Supt. of Docs. , Congressional Sales Office

Publication Date: 1998

22. **Oversight of GSA's Government Performance and Results Act Strategic Plan: hearing before the Subcommittee on Government Management, Information, and Technology of the Committee on Government Reform and Oversight, House of Representatives, One Hundred Fifth Congress, first session, October 8, 1997**

Publishinghouse: Washington: U. S. G. P. O. : For sale by the U. S. G. P. O. , Supt. of Docs. , Congressional Sales Office

Publication Date: 1998

23. **Government Performance and Results Act: performance plan FY 1999**

Author (s): U. S. Nuclear Regulatory Commission

Publishinghouse: Washington, D. C. : U. S. Nuclear Regulatory Commission

Publication Date: 1998

24. **Demonstrating results: an introduction to the Government Performance and Results Act**

Publishinghouse: Washington, D. C. : Higher Education Programs, Office of Postsecondary Education, U. S. Dept. of Education

Publication Date: 1998

25. **The government of British Columbia, 1991—1998: an assessment of performance and a blueprint for economic recovery**

Author (s): Satinder Chera and Fazil Mihlar

Publishinghouse: Vancouver, B. C. : Fraser Institute

Publication Date: 1998

26. **Performance management**

Author (s): Connecticut General Assembly, Legislative Program Review and Investigations Committee

Publishinghouse: Hartford, CT: The Committee

Publication Date: 1999

27. **Balancing measures: best practices in performance management**

Publishinghouse: University of Michigan Library

Publication Date: 1999

28. **Budget of the United States government: Government - wide performance plan**

Author (s): United States. Office of Management and Budget

Publishinghouse: Washington, D. C. : Executive Office of the President, Office of Management and Budget: For sale by the U. S. G. P. O. , Supt. of Docs

Publication Date: 1999

29. **Local productivity and performance measurement**

Author (s): Rev. ed

Publishinghouse: Bureau of Local Government Supervision, Dept. of the Interior and Local Government

Publication Date: 1999

30. **Beyond data: current uses of comparative performance measurement in local government**

Author (s): Lydia Bjornlund

Publishinghouse: Washington, DC: ICMA

Publication Date: 1999

31. **Public sector performance: management, motivation, and measurement**

Author (s): Richard C. Kearney, Evan M. Berman

Publishinghouse: Boulder, Colo. : Westview Press

Publication Date: 1999

32. **Evaluating federal research programs: research and the Government Performance and Results Act / Committee on Science, Engineering, and Public Policy, National Academy of Sciences, National Academy of Engineering, Institute of Medicine**

Author (s): Phillp A. Griffiths, Bruce M. Alberts, Peter Diamond etc

Publishinghouse: Washington, D. C. : National Academy Press

Publication Date: 1999

33. **Performance management comes to Washington: a status report on the Government Performance and Results Act**

Author (s): Dall Forsythe

Publishinghouse: Albany, N. Y. : Nelson A. Rockefeller Institute of Government, State University of New York

Publication Date: 2000

34. NPS performance management process: hearing before the Subcommittee on National Parks, Historic Preservation, and Recreation of the Committee on Energy and Natural Resources, United States Senate, One Hundred Sixth Congress, first session, to review the performance management process under the requirements of the Government Performance and Results Act by the National Park Service, August 4, 1999

Publishinghouse: Washington: U. S. G. P. O. : For sale by the U. S. G. P. O. , Supt. of Docs. , Congressional Sales Office

Publication Date: 2000

35. Public provision and performance: contributions from efficiency and productivity measurement

Author (s): Jos L. T. Blank

Publishinghouse: Amsterdam; Oxford: Elsevier

Publication Date: 2000

36. Performance measurement: a managerial approach to organization – wide improvement and accountability

Author (s): Billy C. Hamilton, Andrea F. Cowan

Publishinghouse: Austin, Tex. : Thomson Financial

Publication Date: 2000

37. A guide to the North Carolina Local Government Performance Measurement Project

Author (s): William C. Rivenbark

Publishinghouse: Chapel Hill, NC: Institute of Government, University of North Carolina at Chapel Hill

Publication Date: 2001

38. Performance appraisals for local government employees: programs and practices

Author (s): Evelina Moulder

Publishinghouse: Washington, DC: International City/County Management Association

Publication Date: 2001

39. Balanced scorecard in the federal government

Author (s): James B. Whittaker

Publishinghouse: Vienna, Va. : Management Concepts

Publication Date: 2001

40. Local authority performance indicators / Audit Commission

Publishinghouse: London: HMSO

Publication Date: 2001

41. What works: management applications of performance management in local government

Publishinghouse: Washington, D. C. : Published for the ICMA Center for Performance Management by the International City/County Management Association

Publication Date: 2001

42. Using competition for performance improvement: a resource for practitioners advising governments and not-for-profits

Author (s): Michael A. Crawford

Publishinghouse: New York: American Institute of Certified Public Accountants

Publication Date: 2001

43. Performance-oriented management: a practical guide for government agencies

Author (s): Larry M. Pederson

Publishinghouse: Vienna, Va. : Management Concepts

Publication Date: 2002

44. Performance measures and benchmarks in local government facilities maintenance

Author (s): David N. Ammons, Erin S. Norfleet, Brian T. Coble

Publishinghouse: Washington, D. C. : International City/Council Management Association

Publication Date: 2002

45. Government performance: why management matters

Author (s): Patricia W. Ingraham, Philip G. Joyce, Amy Kneedler Donahue

Publishinghouse: Baltimore: Johns Hopkins University Press

Publication Date: 2003

46. Budget of the United States government. Performance and management assessments

Publishinghouse: Washington, D. C. : Executive Office of the President, Office of Management and Budget: For sale by the Supt. of Docs. , U. S. G. P. O

Publication Date: 2003

47. Performance, results, and budget decisions: hearing before the Subcommittee on Government Efficiency and Financial Management of the Committee on Government Reform, House of Representatives, One Hundred Eighth Congress, first session, April 1, 2003

Publishinghouse: Washington: U. S. G. P. O. ; For sale by the Supt. of Docs. , U. S. G. P. O. [Congressional Sales Office]

Publication Date: 2003

48. **Performance audit report of the Auditor-General on provision and management of government bungalows**

　　Publishinghouse: [Accra]: Auditor-General

　　Publication Date: 2004

49. **Auditor roles in government performance measurement: a guide to exemplary practices at the local, state, and provincial levels**

　　Author (s): Paul D. Epstein, Stuart S. Grifel, and Stephen L. Morgan

　　Publishinghouse: Altamonte Springs, Fla. : IIA Research Foundation

　　Publication Date: 2004

50. **A bill to require the review of Government programs at least once every 5 years for purposes of evaluating their performance**

　　Author (s): Sen Fitzgerald, Peter

　　Publishinghouse: Referred to Senate committee. Status: Read twice and referred to the Committee on Governmental Affairs

　　Publication Date: 2004

51. **Assessment report on minimum conditions and performance measures of local government authorities: Arusha Municipal Council**

　　Author (s): The United Republic of Tanzania, President's Office, Regional Administration, and Local Government, Local Government Support Programme

　　Publishinghouse: PricewaterhouseCoopers

　　Publication Date: 2004

52. **Listening to the public: adding the voices of the people to government performance measurement and reporting**

　　Author (s): Barbara J. Cohn Berman

　　Publishinghouse: New York, NY: Fund for the City of New York

　　Publication Date: 2005

53. **Digital government: technology and public sector performance**

　　Author (s): Darrell M. West

　　Publishinghouse: Princeton: Princeton University Press

　　Publication Date: 2005

54. **Government service efforts and accomplishments performance reports: a guide to understanding**

　　Author (s): Paul Epstein

　　Publishinghouse: Norwalk, CT: Governmental Accounting Standards Board

　　Publication Date: 2005

55. **Promoting the general welfare: new perspectives on government performance**
Author (s): Alan S. Gerber, Eric M. Patashnik
Publishinghouse: Washington, D. C. : Brookings Institution Press
Publication Date: 2006

56. **Public service performance: perspectives on measurement and management**
Author (s): George A. Boyne
Publishinghouse: Cambridge; New York: Cambridge University Press
Publication Date: 2006

57. **Output description & performance measures (management plan)**
Author (s): Government of Samoa, Ministry of Health
Publishinghouse: Samoa: Ministry of Health
Publication Date: 2006

58. **Measuring the performance of the hollow state**
Author (s): David G. Frederickson and H. George Frederickson
Publishinghouse: Washington, D. C. : Georgetown University Press
Publication Date: 2006

59. **Economic development programs in Maine: EDPs still lack elements critical for performance evaluation and public accountability: a report to the Government Oversight Committee**
Author (s): The Office of Program Evaluation and Government Accountability of the Maine State Legislature
Publishinghouse: Augusta, Me. : The Office
Publication Date: 2006

60. **In pursuit of performance: management systems in state and local government**
Author (s): Patricia W. Ingraham
Publishinghouse: Baltimore: Johns Hopkins University Press
Publication Date: 2007

61. **Modernizing the federal government: paying for performance**
Author (s): Silvia Montoya, John D. Graham
Publishinghouse: Santa Monica, CA: RAND
Publication Date: 2007

62. **Managing performance: international comparisons**
Author (s): Geert Bouckaert and John Halligan
Publishinghouse: New York: Routledge
Publication Date: 2007

63. **Measuring up 2.0: governing's new, improved guide to performance measurement**

for geniuses

Author (s): Jonathan Walters

Publishinghouse: Washington, DC: Governing Books

Publication Date: 2007

64. **Leading performance management in local government**

Author (s): David N. Ammons

Publishinghouse: Washington, D. C.: ICMA Press

Publication Date: 2008

65. **The dynamics of performance management: constructing information and reform**

Author (s): Donald P. Moynihan

Publishinghouse: Washington, D. C.: Georgetown University Press

Publication Date: 2008

66. **Performance management and budgeting: how governments can learn from experience**

Author (s): F. Stevens Redburn, Robert J. Shea, and Terry F. Buss; foreword by David M. Walker

Publishinghouse: Armonk, N. Y.: M. E. Sharpe

Publication Date: 2008

67. **What works: how local governments have made the leap from measurement to management**

Author (s): ICMA Center for Performance Measurement

Publishinghouse: Washington, D. C.: ICMA Press

Publication Date: 2008

68. **Balanced scorecard step-by-step for government and nonprofit agencies**

Author (s): Paul R. Niven

Publishinghouse: Hoboken, N. J.: J. Wiley & Sons, Inc.

Publication Date: 2008

69. **Unlocking the power of networks: keys to high-performance government**

Author (s): Stephen Goldsmith, Donald F. Kettl

Publishinghouse: Cambridge, MA: Ash Institute for Democratic Governance and Innovation; Washington, D. C.: Brookings Institution Press

Publication Date: 2009

V 中国国家基金资助的政府绩效研究项目

一 国家自然科学基金资助项目

项目批准号/申请代码	项目名称	项目负责人	依托单位	项目起止年月
70073001/G0306	公共组织绩效管理的理论与实务	周志忍	北京大学	2001年1月至2003年12月
70203009/G0306	地方政府绩效评价与最佳管理实践研究	吴建南	西安交通大学	2003年1月至2005年12月
30371233/H2611	社区卫生服务绩效评价系统研究	卢祖洵	华中科技大学	2004年1月至2006年12月
70373009/G0308	中国乡镇卫生院绩效与拟改革方案评估	王红漫	北京大学	2004年1月至2006年12月
70403009/G0306	基于市民感知的地方政府绩效评价方法和管理研究——树立服务导向型政绩观	杨永恒	清华大学	2005年1月至2007年12月
70473003/G0306	政府公共教育支出的绩效考评制度研究	吕炜	东北财经大学	2005年1月至2007年12月
70473007/G0301	绩效预算管理体系研究（以电子政务为例）	孔志峰	财政部财政科学研究所	2005年1月至2007年12月
70473056/G0306	中国义务教育的绩效指标考评制度研究	马国贤	上海财经大学	2005年1月至2007年12月
70573014/G030603	制度完备性、政府组织绩效与经济发展的实证研究	杨冠琼	北京师范大学	2006年1月至2008年12月
70573083/G0306	行风评议何以改进组织绩效：面向中国地方政府的实证研究	吴建南	西安交通大学	2006年1月至2008年12月
70573123/G0309	税费改革后义务教育财政制度运行绩效与制度创新研究	李祥云	中南财经政法大学	2006年1月至2008年12月
70573037/G0308	农村区域公共卫生体系绩效概念模型研究	冯占春	华中科技大学	2006年1月至2008年12月

续表

项目批准号/申请代码	项目名称	项目负责人	依托单位	项目起止年月
70573029/G030603	重塑地方政府政绩指标体系研究：重将GDP指标改为GNP+SCC指标	王 健	国家行政学院	2006年1月至2008年12月
70673083/G0306	基于绩效评价的地方政府公共事业治理研究	彭国甫	湘潭大学	2007年1月至2009年12月
70603029/G0305	中国新型农村医疗政策试点绩效评价研究	辛 毅	中国人民大学	2007年1月至2009年12月
70603022/G0305	中国农村资金配置绩效评价与制度创新研究	温 涛	西南大学	2007年1月至2009年12月
70672049/G0211	我国城市政府门户网站绩效评价体系研究	刘 渊	浙江大学	2007年1月至2009年12月
70673031/G0306	中国地方政府绩效评价的组织模式及其管理研究	包国宪	兰州大学	2007年1月至2009年12月
70703020/G0305	农村公共投资影响因素与绩效评价指标体系构建研究	赵 伟	山东农业大学	2008年1月至2010年12月
70772058/G0213	基于治理结构与机制的公共项目管理绩效改善研究	尹贻林	天津理工大学	2008年1月至2010年12月
70773001/G0305	中国南方集体林区林权改革模式和绩效的实证分析	徐晋涛	北京大学	2008年1月至2010年12月
70772041/G030603	基于电子共融理论的电子政务绩效评价研究	米加宁	哈尔滨工业大学	2008年1月至2010年12月
70773014/G0307	政府R&D投入绩效分析的理论模型及其应用研究	刘凤朝	大连理工大学	2008年1月至2010年12月
70773098/G0306	非营利组织市场导向及其组织绩效的研究	蔡 宁	浙江大学	2008年1月至2010年12月
70763008/G0305	北方农牧交错带生态移民扶贫绩效及评价指标体系综合研究——以宁夏回族自治区为例	东 梅	宁夏大学	2008年1月至2010年12月
70773044/G0308	基于利益相关者理论的公立医院组织绩效评价指标体系研究	冯占春	华中科技大学	2008年1月至2010年12月
70873100/G0306	基于数据挖掘的地方政府绩效评估指标设计研究	卓 越	厦门大学	2009年1月至2011年12月
70873113/G0307	基于绩效评价的我国高新技术产业开发区公共治理研究	闫国庆	浙江万里学院	2009年1月至2011年12月
70873092/G0306	目标责任考核、财政管理与组织创新——面向中国地方政府绩效改进的实证研究	吴建南	西安交通大学	2009年1月至2011年12月

续表

项目批准号/申请代码	项目名称	项目负责人	依托单位	项目起止年月
70872040/G020902	服务价值空间的绩效理论与测度技术研究	王海燕	南京财经大学	2009年1月至2011年12月
70873097/G0306	社会资本视角下政府反贫困政策绩效管理的理论与实证研究	王朝明	西南财经大学	2009年1月至2011年12月
70873095/G0307	基于目标强度的政府科技投入绩效评价研究	师 萍	西北大学	2009年1月至2011年12月
70972016/G0205	绩效考核与管理伦理的交互作用及影响机制研究	廖建桥	华中科技大学	2009年1月至2011年12月
70971124/G0112	面向项目绩效评价的软件过程改进模型研究	于本海	中国科学院软件研究所	2009年1月至2011年12月
70973042/G0308	农村区域公共卫生体系绩效评价研究	冯占春	华中科技大学	2009年1月至2011年12月

二 国家社会科学基金资助项目

项目批准号	项目名称	项目负责人	依托单位	项目申请时间
94CZZ001	政府评价研究	徐家良	杭州大学政治学与行政管理系	1994年
98BZZ007	公共组织绩效评估的理论与方法	周志忍	北京大学政府管理学院	1998年
99CZZ006	行政效率定量评估的理论与技术研究	赫泉玲	吉林大学行政学院	1999年
02CZZ007	社会主义市场经济条件下政府政策评估的方法体系与效率研究	贠 杰	中国社会科学院政治学所	2002年
02BZZ026	乡村治理的制度绩效评估研究	郭正林	中山大学行政管理研究中心	2002年
03BZZ024	中国地方政府绩效评估体系研究	桑助来	国家人事部行政管理科学研究所	2003年
03CZZ006	基于最佳管理实践的地方政府绩效考评研究	吴建南	西安交通大学	2003年
03BZZ021	行政效能保障体系的构建与运行机制研究	赵国俊	中国人民大学政务信息管理系	2003年
04BZZ025	政府扶贫开发绩效评估研究	郑至龙	郑州大学公共管理学院	2004年
04BZZ026	地方政府行政诚信建设及其对政府效能影响的综合评估体系研究	卢汉桥	湖南大学	2004年
04BZZ027	政府绩效评估体系研究	安秀梅	中央财经大学财政与公共管理学院	2004年
04CZZ010	政府绩效评估体系研究	倪 星	武汉大学政治与公共管理学院	2004年
04CZZ011	政府绩效评估体系研究	邓国胜	清华大学公共管理学院	2004年

续表

项目批准号	项目名称	项目负责人	依托单位	项目申请时间
04BZZ022	公务员素质评价体系与公务员素质建设研究	李和中	武汉大学政治与公共管理学院	2004 年
05BZZ014	地方政府公共事业管理的绩效评估与模式创新研究	彭国甫	湘潭大学管理学院	2005 年
03BJY011	县域农村全面建设小康社会战略与评价体系研究	张春光	中共山东省委党校	2005 年
05BZZ014	地方政府公共事业管理的绩效评估与模式创新研究	彭国甫	湘潭大学公共管理学院	2005 年
	和谐社会构建中体制改革绩效评价问题研究	周小亮	福州大学	2007 年
07BZZ035	社会建设框架下的政府绩效评估研究	陈天祥	中山大学行政管理研究中心	2007 年
08CZZ062	乡镇基层政府的公共服务供给能力评估和建设研究	雷玉琼	湖南大学政治与公共管理学院	2008 年
	审计与政府绩效评估研究	胡奕明	上海交通大学	2008 年
08CZZ013	领导干部问责制度研究	杨 君	西南大学	2008 年
	参与式研究视角下西部扶贫开发政策社会效益评估	江 波	陕西省社会科学院	2008 年
09BZZ027	绩效导向下的我国政府公共政策评估体系与机制研究	郑方辉	华南理工大学政治与公共管理学院	2009 年
	我国政府公共政策执行和评估机制研究	张远增	华东师范大学	2009 年
09BZZ044	平衡计分卡中国化模式构建及其在领导干部绩效评估中的应用	方振邦	中国人民大学公共管理学院	2009 年
09BZZ022	农村治理视角下的土地使用权流转模式及绩效评估研究	朱冬亮	厦门大学公共事务学院	2009 年

Ⅵ 中国政府创新奖历年获奖名单

第一届"中国地方政府创新奖"优胜奖名单（2000年）
1. 四川省遂宁市市中区公推公选乡镇党委书记和乡镇长
2. 河北省迁西县妇代会直接选举
3. 广西壮族自治区南宁市推行政府采购制度
4. 江苏省南京市下关区首创"政务超市"
5. 浙江省金华市干部经济责任审计
6. 贵州省贵阳市人大常委会推行市民旁听制度
7. 广东省深圳市行政审批制度改革
8. 上海市浦东新区创办社会矛盾调解中心
9. 海南省海口市实行行政审批改革的"三制"
10. 湖北省广水市"两票制"选举村党支部书记

第二届"中国地方政府创新奖"优胜奖名单（2003—2004年度）
1. 安徽省舒城县干汊河镇"小城镇公益事业民营化"
2. 广东省深圳市"公用事业市场化改革"
3. 广西壮族自治区南宁市"社会应急联动系统"
4. 河北省石家庄市"少年儿童保护教育中心"
5. 海南省海口市龙华区"外来工之家"
6. 吉林省梨树县村民委员会"海选"
7. 四川省遂宁市市中区步云乡"直选乡长"
8. 山东省青岛市"阳光救助"工程
9. 浙江省湖州市"户籍制度改革"
10. 浙江省温岭市"民主恳谈"

第三届中国地方政府创新奖获奖项目名单（2005—2006年度）
1. 广东省深圳市盐田区"社区管理体制改革"
2. 四川省平昌县"公推直选乡镇党委成员"
3. 重庆市"创建法治政府四项制度"

4. 福建省泉州市总工会"外来工维权新模式"
5. 河北省迁安市"新型农村合作医疗制度"
6. 广西壮族自治区民政厅"五保村"建设
7. 湖南省妇联"农村妇女参与村级治理"
8. 北京市石景山区委区政府"鲁谷社区街道管理体制创新"
9. 福建省厦门市思明区嘉莲街道办事处"爱心超市"
10. 天津市南开区政府行政许可服务中心"超时默许"新机制

第四届"中国地方政府创新奖"获奖名单（2007—2008年度）

1. 浙江省义乌市总工会"工会社会化维权模式"
2. 浙江省宁波市海曙区人民政府"政府购买居家养老服务"
3. 黑龙江省伊春市人民政府"林业产权制度改革"
4. 深圳市南山区委区人大政府"和谐社区建设'双向互动'制度创新"
5. 山东省乳山市委"全面推进党内民主"
6. 上海市普陀区长寿路街道办事处"社区民间组织管理体制改革"
7. 湖北省咸宁市咸安区委"乡镇行政管理体制改革"
8. 江苏省公安厅"执法告知服务制度"
9. 四川省成都市人民政府"深化行政审批制度改革"
10. 山东省莱西市人民政府"为民服务代理制"